제3판

Global Business

최신 글로벌 경영론

전외술 · 박성규

pnc publishing and culture
피앤씨 미디어

3판을 내면서

2016년도 절반이 지나가고 있지만 한국경제는 경제활력을 높일 수 있는 실마리를 찾지 못한 채 빠르게 노쇠화되어 가고 있는 것이 아닌지 두려운 마음이 든다. 특히 영국의 브렉시트(영국의 유럽연합 탈퇴) 찬반 투표의 결과 등으로 글로벌 경영환경의 불확실성은 더욱 가중되고 있으며, 세계 경제 질서의 변화마저 감지되고 있다.

지금의 경제 위기는 이전의 미국발 금융위기와 유럽경제 위기 때보다 더 큰 위협으로 다가오고 있다. 저유가와 정부의 적극적인 부양정책 등으로 버티고는 있지만 효과가 얼마나 지속할 수 있을지 어려운 상황으로 내몰리고 있다. 지금 우리 경제는 저성장의 늪을 넘어 장기침체의 수렁으로 빠져들고 있는 형국이다. 브렉시트의 영향으로 세계적인 보호무역주의와 신고립주의 추세 등이 심화되고 있을 뿐만 아니라 세계 각국의 치열한 글로벌경쟁 등으로 글로벌경영 환경의 변화로 새로운 도약을 준비해야 하는 국내 글로벌기업들은 점점 더 어려운 여건에 직면하고 있다. 따라서 국내 글로벌기업들이 세계 환경 변화에 얼마나 잘 대처하느냐에 따라 생존과 도태가 결정될 것이므로 기업들의 변화와 대응은 필수적인 과제가 되고 있다. 따라서 그 어느 때보다도 글로벌기업들에게 유연한 사고의 중요성이 강조된다고 할 수 있다.

이와 같은 목적을 달성하기 위해서는 전 조직 구성원들이 유연한 사고를 가지고 작금의 위기를 기회로 만들어낼 수 있는 창의적 기업가 혁신이 반드시 필요할 것이다. 오늘날 글로벌기업을 둘러싼 치열한 글로벌 경쟁은 세계 제일의 기업만이 생존할 수 있는 정글의 법칙이 존재하기 때문에 전 세계 글로벌기업들은 세계최고의 기술을 확보하기 위해 소리 없는 전쟁을 치루고 있다.

이처럼 치열한 글로벌 경쟁 속에서 생존뿐만 아니라 지속적인 발전을 위한 실마리를 얻기 위해서는 글로벌 인재 양성이 중요하므로 글로벌경영에 대한 기본적인 지식이해가 반드시 선행되어야 것이다. 글로벌경영이란 세계경제의 개방화·국제화에 따른 전 세계시장에서 성장 및 발전이 가능한 동력을 함양하는 데 그 의의가 있다. 이와 같은 관점에서 국가와 기업의 글로벌 경쟁력을 확보하고 배양하기 위해서는 글로벌경영에 대한 보다 깊은 이해와 관심을 가져야 한다.

본서는 크게 4부로 13개 장으로 구성되어 있다. 제1부는 글로벌경영의 이해, 제2부는 글로벌 경영전략의 수립과 실행, 제3부는 글로벌기업의 최신 경영관리, 제4부는 21세기 글로벌경영의 미래를 다루고 있다.

지금까지 국제경영 또는 글로벌경영이란 제목으로 많은 교재들이 나와 있지만 본서는 학생들에게 글로벌경영의 기초이론이나 원리를 정확히 이해시킴으로써, 오늘날의 글로벌 경제사회를 좀 더 자세히 파악 및 분석할 수 있는 힘을 길러 글로벌기업들의 글로벌경쟁력 제고에 주안점이 있다. 제3판에서는 글로벌 경영 트랜드에 부합하는 최신의 사례와 통계를 제시하였다.

이러한 목적을 달성하기 위해 본서는 저자들이 강의하면서 강의 교재로 사용하고 있는 저명한 국내외 문헌의 상당부분을 참고하였음을 밝혀둔다. 하지만 본서는 저자의 능력이 일천하여 본서가 보잘것없이 되었음에 불만스럽고 송구스럽게 생각한다. 부족한 부분은 선배 및 제현들의 가르침을 받아 시대의 흐름에 따라 계속하여 보완하여 차후 좀 더 짜임새가 있고 정교한 저서가 될 수 있도록 노력할 것이다.

마지막으로 여러 가지 어려움에도 불구하고 본서의 출판을 기꺼이 허락해주신 피앤씨미디어 박노일 대표님 편집부 관계자 여러분께 진심으로 감사의 마음을 전한다.

2016년 7월
저자 씀

차례

GLOBAL MANAGEMENT

Part I 글로벌경영의 이해

GLOBAL MANAGEMENT

Part III 글로벌기업의 최신 경영관리

GLOBAL MANAGEMENT

Part IV 21세기 글로벌경영의 미래

American Girl Place
GIFTS
NYC

Part I

글로벌경영의 이해

제 1 장

글로벌경영의 개념

introduction
CASE STUDY

“전통적인 무역 투자방식 와해 진행 중”

맥킨지 보고서 “새 시대 ‘신글로벌화’로 글로벌 비즈니스 활성화”

세계적인 컨설팅 업체 맥킨지앤컴퍼니는 최근 보고서에서 전 세계가 인터넷으로 데이터와 정보가 즉시 연결되는 새로운 디지털 글로벌화 시대를 맞아 전통적인 무역, 투자방식이 와해될 것이라고 전망했다. 보고서의 주요 내용을 요약했다.

쇠퇴하는 전통 무역, 투자방식

상품, 서비스 교역과 투자를 유치하거나 해외에 투자하는 전통적인 방식이 점차 쇠퇴하고 있다. 지난 2007년 전 세계 무역과 투자액은 30조 달러로 20년 전에 비해 2배, 전 세계 국내총생산(GDP)의 53%를 기록하면서 최고 수준을 기록했다. 그러나 2008년부터 상품 교역의 정체 속에 서비스 교역은 증가세가 줄어들고 투자는 급속하게 하락하기 시작했다. 결국 2014년 전 세계 무역 및 투자액은 GDP의 39%로 내려앉았다.

맥킨지는 “전 세계 GDP 대비 무역 및 투자의 비중 하락은 글로벌화의 중단을 의미한다”면서 “이런 현상을 정보 전송으로 전 세계가 언제 어디서나 즉시 연결하는 ‘데이터 흐름’으로 정의되는 신글로벌화가 진행 중인 것으로 볼 수 있다”고 밝혔다.

디지털 플랫폼은 더욱 효율적이고 투명한 글로벌 시장을 만들어 클릭 몇 번으로 거래가 가능하게 함으로써 비용이 안 드는 디지털 커뮤니케이션과 국경을 초월한 대규모 거래가 가능한 새로운 가능성을 열었다는 것이다.

국가 간 ‘데이터 흐름’의 급증

2005년 북미 국가와 유럽 국가 간의 ‘데이터 흐름’은 1초당 1조7,000억 바이트였는데 2014년 전 세계 모든 국가 간의 ‘데이터 흐름’은 초당 211조 3,000억 바이트로 급증했다. 오는 2019년 전 세계 기기의 40% 이상은 장비 대 장비(machine-to-machine)로 연결될 전망이다.

‘데이터 흐름’이 급속도로 증가하면서 디지털 플랫폼은 새로운 글로벌 시대를 여는 열쇠가 됐다. 지난 20년간 대기업만 플랫폼을 구축해 경영관리, 고객 및 내부 소통, 데이터 공유 등에 썼지만 이제는 다양한 공중 인터넷 플랫폼을 사용할 수 있게 돼 언제 어디서나 경영 시스템, 소셜네트워크, 디지털미디어, 전자상거래, 온라인마켓플레이스 등을 연결할 수 있다.

국제 전자상거래 사이트는 지리적 제약 없이 상권을 형성하면서 전 세계 상품 교역액의 약 12% 차지하고 있는데 15억9,000만 명의 페이스북 이용자는 중국 인구(13억7,000만 명)와 인도 인구(13억1,000만 명)보다 많다. 유튜브(10억 명), 왓츠앱(10억 명), 위챗(6억5,000만 명) 등도 결코 만만치 않다. 중소기업들은 마이크로 다국적기업(micro-multinationals)화해 전 세계 국가와 거래 가능하며 기술기반 스타트업의 84%는 국경을 초월해 거래 중이다.

글로벌 비즈니스 활성화시키는 디지털 글로벌

이제 중소기업은 마이크로 다국적기업이 되고 디지털 스타트업은 탄생부터 글로벌 기업이 되는 시대다. 중소기업은 인터넷 플랫폼으로 전 세계 고객을 상대하는 수출기업으로 부상했다. 아마존은 약 200만 명의 제3자 판매업체를 기반으로 세계적인 수출입 통로로 부상했으며 이베이에 올라 있는 중소기업의 수출비중은 같은 규모의 오프라인 업체보다 높다. 페이팔 역시 국가 간 거래를 가능하게 해 신흥국 거래자의 68%가 페이팔을 이용 중이다.중소기업의 인터넷 플랫폼 이용비중도 급증하고 있다. 2013년 페이스북의 중소기업은 2,500만~5,000만 개에 달하며 이들의 30%는 해외 고객이다.

전 세계 271개 스타트업은 1,776가지의 인큐베이터 및 벤처펀드와 파트너십을 구축하고 있으며 이들 중 86%는 국제거래를 통해 기업 역사나 규모에 상관없이 이미 글로벌화돼 있다.

개인 소비자 역시 세계경제에 중요한 영향을 끼칠 전망이다. 전 세계적으로 9억1,400만 명이 한 가지 이상의 소셜미디어에 접속 중이며 3억6,100만 명은 해외 전자상거래를 이용하고 이들의 절반은 외국에 친구를 두고 있다. 특히 개인 소비자는 전 세계 비즈니스와 경제에 막대한 영향을 끼치고 있는데 이는 영국 가수 아델의 '헬로'가 유튜브에서 첫 48시간 동안 5,000만 명이 시청했고 앨범 '25'가 미국에서 첫 주에만 338만 장이 팔린 데서 잘 나타난다. 미셸 오바마가 영국의 패스트패션 브랜드 '아소스'를 입은 사진 역시 81만6,000번의 리트윗과 400만 번의 공유를 거치면서 모든 제품 즉시 판매되는 진기록을 세웠다.

중소기업의 디지털화는 필수

한국의 전 세계 연결성지수(connectedness index)는 14위로 비교적 높은 수준이다. 연결성지수는 한 국가의 상품과 서비스 무역, 금융(투자 유치와 해외투자), 인구 및 데이터의 유출입의 흐름이 얼마나 국제적 인지에 대한 종합적인 지수다. 한국은 상품 교역에서 8위, 서비스 교역 12위, 금융 28위였다.

전체적으로는 싱가포르가 1위에 오른 가운데 네덜란드(2위), 아일랜드(5위), 스위스(12위), 스웨덴(18위)이 앞서고 선진국 중에서는 미국 3위, 독일 4위, 영국 6위, 프랑스 8위를 각각 기록했다. 일본은 24위, 호주 27위, 인도네시아 51위였다.

우리 기업들도 디지털 글로벌 환경하에 해외시장 개척을 위한 기업구조에 변화를 줄 필요가 있다. 전 세계 어느 업체와도 협력할 수 있는 준비와 태도가 필요한데 원거리 협력과 즉각적인 커뮤니케이션이 가능하게 되면 중앙 집중화와 로컬화가 동시에 이뤄진다.

특히 우리 중소기업들은 웹사이트에 신경 써야 하는데 이는 브로슈어나 상품 카탈로그보다 중요하다. 이때 회사 사이트는 국제적인 언어를 써서 전 세계 고객이 즉시 정보를 취득할 수 있어야 한다. 전자상거래가 가능하도록 하는 것도 중요하다.

주간무역(2016.4.25)

제 1 절 최신 글로벌화의 경향

본 절에서는 기업들이 자국에서 생산하여 수출하는 형태의 단순한 국제경영활동에서 벗어나 전 세계적으로 생산·판매·연구개발활동 등을 수행하는 세계경제의 글로벌화 흐름에 대해 살펴본다. 지금의 세계경제는 기업들이 단순한 국제경영활동에서 벗어나 전 세계적으로 기업경영활동을 수행하는 글로벌화가 빠른 속도로 진행되고 있다. 예를 들어 보잉기의 모델인 '보잉 777'은 전 세계적으로 약 500군데에서 보급하는 132,500여 가지의 부품으로 제조된다. 이 과정에서 특정제품을 잘 만드는 나라에서 생산된 부품을 사용하게 되고, 결국에는 품질이 더 우수한 상품이 탄생하게 되는 것이다.

제품 및 시장의 글로벌화는 국제적인 대기업에게만 해당되는 이야기가 아니다. 스완 옵티컬(Swan Optical) 같은 경우는 연간 2,000~3,000만 달러의 판매를 올리는 미국기업이지만 기술과 디자인, 생산비 등의 절감을 위하여 홍콩, 중국 등지에 생산기지를 둠으로써 보잉사와 같은 경쟁효과를 얻어냈다.[1]

시장과 제품의 글로벌화 경향은 두 가지 측면에서 그 원인을 찾을 수가 있는데, 그 하나는 상품과 서비스, 투자, 자본흐름 등의 자유화에 있어 국가 간의 장벽이 낮아졌다는 사실이며, 또 하나는 통신과 정보, 교통, 기술 등의 급격한 발전으로 인한 글로벌화의 경향이다.

1. 글로벌화 촉진요인[2]

우리는 흔히 일상적으로 글로벌화(globalization)란 용어를 자주 사용한다. 그럼 과연 글로벌화란 무엇을 의미하는가? 글로벌화(globalization) 또는 세계화에 대한 정의는 학자마다 상이할 수 있으나, 일반적으로 기업이 개별국가시장

1 이승종·전외술·왕세협·윤태평·정상철, 「글로벌경영」, 민영사, 2004, pp.18~19.
2 장세진, 「글로벌경영」, 5판, 박영사, 2011, pp.14~17.

에 대해 각기 다른 전략을 취하기보다는 전 세계시장을 하나의 시장으로 보고 통합된 전략을 수립하는 것을 의미한다. 글로벌화는 국제화와도 비교가 되는데, 국제화(internationalization)가 종전의 국가단위로 시장이 구성되었던 상황에서 한 국가에 있던 기업이 다른 국가로 진출하는 것을 의미하는 반면, 글로벌화는 국경에 따른 시장구분의 의미 자체가 없어졌다는 것을 뜻한다. 즉 글로벌화된 환경에서는 제품·기술·서비스가 각국으로 자유롭게 이동하며, 인적자원과 자본의 흐름도 자유롭다.

글로벌화를 촉진시키는 요인들을 자세히 살펴보면 다음과 같다.

(1) 규모의 경제

글로벌화를 촉진시키는 첫 번째 요인은 생산방식의 변화로 자본집약적인 생산방식과 규모의 경제가 점점 더 중요해진다는 사실이다. 전 세계적으로 거의 모든 산업에서 나타나는 가장 두드러진 변화 중의 하나는 생산방식이 점차 노동집약적인 생산방식으로부터 자본집약적·기술집약적인 생산방식으로 전환하고 있다는 점이다. 따라서 거의 모든 산업에서 인간의 노동력이 자동화된 기계, 로봇, 컴퓨터로 조작되는 정밀기계로 대체되는 등 모든 산업에서 임금이 차지하는 비중은 점차 줄어들고 있다.[3]

이같이 노동비용은 점차 감소하는 반면에 자본비용이 차지하는 비중은 크게 증가함에 따라서 규모의 경제(economics of scale)도 커지게 된다. 자본재에 대한 막대한 투자를 회수하기 위해서는 대규모 생산체제를 갖추지 않으면 안 된다. 따라서 이 같은 산업에 있어서 기업들은 단지 내수시장의 수요만으로는 자본재에 대한 막대한 투자를 감행하기가 어렵기 때문에 전 세계 시장의 수요를 목표로 삼고 자본재에 대한 투자를 하는 글로벌화가 급속도록 진행되고 있다.

---

3 예를 들어 자동차산업에서, 전체 자동차 생산비용 중에서 노동자 임금이 차지하는 비중은 6% 정도에 불과하며 이 비율은 계속 낮아지고 있다. 또한 가전산업에 있어서도 임금이 총비용에서 차지하는 비중은 약 5% 정도에 불과할 만큼 모든 산업에서 임금이 차지하는 비중은 점차 줄어들고 있다.

(2) 기술진보

글로벌화를 촉진시키는 또 하나의 요인은 빠른 기술진보와 함께 이를 가능하게 하는 연구개발(R&D)투자에 있다. 예를 들어 첨단산업이라고 할 수 있는 전자, 통신, 컴퓨터, 정밀화학, 의약품, 제조산업 등에서는 총매출액에서 연구개발비용이 차지하는 비율이 평균적으로 낮게는 7~8%에서 높게는 15~30%까지도 소요된다. 이와 같이 연구개발비용이 많이 투자되는 사업에서는 국내시장의 수요만으로는 그처럼 높은 연구개발비를 충당하기가 힘들다. 이와 같은 첨단산업에서는 전 세계시장을 염두에 두고 신제품개발과 판매를 하여야 지속적으로 연구개발에 투자를 할 수 있다.

특히 월드와이드웹(world wide web) 내지 인터넷의 빠른 성장은 기술발전의 대표적인 경우로서 글로벌화를 촉진시켰다. 인터넷은 지역과 시간으로 인한 제약을 상쇄시키고 있다. 이제 인터넷은 세계 경제의 핵심으로 차지하고 있으며, 이를 이용한 전자상거래의 규모가 경제에서 차지하는 비중도 점점 커지

그림 1-1 전세계 인터넷 이용자 추이

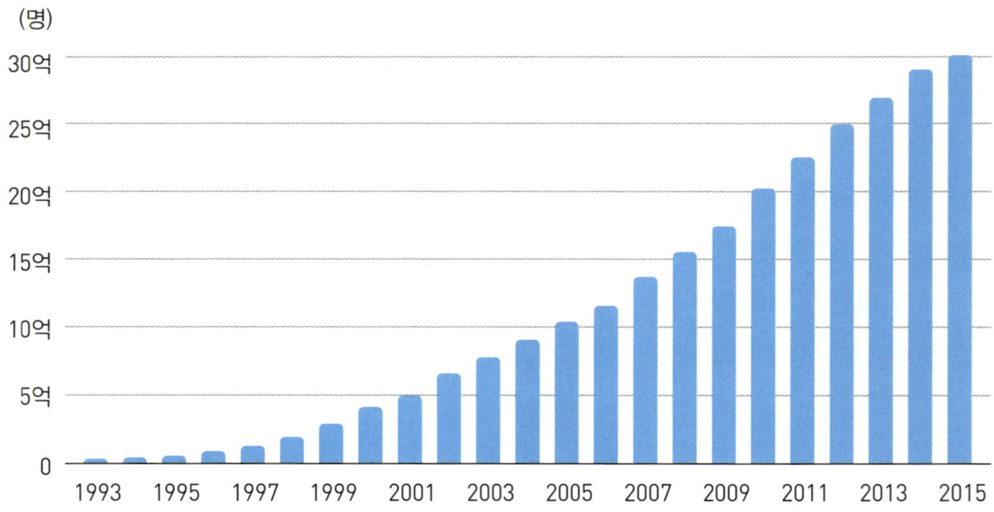

자료: 인터넷라이브스탯

고 있다. 최근 유엔기구의 하나인 국제전기통신연합(ITU: International Telecommunication Union)에 의하면 2015년 말에 전 세계 인구 72억 명 중 32억 명이 온라인을 이용할 것으로 예측했다. 그리고 시장조사업체인 이마케터의 발표에 의하면 2018년에는 36억 명에 도달할 것으로 예상하였다. 이 중에서 중국의 경우 7억 명, 우리나라의 경우는 4천만 명이 넘는 것으로 나타나고 있다.[4]

(3) 소비자수요의 동질화

지금까지의 글로벌화의 요인으로서 살펴본 자본집약적 생산방식과 기술발달, 그리고 연구개발비의 증가로 인한 '규모의 경제'의 확대는 글로벌화를 촉진시키는 필요조건은 될지 모르지만 충분조건은 되지 못한다. 글로벌화의 가장 큰 요인 중 하나는 과거 이질적이었던 각국 소비자의 기호가 점차 동질화되어 간다는 점이다.

코카콜라와 펩시콜라가 전 세계적으로 각광을 받는 청량음료가 되고, Levi's 청바지가 한국에서도 유행하며, 롯데리아가 중국에서도 성공하고 있는 것은 그만큼 젊은 세대를 중심으로 소비자의 수요나 구매행태가 동질화되고 있다는 것을 의미한다.

이와 같은 소비자수요의 동질화를 이루게 한 것은 다름아닌 커뮤니케이션 기술의 발전이다. 예를 들어, 오늘날의 젊은이들은 인터넷과 같이 전 세계적으로 동시에 접속가능한 커뮤니케이션매체를 통해 점차 동질화된 취향을 갖게 된다. 이를 통하여 한국에서 발표된 신곡도 일본, 베트남, 중국 등 많은 국가의 젊은이들이 동시에 듣고 즐길 수 있는 것이다. 또한 새롭게 유행하는 T셔츠와 의상도 며칠 간격으로 전 세계적으로 퍼져 나가고 있다. 그 결과 전 세계의 모든 사람들이 동일한 것을 보고 느끼고 경험할 수 있게 되었다. 이와 같은 커뮤니케이션기술의 발달은 전 세계적으로 소비자수요의 동질화를 촉진시켰고, 결국 기업들은 앞으로 과거와는 달리 전 세계를 단일시장으로 보고 빠른 시간에

---

4 머니투데이, KOTRA, 중국인터넷 사용자(2016.1.23); ZDNet Korea, 2018년 전 세계 인터넷 이용자 36억 명(2014.11.23).

전 세계 소비자들의 수요에 부응할 수 있는 제품을 만들어야 성공할 수 있다는 것을 의미한다.

이러한 소비자수요의 동질성은 과거의 국제화와 크게 다르다. 과거에는 국제기업이 우선 선진국에서 제품을 개발한 후 이 신제품이 점차 표준화되고 가격이 하락함에 따라 저개발국가로 이동하는 제품수명주기이론(product life cycle theory)을 따라서 활동하였다. 그러나 요즘과 같은 인터넷시대에 제품수명주기이론과 같이 현재의 상황에 맞지 않는 낡은 이론에 기초하여 기업의 전략을 수립할 경우 전 세계에서 동시다발적으로 신제품을 내는 기업에 비해 시장진입이 늦을 뿐만 아니라, 그 결과 높은 마진도 보장받을 수 없게 된다.

수요의 동질성에 대한 또 하나의 이유는 전 세계적인 구매력의 증가이다. 경제개발을 이룩한 신흥공업국의 국민들은 소득수준이 향상됨에 따라 선진국에서 생산되는 제품을 소비하려는 경향이 있다. 이들은 높은 교육수준과 소득수준을 보유하게 되면서 선진국의 제품을 구매·소비할 수 있는 능력을 갖추게 되었다. 이처럼 소비자수요가 빠른 속도로 동질화되어 간다는 점은 산업과 경쟁의 글로벌화를 촉진시키는 중요한 요인이 되고 있다.

(4) 무역장벽의 감소

마지막으로 1920년대와 30년대에 걸쳐 세계의 많은 국가들이 자국의 산업을 보호하기 위해 무역에 관한 장벽을 세웠다. 하지만 그 결과 세계의 수요는 위축되었고 그로 인해 대공황에 직면하게 되었다.

세계2차대전 이후 각 국가들은 무역장벽을 낮추고자 노력하였고 이런 목표하에 설립된 것이 GATT(General Agreement on Tariffs and Trade)이다. 이후 무역과 투자활성화를 더욱더 자유롭게 위해 출범한 것이 WTO이다. 이러한 WTO 체제의 출범에 따라서 각국에서 무역장벽이 제거되고 있으며, 지적재산권에 대한 보호도 강화되고 있고, 따라서 기술이전도 과거보다 훨씬 자유로워졌다. 자본시장 역시 점점 개방되어 국가간 자본이동이 전 세계적으로 활발하게 일어나고 있다.

무역장벽의 완화뿐만 아니라 해외직접투자에 대한 규제도 많이 완화되고 있다. 최근에 인도 정부는 글로벌 경제 둔화 여파로 인한 해외 자본 유출을 막기 위해 해외적격투자자(QFI: Qualified Foreign Investor)의 주식시장 직접투자를 허용한다는 방침을 세우기도 하였다. 중국 또한 이 제도를 통해 자격조건을 계속 완화하고 있다. 이러한 해외직접투자가 세계적인 국가경제의 개방화, 글로벌화 추세에 따른 기업성장 전략으로서 대두되고 있다.

지금까지 살펴본 생산설비면에서의 규모의 경제, 높은 R&D비용, 수요의 동질화, 무역장벽의 감소 등이 글로벌화를 촉진시키는 중요한 요인이라 할 수 있다.

2. 글로벌화 제약요인[5]

일반적으로 표준화를 추구하는 글로벌화는 다음과 같은 제약요인에 부딪힐 수 있다. 이러한 제약요인으로 인하여 기업은 차별화에 기초한 현지화를 추구하게 된다.

(1) 문화적 다양성의 존재

다양한 국가 또는 지역에 존재하는 특유의 문화는 글로벌화의 제약요인으로 작용할 수 있다. 국가문화는 어떤 국가의 국민의 가치관, 태도, 관습, 신념 및 커뮤니케이션 등에 강력한 영향을 미치기 때문에 획일적인 글로벌화는 현지인의 반발을 초래할 수 있다. 즉 현지의 문화를 고려하지 않은 글로벌화는 현지 국가 또는 지역에서 활동하는 글로벌 기업과 현지인 간의 문화적 충돌을 야기할 수 있다. 예를 들면 애플 등의 제품생산으로 유명한 중국 팍스콘은 해외투자를 하면서 중국에서 행하던 회사특유의 엄격한 경영스타일을 문화가 판이한 외국에서도 그대로 고수하면서 마찰을 빚었다.

---

5 박주홍, 「글로벌경영」, 유원북스, 2012, pp.25~26.

(2) 현지정부의 규제

WTO의 출범으로 인하여 국가 간의 무역 및 투자장벽이 완화되고 있음에도 불구하고, 현지 정부는 자국 기업의 보호를 위해 정치적 및 법적 규제를 하고 있다. 이러한 현상은 선진국보다는 개발도상국에서 많이 발견된다. 특히 현지국에서 활동하는 글로벌 기업은 여러 가지 규제적 법률환경에 노출되어 있다. 이러한 규제적 법률환경은 글로벌기업의 활동에 심각한 타격 또는 손실을 발생시킬 수 있다. 예를 들면, 기업의 소유지분을 규제하는 법률, 현지종업원의 고용과 관련된 법률 및 투자원금의 회수와 본국 송금과 관련된 법률 등은 글로벌 기업의 활동에 부정적인 영향을 미칠 수 있다.

(3) 반글로벌화 운동

반글로벌화 운동(anti-globalization movement)은 글로벌화에 반대하는 노동조합, 시민단체, 대학생 및 지식인 등에 의하여 이루어지고 있다. 이들은 글로벌화와 관련된 국제적인 행사를 방해하는 시위를 하고, 특정 글로벌기업의 상품에 대하여 불매운동을 하거나 현지점포를 파괴하기도 한다. 글로벌화를 반대하는 시위의 시작은 1999년 11월 미국 시애틀에서 열린 세계무역기구 각료회의에 맞서 5만 명이 참가한 대규모 반세계화 시위가 대표적이며, 최근에는 2011년 11월 3일 프랑스 칸에서 열린 주요 20개국(G20) 정상회의를 반대하는 각국의 시위대가 인근 도시에서 시위를 벌이기도 하였다.

3. 인터넷 혁명과 글로벌화의 가속화[6]

(1) 인터넷 비즈니스

새천년(new millenium)이 도래하면서 전 세계 소비자와 기업들 모두에게 충격을 주었던 것은 인터넷의 폭발적인 성장과 이에 따른 사업구조의 혁신적

6 장세진, 전게서, pp.24~30.

그림 1-2 전자상거래의 주체와 대상을 기준으로 한 분류

		대상	
		기업(Business)	소비자(Consumer)
주체	기업(Business)	B2B	B2C
	소비자(Consumer)	C2B	C2C

자료: 장세진, 「글로벌경영」, 박영사, 2011, p.25.

인 변화였다. 인터넷은 정보통신 기술의 발전에 기초한 단순한 새로운 산업의 출현이 아니라, 기존 업체들의 경쟁우위를 순식간에 잠식할 수 있는 잠재력을 가지고 있다. 예를 들어 증권산업에서 E*trade는 거래수수료를 없애면서 온라인 주식매매를 통해 엄청난 수의 고객을 확보하였다. 이와 같이 인터넷의 도래는 그 자체로 새로운 사업영역을 창출할 뿐만 아니라, 기존에 사업을 영위하던 기업들의 경쟁우위를 무력화하고 그들의 시장을 빠른 속도로 잠식하고 있다.

한편, 인터넷은 소비자의 소비패턴에도 영향을 주고 있다. 과거 가격 및 제품에 대한 정보가 부족하였고, 하나의 개인으로 공급자에 대한 교섭력이 부족하였던 소비자들은 이제 인터넷을 통해 많은 정보를 갖게 되었다. 이와 같은 인터넷의 도래는 결국 소비자와 공급자 간의 힘의 균형을 소비자에게 유리하게 바꾸고 있다. 인터넷을 통하여 공급자는 전 세계적인 소비자와 실시간에 만날 수 있는 관계에 놓이게 되었으며, 따라서 산업과 경쟁의 글로벌화는 더욱더 가속화되고 있다. 이처럼 인터넷 경제는 날로 성장해 가고 있으며, 글로벌경영에 있어서도 향후 인터넷을 무시할 수 없게 되었다.

뿐만 아니라 인터넷 기업들의 경영활동에 가장 큰 변화를 요구하게 되는 것은 전자상거래(electronic commerce)의 증가이다. 전자상거래는 초기에 B2C를 중심으로 한 사업이 대부분이었으나, 전자상거래 사용자 및 지출이 늘어나 규

모의 경제가 달성되면서 다양한 비즈니스모델을 갖춘 전자상거래 사이트들이 출현하고 있다.

(2) 인터넷 기반 글로벌경영의 특징

글로벌 소비자 거래

웹을 기반으로 하는 인터넷 비즈니스는 그 자체로 글로벌한 속성을 가지고 있으므로, 글로벌경영을 하는 기업들에게는 새로운 사업기회가 자연스럽게 생기게 된다. 먼저 기업들은 인터넷을 통해 전 세계에 있는 소비자에게 손쉽게 다가갈 수 있다. 전통적인 산업에서 외국에 있는 소비자에게 판매를 하기 위해서는 수출이나 해외직접투자 등으로 많은 투자가 필요하였으나, 지금은 인터넷의 발전으로 인하여 해외에 있는 소비자를 손쉽게 접촉할 수 있게 되었다.

한편, Yahoo, eBay, E*trade, Amazon 등의 미국의 인터넷 선도기업들은 한국의 기업들과 합작투자나 전략적 제휴를 통하여 한국을 비롯한 전 세계로 진출하고 있다. 이와 같이 글로벌 인터넷 기업이 전략적 제휴나 합작투자, 인수·합병을 통해 진출하게 됨에 따라 한국의 자생적인 인터넷 기업과 향후 치열한 경쟁이 예상되고 있다.

글로벌 기업간 거래

인터넷을 통한 국제거래는 개방적인 네트워크와 저렴한 비용으로 기업들의 효율성을 높여 준다는 장점이 있어 점점 인터넷을 통한 기업간 거래는 계속 증가하는 추세이다.

뿐만 아니라 인터넷을 통해 세계에서 가장 좋은 조건을 제시하는 기업과 거래를 할 수 있는 기회도 주어지게 됨에 따라 점점 이들 간의 글로벌 경쟁이 심화되고 있다. 이러한 B2B 전자상거래를 통해 기업들은 수직적인 거래도 할 수 있지만 수평적인 거래 또한 가능하다.[7]

---

7 한국과 일본기업들의 B2B 인터넷 비즈니스의 특징 중의 하나는 종합상사들이 활발히 참여하고 있다는 점이다. 전통적으로 수출과 수입 등의 영역에서 정보중개업을 본업으로 하던 종합무역상사는 인터넷을 통한 정보중개업이 빠른 속도로 성장하게 됨에 따라서 자신의 본업이 잠

이처럼 기업들이 글로벌 경영을 수행함에 있어 인터넷의 발달은 기존의 기업들과 신생기업들에게 새로운 사업을 수행할 수 있는 기회와 더욱더 글로벌화할 수 있는 기회를 제공해 주고 있다. 기존의 기업들은 인터넷을 통하여 후방과 전방으로의 물류의 흐름을 더욱더 범세계적이며 더욱 효율적으로 수행할 수 있게 되었으며, 인터넷을 통하여 새롭게 탄생한 기업들은 자신의 비즈니스 아이디어를 범세계적으로 확장시키기 위하여 이에 맞는 글로벌전략이 필요할 것이다.

제 2 절 기업의 글로벌화 과정

1. 글로벌경영의 개념

(1) 글로벌경영의 의의

글로벌경영(Global Management)은 기업의 경영활동이 국경을 넘어 전 세계 시장을 대상으로 이루어지는 사기업 또는 정부에 의해 수행되는 비즈니스 관계로서 정의할 수 있다. 이러한 글로벌경영은 21세기 기업경영에서 중심화두로 등장하고 있는데, 글로벌기업들은 원자재 조달활동, 생산활동, 마케팅활동, A/S활동 등을 전 세계를 대상으로 전개하는 특징을 갖는다. 그리고 기업을 둘러싼 환경의 급격한 변화로 21세기를 살고 있는 최고경영자에게 있어 효율성을 감안한 글로벌경영에 대한 합리적인 의사결정은 매우 중요한 역할이 된다.

글로벌경영은 오케스트라의 지휘와 유사하여 어느 한쪽에 치우치지 않는 열린 마음을 가져야 전체적인 조화를 이룰 수가 있으므로 모든 기업은 열린 개방조직이어야 한다. 즉 다양한 시각을 가져야 모든 것을 받아들이고 이해할 수 있다. 그래서 기업과 사회 모두가 이익이 되는 상생적·유기적 시스템으로 발전

식당하는 위기에 처하게 되었다. 따라서 이들 종합상사는 자신의 기존의 무역업을 인터넷을 통한 정보중개업, 즉 글로벌 B2B로 급속히 전환하고 있다.

그림 1-3 글로벌경영 트렌드

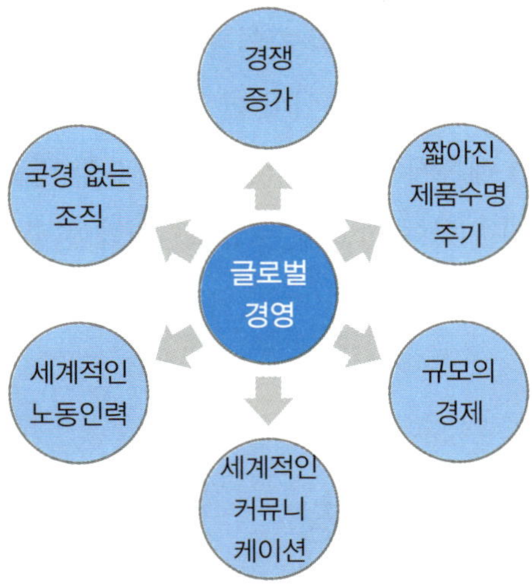

자료: 박영배 외, 「글로벌시대의 기업경영」, 청람, 2009, p.375 참고.

될 수 있을 것이다. 따라서 글로벌경영은 전체 경영시스템을 하나의 통합체로 이해하면서 접근해야 한다.

특히 정상적으로 글로벌경영을 하기 위한 자원을 충분히 가지고 있지 못한 중소기업들은 해외시장진출에 있어 많은 어려움을 느끼고 있는 실정이다. 이러한 애로점의 해결책으로 등장한 것이 인터넷인데, 이러한 인터넷을 통한 전략이 기업의 경영활동에 활용되면서 해외시장확대에 많은 관심을 갖게 되었으며, 글로벌경영활동에 접목시키고 있다.[8]

(2) 글로벌경영의 체계

인터넷과 정보기술 등의 발달은 국가 간 물리적 국경을 무너뜨려 글로벌화를 촉진시키고 있다. 이와 같은 글로벌 환경하에서 기업들이 글로벌경쟁력을

8 박철영, 중소기업의 인터넷특성 인식수준에 관한 연구, 「e-비즈니스연구」, 제7권 제4호, 2006, p.1.

그림 1-4 글로벌경영의 체계도

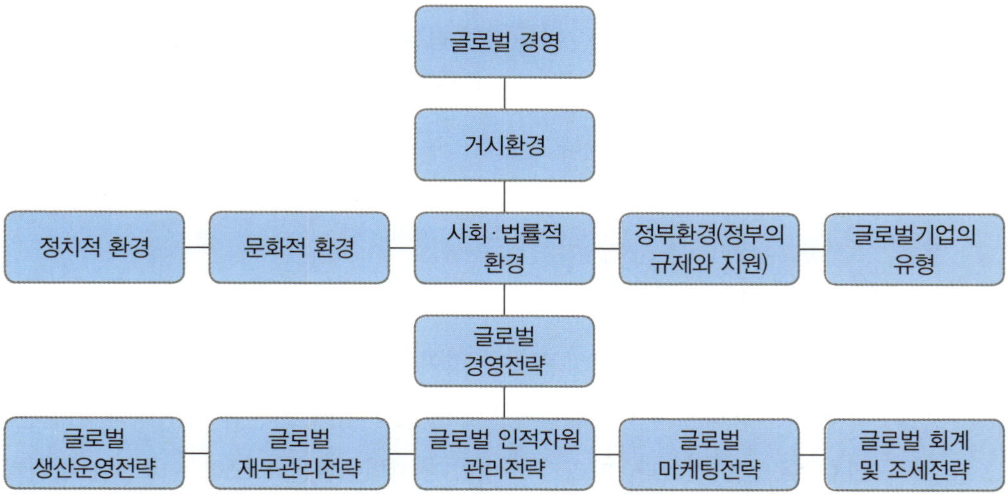

자료: 박영배 외, 전게서, p.379.

확보하기 위해서는 전략적인 마인드 함양, 주력분야 육성, 글로벌 핵심인재 확보 등에 노력해야 한다.

즉 올바른 글로벌경영을 위해서는 먼저 기업경영자가 글로벌 마인드를 함양하고 전략적인 사고를 해야 한다. 또한 세계는 무한한 잠재력과 핵심역량을 갖고 있는 기업들이 경쟁하는 시장이기 때문에 이들 기업과 경쟁하기 위해서는 핵심역량의 보유는 물론 글로벌기업들과 협력하는 사업방식 등 끊임없는 주력분야의 육성이 필요하다. 이외에도 글로벌경영을 효율적으로 전개하기 위해서는 글로벌 핵심인재를 확보하는 것이 중요한데, 우수한 인재가 마음껏 역량을 발휘할 수 있는 경영환경의 조성이 무엇보다도 필요하다.[9]

한편 글로벌경영은 세계 환경의 넓은 국면 내에서 운용되기 때문에 그것은 필연적으로 지리학, 역사학, 정치학, 법학, 경제학 및 인류학을 포함한 수많은 기초학문분야에 의존하지 않으면 안 된다. 이에 부가하여 글로벌경영은 경영환

9 박영배 외, 「글로벌시대의 기업경영」, 청람, 2009, pp.378~379.

경을 이해하고 글로벌 생산운영관리, 글로벌 재무관리, 글로벌 마케팅관리, 글로벌 인적자원관리, 글로벌 회계 및 조세관리 등을 통합적으로 관리하는 글로벌 경영전략이 요구된다. 이들 기초학문분야 및 기능적 영역은 글로벌경영의 수행에 있어서 중요한 역할을 담당한다. 글로벌경영의 기본체계를 그림으로 나타내면 〈그림 1-4〉와 같다.

2. 글로벌경영의 동기

기업이 자국 내에서의 활동을 벗어나서 해외진출을 기하는 데는 여러 가지 요인이 작용하게 되며, 일률적으로 모든 기업이 동일한 요인에서 비롯된다고 말할 수 없는 것이다. 따라서 기업마다 해외진출을 도모하는 요인에 차이가 있다고 본다.

그림 1-5 글로벌경영의 진출요인

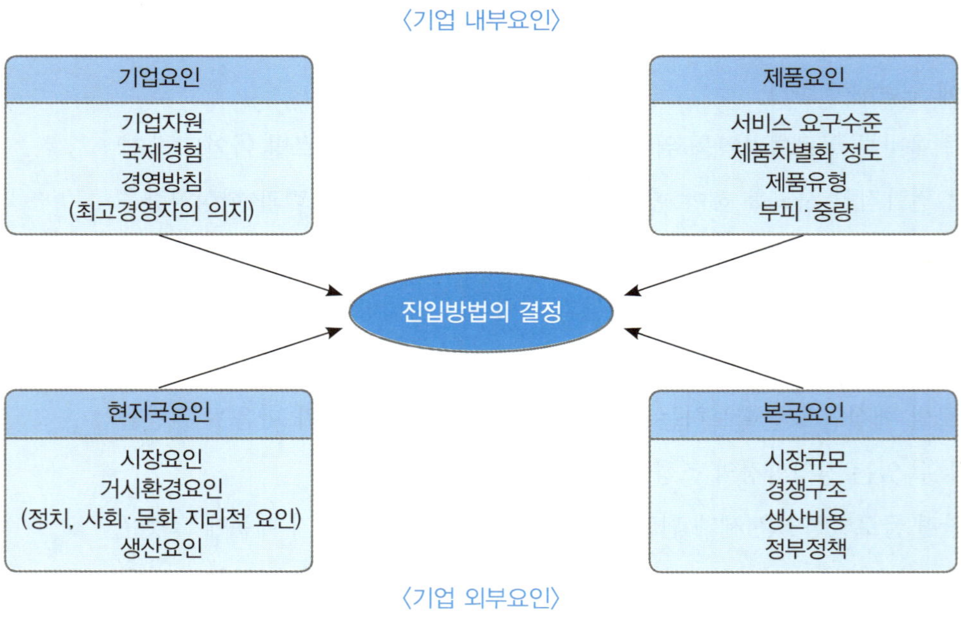

자료: 전외술, 「글로벌화시대의 글로벌경영」, 대명, 2009, p.40.

일반적으로 기업이 해외시장에 대해 관심을 갖는 동기는 국내시장의 성장 한계, 경쟁격화, 해외시장의 새로운 가능성 타진 등 다양하다. 이처럼 기업이 글로벌경영에 종사하는 데는 여러 가지 동기와 이유가 있겠으나 대체로 주요 동기로서 고려될 수 있는 것은 다음의 세 가지이다.

(1) 판매확대

기업이 내수시장에서의 기업이윤율의 저하를 벗어나 판매의 획기적 증대를 꾀하려면 당연히 국외판매를 고려하지 않을 수 없다. 따라서 국외판매는 기업의 글로벌경영의 진입에 중요한 동기가 된다. 해외판매를 통해 이익을 크게 올리고 있는 것은 오늘날 많은 세계적 거대기업들에서 그 예를 쉽게 볼 수 있다. 즉 독일의 BASF, 스웨덴의 Electrolux, 미국의 IBM, 프랑스의 Michelin, 스위스의 Nestle, 네덜란드의 Philips, 스웨덴의 Volvo 등은 총매출액에서 차지하는 해외매출액의 비율이 80%를 상회하고 있다. 그러나 중소기업의 경우도 국외판매를 통해 추가이익을 올릴 수 있는 것이다.

(2) 자원획득

제조업자 또는 판매업자는 외국에서 만들어진 제품 및 서비스는 물론 완제품 및 부품을 얻으려 한다. 흔히 해외구매는 자국 내에서 쉽게 얻을 수 없는 유일한 무엇을 얻는 데 필요한 방편이다. 예컨대, 루카스 필름(Lucas Film)은 '스타워즈(Star Wars)'를 촬영함에 있어서 영국 내의 스튜디오를 사용하였으며, 캐너(Kenner)는 마카오에서 레이저 권총을 제작하기도 하였다.

이와 같이 기업은 자사가 필요로 하는 자원을 외국으로부터 획득함으로써 비즈니스가 가능해지고 또 그것에 의해서 이익이 창출될 수 있는 것이다.

이러한 전략은 기업으로 하여금 자사제품의 품질을 향상할 수 있고 또 경쟁자와 차별화를 기할 수 있게 하며 그럼으로써 자사의 시장점유율과 이익을 높인다.

(3) 판매와 공급원의 다각화

기업들은 일반적으로 판매와 이익의 급격한 변화나 감소에 따른 충격에서 벗어나기 위하여 외국시장 및 외국구매를 추구한다. 내수시장과 외국시장을 함께 갖는 경우, 양 시장 간에는 수요의 차이를 어느 정도 상호 보완할 수 있고, 또 다른 나라에서 장기적으로 중요한 계약을 체결하는 데 성공할 수 있다.

다른 나라에서 활동하고 있는 많은 기업들은 국가 간에 경기순환의 차이를 잘 이용한다. 즉 불경기에 직면하고 있는 나라에서 판매 감소 후에 경기회복을 맞고 있는 다른 나라에서 판매증대가 가능하다.

3. 기업의 글로벌화 과정

(1) 글로벌기업의 정의

기업의 글로벌화는 외형적으로 조직과 경영활동의 해외진출 형태로 나타나지만 본질적으로는 국제수준의 경쟁력을 갖추며 기업의 제반활동을 전 세계적 관점에서 최적화해 나가는 과정이다. 즉 세계시장의 일부, 기업 전체조직의 일부라는 인식으로 경영활동을 수행해 나간다는 것을 의미한다.

글로벌기업의 정의에 대해서는 아직 통일적인 견해에 도달하지 못하고 있다. 국제기업이라는 표현 이외에 흔히 다국적기업, 초국가기업, 초국적기업, 세계기업 등의 표현이 사용되고 있는데, 어느 것이든 유의어로서 간주할 수 있다. 이 중에서 다국적기업이라는 어휘가 보편화되고 있다. 광의로 다국적기업이란 대외직접투자를 2개국 이상의 나라에 대해 이행하고, 다수국에 거점을 갖고 있는 거대기업이라고 정의할 수 있다.

글로벌화된 산업에서는 제품, 기술, 서비스가 각국으로 자유롭게 이동하며 인적 자원과 자본의 흐름도 자유롭게 이루어지고 있다. 이렇게 국제거래에 의하여 제품과 서비스가 이동할 뿐만 아니라 기술 및 자본과 인적 자원 등 생산요소의 이동도 자유롭게 되는 것은 특히 각국에 직접투자형식으로 자회사를 설립한 다국적기업들에 의해서 활발하게 이루어지고 있다. 다국적기업(multinational corporation)에 대한 정의는 학자마다 상이할 수 있으나 원래 의미대로 해석하면 두 개 국가 이상에서 현지법인을 운영하고 있는 기업이면 모두 다국적기업이라고 부를 수 있을 것이다. 최근의 유엔무역개발회의(UNCTAD) 2011년 세계투자보고서에 따르면 현재 전 세계적으로 활동하는 다국적기업은 총 7만9,000여 개이며, 지구상 곳곳에 퍼져나가 있는 다국적기업의 외국 자회사는 80만 개에 이른다. 세계경제에서 다국적기업이 차지하는 비중도 갈수록 커져 다국적기업이 전 세계 상품 수출의 3분의 1 가량을 담당하고 있다. 고용 인원은 2011년 현재 6,900만 명에 이른다. 다국적기업의 총생산·판매·고용은 2006~2007년에 두 자릿수의 증가율을 보였다. '자본 지구화'의 물결이 그야말로 최고조에 이른 셈이다. 그러나 갑작스럽게 글로벌 금융위기가 터지면서 2008년에 초국적기업의 총생산·판매·고용은 감소했다. 하지만 2009년 침체 이후 2010년에 반등하여 2011년까지 계속되고 있다.[10]

다국적기업이라는 어휘는 제2차 세계대전 이후에 학계, 경제계, 저널리즘계 등을 막론하고 각국에서 널리 사용되어 오고 있으며, 오늘의 경제현상을 논함에 있어서는 무시할 수 없는 것으로 되고 있다. 다국적기업이라는 어휘는 1960년에 릴리언잘(D. Lilienthal)에 의해서 처음으로 사용되었으며, 그 후 「비즈니스 위크」지가 미국의 대기업들이 새로운 기업형태인 다국적기업으로 진화한 것이라고 주장함에 따라서 급속히 세계적으로 유포되기에 이른 것으로 알려지고 있다.

이 밖에도 초국적기업, 국제기업, 세계기업, 글로벌기업(global enterprise), 탈국적기업, 초국가기업, 우주기업 등의 유사한 어휘들은 학자에 따라 여러 가지의 정의가 내려지고 있다.

이와 같이 통일적인 견해가 결여되어 있기 때문에 〈그림 1-6〉에서 보는 바와 같이 다양한 분류가 이루어지고 있는데, 다국적기업의 분류를 위한 객관적 지표와 비객관적 지표로 구분하여 고찰해보면 다음과 같다.

---

10 한겨레21(2010.2.5), "혜택만 있고 책임은 없는 외투기업"(제797호).
해외수출입은행 해외경제연구소, 2011년 세계 해외직접투자 동향 및 전망(2012.8.20)

그림 1-6 다국적기업화의 정의

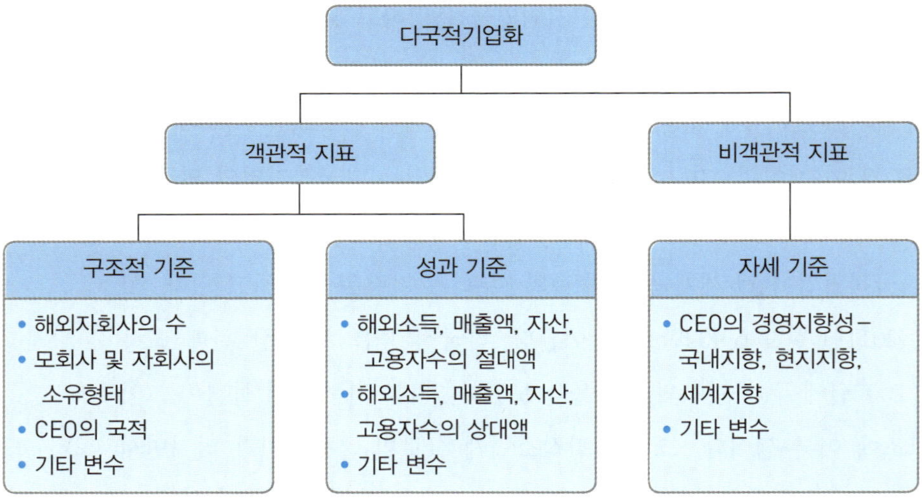

객관적 지표

객관적 지표가 될 수 있는 구조적 기준과 성과기준은 통상적으로 쉽게 식별되기 때문에 계량화가 가능하다. 해외자회사의 수나 본사에서 사용되는 외국어 및 기타 지표 등을 기업의 국제사업활동에 대한 실제적인 관여의 정도를 나타내는 최선의 지표로서 절대시하는 연구자도 있다. 그렇지만 연구자가 객관적이라고 생각하는 이러한 다국적화의 진척도 측정의 척도로서 타당성이 있는지의 여부는 이론의 여지가 있다.

예컨대, 사업활동을 7개국에 걸쳐서 하고 있는 기업이 10개국에 걸쳐서 하고 있는 기업보다 국제화가 뒤지고 있다고 단정적으로 말할 수는 없을 것이다. 구조적 지표와 성과지표가 아무리 유용하다고 하더라도, 그것들에 의해 다국적기업화는 규정될 수도 없을 뿐 아니라 충분조건도 아니라고 할 수 있다. 따라서 객관적 지표로서 다국적기업화를 측정하는 어려움은 다양한 측정방법을 결합하면 해소될 수 있는 경우도 있을 것이다.

비객관적 지표

다국적기업에 있어서 의사결정이 실제로 어떻게 행해지고 있는가를 고려할 때, 해외활동에 대한 최고경영층의 기본적 태도가 얼마나 중요한가는 자명해진다. 그들은 기업의 중요 해외업무에 대한 방침을 어떻게 결정하고 있는지, 각종의 해외시장 기회를 어떻게 분석하고 있는지, 합작사업의 파트너를 어떻게 선택하고 있는지, 이러한 주요 요건에 대한 그들의 의사결정은 결국 이들 요건에 대한 인재나 아이디어의 면에서, 외국인과 자국인의 어느 쪽이 유능하고 또 신뢰할 수 있는가를 판단하는 데는 그들의 태도나 신념이 크게 좌우한다.

(2) 글로벌기업의 발전단계

국제기업이나 다국적기업은 초기의 발생기에서부터 출발해서 일정한 발전단계를 거쳐 진정한 의미에서의 국제경제 통합의 한 형태로서 초국가적 국제기업으로 전환되어 간다는 것이 지배적인 견해인데, 이러한 국제기업에 있어서의 탈국적화(脫國籍化) 과정은 국제기업의 커다란 문제점으로 제기되고 있다. 국제기업의 발전단계는 학자에 따라 그 견해가 다르나, 대체로 다음과 같은 단계로 구분할 수 있다. 먼저, 기업조직을 기준으로 한 4가지 단계별 유형(E. I. Kolde)은 국제사업본부기업(international headquater's company), ② 기지기업(base company), ③ 세계기업(world company), ④ 초국적기업(超國籍企業) 등이고, 둘째, 기업의 의사결정을 기준으로 한 국제기업화과정(C. P. Kindleberger)은 ① 해외활동사업을 벌이는 국내기업(national firm with foreign operation), ② 다국적기업(multinational firm), ③ 국제기업(international firm) 등으로 구분하고, 셋째, 제품·직능·지역에 대한 경영자의 의사결정 태도나 지향성(志向性)을 기준으로 한 다국적기업의 발전단계(D. A. Heenan & H. V. Perlmuter)는 ① 자국(自國)지향형, ② 현지지향형, ③ 지역지향형, ④ 세계지향형으로 구분하고, 넷째, 기업실체의 발전과정을 소유와 경영의 국제화를 기준으로 한 구분(R. D. Robinson)은 5단계로 구분하고 있다. 즉 ① 제1단계: 국내기업이 단일상품과 기술의 수출활동을 영위하는 국내기업의 단계, ② 제2단계: 해외기업에의 의존도가 높은 해외사업은 독립채산제를 택하게 하고, 경영의 국내 대 해외라는 경영관이 지배적인 국제기업의 단계, ③ 제3단계: 국내·해외라는 구별이 없이 사업활동이 일체화되고, 최고경영자에 외국인 경영자의 등용 및 국제사업부 해체라는 경영의 국제화가 진행되는 다국적기업의 단계, ④ 제4단계: 기업 전체의 의사결정에 관계하는 소유권이 2개국 이상의 국적에 걸치는 것이 되고, 경영의 국제화가 더욱 진전되는 초국적기업의 단계로, 로열더치셸(Royal Dutch/Shell), 유니레버(Unilever) 등 2개의 회사가 이 단계에 있다. ⑤ 제5단계: 개개의 독립된 주권국가 밑에 있는 기업체가 아니고, 세계연방이나 유럽공동체(EC) 또는 연합국가가 그 지배범위 안에 경영자원을 가지고 효율적으로 이용, 최대의 성과를 올릴 수 있도록 계획하는 기업을 설치·운영하는 초국가(超國家)기업의 단계로서, 현실적으로는 존재하지 않는 기업실체이다.[11] 여기서는 기업의 글로벌화 과정을 히넌과 펄뮤터(Heenan & Perlmutter, 1979)의 관점에 따라 다음과 같은 네 단계로 나눌 수 있다.

① 국내지향적(ethnocentric) 기업: 이는 세계 속에서 본국인을 중심적 지위에 두고, 일의 결과에 따라서는 그들에게 많은 보수를 주는 것이다. 이 배경에는 본국측이 외국인에 비해서 보다 뛰어난 지식이나 능력을 가지며, 또 신뢰할 수 있다고 생각하는 경향이 있다. 해외지역 본부나 각 관련회사의 임원 및 최고경영층은 본국에서 파견되고 있다. 즉 그들에게는 본사근무의 경험이 있다. 이러한 배경의 공통성은 기타 중요의사결정이 행해질 때 현저하게 된다. 국내지향적 자세는 세계 속에 흔히 있는 것이고, 변화에 대한 저항이 엄하게 되는 것은 당연한 이치이다.

② 현지지향적(polycentric) 기업: 각국 문화는 크게 차이가 있고, 외국인에게는 이해하기 어려운 것이기 때문에 현지사업이 수익을 올리고 있는 한, 본사는 개입해서는 안 된다고 하는 자세를 취한다. 이는 "로마에 가면 로마인이 되라"는 속담이 잘 말해 주듯이 해외관리자에게 대부분의 권한을 위임하는 것이다. 현지지향적인 조직 속에서 해외 자회사의 주요 지위는 거의 현지인에 의해서 차지되고, 고용계약이나 인재개발도 그들

11 http://ko.wikisource.org/wiki/에서 참고한 자료임.

자신이 담당하며, 현지자회사에 의해서 구성된다. 이러한 본사의 온건한 자세에는 경영·정치적 입장에 근거되어 있다. 현지인 관리자는 절대적이라고 말할 수는 없지만, 관리 면에서는 상당한 자율성이 부여되고 있다. 이러한 현지지향적 기업은 일찍부터 국제화된 미국과 유럽의 다국적기업에 많이 나타나는 현상이다.

표 1-1 Heenan & Perlmutter의 다국적기업 유형

	국내지향적 (ethnocentrism)	현지지향적 (polycentrism)	지역지향적 (regiocentirism)	세계지향적 (geocentrism)
조직구조	본국의 조직은 복잡하게 분화되어 있으나, 자회사는 단순한 구조이다.	다양하고 서로 독립적인 조직	지역시장에 기반을 둔 상호의존적 형태	상호연관성이 높고 복잡하게 연결되어 있음
의사결정권	본국 본사로 집중	본사의 권한이 적음	지역본부 중심적이거나 자회사 간의 긴밀한 협조하에서 이루어짐	본사와 자회사 간의 긴밀한 협조체제
경영성과의 평가와 통제	본국의 평가기준이 외국인과 자회사에게 적용됨	현지의 기준이 적용됨	지역에서 정함	전 세계적으로 적용가능하고 현지사정에도 맞는 기준을 선택함
상벌제도	본사에 집중되며 자회사에는 없다.	자회사에 따라 다름	지역시장의 목표달성에 대한 보상	다국적기업 전체의 성과와 개별자회사의 목표에 맞는 인센티브를 개발하고 적용함
정보전달과 의사소통	본사에서 자회사로의 일방적인 명령과 지시	본사와 자회사간 또는 자회사끼리의 정보전달이 적음	본사의 간섭은 적은 편이나 지역본부의 간섭이 많음	쌍방향으로 활발한 정보전달이 이루어짐
국가에 대한 개념	본국과 동일시	개별자회사는 현지국가 동일시	지역 소재국의 국적이 많음	국경을 초월함
인사관리	본국출신의 직원을 주로 승진시킴	현지인이 각 자회사를 운영함	지역 국가의 인재를 중용함	국적을 초월하여 개별 업무의 최적임자를 선발하여 임무를 부여하고 승진시킴

자료: H. V. Perlmutter, "The Tortuous Evolution of the Multinational Corporations," *Columbia Journal of World Business*, January-February 1969, p.12.
D. A. Heenan & H. V. Perlmutter, *Multinational Organization Development*, Addison-Wesley, 1979. pp.18~19.

③ 지역지향적(regiocentric) 기업: 후에 첨가된 지역지향 기업유형은 원칙적으로 현지중심의 경영방식을 더 발전시킨 개념이다. 이 개념은 세계 경제가 점차 지역화되고 있는 추세를 감안한 것으로 국제기업은 이질적인 개별 국가보다는 동질적인 국가를 집단별로 묶어 이를 지역단위로 하여 독자적인 경영활동을 전개한다. 의사결정은 지역본부에서 집중적으로 이루어지며, 지역 내의 경영활동이 통합되어 효율성이 추구된다. 지역본부를 총괄하는 경영자도 지역 내의 사람 중에서 선발된다. 필요한 경우 본사와의 커뮤니케이션이 이루어지지만 대부분의 사항은 지역 내 각국 해외자회사 간의 협의에 의해 결정된다.[12]

④ 세계지향적(geocentric) 기업: 이는 의사결정에 있어서 세계적인 시스템 접근을 채용, 각 지역을 통합하려고 하는 것이다. 본사와 자회사는 스스로를 유기적인 세계동일체의 일부라고 생각한다. 인재의 능력은 국적에 관계가 없어진다. 진정한 다국적기업의 특유한 능력이란 자원배분의 최적화를 도모한다는 자세를 주요한 의사결정으로 받아들인다. 펄뮤터(Perlmutter)는 세계지향적 기업이 진정한 의미의 다국적기업이라고 정의하였다. 세계지향적 기업은 본사와 자회사 간의 쌍방향의 정보교환과 협력적인 의사결정이 빈번하고 상호의존적인 구조를 갖는다.

즉 세계지향적 기업에는 본사와 자회사라는 개념이 희박해진다. 해외자회사가 일부 사업분야에서 주도적인 입장을 취할 수 있으며, 어느 특정업무를 가장 잘 수행할 수 있는 사람은 국적을 불문하고 채용한다. 이러한 다국적기업은 세계를 하나의 단위로 파악하고 수립된 전략을 각 국가에서 수행하기 위하여 각 국가의 환경에 알맞은 현지화 전략을 수립한다. 최근에는 이러한 세계지향적 사고를 갖는 다국적기업을 초국적기업(transnational enterprise)이라 부르고 있다.

결국 세계경제의 글로벌화는 피할 수 없는 시대적 조류이며 이러한 경제환

---

12 김광수 외, 「국제경영」, 박영사, 2010, p.28.

경의 글로벌화에 따른 기업들의 다국적기업화 또는 초국적기업화 현상 역시 피할 수 없는 시대적인 조류인 것이다. 어떤 이들은 기업들이 글로벌화된 경영환경에서 살아남기 위해서는 필연적으로 다국적기업화 되어야 하므로 더 이상 어느 기업을 다국적기업으로 부르는 것은 의미가 없다고 이야기하기도 한다.

미국 경제전문지 포춘이 발표한 '글로벌 500대 기업'에 삼성전자·현대자동차 등 17개의 우리나라 기업이 선정됐다.[13] 우리나라 기업들의 활력이 떨어지며 글로벌 500대 기업에 포함되는 한국 기업들 숫자가 수년째 정체 상태에 머물고, 그 비중도 여전히 미미한 상태인 것으로 보인다. 먼저 포춘 500대 기업에 포함된 한국 기업의 수는 2009년 14개, 2010년 10개, 2011년 14개, 2012년 13개, 2013년 14개로 정체 상태를 보이다가 2014년 17개, 2015년 17개로 약간 증가 추세를 보였다. 중국이 37개→46개→61개→73개→89개→95개→106개로 급속히 수를 늘려가고 있는 것과 대조적이다.

중국 기업들에 밀려 미국 기업이 140개→139개→133개→132개→132개→128개→128개로, 일본 기업은 68개→71개→68개→68개→62개→57개→57개→54개로, 독일 기업은 39개→37개→34개→32개→29개→28개로 줄어든 것과 비교하면 한국 기업이 그나마 선전하고 있다는 평가가 가능하다.[14]

(3) 기업의 글로벌화 과정

기업의 글로벌화는 경영시스템이 국제적으로 확대되는 것, 이것은 또한 경영활동의 확대과정에서 기업내부에 점차적으로 축적된 경영자원[15]이 그의 유효한 이용을 위해서 국제적으로 이동되는 현상이다.[16]

---

13 뉴시스, 포춘지 선정 '글로벌 500대 기업'에 한국 17개(2015.7.23)

14 광주 매일신문, 미 포춘 선정 '500대 기업' 한국업체수 정체(2013.7.26)

15 여기서의 경영자원이란 다음과 같다.
① 경영자를 비롯하여 경영관리의 지식이나 경험, 특허, 노하우, 마케팅 등을 포함한 넓은 뜻의 기술적·전문적 지식, ② 원료구입, 자금조달, 판매 등의 시장에 있어서의 지위, ③ 상표 또는 신용, 정보수집, 연구개발 등을 위한 조직이다.

16 J. Johanson and J. Vahlne, "The Internationalization Process of the Firm A Model of Knowledge Development and Increasing Foreign Market Commitments," *Journal of International Business Studies*, 1977, pp.23~32.

기업의 글로벌화 과정은 다양한 측면을 내포하고 있지만, 시장과 진입방식 두 가지 측면에 초점을 맞추어서 기업의 활동이 시간의 경과에 따라서 어떤 단계를 밟아 세계적으로 확대되어 가는가를 살펴본다. 즉 기업의 세계시장 확대단계와 해외시장 진입방식의 고도화를 설명한다.

글로벌 시장의 확대단계

기업이 세계시장을 확대해가는 과정을 동태적으로 설명하면 글로벌 시장 진입 전 단계, 최초의 글로벌 시장 진입단계, 현지시장 확대단계, 범세계적 시장단계로 구분할 수 있다. 이러한 기업의 세계시장확대 과정을 개괄적으로 표시하면 〈그림 1-7〉과 같다.

① 글로벌 시장의 진입 전 단계

글로벌 시장에 진입하기 이전 단계의 기업은 국내시장이 초점이 되며 영업활동영역도 국내에 한정된다. 이러한 단계에서의 기업의 전략은 국내시장에서의 소비자 욕구와 관심, 산업추세, 경제, 사회, 문화, 예술적인 추세를 기초로 하여

그림 1-7 기업의 해외시장 확대과정

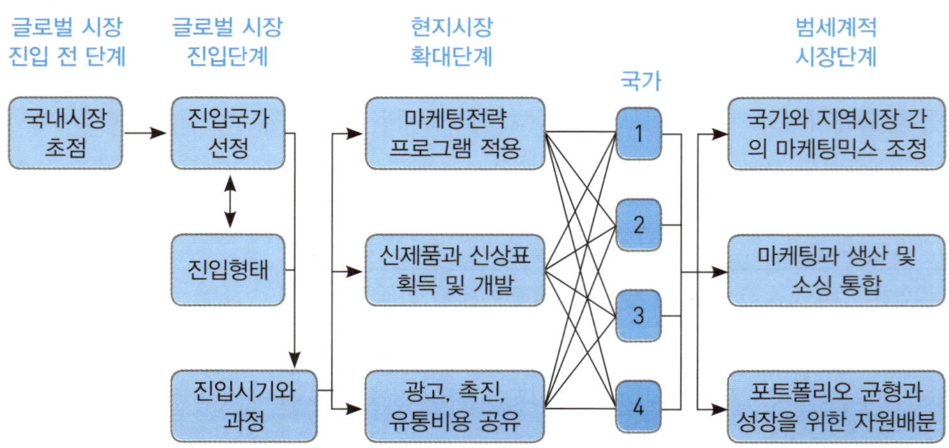

자료: Susan, P. Douglas and C. S. Craig, *Global Marketing Strategy*, McGraw-Hill, 1995, p.32.

만들어진다. 동시에 국내경쟁자들이 기업의 주요 위협 대상으로 간주된다.

대부분의 경우 이러한 기업은 범세계적 시장에서 일어나고 있는 신생활 양식, 새로운 고객의 욕구, 새로운 경쟁자의 출현, 전 세계적 판매망 형성 등과 같은 변화에 관심을 두지 않는다.

그러나 이런 기업은 양질의 제품, 우수한 고객서비스, 저가격전략을 가진 외국의 경쟁기업 및 신기술 출현으로 결국 어려움에 봉착하게 된다. 따라서 글로벌 시장 진입전 단계에 있는 기업은 국내시장이 포화되고, 국내고객의 수요가 해외제품으로 이동하게 되고, 해외시장에서의 조달 및 구매 기회가 확대됨에 따라서 점진적으로 해외시장에 관심을 가지고 진입하게 된다.

② 최초의 글로벌 시장 진입단계

기업의 자원을 국제시장에 투입하는 것은 기업의 성장과 확대를 위한 새로운 기회를 열어놓는 일이다. 그러나 동시에 국제시장 여건에 대한 경험이 적고 친숙도가 낮아 국제시장에서 효율적인 영업활동을 하기 위한 기업의 자원배분에 상당한 어려움을 겪게 된다. 따라서 국제시장에서의 환경적인 조건, 시장수요, 경쟁정도 등과 관련된 정보를 수집하는 일은 자기 기업에 가장 적합한 전략을 개발하고 가장 매력적인 국가시장을 선택하는 데 필요하다. 이러한 국제시장 진입단계에 있어 고려해야 할 기본적인 세 가지 과제를 설명하면 다음과 같다.

첫째는 해외시장국가를 선정하는 일이다. 즉 어느 시장국가에 들어가야 할지 선택하는 문제로 이의 선택기준은 기회와 인식된 위험의 두 가지 차원으로 평가되어야 한다. 진입국가시장의 일반적인 경영환경과 제품 및 서비스시장 여건을 고려해야 한다. 국가 수준에서의 해외투자에 대한 안정성과 경제성장률, 정치, 재무, 법률적인 여건을 조사해 보아야 한다. 동시에 제품시장 수준에서의 시장잠재력의 크기와 위험과 수익과의 상충관계를 파악해야 한다. 높은 시장잠재력과 대규모 시장이라고 하더라도 경쟁이 심하고 위험이 높은 경우가 있을 수 있기 때문이다.

이외에 진입시장국가 선정시 고려해야 할 또 다른 요소로서 해외시장에 대한 친숙도와 지식 및 국내시장과의 유사성 등은 국가 선정에 영향을 미치는 중요한 요소가 된다. 언어, 문화, 교육, 상관습, 산업발달 면에서 유사성이 많은 국가는 심리적 거리가 있는 국가보다 진입하는 데 호의적인 여건이 조성된다. 예를 들면, 스웨덴 기업들은 브라질, 아르헨티나, 오스트레일리아 같은 거리상 멀리 떨어져 있는 국가보다 이웃 국가인 덴마크, 노르웨이, 핀란드에 우선 진입하는 것이 유리할 것이다.

둘째는 해외시장의 진입시기의 문제이다. 해외시장 최초 진입시 또 하나 고려해야 할 중요한 사항은 여러 국가시장에 동시에 진입할지, 먼저 들어가서 경험을 쌓은 후 점차적으로 다른 국가시장으로 진입해야 할지를 결정해야 한다. 이때 국제시장에 진입하는 데 필요로 하는 자원이 많이 소요된다면 점진적으로 국가시장을 넓혀 나가는 것이 유리할 것이다.

반면에 여러 국가시장의 동시 진입은 주요 시장에서 교두보를 확보하게 되어 경쟁자보다 앞서 시장을 점유할 수 있고 후발 진출기업의 모방기회를 줄일 수 있는 이점이 있다. 아울러 규모의 경제와 경험 효과로 단위비용을 보다 더 빠르게 낮출 수 있다.

셋째는 진입방식에 관한 문제이다. 기업이 해외시장에 진입하는 방법에는 크게 수출, 해외직접투자 그리고 국제제휴방식이 있다. 해외시장 진입방식의 결정은 국제시장에서의 자원참여 정도뿐만 아니라 해외시장 여건의 변동에 적응할 수 있는 기업능력과 통제 정도에 영향을 받게 된다.

③ 현지시장의 확대단계

기업의 글로벌화과정의 두 번째 단계인 현지시장 확대단계는 해외 경영활동의 기초가 이미 확립된 현지시장 국가에서의 새로운 성장과 확대전략을 모색하는 단계이다.

대부분 이러한 현지시장 확대에 대한 욕구는 현지관리자에 의해 처음 제기되고 아울러 한 시장에서 성공한 전략을 다른 시장에 이전하고 싶어하는 최고경영자의 욕구와 합쳐 일어난다.

기업이 해외시장에 진입한 후에는 그 시장들에서 매출액과 시장점유율을 높여 나가는 것에 관심을 갖는 것은 당연하다. 이를 위해서는 현지시장에서 새로운 고객층과 제품을 개발하고 경쟁에 효과적으로 대응하기 위한 전략들을 수립하는 것이 필요하다. 그러므로 이 단계에서는 기업은 현지시장 중심적이 된다. 다시 말하면 본국의 마케팅 경험이나 전략들을 해외시장에 단순히 이전시키는 것에서 현지시장 여건에 적합한 마케팅전략을 개발하는 것으로 마케팅활동의 강조점이 이동하게 된다.

이러한 전략의 개발에는 제품의 적응화, 개량화, 제품계열확대, 신제품 개발을 포함하고 있다. 이러한 결정에 있어 주요 기준은 현지시장 개발 가능성과 규모의 경제 실현 여부이다. 제품 적응화와 개량화는 잠재적인 시장기반을 확대하는 데 도움을 줄 수 있다. 예를 들어, 개발도상국에 진출한 기계공구 제조기업은 현지국의 덜 까다로운 소비자들에 적합하도록 제품을 단순화시킬 수 있다. 또한 기업은 제품계열을 확대하거나 현지소비자의 기호에 적합한 신제품을 특별히 개발할 수 있다.

그리고 이 단계에서 현지 자회사들은 기존의 생산 및 유통설비, 제품라인과 사업을 연장해서 마케팅 비용을 분담할 수 있는 새로운 상품, 사업 기회를 모색하게 된다. 이렇게 함으로써 기업은 범위의 경제를 달성하고 핵심적인 경쟁우위를 보다 더 활용하려는 것이다. 예를 들어, 코카콜라의 경우 코카콜라 진입시에 습득한 일본시장과 유통체계에 관한 지식을 활용하여 일본인들의 입맛에 맞는 새로운 냉커피 캔음료 Georgia와 스포츠음료인 Aquarius를 개발한 바 있다.

④ 범세계적 통합단계

기업 글로벌화의 최종단계인 범세계적 통합단계는 전략개발과 적용에 있어 범세계적 목표의 선택으로 특정되어진다. 현지시장국에 적합한 마케팅전략을 잃어버리지 않으면서 범세계적 효율성을 개발하는 데 관심을 기울이는 단계이다.

이러한 단계는 다수 현지국 간의 새로운 아이디어, 경험, 기술의 이전과 국가 간의 영업활동의 조정력을 증대시키는 데 관심을 가진다. 즉 다수의 현지

국가들 위주의 전략개발보다는 마케팅활동 등과 같은 기업의 경영활동이 범세계적으로 통합되어지고 연계되어지도록 하는 데 중점을 둔다. 기업 경영활동의 범세계적 통합단계로의 이동은 기업이 범세계적 규모의 영업활동으로부터 생성되는 잠재적 시너지를 자본화하고 다국적기업의 특성을 최대한으로 이용하는 데 있다.

해외시장의 진입방식 변화

기업 글로벌화는 일반적으로 점진적 학습과정을 따른다. 이는 해외영업에 따르는 높은 불확실성과 해외시장지식 또는 사전경험의 부족으로 글로벌화에는 일정한 학습과정을 필요로 하기 때문이다. 기업은 해외시장에 진입한 이후 시간이 지나고 해외시장에 대한 경험과 지식이 축적되면 높은 수준의 위험이 수반되는 진입방식도 채택할 수 있게 된다는 것이다. 일반적으로 한 기업은 위험도가 가장 낮은 간접수출에서 시작해서 직접수출을 거쳐 해외판매자회사 설립, 합작투자 생산자회사 설립, 단독투자 생산자회사 설립의 순서로 해외시장 진입방식을 고도화시켜 가는 것으로 알려져 있다. 〈그림 1-8〉은 위험도와 기업의 해외활동 통제정도에 따른 해외시장 진입방식의 변화를 보여주고 있다.

카부스길(S. T. Cavusgil, 1984)은 기업의 수출개입활동을 토대로 글로벌화과정을 3단계, 즉 실험적 개입단계, 적극적 개입단계, 완전개입단계로 구분하였다.

첫 번째 단계인 실험적 개입단계란 기업이 해외시장을 개척하는 데 거의 노력하지 않으며 우연한 수출주문에 수동적으로 반응하는 것을 의미한다. 또한 심리적으로 가까운 시장에 국내마케팅전략을 적응하며 수출활동을 위해 기업의 재무적 자원 및 관리자원들을 배분하는 데 어느 정도 거부감을 가지고 있다.

두 번째 단계인 적극적 개입단계는 기업경영자들이 기꺼이 해외시장에 침투하거나 그 해외시장의 특정 욕구에 마케팅 믹스를 적용하며 수출활동을 간헐적으로 수행하는 것이 아니라 정규적으로 수행하는 것을 의미한다.

마지막 단계인 완전개입단계는 특정 기업이 기업활동들을 수출이나 해외영업의 다른 수단(예를 들어, 해외판매자회사나 생산자회사)을 통해 범세계적으로 수행할 때 발생한다. 이러한 유형의 개입은 장기적인 목적이 단기적인 목적에 우선한다는 것을 의미한다.

특정산업의 예로써, 자동차산업의 경우 기업의 글로벌화단계는 ① 완성차 수출단계, ② 해외조립단계, ③ 현지생산단계, ④ 범세계적 제휴 및 조달단계로 점차 고도화된다고 볼 수 있다. 한국 자동차기업의 예를 들면, 완성차를 수출하다가 완성차에 대한 무역규제 등의 환경변화로 해외에 조립공장을 설치하고 한국으로부터 부품을 수입하여 완성차를 조립하는 단계로 이행하게 되었다. 이렇게 되면 부품수출의 증대를 가져오게 되고, 현지부품업체들의 반발 및 현지정부의 부품산업육성책 등으로 인해 부품에 대한 수입규제, 예를 들면 현지화 의무비율의 적용이 이루어져 부품업체의 동반진출 등으로 부품의 현지생산 및 완성차 제조단계로 이행된다. 이와 같은 부품생산, 완성차 조립 및 생산활동의 해외이전뿐만 아니라 한국기업은 타국의 자동차 기업과의 다각적 제휴를 통하여 기업활동을 가장 효율적으로 수행할 수 있는 곳이면 세계 어디에나 배치함으로써 전 세계적 관점에서 경영성과를 극대화하고자 하는 범세계적 제휴 및 조달단계로 나아가고 있다.

그림 1-8 해외시장 진입방식의 변화과정

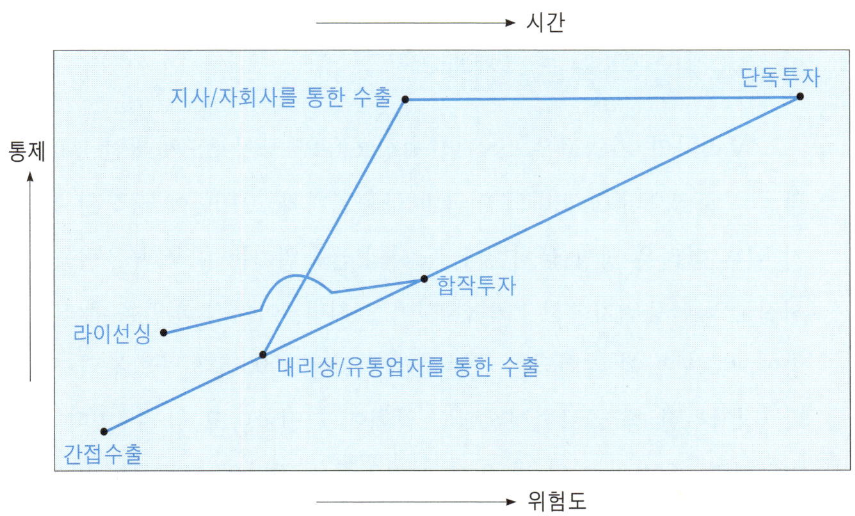

제3절 한국기업의 글로벌경영

우리나라 기업은 지금까지 신제품개발보다는 성숙된 제품을 대량생산하여 저가로 수출하는 형태로 해외사업을 전개하여 왔으며, 종업원의 창의력과 유연성을 키워 주지 못하였다. 많은 변화를 가져오고 있지만 여전히 한국기업의 개인보다는 집단을 강조하는 의사결정방식과 상명하복식의 기업문화는 창의력이 요구되는 신제품개발과 소프트웨어적인 사업부문의 발전을 저해하여 왔다고 할 수 있다. 또한 국내에서 모든 생산활동을 담당하다 보니 환율변동과 무역장벽에 취약한 구조를 갖고 있는 점도 한국기업의 성장에 많은 제약요인으로 존재하고 있다.

여기에서는 현재 IMF, 미국금융위기와 유럽경제 위기 이후 많은 어려움을 겪고 있는 한국기업들의 글로벌경쟁력을 살펴보고 한국기업들이 글로벌경쟁력을 지속적으로 창출하기 위해서는 필연적으로 글로벌화된 기업이 되어야 한다는 당위성을 살펴보고자 한다.

1. 한국기업의 글로벌경쟁력[17]

우리나라 기업들은 1997년 사상초유의 국가부도사태인 IMF 외환위기를 잘 극복하였으나 2008년의 미국발 금융위기와 2010년에 시작된 유럽발 금융위기 이후 어려운 상황에 처했다. 당시의 금융위기는 미국과 유럽을 중심으로 한 선진국의 금융위기에서 기인한 것이 크지만, 이처럼 기업을 둘러싼 대내외 영향에 펀드멘탈이 약화되는 근본적인 원인은 1990년대 중반부터 시작된 수출둔화, 경기부진 등 글로벌경쟁력의 악화에 기인한다고 할 수 있다. 같은 시기에 미국기업, 유럽의 기업 및 일본의 기업들은 과거의 정체에서 벗어나 글로벌경

17 장세진, 전게서, pp.28~36.

쟁력 확보에 적극적으로 나서고 있는 점은 우리에게 시사하는 바가 매우 크다고 할 수 있다. 여기에서는 먼저 한국기업의 글로벌경쟁력을 평가하여 보고, 한국기업이 현재 겪고 있는 어려움의 근원을 규명하고자 한다.

(1) 한국의 글로벌경쟁력

스위스의 국제경영개발원(International Management Development: IMD)은 매년 각국의 글로벌경쟁력을 비교하여 발표하고 있다. 2015년에 발표된 세계 각국의 경쟁력을 비교해 보면, 한국의 글로벌경쟁력은 60개국 중 25위를 기록하고 있다. 이 자료에 의하면 미국이 1위로 세계에서 글로벌경쟁력이 가장 뛰어난 국가로 나타났고, 그 뒤를 이어 홍콩, 스위스가 2, 3위를 차지하고 있다. 우리나라와 같이 아시아의 네 마리 용 중의 하나였던 싱가포르가 4위, 대만이 13위를 차지하고 있다. 그리고 주변국 중에서 중국은 1단계 증가한 22위, 일본은 6단계 하락한 27위, 태국은 1단계 하락한 29위를 기록했다. 한국의 글로벌경쟁력은 22위로서 2008년 이후 계속해서 순위가 상승하고 있다. 즉 2008년(31위), 2009년(27위), 2010년(23위), 2011-3년(22위)로 상승했다가 2014년(26위), 2015년(25위)로 하락했다.

또한 IMD는 각 부문별로 한국의 글로벌경쟁력을 평가하고 있는데 IMD가 평가한 한국의 글로벌경쟁력은 다음과 같다. 한국은 국가경쟁력 순위를 결정하는 4개 부문 중 경제성과에서 15위를 기록했다. 경제성과 중에서는 국내경제(13→12위), 국제무역(34→29위), 국제투자(35→32위), 고용(7→6위)이 올랐지만 물가(50→52위)는 떨어졌다. IMD는 장기실업률(1위)과 실업률(6위), 상품수출액(7위), 경상수지 비중(9위) 등을 강점으로 꼽았다. 직접투자 유입액(47위) 및 누적유입액(55위), 생계비 지수(56위), 환율정책(48위) 등은 약점요인으로 꼽혔다.

4대 부문 중 정부 효율성은 28위로 떨어졌다. 공공재정(24→25위)과 재정정책(17→19위), 기업관련법(42→45위), 사회적여건(36→40위)이 하락했다. 창업절차(4위)와 창업일수(7위), 재정수지(10위), 외환보유고(6위)가 강점으로 꼽혔고, 관세장벽(57위)과 법과 제도가 기업경쟁력을 촉진하는 정도(48위), 고령화 위험(55위) 등은 약점요인이었다.

기업효율성은 37위로 올랐다. 노동시장(36→35위), 경영활동(56→53위), 태도·가치(34→29위) 부문은 올랐지만, 생산성 & 효율성(35→38위), 금융(29→31위) 부문은 하락했다. 강점요인은 상장기업 수(9위), 경제활동인구 증가율(9위), 우수인재 우대(13위)였고, 약점은 회계감사의 적절성(60위), 이사회의 경영감독(60위), 금융 및 은행 규제 적절성(51위) 등이었다.

인프라는 기술인프라(8→13위), 보건 및 환경(28→30위), 교육(31→32위) 부문이 하락하면서 21위로 하락했다. 인프라 부문에서는 고등교육 수학률(2위)과 연구개발비 비중(2위), 첨단기술제품 수출액(5위), 기대수명(12위)이 강점요인으로 꼽혔고, 인터넷 광대역 속도(48위)와 초등학생-교사비율(46위), 이산화탄소 배출 농도(45위) 등이 약점요인으로 작용했다.[18]

이처럼 IMD의 평가에 의하면 외국에서 한국기업의 글로벌경쟁력을 평가하는 시각이 한국인들이 그동안 한국경제에 대해 갖고 있던 자신감과는 상당히 거리감이 있다는 것을 보여준다. 한국경제는 1960년대 경제개발추진 이후 고도성장을 이룩하였다. 그리고 1980년대에는 이른바 3저현상으로 대표되는 국제적인 경기상황과 맞물려 '단군이래의 최대의 호황'이라고도 일컬어진 호황을 맞기도 했다. 외국인들은 이러한 한국경제의 성장에 대해 '한강의 기적'이라고 표현하기도 했고 한국기업들이 가장 빠른 기간 내에 경제성장을 이룩해 왔다는 격찬을 하였었다. 또한 1996년에는 1인당 국민소득이 $10,000을 넘어섰고 선진국클럽이라고 할 수 있는 OECD에 가입함으로써 한국이 더 이상 개발도상국이 아니라 선진국의 문턱에 들어섰음을 자축하는 분위기도 팽배하였다.

그러나 한국의 고도성장은 그동안 저임금과 장시간의 노동량의 투입으로 인한 양적 성장에 불과했지 생산성의 증가로 인한 질적 성장은 아니었다는 평가도 있어 왔다. 스탠포드대학의 크루그만(P. Krugman) 교수는 "아시아의 성장은 허구다"라는 논의를 제기하면서 한국을 비롯한 아시아의 고성장은 단순

18 조선비즈, 한국 국가경쟁력 25위(2015.5.28)

히 자본과 노동의 투입량을 높임으로써 이루어진 것이지 생산성의 증가에 의한 경제성장은 아니었다고 주장하였다. 따라서 노동과 자본의 투입량이 줄어들면, 그만큼 아시아 경제가 고도성장을 할 수 있는 조건은 사라진다고 예측하였다. 결국 크루그만(Krugman)의 예측대로 1997년 후반에는 태국, 인도네시아에서 기업들이 도산하고 금융위기가 도래하였고, 한국도 한보, 진로, 기아, 해태 등 재벌기업들이 부도를 내고 이들 기업에 대출을 해 준 은행 역시 부실화됨으로써 외환위기를 겪어 결국 IMF의 구제금융을 받기에 이르렀다.

크루그만(P. Krugman)의 평가와 같이 한국경제의 고도성장의 배경에는 낮은 임금을 바탕으로 장시간의 노동을 통해 값싼 제품을 만들어 이를 수출해 온 수출드라이브정책이 주효했다고 볼 수 있다. 1960년대와 1970년대 초기에 한국기업은 풍부한 노동력과 낮은 임금을 바탕으로 노동집약적인 산업인 섬유, 신발, 의류 등을 주요 수출품목으로 하여 외화를 획득하였고, 제3차 경제개발계획 이후로는 중화학공업에 대한 투자에 집중하여 TV, VCR 등이 1980년대의 주요 생산품목이 되었다. 그리고 1980년대부터는 자동차와 철강, DRAM과 같은 분야에서 세계최고의 경쟁력을 보유하고 있다. 이러한 한국기업들의 주요 수출품목들의 변화를 보면 노동집약적인 제품의 수출에서부터 점차 자본집약적인 제품의 수출로 이전되어 가고 있음을 알 수 있다.

(2) 한국기업의 산업별 비교우위 변화

한국기업의 산업별 비교우위의 이전과정은 〈그림 1–9〉의 비교우위의 연결고리[19]를 통해 살펴볼 수 있는데 섬유, 신발, 의류 등의 산업은 가장 노동집약적인 산업이고 TV나 VCR은 섬유보다는 훨씬 자본집약적이기는 하지만 자동차와 철강에 비해서는 훨씬 노동집약적인 산업이다. 자동차나 철강분야는 TV나 VCR보다는 자본집약적이면서 반도체나 통신, 생화학 같은 산업에 비해서는 훨씬 노동집약적이다. 좌상방향의 극단에 위치하는 등생산량곡선으로 나타낼

19 비교우위의 연결고리란 등생산량곡선(isoquant curve)과 등비용선(isocost line)을 각 산업별로 나타낸 것이다. 노동과 자본을 두 축으로 표시하였을 때 우측 밑에 위치하는 산업일수록 노동집약적 산업이다.

그림 1-9 비교우위의 연결고리

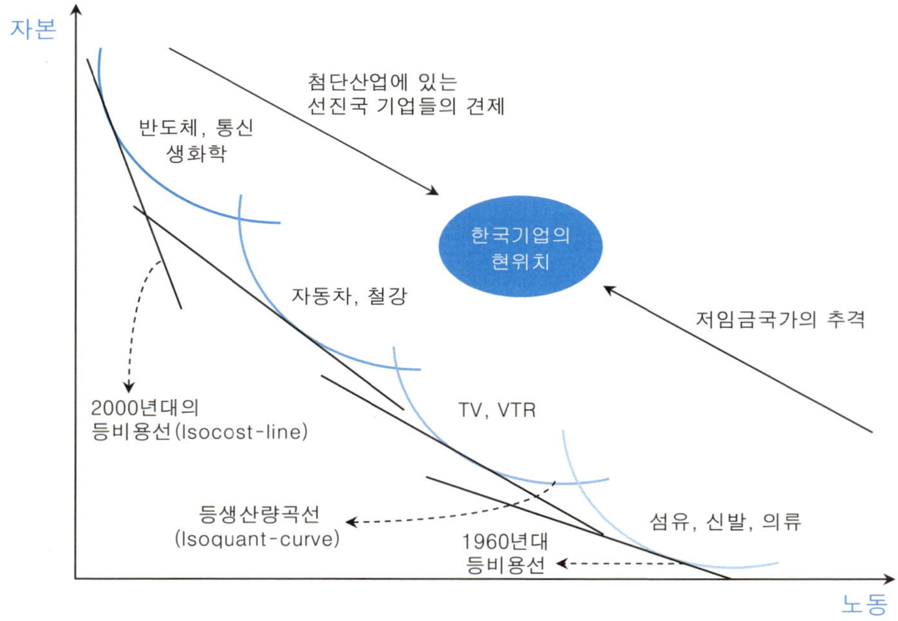

자료: 장세진, 「글로벌경영」, 박영사, 2011, p.32.

수 있는 산업들은 자본집약적이며 연구개발집약적인 산업으로 반도체나 통신, 생화학 등이 이 부류에 속한다.

한편 등생산곡선과 등비용곡선[20]을 이용해 한국기업의 비교우위의 이전과정을 살펴보면, 1960년대와 1970년대 임금이 낮고 자본재가 희귀했을 시기에는 등비용곡선이 평탄하게 나타나는데 이러한 상황에서는 노동집약적인 산업에 비교우위가 있게 된다. 그러나 점차 경제개발이 진전되어 임금이 상승함에 따라 신발, 의류 같은 단순노동집약적인 산업은 경쟁력을 잃어가고, TV나 VCR 같이 보다 자본집약적인 산업이 경쟁력을 얻어가게 되었다. 그리고 1980년대에

20 등비용선은 각국의 요소가격의 상대가격으로서 등비용곡선이 완만하다는 것은 노동이 상대적으로 풍부하고 자본이 상대적으로 희소해서 노동이 상대적으로 저렴하다는 것을 의미한다. 반대로 등비용곡선이 가파른 것은 자본이 상대적으로 풍부하여 노동보다 자본의 가격이 상대적으로 저렴하다는 것을 의미한다.

들어와 임금이 더욱 상승함에 따라 한국은 더 이상 저임금국가가 아니라 상당히 높은 수준의 임금을 지급하는 국가가 되었고 자본 역시 훨씬 더 풍요롭게 되었다. 따라서 이 시기의 한국기업들은 섬유나 의류 등의 경공업분야에서는 한국보다 노동이 훨씬 풍부하고 값싼 중국과 같은 저개발국에게 비교우위를 상실하고 오히려 자동차나 철강 쪽에서 비교우위를 갖게 되었다. 이렇게 이전되는 비교우위를 바탕으로 자동차산업의 대표적인 경쟁자인 일본과 미국의 자동차생산기업들에게 도전하고, 철강분야에 있어서는 미국의 US Steel이나 일본의 신일본제철(新日本製鐵)보다 가격경쟁력을 훨씬 더 높이는 등 글로벌산업에서 경쟁력을 높여왔다. 또한 2000년대에 들어서 한국기업들은 DRAM분야와 IT분야에서는 일본기업을 제치고 최고의 경쟁력을 가진 기업으로 대두되고 있다. 그러나 아직도 생화학 기술분야 등에서는 한국기업들이 가지는 비교우위는 미미하다. 이러한 산업에서는 특히 기술에 대한 투자가 경쟁력을 결정하는 가장 중요한 요인이 되고, 단순한 자본재에 대한 투자만으로는, 즉 대량생산 설비체제를 갖추는 것만으로는 경쟁력을 키울 수가 없다.

따라서 2000년대 중반의 한국기업들은 아직도 비교우위의 연결고리에서 중간 이상의 부분에 위치하고 있으며 점차 좌상향으로 이동하고 있는 것으로 파악할 수 있다. 이와 같은 현실 속에서 한국기업들이 좌상향에 있는 자본집약적이며 연구개발집약적인 산업으로 옮겨 가는 것은 순탄하지 않다. 왜냐하면 한국기업들이 부상함에 따라서 선진국의 기업들은 한국기업에게 기술을 공여하는 것을 꺼리고 있으며 한국기업들이 지식집약적이며 자본집약적인 산업으로 진입하고 있는 것을 견제하고 있기 때문이다. 다른 한편으로는 지금까지 한국기업의 수출의 주요한 원동력이었던 섬유, 신발, 의류와 같은 경공업산업들은 급속도로 경쟁력을 잃어가고 있으며, TV 등의 가전산업과 철강산업에서도 중국과 같은 저임금국가로부터의 치열한 가격경쟁이 대두되고 있다는 점이다. 따라서 한국기업은 위로부터는 첨단산업에 있는 선진국기업들의 견제를 받음과 동시에, 아래로부터는 저임금국가들로부터의 가격경쟁의 추격을 받는 중간 위치에서 많은 어려움을 겪고 있다.

현재 상황에 있어서 한국기업들이 취할 수 있는 전략은 다음 두 가지로 나

높을 수 있다.

첫째, 어떻게 하면 선진국기업의 견제를 물리치고 더 빨리 첨단산업으로 이전할 수 있는가 하는 문제이다. 이를 위해서는 연구개발에 대한 적극적인 투자, 핵심역량의 구축, 선진국기업들과의 전략적 제휴나 합작투자를 통한 기술이전과 같은 구체적인 경쟁력을 얻을 수 있는 전략을 추구할 필요가 있다. 이를 위해서는 선진국에 해외직접투자 형태로 연구개발센터를 설립하거나, 해외인수·합병이나 전략적 제휴를 통해 글로벌기업화하는 것이 필요하다.

둘째, 점차 경쟁력을 잃어가는 노동집약적인 산업에 있어서 어떻게 하면 저임금국가로부터의 추격을 따돌리고 노동집약적인 산업에서의 경쟁력을 유지할 수 있는가의 문제이다. 이러한 노동집약적인 산업에 있어서 기업들이 추구할 수 있는 전략은 품질을 향상시키고 제품의 브랜드를 강화시키며 또한 유통시장의 확보를 통해서 저임금국가로부터의 가격경쟁을 극복하는 일이다. 이를 위해서는 부가가치가 높은 생산활동만 한국에 남기고 임금이 비용을 좌우하는 생산활동은 저임금국가로 이전하여 가격경쟁력을 유지하여야 한다. 예를 들어 섬유산업의 경우 디자인과 염색과 같이 부가가치가 높은 생산부분만 한국에 남기고, 봉제와 재단과 같은 특별한 기술이 필요 없고 임금이 결정적으로 비용을 좌우하는 생산활동은 임금수준이 낮은 중국, 베트남, 인도네시아 등지로 이전시키는 것이다. 이와 같이 노동집약적 산업에서 글로벌경쟁력을 유지하는 방법도 궁극적으로 저임금국가에 해외직접투자의 형태로 진출하여 글로벌기업화하는 것이 필수적인 전략이 된다.

(3) 지식기반 경쟁우위

상술한 한국기업의 비교우위의 변화는 주로 노동과 자본의 두 가지 생산요소만 있는 것을 가정한 것이었다. 그러나 최근 국제경영학계에서는 지식기반 경영자원(knowledge-based resources)이 경쟁우위의 원천이 되고 있다는 점을 지적하고 있다. 지식기반 경영자원이란 기술, 브랜드, 경영노하우 등과 같이 무형이며 많은 경우 노동력에 체화된 경우가 많다.

경영의 구루(Guru)[21] 피터 드러커 교수는 "21세기에 지식이 없는 조직은 지구상에서 사라질 위기에 처하며, 지식이 모든 경쟁우위의 원천이 되는 지식 기반의 시대가 이미 도래했다"고 말했다.

21세기 지식기반 사회로의 이동은 지식과 정보의 활용과 적용에 따라 개인과 조직 그리고 기업의 가치가 달라지는 시대일 것이다. 우리나라 기업들도 새로운 경영패러다임으로 자리 잡고 있는 지식경영을 통한 기업경쟁력 확보를 위해서 하루빨리 학습조직을 통해 공유의 조직문화를 구축해 나가야 할 것이다.

지식기반사회에서 글로벌 경쟁력과 우위를 차지하기 위해서는 무엇보다 우수한 지식재산 창출이 필수가 되어야 한다. 우리나라의 경우 그동안 정부의 연구개발 지원강화, R&D 생산성 및 효율성 향상 등 꾸준히 노력의 결과 특허출원 절대규모와 특허출원 건수는 괄목할 만한 성장을 이루었다. 하지만 연구 성과의 양적 증가에도 불구하고 강한 특허가 부족해 기술무역 적자폭은 계속 늘어나고 있는 추세이다.

세계적인 장수기업을 보면, 새로운 지식의 창출과 획득을 위한 방향을 제시해 학습을 증진시키고, 타성에 젖지 않고 환경변화에 민감하게 대처하며, 기업의 핵심가치에 기반한 핵심역량을 유지하고, 강한 일체성과 응집력을 바탕으로 적극적인 교육과 새로운 아이디어를 통한 기술개발에 투자를 아끼고 있지 않다. 우리나라의 기업들도 초우량기업으로 진입하기 위해서는 지식에 기반한 체계적이고 전략적 경쟁우위 창출 방안을 마련해야 할 것이다.

2. 한국기업의 글로벌기업화[22]

지금까지 살펴본 바와 같이 현재 한국기업이 겪고 있는 어려움을 극복하기 위해 한국기업들이 할 수 있는 선택은 활발한 해외직접투자를 통해서 글로벌기업화하는 것 이외에는 다른 도리가 없음을 알 수 있다. 즉 노동집약적인 산업분야에서는 저개발국가에 직접투자를 하여 저임금을 활용하여 글로벌경쟁력을

---

21 구루(Guru) : 자아를 터득한 신성한 교육자를 지칭함.
22 장세진, 전게서, pp.37～39.

그림 1-10 해외직접투자 연도별 현황

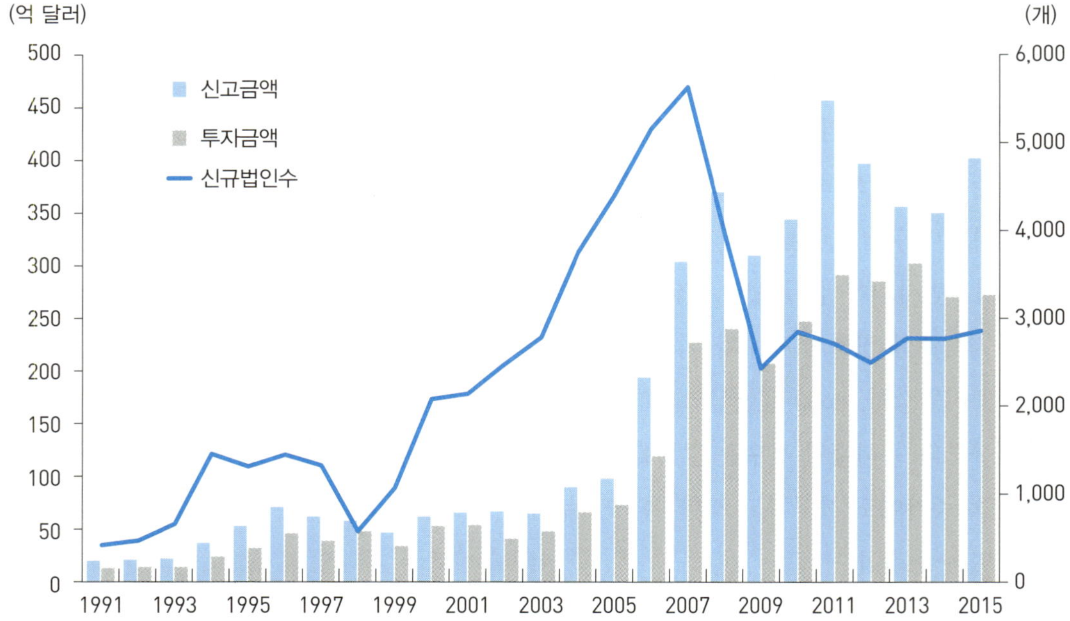

갖추어야 하고, 첨단산업분야는 첨단기술을 획득하기 위해 선진국에 진출하는 등 글로벌기업화하는 것이 더욱 필요하다.

한국기업의 해외직접투자를 보면, 2015년 1~9월 동안 해외직접투자의 업종별 순위는 금융보험업(71.5억 달러), 제조업(59.9억 달러), 광업(39.8억 달러) 순이며, 금융보험업(86.9%), 제조업(1.4%), 광업(7.3%) 등 대부분의 주요 업종에서 투자가 증가했으나, 부동산임대업(△28.9%)은 감소하였다.

표 1-2 연도별 해외직접투자 동향 (단위: 억 달러, 전년대비 증감률 %)

	2011	2012	2013	2014	2015
신고액	457.4(32.8)	396.5(△13.3)	356.4(△10.1)	350.0(△1.8)	402.3(15.0)
송금액	290.8(17.9)	285.4(△1.9)	301.9(5.8)	270.0(△10.6)	271.8(0.7)

표 1-3 GDP 대비 해외직접투자 비율 (단위: %)

연 도	2008	2009	2010	2011	2012	2013
외국인 직접투자비율	10.2	14.5	13.2	12	13.8	13.2

주: 외국인 직접투자 비율=(외국인 직접투자금액÷국내총생산)×100

지역별 순위는 아시아(107.5억 달러), 북미(79.0억 달러), 중남미(40.7억 달러) 순이며, 전체 투자 중 84%에 해당하는 아시아(46.6%), 북미(3.8%), 중남미(11.2%) 상위 3개 지역에 대한 투자는 증가한 반면, 유럽(△9.2%) 등 기타 지역에 대한 투자는 대체로 감소하였다.[23]

〈표 1-3〉에서 보는 바와 같이 우리나라의 해외직접투자는 경제규모에 비해 비중이 상대적으로 낮아 글로벌 경쟁력 제고를 위해서는 해외투자를 확대할 필요가 있을 것이다.

한편 한국기업의 적극적인 해외진출과 관련하여 최근 논의되고 있는 산업공동화(hollowing out)현상을 검토할 필요가 있다. 공동화란 예를 들어 한국기업이 해외직접투자를 하게 됨에 따라 국내의 고용이 감소되고, 국내생산도 줄어드는 현상을 의미한다. 즉 한국기업들이 해외에 공장을 신설하거나 인수함에 따라 그만큼 한국의 생산기지가 없어진다는 의미이다. 한국정부는 한때 이와 같은 공동화현상을 우려하여 한국기업이 해외진출을 할 때 자기자본비율을 일정수준 이상 높게 하도록 함으로써 한국기업의 해외진출을 실제적으로 억제하는 정책을 취하기도 하였다. 그러나 이와 같은 정부정책에 대해서는 많은 경우에 의문점을 제기하기도 한다.

결론적으로 앞서 살펴본 바와 같이 해외직접투자로 인한 글로벌기업화는 한국기업의 글로벌경쟁력을 유지하기 위한 필수적인 전략이다. 일찍이 우리나라보다 앞서 공동화의 논의가 있었던 일본에서는 실제로 공동화가 나타나지 않았다. 이는 일본기업이 해외로 이전한 것만큼, 외국기업이 일본에 진출하여 고용창출이 있었기 때문이었다. 만일 한국에 앞으로 공동화가 일어난다면, 이는

---

23 나라지표(http://www.index.go.kr/potal/main/EachDtlPageDetail.do?idx_cd=1065).

각종 불합리한 규제와 사회간접시설의 미비로 외국기업의 한국에 대한 직접투자를 억제하는 정부의 책임이지, 이런 규제를 피해 외국에 진출하는 한국기업의 탓은 아닐 것이다. 즉 앞으로 정부는 규제완화와 사회간접자본투자로 외국기업의 해외직접투자를 적극 유치하여야 할 것이다.

key point
CASE STUDY

알파고·오픈웜 4차 산업혁명시대…글로벌화 4.0 주도하자

기술·산업·국가 경계 사라진 '노마드시대'…역동적 경제 DNA 되살려야

"우리는 새로운 기술혁명 시대에 살고 있다. 모든 것이 바뀔 것이다. 이것이 바로 4차 산업혁명이다." 클라우스 슈바프 세계경제포럼 회장은 단호한 어조로 미래 50년을 지배할 4차 산업혁명의 충격을 경고했다. 세기의 바둑 대결에서 이세돌을 꺾은 구글 딥마인드 인공지능 알파고가 가져온 충격은 예고편에 불과하다. 인공지능 연구는 뇌연구와 결합해 스스로 판단하고 결정을 내리는 인공지능을 등장시킬 것이다.

미국 벤처기업 오픈웜(Open Worm)은 벌레 신경세포 데이터를 로봇에 삽입해 인공 생물을 만드는 데 성공했다. 오픈웜은 이제 꿀벌을 대상으로 실험을 진행하고 있다. 인공지능을 뛰어넘어 인공 생물까지 창조하는 시대. 영화 아바타가 현실이 될 날도 머지않은 것이다.

지금 우리는 파괴적 기술에 의해 기존 질서와 산업이 붕괴되는 동시에 새로운 시장이 창출되는 '글로벌 빅뱅' 문 앞에 서 있다. 글로벌 금융위기 이후 저성장을 상징하는 뉴노멀 시대에 불확실성이 더해져 세계 경제는 '뉴애브노멀(New Abnormal)' 시대에 진입했다. 자유무역을 기반으로 세계 성장을 주도했던 글로벌화는 쇠락하고 있다. 세계는 또다시 단절화·블록화를 향하고 있다. 민족주의와 지역 갈등, 보호무역이 생존 전략으로 급부상하면서 각자도생을 위한 '고립화(Islandization) 시대'로 접어들었다.

매일경제는 창간 50주년 기념식 겸 제25차 비전코리아 국민보고대회를 통해 대한민국이 지속적으로 성장하고 번영하려면 '글로벌화 4.0'을 선도해야 한다고 제안했다. '글로벌화 3.0' 시대가 국가 간 경계가 무너지고 무역이 확대되는 '국가 중심 세계화'라면 '글로벌화 4.0'은 개인과 기업이 세계 속에서 경쟁을 벌이는 '개인과 기업 중심 세계화'다. 전 세계가 생존을 건 혈투를 벌이고 있는 거대 흐름 속에서 승자가 될 수 있느냐 여부는 대한민국에 던져진 엄중한 질문이다.

매일경제는 국가 개조를 위한, 전략으로 '노바투스 코리아(Novatus Korea)'를 제시했다. 노바투스는 라틴어로 '혁신'을 뜻한다. 과감한 혁신을 통해 4차 산업혁명의 파고를 넘겠다는 의지를 표현한 것이다.

노바투스 코리아는 세 가지 액션플랜을 담고 있다. 우선 리더십 혁신이다. 장밋빛 환상이 아닌 미래 50년을 내다보는 명확한 비전을 제시하고, 행동으로 옮길 수 있는 실천력과 다양한 계층·문화를 포용할 수 있는 리더십을 확립해야 한다. 기술·기업·금융·도시·정치 등 5대 핵심 분야가 창조적 리더십으로 탈바꿈해야 글로벌화 4.0을 선도할 수 있다.

두 번째는 스타트업(start-up) 국가로 전환하는 것이다. 대기업은 미래를 이끌어갈 신사업 투자를 확대하고, 재계 2·3세들은 기업가정신을 되살려 한국 경제 미래를 열어가야 한다. 젊은 스타트업들이 성공할 수 있는 기반을 만들어 경제에 역동적 DNA를 되살리는 것도 동반돼야 한다.

마지막으로 파괴적 신기술 육성이다. 이를 위해 매일경제는 국내 과학기술 전문가 31명과 함께 뇌과학, 인공지능, 양자컴퓨터, 합성생물학, 핵융합 등 한국이 집중 육성해야 할 10대 기술을 선정했다.

신기술 개발로 탄생하는 미래 유망 직업을 예측해 청년들의 미래 일자리 적응력을 높여줘야 한다. 기술·산업·국가 경계가 사라지는 글로벌 노마드

(nomad) 시대는 미래 변화를 예견하고 실력을 기를 수 있는 개인·기업·도시·국가만이 살아남을 수 있는 시대다. 50년 전 매일경제신문은 창간호에서 '앞길은 밝다'는 문장으로 대한민국의 밝은 내일을 예고했다. '노바투스 코리아'는 2016년 매일경제가 자신 있게 말하는 '밝은 앞길'의 또 다른 표현이다.

노바투스(Novatus) : 혁신과 변혁을 의미하는 라틴어다. 혁신(Innovation)이나 개혁(Renovation)을 의미하는 영어 단어들은 모두 노바투스의 어근인 'nov'를 어원으로 탄생했다. 매일경제는 미래 주도형 국가를 만들려면 근본적 혁신이 필요하다는 판단 아래 모든 혁신의 어원이자 뿌리가 되는 노바투스라는 라틴어와 코리아를 합쳐 '노바투스 코리아'를 미래경제 50년의 비전으로 제시했다.

매일경제(2016.3.23)

key point
CASE STUDY

글로벌화 혁명으로 새로운 10년을 열어야

무역대국 대한민국의 수출이 감소하고 있다. 중국을 비롯한 세계 수요의 급속 위축이 주요 원인으로 작용하고 있지만 한국 경제의 경쟁력 감퇴가 근본 요인으로 진단할 수 있다. 운명을 건 승부를 해야 할 것 같다.

물론 수출 감소세 지속에 대비해 내수 활성화가 필요하다. 내수로 만들어지는 부가가치와 일자리 증대는 꼭 필요하지만 한국 경제의 지속 성장을 위해서는 충분하지 않다. 내수 시장은 규모에서 한계가 있다. 과거부터 그러했듯이 미래에도 한국 경제는 해외에서 승부할 수밖에 없다. 구조적 대전환기를 맞아 혁명 수준의 글로벌화를 해야 하는 이유다.

한국 경제의 미래 10년은 글로벌화에 달려 있다. 세계 6위의 수출대국에 오르고 한국인들이 5대양 6대주에 진출하지 않은 지역이 없을 정도로 국제화에 매진해 왔는데 글로벌화 혁명이라니 의아하게 들릴지 모른다.

그러나 객관적 시각을 가진 전문가들이 평가하는 한국 경제의 글로벌 수준은 그다지 긍정적이지 않다. 2015년 1월 다보스포럼에서 오릿 가디쉬 베인앤드컴퍼니 회장은 "더 이상 과거와 같은 방식으로는 안 된다. 기업 활동 전 영역에서 글로벌화가 필요하다"고 주장하며 한국 기업이 이대로는 미래가 없다고 비판했다. 당시 급성장세를 이어가고 있던 스마트폰의 삼성전자나 세계 5위 자동차 회사로 도약한 현대자동차도 가디쉬 회장 눈에는 그저 '수출하는' 기업이지 전 세계를 상대로 소통하고 활동하는 글로벌 기업은 아니라는 것이다. 가디쉬 회장은 한국 기업이 현재와 같은 수출 중심의 경영으로는 글로벌 경쟁에서 점점 더 뒤처질 것이라고 우려한다.

그렇다면 혁명 수준의 글로벌화란 무엇인가. 지금과는 구조적으로, 근본적으로 다른 방향에서 국제화해야 한다는 말이다. 지금까지 한국 경제를 누가(Who), 무엇을(What), 어떻게(How) 해외로 확장시켰는가를 보자. 첫째 한국 경제를 대표하는 소수 대기업이 주도했다. 둘째 석유화학, 철강, 디스플레이, 자동차, 휴대폰, 반도체 등 좋은 품질과 합리적 가격의 제품을 신속하게 개발하고 생산해 냈다. 셋째 부품 조달과 생산 효율에 유리한 국내외 제조공장으로부터 전 세계 시장으로 제품을 공급했다. 하지만 지난 수십년 동안 자리 잡은 이 성공 방식이 이제 도전을 받고 있다.

새로운 성공 방식으로서 '누가, 무엇을, 어떻게'란 무엇인가. 첫째(Who), 이제는 전통 제조 대기업에서 소비 및 유통 대기업과 강소·중견 기업이 주역으로 나서야 한다. 폭발하는 중국 소비시장과 아시아 시장에서 기회를 잡기 위해 철저한 현지화가 필요하며, 지역별·소비자별·분야별로 세분화된 틈새시장을 개척해야 한다. 틈새란 원래 대규모 기업들이 개척하기 어려운 시장이다. 소수 대기업이 표준화된 제품으로 전 세계 시장을 주름잡던 시대에서 수많은 중소·중견기업이 현지 특화된 제품과 서비스를 만들어 냄으로써 대기업으로 성장할 수 있는 기회를 잡는 시대로 이동하고 있다. 최근에 만난 한 중소기업은 베트남에서만 약품을 유통·판매하고 있다. 특별한 제약 기술은 없지만 현지 수요에 적합한 약품을 발굴해 유통함으로써 매년 두 자릿수 성장을 하고 있다. 언젠가 동남아시아 굴지의 바이오 회사로 도약하는 것이 꿈이다.

둘째(What), 전략을 팔아야 한다. 단일 제품이나 특정 기술로 혁신하는 단계에서 전략 혁신을 기반으로 경쟁력을 확보해야 한다. 효율 생산을 하는 운영 혁신이나 남보다 조금 개선된 기술을 기반으로 하는 제품 혁신만으로는 중국 기업의 굴기와 개도국의 추격으로부터 생존하기 어려워졌다. 임마뉴엘 패스트라이쉬 경희대 교수는 기술뿐만 아니라 기획, 디자인, 제조 마케팅 등을 통합해 솔루션을 팔 것을 제안한다. 그는 아예 모범 생태도시를 건설해 그 노하우를 전 세계에 수출할 것을 주장한다. 우리가 글로벌 시장에 팔 것은 제품과 기술만이 아니다. 중소기업의 아이디어와 틈새 기술, 대기업의 마케팅 및 투자능력 등이 결합하면 새로운 글로벌 지평이 열릴 것이다.

셋째(How), 주고받는 쌍방향 국제화를 추구해야 한다. 지금까지 우리 기업은 밖으로 나가는 일방향의 국제화를 했다. 이 때문에 수출대국이면서 글로벌화는 후진형이라는 평가를 받는다. 한국 중소기업 스마일게이트는 중국 텐센트와 합작투자를 통해 스마일게이트 게임으로 중국 시장에서만 1년에 1조5,000억원을 벌어들인다. 그 가운데 5,000억원은 한국 스마일게이트로 송금된다. 한국 중소기업의 수준 높은 기술이나 전략이 해외 자본이나 유통채널과 결합, 쌍방향 시너지를 낼 수 있는 분야는 앞으로도 많다.

수출대국의 꿈은 소수 대기업이 주도해 이루어냈다. 그러나 미래의 글로벌 강국은 소비, 유통, 서비스, 콘텐츠 등 다양한 분야에서 작지만 강한 기업이 주도할 것이다.

전자신문(2016.3.7)

글로벌경영론

제 2 장

글로벌 경영환경

introduction
CASE STUDY

미얀마, 무역환경 개선…자동차·섬유 수출 유망

미얀마, 무역투자 환경 개선… 자동차·섬유 등 수출 유망
신정부, 경제·무역 발전정책 최우선 추진
미 "GSP 부여하고 달러거래 규제 해제"

미얀마 민주주의민족동맹(NLD)이 이달 초 치러진 총선에서 압승을 거둔 가운데, 미얀마 정부가 향후 경제발전 및 무역투자를 최우선적으로 추진할 것으로 전망된다. 이에 따라 우리기업들의 미얀마 투자를 긍정적으로 검토할 필요가 있다. KOTRA는 최근 이 같은 내용의 '미얀마 총선결과에 따른 정책 방향 및 시사점' 보고서를 발간했다.

보고서에 따르면 미얀마 국민과 외국인에게 각각 다르게 적용되던 투자법이 新투자법으로 통합되면, 향후 투자환경이 크게 개선될 것으로 기대된다. 또한 중앙은행법, 노동법, 중소기업육성법 등 다양한 경제입법이 시행되며 미얀마 시장의 투명성이 증가할 것으로 보인다.

특히 자동차 및 자동차부품 시장은 자동차법 개정과 현지 수요 증가로 전망이 밝다. 미얀마 자동차 바이어 따웅따(Thaung Thar)사의 뇨윈(Nyo Win) 이사는 "총선 후 도로 확장 프로젝트 증가로 자동차 및 부품 수요가 확대될 것"이라고 전망했고, 현지 현대자동차 딜러 오민호 법인장도 "오른쪽 핸들 차량이 금지되는 자동차법 개정으로 한국산 수요가 증가할 것으로 예상된다"고 말했다.

또 미얀마에 진출한 우리 기업의 50% 이상이 종사하고 있는 섬유 및 의류 분야에 GSP(일반특혜관세제도)가 부여되면, 우리 진출기업의 대미수출 증가 및 신규투자가 확대될 것으로 기대된다. 현지 한국봉재기업 협회장인 골든샤인 서원호 대표는 "수출에 긍정적인 변화가 예상되나 NLD가 노동자 위주의 정책을 취할 경우 노사문제가 우려된다"고 밝혔다.

미얀마 총선에 대한 미국의 긍정적인 평가로 일반특혜관세(GSP)가 부여될 가능성도 높아졌다. 총선 후 트레버 킨케이드(Trevor Kincaid) 미국 무역대표부(USTR) 대변인은 "USTR 주도 아래 미얀마의 GSP 혜택 적격성에 대한 관계부처 합동 검토를 재개했다"고 발표해 GSP 부여에 대한 기대감을 더했다. 또한, 미얀마에 대한 달러화 거래를 규제하는 패트리어트법(애국법)이 해제되면 자유로운 달러 송금이 가능해져 금융거래도 크게 개선될 전망이다.

평화적인 정권교체가 이루질 경우, 각국의 미얀마 선점을 위한 진출이 본격화될 전망이다. 미얀마의 최대 교역국(전체의 33.2%)이자 최대 투자국(전체의 25.9%)인 중국은 미국의 미얀마 영향력 확대를 견제하기 위한 원조 및 투자를 확대할 것으로 예상된다. 일본은 미얀마와 띨라와 경제특구 공동개발, 차관제공, 무상원조 등 정부 차원의 적극적인 지원 속에 투자진출이 활발해 질 것으로 보인다.

신투자법 도입으로 투자환경 개선

기회요인=미얀마의 법안 개정으로 인한 투자 환경이 개선될 것으로 보인다. 신투자법 도입으로 내외국인에게 차별적으로 적용되던 투자법이 통합될 예정이다. 신투자법으로 민간 소유지를 임대시 정부의 허가를 생략할 수 있고, 국제통화기금(IMF)의 허가 통화로 송금 및 거래가 가능하다. 또 현지인 고용 의무가 경감 내용의 법안 개정으로 투자진입 장벽이 낮춰질 전망이다. 또 미얀마 중앙은행법 개정으로 금융 부문의 투명성이 향상되고, 우측핸들 차량을 규제하는 자동차법 시행으로 좌측핸들 차량을 수출하는 우리기업에게 긍정적인 영향을 미칠 것으로 보인다.

미국이 미얀마 총선에 대해 긍정적인으로 평가하며 일반특혜관세제도(GSP)를 적용할 가능성이 높아졌다. 미국의 GSP의 관세 혜택이 의류 분야에 우선적으로 부여될 가능성이 높아 미얀마에 진출한 우리기업 절반 이상이 봉제업에 종사하고 있다는 점에서 미국의 경제제재 해제는 우리기업들에게 매우 긍정적인 소식이다. 미국의 패트리어트법(애국법)이 해제될 경우 자유로운 달러 송금이 가능해질 것으로 전망된다. 2012년 이후 미국은 미얀마에 대해 달러 송금에 대한 부분을 극히 제한적으로 해제했으나 이번 선거로 달러 송금 가능성이 확대됐다.

장기·대형 프로젝트에 대한 수요도 증가할 것으로 예상된다. 선거로 인해 지연됐던 인프라 투자 사업들이 활발해지면서 현 정부의 정권 재창출을 위해 진행됐던 민생용 단발성 프로젝트가 아닌 장기·대형 프로젝트 수요가 본격적으로 증가할 전망이다. 특히 운송과 정유, 광물, 송배전, 도로 분야에 대한 프로젝트 수요가 있을 것으로 보인다. 기존에 우리 기업이 미얀마 사업에 참가했던 경험을 활용해 신규 프로젝트 수주를 도모해볼 수 있을 것으로 분석된다.

조세관련 법률 엄격…법인세 인상

위협요인=조세 및 노동 관련 입법으로 인한 비용이 증가할 것으로 예상된다. 신조세수단 도입에 따른 상업세 면제 범위가 축소되고, 공공요금 인상 등으로 투자 진출 비용이 증가할 것으로 전망된다. 조세관련 법률은 엄격하게 적용할 것으로 예상되며, 국내외 기업들에게 부과되는 법인세 및 소득세도 인상될 가능성이 있다. 노동자 입장의 정책 추진으로 인한 우리기업의 비용 증가도 우려된다. NLD가 노동자 단체 결성을 허가하고 국제노동기구(ILO) 제도 수준의 노동 조건 개선을 공략으로 내세운 바 있다.

초기 정치 경험 미숙에 따른 정치적 혼선도 우려된다. 정권 안정이 어려워질 경우 정치적 혼선이 경제까지 악영향을 미칠 수 있으며, 외국인투자 관망세가 지속되어 경기 활성화가 요원해질 가능성이 상존해 있다.

국제 메이저 기업과의 경쟁도 심화될 것으로 예상된다. 아웅산 수치 여사의 친미, 친영국적 성향으로 대형 프로젝트 및 개발권을 서구 국가들에게 집중 부여할 가능성이 있다. 상대적으로 미얀마에서의 기존의 중국 입지는 약화될 것으로 예상된다. 해외 메이저급 기업 진출로 소규모 소비재 판매 기업 및 프랜차이즈 전문점들의 경쟁이 심화될 것으로 전망된다.

시장확대되지만 해외기업과 경쟁치열

산업별 영향=KOTRA 양곤 무역관이 바이어 및 현지진출 한국기업, 산업협회 관계자와 실시한 인터뷰에 따르면 자동차 및 자동차 부품 산업에는 별다른 위험 요소가 없을 것으로 전망됐다. 도로 확장 및 프로젝트 진행으로 자동차와 자동차 부품 수요가 확대될 것으로 예상되며, 미국의 제재 해제로 수출입이 보다 원활해질 것으로 기대된다.

현지진출 한국기업 L사 관계자는 "NLD의 승리는 자동차 산업에서는 일단 환영하는 분위기"라며 "현재까지 일본의 로비로 오른쪽 핸들 수입재제조치가 시행되지 못하고 있다고 느꼈으나, 이번 야당의 승리로 그런 부분은 더 나아질 것으로 예상된다" 고 밝혔다. 이어 "현재 달러 거래 제한이 여러모로 수출입을 진행하는 데 어려운 점이 있었으나, NLD당이 승리하고 정권을 안정적으로 교체한다면 미국에서도 달러거래 제재 등의 엠바고를 해제할 것으로 기대된다"고 설명했다.

자동차 유통 바이어 T사 관계자는 "전보다 개방될 것으로 전망된다"면서 "더 많은 국제적 원조를 받고, 도로 확장 및 프로젝트 증가로 자동차 및 관련 제품도 증가할 것으로 전망된다"고 말했다.

섬유·의류분야의 경우 민생에 민감한 NLD가 임금인상 등의 조치를 취할 경우 어려움을 겪을 것으로 전망된다. 또 서구 기업들의 진출이 활발해져 경쟁이 심화될 것으로 예상된다.

섬유 유통 바이어 O사 관계자는 "NLD는 USDP와 연합해 섬유부문을 포함한 다양한 산업부문을 개방할 것"이며 "NLD는 노동자의 시각에서 움직이는 부분이 많기 때문에 현재 공장들은 자사의 노동자들을 다루는 것을 조심하고 있는 편이며, 노사 문제가 해소되지 않으면 미얀마 투자가 감소할 것으로 예상된다"고 밝혔다.

현지진출 한국기업 G사 관계자는 "현지의 값싼 노동력을 기반으로 진출했으나 NLD집권 이후 노동정책이 기업들에게 불리하게 진행될 것으로 예상된다"면서 "정권 교체에 따라 노동자들이 현 노조보다 더 큰 조직체로 움직일 것으로 전망된다"고 말했다.

건설자재의 경우 외국인투자 증가로 부동산 시장이 빠른 속도로 성장해 호황이 예상되나, 미국의 경제제재 해제로 외국계 대형 기업들의 미얀마 진출이 늘어 업체 간 경쟁이 치열해질 것으로 전망된다. 현지진출 한국기업 P사 관계자는 "NLD당 승리로 향후 미얀마에 부여된 미국 경제제재가 완벽히 해제되어 대외적인 여건이 대폭 향상될 것"이라며 "경제제재가 풀려감에 따라 다시 부동산 경기가 활성화되면서 전체적인 경제 흐름이 큰 폭의 상승세를 그릴 것"으로 전망했다. 이어 "그에 맞춰 외국계 대형 기업들이 미얀마에 진출하면서 아직까지 미얀마에서 겪지 못했던 업체 간 경쟁이 치열해질 것"이라고 밝혔다.

생활소비재의 경우 현지진출 한국기업은 초기의 어려움은 예상되나 향후 전체적으로 시장이 확장될 것으로 예상된다. 한국의 대 미얀마 교역 및 투자에는 큰 영향이 없을 것으로 보이며, 한류에 편승한 마케팅 방식으로 시장을 접근하는 것이 좋을 것으로 보인다. 생활소비재 관련 산업협회 관계자는 "경쟁이 심화되어 유통망 형성에 긍정적인 요인으로 작용할 것"이라며 "하지만 다른 한편으로는 경쟁심화로 인해 서양의 대형 소비재들이 많이 진출한다면, 아시아 계열의 기업에 위협적인 요소로 작용할 것으로 예상된다"고 밝혔다.

기계는 미국의 경제제재조치 해제의 효과로 인한 경제 상승을 무시할 수는 없으나, NLD당의 정치적 미숙함으로 정치적 혼란이 예상되어 정치·경제상 혼란이 예상된다. 현지 바이어의 경우 이 혼란은 장기화되지 않을 것이며, 현재 진행 중인 사업에는 별다른 제재가 없을 것으로 전망했다. 다만 현지진출 한국기업의 경우에는 혼란의 장기화로 대기 중이던 투자들이 다시 연장되어 외국인 투자를 이끌어내는 데 걸림돌이 될 것으로 분석했다.

주간무역(2015.11.26)

제1절 글로벌 경제환경

최근의 경영환경은 매우 빠르게 변화하고 있다. 이러한 급변하는 경영환경에서 기업이 생존하기 위해서는 경영자는 항상 환경변화에 민감하게 반응하며 잘 대응해야 한다. 이러한 변화의 예측과 대응이 최고경영자의 사명이다. 기업이나 최고경영자들이 환경변화에 제대로 적응하지 못하면 도태될 수밖에 없다. 이는 개인이나 국가도 마찬가지이다. 그런데 이처럼 당연한 이치를 많은 경영자가 망각한다는 것이다. 하지만 이러한 변화는 기회와 위험의 양면성을 가지므로 발전의 원동력이 될 수도 있다.

예를 들면, 삼성경제연구소는 'CEO, 성공과 실패의 조건'이란 보고서에서 CEO를 5개 유형으로 분류하여 소개했는데, 핵심 역량을 시대 변화와 경쟁 상황에 맞게 끊임없이 업그레이드해 초우량기업의 지위를 지키면서 매출과 이익을 늘리는 CEO인 고공행진형, 미래의 꿈을 제시하고 산업계의 변혁을 추구하는 CEO인 수직상승형 그리고 현실을 인식하고, 결정은 외부의 어떤 비난에도 불구, 밀어붙이는 스타일인 기사회생형은 기업 경영에 좋은 유형인 반면에 환경 변화에 따른 어부지리를 자신의 실력으로 착각, 위기에 대처하지 못하거나 기업 투명성과 윤리 문제로 자신은 물론 기업마저 구렁텅이로 빠뜨리는 CEO인 돌발추락형과 변화에 적응하지 못하거나 리더십을 제대로 발휘하지 못해 위기 탈출에 실패한 유형인 위기반복형을 제시하였다. 여기서 돌발추락형의 예로 시스코의 존 챔버스를 들 수 있고, 위기반복형의 예로 소니의 이데이를 들 수 있다. 이들은 환경변화에 제대로 적응하지 못해 기업을 어려움에 처하게 만들었다.

경영환경은 환경에서의 특정 기업이 처한 전반적 상황에 관한 내용이다. 과거의 경우, 환경은 통제할 수 없는 요소이었으나 이제는 어느 정도 통제·관리할 수 있다는 전제하에 접근하고 있다. 이러한 변화는 결국 과거에는 경영환경이었으나 이제는 경영요소로 바뀌고 있음을 나타내고 있다.

환경은 크게 인적 환경과 물적 환경으로 나누고 물적 환경에는 경제, 정치, 사회, 문화, 법률, 기술, 자연 등의 환경을 포함한다. 보다 넓은 시각에서 경영환경 전체를 조감할 수 있어야 한다. 특히, 글로벌 경제환경은 그 기업이 속한 산업의 글로벌화 추세로 개별 국가보다는 전 세계를 하나의 큰 시장으로 인식해야 한다. 글로벌 경제환경은 전반적인 경영환경의 글로벌화, 다자간 협상의 국가협약, 기구, 규범 등을 말한다.

글로벌 경영활동은 국가간 경제적 환경의 차이에 의해 발생된다고 해도 지나치지 않다. 아담 스미스(A. Smith)의 절대우위론, 리카도(D. Ricardo)의 비교우위론 등 고전적 무역이론에서 주장하는 바와 같이 부존자원 등 국가간 경제적 요인의 차이는 글로벌 경영활동을 촉발시키는 기본적인 동인이다. 또한 국경을 초월한 기업 활동이라는 글로벌 경영의 정의에 입각해 볼 때, 글로벌 경영활동을 전개하는 기업에 있어서 진출하고자 하는 현지국의 경제적 환경 파악은 글로벌경영의 기본이 된다.

하지만 특정국가의 경제적 환경을 종합적이면서도 체계적으로 분석·서술하는 것은 용이하지 않다. 이는 글로벌 경영활동의 유형에 따라 파악해야 할 경제적 환경의 중점대상이 상이하기 때문이다. 예를 들면, 수출의 경우 주된 관심사항은 현지국의 구매능력을 가진 잠재고객, 현지에 단순조립공장을 설립하고자 하는 경우에는 노동력의 질, 인건비 등이 주된 관심이 될 것이다. 이러한 어려움 때문에 기존의 전통적인 접근방법은 현지국의 경제적 요인을 백과사전식으로 나열하는 수준에 머물러 왔다. 따라서 현지국의 경제적 여건을 제대로 분석하기 위해서는 경제 전반을 총체적이면서 체계적으로 이해할 수 있는 분석의 틀이 필요하다.[1]

특정시점에 있어서 한 국가의 경제적 환경은 경제를 이끌어 나가는 주체로서 인적 자원과 주체행위의 대상으로서 객체적 물적 자원 그리고 외부기회로 구성된다고 볼 수 있다. 경제를 이끌어 가는 경제주체인 인적 자원으로서 근로자, 기업가, 전문경영자와 기술자, 정치가와 행정관료 등이 있으며, 객체적 요인에는 물적 자원, 경영환경, 관련산업, 수요 등이 포함된다. 특히 우리나라는

1 이승종 외, 「글로벌 경영」, 민영사, 2004, p.124.

일반적으로 부존자원이 부족하여 경제발전의 저해요인이었다고 주장하지만 글로벌 시대 혹은 지식경제시대에는 부존자원보다 인적 자원이 국가 내지 기업발전의 핵심역량이 될 것이므로 인적 자원의 질적 향상에 최우선 과제로 접근해야 할 것이다. 이를 구체적으로 살펴보면 다음과 같다.

1. 글로벌 인적 자원

(1) 근로자

전통적인 분류에서 현지국의 노동력에 관련된 제반요인들이 여기에 속한다. 이용 가능한 노동인력의 규모와 근로자의 임금수준, 교육수준, 작업숙련도 및 임금대비 생산성 등 근로자의 질적 특성 그리고 조직에 대한 소속감, 상급자에 대한 복종심, 근로에 대한 열정 등이 중요한 요인이 된다. 노벨 경제학상 수상자인 시카고대학교 게리 베커(Gary Becker) 교수는 부단한 성장을 위해서는 인적자본이 초석(礎石)이 되어야 한다고 언급한 바 있다. 기업의 성과창출은 근로자의 핵심역량에 의해 크게 좌우된다는 사실을 고려할 때 근로자 능력개발은 지나칠 수 없는 중요한 문제이며, 얼마나 우수한 근로자를 보유하고 있는지에 따라 기업 경쟁력이 결정되고 이를 통해 기업의 지속적인 성장 가능성을 가늠해 볼 수 있을 것이다.

특히 삼성의 경우 1973년에 제정된 창업이념에서 명문화된 인재제일을 가장 소중히 하며, 시대환경에 맞도록 실천해 오고 있다. 여기서 인재제일이라 함은 모든 임직원이 맡고 있는 직무 또는 포지션에 있어서 자신들의 시장가치를 높이는 것이라고 할 수 있다. 이는 교육과 훈련, 자기개발을 통하여 이루어진다. 이런 것이 밑바탕이 되어 오늘의 삼성이 탄생하지 않았을까 싶다.[2]

(2) 정치가와 행정관료

정치가와 행정관료는 현지국의 경제정책을 입안하고 이를 실행에 옮기는

2 경총경영, 글로벌 경영시대, 삼성의 인적자원개발전략, 2009.10.14.

경제주체로서 의미가 있다. 특히 리먼 사태 이후 국민들의 분노가 남유럽, 중동 아프리카, 미국 등 전 세계 곳곳에서 폭발하기 시작했다. 2008년 글로벌 경제 위기를 불러오는 데 일조했거나 최소한 사전에 막지 못한 책임이 정치인과 관료 등에 기인한다고 생각하는 사람들이 많았다. 따라서 해외에 진출하는 경우 현지국의 정치가와 행정관료들이 지향하고 있는 거시경제정책 및 산업정책의 기조에 대한 파악은 현지국 진출을 결정하는 데 핵심적이다.[3]

(3) 기업가, 전문경영자와 기술자

현지국의 산업을 이끌어가고 있는 창업자로서 기업가 그리고 현지기업의 전문경영자와 기술자는 현지국의 경제적 역동성과 발전가능성을 진단할 수 있는 좋은 지표가 된다. 국제기업의 입장에서 이들은 경쟁기업의 경영자로서뿐만 아니라, 국제협력전략의 잠재적 파트너(partner)로서도 의미가 있다.[4] 특히 일본의 경우, 잃어버린 20년 동안 일본의 경영자들을 계속 괴롭힌 것은 상황판단이었다. 더구나 한 번의 상황판단 실수가 계속해서 또 다른 실수를 가져오는 악순환에 빠졌다. 예를 들면, 소니의 이데이 노부유키는 디지털이라는 대세를 외면하다가 소비자 가전에서 경쟁사들에 밀리면서 회장직을 잃고, 「비즈니스 위크」에 의해 최악의 경영자로 뽑혔다.

2. 글로벌 물적 자원

(1) 물적 자원

특정국가의 물적 자원은 부존자원과 창출자원으로 구성된다. 부존자원은 석유, 금, 은 등 천연자원과 토지, 물, 공기 등의 지리적 자원으로 나눌 수 있다. 일부 아랍국가들을 제외한 아프리카 국가처럼 천연자원이 풍부한 국가들도 경제 실적이 나쁜 경향을 보이기도 하므로 경제성장의 필수요인은 아닌 듯하

3 조동성, 「국제경영」, 경문사, 2000, p.58.
4 이승종 외, 전게서, p.125.

다. 창출자원은 개인, 기업, 정부 등이 노력을 통해 창출한 물적 자원, 재무자원, 기술자원, 사회간접자원 등이 포함된다.

(2) 경영환경

경영환경은 국가차원, 산업차원 그리고 기업차원의 변수로 분석할 수 있다. 국가차원의 변수는 자본주의에 대한 그 나라의 긍정적 의식, 시장 메커니즘에 대한 이해, 생산자·상인·소비자 등 시장구성원의 질서의식과 신용, 조세제도 등을 포함한다. 산업차원의 변수로는 경쟁자의 수와 규모, 진입장벽의 종류와 높이, 산업의 거래관행 등을 들 수 있다. 기업차원의 변수로는 기업의 전략과 조직 등이 있다. 현지국가의 경영환경은 국제기업이 특정산업에의 진입 여부를 결정하거나 해당산업에서 경쟁전략을 수립하고자 함에 있어서 고려해야 할 주요 변수들이다. 또한 현지국의 특정산업에 고유한 상관습 및 윤리, 유통체계 등에 대한 이해는 현지경영활동에 있어서 필수적이다.

(3) 관련 산업

관련 산업은 수직적 관련 산업, 수평적 관련 산업 그리고 지원 산업으로 구분해 볼 수 있다. 여기에서 수직적 관련 산업은 부품, 원부재료 등을 지원하는 공급업체로 구성되는 산업을 의미하고, 다시 원료나 부품과 같은 상류산업과 기계, 설비 등의 중간산업, 완제품조립 생산업과 같은 하류산업으로 나눌 수 있고, 수평적 관련 산업은 예를 들어 자동차와 건설장비 등과 같이 같은 기술이나 원재료, 유통, 마케팅을 활용하는 산업을 들 수 있으며,[5] 지원 산업은 제조산업에 대한 금융, 보험, 정보, 수송 등 서비스부문을 포함한다. 특히 현지국의 특정산업에 진출할 경우 관련 산업의 발전 정도 등 관련 산업변수는 경영성과에 영향을 미치는 주요 요소의 하나이다.

---

5 조동성, 「국가경쟁력－선진국으로 가는 지름길」, 매일경제신문사, 1992, pp.45～46.

(4) 수 요

수요에는 시장규모라는 양적 특성뿐만 아니라 현지시장의 질적인 특성이 포함된다. 시장규모나 시장잠재력을 나타내는 주요변수로는 국민총생산 및 성장률, 인구규모 및 증가율, 1인당 국민소득 등이 있으며, 질적인 변수에는 물가수준 및 상승률, 국민경제의 대외의존도 등이 포함된다. 특히 국내수요가 보다 큰 의미를 갖는 부분은 질적인 측면이며, 소비자의 제품품질에 대한 기대수준이나 평가능력이 제품을 공급하는 기업에게 자극을 줌으로써 경쟁력을 향상시킨다. 예를 들어, 현지국의 국민총생산 및 성장률은 특정제품의 시장규모를 나타내는 일반적 지표가 되고, 소득분포는 글로벌기업이 특정제품에 대한 시장규모와 잠재력을 예측할 수 있으므로 특정제품에 대한 세분시장을 파악하게 하는 좋은 변수가 된다.

3. 기회와 위협

기회와 위협은 동전의 표리관계에 있으므로 글로벌경영에 지대한 영향을 준다. 기회는 성격상 예외적이고, 단속적이며 예측 불가능한 변수이다. 따라서 현지국에서 발생 가능한 기회를 예측하는 것은 매우 어렵다. 기회를 예측하는 것이 쉽지는 않지만 위기관리를 위해서는 반드시 거쳐야 하는 중요한 일일 것이다. 글로벌 기업을 둘러싸고 있는 외부환경에서 어떤 일들이 일어나고 있고, 앞으로 어떤 영향을 미칠지 적극 고려하고자 하는 경영자의 의지 내지 능력이 중요할 것이다. 경영자들이 기회와 위협을 제대로 인식할 때 비로소 적절한 글로벌 대응전략이 수립할 수 있다. 예를 들면, 최근 이란이 핵포기에 합의하면서 중동시장에 대한 매력도가 증가하고 있어 글로벌기업들에게 많은 기회요인으로 작용할 수 있지만 다양한 민족과 종교, 종파가 맞물려 있어 지정학적 위험이 상당하므로 위협요인도 동시에 고려하여 투자가 결정되어야 할 것이다.

오늘날 시장이 글로벌화하는 만큼이나 각종 리스크 또한 국경을 뛰어넘는 것이 오늘날의 기업환경이라 볼 수 있다. 따라서 글로벌 기업의 전 영역에 걸쳐 지속적 경계를 유지해야 급변하는 환경변화 속에서 생존하고 번영할 수 있을 것이다. 예를 들어 2008년 미국월가에서 시작돼 글로벌 시장을 강타한 금융위기로 인해 미국4대 투자은행 리먼브러더스(Lehman Brothers)가 파산보호신청을 하고, 모기지업체 2위 뉴센추리파이낸셜(New Centry Finantial)을 포함해 80여 개 대출회사가 문을 닫는 사건이 발생했다. 물론 이 사건이 어느 날 갑자기 발생한 것은 아니었지만 이러한 조짐을 사전에 예측하고 대응한 기업(예, 골드만삭스)은 살아남았고, 변화의 흐름에 둔감했거나 무시한 기업은 문을 닫게 되었다.

제2절 글로벌 문화환경

1. 경영의 글로벌화

국경을 넘나드는 글로벌 경영활동에 있어서 국가 간의 문화적 환경의 차이는 기업활동의 여러 측면에 광범위하게 영향을 미친다. 통신기술과 교통기관의 발달은 이미 전 세계를 지구촌화하여 서로의 문화를 이해하고 배우고 수용하는 문화적인 학습과정을 용이하게 함으로써 문화적인 동질화를 가속시켰다.[6]

이처럼 복잡다양하게 구성된 문화요소는 기업활동에 영향을 미치며, 글로벌경영을 수행하기 위하여 외국의 이질적 문화 환경의 특성을 파악하고 이에 적합한 조직행위, 전략, 조직구조 및 기술 등을 개발해야 한다. 한 사회의 문화는 그것을 구성하는 요소가 무작위 또는 독립적으로 존재하는 것이 아니라, 상호 긴밀한 관계를 유지하면서 하나의 체계를 이루고 있다.

(1) 문화의 개념

기업이 국제적으로 경영활동을 전개함에 있어서 우선 직면하게 되는 것은

6 국제경영연구회, 「국제경영」, 문영사, 2000, p.49.

서로 다른 문화의 차이라고 할 수 있다. 글로벌경영의 성공 여부는 이러한 문화적 차이를 극복하는 데 달려 있다고 해도 과언이 아니다. 상이한 문화에 적응하는 데는 문화적 다양성, 지각, 수단 및 가치에 대한 이해를 필요로 한다.

문화란 한 마디로 일목요연하게 정의하기가 쉽지 않은 포괄적이고 다면적인 개념이다. 대부분의 국가는 각기 독특한 문화적 특징을 가지고 있다. 한국사람들은 집단의식이 강하고 민족주의 성향이 강한 반면 타문화에 대한 수용이 약한 특징을 갖고 있다. 반면 미국사람은 개인주의적 사고방식을 갖고 있고 한국과 같은 민족주의적 개념이 약하다.[7]

문화를 광의로 해석하면 자연에 인위적으로 인공을 가한 것이 되고 인간에 의하여 이룩된 것의 전부가 포함될 수 있다. 다시 말하면 자연현상이 아닌 자연법칙에 따르지 않으며, 모두 인간에 의하여 이루어진 것은 문화인 것이다. 그래서 일찍이 인류학자 테일러(Edward B. Taylor)는 1871년에 낸 저서 「원시문화」에서 문화를 다음과 같이 정의하고 있다.

"문화 또는 문명이란 사회성원으로서의 인간이 습득한 언어·교육·종교·지식·신앙·예술·도덕·법·관습 기타 모든 능력과 습관을 다 포함하는 복합적인 총체이다."

이 정의에 따르면 문화는 한 사회집단의 생활양식 그 자체를 지칭하는 것이다. 따라서 문화는 한 사회의 성원들이 사회적으로 학습하고 공유하는 모든 것을 포함하는 개념이다. 즉, 문화는 다른 사회와 구별 짓는 고유한 특성이며, 인간행동을 규정하는 사회규범과 생활양식, 가치체계 등을 의미하며, 또 학습된 행위로서의 특성을 지닌다.[8]

(2) 글로벌 문화의 다양성과 활용

다국적기업의 글로벌 경영환경은 문화적 배경을 달리하는 수많은 국가를 무대로 하여 이루어진다. 따라서 문화적 환경은 글로벌 기업환경을 구성하는

---

7 이장로 외, 「국제경영」, 홍문사, 2006, p.258.
8 이승종 외, 전게서, pp.184~185.

기본요소 가운데 하나이다.

기업활동이 어느 한 나라 안으로 제한되더라도 그 나라의 문화에 적응해야 되겠지만 글로벌기업인 경우에는 문화에 대한 민감도와 적응성의 필요성은 더욱 커진다. 국내회사는 신제품 또는 신사업의 형태로 혁신을 도입할 수 있는데 비해 글로벌기업에서는 자사의 오래된 상품이나 재래식 사업이 국경을 넘는 것이 하나의 혁신을 나타낼 수도 있다. 어느 회사가 다른 문화권에 존재할 때는 많은 활동을 통해서 새로운 문화를 소개하게 될 것이다. 또한 한 회사가 문화를 다른 곳으로 이식하는 방법에는 여러 가지가 있다.

경험이 있는 글로벌기업이라면 어느 특정지역의 문화양식의 가치를 인정하고 또 그에 따른 행동양식과 관습상의 목표 한계 내에서 활동하고자 할 것이다. 모든 환경에 있어서 특정지역의 전통과 습관은 그대로 인정되어야 하며, 특히 해외에서 활동할 때에는 더욱 그러하다. 일반적으로 외국의 기업은 외부의 영향에 대한 민족주의적 민감성 때문에 자국의 기업에게 허용되는 만큼 특정지역의 기준에 적응하는 것이 현명하다는 것을 안다. 여기서 적응이란 여러 가지 마찰로 인한 문제와 방해요인을 최소화함으로써 기업의 목표를 성취하는 것을 말한다. 문화에 적응하는 일반적인 방법은 글로벌기업과 외국환경의 문화적인 특징, 관습 또는 규범 등을 명백하게 하는 것이다.

사우스 캐롤라이나주에 위치한 하이얼 공장은 회사측의 생산성 압박에 견디다 못한 생산직 직원들이 집단 반발하자 중국에서 파견 온 수십 명의 관리급 직원들이 모두 중국 본토로 되돌아가는 소동을 겪었다. 경영전문컨설턴트 제프레이 로스페더는 "깊은 신뢰를 쌓은 사람과만 거래하고 중요 업무를 맡기는 중국 '꽌시'문화가 자율과 성과중심 미국 조직문화와 충돌을 빚고 있다"고 했는데 이는 미국에 진출한 중국기업의 현지문화에 대한 충분한 이해없이 사업을 밀어부친 결과에 기인한다고 볼 수 있다.[9]

기업이 국경을 넘어 많은 나라에서 사업을 시작할 때는 경영목표의 성취에 심각하게 영향을 미칠 수 있는 광범위한 문화적 차이에 직면하게 된다. 이와 같

---

9 매일경제, 글로벌문화 무시한 중국 '꽌시'(2016. 3. 4).

은 문화적 차이를 확인하는 문제는 대단히 어려운데, 그 이유는 사람들은 흔히 다른 사람들의 행동을 그들 본국의 문화적인 조건에 입각하여 관찰하고 평가하는 경향이 있기 때문이다. 더구나 문화양식은 고정된 것이 아니고 끊임없이 변하는 것이다. 문화면에서 부딪히는 문제들은 인식할 수 있는 차이점 그 이상으로 많이 존재한다. 따라서 글로벌기업의 경영자들은 다른 문화권에서 살아보는 경험을 통해서 문화적 민감도를 개발해 나가야 한다. 문화적 민감도와 함께 기업은 문화적인 변화요인을 확인하고 기업의 조직과 운영을 문화의 차이에 적응시

표 2-1 동서문화의 비교

동서 기준	동 양	서 양
관습	• 젓가락: 온유성, 유순성, 소극성, 식물성, 보수	• 포크, 나이프: 잔인성, 야만성, 적극성, 도전성, 동물성, 모험
	• 잔치: 허세, 체면, 형식, 격식, 비사교적	• 파티: 내용, 실속, 사교적
	• 예절: 봉건적, 비민주적, 수직적 질서	• 에티켓: 민족주의, 평등사상(과 뗄 수 없음)
	• 절·경어: 종속관계, 서열관계	• 악수·반말: 수평적 관계, 평등성
종교	• 도: 비인격적, 초인간적, 무신론, 한 인간의 가르침	• 신: 인격적인 성격, 유신론, 초월자인 신의 가르침
	• 선: 도덕적 가치(불교)	• 애: 도덕적 가치(기독교)
	• 불경: 추상적	• 성서: 구체적, 현실적
언어	• 언어: 표상적/직관(지각), 예술, 문화의 발달	• 표음적/논리(추상적/개념적) 과학이 발달
지식	• 지혜: 사람이 옳게 살아야 할 길(도)/ 실천적인 앎	• 지식: 이론적인 앎
예술	• 동양화: 자연중심적 생각 • 동양음악: 단조, 장단적 개념 • 붓: 털끝, 부드럽고 감성적	• 서양화: 인간중심적 사고 • 서양음악: 다양, 화성악이 발달 • 펜: 뼛조각이나 쇠를 이용, 날카롭고 냉철함
사상·철학	• 사색: 삶의 심적 충족추구	• 사고: 지적 만족
	• 무: 동양사상의 바탕(정신적) 종합적으로 접근	• 유: 서양사상의 핵심(물질적) 분석적으로 접근
	• 감성: 동양의 인간관계, 정을 바탕	• 이성: 서양의 인간관계, 논리를 좇음
	• 무아: (동양적) 집단사상	• 자아: 개인주의 사상, 자연의 주인
	• 평화: 심리적, 내향적	• 자유: 물리적, 외향적
	• 공자(논어): 인간적 관계, 도덕적 질서의 가르침, 관념적, 내재적	• 마르크스(자본론): 물질적 관계, 경제적 질서, 실질적, 외향적
	• 논리: 옳게 사는 것, 행동의 문제	• 진리: 옳게 아는 것, 지식의 문제
	• 소유사상: 평화	• 권력사상: 정복, 전쟁, 탐험
	• 한의: 자연성, 자연을 존중, 순응	• 양의: 인공성, 자연을 극복, 인공적으로 계산

켜 나갈 필요성을 알게 될 것이다. 많은 경우에 기업은 그의 목표를 달성하기 위해서 오히려 문화적인 변화를 조장해야만 할 때도 있을 것이다. 넓은 의미에서 글로벌기업은 그 자체가 하나의 강력한 변화의 동인이 되는 것이다. 〈표 2-1〉은 동서문화를 비교한 것이다.[10]

(3) 문화의 시너지 관리

문화적 시너지(cultural synergy)는 문화적 차이를 잘 조화시켜서 각자가 기여하는 몫 이상의 성취를 나타낸다. 문화적 시너지효과를 극대화하기 위해서는 문화를 초월하는 새로운 관리 및 조직형태의 창출이 요구된다. 따라서 다국적기업은 지역주의나 자민족중심적인 조직유형보다 시너지적 조직유형 개발에 힘써야 한다.

문화적 시너지를 창조하기 위해서는 다음과 같은 세 단계의 과정이 요구된다.

1단계: 상황기술

상황을 상이한 문화적 관점에서 파악한다. 즉 조직이 직면하고 있는 딜레마는 무엇인가? 조직 구성원들은 각자의 관점에서 이를 기술할 수 있는가? 문화적으로 다양한 가치체계와 지각은 문제 정의와 기술을 어렵게 만든다.

2단계: 문화적 해석

내재하는 문화적 가정들을 확인한다. 문화에 따라 사람들의 생각이나 행동은 왜 달라지는가? 현재의 상황을 이해하기 위해서는 어떤 역사적, 문화적 가정을 참조해야 하는가? 문화적 유사성과 차이점은 무엇인가? 문제에 대한 문화적 해석은 문화적 시너지 창조를 가능케 한다.

3단계: 문화적 창조성

문제해결방법을 탐색하면서 시너지적 대안을 창조하는 단계이다. '문화적

10 이승종 외, 전게서, p.186.

배경이 다른 사람들이 서로에게 어떻게 기여할 수 있는가?'라는 질문이 대안 수립의 시발점이 된다. 해결 대안들이 서로의 문화적 가정들과 얼마나 일치 또는 상이한가? 마지막으로 문화적 시너지를 일으키는 대안을 실행하면 된다.

(4) 글로벌 문화환경의 요소

문화에 대한 정의가 다양하듯, 문화의 구성요소에 대한 학자들의 견해도 다양하다. 이들 구성요소들은 서로 독립적이라기보다는 대체적으로 상호연관성을 가지고 있다.[11]

다른 나라에서 그 나라 국민과의 관계를 성공적으로 맺기 위해서는 글로벌경영 종사자는 언제나 문화에 관해 학습하지 않으면 안 된다. 그들은 비교적 쉽게 얻을 수 있는 실제지식을 가져야 할 뿐 아니라 문화차이에 대해 민감하지 않으면 안 된다. 글로벌경영과 관련된 문화 환경의 구성요소는 여러 가지가 있지만 일반적으로 고려될 수 있는 것은 다음과 같다.[12]

① 미학, ② 태도와 신념, ③ 종교, ④ 물질과학, ⑤ 교육, ⑥ 언어, ⑦ 사회적 조직, ⑧ 법률적 특징, ⑨ 정치구조 등이다. 이 중 ⑧의 법률적 특징과 ⑨의 정치구조는 다음 절에서 상세히 설명하기로 한다.

① 미학: 미학은 아름다움과 훌륭한 맛에 대한 문화적 감각과 관련되며, 그리고 예술, 연극, 음악, 민속 및 춤에서 표현된다. 예를 들면 흰색의 경우, 눈이 많이 오는 알프스산이 있는 스위스의 경우는 좋아하지만 중국과 일본에서는 싫어하는 색상이다.

② 태도와 신념: 문화는 인간행동의 모든 양상에 영향을 주는 일련의 태도와 신념을 가지며 그리고 사회와 개인에게 질서를 안겨다 주는 데 도움을 준다. 경영자들이 특정의 주요 태도에 관해 많이 배울수록 사람들이 왜 그러한 행위를 하는지 이해하고 대처할 수 있게 된다. 태도와 신념에 의해서 관여되는 다양한 주제 가운데서 일부 주제는 경영자에게 중요성

---

11 국제경영연구회, 전게서, p.50.
12 이승종 외, 전게서, p.188.

을 갖는다.

③ 종교: 문화의 중요한 구성요소인 종교는 인간행동에 영향을 주는 많은 태도와 신념을 형성하는 영향력을 가지고 있다. 인기 있는 종교의 기본적 교리에 관한 지식은 왜 사람들의 태도가 나라에 따라 크게 차이가 있는가를 이해하는 데 크게 기여할 것이다. 예를 들면, 인도는 소를 신성시하므로 맥도날드(McDonald)는 소고기가 들어가는 햄버거를 판매하지 않는다.

④ 물질문화: 물질문화는 모든 인간이 만든 물체와 관련되며, 그리고 어떻게 사람이 사물을 만들고(기술), 누가 무엇을 만들고 그리고 왜 그것을 만드느냐와 관련된다(경제학).

⑤ 교육: 비록 넓은 의미에서의 교육이 성인사회에서 각자의 위치를 잡을 수 있도록 개인들을 준비시키는 학습과정의 일부분으로서 고려될 수 있다. 구미문화권에 있는 교육이든 다른 세계이든 거의 모든 사람은 공식 학교 교육이 균등화되어 있다.

⑥ 언어: 세계에는 약 4천여 개의 언어가 있으며, 기록문자는 약 40개 있다. 글로벌 경영에 신참자가 지각하는 문화적 차이는 커뮤니케이션의 수단에서 발견된다. 구두 언어에서의 차이는 쉽게 분간할 수 있으며, 비구두 언어(태도와 관습)에서는 새로운 문화에 접하면 곧 차이가 있음을 알게 된다. 예를 들면 제스처, 특히 손동작은 각 국가별로 의미 차이가 있으므로 세심한 주의가 필요하다.

⑦ 사회적 조직: 모든 사회는 구성원이 서로 간에 접촉함에 의해서 태도를 특징짓고 조절하도록 만들어진 관련 장치인 구조나 조직을 갖는다. 인류학자들은 대체로 문화의 이런 중요한 양상을 두고 연구한다. 하나는 혈족관계에 입각한 것들과 다른 하나는 개인의 자유결합에 입각한 것들이다.

2. 문화의 다양성과 경영스타일

(1) 클러크혼과 스트로드백의 문화 분류

클러크혼과 스트로드백(F. Kluckhorn and F. Strodbeck)은 문화의 이질성을 분별하기 위하여 문화지향성 또는 가치지향성이라는 관점에서 인간이 지니는 여섯 가지의 기본명제에 대한 질문을 제시하고 이 질문에 대한 답변의 방향을 기준으로 문화를 양분하고 있다. 여기서 여섯 가지의 기본명제는 ① 인간의 본

표 2-2 문화지향성이 기업경영에 주는 시사점

항목	미국식 문화지향성(서양)	대비적 문화지향성(동양)
인간의 본성	• 인간본성은 선과 악이 혼재함 • 인간의 본성은 변화함 – 교육과 훈련을 통해 인간의 본성을 바꿀 수 있음	• 인간은 본래 선하거나 악함 • 인간본성은 불변임 – 교육훈련으로는 인간성이 변하지 않으므로 초기에 적절한 사람을 선발함
인간과 자연의 관계	• 인간은 자연을 지배함 – 인간의 편리함을 위해 댐, 대로, 항만 등 자연조건을 변화시킴	• 인간과 자연은 조화를 이룸 – 자연을 유지보전하면서 인간의 욕구를 충족시킴
인간 관계	• 개인주의적임 – 개인이 의사결정의 주체 – 전문경영제의 도입 – 능력 위주의 직원선발	• 집단주의적임 – 집단이 의사결정의 주체 – 족벌 및 친족 위주 경영제 – 친족 위주의 직원선발
인간행동 양식	• 동적(dynamic) – 종업원은 자기만족과 목표 달성을 위해 업무를 수행	• 정적(static) – 종업원들은 단지 자신에게 주어진 일만을 수행함
시간 관념	• 미래중심적 • 단기적 기업정책추구 – 정책목표는 10, 20년 장기계획으로 하지만 실제로는 단기적 목표달성을 위한 기업정책의 확신과 탄력성을 강조함 – 단기적인 인사정책	• 과거중심적 • 장기적 기업정책추구 – 과거에 수행하였던 기업정책을 근거로 미래의 계획을 수립하며, 기업정책의 변화를 원하지 않음 – 장기적인 인사정책
공간 관념	• 사적 독점 – 경영자는 보통 중요한 회의를 밀폐된 장소를 이용함. 직원들 간에도 칸막이 등을 이용하여 독점적 장소 제공	• 공적 공유 – 경영자는 보통 개방적인 장소에서 공개적인 회의개최, 직원들 간에도 칸막이가 없이 서로 노출되어 있음

성, ② 인간과 자연의 관계, ③ 인간관계, ④ 인간의 행동양식, ⑤ 시간관념, ⑥ 공간관념으로 구성되어 있다(〈표 2-2〉 참조).[13]

(2) 홀의 고배경문화·저배경문화

홀(Edward Hall)은 의사소통에 있어 명시적인 언어표현(language)과 상황 혹은 배경(context)이 갖는 중요성 정도에 따라 고배경문화(high context culture)와 저배경문화(low context culture)로 문화유형을 구분하고 있다.[14] 고배경문화는 언어보다는 배경이, 저배경문화는 배경보다는 언어가 중요한 역할을 하는 문화를 말한다.

고배경문화에서는 커뮤니케이션 또는 메시지의 정보가 대부분 신체적 배경이나 개인에 내부화되고, 명백하게 부호(언어)로 나타나거나 메시지로 옮겨지지 않는다. 다시 말해서 의사전달자의 배경, 연상, 기본적 가치관 등과 같은 커뮤니케이션 배경에 더 많은 정보가 포함되는 것이다.

아랍국가들은 고배경 문화의 전형적인 예에 속한다고 말할 수 있다. 서방국가들은 흔히 아랍인들의 비즈니스관행을 IBM으로 일축하며 비난하는 경향이 많다. IBM이란 인샬라(Inshaalla, 신의 뜻이라면), 부크라(Bukra, 내일 봅시다), 마알리쉬(Malihsh, 걱정말아라)의 약어로서 서양인들은 아랍인들의 이 같은 애매모

표 2-3 고배경문화와 저배경문화

문화구분	고배경문화	저배경문화
주요 특성	커뮤니케이션에 있어 언어 의존도가 낮음	언어 의존도가 높음
	말의 내용은 상황에 따라 다양하게 해석될 수 있음	말의 내용이 바로 전달하고자 하는 내용임
	상황(context)의 이해 필요(다 알고 있는 것은 말하지 않음)	명시적, 객관적 표현 중요
대표 국가	한국, 일본, 중국, 인도네시아 등	미국, 캐나다, 독일 등

13 F. Kluckhorn and F. Strodbeck, *Variation in Value Orientation, Evanston, Ill.*, Row, Peterson & Co., 1961.

14 E. T. Hall, "How Cultures Collide," *Psychology Today*, July, 1976, pp.66~97.

호한 의사표현을 책임회피를 위한 수단이라고 간주한다. 그러나 이것은 저배경 의사소통에 익숙한 서양인들이 아랍인들의 고배경 의사소통을 이해하지 못하는데서 비롯된 오해이다.[15]

〈표 2-3〉은 고배경문화와 저배경문화의 특성 및 대표적인 국가들을 보여주고 있다.

3. 비교경영학

홉스테드(G. Hofstede)는 국가의 문화적 특성에 대한 연구를 위해 IBM에 근무하는 종업원을 대상으로 가치관과 태도를 조사하여, 문화유형을 개인주의와 집단주의, 권력거리, 불확실성회피, 남성다움과 여성다움 그리고 시간지향성 등 다섯 가지 분류차원을 제시했다.[16][17]

개인주의 차원은 사람들이 개인으로서 혹은 집단의 일부로서 어디를 더 중요성을 두는가 하는 것이다. 예를 들면 미국, 영국은 개인주의적 성향이 강한 반면에 아시아의 대부분의 국가들은 집단주의적 성향이 강한 편이다.

권력거리 차원은 한 사회가 사람들 사이에 존재하는 권력의 불평등을 어떻게 다루는지에 대한 것으로 말레이시아, 필리핀 등은 권력거리가 큰 반면에 스웨덴, 미국, 영국은 권력거리가 작은 국가들이다.

불확실성 회피 차원은 사람들이 위험과 불확실성을 그들의 삶에서 감내할 수 있는 정도를 의미한다. 예를 들면, 프랑스, 일본 등은 높은 불확실성 회피 성향을 보이는 반면에 인도, 미국 등은 불확실성 정도가 낮은 국가들이다.

남성다움 차원은 전통적인 남성과 여성의 가치에 근거한 사회의 관점을 말한다. 호주, 일본 등과 같은 남성적인 문화는 경쟁력, 야망 및 부의 축적 등에 가치를 두는 것인 반면에 스칸디나비아 국가들과 같은 여성적인 문화는 인간관

15 국가경영연구원 뉴스(http://www.mis.re.kr/document/lib_12-view.htm)(2011.1.7).

16 Greert Hofstede, *Culture's Consequences*, London: Sage Publication, 1984.

17 조영곤 외(역), 「국제경영」, 시스마프레스, pp.136~138; S. T. Cavusgil, G. Knight, J. R. Riesenberger, *International Business: Strategy, Management and the New Realities*, Upper Saddler River: Pearson/Prentice Hall, 2008.

표 2-4 한국과 일본의 홉스테드 문화차원 차이

구분	권력거리	개인주의	남성다움	불확실성회피	시간지향성
한국	60	18	39	85	75
일본	54	46	95	92	80

계를 중시하고, 구성원에 대한 배려, 환경보호 등에 가치를 둔다.

마지막으로 시간지향성 차원은 사람들과 조직이 장기적인 성공을 달성하기 위하여 만족을 유예하는 정도를 의미한다. 일본, 홍콩, 한국 등 아시아 국가들은 장기적이고 미래지향적인 반면에 파키스탄, 서아프리카 등은 단기적이고, 과거 및 현재에 초점을 두는 경향이 있다.

홉스테드의 문화차원을 중심으로 한국과 일본을 비교해보면 개인주의에서 차이가 나 일본이 한국보다 더 개인주의적인 성향이 강하는 것으로 나타난다. 이는 집단주의적인 문화 안에서 개개인의 자유를 중시하는 일본인의 특성을 설명해주는 대목이라 할 수 있다. 더욱 남성다움에서는 그 차이가 더욱 커서 한국보다 월등히 남성적인 국가로 평가된다. 권력거리는 큰 차이를 보이지 않지만 한국이 약간 높고, 불확실성 회피, 시간지향성은 일본이 조금 높지만 비슷한 수준으로 나타난다.[18]

제 3 절 글로벌 법률환경

1. 법률환경과 글로벌화

한 사회에서의 제 관계를 규정하는 규범으로서 법률환경은 그 사회에 속한 주체들의 활동을 규율한다. 기업활동이 국제적으로 확대됨에 따라 기업은 국제

18 전종우, 최용훈(2013), 한국인과 일본인이 인식하는 문화차원의 유형과 소비자 문화의 차이, 광고학연구, p.258.

적인 법률환경에 노출되며, 이러한 국제법률환경은 기업활동을 직접적으로 통제할 수 있는 근거가 된다.[19]

법률환경은 기업의 활동을 직접 규율하는 환경변수로서 정부나 기업활동을 통제할 권한을 가진 세계적 조직에 의해 기업이 지켜야 할 규범을 제정한 것을 총칭한다. 그래서 법률환경은 기업활동의 범위와 내용을 구체화시켜 주는 역할을 한다.

2. 글로벌 법률시스템의 유형

각 국가들에는 법률문화가 존재하며, 국민들은 지속적으로 법률을 존중하고, 이를 준수한다. 법률규칙이란 법률이 명확하고 공적으로 발표되며 공평하게 적용되고, 개인들, 조직들 및 정부에 의해 광범위하게 존중되는 법률시스템이 존재함을 의미한다. 글로벌경영은 법률규칙이 지배적인 사회에서 번성한다.

법률시스템은 법률에 대한 존중이 낮아지거나 정부 권위가 약하거나 사회에서 일반적인 행위를 금지하려는 과도한 규제로 인해 퇴색될 수 있다. 법률규칙이 부재하면 경제적 활동은 방해를 받으며 글로벌기업들은 엄청난 불확실성과 싸워야 한다. 법률시스템은 크게 다섯 가지, 즉 관습법, 성문법, 종교법, 사회주의 법, 혼합시스템 등으로 구분될 수 있다.[20]

관습법은 판례법이라고도 하는데, 영국에서 태동되어 호주, 캐나다, 미국 및 이전의 영연방으로 전파된 법률시스템이다. 관습법의 기초는 전통과 관습, 국가의 법원에 의해 판결된 전례들이다.

성문화된 법체계라고 불려지는 성문법은 성문으로 이루어진 일련의 상세한 법률로 되어 있다. 이 법전은 기업활동을 수행하는 근거이다. 성문법은 대륙법이라고도 하는데, 프랑스, 독일, 이탈리아, 일본 등에서 시행된다. 성문법의 기원은 로마법과 나폴레옹 법전으로 거슬러 올라간다. 성문법은 명확하게 기술되고 접근이 가능하도록 규정화된 모든 것을 포함하는 법률시스템에 기반

19 조동성, 전게서, p.128.
20 조영곤 외(역), 전게서, pp.170~172.

한다. 성문법은 법률시스템은 상법, 민법, 형법의 세 개의 독립적인 법전으로 분류한다.

종교법은 절대적 존재에 의해 명령된 것으로 간주되는 종교적 신앙, 윤리적 규칙, 도덕적 가치들에 의해 강하게 영향을 받는 시스템이다. 가장 대표적인 종교적 법률 시스템은 힌두법, 유대법 및 이슬람법이다. 특히 이슬람법에서 할랄(Halal)은 아랍어로 신이 허용하는다는 뜻이다. 식품뿐만 아니라 무슬림의 삶 전반에 적용되는 율법이다. 이슬람에서 식품을 판매하려는 글로벌기업들은 18억 명에 이르는 이슬람인들을 겨냥한 할랄인증 제품을 생산, 판매해야 한다. 네슬레 등 비무슬림 다국적기업이 주도하고 있는 할랄식품 시장에 국내 식품업체들도 빠르게 가세하고 있다.[21]

사회주의 법률은 구소련 연방의 독립 국가들, 중국 및 아프리카의 국가들에서 찾아볼 수 있는 법률시스템이다. 사회주의 법률은 자산의 국가 소유를 강조하는 사회주의적 원칙의 요소들을 가지고 있는 성문법에 근거를 두고 있다.

혼합 시스템은 두 개 이상의 법률시스템이 함께 작동되는 변형된 제도이다. 대부분의 국가에서 법률시스템은 시간이 지남에 따라 자신들의 독특한 필요를 반영하는 시스템이나 다른 시스템의 요소를 받아들이면서 진화한다. 동유럽의 법률시스템은 성문법과 사회주의법의 요소들을 혼합하고, 레바논, 모로코, 튀니지의 법률시스템은 성문법과 이슬람법의 요소들을 공유한다.

3. 글로벌경영에서의 법률문제

법률은 국내에서든 국외에서든 기업이 활동을 하는 데 있어서 많은 규제와 통제를 받을 수 있는 근거가 된다. 국내경영과 달리 글로벌경영은 국가와 국제조직에 의해서 이슈화된 문제들과 관련하여 수많은 법률과 규칙에 의해서 영향을 받는다. 따라서 글로벌기업이 진출하고자 하는 국가의 법률과 규칙에 대한 분석은 필수적이다.

---

21 한겨레, '할랄'이 뭐길래?(2015.4.13).

표 2-5 법률적 환경 요인

법률·제도	내 용
수출입관련법	관세, 가격 및 수량규제, 원산지규정, 표준규격, 전략물자통제 등
해외투자관련법	인허가, 소유권, 과실송금규제, 현지산 사용요구, 수출의무 등
세법	법인세, 소득세, 과실송금, 이전가격
지적재산권	등록 및 심사, 적용범위, 존속기간
노동기준법	노동조합결정권, 단체교섭권, 노동시간, 임금, 안전설비 등
외국환관리법	규제, 결제방법, 환율과 통화지정, 관리기관
회계법	재무제표, 회계감사, 감가상각, 환손실 처리
공정거래법	기업합병, 합작투자, 기업매수, 독점규제법, 불공정거래
환경보호법	대기, 수질 및 해양오염방지, 공해대책, 소음진동규제
부정부패방지법	정치자금, 뇌물공여 등

사실 많은 국가의 법률과 규칙이 글로벌기업의 활동에 영향을 주고 있지만, 그것들은 조정하기 위한 성공적인 노력이 이루어지지 않고 있다. 국내법들은 경영과정의 중요한 요소가 어떻게 달성되는가에 영향을 미친다. 그러한 법률은 한 나라 안에서 영위되는 비즈니스 또는 국가 간에서 영위되는 비즈니스에 관련될 수 있다. 현지 경영활동과 관련하여 어떤 국내 법률은, 예를 들어 보건 및 안전기준, 고용문제, 독점금지계약관계, 환경문제, 특허 및 상표의 제 영역에 있어서 국내 및 외국기업 양쪽에 영향을 준다. 자본의 투자, 소득의 본국 송환, 수입관세와 같은 국경을 넘어서 이루어지는 활동을 관장하는 법률들이 존재한다. 이외의 법적 영향의 주요 범주는 다음과 같다(〈표 2-5〉 참조).

(1) 기업 또는 계약, 법률-특허, 상표 및 저작권의 보호, 회계기준, (2) 일반적 법적 환경-환경법, 보건 및 안전규칙, (3) 기업의 설립, (4) 노동법, (5) 비독점 및 카르텔, (6) 가격, (7) 세금 등이다.

다국적기업의 경영자는 자회사가 운영되고 있는 모든 국가에 있어서의 법체계를 인식하지 않으면 안 된다. 일상적 방법은 현지의 법률회사를 채용하거나 전 세계적으로 사무실을 갖고 있는 국제법률회사를 채용하거나 그와 함께 일하는 것이다. 도전은 게임의 적절한 법적 규칙을 준수하고, 그리하여 이러한 규칙에 집착하는 데 얼마나 유연한가를 결정하는 것이다. 적합한 현지에서의 법률상담은 현지 법체계를 이해하는 데 있어서 중요하다.

4. 국제법의 개요

글로벌기업의 경영활동을 규제하는 통일된 국제법은 아직 존재하지 않으므로 글로벌 경영자는 각국의 법률체계를 이해하고, 이에 적절한 대책을 강구해야 한다. 글로벌 경영자는 글로벌 차원 및 개별 시장국 차원의 법률환경을 파악하여 글로벌 기업활동에 활용해야 한다. 글로벌 경영활동에서 발생하는 법률문제의 해결과 관련한 법률에는 국제상사거래법, 국제경제법, 국제사법 등이 적용된다.

국제상사거래법은 국제거래의 형식과 방법을 결정하는 법이다. 여기에는 운송, 해상, 보험, 관세 등과 관련된 법과 그리고 결제에 관련된 방법 및 형식을 결정하는 국제계약법, 국제결제, 보증법 등이 대표적이다.

국제경제법은 통상법을 말하며, 이는 자유롭고 공정한 국제무역조건을 형성하고 감시하는 국제기구와 관련된 법, 각국 정부가 제시하는 다양한 유형의 협약을 말한다.

그림 2-1 글로벌기업의 법률환경 구성체계

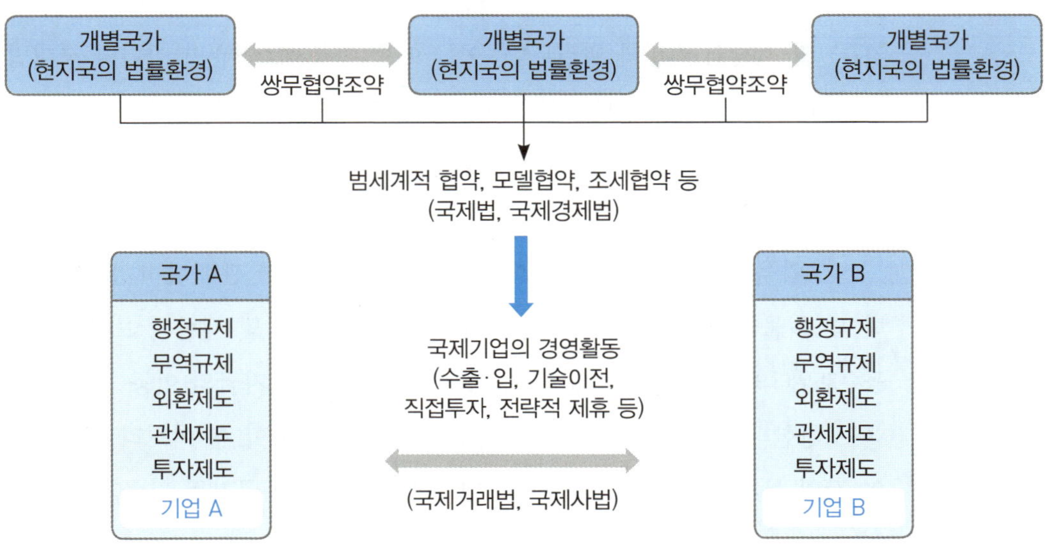

국제사법은 국가 간의 분쟁해결 방안을 다루는 법이다. 국제분쟁이 발생할 경우 준거법을 무엇으로 하는가, 소송 및 중재과정을 어떻게 하는가 등이 이와 관련된 주요 법률환경이라고 할 수 있다.

최근에 경쟁법의 역외적용이 주목을 받고 있다. 역외적용(extraterritorial application)이란, 자국의 영토 밖에 소재하는 외국인의 자국 영토 외에서의 행위에 대해 자국의 법률을 적용하는 것을 말하며, 국가 관할권이 영외까지 미친다는 의미에서 역외적 관할권(extraterritorial jurisdiction)이라 칭하기도 한다. 국제법의 일반원칙에 따르면, 각국의 경쟁법은 당해 국가의 국내법에 불과하므로 소위 '속지주의' 및 '속인주의'의 원칙에 따라서 자국 영역 내 행위 또는 자국민에 대해서만 적용되어야 한다. 하지만 국가 간의 경제 교류가 확산됨에 따라 자국기업과 외국기업 간의 거래 또는 외국기업 간의 거래를 통해서도 자국시장이 교란될 수 있음을 인정하여 각국은 경쟁법 적용과 관련한 국제법상의 전통적 관할권 이론을 수정하고 역외적용을 인정하고 있다. 우리나라도 2004년에 공정거래법을 개정하여 공정거래법의 역외적용을 위한 명문 규정을 마련하였다.[22]

국제법의 개념은 국제거래에 영향을 미치는 어떤 법률도 포함될 수 있을 만큼 광범위하나, 반면에 주권국가 간의 관계를 통제하는 조약에 국한되는 좁은 개념이다. 국가 간의 관계는 재화, 생산요소(중간재, 원료, 노동자와 경영자와 같은) 및 자본의 이동과 관련된다. 이들 이동은 국제조약뿐만 아니라 국내법에 의해서 영향을 받는다. GATT의 협상으로부터 결과되는 것과 같은 다자간조약 및 미국과 캐나다 간의 자유무역협정과 같은 쌍무조약은 우정, 상업 및 항해에 관한 조약들이다(〈그림 2-1〉 참조).

조약들은 개인의 입국, 재화의 통관(수출입에 대한 관세 및 비관세장벽), 선박 및 화물의 입항, 자본의 유입, 재산의 취득, 개인 및 재산의 보호(국유화나 몰수로부터의 보호, 특허, 상표 및 저작권의 보호와 같은), 자금의 이동 등의 문제들을 포함한다. 그래서 조약들은 국제교역을 용이하게 할 뿐 아니라 국가 및 개인 간의 문제 및 논쟁을 해결하는 데 도움된다. 어떤 국가든 자국기업의 자회

22 노대래(2014), 글로벌 경쟁시대의 경쟁법 집행방향, 통상법률, 통권 제116호, pp.3~4.

사가 운영되는 모든 국가에 있어서 모국의 국내법이 지켜지는 국가에 회사의 본사를 두는 것을 요구함으로써 그 법적 영향력을 확대할 수 있다. 이러한 치외법권의 원칙은 상당히 국제적으로 나쁜 감정을 유발하는 원천이 될 수 있다.

제4절 글로벌 정치적 환경

1. 정치적 환경과 글로벌화

국내·외 정치적 환경의 변화는 다국적기업의 글로벌 경영활동에 많은 영향을 미친다. 미소냉전체제, 자원민족주의, 사회주의 국가들의 개혁개방정책 등은 다국적기업의 활동범위와 방식뿐만 아니라 보유자산에 커다란 영향을 끼쳤다.[23]

기업은 안정적인 정치적 환경을 바탕으로 성장이 가능하다. 정치가 불안하거나 예측이 불가능하게 되면 기업의 경우 경영활동이 혼란을 겪는 등 부정적인 영향을 받을 수밖에 없다. 이처럼 정치적 위험에 대하여 글로벌 경영분야에서는 오래전부터 논의가 되어 왔다.

정치적 위험은 특정 국가에서 경영활동을 수행하는 기업의 환경을 변화시켜 기업의 이익과 목표에 영향을 주고 또 예측하기 힘든 정치적 변화이다. 기업이 글로벌화되면서 국내 환경과는 상이한 정치적 사건이 글로벌 경영활동에 영향을 미칠 때, 통상 이를 정치적 위험이라고 하며, 이로 인해 재산을 몰수당하거나 현지국에서 철수할 경우도 있다.

정치적 환경은 본국 및 외국에서의 회사경영에 중대한 영향을 줄 수 있는 요인이다. 다양한 측면으로 운용되는 기업의 정치적 환경은 그 국가의 지형, 천연자원 및 기상풍토만큼 중요하다. 안전하고 호의적인 정부는 지리적 또는 기

23 전용욱 외, 「국제경영」, 문영사, 2006, p.338.

후적 악조건과 천연자원의 결핍에도 불구하고 기업투자와 성장을 고무한다. 비교적 부존자원과 지형 및 기후 면에서 혜택받고 있는 세계의 어떤 지역들은 정치적 불안정성으로 인해 저개발상태에 있다. 때때로 어떤 정부는 그 나라의 자원과 인력의 개발을 위한 자본, 기술 및 훈련을 제의받더라도 외국기업의 투자에 적대적이다.

기업이 대처하지 않으면 안 될 정치적 요인들 가운데 이데올로기 문제와 기타 문제가 있다. 즉 이들 요인에는 민족주의, 테러행위, 전통적 적대행위, 불안전한 정부, 국제기관 및 정부소유 기업을 포함한다.

어떤 글로벌기업은 정치적 힘 그 자체라고 지적할 수 있다. 약간의 기업들은 그들의 협상대상인 국가의 GNP보다 큰 예산과 매출액을 갖고 있다. 따라서 정치적 힘이 약한 국가에 진출한 국제기업은 그 나라의 정치·경제·사회면에 심각한 영향을 줄 수 있다. 그러나 가변적인 개발도상국의 정치적 환경으로 인해 글로벌기업이 크게 권익을 희생당하거나 손해를 입는 경우도 발생한다.

정치적 위험의 핵심적 원천의 하나는 민족주의의 대두인데, 강력한 민족주의의 대두는 거시경제적 충격 이외에도 외국인 기업에 대한 강제철수 또는 재산의 수용이나 몰수를 가져오기도 한다. 특히 1978~79년의 이란혁명을 필두로 표면화된 민족주의는 전 세계 국제기업에게 심각한 타격을 주었으며, 그 후 국제적으로 정치적 위험을 크게 증가시키는 계기가 되었다.

1960년대에 들어와 미국의 국제수지악화와 국제통화위기, 자원민족주의의 대두, 제3세계의 태동 등으로 국제 정치·경제면에서 혼란이 나타나기 시작했다. 1970년대에 들어와서 오일 쇼크로 비롯된 국제자원 파동은 국제경제와 세계무역의 신장을 크게 둔화시켰다. 이와 같이 글로벌기업환경의 혼란과 불확실성이 가중되자 글로벌기업과 글로벌금융기관들의 정치적 위험에 대한 관심이 크게 고조되어 정치위험분석의 중요성이 대두되게 되었다.

이렇게 정치적 위험의 중요성이 부각되자 학계에서는 정치위험분석에 대한 연구가 활발하게 이루어지게 되었다. 그러나 글로벌기업 자체는 외부환경이 기업경영에 미치는 영향의 중요함을 인식하면서도 1968년 루트(F. Root)의 조사에 의하면 기업 내부적으로 정치적 위험을 분석·평가하는 기구를 거의 설치

표 2-6 정치적 위험과 국가 위험의 비교

구 분	정치적 위험	국가 위험
투자주체	– 해외직접투자 기업	– 국제금융기관 및 대출기관
위험노출자산	– 물적, 인적 자원, 여타 투자재원	– 재무적 자산
노출기간	– 무기한(현지법인 존속기간)	– 단기 또는 장기(약정기간)
위험의 형태	– 수용, 몰수, 국유화, 외환통제, 테러, 조세차별, 부품사용강요 등	– 채무불이행, 상환동결, 채무 재조정, 계약조건변경 등

하지 아니하였다. 그러나 1978년 코브린(S. Kobrin)과 그의 동료들의 공동조사에 따르면 193개의 표본기업 중에서 55%가 정치위험분석을 하고 있다고 하였다. 그리고 1983년 케네디(C. Kennedy)의 연구에서는 미국기업의 91개 표본기업 중 74%가 기업 내부에 공식조직을 가지고 평가하고 있다고 하였다.[24]

또한 정치적 위험은 국가위험과 혼용되고 있는데, 〈표 2-6〉에서 보는 바와 같이 그 개념을 구분하여 이해할 필요가 있다. 표에서 정치적 위험은 해외직접투자를 수행하는 기업의 경영활동과 관련하여 폭넓게 사용되는 개념인 데 반해 국가 위험은 주로 국제금융기관들에게 해당되는 개념으로서 한 국가가 대외채무의 상환불능이나 상환지연의 위험에 처하게 되는 것을 의미한다.[25]

2. 정치적 위험의 유형

정치적 위험은 현지의 모든 외국 기업에 영향을 미치는 거시적 위험과 특정 산업이나 기업에 영향을 미치는 미시적 위험으로 구분된다. 거시적 위험은 일회적이고 돌발적이어서 대부분 통제할 수 없는 정치적 위험이다. 반면 미시적 위험은 그 영향의 정도가 작지만 어느 면에서는 오히려 그 빈도가 높다. 정치적 위험의 원천은 정권교체로 인한 정치이념의 변화, 사회적 불안과 무질서, 전쟁이나 내란 등이 현지국에 고유한 정치적 위험의 원천이며, 그 영향으로서 국유화, 즉 재산몰수 또는 수용, 규제, 이전자유의 제한, 계약파기, 차별정책,

24 이승종 외, 전게서, pp.197~199.
25 김광수 외, 「국제경영」, 박영사, 2010, p.83.

표 2-7 정치적 위험의 제 요인

	거시적 정치위험		미시적 정치위험	
	사회적 요인	정부관련 요인	사회적 요인	정부관련 요인
국가 내부	혁명, 쿠데타, 내전, 인종갈등, 인종·종교 소요, 폭동·테러, 파업, 보이콧, 노조의 전면파업	국유화, 몰수, 송금제한, 집권자에 대한 저항, 급진적 정권이양, 고물가, 고금리, 관료주의	선택적인 테러, 선택적인 파업, 선택적인 저항, 기업에 대한 국가적 보이콧	선택적 국유화, 선택적 토착화, 합작투자압력, 차별적 조세정책, 현지부품사용법, 계약의 일방파기, 자국기업지원, 가격통제
국가 외부	국가간 게릴라전, 국제테러, 세계적 대중의견, 철수압력	핵전쟁, 일반전쟁, 국경분쟁, 동맹의 파기, 수출금지조치, 높은 외채상환율, 국제경제불안	국제적 행동집단, 외국 MNE간 경쟁, 선택적 국제테러, 기업에 대한 국제적 보이콧	본국과 현지국의 외교적 긴장, 쌍무적 무역협정, 다자간 무역협정, 수출입 규제조치, 외국정부의 간섭

자료: Jeffrey D. Simon, "Political Risk Assessment: Last Trends and Future Prospects," *Columbia Journal of World Business*, Fall 1982, p.67.

재산과 인명피해 등이 있다. 예를 들어, 2014년 크림공화국이 러시아 연방에 합병된 후 크림 정부는 에너지회사, 은행, 호텔, 조선소, 전화회사, 농장, 주유소, 영화제작소 등 거의 모든 분야에서 국유화를 단행했다. 리비아의 카다피는 쿠데타 성공 이후 에소(Esso), 쉘(Shell), ENI 등 외국 석유회사의 국유화, 외국인 재산몰수, 주요 산업의 국유화 등을 단행하였다.

장래가 불확실하고 불투명한 상황에서는 경영자는 언제나 정치적 사태나 사건의 발생가능성을 검토하고, 기업에 미치는 영향을 미리 예측함과 동시에 그러한 영향이 최소화하도록 대처하지 않으면 안 된다(〈표 2-7〉 참조).

기업에게 거의 통제불가능한 정치적 위험에 관한 인식은 오래전부터 있어왔지만 아직도 그 정의나 평가, 예측방법 등에 관하여 확실한 이론적 체계를 구축하지 못하고 있다.

정치적 위험을 가져올 수 있는 정치적 사건의 발생은 그 자체로서는 기업에 반드시 불리한 영향을 미치는 것은 아니다. 예컨대 정치적 불안정의 극단의 예라고 할 수 있는 혁명이 발생하였을 때도 외국인 투자기업에게 아무런 해를 주지 않는 사례도 있다(〈그림 2-2〉 참조).

그림 2-2 정치적 위험의 유형

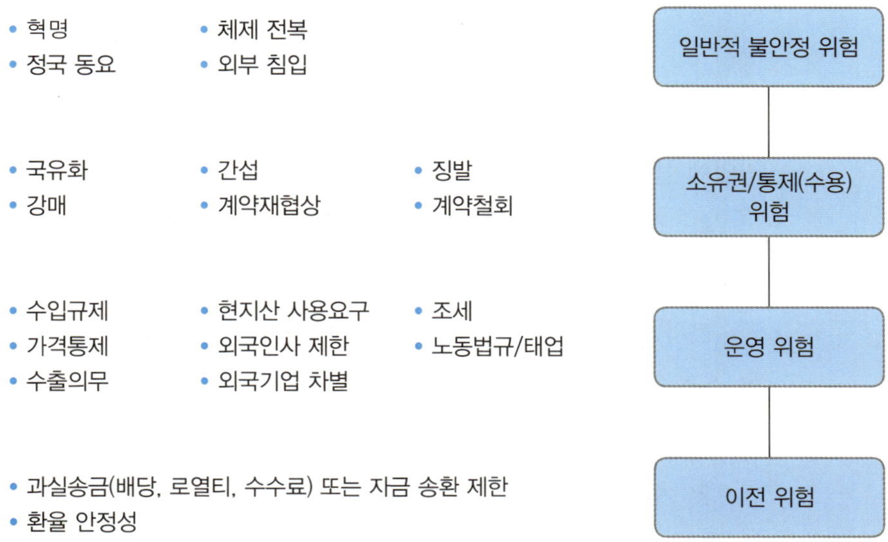

자료: F. R. Root, *Entry Strategies for International Markets*, CA: Jossey-Bass Inc., 1998, p.132

걸프(Gulf Oil)는 1975년의 앙골라내전 당시 마르크스주의 MPL파로부터 호의적인 대접을 받았다. 칠레의 엘살바도르 아헨데 정권은 1970년 초기 집권 시 모든 외국기업을 국유화하였으나 1973년 동 정권이 붕괴되면서 다우 케미컬(Dow Chemical)은 다시 칠레로 진출할 수 있었다.

글로벌기업이 직면할 수 있는 정치적 위험은 다음과 같은 다양한 형태로 나타날 수 있다.[26]

- 몰수: 금전적인 보상이 전혀 없이 기업을 국가가 빼앗는 행위
- 수용: 명목적인 보상을 해 주고 기업을 국가가 빼앗는 행위
- 외환통제: 글로벌 기업의 투자 회수 및 과실송금에 대한 규제
- 고용규제: 글로벌 표준에 어긋나는 현지인 종신고용의 요구, 파견 직원에 대한 취업비자의 발급의 제한
- 현지부품 사용요구: 과도한 현지부품 사용요구(현지부품 사용요구에 불응

26 박주홍, 「글로벌경영」, 유원북스, 2012, p.128.

할 경우 현지국으로 이전되는 원재료 및 부품에 대해 높은 관세가 부과됨)

- 경영 및 자본의 현지화: 현지인에 의한 경영요구, 외국기업의 다수 지분 제한
- 계약의 일방적 파기 또는 재협상의 요구: 쌍무적 계약의 파기 또는 글로벌 기업에 불리한 계약조건의 강요
- 국유화: 정부가 특정 기업이 아니라 한 산업 전체를 정부 소유화하는 행위[27]
- 금수조치: 특정 국가들과의 특정 제품이나 특정 운송방식에 대한 공식적인 수출 혹은 수입 금지
- 보이콧: 어떤 나라나 기업과의 상업적 거래에 참여하는 것에 대해 자발적으로 거부하는 것

제 5 절 글로벌 금융환경

글로벌화로 표현되고 있는 글로벌 경영환경의 급격한 변화는 우리나라 기업들로 하여금 외환과 글로벌 금융에 대한 깊이 있는 이해가 없이는 글로벌 경쟁을 할 수 없도록 만들고 있다.

최근과 같이 글로벌 금융환경이 동태적 변화를 보인 일은 일찍이 없었다. 글로벌 금융시장에는 거의 날마다 새로운 금융상품들이 출현하고 있는가 하면, 환율이 경제뉴스 등에 민감한 반응을 보이며, 부단히 변동하는 가운데 국가간 자본이동이 신속히 이루어지고 있다. 이는 정보통신기술의 급속한 발전, 변동환율체제를 근간으로 하는 현행 국제통화제도 그리고 각국의 경제개방 및 자유화 등에 연유된 것이다.

27 조영곤 외(역), 전게서, p.175.

1. 국제통화제도

(1) 국제통화의 개념

화폐는 실물경제를 움직이는 혈맥이다. 엔진오일이 없으면 자동차가 움직일 수 없듯이 화폐가 없다면 실물경제는 정체된다. 글로벌 거래는 구매자와 판매자 간 통화의 교환을 통해서 이루어진다. 통화란 화폐 형태이며 교환의 단위이다. 국제경제에 있어서도 모두에게 안정되고 널리 통용되는 화폐가 있어야 활발한 상품, 서비스, 자본 등의 거래가 가능해진다.

'국제통화'란 무역과 투자 등의 국제거래에 이용되는 화폐, 또는 정부와 기업의 유동성 준비로서 사용되는 화폐, 즉 국제 간의 상품, 서비스 및 자본이동에 따르는 대차관계를 결제하기 위한 자본수단으로서 범세계적으로 자유롭게 통용되고 있는 통화를 말한다. 각 국가들이 독자적인 통화를 사용하길 원하는 경향으로 인해 글로벌경영 거래는 복잡하게 되었다. 구체적으로는 미국달러화, 일본엔화, 독일마르크화 등의 통화가 국제통화로서 이용되는 경우가 많고, 그 밖에 국제통화기금(IMF)의 특별인출권(SDR) 및 유럽연합(EU)의 공통통화인 유로화도 국제통화로 이용되고 있다. 현재의 국제통화체제에서 국제통화는 약 20여 개이나 실제적으로 국제금융시장에서 많이 이용되고 있는 것은 5~6개의 통화에 불과하다. 국제통화는 국제통화제도의 변천에 따라 그 형태를 달리하여 왔다. 금본위제하에서는 금이 국제통화의 역할을 수행하였으며, 또 금과 함께 미국달러화와 영국의 파운드가 국제통화로 이용된 적이 있다.

일반적으로 어떤 통화가 국제통화로서 받아들여지기 위해서는 ① 당해 통화발행국이 경제적으로 큰 규모를 가져야 하고, ② 당해 통화의 운용, 기타 통화로의 교환이 가능하도록 자유롭게 발달한 금융시장이 존재해야 하며, ③ 당해 통화의 가치에 대한 국제적 신뢰성이 있어야 한다.[28]

이러한 각국 통화의 가치는 늘 변하기 마련이다. 어떤 통화의 다른 통화에 대한 가격인 환율은 시간이 지남에 따라 변동한다. 특히 글로벌 거래의 복잡성

---

28 이승종 외, 전게서, pp.158~161.

으로 인해 환위험이 나타나게 된다. 환위험은 통화의 다른 통화에 대한 가격에서의 변화에 따른 위험을 말한다. 오늘날 환율제도는 크게 고정환율제도와 변동환율제 등 두 가지로 구분할 수 있다. 고정환율제도는 한 통화의 가치가 다른 통화의 가치에 대하여 특정한 비율로 정해져 있는 것으로 브레턴우즈 협정에서 사용된 제도이지만 아직 개도국 등에서 사용하고 있다. 변동환율제도는 통화가 시장의 힘에 따라 자유롭게 변동하는 것으로 대부분의 선진국에서 채택하고 있다.

(2) 국제통화제도의 기능

국제통화제도라는 단어는 매우 광범위하게 사용되고 있어서 정확하게 개념을 규정하기가 상당히 어렵다. 일반적으로 국내통화제도라고 할 때 협의의 개념으로는 국내화폐의 발행 및 관리에 관한 제도적인 체제로 이해된다. 그러나 한 나라의 국내통화가 국제적인 통화로서 널리 사용되고 있다 해도 국제통화의 창출이나 관리가 행해지고 있는 것은 아니다.

'국제통화제도'(international monetary system)는 국제통화를 규제하는 제반 제도, 정책 및 활동 등을 지칭하는 일반적인 개념으로서, 국제무역의 균형적 확대와 국가간 자본의 원활한 이동을 지원하는 국제적인 통화제도 및 결제메커니즘이라 할 수 있다. 여기에는 상용통화와 한 나라의 국민통화 간의 교환비율, 국제수지의 조정, 정책협조의 방법 등이 구체적인 내용으로 포함된다.

이러한 국제통화제도의 기본적인 목적은 각국 간의 교역확대와 균형성장을 통한 국제적 완전고용의 달성, 실질소득의 증대 및 세계경제의 발전을 촉진시키는 데 있다. 그러나 이와 같은 세계 전체의 균형적인 성장을 달성하기 위해서는 각국의 경제정책 목표의 차이가 우선적으로 조정되어야 한다. 국제통화제도는 외국환과 국제수지 측면에서 이러한 역할을 수행하고 있는 것이다.

국제통화제도의 문제는 주로 외환, 금융 또는 결제와 관련된 국제간의 제도적 중심이 된다. 이 중에서 가장 핵심적인 영역이 바로 환율 또는 제도의 문제이다.

한편 국제통화제도는 각국의 상충되는 대내·외 경제정책의 조화를 통하여 실질소득의 증대와 자원의 합리적인 배분을 도모하는 목적을 가지고 있는데, 이러한 목적을 달성하기 위하여 국제유동성의 공급과 국제수지의 조정 등 두 가지 기본적 기능을 수행한다. 즉 모든 국가의 통화가 국제거래에 이용되는 국제통화로서의 역할은 각국의 경제사정과 통화의 신뢰성을 고려할 때 불가능하므로, 국제거래의 원활한 수행을 뒷받침할 수 있는 국제유동성(대외채무의 결제를 위한 지급수단)의 공급을 가능하게 하는 제도적 장치가 필요한데, 이것이 국제통화제도가 수행하는 첫 번째 기능이다. 또한 국제통화제도는 각국 간의 국제수지 불균형이 초래될 경우 다시 균형상태로 복귀시키는 국제수지조정기능을 담당하고 있다.

이상에서 설명한 국제통화제도의 국제유동성 공급과 국제수지조정의 두 가지 기능은 서로 배타적인 것이 아닌 상호 밀접한 관계를 가지고 있다. 다시 말해 국제수지의 조정기능이 제대로 작용하여 국제유동성이 각국에 잘 배분되면, 국제유동성에 대한 수요는 그만큼 줄어들게 된다. 그러나 국제수지의 조정기능이 제대로 작용하지 않으면 흑자국에서는 국제유동성의 초과상태가 되고, 적자국에서는 국제유동성이 부족하게 되어, 세계 전체적으로는 국제유동성에 대한 수요가 비정상적으로 증대하게 된다.

(3) 국제통화제도의 변천

국제간의 교환수단으로 오래전부터 금을 많이 이용해 왔다. 이러한 금은 내구성이 있으며 보관과 운반이 편리하고 식별하기에 용이한 점이 있었기 때문이다. 이러한 이유 때문에 대부분의 주요국 통화들은 금을 자국통화로 표시하여 상대적인 가치, 즉 환율을 고정시키는 금본위제(1821~1931년)를 채택하여 왔다. 전형적인 고정환율제도인 금본위제도는 통화단위를 순금의 일정한 중량으로 미리 설정해 놓고, 금의 자유주조를 허용하며, 지폐나 예금통화 등은 항상 아무런 제약 없이 금화와 교환할 수 있는 제도를 의미한다. 이후 금의 제약으로부터 벗어나 미국의 경제력에 의존하려는 시도에서 브레턴우즈체제로의 이행이 있었다.

브레턴우즈체제(1946~1971년)는 미국의 달러화를 기축통화로 하는 금환 본위제로, 미국의 달러화만이 금과의 일정한 교환비율을 유지하고, 기타 통화는 달러화와의 평가를 통해 금에 간접 연계시키는 제도이다. 이에 따라 금 1온스당 35달러라는 달러 가치가 책정되었으며, 환율의 안정과 외환규제의 완화 및 철폐를 추진하기 위한 목적하에 국제통화기금이 설립되었다. 그러나 미국 정부가 베트남 전쟁 및 고비용 정부사업을 위한 자금조달을 위해서 재정적자의 확대를 용인한 1960년대 후반부터 브레턴우즈협정은 붕괴되기 시작했다. 미국의 정부지출 증대는 미국 경제의 확장을 가져왔다. 이어 미국인들은 수입재에 대한 지출을 확대하였고, 이는 미국의 국제수지 악화로 이어졌다. 시간이 지나면서 미국 달러에 대한 수요가 공급을 크게 초과하였고, 미국 정부는 달러화 추가 공급에 필요한 적절한 금 보유량을 유지할 수 없게 되었다. 미국의 국력 또한 세계경제를 떠받치기는 역부족이었다. 그 결과 1970년대 초반 이후 킹스턴체제(1973~현재)가 성립되었다. 킹스턴체제는 스미소니언체제[29]의 붕괴 이후 주요국이 변동환율 등 자국 경제에 적합한 환율제도를 이행하고, 금의 공정가격 및 금평가제가 전면적으로 붕괴된 현실을 인정하고 SDR[30]의 기능 및 이용도를 제고하여 점진적으로 SDR 본위제를 이행할 수 있는 기틀을 마련하였다. 이로써 세계는 변동환율제의 시대로 접어들게 되었다.

2. 외환시장

금세기말 WTO의 설립으로 인해 세계경제질서가 개편됨에 따라, 우리나

29 달러화의 금태환정지에 따른 국제통화제도의 혼란을 수습하기 위하여 1971년 12월 워싱턴의 스미소니언 박물관에서 열린 다국간 통화조정회의 이후 실시되기 시작한 국제통화체제를 말한다. ① 달러화의 7.89% 평가절하(금 1온스당 35달러에서 38달러)와 이에 따른 다국간 평가의 재조정, ② 환율변동폭을 평가기준 상하 각각 2.25%로 하는 와이더 마진(wider margin)제를 주요 내용으로 하는 스미소니언협정이 성립되었다.

30 국제통화기금(IMF)의 특별인출권으로 국제유동성 부족에 대처하기 위하여 IMF에 의해 창출된 국제준비통화이다. 이는 유형의 통화가 아니며, 국제결제에 사용되는 결제통화도 아니고, 각 통화당국이 외국환시장에 개입할 때 사용하는 개입통화도 아니라는 특징을 가지고 있다. 한국은 SDR 창출의 제1차 기본기간 중 2,223만 SDR을 배정받고, 제3차 기본기간 중 5,068만 SDR(Special Drawing Rights, 특별인출권)을 배정받았다.

라는 과거의 무역규제에서 자유무역으로 전환하고 있으며, 금융서비스의 개방으로 인해 과거에 규제되어온 여러 가지 외환규제조치가 완화되거나 없어지게 되었다. 이는 곧 과거에 수출입업자, 유학송금, 장·단기 외화차입, 여행경비 등 외환의 수요나 공급에서 이제는 외국의 증권, 채권, 부동산 등 다양한 금융상품이나 서비스를 매매하거나 제공받게 됨에 따라 외환시장의 규모가 급속도로 커짐을 의미한다.

(1) 외환의 개념과 성격

개방화·국제화시대를 맞이하여 상품교역, 해외여행, 기업의 해외진출 및 외국기업의 국내투자, 내국인의 해외증권 및 부동산 취득, 해외로부터의 자본차입 등 여러 방면에서 국제거래가 점차 증대되고 있다. 특히 해외여행을 하고자 할 때, 국내의 제조업자가 생산한 제품을 해외로 수출할 때, 제품 및 용역의 수입업자가 외화로 표시된 수입대금을 지급하기 위해 원화를 해당 외화로 교환할 때, 해외증권을 사거나 팔 때, 외국으로부터 외화자금을 차입하거나 대여할 때 항상 우리는 외환의 문제에 직면하게 된다.

이러한 문제를 해결하고 국가간의 거래를 원활히 수행하기 위해 사용되는 수단이 바로 '외환' 또는 '외국환'이다. 오늘날 세계 각국은 물물교환이나 실물로 제공하는 경우를 제외하고는 대부분의 거래에서 외환을 사용하여 결제하고 있다. 즉 외환이란 '국가간의 채권·채무를 결제하기 위하여 자금을 이동함에 있어서 현금(외국화폐)을 직접 수송하지 않고 외국환은행을 중개자로서 활용하는 수단'을 말한다. 이러한 외환은 국제지급 문제를 해결하고 국제투자와 기업, 은행 및 정부 간 자금제공을 원활하게 한다. 미국 달러, 엔, 유로 등과 같은 통화들은 각국의 통화를 팔고 사는 글로벌 시장인 외환시장에서 거래된다. 여기서 시장은 고정된 장소를 의미하지 않는다. 거래는 전 세계의 은행, 통화거래자, 정부 및 외환거래 중개인 간 연속적인 매입 및 매도로 이루어진다. 따라서 외환 및 외환시장이 없이는 글로벌경영은 불가능하다.[31]

---

31 조영곤 외(역), 전게서, p.288.

한편 외환은 국내통화 간의 교환인 내국환과 그 기본 성격은 유사하지만, 다음과 같은 몇 가지 점에서 차이가 있다.

첫째, 외환은 국제간의 채권·채무의 결제에 이용되기 때문에 이종통화의 교환비율인 환율에 영향을 받게 된다. 즉 내국환의 가치가 할인율인 국내 금리에만 영향을 받으나, 외환은 표시환율의 변동시 그 가치가 변동하는 환위험에 노출되어 있다.

둘째, 외환의 결제시간이 대내 거래보다 길고 거래금액이 보통 대규모이므로, 거래 당사자 간에 금리문제가 발생할 수 있다. 즉 외환으로 대외 채무를 결제하고자 외환을 외국에 보낼 때에는 일정한 우편기간이 소요되므로 해당기간에 대한 이자문제를 고려해야 한다.

셋째, 외환의 경우 외환거래의 당사자들 중에 적어도 한 사람은 외국에 소재하고 있는 경우에 발생하므로, 어느 나라의 법률을 적용해야 하는지의 문제가 발생한다.

넷째, 내국환의 경우 결제차액은 어음교환소를 통해 최종적으로 중앙은행에 의해 조정된다. 그러나 외환거래의 결제차액은 중앙은행을 통한 청산제도 내지 국제금융·외환시장 및 국제금융기구 등에 의해 조정된다.

다섯째, 내국환은 대내 거래의 결제수단으로 자유롭게 이용되고 있으나, 외환은 대외 거래의 결제수단으로 국민경제에 미치는 파급효과가 크기 때문에, 외환이 부족한 국가에서는 이용을 관리하거나 규제하고 있다.

(2) 외환의 종류

첫째, 외환에 의해 국제적으로 자금의 결제를 하는 데는 두 가지 방법이 있다. 하나는 자금을 송금하는 방법이고, 다른 하나는 자금을 추심하는 방법이다. '순환'은 채무자(수입업자)가 채권자(수출업자)에게 외화자금을 송금하는 방식으로 '송금환'이라고도 한다. 반대로 '역환'은 채권자(수출업자)가 채무자(수입업자)에게 추심하는 방식으로 대금을 회수하는 방식으로 '추심환'이라고도 한다.

둘째, 환매매 중개기관의 외국환은행 측에서 환을 매각하느냐 또는 매입하느냐에 따라 구분하는 방식이다. 외국환은행이 외환을 매도하는 것을 '매도환'이라 하고, 외환을 매입하는 것을 '매입환'이라고 한다. 개인이나 기업이 외국환은행에 가서 자국통화를 주고 외환을 구입하는 것은 매도환이고, 반면에 외환을 외국환은행에 매도하고 자국통화를 받는 것을 매입환이라 한다. 이때 매도환 또는 매입환은 외국환은행을 기준으로 표현하기 때문이다.

셋째, 외환의 국제적 이동은 환어음(D/D: demand draft), 우편송금(M/T: mail transfer), 전신송금(T/T: telegraphic transfer) 등의 방법으로 이루어지며, 환어음과 우편송금에 의한 것을 전신환과 구별하여 '보통환'이라고 한다. 이러한 보통환에 의한 결제는 거래행위가 발생한 당일에 이루어지지 않으므로 이자의 문제가 발생한다.

넷째, 외환거래의 계약체결과 계약이행의 시차를 기준으로 현물환과 선물환으로 구분한다. '현물환'(spot transaction)은 외환매매계약 후 둘째 영업일 이내에 거래가 실행되는 외환으로서 '직물환'이라고도 한다. 반면에 '선물환'(forward transaction)은 계약체결 이후 상당한 기간이 경과한 후(둘째 영업일 이후) 거래가 이행되는 외환으로서 '예약환'이라고도 한다. 즉 일정한 기간 이후 일정률로 환거래할 것을 미리 예약하고 실제거래는 일정기간 후에 이루어지는 외환이다.

또한 당일거래와 익일거래도 있는데, 거래금액이 큰 은행간 외환시장에서는 '당일' 또는 '익일거래'는 그다지 사용되지 않고 있다. 현물환과 선물환은 무역거래와 관련하여 실질적인 필요성에 의해 거래되기도 하지만, 상당한 양은 실물거래와 무관하게 투기적인 목적(환투기)으로 거래되기도 한다.

〈외환거래의 분류: 결제일 기준〉

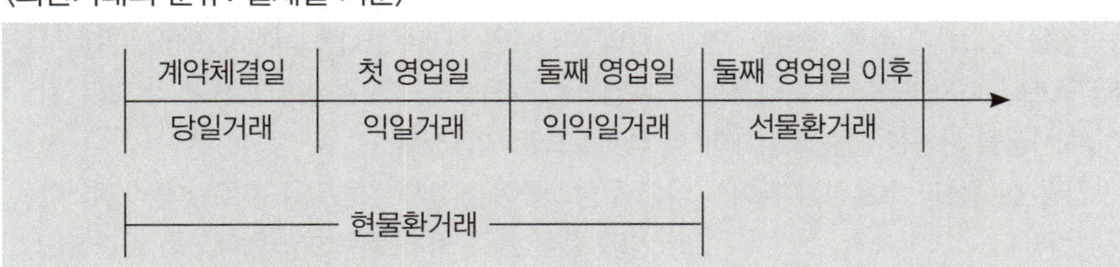

key point
CASE STUDY

이재용의 ‘혁신 메스’, 조직문화 수술로 이동

연공서열·격식 중시 분위기 타파… 유연성·창의성 향상 유도

삼성그룹을 리빌딩 중인 이재용 삼성전자 부회장(사진)이 변화와 혁신의 칼 끝을 안으로 돌려 조직문화 개혁 작업에 본격 시동을 걸었다. 그간 진행해온 큰 틀의 그룹 포트폴리오 정비 작업이 일단락된 만큼 다음 수순으로 경쟁력 강화를 위한 체질 개선에 착수한 것으로 풀이된다.

그룹의 역사가 80여 년간 이어지며 자연스럽게 굳어진 수직적 문화와 의사결정체계를 쇄신해 글로벌 기업에 걸맞는 유연성과 창의성을 확보하고 새로운 도약을 모색하겠다는 구상이다. 삼성전자는 24일 오후 본사인 수원 디지털시티에서 ‘스타트업 삼성 컬처혁신 선포식’을 개최한다. 이 자리에는 삼성전자 주요 경영진과 임직원이 참여해 조직문화 혁신을 결의하고 변화를 위한 주요 실천사항을 공유할 예정이다.

행사에서 발표될 혁신 내용은 외부에 명확히 밝혀지지 않았으나 관련 업계에선 직급체계 조정과 업무조직 운영방식 변화 등이 골자를 이룰 것으로 관측하고 있다. 현재 ‘사원-대리-과장-차장-부장’ 구조의 5단계 직급체계가 ‘사원-선임-책임-수석’의 4단계 구조로 변화되고, 일부 부서에선 ‘프로(담당)-팀장’ 형태로 단순화될 것으로 알려졌다. 팀 체제로 운영되고 있는 조직체계도 일부는 ‘셀’ 단위로 세분화될 전망이다.

삼성전자의 이 같은 조직 변화는 상명하복이 강조되는 수직적 조직문화를 보다 수평적인 형태로 바꿔 유연성과 창의성을 강화하기 위한 조치다. 연공서열 중심의 조직구조와 의사결정체계 속에서는 창의적인 아이디어가 사장될 가능성이 높고 결재과정도 길어 업무 수행의 신속성과 효율성이 떨어지기 때문이다.

삼성그룹 안팎에선 이 부회장이 IBM과 구글, 애플 등 글로벌 기업들이 자율적이고 수평적인 기업문화를 바탕으로 혁신적인 사업 아이템을 발굴하고 시장을 선도하고 있는 점에 주목하고 그룹 경영진에 이 같은 변화를 주문한 것으로 보고 있다.

삼성그룹 관계자는 “그룹 각 계열사의 규모가 커지고 조직이 글로벌화되면서 외국인 임직원들이 늘어 한국식 직급체계를 적용하기가 어려운 부서가 적지 않았다”며 “기존에도 일부 계열사에서 직급체계를 단순화해 운영해 왔는데 이에 대한 적용범위를 보다 넓히는 것으로 보면 된다”고 설명했다.

그는 “직급체계 단순화, 셀단위 조직 운영 등 수평적 변화가 삼성전자를 시작으로 그룹의 전 계열사로 확산 적용될 가능성이 있지만, 각 계열사마다 경영환경과 내부사정 등이 다르므로 일률적으로 적용되진 않을 것”이라고 전망했다. 일각에선 향후 삼성그룹의 신입사원 채용 방식에도 변화가 나타날 것으로 전망하고 있다. 현재와 같은 그룹 차원의 대규모 공채 시스템을 각 계열사별 채용 시스템으로 전환할 것이란 관측이다.

업계 관계자는 “그룹 공채 시스템의 결과로 삼성그룹 임직원들 사이에 ‘기수 문화’가 존재하는데 이것이 연공서열 문화로 이어진다는 지적이 있다”며 “경력직원이나 외국인 직원들 입장에선 소외감을 느끼게 되는 경우가 많다는 목소리가 적지 않아 삼성그룹이 채용 방식 변화를 검토 중인 것으로 안다”고 밝혔다. 삼성그룹이 매년 6월 개최한 그룹 차원의 신입사원 하계수련회를 폐지하고 올해부터 각 계열사별로 진행하기로 결정한 배경도 이 같은 지적 때문으로 알려졌다.

삼성그룹이 계열사 창립일을 휴무일에서 제외하기로 결정한 것 역시 글로벌 스탠더드를 강조하는 이 부회장의 의중이 반영된 결과로 전해진다. 삼성그룹은 지난 2014년부터 전 계열사의 창립일 휴무 제도를 폐지하고 사별로 조용한 기념식만 진행할 뿐 전 임직원이 정상근무에 임하고 있다.

창립일 휴무제도가 글로벌 기업들에서 찾아볼 수 없는 제도이며, 해외 고객사와의 거래 및 영업활동에 지장이 있다는 판단에 따라 내린 조치다. 대신 삼성그룹은 전 임직원에 4년치 휴무일 수당을 지급했다.

이밖에도 이 부회장은 특유의 '실용주의' 철학을 바탕으로 삼성그룹의 조직문화 혁신에 앞장서고 있다. 매년 들어가는 유지비용에 비해 효율성이 낮다는 판단에 따라 그룹의 전용기와 헬기를 외부에 매각했으며, 본인을 포함해 고위 경영진에 대한 과도한 의전 활동을 모두 폐지했다. 실제로 이 부회장은 해외 출장시 수행원 없이 홀로 민간 여객기를 이용하는 것으로 유명하다.

자율 출퇴근제 도입, 불필요한 야근 및 휴일근무 축소, 자유로운 휴가 사용 등의 근무제도 변화도 이 부회장의 이 같은 '실용주의' 방침에 따라 삼성그룹에 도입·정착됐다는 후문이다. 재계 관계자는 "선대에 이어 삼성그룹의 가치를 수성하고 발전시켜야 하는 이 부회장 입장에선 부친인 이건희 회장이 추진했던 것 이상의 강도높은 변화와 쇄신 없이는 목표달성이 어렵다는 판단을 내렸을 것"이라며 "오늘날의 삼성그룹을 만드는 데 있어 상명하복 중심의 수직적 조직문화가 기여한 공이 적지 않지만, 글로벌 기업으로 성장한 현 시점에선 새로운 문화와 방식, 변화가 필요한 것도 분명한 사실"이라고 평가했다.

더벨(2016.3.24)

key point
CASE STUDY

위안화 국제화 성큼 "2년 후면 세계 4대통화"

세계 무역·통상을 좌지우지하는 중국의 힘. 세계무역 질서 재편도 시도

중국 위안화가 2년 내에 세계 4대통화에 오를 것이라는 전망이 나왔다. 중국인민대학이 최근 펴낸 위안화국제화보고에 따르면 위안화 국제화의 기본 토대는 이미 마련됐으며, 2년 내에 위안화가 세계 4대통화에 포함될 것으로 전망됐다고 중국 인민라디오방송 인터넷판인 중국광파망(CNR)이 20일 전했다. 인민대학 국제화폐연구소가 매년 측정하는 위안화국제화지수는 2009년 말 0.02였지만 지난해 연말기준으로는 2.47로 높아졌다. 반면 달러화, 유로화, 파운드, 엔화 등 네 가지 주요 세계통화의 국제시장에서의 점유율은 하락했다.

국제화폐연구소의 투융훙(涂永紅) 부소장은 "이 수치를 토대로 하면 위안화의 사용범위와 사용빈도 등은 이미 세계 4위에 올라와있다"며 "금융개방도 등 다른 지표와 합산해 산정되는 화폐별 국제화지수로 따진다 하더라도 향후 2년이면 위안화는 달러, 유로, 파운드에 이어 세계 4위에 올라설 것"이라고 말했다. 세계 지급 결제 통화 가운데 위안화의 비중은 2013년 5월 0.8%였으나 2년이 지난 올해 5월은 2.2%로 늘어났다.

위안화의 무역결제 규모는 2009년부터 2014년까지 480배 급증했고, 위안화의 직접투자 규모도 2012년 1분기에서 올해 1분기 사이에 6배 증가했다. 중국 내 외국인의 금융 자산도 늘어나, 외국 기관과 개인의 위안화 주식·채권 보유액과 위안화 대출·예금 자산의 규모는 2013년 12월 2조9,000억 위안에서 현재 4조4,000억 위안(한화 약 807조원)으로 1.5배 증가했다.

또 외환시장에서의 위안화 거래 여건이 개선됐고, 역외 위안화 청산결제은행과 아시아인프라투자은행(AIIB) 등 위안화의 역외 인프라도 늘어나고 있다. 특히 중국 인민은행은 32개 국가와 통화스왑계약을 체결한 상태며, 총액은 3조1,000억 위안 규모다. 일부 국가들의 중앙은행은 위안화를 외환보유고에 편입시켜놓은 상태다. 또한 위안화는 IMF의 가상통화인 SDR의 통화바스켓에 포함될 가능성이 커지고 있는 상황이다.

이에 더해 투융훙 부소장은 일대일로(해상 육상 실크로드) 프로젝트가 진행되면 위안화국제화 역시 급물살을 탈 것으로 내다봤다. 그는 "일대일로 프로젝트가 진행되는 지역에서 원자재구매는 물론 인프라투자, 산업단지건설, 인터넷상거래 등 4개 방면에서 방대한 위안화 거래가 일어날 것"이라며 "일대일로가 위안화 국제화를 가속화시키고, 위안화 국제화가 가속되면 일대일로에 필요한 자금제공이 원활해지는 선순환구조가 이뤄질 것"이라고 내다봤다.

아주경제(2015.7.20)

제 3 장

글로벌 통상환경 변화

introduction
CASE STUDY

판 커지는 통상전쟁…한국, 메가FTA 부상에 초비상

中 주도 'TPP 대항마' RCEP는 개방수준 낮아 한계
양자통상시대 넘어 APEC 21개 국가간 FTA 모색세계
GDP 56% 차지…무역장벽 일거에 해소 기대

TPP 타결 이후 / TPP 소외된 한국의 선택은

환태평양경제동반자협정(TPP)이 메가 자유무역협정(FTA) 신호탄을 쏘아올리면서 글로벌 경제는 이제 '양자간 FTA 시대'에서 '다자간 무역망 구축 시대'로 탈바꿈하는 통상 전쟁을 예견했다. 통상 전쟁의 핵(核)에는 아시아가 존재하지만 한국은 TPP에 발조차 들여놓지 못했고, 참여 중인 메가 FTA 대다수가 교착 상태에 빠져 한국만 소외되는 것 아니냐는 염려가 나온다.

본격화하는 메가 FTA

역내포괄적경제동반자협정(RCEP), 한·중·일 FTA, 아·태 자유무역지대(FTAAP) 등 3가지 협정은 한국을 둘러싸고 현재 진행형이다. 한·중·일 FTA는 한국 1위 교역국인 중국, 인접 국가인 일본과 경제망을 통합하는 협정이자 비준을 앞둔 한·중 FTA 후속판이다. 12개국이 참여한 TPP에 맞서는 대항마로 일컬어지는 16개국 간 RCEP는 TPP와 함께 궁극적으로 FTAAP를 지향한다. APEC 21개국이 가입한 협정이어서 TPP나 RCEP보다 파급력이 더 크다.

한국을 비롯해 양자간 FTA에 주력했던 국가들은 이제 다자간 FTA 체결로 무역장벽을 허물고 있다. 1995년 출범한 세계무역기구(WTO)를 중심으로 다자주의 움직임이 전개됐지만, 2001년 시작된 WTO 도하개발어젠다(DDA) 협상이 신흥국과 선진국 간 대립으로 난항을 겪자 양자주의가 부상했다. 그러나 이번 TPP 타결을 통해 메가 FTA가 건재하다는 것이 확인된 셈이다.

WTO DDA가 10년 넘는 난항 속에 실패로 귀결

아시아·태평양 지역 경제통합 추진 현황

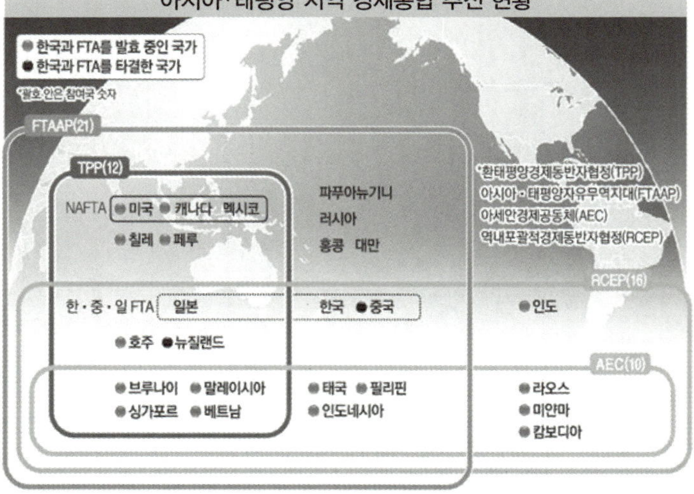

될 조짐을 보이자 한국은 2000년대 들어 글로벌 통상환경을 2개국이 FTA를 맺는 양자주의로 변모했지만 이번 TPP 타결로 다자주의, 즉 메가 FTA로 힘이 쏠리는 분위기다.

김영귀 대외경제정책연구원 지역무역협정팀장은 "1994년 47개였던 FTA가 2014년 585개로 늘었고 이로써 '스파게티 볼' 효과의 한계가 대두됐다"며 "이 한계를 극복하려면 여러 국가가 동참하는 지역경제통합이 불가피하다"고 설명했다. 복잡다단하게 얽힌 규범을 다자협정으로 일순간에 제거했다는 의미다.

중·아세안 중심 RCEP

동남아시아국가연합(ASEAN) 10개국과 한국·중국·인도·일본·호주·뉴질랜드 등 16개국이 참여하고 있는 RCEP는 'TPP 대항마'로 불린다. RCEP가 공식 체결되면 세계 인구 절반이 참여하고 국내총생산(GDP) 기준으로 TPP에 이어 세계 2위인 거대 경제공동체가 생긴다.

하지만 RCEP가 체결된다 해도 실효성에 있어 TPP에 미치지 못할 것이란 평가가 나온다. 경제 규모도 TPP에 밀리고, 개방 수준도 낮아서다. 높은 수준의 관세 철폐를 지향한 TPP보다 낮은 수준의 협의가 이루질 것이란 관측도 있다.

김지선 포스코경영연구소 수석연구원은 "RCEP는 공동 규범에서도 국가별 예외를 인정하고, 각 나라 여건을 감안한 '점진적인 개방'을 추구하고 있어 개방 수준은 높지 않을 것"이라고 설명했다. RCEP가 동아시아 국가들 간 FTA 수준을 다소 진일보시킨 선언적인 구호에 그칠 가능성이 농후한 이유는 경제 규모 차이다. TPP는 글로벌 인구수로 11%, 중국이 포함된 RCEP(48%)보다 작지만 GDP로 보면 TPP(37%)가 RCEP(28%)를 압도한다.

FTAAP로 가는 디딤돌

작년 11월 제22차 아시아·태평양 경제협력체(APEC) 정상회의에서 박근혜 대통령은 "FTAAP를 적극 지지한다"는 견해를 밝혔다. 당시 정상회의는 FTAAP 실현을 위한 베이징 로드맵을 채택했는데 FTAAP는 TPP와 RCEP를 사실상 아우르는 경제통합체다. 아시아를 단일 경제권으로 묶는 수준을 넘어서서 아시아와 태평양 지역 대다수 경제권을 단일 규범으로 묶어버리는 효과다.

FTAAP는 미국 일본 등 TPP 주요 참여국과 중국이 모두 포함돼 있다. APEC 21개국이 모두 FTAAP를 타결지으면 경제 규모로는 전 세계 GDP 중 56%에 달한다. 타결 시에는 인류 역사상 가장 큰 무역망이 형성되는 것이다.

한국은 APEC 20개국에 대한 교역금액이 7,091억 달러(2013년 기준)로 우리나라 전체 교역액 가운데 65.9%를 차지하는 만큼 FTAAP 창설이 한국에는 큰 기회다. 하지만 실제로 타결되기까지 과정은 난망하다. APEC가 진행 중인 FTAAP 공동전략 연구 결과가 일러도 내년 말에나 나올 예정이기 때문이다. 제현정 국제무역연구원 연구위원은 "APEC 21개국 간 90여 개에 이르는 양자간·복수국 간 FTA가 발효돼 있어 FTAAP를 통해 통일 원산지·누적 원산지 규정을 확립시키면 복잡한 원산지 규정을 일거에 해소할 수 있다"고 말했다.

매일경제(2015.10.7)

제1절 자유무역주의와 세계경제통합

제2차 세계대전 후 1980년대 말까지 세계경제는 동서냉전이라는 정치적 틀과 GATT(General Agreement on Tariffs and Trade)[1]에 의한 자유무역체제라는 두 개의 축을 바탕으로 발전해 왔으나, 1990년대에 들어와서는 새로운 정치·경제 질서가 태동되면서 국가 간의 경제도 종래와는 질적으로 다른 근본적인 구조변화에 직면하게 되었다.

정치적인 면에서는 1989년 베를린 장벽 붕괴 이후 냉전체제가 종지부를 찍고 경제중심의 국제정치질서가 모색되고 있다. 경제적인 면에서는 EU(European Union)[2]의 실현과 NAFTA(North America Free Trade Agreement)[3]의 성립 등 신보호무역체제로서 다양한 지역협력기구의 발족, UR(Uruguay Round)[4]협상의 타결, 각국의 경제적 이기주의 경향 강화, 뉴라운드의 대두 등 글로벌기업을 둘러싼 국제통상환경은 급격한 변화를 거듭하고 있다.[5]

제1차 세계대전 이전의 19세기에는 국가마다 조금씩은 달랐으나, 전반적으로 자유주의 경제사상과 자유로운 무역이 확산된 시기였다. 이에 반하여 제1차 세계대전 이후는 만연된 보호무역주의로 세계경제의 순조로운 발전을 기

1 관세장벽과 수출입 제한을 제거하고, 국제무역과 물자교류를 증진시키기 위하여 1947년 제네바에서 미국을 비롯한 23개국이 조인한 국제적인 무역협정.

2 유럽공동체(EC) 12개국 정상들이 1991년 12월 네덜란드 마스트리히트에서 경제통화통합 및 정치통합을 추진하기 위한 유럽연합조약(Treaty on European Union, 일명 마스트리히트 조약)을 체결하기로 합의하고 각국의 비준절차를 거쳐 1993년 11월부터 동 조약에 발효됨에 따라 생긴 유럽의 정치, 경제 공동체이다.

3 미국, 캐나다, 멕시코가 맺은 자유무역협정으로 1989년 미국과 캐나다 간에 FTA가 체결되었는데, 멕시코가 이에 동참하여 NAFTA가 1992년 체결됨으로 인하여 미국의 자본과 기술, 캐나다의 자본과 자원, 멕시코의 노동력과 자원 등이 결합한 경제블록이 탄생하였고 1994년 정식 발효 되었다.

4 GATT의 8번째 다자간 무역협상으로 1986년 9월 남미의 우루과이에서 시작되었다. 가장 큰 쟁점은 농산물에 대한 보조금 및 수입관세 등 보호정책에 대한 농산물 수출국들로 구성된 미국 등 케언즈 그룹과 EC의 대립이며 UR이 타결됨에 따라 95년 세계무역기구(WTO)가 설립되었고 이는 법적 구속력 또한 대폭 강화된 UR보다 강력한 기구이다.

5 이승종 외, 「글로벌 경영」, 민영사, 2004, p.129.

대하기 어려웠다. 경제대공황과 제2차 세계대전을 거친 1940년대 후반 세계는 성장과 안정을 위해서 협력이 필요하다는 분위기 속에서 각종 경제협력 형태가 이어졌다. 즉 제2차 세계대전 이후 국가 간의 경제적 마찰을 줄이고, 국제경제의 조화로운 발전을 도모하기 위하여 브레턴우즈(Bretton Woods)체제가 출범되었다. 브레턴우즈체제는 무역부문에서 GATT, 통화금융부문에서는 IMF(International Money Fund),[6] 국제부흥 및 개발부문에서는 IBRD(International Bank for Reconstruction and Development)[7]를 설립하여 세계경제 운영의 근간이 마련되었고, 이를 토대로 전후 세계경제의 회복과 성장을 이룩하였다. 이러한 브레턴우즈체제는 시간이 흐르면서 과학과 기술의 진보, 세계경제의 역학구도 변동 등으로 인하여 지금은 그 양상이 크게 변모하였다. 현재의 국제통상 및 경제환경은 ① 글로벌화, ② 세계경제의 다극화, ③ 지역주의, ④ 다자간, 쌍무간 국제협력주의, ⑤ 기술 및 지식의 중요성 증가 등의 특성을 가지고 있다.

1. GATT(관세 및 무역에 관한 일반협정)

(1) GATT의 설립배경

1929년 대공황 이후 대다수의 국가들은 자국의 수출을 촉진하고, 자국의 산업을 보호하기 위하여 자국의 통화를 과도하게 평가절하하고, 외국으로부터 수입되는 상품에 대해 고율의 관세를 부과하거나 수입량을 제한하는 조치를 취하였다. 그 결과 전 세계 무역량은 극도로 축소되었고, 이는 곧바로 국제수지 방어를 위한 각국의 경쟁적인 평가절하와 보복적인 무역장벽이라는 악순환을 초래하게 함으로써 무역마찰은 전 세계로 확산되었다.

제2차 세계대전이 끝난 후 연합국 정상들은 1930년대의 각국의 무역장벽 강화와 국제통화제도의 불안정에 따른 무역마찰이 제2차 세계대전을 발발시킨

---

6 1944년에 체결된 브레턴우즈협정에 따라 설립된 국제통화기금이다. 가맹국의 출자로 기금을 형성하여 이를 각국이 이용하도록 함으로써 각국의 외화자금조달을 원활히 하고 나아가 세계 각국의 경제적 번영을 도모하기 위하여 1947년에 설립되었다.

7 1944년 브레턴우즈협정에 의거 IMF와 더불어 설립된 장기 개발자본의 융자기관이다.

한 원인이 되었다는 점을 반성하고, 1944년 브레턴우즈회담(the Bretton Woods Conference)에서 국제통화질서 회복차원에서의 국제통화기금(IMF)과 전후 복구를 위한 세계개발은행(IBRD)을 창설하고, 세계무역체제의 질서 확립을 위해서는 국제무역기구(International Trade Organization : ITO)를 설립한다는 데에 45개국 대표들이 합의하였다.

그러나 국제무역기구의 설립협상의 주도적 역할을 하던 미국은 자국의 의회에서 승인을 받지 못하게 되어 ITO의 설립은 실패로 돌아가고, 1946년 ITO 헌장의 초안 중 일부인 관세 및 무역에 관한 규정을 발췌하여 23국이 서명함으로써 '관세 및 무역에 관한 일반협정'(General Agreement on Tariffs and Trade : GATT)이 출범하게 되었다. 결국 불완전한 기구가 되기는 했으나, GATT는 자유무역을 통해서 세계교역 증대와 인류의 공존·공영과 후생을 증진시킨다는 취지 하에 1948년 1월 1일 그 협정문이 발효되었다.[8] 그 이후 GATT는 1995년 WTO가 출범하기 전까지 국제무역을 관장하는 주요 기구로서의 역할을 하였다.

(2) GATT의 기본원칙

GATT의 기본이념은 세계무역의 자유화와 무차별적인 국제통상체제를 확립함으로써 국제경제의 건전한 발전을 추구하는 데 있다. 따라서 GATT의 기본원칙은 관세의 인하 및 무역제한의 철폐를 통한 무역자유화와 가맹국 간의 차별적 조치의 배제에 의한 최혜국대우이다. 한편 GATT의 기본적인 구상은 제1부(1~2조)에서 최혜국대우 및 관세양허, 제2부(35~38조)에서 특히 개발도상국의 무역과 개발을 위한 추가조문으로 되어 있다.[9]

무차별(최혜국대우)원칙

최혜국대우(Most Favored Nation Treatment : MFN 대우)는 가장 유리한 대우를 받는 국가에게 부여되는 것과 동등한 대우를 의미하는바, 역사적으로는 조건부 MFN 대우와 무조건적인 MFN 대우가 있었지만 1947년 GATT에 의해 무

8 이승종 외, 전게서, pp.130~131.
9 전외술 외, 「최신국제통상론」, 대학문화, 2001, pp.144~146.

조건적인 MFN 조항(MFN clause)이 국제무역규칙에 있어 기본적이고도 중심적인 의무로 확립되게 되었다. 여기서 이러한 MFN 대우의 기본적 논거는 모든 국가가 MFN 원칙을 준수할 경우 보다 효율적인 자원의 이용을 통해 결국 모든 국가가 혜택을 받게 될 뿐만 아니라 나아가 MFN 원칙을 준수할 경우 무역분쟁이 발생할 가능성이 작아진다는 데에 있다.[10]

GATT는 무역자유화를 촉진하는 데 있어서 관세인하와 수입제한의 철폐라는 두 가지의 목적을 위하여 무차별(최혜국 대우)원칙에 입각하여 그 활동을 추진하여 왔다.

GATT 가맹국은 「최혜국조항」(제1조)에 의거하여, 가맹국의 어떤 국가에 대해서 타국가보다 특혜를 베풀지 않는다는 무차별원칙을 기본원칙으로 하고 있다. 다시 말해서 GATT는 두 국가 간의 특혜조치는 인정하지 않으며, 다국간의 협정을 그 기본원칙으로 하고 있다는 점이다.

관세의 인하

관세에 관한 WTO 규칙은 1994년 GATT 및 몇몇 부속문서에 규정되어 있는바 관세는 GATT에 의해 허용되는 유일한 보호수단이다. 자유무역 추진을 위한 주요수단으로서 관세인하와 수량제한의 철폐가 추구되었다. 관세의 인하방식은 두 국가간 내지 다국간 교섭에 의해서 이루어졌으며, 두 국가간 교섭의 경우 가맹국 중의 어느 두 국가간 개별적으로 관세인하교섭을 하고 그 결과 인하된 관세율을 전 가맹국에 적용하는 것으로, 두 국가간 교섭은 주요 공급자방식을 채용하고 있다. 이 방식은 원칙적으로 어떤 재화의 최대공급국이 그 품목에 대한 수입관세율의 인하를 상대국과 교섭하는 방식이며, 주요 이해관계국에게 주도권을 부여하는 것이다.

이러한 두 국가간 관세교섭은 호혜주의원칙에 입각하여 추진되었다. 따라서 GATT의 관세인하교섭은 주요 공급자방식과 호혜주의에 의하여 이루어졌다고 할 수 있겠다.

---

10 J. H. Jackson, W. J. Davey & A. O. Sykes, Jr., *Legal Problems of International Economic Relations*, West Publishing Co., 1995, pp.436,444.

두 국가 간 교섭에 의해 가맹국이 상대가맹국에 부여한 관세양허(tariff concession)는 표로 작성되며, 이 세율을 양허세율 또는 GATT 세율이라고 하여 무차별원칙에 입각하여 다른 모든 가맹국에 대해서도 똑같이 적용된다. 여기서 관세양허라 하면 관세협상에 참여한 국가들이 특정 상품에 대한 자국의 관세를 일정한 최고세율 이하로 제한하기로 하는 약속을 의미하며, 이 점에서 이를 흔히 관세약속(tariff commitments)으로도 표현한다.

GATT가 주관한 관세인하 노력은 우선 미국의 행정부가 주도한 관세인하 교섭인 케네디라운드(Kennedy Round)에서 나타났다. 즉 미국은 1962년 2월 무역확대법(Trade Expansion Act)에 의거 수입상품에 대해 50%의 관세인하조치를 취할 수 있도록 되었는데, 구주유럽제국과 호혜원칙에 따라 관세인하협상을 한 결과에 의하면 1967년 5월에 이후 5년에 걸쳐 35%의 관세를 인하하는 협상에 성공하였다. 이는 GATT가 과거 5차에 걸쳐 주도한 다각적 관세인하의 총 효과보다 큰 것이었다.

케네디라운드가 종료된 후 1973년 9월 일본 동경에서 개최된 GATT 각료급 회의에서 동경선언(Tokyo Declaration)이 채택되었는데, 이는 공산품·농산품·원자재를 포함한 전 품목에 대하여 관세 및 비관세장벽을 제거하고 나아가 개발도상국의 무역확대를 위한 제반조치를 취할 것을 내용으로 하는 다각적 협상을 진행할 것을 선언한 것이다.

이에 따른 다자간협상이 진행되어 1979년 4월에 종결된 동경라운드는 평균 30%의 관세를 인하하는 성과를 거두었다.

수량제한의 철폐

수량제한(quantitative restrictions) 또는 수량적 수입제한(quantitative imports restrictions)이라 하면 관세부과의 경우에서 보는 바와 같이 인위적으로 수입비용을 올리는 것이 아니라 가격과는 상관없이 국내시장에 반입할 수 있는 수입품의 수량(또는 가액)에 대해 직접적인 한도(limits)를 설정함으로써 어느 국가의 수입물량을 제한하는 조치를 말한다.

GATT는 국내산업의 보호수단으로 관세만을 인정하고 있으며, 수입 및 수출에 대한 수량제한에 대하여는 전적으로 철폐할 것을 일반원칙으로 규정하고 있는데, 그 이유는 수량제한이 직접적인 무역의 장애요소로서 관세보다 더 차별적으로 적용될 가능성이 많기 때문이다.

GATT는 국방과 공중도덕, 생명, 건강의 보호를 위해서는 수출입의 수량제한을 인정하고 있다. 더구나 수입상품의 덤핑으로 현재 산업에 실질적 손해를 주는 경우에 덤핑방지관세 및 상계관세를 부과할 수 있도록 하고 있다. 또한 수출보조금은 원칙적으로 폐지되어야 하되 1차 산품에 있어서는 예외로 인정하고 있다. 이와 함께 GATT는 원칙적으로 국가무역은 폐지되어야 하되 불가피한 경우에는 일반 민간무역과 차별이 없어야 하며 상업적 기준에 의하여 운영되어야 한다고 규정하고 있다.

저개발국의 개발과 무역

전후 1차산품 가격의 하락경향과 저개발국의 수출입 감소경향이 현저하게 나타나 저개발국은 국제수지의 어려움에 직면하게 되었고, 선진국의 농업에 대한 보호정책이 강화되자 저개발국은 농산품을 포함한 1차산품 수출에 불안을 느끼게 되었다. 이러한 가운데 GATT는 저개발국의 수출에 관한 분석과 대책을 마련하여, 1958년에 GATT총회에 하벌러 보고서가 제출되기에 이르렀다. 여기서는 1차 산품의 수요 및 가격안정을 목적으로 한 국제상품협정, 국제유동성의 증가, 선진국에 의한 원조확대, 1차 산품에 대한 관세인하 등이 제안되었다. 그 후 1965년 2월 GATT특별총회에서 「무역 및 개발에 관한 신장」이 추가적으로 협정문에 포함되었으며, 무역개발위원회(CTD)가 설치되었다.

새로운 규정은 GATT의 기본원칙이었던 무차별원칙, 호혜주의원칙을 저개발국에 대해서는 적용하지 않을 것을 규정한 것이다.

(3) GATT의 예외규정

GATT의 예외규정을 기본원칙과 비교해서 살펴보면 다음과 같다.[11]

---

11 전외술 외, 전게서, p.146.

첫째, 무차별원칙의 적용에 예외 되는 경우로서 기존의 특별관세는 새로운 특혜관세를 인정하지 않는다는 조건하에 인정하며, 또한 일정한 요건을 구비한다면 각국은 자유무역지역이나 공동시장과 같은 지역동맹을 맺을 수 있으며, GATT에 새로이 가맹하는 나라들에 대해 기존의 가맹국들은 차별할 수 있다는 것을 인정하고 있다.

둘째, 수량제한에 관해서도 다음과 같은 점을 예외로 인정하고 있다.

국제수지상의 이유에 의한 제한이나, 어떤 나라가 국내에서 국내농수산물의 생산 혹은 판매수량을 제한하고 있는 경우 및 국내농산물의 과잉재고를 처리하기 위해 무상처분 혹은 저가판매를 하는 경우에는 수입제한이 인정된다.

또한 저개발국이 자국민의 생활수준향상을 위해 특정산업을 보호하려는 경우나, 국내생산업자의 중대한 손실이 있거나 있을 가능성이 있는 경우에 일시적인 긴급제한조치로서 수입제한을 인정한다. 후자를 면책조항(escape clause)이라고 한다.

이와 같은 예외조항은 GATT의 일반원칙의 실현성에 문제점을 던져 주고 있으며, 일반원칙이 단지 가맹국들의 협의사항에 불과하다고 볼 수 있다.

(4) GATT 활동의 전개

범세계주의 차원에서 출발한 GATT는 관세의 대폭적 경감, 비관세장벽에 대한 규범 마련, 개발도상국 우대조치의 합법화 등을 통해 자유공정무역과 세계무역의 획기적 확대에 기여하였다. 또한 계약국을 1944년 23개국에서 WTO 출범 전인 1995년 120여 개국으로 확대시키고 세계무역량의 91%(1993년 기준)를 점유하는 등 세계무역을 대부분 GATT체제로 편입시키는 등 많은 업적을 남겼다. 〈표 3-1〉에서 볼 수 있는 것과 같이 8차례 걸친 GATT의 다자간 무역협상이 성공적으로 추진된 결과, 관세는 이제 더 이상 무역제한 수단으로서의 역할을 상실하게 될 정도로 크게 인하되었다.[12]

---

12 이승종 외, 전게서, p.132.

표 3-1 GATT의 다자간 무역협상

횟수	명 칭	참가국	협상기간	관세인하	비고
1	일반적 관세교섭	23	47.4~47.10	45,000품목양허	Geneva
2	일반적 관세교섭	32	49.4~49.10	5,000품목양허	Annocy(프랑스)
3	일반적 관세교섭	34	50.9~51.4	9,700품목양허	Torquay(영국)
4	일반적 관세교섭	22	56.1~56.5	25억 달러 상당의 관세인하(3천)	Geneva
5	딜론라운드	23	61.5~62.7	4,400품목양허	Geneva
6	케네디라운드	46	64.5~67.6	주요 선진국의 제조업분야 관세율을 35% 인하(3만)	Geneva
7	동경라운드	99	73.9~79.7	9개 선진국의 제조업분야 가중평균 관세율을 7.0%에서 4.7%수준으로 인하(2.7만)	동경
8	우루과이라운드	125	86.9~93.12	모든 회원국의 평균관세율 인하(33% 이상, 전 품목)	Punta del este

케네디라운드

1947년 GATT 6조의 규정이 명확하지 못하여 많은 국가가 덤핑마진이나 피해산정에 있어서 자국의 반덤핑규정에 따라 자의적으로 해석하는 경우가 많았다. 즉 1963년 케네디라운드에 의한 무역협상이 개시되기까지 GAT 체약국들은 미국의 반덤핑법을 포함하여 무역에 관한 제반 비관세장벽에 대하여 공격을 그치지 아니하였다. 따라서 GATT의 제6차 다자간협상인 케네디라운드(1964~67)에서는 각국의 자의적인 운용절차를 제한하기 위한 국제반덤핑협정(GATT 6조의 시행에 관한 협정)이 제정되었다.[13]

케네디라운드의 배경은 GATT 방식에 의한 관세교섭의 한계, EEC(European Economic Community)[14]의 발족, 통상확대법의 제정 등을 배경으로 하고 있으며 특히 관세교섭이 종래에는 국별, 품목별 방식에 의해 이루어졌던 것과는 달리, 케네디라운드에서는 일괄인하방식을 채택하였다.

---

13 김훈, 반덤핑제도에 의한 국내산업 확립의 실질적 지연 방지에 관한 연구, 경성대학교 박사학위논문, 1996, p.35.

14 현 EU의 모체가 되는 유럽공동시장으로 1951년 유럽석탄철강공동체가 1957년 공동시장 창설을 목적으로 확대 창설된 것이 EEC이다. 이후 유럽은 EC, EU로 발전하면서 정치, 경제공동체를 형성하게 되었다.

케네디라운드는 단순한 관세교섭의 영역을 벗어나, 관세뿐만 아니라 비관세장벽에 대하여도 교섭에 포함시켰으며, 관세교섭에서는 모든 품목에 일률적으로 적용하는 관세의 인하를 다수국 간에 교섭하는 방식이 채택되었다. 또한 저개발국의 수출장애에 대한 경감을 위하여 저개발국에 대해서는 호혜주의를 기대하지 않았다.

「케네디라운드」는 1967년 5월에 여러 선진국가 간의 타협에 의해 타결되었다. 그 구체적인 효과는 다음과 같다.[15]

- 약 3만 품목에 대한 관세인하가 이루어졌다.
- 관세인하율은 평균 35%에 달하여 당초목표 50%보다 적었지만, 딜론라운드의 약 7%에 비하면 상당히 감소되었다.
- 덤핑방지협정이 맺어져서 덤핑방지관세의 적용기준이 결정되었다.

위와 같은 성과가 이루어졌으나, 여러 가지 문제점도 지적되었다. 즉 영국의 EEC 가입을 전제로 했던 조항이 무효가 되었고, 광공업제품의 관세인하율이 평균 35% 수준에서 결정되었으며, 농산물무역의 확대, 관세평가제도, 수입과징금, 차별적인 수입제한에 관해서는 통일된 결론을 얻지 못했다. 결과적으로 선진국 간의 이해 조정에 그치고 말았다는 인상을 가지게 한다. 어쨌든 케네디라운드는 선진공업국 사이의 자유무역을 증진시키는 데는 기여했으나, 후진국의 무역거래에는 새로운 영향을 미치지 못했다. 전후 자유무역화가 선진공업국의 이해를 위주로 이루어짐에 따라 후진국들은 선진국 중심의 국제무역질서에 반대의견을 제시하기에 이르렀고, 이것은 프레비시(R. Prebisch)의 보고서를 기축으로 하여 UN무역개발회의(UNCTAD)의 설립동기가 되었다.

동경라운드

1960년대 중반 이후 누적되어 온 미국의 국제수지불균형은 지금까지 자유무역의 논리에 입각하여 국제무역의 확대를 추구해 온 기본원칙을 사라지게 하는 결과를 가져왔다. 금환본위체제를 붕괴, 변동환율제의 이행 및 환율의 불안

15 전외술 외, 전게서, p.148.

은 브레턴우즈체제의 종식을 가져왔고 금융·통화면에서의 보호주의의 가능성을 제고시켰다. 국제무역에 있어서도 1971년 미국이 모든 수입상품에 대하여 10%의 부가세(surtax)를 부과하는 긴급조치를 취하였고, 1973년 원유파동 이후 「섬유류 다자간협정」(MFA)의 체결을 비롯하여 비관세장벽조치의 실시를 내용으로 하는 갖가지 신보호주의 경향이 나타나기 시작하였다.

동경라운드의 준비단계인 무역개혁법(TRA: Trade Reform Act)은 오히려 당시 미국이 처해 있던 경제곤란을 대외적 측면에서 해결해 보려는 시도라고 할 수 있다. 1972년 닉슨 행정부에 의하여 의회에 지출된 동법의 취지는 단순히 국제무역장벽의 제거에만 있지 않고, 국내고용 및 국제수지의 방어를 위하여 경우에 따라서는 수입제한도 채택할 수 있다는 보호주의적 측면에도 역점이 두어지고 있다. 비슷한 고민을 안고 있었던 다른 선진제국도 이러한 취지에 공감을 느낀 것은 물론이며 이때부터 단순한 국제무역의 자유화에 더하여 공정무역(fair trade)이 강조되기 시작하였다.[16]

이와 관련하여 국제무역에서 소위 일부 개도국이 급속히 공산품을 수출하고 있다는 사실이 하나의 새로운 사건으로 등장하였다는 점을 지적할 필요가 있다. 신흥공업국(NICs)이라는 용어는 동경라운드가 끝나는 1970년대 말에 이르러 공식화되었으나 한국, 대만, 싱가포르 및 홍콩과 같이 수출주도적 성장을 추구하여 온 국가들이 보호주의의 주요 대상이 된 것은 이때부터였다. 따라서 동경라운드에서 드러난 보호주의적 측면이나 공정무역이 이들 개도국의 수출과도 관련이 있음을 지적할 필요가 있다. 특히 동 협상이 거의 5년간에 걸쳐 진행되는 동안 주요 선진제국내 저성장, 고실업 및 국제수지의 악화가 더욱 두드러졌다는 사실은 이러한 부정적 경향을 한층 자극하는 방향으로 작용하였다는 점을 간과할 수 없었다.

다른 한편, 케네디라운드에서 합의를 본 관세인하율이 1972년 1월을 기하여 완전히 실현되었기 때문에 이를 잇는 새로운 협상이 개최될 시기이기도 하였다.

---

16 전외술 외, 전게서, p.149.

미국 행정부는 국내적으로 필요한 입법절차를 갖추는 한편 GATT 사무국에 제안함으로써 동경라운드가 구체적으로 논의되기 시작하였다. 1973년 9월 동경에서 개최된 각료회의에서 정식으로 「동경선언」이 채택되었고, 이에 따라 그 이듬해부터 GATT 테두리 내에서 제7차 국제무역협상이 개막되었다.

1979년 동경라운드 반덤핑협정은 케네디라운드에서 제정된 반덤핑협정을 대폭 보완, 개정한 것으로 1980년 1월 1일부터 발효되었다. 이 협정에서는 피해와 지역산업에 대한 정의가 개정되었는데, 특히 수입국의 산업피해 유무를 인정하기 위한 방법이 완화되었다. 즉 수입품이 덤핑을 통해 실질적인 피해를 야기하고 있다는 점만을 입증하도록 요구하고 있기 때문에 이 협정에서는 덤핑이 더 이상 피해의 주요 원인일 필요가 없게 되었다.

그리고 반덤핑 조치의 적용을 고려할 때 선진국들은 개발도상국들의 특수한 상황에 대해 특별한 배려를 해야 한다는 내용을 규정하고 있으며, 분쟁이 발생하였을 경우에 협의, 조정 절차 등을 제시하였다는 점은 주목할 만하다.[17]

「동경선언」 이후 무역협상위원회(TNC: Trade Negotiation Committee)는 산하에 7개의 협상그룹을 설립하여 의제별로 작업에 들어갔다. 그 내용을 보면 관세그룹, 비관세그룹, 열대성 산물그룹, 농산물그룹, 부문접근그룹, 긴급수입제한그룹 및 프레임워크(framework)그룹 등이다.

이때 체결된 협정들을 보면 다음과 같다.

- 보조금과 상계관세(Subsidies and Countervailing Measures): GATT 6조, 16조, 23조에 대한 구체적인 해석기준을 마련하였다. 공산품에 대한 수출보조금은 원칙적으로 금지하고 농산물에 대한 수출보조금은 과거 일정기간의 국제시장점유율을 벗어나지 않는 범위 내로 제한할 것을 합의하였고 상계관세의 발동요건을 구체적 피해(material injury)로 명시하였다.
- 무역에 관한 기술적 장벽(Technical Barriers to Trade): 일명 표준규정(Standards Codes)이라고도 불린다. 표준화와 인증제도 등의 무역장벽화를 막고, 가능한 한 국제표준제도의 도입을 원칙으로 하였으며, 각종의

17 김훈, 전게서, pp.36~37.

관련제도를 채택할 때에는 GATT 사무국에 통보하도록 하였다. 이는 선진국의 기술장벽을 완화하는 계기가 되었고 우리나라의 표준제도를 국제화하는 계기도 되었다.

- 수입허가절차(Import Licensing Procedures) : 수입절차를 간소화하고 수입과 관련된 규정의 공표 및 관련자료를 GATT 사무국에 통보하도록 하였다.
- 정부조달(Government Procurement) : 정부조달부문의 시장개방과 외국공급자 및 상품에 대한 내국민대우원칙을 규정하였다.
- 관세평가(Customs Valuations) : GATT 7조의 해석기준을 마련하였다. 각국의 관세평가기준을 통일하고 실제 거래가격을 기준으로 하는 한편, CIF(Cost, Insurance and Freight)와 FOB(Free On Board)는 각국의 정부가 결정토록 하였다.
- 반덤핑(Anti-Dumping) : GATT 6조의 해석기준을 마련하였다. 본 규정은 케네디라운드 당시 마련된 반덤핑규정을 대체하게 되었다.
- 「쇠고기협정」(Bovine Meat Arrangement) : 쇠고기의 가격과 수급안정을 위한 생산국과 소비국 간의 협력강화를 규정하였다.
- 「국제낙농협정」(International Dairy Arrangement) : 낙농품 수출가격규제 등과 관련된 협정이다.
- 민간항공기교역(Trade in Civil Aircraft) : 항공기와 그 부품에 대한 관세 및 과징금을 면제하고 항공기수출입에 대한 수량제한과 정부개입을 철폐하였다.[18]

2. UR(우루과이라운드)와 WTO(세계무역기구)

(1) UR의 출범

2차 대전 이후 세계경제는 급속한 글로벌 무역의 확대에 힘입어 높은 경제성장을 실현할 수 있었는데, 그 배경에는 GATT를 바탕으로 하는 다자간 자유

18 국가기록원 나라기록(http://www.archives.go.kr)

무역체제의 뒷받침이 있었다는 점을 부정할 수 없다.

GATT는 그동안 여덟 차례의 다자간 무역협상을 통하여 국제무역의 발전에 크게 기여하였다. 경제성장이 순조로웠던 선진국 경제는 1960년대에 들어서면서 둔화되고, 신생독립국과 1차 산업 위주 수출국들의 경제성장은 더욱 침체되었다. 이러한 추세는 1970년대까지 계속되었으며, 1·2차 석유파동도 겪게 되었다. 더욱이 1980년대에 접어들면서 나타나기 시작한 선진국들의 저성장, 고실업, 신흥공업제국의 성장과 선진국들의 산업구조조정 실패 등은 자유무역주의, 무차별주의, 다자주의를 일반원칙으로 하는 GATT 체제를 크게 약화시켰으며, 이는 새로운 국제무역체제의 필요성을 제고시켰다.[19]

GATT 체제의 약화는 세계경제의 구조적 변화라는 외생적인 요인과 더불어, GATT 체제 자체의 내부적인 결함에 크게 기인하였다. GATT는 명실 공히 세계적인 기구로서의 단일체적인 역할과 기능을 수행하지 못함으로써 여타의 국제기구와는 달리 의사결정 권한이 극히 제약되어 있었고, 결정사항에 관한 집행력도 크게 결여되어 있었으며, 가입국의 의무불이행에 따른 분쟁이 발생하여도 효과적인 대응능력을 보유하지 못하고 있는 실정이었다. 또한 GATT는 첨단기술제품과 서비스 등 새로운 무역이 계속 대두되고 있음에도 이에 대한 적절한 규범을 제시해주고 있지 못한 실정이었다.

이상과 같은 내·외적 요인으로 GATT를 중심으로 한 다자간 교역체제가 크게 악화되자, GATT는 1990년대 및 2000년대의 국제교역 질서를 강화하기 위하여 1986년 9월 우루과이라운드(UR)를 공식 출범시켰다.

1986년 9월 우루과이의 푼타델에스테(Punta Del Este)에서 협상을 개시하여 7년 반 동안 끌어온 우루과이협상은 1994년 4월 12~15일 모로코의 마라카시(Marrakech)에서 개최된 UR 각료회의를 끝으로 협상이 타결되었다. 전 세계 총 협상참가국 125개국(GATT 가입국 123개국, 비회원국인 알제리, 중국 포함(2개국 서명))의 대표들은 GATT의 한계를 극복하고, 향후 국제무역질서를 더욱 효과적으로 규율하기 위하여 WTO(World Trade Organization: 세계무역기구)를 신설하는 데 합의하게 되었다. 이에 따라 1947년 10월 제정되어 그간 47여 년 동안 세

19 이승종 외, 전게서, pp.132~133.

계교역을 관할해온 GATT 체제는 신GATT 체제라 할 수 있는 WTO 체제가 출범함으로써 그 막을 내리게 되었다.

최종협정문은 전문, 본문(세계무역기구설립협정) 그리고 각료결정 및 선언문으로 크게 구성되어 있다. 세계무역기구설립을 규정한 본문은 그의 부속문으로서 17개의 「다자간 무역협정」과 4개의 「수자간 무역협정」을 포함하고 있으며 마지막 각료결정 및 선언문에는 총 24개항에 대한 각국 각료들의 결정과 선언이 있는데 이들 가운데 유일하게 금융시장개방약속은 양해각서 형태로 되어 있다. 최종협정문에는 우루과이라운드 개시선언인 푼타델에스테 선언에서 언급된 협상분야 가운데 두 분야를 제외하고는 모두 포함되어 있다. 제외된 것 가운데 하나는 각국이 상품교역에 대한 특정관세 및 비관세장벽을 감축 혹은 철폐하기로 약속한 시장접근(market access)관련 협상결과이고, 다른 하나는 서비스교역자유화에 대한 각국의 시작약속이다. 그런데 이들 두 가지 사항은 최종협정문에서 제외된 대신 국별 이행계획표(national schedules)에 수록하도록 하였는데 이 국별 이행계획표는 「우루과이라운드 최종협정」과 동일한 법적 지위를 지닌다.[20]

우루과이라운드는 다음과 같은 조항을 포함한다.[21]

- 공산품에 부과되는 관세는 1/3 이상으로 삭감되었고, 제조된 상품가치의 40% 이상의 관세는 폐기되었다.
- 선진국이 제조된 상품에 부과하는 평균 관세율은 금전적 가치의 4% 미만으로 삭감되었다. 이는 근대사에서 가장 작은 수준이다.
- 농업 국가 보조금은 충분한 수준으로 삭감되었다.
- GATT 공정무역과 시장 접근 규정은 서비스범위까지 넓게 확대되었다.
- GATT 규정은 특허, 저작권, 상표(지적재산권)까지 확대되어 이에 대한 보호를 강화시켰다.
- 섬유 및 의류에 관한 무역장벽은 지난 10년간 눈에 띄게 줄어들었다.
- 세계무역기구(WTO)가 GATT 협정을 수행하기 위해 만들어졌다.

---

20 국가기록원 나라기록(http://www.archives.go.kr)

21 박철순 외(역), 「글로벌시대의 국제경영」, McGraw Hill Korea, p.249(Charles W. L. Hill, *Global Business Today*, 6th ed., McGraw Hill Higher Education).

(2) WTO의 대두

WTO의 특성

UR의 산물인 세계무역기구(WTO)체제는 사실상 농산물에서 지식 상품에 이르기까지 모든 국제거래분야에 있어 자유로운 경쟁을 추구하고 있다. WTO는 GATT 체제를 대체하기 위해 1995년 1월에 설립되었으며, 2015년 현재 162개국이지만 아프가니스탄과 라이베리아의 가입이 승인돼 이들 국가의 국내 절차 등 후속절차가 완료되면 WTO 회원국은 164개국으로 늘어난다.

UR 협정에 따른 커다란 국제무역체제의 변화는 바로 세계무역기구의 설립이다. WTO는 모든 교역분야에서 자유무역의 질서를 확대·강화하고 제도화하기 위한 목적으로 출발한 국제법인격이 부여된 국제기구이다. WTO 체제하에서는 GATT 체제와는 달리, 회원국의 협약불이행에 대해 분쟁해결절차를 통해 강력한 제재를 가할 수 있게 되었다. 즉 과거의 GATT가 무역에 관한 단순한 국제협정이어서 구속력이 약했는데, WTO는 무역에 있어서의 UN이라고 할 정도로 회원국에 대한 강력한 구속력을 갖고 있다.

예를 들면, 글로벌 통상에서 가장 중요한 화두로 떠오른 것이 원산지 규정이다. 상품 원산지를 어느 나라로 정하느냐에 따라 국익이 달라지기 때문이다. 네슬레 등 유명 메이커는 중남미나 아프리카에서 커피 원두를 수입해서 이를 볶고 여러 원두를 섞어서 최종 제품을 만들어 판매하지만 다국적 커피 회사들은 네슬레 등 소속 메이커 국가가 원산지가 돼야 한다고 주장하여 세계무역기구(WTO)에서 중재한 결과는 다음과 같다. 한 나라의 원두가 100% 사용되는 경우에는 원산지를 원두 생산국으로 한다. 그러나 원두를 볶는 과정에서 혼합되는 경우에는 퍼센트에 관계 없이 무조건 메이커 국가를 원산지로 한다고 결정한 경우가 있다. 이처럼 WTO의 결정은 GATT가 갖지 못했던 강제성을 갖고 있다는 점이다.

또한 GATT 체제에서는 없었던 서비스교역, 지적재산권분야 및 농업, 섬유분야를 포함한 거의 모든 무역 분야를 다루고 있으며, 무역정책 검토기구를 산하에 두어 각국의 무역정책, 무역관행을 주기적으로 감시할 기능을 부여하고 있다. 그리고 개발도상국들의 광범위한 참여를 유도하기 위해 저개발국 및 개발도상국에 대한 협약시행 유예기간을 부여하고 있다(〈그림 3-1〉 참조).

이러한 WTO는 우루과이라운드협정을 이행하는 기구로서, 특히 ① 공산품의 관세인하와 시장개방 확대, ② 농산물교역에 대한 다자간 협정의 채택, ③ GATT 규범의 명료화와 교역의 공정성 제고, ④ 서비스교역에 대한 새로운 다자간 규범의 도입, ⑤ 지적재산권 보호의 무역체제 편입 등을 주요 내용으로 하고 있다.

그림 3-1 WTO 구조

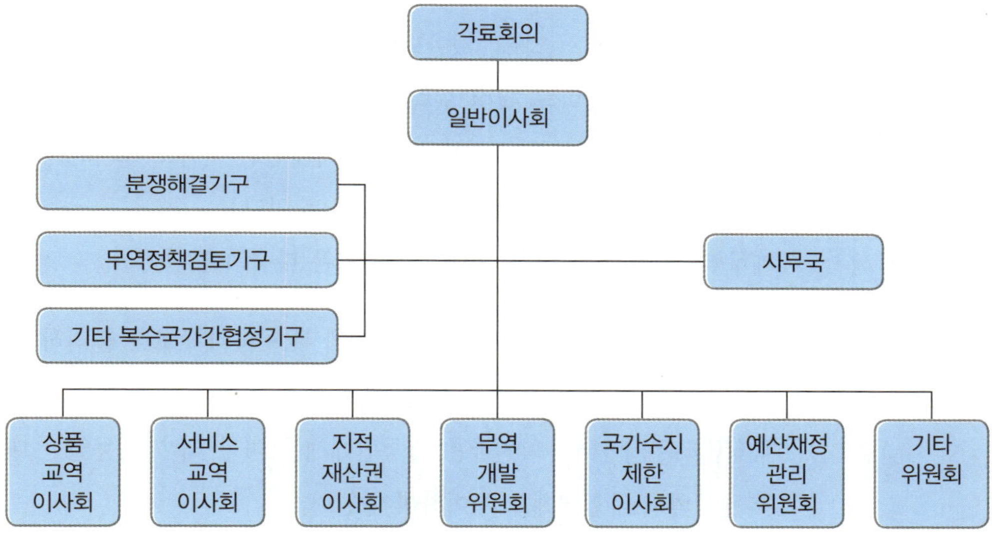

기구	담당업무
각료회의	각국 대표들로 구성, 모든 다자간 협정 관련사항의 최고 의사결정기구
일반이사회	각료회의 결정사항 집행 및 산하의 이사회, 위원회, 기구관리 조정
사무국	GATT 사무국 승계, 행정적 업무 담당
분쟁해결기구	다자간 협정에 관련된 모든 무역분쟁 통합 관리
무역정책검토기구	각 회원국간 무역정책 및 관행 검토, 명료성 및 상호 이해 증진
상품교역이사회	각국의 상품교역협정(부속서 1) 이행 감독
서비스교역이사회	각국의 서비스교역협정(부속서 2) 이행 감독
지적재산권이사회	각국의 지적재산권협정(부속서 3) 이행 감독
무역개발위원회	다자간 협정상의 최저개도국 특별조항 운영 검토
국제수지제한위원회	다자간 협정상의 국제수지방어 특별조항 운영 검토
예산재정관리위원회	WTO의 예산, 재정 및 운영경비 등 관리

특히 WTO의 GATS(General Agreement on Trade in Services)는 서비스의 자유무역 협약을 증대시키는 데 주도적인 역할을 하고 있고, TRIPS(Trade Related Aspects of Intellectual Property Rights)에 관한 조약은 세계 각국에서의 지적재산권이 보호되는 방식의 차이를 줄이고 국제법의 적용을 받게 하려는 시도였다.[22]

WTO의 운영원칙

WTO의 기본목적인 경쟁촉진과 무차별원칙에 근거하여 다음과 같이 WTO의 기본원칙이 구체화되었다. 따라서 아래에 열거한 기본원칙들은 자유주의적 지배이념에 입각해서 작성, 제안되었다고 할 수 있다. 1947년 GATT의 기본원칙에 비해 WTO가 다른 점이 있다면 GATT는 (공업)상품교역만을 규율하였으나 WTO에서는 농업산품과 서비스 및 지적재산권 분야도 그 규율대상으로 하고 있다는 점에서 적용범주의 차이점이 있을 뿐이다.

세계무역기구(WTO)운영의 4대 기본원칙은 다음과 같다.[23]

① 최혜국대우의 원칙: 회원국은 한 국가에 부여한 대우보다 불리하지 않은 대우를 다른 회원국에게 무조건적으로 부여하여야 한다.

② 내국민대우의 원칙: 회원국은 내국민에게 부여한 대우와 동일한 대우를 회원국의 외국인에게도 부여하여야 한다.

③ 시장접근보호의 원칙: 회원국은 외국인이 국내에 재화나 서비스를 공급함에 있어서 관세나 조세를 제외한 일체의 제한을 두어서는 아니 된다.

④ 투명성의 원칙: 무역에 관하여 시행되는 국가기관의 법규나 행정조치는 합리적이고 예측 가능해야 하며, 이유가 고지되어야 하고, 이에 기초가 되는 자료가 공개되어야 한다.

이상의 운영원칙하에서 의사결정방식은 과거 GATT 체제에서와 같이 합의제를 원칙으로 하고 있으나, 합의가 이루어지지 않을 경우에는 다수결 투표로

---

22 박철순 외(역), 전게서, p.250.

23 이승종 외, 전게서, p.135.

의사결정을 함으로써 신속성을 확보할 수 있게 되었다. 이러한 합의제에서는 의사결정시에 공식적으로 반대의사를 표명하지 않을 경우에 합의를 한 것으로 간주한다.

한편 WTO 기능을 다섯 가지로 나누어 보면 첫째, WTO 협정 및 다자간협정의 이행 및 운영을 관리하고, 그 목적을 증진시킨다. 또한 부속서 4개의 복수국가간 협정의 이행 및 운영을 효율적으로 하기 위한 틀을 제공한다. 둘째, 다자간 무역협상을 위한 토론의 장소를 제공한다. 셋째, 분쟁해결기구를 통하여 국가 간의 무역분쟁을 해결한다. 넷째, 각국의 무역정책을 감시하고 평가하는 무역정책기구를 운영한다. 다섯째, 세계경제정책 결정의 일관성을 위해서 IMF, IBRD 등과 협력한다.

WTO 체제의 특징

WTO 체제는 GATT 체제에서는 볼 수 없는 세계 각국의 시장개방 확대조치, 공정하고 명료한 무역규범 마련, 규범이탈자에 대한 제재를 강화할 수 있는 효과적인 분쟁해결절차를 마련하는 등 많은 특징을 가지고 있다.

첫째, GATT는 국제협정일 뿐 엄밀한 의미에서는 국제기구로서의 법인격을 갖추지 못한 임시적 사무국의 성격을 가진 불완전한 브레턴우즈체제의 출범이었다. 이와 달리 WTO 체제는 독립적 법인격을 갖춘 국제기구로 출범하게 되었다. 이는 브레턴우즈체제가 목표로 했던 IMF, IBRD, ITO(International Trade Organization)[24]라는 삼두체제의 완성을 나타낸다.

둘째, 시장개방확대 조치로서 공산품분야에 관세인하, 섬유부문의 수입제한장벽 철폐, 회색지대조치(수출자유규제) 철폐 등을 실시하였다. 또 농산물분야에 있어 예외 없는 관세화, 관세의 단계적 감축, 최소시장접근 및 현재의 시장접근에 의한 수입기회보장방법 등을 통한 시장개방조치를 강화하였으며, 서비스분야는 155개 업종을 대상으로 한 자유화가 추진되었다.

셋째, 국제무역규범의 제정과 강화이다. 공정하고 명료한 무역규범을 마

---

24 세계 무역질서를 규율하고 자유무역체제를 확립하기 위해 설립된 국제기구로 1948년 미국이 IMF, IBRD와 함께 설립한 기구.

련하기 위해 무역정책 검토기구를 설치하였으며, 각 회원국의 무역정책과 관련 제도 및 관행을 정기적으로 평가하기 위한 무역정책 검토제도를 실시하도록 하였다.

넷째, 협정위반자에 대한 제재조치의 강화이다. GATT 체제가 상설분쟁기구가 없으므로 국가간 분쟁이 발생시 권고조치만으로 끝나던 것을 실질적으로 분쟁을 해결하기 위해 상설기구인 분쟁해결기구를 설치하여 해결하도록 하고 있다. 특히 분쟁해결의 단계적 절차와 이행기간을 명료화하였으며, 분쟁기구의 결정사항이 용이하게 집행될 수 있도록 하기 위해 교차보복의 조치를 취할 수 있도록 하였다. 〈표 3-2〉는 GATT와 WTO를 비교한 것이며, 다음으로 신보호무역주의와 지역경제통합에 대해 고찰한다.

표 3-2 GATT와 WTO의 비교

	GATT 체제	WTO 체제
기구의 성격	• 국제협정일 뿐 엄밀한 의미의 국제기구는 아니었음 • 불완전한 브레턴우즈체제	• 국제법인으로서 국제기구의 역할을 수행 • 브레턴우즈체제의 완성
국제교역 상품	• 공산품과 일부 농산물 • 농산물과 서비스교역 제한적 허용	• 농산물, 공산품, 서비스 등 국제적으로 교역되는 모든 상품
국제규범	• 포괄적인 무역규범의 제정에는 실패 • 보조금협정과 반덤핑협정의 제정 • NTB(Non-Tariff Barriers)에 대한 규범제정을 시도했으나 실패	• 17개 다자간 협정과 4개의 복수간 협정 포괄 • 서비스(GATS) 제정 • 지적재산권 협정(TRIPs) 제정 • 반덤핑관세 부과기준 강화 • 보조금의 운용기준 강화 • 세이프가드협정을 통해 회색조치 철폐 의무화
분쟁해결 절차	• 상설 분쟁해결기구가 없으며, 무역분쟁에 대한 권고안만 제시 • 교차보복이 없음	• 상설 분쟁해결기구인 DSB의 신설과 상소기구의 신설 • 분쟁해결의 단계적 절차와 이행기간 명료화 • DSB(Dispute Settlement Body) 결정사항의 집행 용이 • 교차보복이 가능

제2절 신보호무역주의와 지역경제통합

1. 신보호무역주의

(1) 신보호무역주의의 대두

제2차 세계대전 이후 미국을 중심으로 자유무역체제가 성립된 이래, 세계경제는 고도성장을 지속하였다. 이러한 고도성장과 함께, 무역은 더욱 확대되고 경제성장의 원동력 역할을 수행하게 되었다.

그러나 1970년대 들어 미국의 경제력 쇠퇴, 국제통화체제의 동요와 석유파동 이후의 세계경제불황 등으로 순조롭게 추진되던 자유무역 분위기가 퇴조하기 시작하고 새로운 보호주의, 즉 신보호무역주의의 경향이 대두되었다. 1970년대 중반부터 나타나기 시작한 신보호무역주의는 제2차 석유파동에 수반된 1980년대 초의 세계적인 경기침체기에 더욱 확산되었다.[25]

2015년 한국의 무역의존도[26]는 88.1%로 개방형 체제로서 전 세계적으로 일고 있는 보호무역주의 움직임은 수출대국인 한국의 위기는 물론, 수출입국인 한국경제의 위기로 볼 수 있다. 한국의 무역의존도는 2012년 112.8%, 2013년 106.1%, 2014년 98.6%에 이어 2015년 88.1%로 4년 연속 떨어졌다. 무역의존도가 낮아진 것은 유가 하락 등으로 수출입 규모가 축소된 영향이 큰 영향을 받았다. 한국은행 국제수지 통계에 따르면 2015년 우리나라의 상품 수출액은 5,488억 달러로 전년보다 10.5% 줄었고 상품 수입액은 4,285억 달러로 18.2% 급감했다. 이는 중국 경제의 성장세 둔화 등으로 세계 교역량이 위축되면서 우리나라의 무역에도 큰 영향을 받은 것으로 분석되고 있다.

---

25 이승종 외, 전게서, pp.139~143.

26 무역의존도는 재화수출액과 수입액의 합계를 명목 국내 총생산(GDP)으로 나눈 값이다. 무역의존도가 높을수록 국민경제에서 내수보다 수출입이 차지하는 비중이 크다는 뜻이다.
이코노믹리뷰, 한국수출부진 '심각', 무역의존도 8년 만에 최저 기록(2016.4.17).

표 3-3 대한(對韓) 수입규제건수

품목	철강 금속	화학	섬유	전기 전자	농산물	기계	잡제품	전체
규제건수 (조사 중, 규제 중)	69	45	17	10	5	2	2	169

자료: 한국무역협회

한국제품에 대한 수입규제도 증가하는 추세이다. 코트라에 따르면 2015년 10월말 현재 한국제품은 35개국으로부터 총 169건(규제 중 127건, 조사 중 42건)의 수입규제를 받고 있다. 이는 금융위기가 발생한 시기보다 더 많은 것이다. 점점 증가하는 보호무역주의 대두는 무역비중이 절대적인 한국에 치명상을 입힐 수 있다. 이 중 철강금속제품에 대한 수입규제는 규제 중인 51건과 조사가 진행 중인 18건을 합해 69건으로 전체의 40.8%에 달했다. 전기전자(10건), 섬유제품(17건), 농산물(5건) 등과 비교해 월등히 높은 건수였으며, 두 번째로 규제가 많은 화학제품(45건)과 비교해도 차이가 확연하였다.[27]

종전의 보호무역주의는 상대적으로 후진국 및 개발도상국인 선진국의 경쟁우위에 대응하여 자국산업을 보호하고자 하는 대외경제정책의 기조였다. 반면에 신보호무역주의는 선진국들이 수입상대국의 상품이 자국시장을 잠식하여 자국산업을 해칠 것을 우려하며 나타난 보호무역정책의 경향을 말하는데, 대공황 당시엔 관세를 급격히 인상시켜 자국시장 침투를 막는 극히 직접적인 조치가 보호무역의 주류였다. 그러던 것이 최근의 경제위기에서는 자국민 우선 고용주의, 수출세 환급, 공적자금 투입, 자국 기업에 대출 유도 등 세계무역기구의 제재범주에서 벗어난 방법을 동원한 새로운 보호주의가 나타나고 있는 것이다.

최근에 자국산업 보호를 위해 진행되고 있는 세계적인 보호무역주의 흐름은 향후 수출중심 국가인 한국에게는 매우 위협적인 요인으로 이에 대한 철저한 대비와 대응책 마련이 필요한 상황이다.[28]

---

27 스틸앤메탈뉴스, 대한 철강금속제품 수입규제동향(2015.11.26).

28 정대철, 신보호무역주의의 재등장과 수출산업의 경쟁력 제고, 한국무역학회 춘계학술발표대회, 2009, p.1.

(2) 신보호무역주의의 특징

고전적인 보호무역주의는 개발도상국에 의해 재정수입 확보, 유치산업 보호 그리고 교역조건 개선 등을 위하여 19세기 말 이래 실시되어 왔다. 그러나 신보호무역주의는 사양산업 보호 등의 목적으로 선진국에 의해 실시되고 있으므로, 다음 몇 가지의 관점에서 종래의 고전적 보호무역주의와는 그 성격을 달리한다.

첫째, 과거에는 개도국들이 공업화하는 과정에서 유치산업의 보호와 육성을 위하여 보호무역을 실시하였다. 그러나 오늘날 선진국들은 경쟁력을 상실한 자국의 사양산업을 보호하기 위하여 보호무역을 실시하고 있다. 이러한 선진국의 신보호무역주의는 사양산업인 노동집약적 산업을 보호함으로써 자국의 고용을 유지하는 데 목적이 있다.

둘째, 고전적 보호무역주의는 주로 관세라는 수단에 의해 유치산업을 보호해 왔는데, 신보호무역주의에서는 비관세장벽이 주로 이용되고 있다. 그 이유는 전후 GATT를 중심으로 선진국의 평균관세는 이미 한 자릿수로 낮아졌으므로, 더 이상 유효한 보호 수단이 되지 못하기 때문이다.

셋째, 고전적 보호무역주의에서는 주로 무차별적으로 관세를 적용하였으며, GATT에서도 다자간 무차별주의를 적용하였다. 그러나 신보호무역주의는 미국 등 선진국에 의해 상호주의가 주로 사용되고 있다. 이러한 상호주의는 차별적 성격이 강해 GATT에 의한 다자간 무차별주의와는 달리, 무역을 제한하는 성격이 강하다. 최근 미국이 우리나라 시장에 대해 행하고 있는 개방압력은 신보호무역주의의 한 가지 형태로 간주된다.

넷째, 신보호무역주의에서는 상품을 그 주된 보호대상으로 하던 고전적 보호무역주의와는 달리 금융, 보험, 지적재산권 등 서비스산업에까지 그 대상을 확대하고 있다. 이러한 추세는 미국 등 선진국이 이 산업분야에서 국제적인 비교우위를 가지고 있는 것과 밀접한 관련이 있기 때문이다.

신보호무역주의의 강화추세는 미국, EU 등 선진국들로부터 많은 개도국에 이르기까지 전 세계적으로 확산되고 있으며, 대상품목도 공산품은 물론 서비스 산업에 이르기까지 그 대상이 점차 확대되었다.

(3) 신보호무역주의의 심화원인

1980년대에 신보호무역주의 추세가 심화되었던 원인은 몇 가지 측면에서 찾을 수 있다.

첫째, 세계경제의 저성장과 고실업을 배경으로 한 경기적 측면이다. 1970년대 전반까지 연 5%에 달했던 선진국들의 경제성장률은 두 차례의 석유파동을 겪으면서 연 2~3%대로 크게 낮아진 반면, 실업률은 1970년대 말의 5% 수준에서 1980년대 중반에는 9% 정도로 높아졌다. 특히 실업의 급증으로 노동조합 등 관련단체에 의한 보호주의의 압력이 강력하게 유발되었다.

둘째, 신보호무역주의 심화는 근본적으로 세계경제의 비교우위구조가 변화되었음에도 불구하고, 각국의 산업구조 조정 노력이 미흡하다는 구조적 측면에서 파악될 수 있다. 특히 선진국들이 기술혁신을 통한 적극적인 산업구조 조정보다는 국내 사양산업을 보호하여 고용안정을 도모하려는 소극적인 구조조정으로 일관하여 왔다. 산업구조 조정의 지연은 결국 사양산업에 대한 수입규제의 강화로 귀착되고, 사양산업에서의 노동생산성 저하는 산업구조 조정을 더욱 지연시킴으로써, 이 같은 악순환은 대외적인 보호무역주의의 팽배로 나타나게 되었다.

셋째, 신보호무역주의의 심화에는 선진국 특유의 정치·사회적 요인이 크게 작용하였다. 즉 선진국의 경우 정치제도상 유권자의 압력을 무시할 수 없기 때문에 압력단체의 보호주의 요구에 순응하기 쉽다. 그리고 수입규제는 전통적인 거시경제정책에 비하여 그 효과가 신속·정확하며, 정부재량의 여지가 크기 때문에 더욱 선호되게 된다.

2. 지역경제통합

경제적 국경개념이 퇴색되어 가는 추세와 함께 나타나고 있는 또 하나의 추세는 지역경제통합이다. 지역통합으로 알려진 지역경제통합은 경제적 상호의존성의 증가를 지칭하며, 이는 한 지리적 영역 내에서 두 개 이상의 국가들이 무역과 투자의 장애물을 제거할 목적으로 제휴를 맺은 결과로 발생한다. 경제통합의 효과는 단기효과와 장기효과로 구분되며, 단기(정태)효과는 무역효과로서 무역창출과 무역전환이 있다. 그리고 장기(동태)효과는 시장의 확대와 경쟁의 증가현상이며, 장기적으로 효율성이 증진된다. 이에 대한 구체적인 내용은 지역경제의 통합효과에서 고찰한다.

(1) 지역경제통합의 개념

제2차 세계대전이 끝난 이후부터 대부분의 국가들이 어느 정도의 경제통합을 목적으로 공조해 왔다. 최근 들어 지역경제통합이 세계적으로 급속히 확산되면서 이에 대한 체계적인 이론과 경험적인 분석이 여러 학자들에 의해 제시되어 왔지만, 아직까지 통일된 정의는 없는 실정이다. 그러나 대체적으로 '지역경제통합'이란 경제적으로 상호의존성이 높은 국가들이 동맹을 결성하고, 역외국에 대해서는 기존의 관세 및 비관세장벽을 그대로 유지하면서 동맹국 상호간의 재화 및 생산요소의 자유이동을 도모하는 경제협력체라고 정의할 수 있다.

지난 20년 동안 발생한 지역경제블록의 확산은 인류 역사상 전례가 없던 일이다. 세계무역기구의 회원국들은 참여하고 있는 지역무역협약을 WTO에 통보하도록 되어 있는데, 몽골을 제외하고는 거의 모든 WTO 회원국들이 1개 이상의 지역무역협약에 참여하고 있다. 현재 효력을 발휘하고 있는 지역무역협약의 총 개수는 427건으로 그중에서 377건이 1995년 WTO 출범 전후로 급증하기 시작하여 전체 협정 중 88.3%에 해당된다. 1947년 GATT 발족 이래 1994년까지 GATT/WTO에 통보된 FTA 및 관세동맹 등의 지역무역협정은 50건에 불과

표 3-4 유형별 RTA 발효 건수

구분	FTA	관세동맹	서비스협정	개도국간 협정	합계
건수	240	28	143	16	427
비중(%)	56.2	6.6	33.5	3.7	100.0

자료: WTO, 한국무역협회

그림 3-2 지역무역협정의 추이

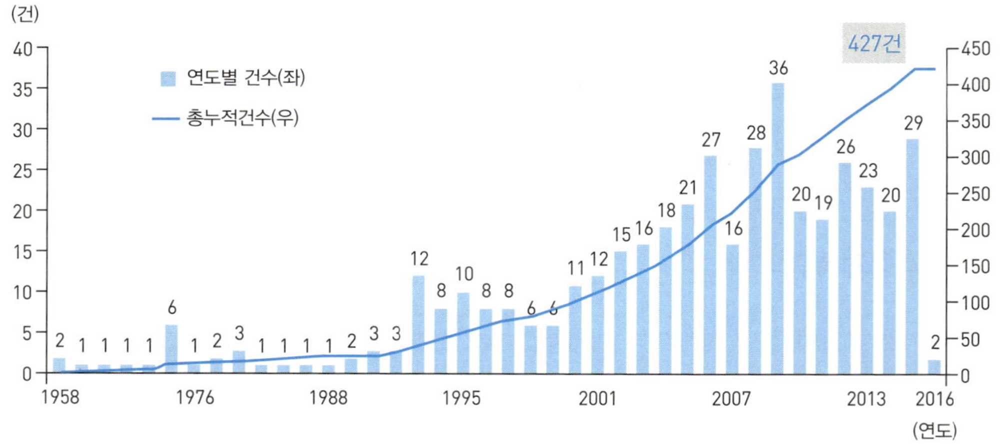

자료: WTO(www.wto.org), Regional Trade Agreements
한국무역협회 국제무역연구원(2016)

하였다.[29] 구체적으로 보면, 2016년 3월 현재 WTO의 자료에 근거할 때 427건이 발효되었다. 이 중 자유무역협정이 240건, 서비스협정이 143건, 관세동맹이 28건, 개도국간 협정이 16건이 발효된 것으로 나타났다(〈표 3-4〉 참조).

지역경제통합은 지리적으로 인접해 있고 이해관계가 비슷한 소수 국가 간의 자유무역을 지향하는 것이므로, 다자간 자유무역협정에 비해 실현가능성이 크다는 것이다. 그리고 이러한 소수 국가 간의 지역별 자유무역협정이 인근 국가로 파급될 경우, 이는 궁극적으로 전 세계적인 자유무역을 달성하는 데에도 기여할 것이라는 논리이다. 이러한 경제적 통합의 결과로 나타나는 자유무역은 국가간 분업화 증대, 더 낮은 가격, 선택의 증대, 생산성 증대 및 자원활용의 효율성 증대를 통하여 삶의 질을 높이는 데 기여한다.

지역통합은 지역경제통합블록, 즉 제품, 서비스, 자본 더 나아가서는 노동력의 국가간 흐름을 막는 제한 및 관세를 철폐함으로써 경제적 통합을 추구하는 것에 동의를 하는 두 개 이상의 국가들로 이루어진 지리적 영역을 결정하는

29 KJCF, 일본 통상정책의 새로운 전개와 한국의 대응, 2011, p.10.
한국무역협회 국제무역연구원(2016.3.1)

결과로서 나타난다.

이처럼 현재 세계경제는 지리적으로 인접한 국가들끼리 하나의 경제권을 형성하는 지역경제통합 현상이 가속화되고 있다. 이러한 경제통합은 역내국가의 입장에서는 역내국가 간에 경제교류의 증대 등 경제적 힘을 결집함으로써 역외국가에 대한 대외교섭력을 향상시킬 수 있으나, 역외국가의 입장에서는 경쟁조건의 악화를 가져오는 지역통합체들 간의 새로운 보호무역주의 움직임으로 파악할 수 있다.

경제블록에 속해 있는 국가들은 자유무역협정(FTA: Free Trade Agreement)을 맺게 되는데, 이는 두 개 이상의 국가들이 제품과 서비스의 거래에 대한 장벽과 관세, 쿼터 등을 축소시키거나 철폐하는 데 동의하는 공식적인 협정을 말한다. 예를 들면, EU와 같이 더 진보된 경제블록은 회원국들 사이에 자본, 노동력, 기술의 자유로운 흐름을 허용하고 있다.

(2) 지역경제통합의 유형

지역경제통합체의 경우 대부분 초기에는 역내국 간의 경제협력 강화 및 관세를 철폐하는 단순한 형태로 시작하나, 점차 결합의 정도를 강화해 나가고 있으며, 통합의 정도와 진행과정에 따라서 다음과 같이 5단계로 구분하고 있다.[30] 즉 자유무역지대, 관세동맹, 공동시장, 경제연합, 정치연합 등이다.

표 3-5 지역경제통합의 형태

통합의 수준	자유무역지대	관세동맹	공동시장	경제 및 통화연합	정치연합
관세 및 비관세 장벽철폐	○				
공동의 대외관세제도	○	○			
생산요소 이동제한 철폐	○	○	○		
경제정책 통합, 조정	○	○	○	○	
완전한 정치적 통합	○	○	○	○	○

자료: S. T. Cavusgil, et al., 전게서, p.214.

30 이승종 외, 전게서, pp.143~146.

자유무역

자유무역이란 경제통합에 참가한 각 가맹국 상호간 상품 이동에 대한 일체의 무역제한 조치를 철폐하여 역내에서는 자유무역을 보장하고, 역외의 비가맹국에 대해서는 각국의 독자적인 관세정책 및 무역제한조치를 취하는 형태의 경제통합이다. 자유무역에서는 역외의 상품이 역내 저관세국을 통하여 수입되어 역내 다른 국가에 수출될 가능성이 있어 각 가맹국의 무역정책에 혼란을 가져올 수 있다. 이를 방지하기 위해 수입물품 원산지규정과 같은 국가간 협력적인 무역정책이 채택되고 있다. 한미자유무역협정, 북미자유무역지역(NAFTA : North America Free Trade Area), 라틴아메리카경제연합(LAIA : Latin America Integration Association) 등이 그 예이다.

관세동맹

관세동맹은 자유무역지역에서 한 걸음 더 나아가 역외 공동관세를 부과하는 형태의 경제통합이다. 즉 가맹국 상호간에는 상품의 자유이동이 보장될 뿐만 아니라, 역외 비가맹국으로부터의 수입에 대해서는 공동의 수입관세를 부과한다. 그러므로 이것은 관세에 관해서는 단일 경제단위가 되어 가는 상태이며, 간접수입의 가능성은 배제된다. EU도 처음에는 이러한 관세동맹에서 시작되었지만 현재는 그 단계를 넘어섰다. 베네룩스 관세동맹이 이에 속한다. 이후 베네룩스 경제동맹으로 발전하였다.

공동시장

공동시장은 관세동맹이 더 발전하여 역내 제국간 생산요소의 자유이동이 보장되고 있는 형태의 경제통합이다. 즉 가맹국 상호간에는 재화뿐만 아니라 노동, 자본과 같은 생산요소의 자유이동이 보장되며, 역외 비가맹국에 대해서는 각국이 공동의 관세제도를 채택한다. 이러한 공동시장을 구축하려면 재정, 화폐, 고용 정책에 대해 상당한 조화와 협력이 필요하며, 이 같은 수준의 협력을 달성하는 것은 매우 어렵다. 이의 예로서는 남미공동시장, 유럽경제공동체(ECC)를 들 수 있다.

경제연합

경제연합에서는 역내 국가들 간에 상품과 생산요소의 자유로운 이동뿐만 아니라 금융, 재정, 운수, 통신, 사회복지 등의 여러 분야에 걸쳐 통합을 이루게 된다. 결국 이 단계에서는 어느 정도의 정치적인 통합을 필요로 하게 된다.

벨기에-룩셈부르크 경제연합이 이에 해당된다. 유럽연합(EU)도 이에 근접해 가는 형태를 보이고 있다. 현재 EU는 몇몇 회원국들이 공동화폐인 유로화를 적용하지 않고 회원국 간 세율과 법규의 차기가 존재하며, 에너지 시장과 같

표 3-6 EU의 발전과정

연도	발전과정	내 용
1957	로마조약	• ECC 청사진 합의
1958	EEC(European Economic Community)	• ECC 창설(독일, 프랑스, 이탈리아, 네덜란드, 벨기에, 룩셈부르크 등 6개국)
1960	EFTA(European Free Trade Area)	• 오스트리아, 덴마크, 노르웨이, 포르투갈, 스웨덴, 스위스, 영국 등이 결성
1973	회원국 확대	• 덴마크, 아일랜드, 영국 등 ECC 가입(9개국)
1979	EMS(European Monetary System)	• European Currency Unit(ECU) 창설
1981	회원국 확대	• 그리스 ECC 가입(10개국)
1986	회원국 확대	• 스페인, 포르투갈 등 ECC 가입(12개국)
1987	단일 유럽 법안(Single European Act)	• 1992년 발효 예정으로 비준
1992	EU 조약	• 마스트리히트 조약, Economic and Monetary Union (EMU) 청사진
1993	Europe 1992	• 단일 유럽 법안 발효
1993	EU	• EU(마스트리히트) 조약 발효
1994	EEA(European Economic Area)	• EU 회원국 및 노르웨이, 아이슬랜드 등이 결성
1995	회원국 확대	• 오스트리아, 핀란드, 스웨덴 등 EU 가입(15개국)
1999	Monetary Union	• Euro화 탄생
2002	Monetary Union	• Euro화로 완전 대체
2004	회원국 확대	• 키프로스, 체코, 에스토니아, 헝가리, 라트비아, 리투아니아, 몰타, 슬로바키아, 슬로베니아 등 가입(총 25개국)
2007	회원국 확대	• 불가리아, 루마니아 가입(27개국)
2013	회원국 확대	• 크로아티아 가입(총 28개국)

자료: http://www.europa.eu

은 몇몇 시장에 대한 완전한 규제철폐가 이루어지지 않았지만 경제적 연합을 이루고 있다고 볼 수 있다. 또한 EU는 경제연합을 달성하기 위해 많은 진보를 이루어왔다. 예를 들어 13개의 EU 국가들은 통화동맹을 창설해 왔는데, 단일 통화인 유로가 현재 통용중이다. 완전한 경제통합이 이루어진다면 다음으로는 정치적 통합까지도 발전할 수 있을 것이다.

정치연합

경제연합을 추구할 경우 모든 회원국 국민들이 납득할 만한 협력적 관료체제를 어떻게 구성할 것인가가 중요해진다. 그 해답은 하나의 중앙 정치 기구가 회원국들의 경제, 사회, 외교 정책을 통합 조정하는 정치연합(political union)에서 찾을 수 있다. EU는 최소한 부분적 정치연합의 형태를 띠고 있다. EU에서 매우 중요한 역할을 하고 있는 유럽의회는 1970년대 후반부터 EU 회원국 국민들이 직접 선출하고 있다. 여기에 장관 이사회(EU의 조정, 의사결정단체)는 EU 회원국 정부 장관들로 구성된다.[31]

2차 세계대전 이후 형성되기 시작한 지역경제통합은 지역별·통합체별로 다양한 목표하에서 다양한 형태로 그동안 급속히 증가하고 있다. 현재 시장기반과 경제력을 갖춘 지역그룹은 유럽연합(EU), 북미자유무역협정(NAFTA), ASEAN(Association of South East Asian Nations),[32] AFTA,[33] CEFTA,[34] CACM(Central American Common Market)[35] 등 10여 개 정도이고, APEC(Asia

---

31 박철순 외(역), 전게서, p.313.

32 1967년 8월에 동남아지역의 공동안보 및 자주독립 노선의 필요성 인식에 따른 지역협력 가능성을 모색하기 위해 창설된 지역협력기구로써 인도네시아, 필리핀, 말레이시아, 싱가포르, 태국으로 결성되었으며 1984년 브루나이가 가입하였고 1995년 베트남도 가입하였으며 향후 라오스, 캄보디아, 미얀마 등도 가입할 예정으로 거대지역시장으로 발전할 전망이다.

33 싱가포르, 말레이시아, 인도네시아, 필리핀, 브루나이, 태국 등으로 구성된 ASEAN 지역을 앞으로 향후 15년 이내 완전한 자유무역지대로 만든다는 구상으로 1992년 1월 싱가포르에서 열린 정상회담에서 합의함.

34 중부유럽 자유무역지대

35 엘살바도르, 과테말라, 온두라스, 니카라과, 코스타리카 등 중미 5개국이 1961년도에 설립한 공동시장이다. 그러나 온두라스와 엘살바도르간 분쟁, 회원국간 무역불균형 심화로 1970년대 사실상 그 기능을 상실하였지만 90년대 신자유주의 경제개혁의 영향으로 1955년 과테말라의 정서가 발효됨에 따라 경제통합이 다시 활성화의 계기를 맞게 되었다.

Pacific Economic Cooperation)[36]과 아시아·유럽정상회의(Asia Europe Meeting: ASEM)[37]는 지역그룹의 확대가 수천 Km 떨어진 타대륙 간의 협의로서 논의가 진행 중이다.

3. 지역경제통합의 효과

2개국 이상이 어떤 형태의 경제통합을 형성하고 있을 때, 그 경제통합에 따른 발생효과는 단기(정태)적인 효과와 장기(동태)적인 효과로 구분해 볼 수 있다.[38]

(1) 단기(정태)적 효과

단기(정태)적 효과로는 역내 국가 간의 무역창출효과와 무역전환효과가 있다. 즉 역내 국가 간의 관세장벽 철폐로 인해 교역량이 늘어나는 무역창출효과와 역외 국가에 대한 공동의 관세장벽이 설정됨으로써 역내국가 상품의 절대가격이 역외국가의 가격보다 높을지라도, 관세효과가 이를 상회하는 경우 역내로부터 상품을 수입하게 되는 무역전환효과가 발생하게 된다. 무역창출효과는 역내 국가 간에 자원이 효율적으로 배분되는 결과를 가져오는 반면, 무역전환효과는 역외 국가에 대한 인위적인 관세장벽으로 인해 자원배분이 비효율적으로 배분되는 결과를 초래할 수 있다. 따라서 관세동맹이 세계경제 전체로 보아 바람직한가의 여부는 바로 무역창출효과와 무역전환효과의 상대적 크기에 따라 달라진다고 볼 수 있다.

〈표 3-7〉은 A 및 B국이 자유무역협정을 맺기 전후의 상황을 단순화하여 보여주고 있는데, 이것을 예로 들어 설명해 보자. 먼저 A, B, C 세 나라가 있다

---

36 89년 환태평양지역의 주요 경제실체간 경제협력과 무역증진을 목표로 결성된 아시아태평양지역 최초의 범정부간 협력기구이다.

37 아시아와 유럽의 국가들이 정치, 경제, 사회, 문화 등 제반 분야에서 포괄적 협력을 도모하기 위해 만든 협의체로서 2010년 8차 아시아유럽정상회의는 총 48개국이 참가하였다.

38 이승종 외, 전게서, pp.146~148.

표 3-7 경제통합의 무역효과 예

국가	A	B	C	D
단위당 생산비	2,000	1,700	1,800	1,600
cost+관세 (20%)*	2,000	2,040	2,160	1,920
cost+관세 (20%)**	2,000	1,700	2,160	1,920

* A국과 B국의 자유무역협정 이전
** A국과 B국의 자유무역협정 이후

고 가정할 때 A국 입장에서는 B국 생산비가 저렴하여 수입이 바람직하지만 관세(예: 20%)로 인해 수입가격이 2,040으로 국내가격보다 비싸다. 따라서 무역은 발생하지 않는다. 그러나 A, B 두 나라가 자유무역협정을 맺으면 1,700에 수입이 가능해 무역이 발생한다. 없었던 무역이 창출되는 것이며 효율적인 생산국으로 생산이 이전되는 긍정적 효과가 나타난다.

이번에는 A, B, D 세 나라가 있다고 가정하자. D는 생산비가 1,600이어서 관세 20%를 부과해도 A의 2,000보다 저렴하다. 따라서 A는 D로부터 수입을 한다. 그러나 A, B가 자유무역협정을 맺으면 B로부터의 수입가격(1,700)이 D로부터의 수입가격(1,920)보다 저렴하기 때문에 수입선이 D에서 B로 바뀌게 되는 것이다. 이는 보다 덜 효율적인 국가로 생산과 수입선이 전환되는 부정적인 효과라 할 수 있다.

우리나라의 기업들이 NAFTA가 결정되었을 때 우려한 상황은 바로 이러한 무역전환 효과와도 관련이 있다. 미국 시장에서의 멕시코산 제품가격경쟁력이 높아져 한국으로부터의 수입이 감소될 것이 예상되었던 것이다. 실제로 한국에서의 생산비가 멕시코보다 저렴했었다면 이러한 현상은 한국 기업 입장에서뿐만 아니라 세계적 관점에서도 바람직하지 못한 무역전환 효과라 할 수 있다.

(2) 장기(동태)적 효과

경제통합에 따라 역내의 관세가 철폐 또는 인하되면 역내 각 국가의 수출시장이 확대되고, 제품의 생산 및 유통에 있어서 규모의 경제가 발생할 수 있다. 예를 들어 벨기에는 겨우 100만 명의 인구를 가지고 있는 반면 EU에 속한

국가들과의 무역장벽이 존재하지 않기 때문에 벨기에의 기업들은 약 4,900만 명의 소비자들로 구성된 전체 시장에 쉽게 접근할 수 있는 것이다.

역내 시장의 확대와 관련하여 중요한 것은 경쟁의 증대이다. 관세 등에 의하여 보호를 받던 각국의 기업들은 새로운 경쟁에 노출됨에 따라서 지역경제 전체로 보아 효율성이 증가하게 된다.

또한 시장이 확대되고 역외 국가에 대한 불이익을 극복하기 위해 역외 기업에 의한 직접투자가 활성화된다. 예를 들어 삼성, General Mills 등과 같은 비유럽 기업들은 유럽 경제연합의 이점을 누리기 위해 EU 내에 대규모 투자를 집행하는 경우이다. 아울러 역외 기업들도 경쟁에 새롭게 대처하기 위하여 경영 합리화가 시도될 것이다. 궁극적으로 역내·외 국가들이 산업 전체의 효율성 증대를 달성하기 위한 구조조정 과정에 돌입하게 될 것이다. 이와 같이 경제통합은 장기적으로 역내 국가들의 경쟁력 제고에 긍정적인 효과가 있을 것으로 평가되고 있다.

제3절 신국제규범

WTO의 출범으로 각국의 시장문호가 대폭 개방될 뿐만 아니라, 지금까지 각국이 자의적으로 운용해 온 무역규범의 투명성 강화로 공정무역질서가 확립됨으로써 국제무역질서는 커다란 전환의 계기를 맞게 되었다. 그러나 WTO의 출범과 함께 국가간 통상마찰의 소지가 완전히 해소되지는 않는다. 국제통상환경의 변화가 통상장벽에 대한 인식의 변화에 따라 새로운 협상의제들이 계속 대두되고 있기 때문이다.

선진국들은 특히 국제간 국내경제정책의 상이점들이 철폐 또는 완화되어야 실효성 있는 시장접근이 가능해진다고 주장하고 있다. 선진국들은 뉴라운드협상을 통해 종국적으로는 무역관련 국내정책들을 국제적으로 표준화시키는 것을 목표로 하고 있다. 따라서 환경, 노동, 경쟁, 기술 등의 새로운 통상이슈들은 무역자유화의 완성과 아울러, 공정무역의 확립을 목표로 삼고 있는 WTO 체제의 주요 추진과제로 부각될 것이다.

한편 개발도상국들은 새로운 협상분야들이 선진국들의 새로운 무역장벽수단으로 활용되는 것을 우려하고 있으며, 이들 분야에 대한 다자규범화에 원칙적으로 반대하고 있는 입장에 있다. 여기서 '뉴라운드'란 1994년 4월 15일 모로코의 휴양도시 마라카시에서 UR 다자간 무역협상의 결과를 구체화하는 최종서명을 하기 위해 참가한 각국의 각료들이 UR 이후의 새로운 의제로서 논의한 환경, 노동, 기술, 경쟁정책을 무역에 연계시킨 소위 '4R'인 GR(그린라운드/환경), BR(블루라운드/노동), TR(기술라운드/기술), CR(경쟁라운드/경쟁정책) 등이다. 즉 네 개의 뉴라운드는 노동환경과 무역을 연계시키는 블루라운드, 각국의 시장구조와 기업경영 관행의 차이를 없애 경쟁조건을 평준화하자는 경쟁라운드, 기술개발정책에 대한 세계적인 규칙을 정하자는 기술라운드, 그리고 환경문제를 다룰 그린라운드 등이다.

1. 그린라운드(Green Round)

환경문제에 대한 국제적인 관심이 본격적으로 대두된 시기는 1980년대 이후부터라고 할 수 있다. 지구환경문제의 심각성을 인식하게 된 계기는 1962년 카슨(R. Carson)의 「침묵의 봄(*The Silent Spring*)」에서 환경문제의 심각성을 경고한 것과 1960년대 중반에 살충제인 DDT에 의한 토양오염이 문제로 제기된 데에서 그 기원을 찾을 수 있다. 이후 1972년에는 로마클럽의 "성장의 한계"라는 보고서가 발표되어 전 세계적인 자원문제와 환경문제의 심각성을 부각시키기도 하였다.[39]

환경은 인간이 살아가는 데 필요한 여러 가지 요소들을 제공해주고 있으며, 인간이 생존하기 위해서는 지켜져야만 하는 것이다. 그러나 인간의 무분별

39 정진, WTO체제의 성립과 한국의 대응전략에 관한 연구, 동국대학교 박사학위논문, 1998, p.184.

한 공업화·산업화의 추구는 인간의 삶을 윤택하게 하는 반면, 이에 대한 반대급부로 환경파괴를 유발하였다. 인간의 환경파괴는 자연의 '자연적인 정화능력'으로는 도저히 감당할 수 없을 정도가 되었으며, 이에 따라 산업발전에 성공한 선진국을 중심으로 지구환경을 보호해야 한다는 인식이 확산되기 시작하였다.

그린라운드는 '죽어가는 환경을 살리자'는 목표 아래 1992년 6월 브라질의 리우데자네이루에서 개최된 유엔환경개발(UNCED)에서 180여 개국의 대표단이 모여 발표한 '리우선언'을 계기로 개시되었으며, 지구환경보전과 개발을 양립시키는 목적을 지니고 있다. 환경과 무역을 연계시킨 이 그린라운드는 세계환경보호의 관점에서 새로운 국제무역·비즈니스규범을 정립하려는 시도로서 추진하고 있다.

그린라운드, 즉 WTO에서의 무역-환경 논의 및 협상은 개괄적으로 보다 다음과 같다.[40]

첫째, WTO에서 무역-환경협상이 전개된다면 이는 기본적으로 무역협상이라는 점이다. 국제환경협약을 통해서 전개되는 환경협상에 있어서나 환경보전이라는 대의명분과 경제적 득실 측면은 동전의 양면으로서 각국의 협상 포지션에 영향을 미치는 양대변수로 작용할 것이다.

둘째, 이제까지 GATT 체제하에서 전개되었던 무역협상, 즉 라운드가 각종 관세 및 비관세 무역장벽의 완화를 통한 무역자유화를 지향해 온 반면 무역-환경 논의 및 협상, 즉 그린라운드의 초점은 '어떤 경우에, 어느 정도로 환경보전을 이유로 한 무역제한요소를 허용할 용의가 있는가?'에 있다는 점이다.

셋째, WTO에서의 무역-환경 협상에서는 생산방식의 차이에 따른 제품차별화 문제가 핵심 이슈로 대두될 것이라는 점이다.

이상과 같은 특징을 바탕으로 그린라운드의 성격을 규정해 본다면 그린라운드란 '상대적으로 높은 수준의 기술력, 환경친화적, 효율적 산업구조 및 환경의식을 보유한 국가군이 환경보전이라는 대의명분을 배경으로 하여 국제적 교역여건에 영향을 미침으로써 경제적 실리를 추구하려는 움직임'이라고 할 수 있을 것이다.

---

40 정진, 상게서, pp.189~190.

표 3-8 국제환경협약의 파급효과

국제환경협약	국내경제 파급효과
1. 유엔환경개발회의(UNCED) • 기후, 대기, 해양, 폐기물 총괄관리 • 해양법의 세부지침 채택	• 경제활동 전반을 제약 • 성장률이 높을수록 경제적 타격이 큼 • 해양자원 보존강화로 수산업 위축
2. 몬트리올 의정서(오존층보호협약) • 오존층 파괴물질 사용금지 • 무역규제 움직임	• 국내프레온가스(CFC) 수급 차질 • 전자, 전기, 자동차업계 타격 • 대체물질개발 불가피
3. 지구기후변화 협약 • 화석연료 사용규제 • 이산화탄소배출 현황 보고의무	• 에너지 수급 전반에 영향 • 에너지 절약형 산업으로 전환 • 장기 에너지 수급대책 조정
4. 생물다양성 협약 • 유전공학에 대한 자유접근 제한 • 개발도상국의 기술이전 요구강화	• 유전공학 기술개발에 영향 • 필요 유전자원 확보 곤란 • 유전공학 기술이전 부담가중
5. 멸종위기 동·식물 보호 협약 • 희귀 동식물의 포획, 채취 금지 • 협약의 준수여부 감시	• 한약 및 모피산업 타격 • 조수보호 등의 관련법규 개정 • 코뿔소 뿔 등의 불법거래 단속
6. 바젤협약 • 유해폐기물 불법수출 금지 • 미가입국의 유해폐기물거래 금지	• 재활용 폐기물 수입차질 • 고철, 파지 등의 확보 곤란 • 미국, 일본과 공동보조

그린라운드의 경우 〈표 3-8〉과 같은 몬트리올 의정서(오존층 파괴물질규제) 및 바젤협약(폐기물), 지구기후변화협약(이산화탄소 배출규제) 등 각종 국제협약이 발효되면서, 우리 경제는 심한 타격을 입고 있다. 왜냐하면 이러한 각종 환경협약은 각국의 의무사항을 명시하고 있을 뿐만 아니라, 협약의 실효성을 확보하기 위하여 동 협약에 가입하지 않은 국가나 협약내용을 이행하지 않는 국가에 대해 무역규제조치를 취할 수 있는 근거조항을 포함하고 있기 때문이다.

2. 블루라운드(Blue Round)

블루라운드는 UR 협정문 최종문안 작성시 근로조항(사회적 조항)의 삽입문제를 둘러싸고 벌어졌던 선진국과 개도국 간의 첨예한 대립을 계기로 국제협상의 새로운 의제로 부각되었다. 이 블루라운드는 사실상 개도국 노동자들의 인권 내지는 권익보호라는 차원에서 마라카시 각료회담에서 제기된 것으로 저임금이나 아동근로자, 죄수노동자를 이용해 값싼 제품을 만들어 수출하지 말라는 요구이다. 이는 근로자의 권리를 국제기준에 맞춰 보장하지 않는 국가에 대해 무역규제를 취한다는 내용을 담고 있는 것으로서, 국제무역체제와 국제적으로 인정될 수 있는 노동기준 사이에 연결고리를 마련하자는 다자간 논의를 총칭하는 것이다. 사실상 이 블루라운드가 국제통상문제의 의제로 등장하게 된 배경은 미국과 유럽 등 선진국의 심각한 실업문제에 있다.

의제로서 무역-노동기준 연계란 국제적으로 인정된 노동기준을 정하여 동 기준보다 낮은 노동기준 하에서 생산된 제품의 수출 또는 이 제품을 수출하는 국가에 대하여 무역제재조치를 취할 수 있는 근거를 다자간 무역규범 내에 마련하는 일련의 움직임을 의미한다.

무역-노동 기준 연계 문제가 최근 새로운 무역의제의 하나로 활발히 논의되는 이유는 다음 두 가지 세계경제의 변화요인에서 찾아볼 수 있을 것이다. 첫째, 7년 반 동안 우루과이라운드 협상을 통해 새롭게 출범한 세계무역기구(WTO)는 매우 광범위한 영역에 걸쳐 무역관련 의제를 포괄하고 있을 뿐만 아니라 그 확대를 도모하고 있다는 점이다.

둘째, EU 통합과 NAFTA의 출범은 지역주의 차원에서 노동규범의 조화를 추구하는 하나의 모형을 제시하였고, 선진국의 입장에서 노동권의 보호를 위한 조치가 지역주의 통합과정에서 성공적으로 포함됨에 따라 다자간 차원에서 그 논의를 확대하고자 하는 것으로 볼 수 있다.[41]

이처럼 무역과 노동을 연계시킨 이러한 블루라운드(blue round: blue color round)는 협상을 통하여 ① 국제적으로 합의된 노동자의 권리를 보호하지 않는 국가들과 기업들의 제품에 대해 제재를 가해야 한다는 것, ② 국제적으로 합의된 근로기준의 이행 여부에 따라서 무역 관련 편익 또는 불이익을 주어야 한다는 것이 주요 내용이다.

---

41 정진, 전게서, pp.192~193.

마라카시 각료회의에서는 우선 죄수노동, 아동근로, 결사의 자유 및 단체교섭권과 같은 기본적 인권부터 통상문제와 우선적으로 연결시킨다는 대원칙만 확인하였다. 그러나 최저임금제, 각국의 노동시간, 노조의 정치활동보장, 복수노조의 허용, 공무원의 단결권까지 논의가 확대될 경우 한국경제와 노동계에 파급될 효과는 엄청날 것으로 전망된다.

3. 기술라운드(Technology Round)

기술라운드(Technology Round)는 개발도상국이 선진국과의 기술격차를 따라잡기 위해 기술개발정책을 강화하는 것을 선진국이 막으려는 다자간협상이다. 즉 기술라운드란 기술개발정책과 무역에 관한 다자간 논의를 총칭하는 말이다. 무역과 관련이 있는 기술개발정책은 곧 산업정책의 한 부분이기 때문에, 기술라운드를 '산업정책라운드'라고 해석해도 틀린 말은 아니다. 왜냐하면 오늘날의 산업정책의 핵심은 기술변화의 속도를 좌우하는 데 있기 때문이다.

기술라운드의 등장은 후발국들에 대한 기술이전 및 거래가 자국의 시장잠식의 결과를 낳았다는 데 대한 인식에서 비롯되었다. 사실 일본은 전후 미국의 기술이전과 기초기술을 공짜로 줍다시피하여 이를 응용해 제품화에 성공한 뒤 역으로 선진국시장을 석권했는데, 이는 미국을 포함한 서방 각국에서 무역관련 기술정책을 재검토시키기에 충분한 것이었다. 이에 따라 기술의 재산권화가 진행되었고, 선진국들은 지적재산권보호 문제를 국제화하려 하는 것이다. 또한 기술장벽(TBT: technical barrier to trade)을 낮춤으로써 국제무역을 활성화시키는 노력도 기술라운드 등장의 한 배경이 되었다.

특히 기술장벽협정의 기본 목적은 포장, 분류표시 요건을 포함하여 기술규정 및 표준, 적합판정 절차 등이 무역에 불필요한 장애를 형성하는 효과를 발생시킬 목적으로 채택, 적용되지 않도록 보장하는 데 있다.

한편 각국은 국제표준을 사용하지 않을 수도 있다. 그러나 자국의 독자적인 환경규제를 적용하기 위해서는 기본적으로 다음과 같이 두 가지 조건, 즉 첫째로 내국민대우 및 최혜국대우에 관한 GATT 규정을 만족시켜야 하고, 둘째로

이른바 최소무역제한의 원칙을 지켜야 함 등을 충족되어야 한다.[42]

앞으로 논의될 수 있는 기술정책의 국제규범 관련분야는 ① 기초연구에 대한 공공부문의 지원, ② 기술확산정책, ③ 인력개발, ④ 민간부문의 연구개발지원과 과학기술에 대한 국제적 접근성, ⑤ 전략산업에 대한 정부의 지원과 국제적 이해, ⑥ 과학기술분야의 국제적 협력, ⑦ 개발도상국의 과학기술문제 등이다.

하지만 기술개발에 대한 규제는 각국의 기업경쟁력에 많은 문제점을 유발할 가능성이 있기 때문에 기술선발국과 기술후발국 간에 심한 마찰이 예상되며, 선진국 간에도 견해차가 커서 강력한 국제규범의 실행에는 어려움이 있을 것으로 예상된다.

4. 경쟁라운드(Competition Round)

국가간의 경쟁정책의 평준화를 목적으로 1992년 당시 브리튼 EC 부위원장에 의해 제시되어 1994년 클린턴 대통령이 UR 이후 주요 통상이슈의 하나로 거론하였다. 이는 아직까지는 OECD를 중심으로만 논의되고 있으나, 기술라운드와 함께 향후 5~10년 사이에 본격 논의될 전망이다. 경쟁라운드가 국제기구에서 논의된 배경은 자유무역으로 인한 최대이익을 도출하기 위해서는 대외경쟁뿐만 아니라, 대내경쟁도 전제되어야 한다는 데 근거를 두고 있다.

경쟁라운드(CR: competition round)의 핵심은 국제무역 및 기업활동에서 공정경쟁을 조장하고 촉진시키기 위하여, 외국인 기업들에게 내국인 대우를 해주고, 내국인 기업 보호적인 유통구조·사업관행·부패 등을 없애서 모든 국가들의 시장조건을 선진화하면서 세계적으로 표준화해야 한다는 것이다. 부패라운드는 경쟁라운드의 일부이다.

이 경쟁라운드의 핵심은 공정한 경쟁을 제한하고 있는 각국의 독특한 시장구조, 기업관행까지 규범화하자는 것이다. 그 대표적인 예로서 미국에서는 어느 국가나 기업도 자유롭게 경쟁할 수 있지만, 일본시장은 일본만의 복잡한 시장구

42 양시화, WTO 체제하에서의 국제환경보호와 무역규제에 관한 연구, 광주대학교 박사학위논문, 1998, p.45.

조와 기업관행 때문에 경쟁이 제한받고 있으므로, 이를 자유롭게 풀어야 한다는 것이다. 즉 담합이나 지명입찰제도 덕분에 일본기업이 세계시장에서 경쟁우위를 누리고 있다고 판단하고, 이와 같은 기업관행을 없애야 한다는 것이다. 또 일부 개발도상국 정부가 특정기업이나 산업에 독점적이고 집중적인 지원을 제공함으로써 그렇지 않은 국가들에 비해, 해당분야에서 인위적인 경쟁우위를 갖게 되는 만큼, 그에 상응하는 조치를 취해야 한다는 내용이다. 이는 다른 표현으로 '경쟁제한적 영업관행'(RBP: Restrictive Business Practice)이라고도 한다.

사실 1927년 제네바 세계경제회의에서 처음 제기되었던 글로벌 경쟁논의는 제2차 세계대전 이후 1948년 '국제무역기구를 위한 하바나헌장에서 구체화되었다. 글로벌 경쟁법에 대한 미국의 전폭적인 지지로 하바나 헌장에는 '경쟁제한적 영업관행(RBP: Restrictive Business Practices)에 관한 9개 실체법 및 절차법적 조항이 들어갈 수 있었다. 하바나 헌장은 국제무역기구(ITO: International Trade Organization) 회원국으로 하여금 "무역증진에 악영향을 미치는, 경쟁을 억제하거나 시장접근을 제한하거나 또는 독점을 조장하는 경쟁제한적 영업관행"을 규제하는 조치를 취하도록 요구하고 이에 더하여 ITO가 경쟁제한적 영업관행을 조사할 수 있는 권한을 부여하였다. 하지만 미국 의회의 반대로 결국 하바나 헌장 자체가 무산됨으로써 글로벌 경쟁법의 탄생도 불발로 끝나게 되었다. 그리고 GATT에서도 경쟁제한적 영업관행을 직접적으로 규제하는 어떠한 조항도 두지 않았다.[43]

국제적 논의의 대상이 될 수 있는 경쟁조건의 문제들은 ① 수직협정 및 수평협정, ② 유통업체에 영향을 미치는 정부규제, ③ 독점지배력의 남용, ④ 국제적 기업인수·합병 및 기업 간의 국제협정, ⑤ 덤핑과 반덤핑조치 등이다.

만일 경쟁라운드가 타결될 경우, 국내시장보호 측면 및 수출진흥 측면에서 정부지원에 크게 의존하고 있는 많은 개도국들의 기업들은, 국내시장활동뿐만 아니라 해외시장활동에서도 경쟁력 상실로 심각한 타격을 피할 수 없을 것이다.

---

43 주진열, 글로벌경쟁정책과 무역이슈의 최근 동향, 「통상법률」, 통권 101호, 2011, pp.10~11.

이상에서 살펴본 GR, BR, TR, CR의 뉴라운드의 주요 내용과 영향을 요약하면 〈표 3-9〉와 같다. 이를 Next R. 또는 Millenium R.라고도 한다.

표 3-9 뉴라운드의 내용 및 영향

라운드	주요 내용	영 향
GR	• 수출입 제한 또는 금지 • 제품규격, 공정 및 생산방식 규제 • 포장재 규제 및 환경 라벨링 제도 도입 • 환경상계관세 부과	• 수출품 생산비 증가 • 재활용 원자재 수급차질 • 철강, 금속, 석유화학업종 타격
BR	• 급속한 경제개발을 이뤘으나 초보적인 사회보장제도만 유지하는 국가에 대한 대응 • 아동노동과 강제노동 금지 등 ILO 규범 적용 • 노동관련법을 제정하고도 적응치 않는 국가에 대한 대책 • 저임금	• 아시아 후발개도국과 중남미 현지투자업체에 악영향
TR	• 국가간 과학기술정책 조화를 위한 규범제정 • 과학기술인력의 자유로운 이동 및 거주를 제한하는 국내 규제 정비를 위한 규범경제 • 산업기술 및 전략산업 정부지원에 대한 규범제정 • 국제기술 표준화 등 국제협력관련 7개 규범제정	• OECD 가입시 신국제기술 규범 제정에 따른 직접적인 영향
CR	• 수평협정(카르텔) • 수직협정 • 유통체제에 영향 미치는 정부규제 • 독점지배력 남용 등	• 외국상품 및 기업의 국내 시장 접근 용이

key point
CASE STUDY

대륙(중·러) 공동체 SCO·EEU 통합 추진

중국과 러시아가 미국과 일본이 주도해 타결한 환태평양경제동반자협정(TPP·Trans-Pacific Partnership Treaty)에 맞서기 위해 거대한 경제협력체 구축 작업을 적극 추진하고 있다. 중국과 러시아는 그동안 TPP에 대항할 수 있는 카드를 내놓기 위해 고심해왔다. 게다가 양국은 최근 들어 경제적 어려움에 직면하면서 돌파구를 마련하기 위한 방안을 모색해왔다. 중국은 경기 침체에 따른 경제성장률 하락세 등 '중진국의 함정'에 빠져들고 있다.

중진국 함정이란 1인당 GDP가 1만~1만2,000달러인 국가들이 급속한 경제성장률 둔화로 도약에 실패하며 주저앉는 현상을 말한다. 중국 정부는 올해 경제성장률 목표를 6.5~7%로 설정하고, 앞으로 5년간 6.5% 이상의 중속 성장을 유지하기로 했다. 중국 정부가 경제성장률 목표치를 7.0% 이하로 내린 것은 25년 만에 처음이다. 러시아는 우크라이나 사태로 서방의 강력한 경제제재를 받고 있는 데다 유가 폭락으로 최악의 경제위기에 직면해 있다. 러시아 정부는 재정적자를 줄이기 위해 알짜배기 국영기업들의 민영화까지 검토하고 있다.

양국이 고려하고 있는 방안은 상하이협력기구(SCO·Shanghai Cooperation Organization)와 유라시아경제연합(EEU·Eurasian Economic Union)을 통합하는 것이다. 알렉세이 리하체프 러시아 경제개발부 제1차관은 지난 3월 1일 열린 제1회 러시아·중국 건설포럼에 참석해 "EEU와 SCO 회원국들이 양 기구를 통합해 이른바 유라시아대륙 경제공동체를 만드는 작업을 진행하고 있다"고 밝혔다. 리하체프 제1차관은 "EEU와 SCO 회원국들은 무엇보다 자유로운 무역 거래 및 자본과 투자의 이동을 보장하는 협정을 맺는 방안을 추진하고 있다"면서 "러시아와 중국의 최고 지도자들이 이런 원칙에 따라 구체적인 로드맵을 만들기로 합의했다"고 강조했다. 러시아 고위 관리가 SCO와 EEU의 통합을 언급한 것은 사상 처음이다. 리하체프 제1차관은 "유라시아대륙 경제공동체는 미국 달러화가 아니라 각국 통화로 결제하는 체제를 구축함으로써 독자적인 경제 협력체가 될 것"이라고 밝히기도 했다. 중국과 러시아는 지금까지 경제 영토를 확장하기 위해 SCO와 EEU의 가입국을 늘리는 등 치열하게 경쟁해왔다. 이 때문에 양국은 그동안 두 기구의 통합 문제를 전혀 논의한 적이 없다.

"실크로드 경제벨트의 기본 발판으로"

2001년 설립된 SCO는 현재 중국과 러시아를 비롯해 중앙아시아 국가들인 카자흐스탄, 우즈베키스탄, 타지키스탄, 키르기스스탄 등 모두 6개국으로 구성돼 있다. 중국과 러시아는 그동안 중앙아시아 지역의 평화와 안정을 도모한다는 명분을 내세워 SCO를 반미·반서방 지역협력체로 발전시켜왔다. 특히 중국은 중앙아시아 국가들에 대한 경제 지원을 대폭 강화하는 등 SCO를 주도하면서 일대일로(一帶一路·육상, 해상실크로드) 전략의 일환인 실크로드 경제지대(Silk Road Economic Belt) 구축에도 적극 나서고 있다. 실크로드 경제지대와 관련된 국가들은 카자흐스탄, 키르기스스탄, 타지키스탄, 우즈베키스탄을 비롯해 파키스탄, 이란, 터키, 조지아, 아프가니스탄, 아르메니아, 아제르바이잔, 투르크메니스탄 등이다. SCO가 최근 들어 몸집 불리기에 나선 것도 중국의 실크로드 경제지대 구축과 밀접한 관련이 있다. SCO 회원국들은 지난해 7월 정상회의에서 인도와 파키스탄을 정회원국으로 가입시키기로 결정했다. 앞으로 SCO는 이란도 정회원국으로 가입시킬 가능성이 높다. SCO는 매년 알파벳 순서에 따라 돌아가면서 정상회의를 개최하고, 의장국은 정상회의 개최국이 맡아왔다. 사무국은 중국의 수도 베이징에 있다.

EEU는 러시아가 지난해 1월 옛 소련권 국가들과

상품·자본·인력이 자유롭게 이동할 수 있는 경제 공동체를 만들기 위해 출범시킨 지역 경제협력체이다. 러시아, 카자흐스탄, 벨라루스, 아르메니아, 키르기스스탄 등 5개국이 회원국이다. 블라디미르 푸틴 러시아 대통령은 그동안 옛 소련의 부활이라는 꿈을 실현하기 위해 EEU 출범에 상당한 공을 들여왔다. 특히 푸틴 대통령은 서방 주도의 경제에서 주도권을 되찾아오기 위해서는 옛 소련권 국가들을 하나의 경제권으로 묶는 것이 중요하다고 생각해왔다. 푸틴 대통령은 이를 위해 EEU 창설을 대외정책의 최우선 순위에 올려놓고 옛 소련권 국가들을 설득하는 작업을 꾸준하게 벌여 왔다.

특히 SCO와 EEU는 그동안 중앙아시아에 대한 주도권을 차지하기 위해 경쟁해왔다. 중앙아시아가 석유와 천연가스 등 자원의 보고(寶庫)인 데다 지정학적으로 전략요충지이기 때문이다. 중앙아시아는 '21세기 제2 중동'이란 말을 들을 정도로 풍부한 에너지자원을 보유하고 있다. 특히 카자흐스탄, 우즈베키스탄, 투르크메니스탄에는 석유와 천연가스, 우라늄이 집중 매장돼 있다. 또한 유라시아대륙 한복판에 있는 중앙아시아는 교통 요충지다. 동쪽으로 중국, 서쪽으로 유럽, 남쪽으로 이란과 인도, 북쪽으로 러시아를 잇는 중심지에 위치하고 있다. 고대 통상교역로인 실크로드가 있었던 것도 이 때문이다.

중국은 중앙아시아와 서남아시아 지역에 대규모 인프라를 구축하고 유럽 동부 지역과 연결해 옛 실크로드를 부활한다는 계획이다. 중국은 지난해 5월 러시아의 뒷마당이라고 불리는 벨라루스와의 정상회담에서 실크로드 구축에 적극 협력하기로 합의하기도 했다. 반면 러시아는 유럽 동부와 중앙아시아를 묶고 서남아시아까지 진출한다는 계획을 추진해왔다. 실제로 EEU는 지난해 6월 인도와 자유무역협정(FTA) 추진에 합의한 바 있다. 양국의 경쟁 때문에 중앙아시아 국가들은 어느 한쪽으로 치우친 적이 없다. 하지만 중앙아시아 국가들은 대부분 경제대국이 된 중국과의 협력 강화를 선호해왔다.

이런 사실을 잘 알고 있는 중국은 러시아와의 관계를 사실상 동맹 수준까지 높이면서 SCO와 EEU 간의 통합을 적극적으로 모색해왔다. 시진핑 주석은 지난해 7월 SCO 정상회의에서 "SCO와 EEU를 통합해 실크로드 경제벨트의 기본 발판으로 삼자"고 제안했다. 푸틴 대통령도 중앙아시아에서의 영향력 확보와 미국을 견제하기 위해 시 주석의 제안을 원칙적으로 수용했다. 중앙아시아에서 중국의 확장에 대해 경계해왔던 푸틴 대통령이 아예 힘을 합치기로 마음을 바꾼 것은 우크라이나 사태에 따른 서방의 제재로 경제적으로 더욱 중국에 의존할 수밖에 없게 됐기 때문이다.

SCO와 EEU 간의 통합은 중국과 러시아 모두에 윈-윈(win-win)이 될 가능성이 높다. 러시아는 무엇보다 노후화된 인프라 개발을 위해 중국으로부터 대규모 자금을 지원받을 수 있다. 대표적 사례가 러시아 최초로 건설되는 모스크바~카잔 구간 고속철도 사업이다. 중국은 총 연장 770㎞에 달하는 이 고속철도 사업에 59억 달러(3,000억 루블)를 투자하기로 했다. 이 고속철도가 건설되면 모스크바~카잔 구간 소요 시간은 현재 11시간30분에서 최대 3시간30분으로 단축된다. 이 고속철도는 앞으로 베이징까지 노선이 연장될 것으로 보인다. 러시아는 중국에 석유와 천연가스를 안정적으로 수출할 수 있다. 중국은 정치적 위험성 없이 유럽까지 진출할 수 있는 운송로를 확보할 수 있다. 게다가 러시아는 안보까지 보장한다. 중국은 또 러시아와 중앙아시아의 에너지를 손쉽게 확보할 수 있게 된다. EEU는 전 세계 천연가스 매장량의 20%, 석유 매장량의 15%를 보유하고 있다.

특히 중국과 러시아는 SCO와 EEU 간의 통합을 통해 미국 달러화를 배제한 위안·루블화 경제권을 구축할 수 있을 것으로 보인다. 피터 쾨니히 전 세계은행 이코노미스트는 "SCO와 EEU가 통합할 경우 미국 달러화가 배제된 경제협력체가 출범하는 셈이 될 것"이라고 의미를 부여했다. 양국은 이미

무역 거래에서 상당한 액수를 위안화와 루블화로만 결제하고 있다. 중국 인민은행과 러시아 중앙은행은 2014년 10월 위안화로는 1,500억 위안(28조원), 루블화로는 8,150억 루블 규모의 통화스와프를 체결한 바 있다. 양국은 그동안 달러화가 미국이 경제 패권을 유지하는 기둥이라면서 달러화 체제를 깨뜨리기 위해 노력해왔다. 푸틴 대통령은 기회 있을 때마다 "에너지시장에서 달러화의 독재를 좌시하지 않을 것"이라며 중국 위안화와 루블화 거래를 늘릴 것이라고 말해왔다. 달러화 결제 배제는 석유 거래에서 특별한 중요성을 갖는다. 전통적으로 석유대금 결제에는 달러화가 독점적으로 사용돼왔다. 유라시아대륙 경제공동체가 미국 달러화를 배제하고 중국 위안화와 러시아 루블화를 공용화폐로 정한다면 말 그대로 새로운 경제협력체가 탄생하게 되는 것이다.

중국이 투자하는 모스크바~카잔 고속철

또 하나 중요한 점은 중국과 러시아가 미국과 일본의 해양경제 체제에 맞서 대륙경제 체제를 구축하게 된다는 것이다. 중국은 미국과 일본이 주도해온 TPP 협상이 타결되자 상당히 민감한 반응을 보여왔다. TPP는 무역장벽 및 관세 철폐뿐만 아니라 서비스, 투자환경, 지적재산권, 국영기업, 정부조달까지 포괄적 시장접근과 개방을 최종 목표로 하는 다자간 자유무역협정(FTA)이다. 참여국들은 미국을 비롯해 캐나다, 일본, 호주, 뉴질랜드, 싱가포르, 베트남, 브루나이, 말레이시아, 멕시코, 칠레, 페루 등 12개국이다. 12개 참가국의 전체 인구는 7억9,900만 명, 국내총생산(GDP)은 27조5,000억 달러로 전 세계 GDP 비중의 38.2%를 차지하고 있다. 교역 규모도 10조 달러로 전 세계의 25.7%에 달한다. 단일 자유무역지대로는 사상 최대이다. TPP는 세계 1위 경제대국인 미국과 세계 3위인 일본 간의 FTA라고 해도 과언은 아니다.

특히 미국은 TPP를 통해 세계 경제의 원동력인 아·태 지역에 거대한 경제공동체를 탄생시킬 계획이다. 미국의 의도는 아·태 지역 국가들에 대한 영향력을 강화하고 중국을 견제하면서 경제 패권을 유지하려는 것이다.

TPP 12개 회원국들은 지난 2월 4일 뉴질랜드 수도 오클랜드에 모여 서명식을 갖고 협정문에 공식 서명했다. 버락 오바마 미국 대통령은 "TPP가 없으면 미국과 가치관을 공유하지 않는 중국 같은 경쟁자가 세계 경제의 규칙을 만들어갈 것"이라면서 "미국은 앞으로 TPP를 통해 세계 경제의 규칙을 만들고, 21세기를 선도할 것"이라고 중국 견제 의도를 분명하게 밝히기도 했다. 이에 대해 중국 공산당 기관지 인민일보 자매지 환구시보(環球時報)는 'TPP가 미국의 대중 압박카드가 될 수 없다'라는 제목의 사설(2월 5일자)을 통해 미국의 의도를 강력하게 비판했다. 중국은 TPP에 대항하기 위해 역내포괄적 경제동반자협정(RCEP·Regional Comprehensive Economic Partnership treaty)을 적극 추진해왔지만 상당한 한계를 느껴왔다. RCEP 협상에는 한국·일본·호주·뉴질랜드·인도·아세안 10개국 등 모두 16개국이 참가하고 있는데, 이들은 대부분 미국과 밀접한 경제관계를 맺어왔기 때문이다. 중국은 미국의 영향력이 배제된 국가들과 경제 협력체를 구성하는 것이 미국을 견제하는 데 가장 좋은 수단이라고 생각해왔다. 이에 따라 중국은 러시아와 손을 잡고 전 세계 인구의 절반, GDP의 33%를 차지하는 유라시아대륙 경제공동체를 추진하게 된 것이다. 중국과 러시아는 오는 7월 열리는 SCO 정상회의에서 SCO와 EEU 간의 통합 원칙을 밝힐 것으로 보인다. 유라시아대륙 경제공동체가 결성된다면 세계 경제 패권을 놓고 이른바 환태평양 경제공동체와 치열한 각축전이 벌어질 것이 분명하다. 바야흐로 해상과 대륙 경제 체제의 대결이 시작되는 셈이다.

주간조선(2016.3.21)

key point
CASE STUDY

높아져가는 '비관세장벽'…막혀가는 '농산물 수출길'

주요 무역상대국, 통관절차·위생검역 강화 추세
작년 중국 30건 최다…범정부대응 등 전략 필요

경기 A농협은 지난해 인도네시아에 배를 수출하려다 포기했다. 물류비가 다른 동남아 국가로 수출할 때보다 2배나 더 드는 것으로 조사됐기 때문이다. 인도네시아 정부는 자국 농산물 보호 차원에서 2012년 9월부터 원예농산물 수입 항구를 8곳에서 3곳으로 줄였다. 이 조치로 한국산 농산물은 교민 대부분이 거주하는 자카르타 인근의 딴중프리옥 항구를 이용하지 못하고 667㎞ 떨어진 수라바야 항구에서 하역된다. 전보다 운송기간이 2일가량 늘어나고, 냉장운송비 부담이 가중되면서 배·사과·감귤·버섯류 같은 신선농산물 수출이 차질을 빚고 있다. aT(한국농수산식품유통공사) 관계자는 "인도네시아의 검역과정이 샘플 검사에서 모든 컨테이너를 조사하는 방식으로 바뀌는 등 최근 들어 수입장벽이 높아졌다"며 "우리 농림축산검역본부가 인도네시아 정부와 검역 절차를 단축하는 국가인정협정(CRA) 협상을 진행하고 있지만 답보상태에 있다"고 말했다.

최근 자유무역협정(FTA)이 활발해지면서 주요 무역상대국의 농산물 관세가 낮아지는 데 반해 비관세장벽(NTB)은 점점 높아지는 추세다. 농업과 식품산업을 보호하려고 세계 각국이 통관 절차를 깐깐하게 진행하거나 동식물 위생·검역조치(SPS)를 강화하는 방법으로 보이지 않은 장벽을 높게 쌓기 때문으로 분석된다.

산업통상자원부의 '무역장벽 보고서'에 수록된 주요 무역상대국의 비관세장벽은 2013년 101건, 2014년 113건, 2015년 141건으로 매년 증가 추세다. 주로 먹거리와 관련돼 있다. 동식물·환경 보호를 이유로 수입을 제한하거나, 통관·운송·유통

주요 무역상대국의 비관세장벽

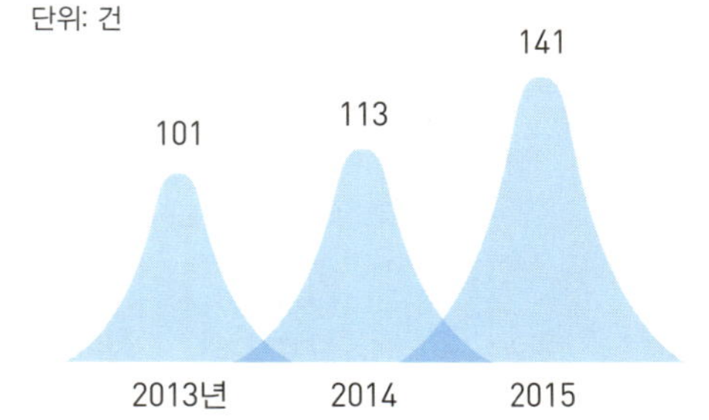

자료: 산업통상자원부

절차를 까다롭게 하는 식이다. 국가별로는 중국이 2015년 30건으로 가장 많고, 베트남이 2014년 12건에서 지난해 18건으로 가장 높은 증가세를 보였다. 산업부는 보고서에서 "중국의 인삼제품 통관 심사와 허가 절차가 복잡해 우리 기업의 수출 성공 사례가 거의 없다"며 "잦은 라벨링(포장재 표시) 기준 변경에 따른 우리 기업의 피해도 상당하다"고 밝혔다.

세계무역기구(WTO) 회원들이 통보한 기술장벽(TBT) 역시 1995년 365건에서 매년 빠르게 늘면서 2014년에는 2,239건으로 WTO 창설 이래 최고치를 기록했다. TBT는 라벨링·인증제 변경, 규제 신설·강화와 같은 조치를 말한다. TBT 통보 건수가 늘었다는 것은 그만큼 보호무역주의가 확산되고 있음을 의미한다.

최근의 기술장벽 흐름은 동남아시아 같은 신흥국과 농식품 비중이 커진다는 게 특징이다. FTA 확대에도 불구하고 지난해 우리나라 농림축산식품 수출실적(61억730만 달러)이 1년 전(61억8,640만 달러)

보다 오히려 감소한 이유 중 하나도 이런 추세에 대응하지 못했기 때문이란 지적이 나온다. 김경필 한국농촌경제연구원 연구위원은 "전 세계적인 비관세장벽 강화 추세는 앞으로 우리나라 농식품 수출의 주요 장애요인으로 작용할 것"이라며 "해외공관의 정보수집 기능을 강화해 관련 기관이 공유하고, 범부처 대응이 필요한 과제는 민관협의를 통해 대응책을 모색한 뒤 국제회의에서 우선 의제로 반영될 수 있도록 치밀한 전략을 짜야 한다"고 강조했다.

농민신문(2016.2.22)

American Girl Place
GIFTS

Part Ⅱ

글로벌 경영전략의 수립과 실행

글로벌경영론

제 4 장

글로벌 경영전략의 수립

introduction

CASE STUDY

일본 미즈노와 아식스의 승패를 가른 경영전략

스포츠용품 메이커 미즈노, 아식스의 승패를 가른 경영전략
글로벌 시장 환경 변화의 대응 속도가 회사 생존의 승부수

미즈노(MIZUNO)는 1906년 창업한 일본 대표 스포츠용품 메이커이다. 야구와 골프 용품을 핵심으로 사업을 키워왔다. 하지만 미즈노는 10여 년 전 경쟁사인 아식스(ASICS)에 업계 1위 자리를 내준 뒤 갈수록 격차가 벌어지고 있다. 아식스의 매출은 4,000억 엔을 돌파했다. 반면 미즈노는 절반인 2,000억 엔 수준. 주식 시가총액에서도 미즈노는 업계 3위인 데상트의 50%에 불과한 상태다. 무엇이 아식스와 미즈노의 승패를 갈랐을까.

일본 경제주간지 동양경제(4월16일자)가 분석한 미즈노 부진의 원인은 두 가지이다. 첫째, 야구와 골프 등 특정 경기용품에 과도하게 의존했다는 점이다. 저출산 고령화 영향으로 일본에서 스포츠 인구는 감소 추세다. 일본생산성본부에 따르면 야구 참가자는 2005년 1,250만 명에서 최근 10년 새 680만 명으로 줄었다. 인기가 떨어지고 있는 골프 인구도 같은 기간 3분의 2 수준으로 감소했다.

일본 국내 야구, 골프 용품 시장은 답보 상태다. 경쟁사인 아식스는 시장환경 변화에 발빠르게 대처하고 있다. 아식스는 2001년 골프사업에서 철수했다. 대신 경영자원을 육상(런닝) 관련 사업에 쏟아붓고 있다. 세계 각지에서 개최되는 마라톤대회에 적극 후원해 세계 시민들에게 브랜드 이미지를 각인시켰다.

반면 미즈노는 일본 대표 선수들로부터 높은 신뢰를 얻고 있다. 일반인이나 보통 선수 대상의 시장용품을 등한시해온 이유다. 이 회사의 고위 간부는 "지금까지 유명 선수나 팀과의 계약을 중시해 사내에서 다른 논의가 금기시되는 분위기"라고 털어놨다.

미즈노 임직원들의 이런 정서가 해외사업 진출도 지연시키는 원인이 됐다. 미즈노의 해외 매출 비중은 37%에 불과하다. 아식스의 76%는 물론 데상트(53%)에도 훨씬 못 미친다. 미즈노는 최근 반격에 나섰다. 올 2월 캐주얼 슈즈 브랜드 '미즈노 스포츠 스타일', 3월엔 'M-line' 신상품을 출시해 대중용품 시장 공략에 나섰다. 경기용품에 편중된 기존 마케팅 전략에서 전환해 일반인들을 대상으로 판촉 활동을 강화하고 있다.

하지만 스포츠 스타일의 판매점(3월 말 기준)은 직영점을 포함해 50개에 그치고 있다. 인지도도 아직 낮은 편이다. 미즈노의 기획실 관계자는 "사업 포트폴리오를 바꿀 시기가 됐다"며 "투자 전략도 새로 짜야한다"고 밝혔다.

올해로 창업 110주년을 맞은 미즈노가 다시 부활해 스포츠용품 업계 정상에 오를 수 있을까. 변화하는 시장환경에 대한 대응 속도가 업체들의 승패를 가르고 있다.

한국경제(2016.4.27)

제 1 절 글로벌 경영전략의 개념과 내용

1. 글로벌 경영전략의 개념

대부분의 글로벌기업은 그들의 목표를 달성하기 위하여 시간, 자금, 인력, 정보 등 희소한 경영자원을 최적의 상태로 배분해야 하는 의사결정에 직면하고 있다. 글로벌 경영전략(Global Management Strategy)은 이와 같은 상황하에서 글로벌기업에게 경쟁우위를 가져다주는 방법에 대해 체계적으로 분석하는 구체적 사고방법이며 희소한 경영자원을 배분하여 기업에게 경쟁우위를 창출하고 유지시켜 줄 수 있는 주요한 의사결정이다. 따라서 글로벌 경영전략은 다음과 같은 특성을 갖는다.

① 글로벌 경영전략은 경영환경조건의 변화에 따라 영향을 받는다.
② 글로벌 경영전략은 기업의 목표달성을 위한 다양한 방법의 집합이다.
③ 글로벌 경영전략은 기업의 미래 발전방향을 제시하여 준다.
④ 글로벌 경영전략의 목표는 시장에서 인식되는 시장경쟁력 또는 상대적 경쟁력을 활용함으로써 달성될 수 있는 잠재적 경영성과를 구체화하는 것이다.

글로벌 경영전략이란 경영자의 기업가적인 활동 및 조직체의 혁신(innovation)과 성장(growth)을 다루는 것으로서, 보다 구체적으로는 기업의 다양한 경영활동을 이끄는 전략의 개발과 실행에 관련된 과정(process)으로 정의될 수 있다.

글로벌기업의 성공적인 경영을 위해서는 전략적 경영이 필요한데, 전략이란 기업의 목표를 달성하기 위해 경영자들이 행하는 수단으로 기업과 환경과의 관계에서 경영자원의 최적배분을 의미하며, 최적배분을 통하여 기업의 경쟁우위를 얻기 위한 바탕이 된다. 대부분의 기업에서 최우선의 목표는 소유주와 주주를 위해, 기업의 가치를 극대화하는 것이다. 기업의 가치를 극대화하기 위해선 기업의 수익성과 수익성장률을 증가시켜야 한다.[1] 일반적으로 더 높은 수익성과 더 높은 수익성장률은 기업의 가치를 높이고 이를 통해 소유주와 주주들에게 더 큰 수익을 안겨준다.[2]

글로벌경영의 경쟁우위 창출에서 전략의 역할은 무엇인가? 효과적인 글로벌 전략은 다수의 국가에서 동일하게 생산하고 판매할 수 있는 표준화된 제품을 개발하는 것에서 시작한다는 주장이 있다.[3]

기업을 성공적으로 경영하는 원리나 전략은 대기업이나 중소기업이 기본적으로 차이가 없다. 그러나 일반적으로 중소기업은 대기업에 비하여 자금, 인력, 정보 등 제반 경영자원이 열세에 있는 반면 경영자의 능력에 따라 기동성, 창의성, 유연성을 발휘하여 변화에 신속히 대처할 수 있는 장점을 가지고 있다. 이러한 장점을 살려 중소기업이 성공적으로 발전하기 위한 전략은 원가우위전략, 다양한 소비자욕구충족에 신속히 대처할 수 있는 차별화전략, 기술에 의한 경쟁우위 전략, 전문화전략, 틈새시장 공략을 통한 고도화전략, 국제화전략, 정보화전략 등이 있다.[4]

특히 중소기업이 글로벌경영을 전략적으로 추진하면 급변하는 글로벌 환경 가운데서도 글로벌 경영전략이 있다면 모든 구성원이 미래의 비전과 목표달성을 위해 지금 해야 할 일이 무엇인지를 명확하게 알 수 있고, 경영자에서 일선 직원에 이르기까지 기업의 모든 구성원이 글로벌 경영전략이 지니는 의미를 충분히 이해하고 달성해야 할 경영목표를 공유하게 됨으로써 공통의 지향목표를 갖게 되고, 글로벌 경영전략을 갖고 있다면 지금 무엇을 해야 할 것인가를 확실히 알 수 있으며, 따라서 필요하고 유용한 정보를 수집, 활용할 수 있게 되는 이점을 얻을 수 있다.

---

1 박철순 외(역), 「글로벌시대의 국제경영」, McGraw Hill Korea, p.421.

2 Y. Copeland, T. Koller and J. Murrin, *Valuation: Measuring and Managing the Value of Companies*, New York: John Wiley & Sons, 2000.

3 T. Levitt, "The Globalization of Markets," *Harvard Business Review*, 61, May-June, 1983, pp.92~102.

4 김이태, 「창업경영전략」, 오케이프레스, 2002, pp.365~366.

2. 글로벌 경영전략의 중요성

오늘날 글로벌기업은 국제화, 지식·정보화, 기술혁명이라는 환경 아래에서 경영활동이 이루어지고 있어서 과거 답습적이거나 또는 단기적이고 즉흥적인 경영으로는 생존해 나갈 수 없다. 왜냐하면 이러한 환경하에서는 사전에 변화의 추세와 그 구조를 통찰하고 슬기롭게 대응할 수 있는 중·장기적인 글로벌 경영전략을 중심으로 활동을 전개해 나가는 체계를 확립해 나가지 않으면 안되기 때문이다.

이에 글로벌기업들은 중장기의 글로벌 경영전략계획을 마련하여 급변하는 환경 속에서 비전과 목표달성을 위해 기업 내부의 강점과 약점, 그리고 외부환경의 기회와 위협요인을 인식하고 그에 따른 적절한 글로벌 경영전략 및 행동방향을 명백히 하여야만 성장 발전할 수 있다.

따라서 요즈음과 같이 기업의 글로벌 경영환경이 광범위하고도 급속하게 변화할수록 글로벌경영을 전략적으로 추진하느냐의 여부가 곧 글로벌기업의 흥망성쇠와 직결되고 있다는 것이 공통된 주장이다.[5]

3. 글로벌 경영전략의 구성요소

글로벌 경영전략의 개념을 보다 명확히 하기 위해서는 글로벌 경영전략의 구성요소가 무엇인지 인식하는 것이 필요하다. 전략의 구성요소는 학자들마다 상이하게 정의되지만, 비교적 잘 알려진 호퍼(Hofer)와 쉔델(Schendel)의 연구에 기초할 때 다음과 같이 구성된다.

① 영역(domain): 기업(조직)의 현재와 미래환경과의 상호관계에 있어서의 활동범위가 된다.

② 자원(resources): 기업의 목표달성에 필요한 제 자원의 전개수준과 패턴, 독자적 수행능력이다.

---

5 신용보증기금, 경영전략의 수립 및 추진방법, pp.5~6(www.consultop.co.kr).

③ 경쟁우위성(competition advantage): 기업이 자원전개 패턴이나 영역결정을 통해 경쟁자에 대하여 전개하는 독자적인 경쟁지위이다.

④ 시너지(synergy): 자원의 활용이나 영역결정에서 나타나는 상승효과이다.

이상의 요소는 글로벌 경영전략 개념을 전략적 경영의 관점에서 기업과 환경 간의 대응방식을 다루는 데 중요한 요소들이다. 글로벌 경영전략은 변화하는 경영환경에 대응 또는 적응하면서 기업의 미래지향적인 기대를 실현하기 위하여 기업이 갖고 있는 잠재력을 효과적 또는 합리적으로 활용하는 방법을 설명해 준다.

글로벌 경영전략을 올바르게 이해하기 위하여 글로벌 경영전략의 유형을 검토해 볼 필요가 있다. 글로벌 경영전략의 유형은 기업의 특성이나 관점에 따라서 여러 가지 방법으로 구분할 수 있다. 〈표 4-1〉에서와 같이 글로벌 경영전략은 기업의 기대상태와 목표의 구체적인 내용과 이들에 대한 기업의 적극적인 경영활동을 나타내는 중요한 기준요소 또는 대상을 기준으로 하여 분류하는 것이 일반적이다.[6]

표 4-1 글로벌 경영전략의 유형

분류 기준	전략 유형
조직차원	기업전략, 사업전략, 직능별 전략
경영전략	판매전략, 생산전략, R&D전략, 투자전략, 금융 및 재무전략, 인사전략
발전방향/자원활용	성장전략, 안정전략, 축소전략
시장활동	공격적 전략, 방어적 전략
제품/시장	시장침투전략, 시장개발전략, 제품개발전략, 다양화전략
경쟁력	원가우위전략, 차별화전략, 집중화전략

자료: 전외술 외, 「최신 글로벌경영론」, 대명, 2009, p.140.

6 김이태, 전게서, pp.366~367.

4. 글로벌 경영전략의 모델[7]

글로벌 경영전략의 모델 중에 도즈(Y. L. Doz), 바레트(C. Barlett) & 프라하라드(C. K. Prahalad)에 의해 제시된 통합적응 모형(integration-responsiveness framework)을 중심으로 살펴본다. 이 모형은 두 가지, 즉 글로벌 통합에 대한 압력과 현지적응에 대한 압력 등 두 가지 차원에 의해 이루어진다.[8] 〈그림 4-1〉에서 보듯이 통합 적응 모형을 통해 경영관리자는 글로벌 통합과 현지 적응 사이의 상충관계에 대해서 보다 더 잘 이해할 수 있다.

글로벌 통합은 기업이 국가간 유사성을 최대한 활용할 목적으로 전 세계적인 효율성, 시너지 및 교차활용을 확보하기 위해서 여러 국가에 있는 자신의 가치사슬 활동들을 조정하는 것을 말하는 반면에 현지적응은 개별 국가 구매자의 특정 니즈에 부합하는 것을 말한다. 가령, 현지적응적인 기업들의 경우 경영관리자는 각 시장의 독특한 조건에 맞게 기업의 경영방식을 적용시켜야 한다. 이 기업들은 고객 니즈, 경영환경, 현지 유통구조 등에 적응해야 한다.

통합 적응 모형으로부터 네 가지 글로벌 기업전략을 도출할 수 있다. 〈그림 4-2〉에서 보여주듯이, 네 가지 전략, 즉 본국복제형 전략, 국가별 전략, 글로벌 전략, 초국적 전략 등이 있다. 글로벌 기업은 이 네 가지 전략 중 하나 또는 조합을 추구한다. 일반적으로 국가별 산업의 경우 본국복제형 전략과 국가별 전략이 유리하고, 글로벌 산업의 경우 글로벌 전략 및 초국적 전략이 유리하다.

본국복제형 전략은 글로벌 통합에 대한 압력이 적고, 현지적응에 대한 압력이 적은 상황에서 사용할 수 있는 전략으로 수출전략 또는 국제전략이라고도 하는데, 기업이 국제사업을 국내 사업에 대한 부차적인 것으로 보는 경우를 말한다. 보통 보편적인 욕구를 충족시킬 수 있는 제품을 판매하지만 뚜렷한 경쟁업체도 없고, 따라서 글로벌 전략을 추구하는 기업과는 달리 비용절감에 대한 압력에 부딪히지 않는다.

---

7 조영곤 외(역), 전게서, pp.317~322.

8 Y. L. Doz, C. Bartlett, & C. K. Prahalad, "Global Competitive pressures and Host Country Demands: Managing Tensions in MNCs," *California Management Review*, 23, 1982, pp.63~74.

그림 4-1 통합 적응 모형: 국제화 기업에 상충하는 압력

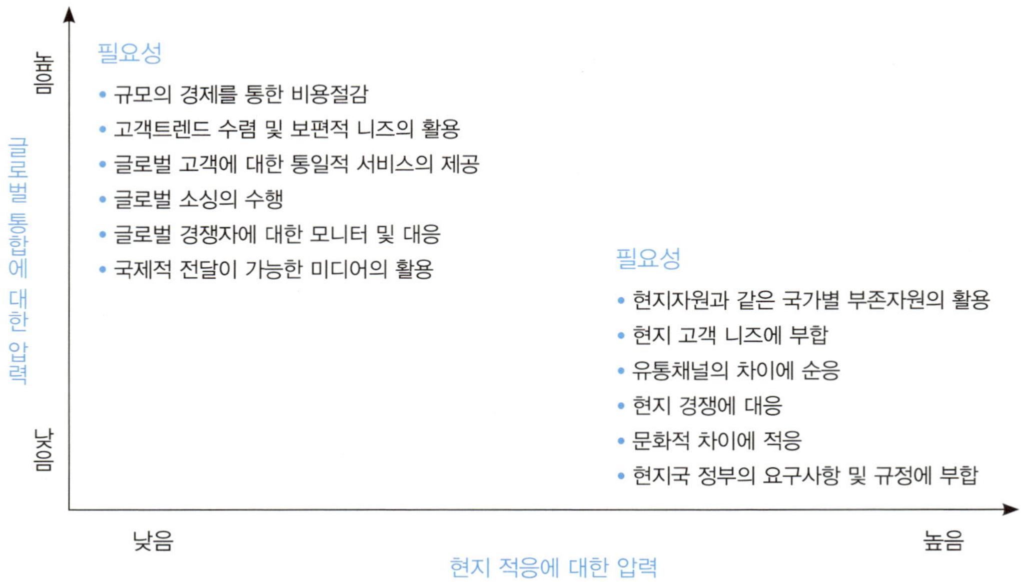

국제적 전략을 추구하는 기업들은 유사한 발달 패턴을 따라 해외시장으로 확장해 나가는 경향이 있다. 이들은 연구개발과 같은 제품 개발 기능은 본국에 집중시키는 반면에 제조와 마케팅 기능은 사업을 영위하는 시장 및 지역에 배치한다. 이러한 과정에서 동일한 기능 부문이 몇 개의 국가에 설립되는 중복이 발생해 비용이 상승할 수도 있지만 이는 비용절감의 압력이 특별히 강하지 않는 한 큰 문제가 되지 않는다.[9]

두 번째 전략적 접근인 국가별 전략은 현지 적응에 대한 압력은 강하고, 글로벌 통합에 대한 압력이 약한 경우의 전략으로서 국가별 적응전략이라고도 하는데, 이 경우 글로벌기업은 각 국가 경영관리자에게 상당한 자율성을 위임하고 그들이 독립적으로 운영하며 현지 적응을 추구하도록 한다. 이 전략의 경우 경영관리자는 각국 시장별 차이를 인정하고 강조한다.

이 전략은 해외 자회사가 공장을 갖고 있는 경우 현지에서 생산된 상품 및

9 박철순 외(역), 전게서, p.447.

그림 4-2 통합 적응 모형의 네 가지 글로벌 기업전략

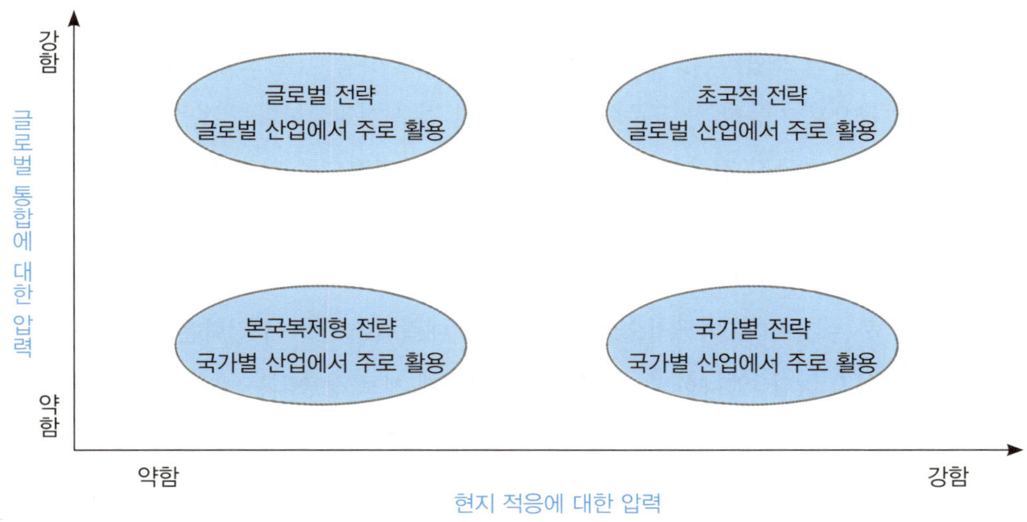

제품은 현지 시장에 보다 잘 적응할 수 있다는 장점이 있는 반면에 다른 어떤 전략보다도 더 비효율적인 제조, 중복적인 운영, 높은 국제 사업비용이 발생할 단점도 가지고 있다.[10]

세 번째 전략은 이러한 단점들로 인해 경영진은 국가별 전략을 포기하고 현지 적응에 대한 압력은 약하고, 글로벌 통합에 대한 압력이 강한 글로벌 전략을 선택할 수 있다. 이 전략을 통해 경영진은 전 세계적인 기회에 대응할 수 있는 보다 강화된 역량을 확보하게 되며, 국가간 학습 및 기업의 지식기반에 대한 모든 자회사간 상호활용 기회가 증대되며, 운영비의 절감을 가져올 수 있는 규모의 경제를 실현할 수 되는 장점이 있는 반면에 경영진이 널리 퍼져 있는 다수의 국제 사업활동을 면밀히 조정하는 것이 쉽지 않고, 극단적인 경우 현지 시장에서 적응 및 유연성 상실을 초래할 수 있는 단점도 있다.

마지막 대안은 현지 적응에 대한 압력은 강하고, 글로벌 통합에 대한 압력

10 C. A. Bartlett & S. Ghoshal, *Transnational Management: Text, Cases, and Readings in Cross-Border Management*, 3rd ed., Boston, MA: Irwin/McGraw-Hill, 2000.

이 강한 초국적 전략으로 국제화에 대한 조정된 접근으로 기업은 현지 필요에 보다 적응하되, 효율성과 학습을 위해서 해외사업에 대한 충분한 중앙통제를 확보하는 것을 의미한다. 초국적 전략은 국가별 전략과 글로벌 전략의 핵심 장점들을 조합하되, 단점들은 최소화하는 것이다.[11] 즉 초국적 전략은 유연한 접근으로 가능한 한 표준화하되, 필요한 경우 현지화한다는 것을 의미한다.

초국적 전략을 추가하는 기업들은 본질적으로 입지우위, 규모의 경제, 학습효과를 통한 비용절감과 지리적 시장 구분에 따라 제품을 조정하는 현지화 전략, 기업의 전 세계적 네트워크를 통한 기술 및 역량의 이동을 동시에 추구하는 것이다. 이론적으로는 너무나도 매력적이지만 이 전략은 막상 실행하기가 쉽지 않다. 왜냐하면 이 전략은 기업에게 서로 상충되는 요구를 동시에 하고 있기 때문이다. 시장의 현지 요구에 대응하여 제품을 차별화하는 것은 비용을 증가시키기 때문에 비용절감 목표와 상충된다.

국제적 전략의 가장 큰 단점은 시간이 흐름에 따라 언제가는 경쟁자가 나타나게 된다는 점이다. 만약 기업의 비용구조를 개선시키지 않는다면 결국 효율적인 경쟁자에 의해 추월당할 것이다. Xerox가 대표적인 예인데, Cannon과 같은 일본기업들은 Xerox의 특허 기술과 유사한 독자적인 기술을 개발해냈고, 또한 효율적인 제조공장에서 제품을 생산했다. 이를 통해 Xerox의 실패는 궁극적으로 발생할 수밖에 없었던 경쟁자의 출현 때문이 아니라 경쟁업체가 등장하기 전에 미리 선발적으로 비용구조를 개선시키려는 노력이 없었기 때문이다. 이 이야기는 국제적 전략이 오랜 시간을 놓고 보았을 때 좋은 전략이 아닐 수도 있고, 기업이 살아남기 위해서는 글로벌 전략 또는 초국적 전략을 경쟁업체들이 등장하기 전에 취해야 한다는 점을 시사한다(〈그림 4-3〉 참조).

이는 현지화 전략도 마찬가지여서, 현지화는 기업에게 경쟁우위를 제공할지도 모르지만 만약 경쟁이 심화된다면 비용도 절감해야 하는 상황에 처하게 될 수도 있다. 이러한 딜레마를 해결하는 유일한 방법은 초국적 전략으로 전환하는 것이다. P&G가 바로 이런 방법을 택했다.[12]

---

11 C. A. Bartlett et al., 상게서, 2000.

12 박철순 외(역), 전게서, pp.446~448.

그림 4-3 시간에 따른 전략의 변화

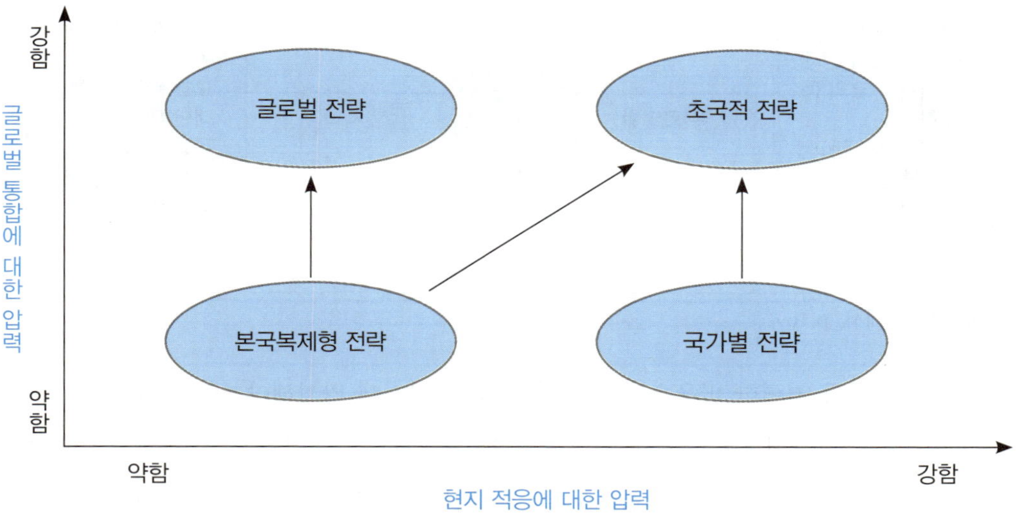

자료: 박철순 외(역), 전게서, p.448.(재인용)

5. 글로벌 경영전략의 기본과제

(1) 글로벌화와 현지화 간에 있어 조화의 필요성[13]

전 세계시장을 경영활동 무대로 경쟁하고 있는 글로벌기업들은 글로벌화에 대한 압력과 현지화에 대한 압력 사이에서 많은 갈등이 존재한다. 즉 글로벌 기업들은 한편으로는 비용 측면에서의 경쟁우위를 지니기 위해 한 지역에 연구와 생산에 있어서 시설을 집중하고 규모의 경제를 이용한 대량생산을 통해 저렴한 비용으로 전 세계시장에 수출하는 방식의 경영전략을 추구할 필요성을 느낀다. 또한 전 세계 소비자들의 수요가 점차 동질화되어 감에 따라 표준화된 제품의 생산을 통한 규모의 경제를 활용할 필요성을 느낀다. 이외에도 무역장벽의 붕괴와 인터넷을 통한 정보혁명 등으로 글로벌경쟁력 확보를 위해 세계에서

13 장세진, 「글로벌경영」, 2011, pp.168~169.

그림 4-4 글로벌화와 현지화의 상반된 압력

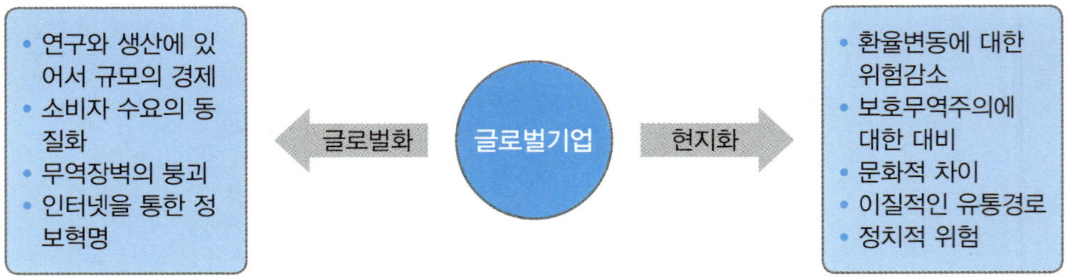

자료: 장세진, 전게서, p.169.

가장 저렴한 비용으로 생산할 수 있는 입지에 위치해야 하는 필요성을 느낀다.

한편으로 글로벌기업들은 각국의 서로 다른 지역적·문화적 특성에 맞추어 차별화된 제품을 생산해야 할 상반된 필요성도 느낀다. 이는 환율변동에 대한 위험감소, 보호무역주의에 대한 대비, 각국 간 문화의 차이, 이질적인 유통경로, 정치적인 위험 등으로 생산시설을 한 지역에 집중하게 되면 적극적인 글로벌 경영전략의 실행에 장애로 존재하기 때문에 생산기지를 전 세계에 분산시킴으로써 여러 가지 위험에 대비할 필요성을 느끼기 때문이다.

이처럼 전 세계시장을 상대로 경쟁하고 있는 글로벌기업들은 언제나 글로벌화와 동시에 현지화를 달성해야 하는 상반된 목표가 존재한다. 이를 프라하라드(C. K. Prahalad)와 도즈(Y. Doz)는 글로벌기업이 직면하고 있는 근본적인 갈등이라고 표현하고 있다.[14] 하지만 글로벌기업의 입장에서는 글로벌화와 현지화라는 서로 상반되는 압력을 적절한 조화를 통해 해결하지 않고서는 제대로 된 글로벌 경영전략을 수립하기 어려운 것이 현실이다.

장기적으로 볼 때 글로벌기업들은 현지화된 의사결정 일부 요소들을 포함시키는 것이 필요하다고 생각하고 있는데, 이는 개별국가가 독특한 특징을 갖고 있기 때문이다. 예를 들어 일본에서는 영어 자판이 있는 컴퓨터를 사는 사람은 거의 없다. 따라서 Dell은 대부분의 글로벌 전략을 일본에서도 적용하고 있지만 국가별 전략의 요소도 도입해야 했다. 그리고 네슬레 역시 스위스 시장에

14 C. K. Prahalad & Y. Doz, *Multinational Mission*, Free Press, 1987.

서 출발하여 5개월 만에 모든 유럽국가에 진출할 만큼 글로벌화와 현지화를 동시에 추진해 온 것이 경쟁력의 비결이라고 한다.[15]

(2) 글로벌 경영전략의 주요 고려사항

일반적으로 글로벌기업들은 여러 가지 주요한 사항들을 충분히 고려하여 글로벌 경영전략을 수립해야 한다. 글로벌기업들이 고려해야 할 중요한 사항은 다음과 같다.

핵심역량의 해외이전 가능성문제

글로벌 경영전략을 수행하려는 글로벌기업들은 자사가 무슨 경영자원을 보유하고 있는가와 또한 자사가 가진 경영자원이 과연 국제적으로 이전가능한가, 즉 자사가 보유한 경영자원을 해외시장에서 활용할 수 있는가에 대해서 고려해야 한다. 만약 어느 기업이 본사국 내에서는 품질과 가격면에서 경쟁우위가 있지만 전 세계적인 경쟁자와 비교하였을 때 그 우위가 크지 않다면 당해 기업은 글로벌 시장에 진출하여 성공할 기회가 적을 것이다.

이처럼 글로벌기업들이 경쟁기업에 비해 훨씬 우월한 능력, 즉 경쟁우위를 창출하는 기업의 능력을 핵심역량(core competence)이라 한다. 이와 같은 핵심역량은 기업이 보유하고 있는 경영자원 중 경쟁자가 쉽게 모방할 수 없는 기업특유의 능력을 의미한다. 즉 기업들은 각자 서로 다른 핵심역량을 갖고 있으며 이러한 핵심역량은 글로벌기업의 경쟁우위의 근본적인 원천이 된다. 또한 핵심역량은 글로벌기업들이 전 세계적인 경쟁자에 비해 비용상에서의 경쟁우위를 갖는 원인이 되기도 하며, 차별화우위를 통해 가격프리미엄을 얻을 수 있는 원천이기도 하다. 이에 글로벌기업들은 자사가 보유하고 있는 경영자원 중 핵심역량이 무엇이며, 과연 보유한 경영자원이 국제적으로도 이전가능하여 경쟁우위를 지속할 수 있는지를 철저하게 검토하여야 한다.

예를 들어, Toyota는 잘 디자인된 고급차를 세계 어느 기업보다 낮은 가격

---

15 한국일보, "글로벌, 현지화 동시 추진이 경쟁력의 비결"(2010.11.12).

에 생산할 수 있는 핵심역량을 가지고 있는데, Toyota의 이러한 역량은 주로 회사의 뛰어난 생산과 물류기능에서 기인한다.[16] McDonald는 패스트푸드 생산관리에서 세계 최고 수준의 핵심역량을 보유하고 있을 뿐만 아니라 핵심역량사업에 집중하기 위해 패스트푸드 관련 사업 다각화를 포기하기도 하였다.

기업활동의 세계적인 배치문제

글로벌기업의 경영전략 수립 시 생산시설의 배치문제가 매우 중요하다. 글로벌기업들은 기업의 다양한 활동을 한 국가 내에 집중시킬 수도, 또한 세계 여러 곳에 분산시킬 수도 있다. 하지만 글로벌경쟁력 차원에서 글로벌기업들은 경영전략수립 시 핵심역량적인 관점에서 각각의 생산활동을 어느 지역, 어느 국가에 배치할 것인가를 고려하여야 한다. 이와 같이 글로벌 경영전략의 수립에는 생산활동을 여러 단계로 구분하고 개별 생산활동을 전 세계적으로 수행할 수 있는 국가로 재배치하는 것이 필요하다.

세계적인 배치에 가장 중요한 판단기준을 제공하는 것이 핵심역량적인 관점이다. 즉 글로벌기업들은 자신이 핵심역량을 보유하고 있는 활동부분만 본국에 남겨두고 기타 활동부분은 세계 각국 중 그 활동부분을 가장 잘 수행할 수 있는 국가에 효과적으로 배치함으로써 최대한 효율성을 가질 수 있다. 예를 들어 LG전자나 삼성전자의 경우 노동집약적인 활동부분, 즉 냉장고생산에 있어 부품조립과 같은 노동집약적인 활동은 임금이 낮은 중국이나 태국과 같은 개발도상국에 위치하는 것이 효과적이며, 자본집약적이거나 연구개발 집약적인 활동분야에서는 미국, 일본, 유럽 등의 선진국에 위치하는 것이 더욱 효과적일 것이다. 이와 같이 핵심역량적인 관점은 글로벌기업들이 개별활동의 입지를 선정할 때 가장 중요한 고려요인이다.

일반적으로 가치사슬의 하류부문에 위치한 기능들(산출물류, 마케팅과 판매, 애프터서비스)일수록 고객과 관련성이 매우 높다. 따라서 이들은 지리적으로도 고객 가까이에 위치해 있어야 하고 현지 상황에 적응해야 하기 때문에 분산배치되는 것이 바람직하다. 반면에 가치사슬의 상류부문에 위치한 기능들(투입

---

16 M. E. Porter, *The Competitive Advantage of Nations*, New York: Free Press, 1990.

물류, 생산)은 고객과 무관하게 입지를 정할 수 있기 때문에 한 곳에 집중 배치하는 것이 바람직하다. 비슷한 맥락에서 생각해보면 경쟁우위의 원천이 가치사슬의 하류부문 활동에 있는 산업에서는 기업의 전략 역시 개별 국가별로 이루어져야 하며, 반대로 상류부문의 활동이 경쟁우위의 주요 원천인 산업의 경우에는 글로벌 전략이 타당할 것임을 알 수 있다.[17]

진입시장의 선택문제

전 세계에는 많은 국가들이 있지만 모두 동일한 시장 조건을 가지고 있지는 않다. 즉 해외로 진출하려는 글로벌기업들에게 같은 수준의 이익을 보장하지는 않는다. 따라서 진출하려는 시장에서 장기적인 수익성을 고려하려 면밀한 분석을 통해 진출시장을 선택해야 한다.

글로벌기업들은 글로벌 경영전략 수립시 기업활동의 배치와 관련하여 구체적인 진입시장의 선택이 매우 중요하다. 글로벌기업이 해외시장 진출을 고려할 때에는 먼저 자신의 핵심역량을 기준으로 보아 진출 후 해외자회사가 글로벌경쟁력을 가질 수 있는가 여부를 고려하여 진입시장을 선택해야 한다. 즉 시장의 크기, 소비자들의 구매력, 경제 성장률에 기반한 미래 소비자들의 부의 수준 등의 요소에 의해 선택할 수 있다. 중국, 인도 등과 같은 시장은 소비자 수에 있어 매우 큰 시장임에도 불구하고 해당 국가의 생활수준이나 경제성장에 대해서도 반드시 고려해야 한다.

2008년 리먼브러더스 쇼크 이후 신흥국의 세계경제 성장 기여율이 70%를 넘는 등 신흥국이 주도하는 세계경제의 성장 모습이 고착화된 느낌이다. 영국에서 시작된 산업혁명이 본격적으로 파급되기 이전인 1820년대만 하더라도 중국과 인도는 세계경제 규모의 절반 정도에 달했다. 그 후 급격히 비중이 하락했지만 이들 신흥국의 성장세는 산업혁명 이후 구미 주도의 세계경제 구도를 변화시키고 있다. 2012년 선진국 경제의 성장률은 1%대에 그치는 한편 신흥국은 5% 이상의 성장률을 기록, 세계경제에 대한 성장 기여율은 80% 정도가 될 것

17 김광수 외, 「국제경영」, 박영사, 2010, p.337.

으로 예상된다.[18] 이런 전제에서 중국이나 인도 등 상대적으로 가난하지만 성장 속도가 빠른 국가들은 매력적인 투자 시장이 될 수 있다. 하지만 세계경제는 2015년 선진국에 이은 신흥개도국의 성장둔화로 약 3.1%의 저조한 성장률을 기록했다. 상대적으로 높은 서장을 이어가던 신흥 개도국마저 2015년에 들어 눈에 띄게 경기가 하강함에 따라 침체의 골은 더욱 깊어졌다. 중국의 성장 둔화, 원유, 철광 등 원자재 가격의 하락으로 대변되는 세계경제의 침체는 2016년에는 보다 더 심화될 것으로 보인다.

전 세계시장을 무대로 경쟁하는 글로벌기업들에게 있어 기업활동을 일부 국가에 집중하는 경영전략은 바람직하지 못하다. 오히려 진출하고자 하는 시장의 중요도에 따라 전 세계적으로 골고루 퍼져서 기업활동의 균형을 이루는 것이 더욱 바람직하다. 즉 부품조달, 생산, 제품개발, 국제물류 등 글로벌 생산네트워크의 관리에 있어서 지리적 시장의 균형은 필요하다. 이와 같이 균형있게 시장에 참여하게 되면 전 세계시장에서 소비될 수 있는 글로벌제품의 개발이 가능하게 되고 또한 전 세계적인 마케팅 프로그램의 표준화가 가능할 수 있다.

이와 같은 문제를 고려하여 해외에 있는 각 시장에 진출을 검토할 때 글로벌기업들은 크게 두 가지 요소를 염두에 두어야 한다. 첫 번째로 글로벌기업은 현지시장의 전략적인 중요성을 평가해야 한다. 이는 그 기업이 추구하는 글로벌 경영전략의 성패에 중요한 영향을 미치는 시장을 의미한다. 글로벌 경영전략의 중요한 과제 중의 하나는 해당 기업이 보유하고 있는 제한된 경영자원을 어떻게 효율적으로 배분하여 글로벌 시장 전체에서 효율성을 증가시킬 것인가의 문제이기 때문에 일반적으로 전략적으로 중요성을 갖고 있는 시장은 다음과 같다.

① 시장규모가 크고 그 시장에서 이익을 얻을 수 있는 가능성이 높은 시장이다. 주요 시장에서 성공하면 그만큼 규모의 경제를 활용할 가능성이 높아지고 또한 신규시장진출을 위한 재원마련에도 크게 도움이 된다. 따라서 내수시장이 큰 미국, 일본, 중국 그리고 유럽시장에서 성공하는 것이 글로벌 경영전략을 추구하는 데 매우 중요하다.

---

18 한국경제매거진, "신흥국 시장의 양극화", 제844호(2012.2.8).

② 글로벌고객의 모국이 전략적으로 중요한 시장이 된다. 글로벌고객을 상대하는 기업은 전 세계적으로 사업활동을 하는 고객에게 효과적인 서비스를 제공하기 위해서 고객의 모국과 그 고객이 활동하는 주요 국가에 진출하고 있어야 한다.

③ 글로벌기업이 경쟁하고 있는 경쟁기업의 내수시장은 가장 중요한 전략적 시장이 된다. 글로벌기업에게 있어 경쟁기업을 가장 효과적으로 견제할 수 있는 방법은 그 경쟁기업의 가장 중요한 시장을 공략하는 것이다. 뿐만 아니라 경쟁기업의 내수시장 못지 않게 효과적으로 견제할 수 있는 방법은 글로벌경쟁기업이 주력하고 있는 시장에 진출하는 것이다.

④ 기술혁신이 많이 일어나는 시장은 전략적으로 중요한 시장의 역할을 한다. 즉 기술혁신이 많이 발생하는 지역에 위치하는 것은 뛰어난 기술력을 확보함과 동시에 경쟁기업의 움직임을 포착하는 데 크게 도움이 된다.

둘째로 현지시장에서 그 글로벌기업이 갖고 있는 경쟁우위를 객관적으로 평가해야 한다. 이는 핵심역량의 관점에서 그 기업의 상대적 경쟁우위를 살펴보는 것을 의미한다.

진입방법의 선택문제

글로벌기업이 개별생산활동을 국가별로 분산하기로 결정한 이후, 그 국가에 어떠한 형태로 진입할 것인가를 결정하는 진입방법의 선택문제가 남는다. 글로벌기업이 해외시장에 진출하는 데에는 수출이나 라이선싱 형태로 진입할 수가 있으며 독자법인을 설립하거나 합작투자 또는 인수·합병의 방법으로 진출할 수도 있다. 이와 같이 각국에 진출할 때에 적절한 진입방법을 결정하는 것은 기업들이 글로벌 경영전략을 추구하는 데 필수적인 중요한 의사결정이다.

해외시장진입방식을 결정하는 데 있어서는 기업내부의 경영자원과 해당진출국의 환경을 고려할 필요가 있다. 기업내부의 측면에서 볼 때 기업이 갖고 있는 경영자원과 핵심역량, 즉 그 기업이 갖고 있는 기술, 브랜드 그리고 진출대상국과 관련된 글로벌화경험은 진입방법의 선택에 큰 영향을 미친다. 예를 들어 기술력이 강한 기업이나 우수한 브랜드를 보유하고 있는 기업은 합작투자나 라이선싱보다 100% 소유의 자회사를 선호하는 경향이 있다.

또한 기업은 투자국의 투자환경을 고려할 필요가 있다. 외부환경요소로는 해당 산업의 구조적인 특성과 진출하고자 하는 국가의 정치·경제·문화적인 환경이 있다. 예를 들어 규모의 경제가 큰 자동차산업의 경우, 각국마다 공장을 설치할 수 없으므로 폴란드에서 생산하여 전 유럽에 판매하거나 남미지역은 브라질에 공장을 세우는 등 각 지역별 생산거점을 구축하는 전략이 필요하다. 한편 진출국가의 정치·문화·경제적 환경은 진출기업에 큰 영향을 미친다. 많은 경우 투자국의 환경은 기업이 통제할 수 없는 외생변수로 작용하는 경우가 많기 때문이다.

흔히 글로벌기업의 글로벌화 과정은 몇 단계의 과정을 거치면서 해외시장에의 몰입 정도를 점차로 높여 가는 진화론적 관점으로 설명할 수 있다. 일반적으로 〈그림 4-5〉와 같이 기업의 글로벌경영활동이 확대되어 감에 따라 기업의 글로벌화는 간접수출, 직접수출, 라이선싱, 판매법인, 합작투자, 직접투자의 순으로 그 규모와 몰입이 점진적으로 확대된다. 이와 같이 기업의 국제화과

그림 4-5 해외시장진출방법의 고려요인

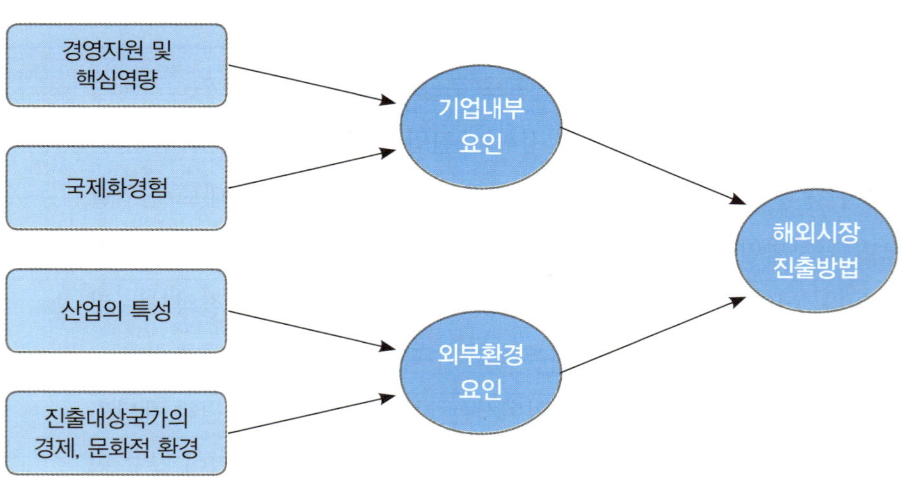

자료: 장세진, 「글로벌경영」, 2011, p.183.

정은 하나의 점진적인 학습과정으로서 점차 해외시장에서 몰입하는 정도가 높은 진출방법으로 계속해서 발전시켜 나갈 수가 있다. 그러나 기업이 갖고 있는 경영자원, 국제화경험, 산업의 특성, 투자국의 환경에 따라 어느 특정단계에서 머무르거나, 단계를 건너뛰기도 한다. 또한 기업들은 다양한 진출방식을 동시에 병행할 수 있다. 예를 들어, 직접투자와 동시에 프랜차이징도 할 수 있고 또는 판매법인도 설립할 수 있다.

비용절감에 대한 압박이 강할수록 기업들은 수출과 완전자회사 방식을 결합해서 운영하는 것을 선호한다. 제반 여건이 좋은 지역에서 생산한 다른 지역으로 수출하는 방식을 통해 실제적인 경험곡선[19]과 입지우위[20]를 실현할 수 있다. 그리고 기업들은 다양한 국가에 위치한 해외영업 지사에 최종 제품을 수출하기를 원한다. 통상적으로 이런 해외영업 지사는 본사가 소유하고 있으며 해당 국가 있는 유통망을 관리하는 책임을 부여받는다. 본사가 영업을 담당할 완전 자회사를 설립하는 것이 조인트벤처를 설립하거나 해외 마케팅 대행업체를 이용하는 것보다 선호된다.[21]

기업활동의 세계적인 조정문제

글로벌기업에게 있어 국제적으로 시장진출을 한 후에는 전 세계에 퍼져 있는 자회사들에 대한 통제와 조정을 어떻게 효과적으로 할 것인가가 글로벌 경영전략의 주요한 과제이다. 만일 이렇게 전 세계적으로 분산되어 있는 생산활동을 효과적으로 통제하지 못한다면 기업은 좋은 경영성과를 내지 못한다.

포터(M. Porter, 1986)는 이에 대해 기업활동을 어떻게 전 세계에 배치(configuration)할 것인가와 전 세계에 배치된 활동을 어떻게 조정(coordination)할 수 있을 것인가의 문제로 글로벌 경영전략을 정의하였다.[22] 조정(coordination)이란 정보의 공유, 책임 및 권한의 할당 등을 뜻한다. 만일 LG전자의 중국자회사에서 생산방식을 획기적으로 개선할 수 있는 방법을 개발했다면 그 기술개발을

---

19 경험곡선은 제품의 주기 전체에 걸쳐 발생하는 생산비용의 체계적인 감소를 의미한다.
20 입지우위란 가치창출 활동을 가장 낮은 원가에서 수행함으로써 생겨나는 경제적 효과를 말함.
21 박철순 외(역), 전게서, p.479.
22 M. Porter, *Competition in the Global*, Harvard Business School Press, 1986.

한국의 본사나 미국에 있는 자회사에 이전시킴으로써 LG전자 전체의 생산성을 높일 수 있다. 세계 여러 나라에서 축척되는 지식은 단순한 제조기술뿐만이 아니라 생산에서의 공정기술이나 마케팅기술 등도 중요한 지식 중의 하나이다. 이렇게 글로벌 경영전략에서 각국의 자회사와 본사 간에 또는 자회사끼리 지식의 공유가 더 많아질수록 산업 내의 큰 변화의 추세를 미리 감지하고 대응할 수 있게 된다.

글로벌기업이 수행하는 글로벌전략은 기업활동의 범세계적인 조정과 배치를 축으로 수출 위주의 마케팅 전략, 국가별 전략, 단순한 글로벌 전략, 고도의 글로벌 전략 등으로 구분하기도 하는데, 여기에서 주의해야 할 것은 글로벌 전략이 국가별 전략보다 항상 우수한 것은 아니라는 점이다. 글로벌기업은 글로벌 전략을 추구할 것인지, 초국적 전략을 추구할 것인지, 아니면 국가별 전략을 추구할 것인지는 그 기업이 속한 산업의 특성 및 기업이 가지고 있는 능력 등에 따라 좌우된다. 예를 들어 자동차오일산업은 국가마다 운전기준, 기후, 법률상황 등이 다르기 때문에 윤활유의 기본적인 합성비율과 첨가된 혼합물이 상이하다. 또한 각국마다 소매 또는 유통경로도 상이하기 때문에 대부분의 경우 자동차용 윤활유산업은 국가별 전략(multidomestic strategy)을 추구하는 경우가 많다. 이에 비해 선박용 오일은 글로벌산업의 성격을 띠고 있다. 왜냐하면 선박은 세계 어느 곳이든 자유롭게 다닐 수 있으며, 정박하는 곳 어디에서라도 같은 기름을 구할 수 있어야 하기 때문이다. 그래서 Shell과 Exxon 등과 같이 선박용 윤활유사업에서 성공한 기업들을 보면 글로벌 전략(global strategy)을 추구하고 있다.

또 다른 예로 호텔산업은 각 국가마다 소득수준이 다르고 문화적 차이가 존재하기 때문에 국가별 전략을 추가하는 경우가 많다. 그러나 특급호텔의 경우는 주요 고객들이 전 세계를 여행하며 활동하는 기업의 경영자들이기 때문에 각국에서 오는 고객들에게 전 세계 어디를 가더라도 동일한 수준의 서비스를 제공할 수 있어야 하고 같은 수준의 만족을 줄 수 있어야 한다. Hilton, Sheraton, Intercontinental 등과 같은 특급호텔들은 전 세계적인 예약시스템을 가지고 있으며 세계 어디서나 동질의 서비스를 제공할 수 있는 세계적인 체인

그림 4-6 글로벌 전략의 비교

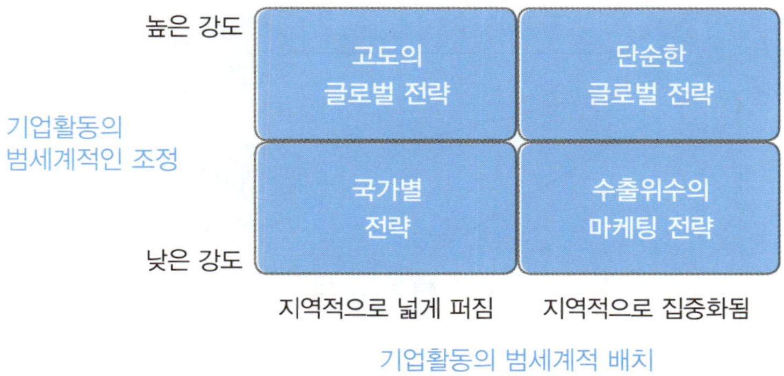

자료: 장세진, 전게서, p.187.

망을 갖춘 호텔들이다. 따라서 이런 특급호텔산업은 글로벌 전략을 취한다고 할 수 있다.

〈그림 4-6〉은 기업활동의 배치와 조정 두 가지 차원에서 기업이 추구할 수 있는 국제전략의 유형을 나타내고 있다. 수평축은 오른쪽으로 갈수록 가치활동의 범세계적 배치가 지역적으로 한 곳에 집중되어 있고, 반대편으로 갈수록 가치활동이 전 세계에 분산되어 있음을 보여주고 있다. 그리고 수직축은 위로 올라갈수록 가치활동에 대한 조정의 강도가 높아짐을 나타내고 있다.[23]

한편 글로벌 전략의 형태도 많은 변화를 경험하고 있다. 즉 많은 산업들이 점차 글로벌산업으로 이동하고 있어 글로벌전략의 형태도 점점 고도의 글로벌 전략방향으로 수렴되는 경향을 보이고 있다. 예를 들어 Sony나 Panasonic과 같은 기업들은 단순한 글로벌 전략을 추구, 이에 반해 유럽의 Philips는 전통적으로 국가별 전략을 수행해 왔다. 하지만 최근에 와서 Sony와 Panasonic과 한국의 삼성전자와 LG전자는 세계 여러 나라로 생산기지를 넓혀 가고 있으며 Philips는 자회사 간의 조정기능을 점차 확대해 나가고 있다(〈그림 4-7〉 참조).

23 M. E. Porter, "Competitive in Global Industries: A Conceptual Framework," M. E. Porter(ed.), *Competitive In Global Industries*, HBS Press, 1986, p.28.

그림 4-7 가전산업의 변화

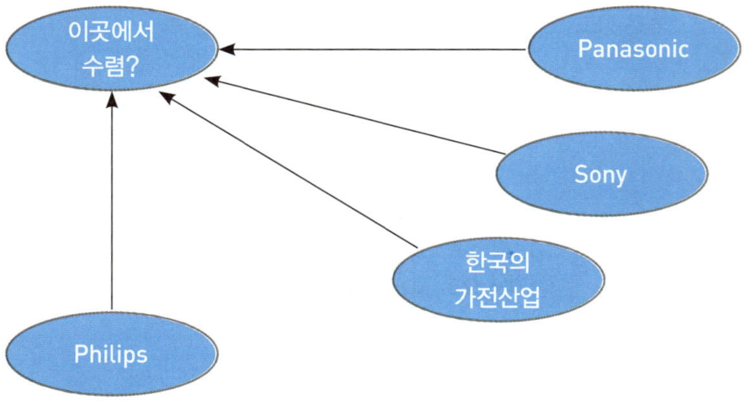

자료: 장세진, 전게서, 2011, p.189.

제2절 글로벌 경영전략의 절차

글로벌 경영전략의 수립은 미래에 발생가능성이 높은 몇 개의 상황을 상정해서 상황에 따라 전략이 수립되어야 하며, 이는 기업 전체를 통합하고, 각 사업부문을 포괄하며, 또한 각 기능에 조화가 이루어지도록 해야 한다.

먼저 기본적인 장기목표, 즉 기업의 장기비전을 설정하고 이의 달성을 위해 제한된 자원을 어디에 투입하는 것이 좋은가를 결정하는 과정이다. 이때 전략대안은 기업의 사명을 바탕으로 외부환경분석과 내부능력분석의 결과로부터 도출된다. 〈그림 4-8〉은 글로벌 전략을 수립하고 집행하는 전체 과정을 관리하는 글로벌 경영전략의 틀을 제시한다. 특히, 오늘날과 같은 환경의 불확실성과 불연속성하에서 등장한 경영전략은 전략의 주기적인 수립뿐 아니라 계속적인 관리를 강조하고 있다.

그림 4-8 글로벌 경영전략의 수립절차

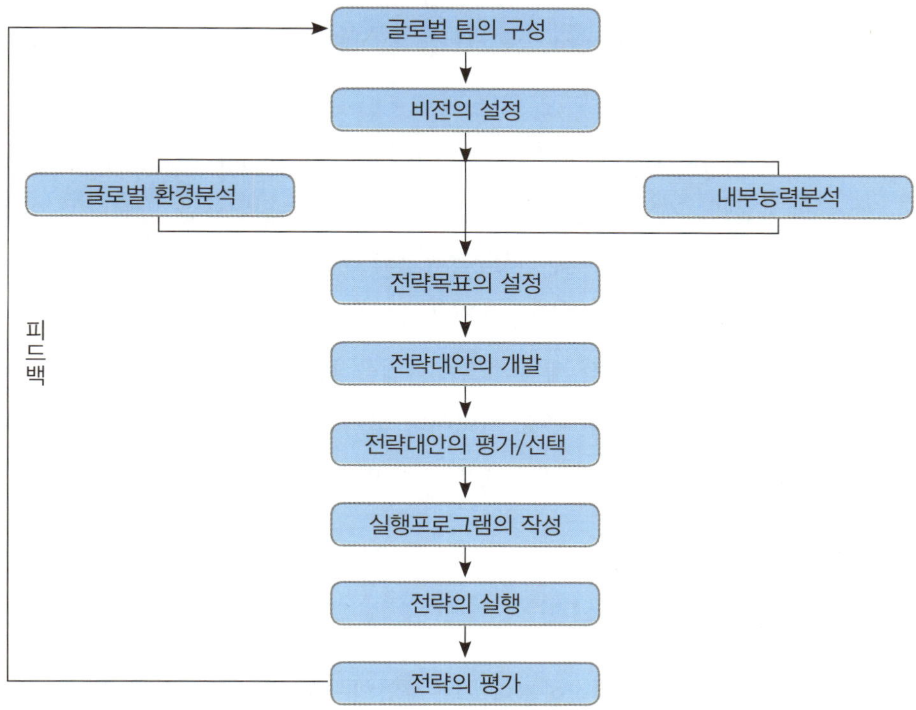

자료: 전외술 외, 전게서, p.149.

1. 글로벌 팀의 구성

글로벌 팀은 기업 내 문제해결 및 최선의 방안 마련이라는 임무를 부여받는 경우가 점점 더 증대하고 있다.[24] 글로벌 팀(global team)은 특정 임무를 부여받아 국제적 차원의 의사결정을 내리고 실행하는 국제적으로 배치된 사람들의 그룹[25]을 말한다.

---

24 B. Ambos & B. Schlegelmilch, "In Serarch of Global Advantage", *European Business Forum 21*, Spring 2005, pp.23~24.

25 M. L. Maznevski & N. A. Athanassiou, "Guest Editors' Introduction to the Foucused Issue: A New Direction for Global Teams Research", *Management International Review*, 46, 2006, pp.631~646.

글로벌전략의 성공에 절대적으로 필요한 것은 전략수립과정에 각기 다른 부서와 다른 국가의 경영자들을 함께 참여시키는 것이다. 그렇기 때문에 글로벌 전략의 분석에 참여하는 사람들을 선택하는 것은 매우 중요한 결정이 될 수 있다.

글로벌 팀은 여러 모습을 띨 수 있다. 전략적 글로벌 팀은 글로벌 산업 내에서 해당 기업의 포지셔닝을 개선하기 위한 방안들을 마련하고 실행하게 된다. 운영적 글로벌 팀은 다국적기업의 전체 글로벌 네트워크에 걸쳐서 효율적이고 효과적인 사업운영에 초점을 맞춘다.[26]

글로벌 팀은 전 세계적으로 사업을 책임지고 있는 경영자, 사업에 관련되어 있는 상급경영자, 주요 지역이나 국가의 총책임자 및 주요 부서의 총책임자 등과 같은 사람들로 이루어질 필요가 있다.

2. 장기비전의 설정

신규사업을 시작하거나 기존사업의 방향을 재정립하고자 할 때 가장 먼저 해야 할 일이 기업의 비전을 정립하는 일이다. 기업의 비전은 기업철학을 구체화한 것으로 기업이 미래에 나아가고자 하는 통일된 방향을 표현한다.

기업의 비전은 크게 다음의 세 가지 요소들을 담고 있다. 첫째는 기업이 원하는 미래상이다. 즉 "현재 우리가 하고 있는 사업은 무엇이며 향후 어떠한 사업을 전개할 것인가" 등을 결정하는 것이다. 특히 글로벌 경영활동을 수행하는 기업은 핵심전략의 구성요소인 사업영역 및 경쟁우위의 확보방안을 자국 내로 국한하지 않고 전 세계영역을 대상으로 수립하게 된다. 둘째는 조직구성원들에 대한 대내적인 동기유발이다. 즉 기업의 비전은 조직 구성원들의 인종이 다양한 글로벌기업에 있어서는 이 문제가 특히 중요하다. 셋째는 기업의 사회적 책임 등을 포함한 기업을 둘러싼 이해관계자들에 대한 대외적인 관계설정이다. 한 국가에 한정되지 않고 여러 국가에 걸쳐 활동하는 글로벌기업의 입장에

---

26 T. Brake, *Managing Globally*, New York : Dorling Kindersley, 2002.

서는 각국에 대한 일관된 관계설정이 매우 중요하다.

한편 기업의 존재이유와 기업의 성격을 규명하는 기업사명문(Mission Statement)에는 다음과 같은 내용이 포함되어야 한다.[27]

(1) 제공하는 제품이나 서비스

(2) 목표로 하는 고객

(3) 목표로 하는 국가나 지역시장

(4) 제품에 사용된 기술

(5) 기업이 성장과 이익을 추구하는 데 필수적인 기본능력

(6) 기업의 철학

(7) 기업이 희망하는 사회에 대한 이미지

(8) 기업에 고용된 사람들이 지켜야 할 기본원칙

이처럼 명확하게 정의된 기업의 비전과 기업사명문은 향후 전략대안의 개발 및 평가를 위한 토대가 될 뿐만 아니라, 모든 차원의 관리자들에게 의사결정의 지침을 제공하게 된다.

중국 배터리 자동차 제조업체인 비야디는 중국 정부의 자동차 구입 우대정책이 취소되면서 치열해진 중국 내 시장 경쟁환경과 인건비, 원자재 등 생산원가의 상승을 인해 이익이 급격하게 줄어 결국 '대규모 감원'이라는 현실에 놓이고 말았다. 한때 워런 버핏(Warran Buffet)의 투자로 인해 유명세를 타며 성장 궤도에 올라섰던 비야디는 결국 장기적인 경쟁력 확보를 단행하지 못하고 도태되고 말았다.

비야디 사례에서 볼 수 있듯 외부 환경변화에 빠르게 대응하지 못하는 기업은 지속성장의 벽에 부딪혀 지속적인 성장에 실패하게 된다.[28] 따라서 모든 글로벌 기업들은 그들을 둘러싸고 있는 경제, 사회 그리고 글로벌 환경의 변화 등으로 지속성장의 벽에 부딪힐 수 있으므로 지속성장을 위해 미래지향적이고 혁신적인 장기적인 비전을 설정하여 대비하여야 한다.

---

27 국제경영연구회, 「국제경영」, 문영사, 2000, pp.258~260.

28 매일경제, "위기탈출 SMART 경영혁신이 답이다", 2012.1.16.

3. 글로벌 경영환경분석

글로벌 경영환경분석은 글로벌기업의 전략적 기회와 위협 요인을 규명하기 위한 것으로 기업이 국내, 해외, 국제환경에서 직면할 수 있는 현재와 미래의 환경요인들을 평가·분석하는 과정이다. 급변하고 있는 글로벌 환경하에서 이러한 분석은 매우 어려운 과제로 드러나고 있다. 현재는 경영정보시스템의 발달로 인하여 이러한 정보를 좀 더 용이하게 분석하여 획득할 수 있다.

기업은 경영정보시스템을 이용하여 각 국가에서의 경제의 흐름, 정부의 개입, 사회문화 환경 등에 관한 정보를 획득할 수 있다. 주요 환경변화로 꼽을 수 있는 것들에는 소비자의 구매력변화, 특정제품이나 서비스라인에서 주요 경쟁자의 진입이나 퇴출, 법규의 변화, 현지국의 정치적 변화, 원료비용의 상승, 소비자의 소비패턴의 변화 등을 들 수 있다. 한 가지 중요한 것은 모든 환경변화가 기업에게 결정적인 영향을 미치는 것은 아니라는 점이다. 여기에서 기업에게 유리한 영향을 주는 것을 기회라고 하고, 그 반대의 영향을 미치는 것을 위협이라고 할 수 있다.

이러한 평가를 좀 더 편리하게 할 수 있는 것이 다음과 같은 모델이다(〈표 4-2〉 참조). 이에 따르면 외부환경분석에서 첫째로 해야 할 일은 핵심환경요인의 선정이다. 개별 환경요인들이 어떻게 어우러지느냐에 따라서 기업에 미치는 영향이 상이하기 때문에 핵심환경요인의 선정문제는 매우 중요하다. 이 때 환경요인의 선정범위는 기업의 경영활동범위에 밀접히 관련된 것이어야 한다.

표 4-2 핵심환경요인 추출표

구 분	핵심환경요인	발생가능성(1~5) (likelihood)	영향 정도(1~5) (impact)	종합점수
국내외경제환경				
사회·문화환경				
산업환경				
기술환경				
정부정책				

자료: 국제경영연구회, 「국제경영」, 문영사, 2000, p.261.

한편 〈표 4−2〉의 분석모델은 환경을 분석하는 데 매우 유용하게 사용될 수 있다.[29] 〈표 4−2〉의 핵심 환경요인 추출표에서도 첫째로, 기업에게 영향을 미칠 수 있는 외부 환경요인들을 분류한 후 세부항목별로 발생가능성과 영향정도를 평가하여 진정 우리 기업에 중요한 영향을 미치고 있는 핵심적인 환경요인들이 무엇인가를 선별하게 된다. 발생가능성이 높고 동시에 영향의 크기가 큰 요인들이 상대적으로 중요한 환경요인이 된다.

둘째는 선정된 핵심환경요인들에 대한 평가이다. 이는 우리기업에게 미치는 영향을 기회와 위협의 측면에서 분석하여 보는 것이다. 즉 핵심환경 요인들을 기회와 위협의 양 측면에서 분류하여 보고 그 각각에 대하여 기회 또는 위협의 크기 정도를 파악하여야 한다. 기업은 위의 모델을 통하여 현재의 기업환경만이 아니라 향후 변화될 환경들을 체크할 수 있을 것이다.

셋째는 글로벌 경영환경분석에서 중요한 일은 소속산업의 세계화 잠재력(globalization potential)을 평가하는 일이다. 산업의 세계화 잠재력의 정도는 글로벌 경영환경이 그 산업의 소속기업에 미치는 영향의 정도를 결정하여 줄 뿐만 아니라 차후 기업의 글로벌 경영전략의 수준을 결정하게 된다.

즉 어떤 산업이 세계화될 잠재력이 낮은 경우는 글로벌화 전략의 추구가 오히려 기업에게 손실을 안겨줄 수 있기 때문이다. 산업의 세계화 잠재력은 〈그림 4−9〉와 같이 네 가지 요인들을 분석하여 봄으로써 판단할 수 있다.

첫째, 시장측면에서 산업의 세계화를 촉진시키는 요소들은 전 세계적으로 소비자의 기호가 동일한 경우와 글로벌고객과 유통만이 존재하는 경우, 일국에서 행해지는 마케팅활동이 각 국가별로 이전가능한 경우, 제품이나 공정상의 기술혁신이 주로 발생하는 국가들이 존재하는 경우 등으로서 이들 요인들은 해당산업의 글로벌화를 촉진시키게 된다.

둘째, 비용측면에서 산업의 세계화를 촉진시키는 요인들은 규모의 경제와 범위의 경제효과가 큰 경우, 학습곡선이 가파른 경우, 즉 누적된 생산량에 따른 비용절감효과가 큰 경우, 한 국가 내에서 소싱(sourcing)활동을 행하는 것보다

29 국제경영연구회, 전게서, pp.261~262.

그림 4-9 산업의 세계화 잠재력

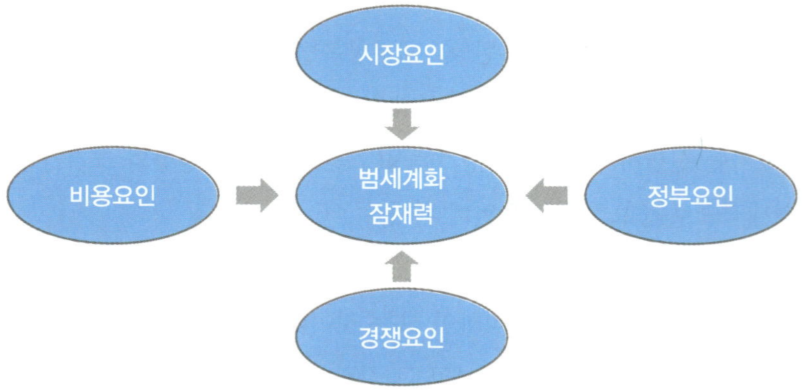

자료: G. S. Yip, *Total global strategy Ⅱ: Updated for the Internet and service era*. 2nd ed., Pearson Higher Education: New Jersey, 2003.

범세계적으로 행하는 것이 원자재의 구입 등에서 훨씬 효과적인 경우, 범세계적 물류활동이 활발하게 전개될 수 있는 조건이 성숙되었을 경우로서 운송비용 등이 저렴한 경우 등을 말한다. 또한 각 국가별로 요소비용이 차이가 있어 임금이 저렴한 국가 내에 입지하는 것이 비용상에 유리할 경우, 제품개발비용이 너무 과다하거나, 기술의 혁신이 너무 급속하게 일어나서 소수의 제품에 집중하여 경쟁하는 것이 연구개발측면에서 비용을 낮출 수 있는 경우에도 글로벌화가 촉진되게 된다.

셋째, 정부나 규제측면에서 산업의 글로벌화를 촉진시키는 요인들은 국가간 무역장벽이 완화되어 물품이나, 생산요소의 이동 등이 자유로운 경우, 또한 현지에 진출한 외국기업들에 대한 규제가 약한 경우, 기술간 호환성이 뛰어나서 국가간의 기술이전이나 제품적용 등이 용이한 경우, 마케팅측면에서 표준화가 어느 정도 가능한 경우, 정부소유의 기업들이나 고객들이 존재하는 경우 등이다

넷째, 경쟁측면에서 글로벌화를 촉진시키는 요인들로서 수입과 수출이 많아 상호교류가 증가하는 경우, 글로벌경쟁자가 등장하여 범세계적 전략을 구사하는 경우 등이라 할 수 있다.

4. 내부환경분석

내부환경분석은 글로벌기업이 보유하고 있는 유형 및 무형의 경영자원과 경영기능에 대한 분석을 통해 글로벌기업의 강점과 약점을 도출하고, 외부환경분석에서 도출한 환경이 주는 기회와 위협에 대해 "우리 기업이 이를 얼마나 이용하고 대처해 나갈 수 있는 내부능력이 있는가"를 알아보기 위한 것이다. 즉 이 작업은 각 시장과 국가에서 기업이 가지고 있는 경쟁역량을 확인하는 것이다.

먼저 기업은 상대적으로 전략적 우위에 있는 분야를 우선적으로 선택하여 전략을 실행해나가는 것이 좋다. 기업이 취할 수 있는 행동으로는 열위에 있는 분야에서 이를 극복하는 것도 포함할 수 있으나 이보다는 기업이 상대적으로 경쟁자보다 우위를 가지고 있는 분야에서 경쟁자를 앞서는 것이 보다 공격적인 전략이 될 수 있다.

기업의 내부능력분석시 도출되는 기업의 강점과 약점은 어디까지나 경쟁기업들과 비교된 것이어야 한다. 보통 비교상대로는 동종기업들 중에서 뛰어난 최우량기업을 선정한다.

둘째로 필요한 절차는 일련의 기업의 활동을 부가가치활동별로 분류하고 각 분야별로 해당 기업이 타 경쟁기업과 비교하여 상대적으로 뛰어난 부분과 상대적으로 떨어지는 부분을 비교 평가하여 기업이 지닌 강·약점을 추출해내는 것이다.[30]

내부분석에서 또 한 가지 고려되어져야 할 점으로는 기업의 자원흐름을 파악하는 것이다. 궁극적으로 전략의 실행에 있어 가장 중요하게 고려되어져야 하는 부분이 자원의 배분문제이므로 이를 위해서는 기업의 사업 혹은 제품들에 대해 자원이 어떠한 형태로 배분되고 있는지를 분석하여야만 한다.

마지막으로 글로벌 경영전략의 실행과 관련해서 고려될 점으로는 조직측면의 분석이다. 조직은 글로벌화 전략의 수립뿐만 아니라 실행에도 많은 영향을 미친다. 따라서 현행조직이 수립된 전략을 실행할 만한 여건을 지녔

30 국제경영연구회, 전게서, p.263.

는지가 전략의 성공에 기본적인 전제가 되므로 이 부분은 충분히 평가되어져야만 한다.

5. 경영전략목표의 설정

전략목표의 설정은 외부환경분석과 내부환경분석을 끝낸 후에 시작되게 된다. 상기 두 가지 분석을 통해 기업은 경영환경 변화를 최대한 활용하고 자사의 강·약점을 충분히 반영한 전략목표를 설정하게 된다.

전략목표란 기업의 아주 기본적이고, 장기적으로 추구해야 하는 목표로서 전달하고자 하는 메시지가 명확해야한다.

따라서 전략적 목표란 어떠한 기본적인 원칙들을 가지고 짧은 문장으로서 표현될 수 있는 것을 말한다. 목표는 짧고, 명백하고, 수량적으로 의미가 있고 시간적으로 베이스에서 실현가능한 것들이어야만 한다(예, 3년 내에 세계시장에서 5%의 시장점유율의 향상, 5년 이내에 10억 달러의 판매량 증가, 4년 내에 10%의 투자에 대한 수익률의 증가 등).

6. 경영전략대안의 개발과 선택

기업의 외부환경분석과 내부환경분석이 끝난 후에 이루어지는 절차는 전략대안의 개발과 선택이다. 글로벌 전략은 기업에 대한 환경의 압력과 기업의 자원능력, 목표의 성취를 전제로 한 기본적인 수단이다. 전략대안들의 평가 및 선택의 도구로서 대표적인 방법이 〈그림 4-10〉에서 보여주는 국제포트폴리오(international portfolio) 분석이다.

국제포트폴리오 분석은 우리 기업이 활동하고 있는 각 국가별 시장(산업) 성장률(현지시장의 전략적 중요성/성장성)과 각 국가별 상대적 시장점유율(현지에서의 경쟁력)을 양축으로 하고 자사의 해당 국가에서의 매출액을 원의 크기로 표시하여 전사적 입장에서 효율적인 자원배분으로 최적의 사업 포트폴리오를 제시하여 준다. 즉 개별국가 내에서 자사의 경쟁력을 측정한 상대적 시장점

그림 4-10 국제포트폴리오 분석

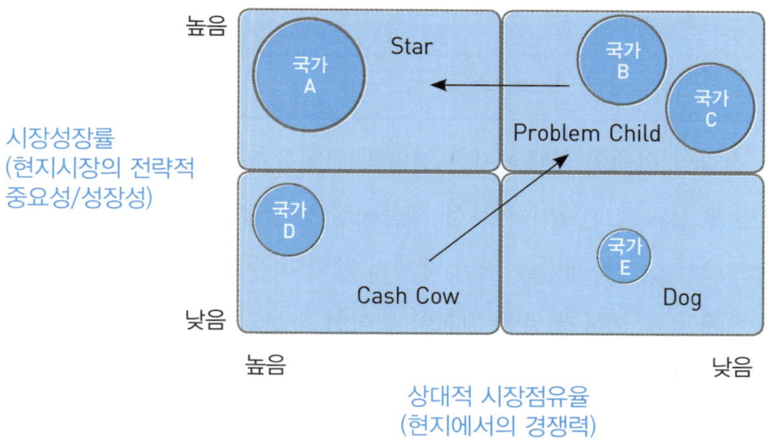

자료: James C. Leontiades, *Multinational Corporate Strategy*, Boston, MA: Lexington Books, 1985, p.43.

유율이 높으면 높을수록 기업이 벌어들이는 자금은 많고 개별국가의 시장(산업)성장률이 높으면 높을수록 기업이 지출해야 할 자금의 양은 많아진다. 따라서 이상적인 자금의 배분방향은 그림에서 표시된 화살표의 방향과 같다. 매트릭스상에 별(star)로서 위치하고 있는 지역 SBU(Strategy Business Unit: 전략사업단위)들은 빠르게 성장할 수 있으나 급속히 성장하는 시장에서 시장점유율을 유지하기 위해서는 많은 자금이 필요하다. 오른쪽 위에 위치하고 있는 문제아(problem child) SBU는 높은 성장률을 구현하나 시장 내에서는 낮은 시장점유율을 가지고 있으므로 자체 자금력이 부족한 지역 SBU들을 말한다. 따라서 경영자는 이 지역 SBU를 별(star)로 키워야 하는지 철수해야 하는지를 신중히 결정해야 한다.

또한 왼쪽 아래에 위치하고 있는 자금젖소(cash cow) SBU는 낮은 성장률을 구현하나 반면에 시장 내에서는 높은 시장점유율을 가지고 있으므로 자금창출능력이 있는 지역 SBU들을 말한다. 오른쪽 아래에 위치하고 있는 개(dog)는 저성장, 저점유율의 SBU로서 대체로 수익성이 낮고 시장전망 또한 어두운 SBU

이다. 기업은 이에 따라 각 지역별로 각 지역의 전략적 위상에 따라 확대, 축소, 현상유지 중 하나의 전략을 선택하게 된다.

7. 실행프로그램의 작성

전략의 선택이 이루어지면 전략의 집행을 위한 실행계획이 수립되어야 한다. 만약 선택된 전략이 새로운 제품시장에 진입하려는 것이라면 진입을 위한 수단으로서 신제품개발을 위한 체계적 계획이 수립되어야 할 것이고 새로운 설비와 인원을 확보하기 위한 계획이 뒤이어 작성되어야 한다.

글로벌 경영전략이 대개 중장기적으로 글로벌 경영활동의 전반에 대해서 수립되는 데 비해서 실행계획은 이를 구체화하는 만큼 기간도 짧고 범위 역시 전략계획에 비해서 좁은 것이 보통이다. 실행계획은 글로벌 경영전략에서 기능별 전략 중의 하나 또는 그보다 더 좁은 경영관리기능에 대한 구체적인 계획이다. 예를 들면 특정제품의 개발계획이나 해외펀드의 발행계획과 같이 하나의 계획을 어떻게 집행할 것인가를 보통 1년 또는 길어도 2년 내의 기간에서 구체화하는 작업이다. 이러한 실행프로그램들은 다음과 같은 사항들을 포함한다.[31]

이와 같은 실행계획이 수립되면 거의 동시에 필요한 자원량이 결정되고 이에 따라 예산이 수립되게 된다. 예산기간은 실행계획의 수립기간과 같게 되는 것이 보통이다.

실행계획과 예산작성은 조직의 여러 계층에서 이에 대한 검토가 이루어진 후, 최고경영층의 동의를 얻어 다음 단계로 넘어간다. 전략을 보다 구체화시키고 운영계획을 수립하는 데 기능별 관리자들이 참여하고 마지막 단계에서는 상세한 예산편성계획이 수립된 연차계획이 수립되게 된다.

이러한 모든 과정에서 요구되는 권한은 하위구조로 이양되어야 한다. 사업부책임자에게 전략집행을 위한 권한을 완전히 이양하였을 때 그 책임자는 갑작스러운 환경변화에 가장 효과적으로 대응할 수 있을 것이며 매우 높은 동기

---

31 국제경영연구회, 전게서, pp.267~268.

수준을 유지할 수 있을 것이다. 그러나 권한의 분권화 정도가 높을수록 최고경영자의 자원할당기능이 무시되거나 약화될 위험이 증대한다. 각 사업부책임자들은 자기사업부의 수익을 보장할 수 있는 자원할당을 받으려 할 것이고 결국 사업부책임자의 개인적 설득력에 의해 사업부별로 자원할당이 될 것이다. 분권화의 이점과 함께 자원할당의 최적화를 동시에 이루는 것이 최고경영자 임무 중의 하나이며 전략적 자원분석이 이러한 임무를 달성하는 데 크게 도움을 줄 수 있을 것이다.

8. 경영전략의 실행

실행프로그램의 작성이 이루어지면 거의 마지막 단계로서 이루어지는 구체적인 글로벌 경영전략 실행단계에 들어가게 되며, 글로벌 경영환경의 변화에 따른 상황에 맞는 실행계획을 적절히 집행하여야 한다. “실행되지 않는 전략은 전략이 아니다”라는 말이 있을 정도로 전략의 실행은 글로벌 경영전략에서 매우 중요한 위치를 차지하고 있다.

이와 같은 전략실행의 첫 번째 단계는 바로 단기적 목표들을 수립하는 것으로 시작한다. 즉 1년 주기나, 2년 주기의 목표를 설정함으로써 전략의 실행은 시작된다. 기능별 조직들은 바로 이러한 목표를 기반으로 하여 움직이게 되는 것이다. 다음 두 번째 단계는 기업의 자원 할당을 포함하는데 여기에는 자본, 인적자원, 고정자산 등을 들 수 있다. 이 세 가지 자원들은 서로 상호작용을 하면서 할당되게 되는데 자본의 경우 너무 많은 자원이 투하될 경우에는 자본이 부족하게 되는 부작용을 가져오게 될 것이다. 그리고 자본 이외의 자원 중 인적자원에게 우선적으로 배당되어질 것들은 공장, 기계, 기술, 공정, 제품노하우 등의 고정자산이 될 것이다. 인적자원들은 그들의 재능을 이용해 이러한 고정자산들을 최대한 이용하게 된다. 세 번째 단계는 기업이 선택한 글로벌 전략을 실행하는 데 적합한 조직형태를 완성해 내는 것이다.

9. 경영전략의 평가

경영전략의 평가는 기업의 전략이 올바로 수행되었는지 또한 전략적 목표에 일치하고 있는지를 평가하는 작업이다. 경영전략은 의사가 환자의 병을 다루는 절차와 비슷하다. 의사가 환자의 완쾌를 목표로 하여 일한다면, 전략은 기업의 생존을 위해 일한다. 이와 마찬가지로 의사가 환자에게 어떠한 처방을 하였을 때 마치 기업이 전략을 실행하듯이 이 환자는 이 처방을 따르게 된다. 만약 이 처방이 잘못되었다고 인식되었을 때 의사는 처방을 바꾸게 될 것이다. 전략의 경우도 마찬가지로 잘못 실행되었다는 인식이 들 때 이를 수정하는 과정이 필요하게 될 것이다. 즉 기업의 경영전략이 잘 실행되었는지를 평가하고 이를 피드백하여 수정해주는 것이 평가작업이다.

전략평가는 전략이 환경상의 모든 조건과 기업의 내부능력과의 일관성을 유지하고 있는지를 판단하며, 전략이 수행한 실적치를 미리 설정된 목표와 자사의 과거실적, 그리고 경쟁사의 과거와 현재실적을 비교하는 것이다. 전략수행에 대한 분석과 평가는 경영적 동기부여와 직관 그리고 환경과 기업 간의 상호관련된 여러 요소들에 대한 분석을 기초로 한다.

이와 같이 전략수행에 대한 분석과 평가는 이를 피드백하여 전략의 수정 및 변경뿐 아니라 기업의 장기비전에도 반영되어 기업의 사업기회를 지속적으로 창출하는 데 활용하게 된다. 따라서 월별, 분기별 등 일정한 시간을 두고 사전 목표와 실제 성과 간의 차이를 분석하여야 한다.

key point

CASE STUDY

재계 '각자·공동대표' 체제 선호…글로벌 경영환경 적응전략

인수합병 등으로 매머드 조직 속출, 단독 대표이사 체제 옛말
각자대표 삼성물산·공동대표 SK네트웍스 등 여러 경영체제 도입

국내기업들이 단독 대표체제에서 벗어나 각자대표, 공동대표 체제 도입이 늘고 있다. 경영 활동무대가 세계시장으로 확대되고 몸집도 매머드급으로 커지면서 효과적인 경영운영을 위해 다양한 체제를 도입하고 있다. 각자대표는 신속한 의사결정, 공동대표는 꼼꼼한 의사결정에 유리한 점이 특징이다. 기업별로 채택하고 있는 대표체제를 통해 경영전략도 엿볼 수 있어 관심이 모아지고 있다.

'사인 하나면 끝'…빠른 의사결정 '각자대표' 체제

각자대표 체제를 도입한 대표사례로 삼성물산을 들 수 있다. 삼성물산은 2014년 제일모직과 구 삼성물산이 합병하면서 상사·건설·패션·리조트 등 4개 사업부문으로 운영되고 있다. 각 부문의 사업적 특성이 워낙 다르다 보니 신속하고 효율적 의사결정을 위해 각자대표 체제를 채택했다. 상사는 김신 대표이사 사장, 건설은 최치훈 대표이사 사장, 패션은 이서현 부문장 사장, 리조트는 김봉영 대표이사 사장이 맡고 있다.

회사 관계자는 "합병도 있었고, 사업부문별 특성이 다른 점이 많아 빠르고 효율적 의사결정을 위해 각자대표 체제를 도입했다"고 말했다. 하지만 부문간 협업도 필요한 법. 이를 위해 삼성물산은 매달 시너지협의회를 열고 실무자와 대표이사가 번갈아 참석하면서 협업 분야를 찾고 있다.

최근 2조3,000억원 규모의 초대형 빅딜로 시장의 관심을 모은 미래에셋증권과 KDB대우증권도 각자대표이사 체제를 도입할 것으로 예상된다. 박현주 미래에셋금융그룹 회장은 "통합증권사에 굳이 한 명의 CEO를 둘 이유가 없다. 여러 명의 대표가 각 분야에서 최선을 다하도록 독려하는 방안이 맞다고 본다"고 말했다.

거대한 두 기업이 하나의 기업으로 통합하는 만큼 일단은 각자 기존 사업을 영위할 수 있도록 각자대표체제로 운영하면서 서서히 통합 과정을 밟아갈 것으로 예상된다. 통합사명은 미래에셋대우증권으로 확정하고, 오는 10월 공식 출범할 예정이다.

'모든 사인 필요'…꼼꼼하게 결정 '공동대표' 체제

SK그룹 오너가인 최신원 회장이 17년 만의 복귀로 눈길을 모은 SK네트웍스는 공동대표이사 체제를 도입했다. 전문경영인 문종훈 대표이사 사장이 사업 실무를 관장하고, 최신원 회장이 큰 틀에서 의사결정에 참여하는 방식이다.

SK네트웍스는 신성장동력 확보를 위해 인수합병 내지는 대규모 투자에 적극 나설 방침이다. 많은 자금 투입과 빠른 결정이 필요하기 때문에 오너가인 최 회장이 대표이사를 맡으면서 총괄할 것으로 예상된다.

지난 3월 코오롱바스프이노폼은 각자대표에서 공동대표 체제로 전환했다. 정중규·장희구 각자대표는 공동대표로 직함을 바꿨다. 코오롱바스프이노폼은 지난해 12월 코오롱그룹과 독일 바스프가 50대 50 지분 투자로 설립됐다. 정중규 대표는 바스프 측에서, 장희구 대표는 코오롱 측에서 선임했다. 장 대표는 코오롱플라스틱 대표이사도 겸직하고 있다.

코오롱바스프이노폼은 2018년까지 연산 7만 톤 규모의 폴리옥시메틸렌(POM) 공장을 건립할 계획이다. POM은 엔지니어링 플라스틱의 원료로, 금속을 대신해 경량화가 필요한 차량 및 항공기 등의 부품제작에 쓰인다. 코오롱이 원료 및 판매망 등 인프라를 제공하고 바스프가 기술력을 제공해 두 기업간 시너지로 아시아 엔지니어링 플라스틱 시장을 공략한다는 계획이다.

코오롱 측은 "회사 설립 초기에는 빠른 의사결정이 필요해 각자대표 체제를 도입했다"며 "최근 설립과정이 마무리되고 본격적인 경영이 시작되면서 보다 꼼꼼한 의사결정을 위해 공동대표 체제로 전환하게 됐다"고 말했다.

업계 관계자는 "최근 기업간 인수합병과 국내외 기업간 협업이 늘면서 여러 명의 대표이사가 선임되고 있어 효과적 운영을 위해 각자·공동대표 체제 도입이 느는 추세"라며 "각자대표는 의사결정이 빠르고, 공동대표는 느리더라도 꼼꼼하게 들여다 본다는 특징이 있기 때문에 이를 통해 회사가 어떤 경영전략을 취하고 있는지 가늠해 볼 수 있다"고 말했다.

EBN(2016.4.14)

key point
CASE STUDY

年매출 20% 이상 성장 '진격의 아마존'…성공비결은 노마진 전략과 끊임없는 변신

'두 얼굴의 기업'

아마존에 대한 세간의 평가다. 아마존은 지난해 미국인이 뽑은 존경받는 기업 1위였다. 일반 소비자 입장에서 아마존은 그야말로 천사와 같다. 아마존은 흑자를 목표로 하지 않는다. 소비자에게 '착한 가격'을 제공하는 것이 우선이다. 많은 소비자가 아마존을 좋아하는 이유다. 한편으로 아마존은 악마와 같은 기업이다. 만약 미국 내에서 '일하기 힘든 기업'을 꼽는다면 아마존은 무조건 3위 안에 든다. 제프 베조스(이하 베조스) 아마존 설립자는 직원 고혈을 짜내는 것으로 유명하다. 최근엔 협력업체에 지나치게 낮은 공급가를 강요한다는 이유로 눈총을 받았다. 지난해 글로벌 유통업계에서 깜짝 놀랄 일이 벌어졌다. 아마존의 시가총액이 월마트를 넘어선 것. 이를 두고 유통가는 "온라인 유통이 오프라인을 넘어섰음을 보여주는 상징적인 일"이란 평가를 내린다. 1990년 이후, 글로벌 IT 업계에는 기라성 같은 기업이 많이 생겨났다. 스타 CEO로 발돋움한 인물도 많다. 애플의 스티브 잡스, 구글의 래리 페이지, 페이스북의 주커버그, 테슬라의 엘론 머스크 등. 하지만 아마존과 베조스에 대해 언급하는 사람은 많지 않다. 스포트라이트에서 다소 비껴 서 있지만 사실 아마존은 굉장히 흥미 있는 기업이다. 구글은 검색 시장 최대 라이벌로 '아마존'을 지목한다. 사용자가 구글을 거치지 않고 바로 아마존에 접속해서 쇼핑을 한다는 이유에서다. 유통 기업 월마트나 전자상거래업체 이베이 입장에서도 아마존은 강력한 경쟁 상대다. HP나 IBM 등 서버를 제공하는 기업에도 아마존은 골칫거리다. 세계 주요 IT 기업은 모두 아마존을 경쟁 상대로 지목하고 두려워한다. 여러 견제에도 아마존은 아랑곳하지 않는다. 설립부터 지금까지 아마존은 매년 20~30%씩(2014년만 19.5%) 성장했다. 처음엔 책에서 시작했지만

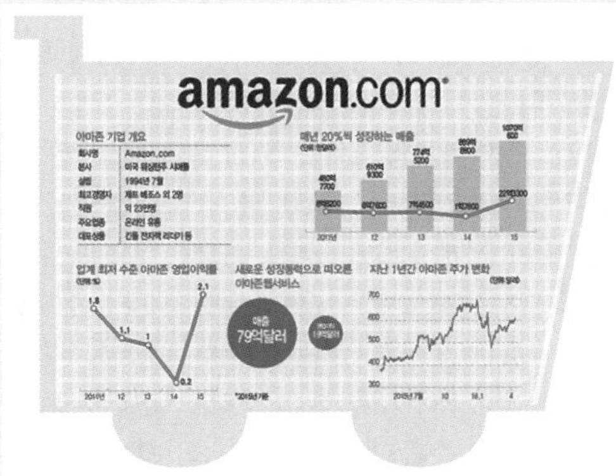

지금은 소프트웨어, 보석, 의류, 자동차용품 등 취급하지 않는 제품이 없다.

독특한 아마존의 경영철학 – 빠른 성장 모토로 한 '박리다매' 주효

1994년. 당시 월스트리트에서 잘나가는 투자자로 활약했던 베조스는 한 잡지에 실린 기사에 눈을 번쩍 뜬다. 인터넷 시장 규모가 한 해 2,300% 성장했다는 소식. 베조스는 인터넷으로 팔면 어떤 품목이 괜찮을지 고민한다. 사무용품, 의류, 음반 등. 이 중 베조스는 책을 선택한다. 출간되는 책의 종류는 수없이 많고 이를 모두 갖춘 오프라인 매장은 없다는 이유에서다. 아마존이 탄생한 배경이다. 베조스 CEO가 회사 이름을 '아마존'으로 결정한 이유도 흥미롭다. 아마존은 세계에서 가장 넓고 수량이 많은 강이다. 두 번째 강보다 몇 배 더 크다. 아마존이란 이름에는 전자상거래 시장에서 독보적인 1위가 되겠다는 베조스의 의지가 담겨 있다. 아마존의 '로고'를 살펴보면 'amazon'이란 글자에서 a와 z 사이에 화살표가 있다. 'a부터 z까지' 즉, '세상의 모든 물건을 팔겠다는 의미'가 들어 있는 로고다. 베조스는 아마존 설립 후 '빨리 성장해라(Get Big Fast)'를 모토로 삼았다. 책으로 시작한 아마존은 1998년부터

음반, 영상물 등 다양한 미디어를 판매하기 시작했다. 이후엔 의류, 전자제품, 장난감, 게임 등 콘텐츠 시장에도 뛰어들었다. 이제 아마존은 취급하지 않는 품목이 없을 정도의 종합 전자상거래업체로 발돋움했다.

1995년 아마존의 매출은 51만 달러에 불과했다. 하지만 지난해 매출은 1,000억 달러로 20년 만에 매출이 20만 배 늘었다. 성공 비결은 무엇일까. 크게 세 가지로 요약할 수 있다. 우선 지나칠 정도로 '고객 가치'에 중점을 뒀다는 점이다. 베조스의 인터뷰를 보면 고객에 대한 그의 생각을 읽을 수 있다. "세상에는 두 종류의 소매상이 있다. 하나는 더 높게 가격을 매기는 방법을 연구한다. 다른 쪽에서는 어떻게든 낮게 가격을 책정하는 방법을 고민한다. 아마존은 후자다." 빠른 배송과 반품 서비스는 아마존이 처음 구축한 시스템이다. 아마존은 2001년부터 2007년 킨들 출시 전까지 TV 광고를 전혀 하지 않았다. '입소문'이야말로 진정한 마케팅이라 믿었기 때문이다. 대신 그 돈은 고객 서비스를 향상시키는 데 사용했다. 무료 배송 등이 대표적이다. '묻지마 반송' 시스템도 일찍부터 구축했다. 모두 지금은 당연한 서비스지만 당시만 해도 매우 생소했다. 또 아마존은 소비자가 편리하게 서비스를 이용하게끔 보다 쉬운 결제 시스템을 갖추는 데 노력했다. 1999년 아마존은 미국 특허청에 '원클릭'이란 이름의 특허를 등록한다. 원클릭은 버튼 한 번으로 주문과 결제가 이뤄지는 시스템. 사용자가 아마존 계정에 신용카드 정보만 입력해놓으면 바로 원클릭 서비스를 이용할 수 있다. 철저한 '박리다매' 전략도 아마존의 경영철학 중 하나다. 기업의 설립 목적은 '이윤 추구'다. 아마존에는 해당되지 않는 사항이다. '이익 남기기'에 연연하지 않았다. 때론 막대한 손해도 감수했다. "사람들은 아마존이 곧 망할 것이라 생각했다. 원가 구조가 도무지 현실적이지 않았기 때문이다." 에릭 슈미트 구글 회장의 생각이었다. 그럼에도 아마존은 끝내 망하지 않고 최고 기업 반열에 올랐다. 모두가 잘 알고 있듯 아마존 영업이익률은 업계 최저 수준이다. 대부분 IT 기업은 영업이익률이 20~30%대로 높다. 아마존은 평균 1~3%에 그친다. 경쟁사인 이베이 영업이익률이 20% 전후인 점을 감안하면 차이가 크다. 이는 베조스의 고도의 경영전략이기도 하다. 시장 지배력만 있으면 낮은 영업이익률은 큰 문제가 되지 않는다는 것이 그의 생각이다. "애플은 수익성을 가장 높일 수 있는 선에서 아이폰 가격을 책정했다. 애플의 고수익은 역설적으로 스마트폰 시장을 IT 업계에서 가장 경쟁이 치열한 곳으로 몰아넣었다. 마진이 낮으면 경쟁 정도가 훨씬 덜하다. 아마존이 처음부터 저마진 전략을 추구했던 이유다." 한 멀티미디어공학과 교수의 설명이다. '지독하게 일하는 조직 문화'도 아마존의 성공 요인이다. 베조스가 가장 싫어하는 말 중 하나는 '일과 생활의 균형'이다. 그는 아마존 설립 초기부터 '직원들은 회사를 위해 자신의 모든 것을 포기해야 한다'는 어처구니없는 믿음을 표방했다. 때문에 베조스는 '스티브 잡스 이후 최고의 혁신가'라는 평가와 동시에 '직원 희생을 강요한 폭군'이란 이름을 얻었다. 베조스는 자신의 비전을 이해하지 못하는 직원은 가차 없이 해고하는 걸로 유명하다. 아마존 물류와 유통 담당 직원들이 낮은 임금과 형편없는 근로조건에 대한 불만을 토로한 게 한두 차례가 아니다. 2014년 국제노조총연맹은 세계 최악의 CEO로 베조스를 지목했다. 뉴욕타임스(NYT)는 2015년 아마존의 '잔혹한 근무환경'을 대대적으로 보도하기도 했다. 아마존의 업무 스타일을 한 줄로 표현하면 이렇다고 한다. '똑똑하게 일하며, 열심히 일하고, 오래 일하라.'

신성장동력으로 떠오른 AWS – 남는 서버 활용해 사업 다각화 성공

블랙프라이데이(미국 추수감사절 다음 금요일)와 사이버먼데이(추수감사절 연휴 이후의 첫 월요일). 미국을 대표하는 쇼핑 시즌이다. 아마존과 같은 전자상거래업체들은 이 시기에 홈페이지 트래픽이 급상승한다. 만약 이때 서버가 트래픽을 감당하지 못한다면 어떻게 될까. 아마존 입장에선 상상하기 싫은 시나리오다. 이 때문에 아마존은 설립 이후 꾸준히 서버 규모를 확장했다.

그러나 쇼핑 시즌이 끝나면 이 서버는 대부분 무용지물이 된다. 평소엔 100만큼의 서버만 있어도 된다. 하지만 아마존은 쇼핑 시즌만을 위해 1,000만큼 서버를 확보했다. 여기서 베조스는 기막힌 생각을 한다. 평소에 남는 서버를 다른 사업자에게 빌려주는 것이다. 이후 아마존은 4년간 각고의 노력 끝에 새로운 공용 클라우드 서비스를 개발한다. 아마존웹서비스(AWS)는 이렇게 만들어졌다. AWS를 이용하는 기업은 클릭 몇 번으로 서버를 늘리거나 줄일 수 있다. 홈페이지 관리자는 트래픽 증가 조짐이 보이면 AWS에 접속해 클릭 한 번만으로 서버 규모를 늘린다. 반대의 경우면 다시 줄이면 된다. AWS는 B2B 시장에서 그야말로 충격적인 서비스였다. 지금까지 많은 기업은 서버 용량을 늘리기 위해 물리적으로 서버를 설치해야 했다. 그러나 AWS의 등장으로 필요한 만큼 서버 자원을 늘리고 줄이는 일이 가능해졌다. 이를 통해 기업은 막대한 유지비용을 아낄 수 있게 됐다. 현재 AWS는 세계 190개 국가에 걸쳐 자신의 서버를 공급 중이다. 대기업부터 공공기관, 스타트업까지 AWS 고객사만 100만 개가 넘는다. AWS의 지난해 매출은 79억 달러에 이른다. AWS의 성장 속도는 본업인 온라인 쇼핑보다 빠르다. 2006년 AWS를 설립한 엔디 제시 부사장은 최근 CEO로 승진했다. 그만큼 AWS는 아마존 내에서 한 축을 이루는 중요 서비스로 자리 잡았다.

아마존 한국 사업은 – 아직은 클라우드 서비스만…

국내 시장에서 아마존의 영향력은 어느 정도일까. 아마존이 국내 시장에 공식 진출해 있긴 하다. 다만 일반인이 접할 수 있는 온라인 유통 사업이 아닌, AWS사업부만 있다. 2012년 AWS코리아를 설립한 아마존은 일찌감치 국내 클라우드 서버 시장에 진출했다. 2014년부터는 구글코리아 지사장 출신 염동훈 대표가 AWS코리아 대표를 맡고 있다. 최근 AWS는 서울에도 데이터센터를 설립했다. 이미 AWS는 빠르게 국내 시장을 장악 중이다. 삼성전자, 넥슨, 넷마블, 미래에셋 등 분야를 가리지 않고 많은 기업이 AWS의 서비스를 이용한다. AWS코리아 관계자는 "수천 개 국내 고객사가 AWS의 클라우드 플랫폼을 활용해 IT 서비스를 운영하고 있다. AWS코리아는 고객사가 기술적으로 불편함 없이 운영할 수 있도록 조언을 제공한다"고 말한다. 반면 아마존의 핵심 서비스인 온라인 유통 사업은 아직 들어오지 않았다. 일부 소비자가 해외직구를 통해 아마존 서비스를 이용하는 정도다. 아마존의 국내 온라인 시장 진출은 지난 몇 년간 유통가에서 끊임없이 화제를 모은 이슈다. 2014년 아마존은 국내에 아마존서비시즈코리아를 설립했다. 이를 두고 아마존이 국내 유통 시장에 진출하는 것 아니냐는 얘기가 돌았다. 하지만 아마존서비시즈코리아는 한국 판매자를 모집해 아마존에 한국 상품을 등록하도록 유도하는 역할을 맡았다. 국내 온라인 시장 진출과 전혀 관련이 없다.

관련 업계는 당분간 아마존이 직접적으로 국내 온라인 유통 시장에 진출하진 않을 것으로 내다본다. 업계 한 관계자는 "한국은 인터넷 규제가 심한 데다 글로벌 유통 사업자가 자리 잡기 만만찮다. 그루폰 등 글로벌 기업이 섣불리 한국 시장에 진출했다 고배를 마신 사례도 있다. 다만 아마존의 강점인 디지털 콘텐츠 유통 사업은 진출할 가능성이 있다"고 말했다.

매일경제(2016.4.22)

글로벌경영론

제 5 장

수출·입을 통한 글로벌경영

introduction
CASE STUDY

무협 "中수입구조 변화에 韓수출구조 한 박자 늦어"

2015년 중국 중간재 수입 비중 53.4%로 감소세
우리나라 대 중국 수출 비중은 77.6%로 여전히 증가세

우리나라의 대(對)중국 수출구조가 미국, 유럽연합(EU), 일본과 견줘볼 때 중국시장 변화에 미흡하다는 분석이 나왔다. 한국무역협회 국제무역연구원이 27일 발간한 '중국의 무역구조 변화와 시사점' 보고서에 따르면 중국의 중간재 수입 비중이 2005년 59.3%에서 2015년 53.4%로 완만한 하락세를 기록한 동안 한국의 중국 수출 비중은 76.3%에서 77.6%로 오히려 상승세를 보인 것으로 나타났다. 지난해 대중국 중간재 수출 비중은 일본(65.8%), EU(44.8%), 미국(41.7%) 순이다. 아울러 중국의 소비재 수입비중은 2005년 4.2%에서 2015년 9.2%로 상승세를 보이고 있다. 특히 자동차를 제외한 중국의 일반소비재 수입 비중은 급증하고 있는데 우리나라 제품의 점유율은 지난해 5.9%로 일본의 5.8%에는 앞서고 있지만 미국 7.6%, EU 28.4%에는 못 미치고 있는 실정이다. 보고서는 우리나라의 대중국 수출구조를 일본, 미국, EU 등 주요 경쟁국들과 비교한 결과 △가공수출 중심의 무역구조, △단순 임가공 무역형태의 탈피 진전과 한·중 가공무역 고부가가치화, △지속적인 중간재 수출 편중화, △반제품의 현지대체율 증가와 수출비중 감소세, △일반 소비재의 수출 확대 여지 등이 5가지 특징으로 분석됐다. 박진우 수석연구원은 "중국의 소비·서비스 중심의 정책전환과 무역구조 변화에 대해 3가지 관점에서 대 중국 수출 변화를 고려해야 한다"고 강조했다. 박 연구원은 이어 "소비재 수출 확대를 위해 제품을 고급화하고 소비패턴 변화에 대해 선제적 대응을 해야 하며 중간재 수출 기회 창출을 위해 서부지역의 진출 확대와 한중 기술 협력을 통한 기회 창출을 도모해야 한다"고 조언했다.

중국 소비재 시장에서의 국가별 점유율

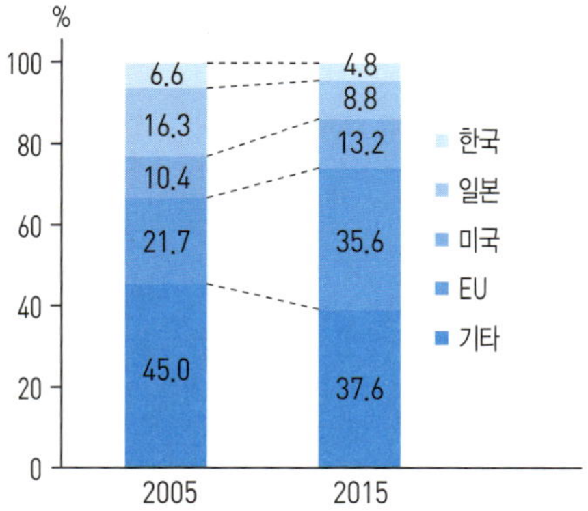

〈전체 소비재〉

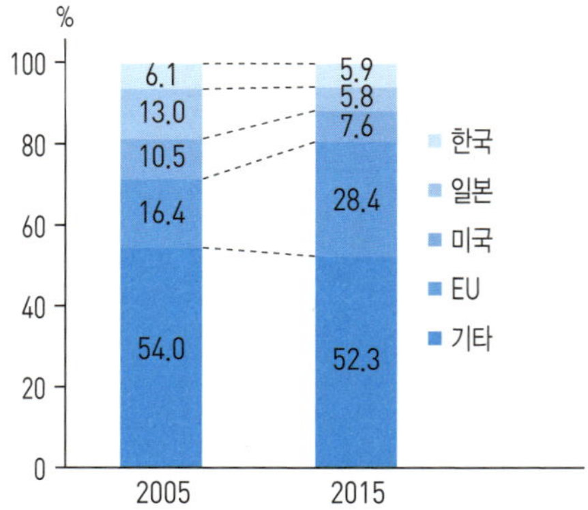

〈일반 소비재〉

자료: 한국무역협회

이데일리(2016.4.27)

제1절 수출과 수입

글로벌 시대의 무한경쟁에서 생존하고 성장·발전하려면 해외시장에 진입해야 하고 글로벌 시장으로 진출하지 않으면 안 된다. 전략적 관점에서 수출은 국제적 확장 속에서 기업의 수익성을 창출하기 위한 전략적 선택 중 하나이다. 급변하는 환경에 적응할 뿐만 아니라 오히려 적극적으로 유리한 상황으로 국면을 전환할 수 있는 판단과 용기가 요구된다. 최악의 상황을 극복해야만 살아남는다. 그래서 기회의 포착과 위기에 대응하기 위해 글로벌기업은 해외시장에 진입하게 된다.

이처럼 수출이 점점 더 용이해짐에 따라 세계 경제에서 수출활동의 양은 증가하고 있다. GATT와 WTO, 그리고 EU, NAFTA 등과 같은 지역 통합의 영향 아래 이루어지고 있는 점진적인 무역 장벽의 완화는 현저하게 수출기회를 증가시키고 있다. 그럼에도 불구하고 수출은 여전히 많은 기업들에게 큰 도전이다. 특히 중소규모의 기업들에게는 수출이 굉장한 위협으로 다가온다.[1]

외국의 특정 시장에 들어가는 방법은 제조업을 중심으로 살펴볼 때, 세 가지의 기본 유형으로 구분해 볼 수 있다. 우선 가장 기본적인 방법은 본국이든 제3국이든 목표 시장국 이외의 생산기지에서 제조된 완제품을 수출하는 방법이다. 또 하나는 기술, 자본, 노동, 경영활동 등의 생산요소를 목표 시장으로 이전하여 현지 시장국가에서 완제품을 생산하도록 하는 것이다.

생산요소를 이전하는 방법은 다시 두 가지 유형으로 구분할 수 있는데, 기술이나 특허권 등의 무형자산, 경영활동 등을 현지에 있는 기업에게 대가를 받고 제공하는 기술제휴활동과 이들 생산요소를 현지에서 복합적으로 활용하여 제품을 직접 생산하는 투자로 구분되는 것이다,

전자, 즉 생산요소를 현지 업체에 제공하는 방법은 일반적으로 계약형태

---

1 박철순 외(역), 「글로벌시대의 국제경영」, McGraw-Hill Korea, p.490.

의 진입방식으로 불려지는데 이는 제공되는 자산의 내용, 기간, 대가의 지불방법 등을 계약에 의해 정하고 제공받는 업체가 자신의 책임하에 제품을 생산하여 판매하는 방식이다. 이러한 생산요소 혹은 자산을 제공하는 업체는 현지의 경영활동에는 계약에 의한 사항 외에는 관여하거나 책임을 지지 않으며, 제공하는 자산 자체에 대한 대가만을 받게 된다. 따라서 책임과 위험이 적고 안정적 수입이 보장되지만 현지 시장에서의 통제권은 없고 투자수익의 기회도 없게 된다. 라이선싱이 이러한 진입방법의 대표적 예다.

후자의 방법, 즉 제반 생산요소와 경영자원을 하나의 패키지 형태로 이전하여 현지에서 직접 경영활동에 참여하는 가운데 제품을 생산, 판매하는 방식을 해외직접투자로 일컬어진다. 이는 기술, 특허권, 경영 노하우 등을 그 자체로서 판매하는 것이 아니라 이들을 복합적으로 이전한 후 대개의 경우 노동을 중심으로 하는 현지의 생산요소를 결합하여 현지에서 제품을 직접 생산하는 방법이다. 자신의 책임하에 경영활동이 수행되므로 위험이 수반되지만 통제권과 함께 높은 투자수익의 기회도 아울러 갖게 된다.

글로벌 경영활동을 위해서는 회사 단독으로 수출과 수입 거래선을 넓히면서 해외로 진출하는 경우도 있지만 다른 나라 기업과 제휴 내지는 합작투자를 통해서도 가능하다. 이처럼 기업활동을 해외로 확장시켜 나가는 방법은 여러 가지

그림 5-1 해외진출전략

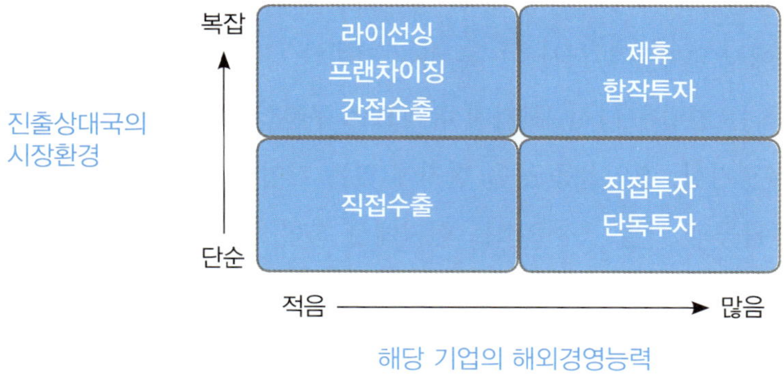

자료: 이승종 외, 「글로벌 경영」, 민영사, 2004, p.247.

가 있는데 각각의 방법이 나름대로 장·단점이 있기 때문에 기업사정이나 제품특성, 또는 국가형편에 따라 선택 또는 병용하는 것이 보통이다[2](<그림 5-1> 참조).

1. 수출·입의 개념과 동기

(1) 수입활동

경영에는 자본, 원료, 노동력, 기술 등 많은 자원이 필요한데 기업을 경영할 때 이러한 자원들을 모두 한 나라 안에서 조달하는 것이 아니라 그 자원의 원가가 싸거나 품질이 좋은 나라를 택하여 경영자원을 수입하여 사용하는 것이다. 예를 들면 부품은 기술이 좋은 한국에서 구입하여 조립은 인건비가 싼 중국에서 하면 좋다. 또는 한국의 인건비가 비싸면 원자재나 부품은 동남아에서 수입하여 사용한다. 직접 수입할 능력이 없으면 자국의 종합무역상사나 무역대리인(오퍼상) 등을 통해 반제품 또는 완제품을 간접적으로 수입하는 방식도 국제화나 세계화 전략의 초기단계라고 볼 수 있다.

수입은 기업이 제품이나 서비스를 해외 제조업체로부터 구입하여 본국 시장으로 들여오는 것으로, 외화나 화폐용 금이 국외로 유출됨으로써 결국 외화 보유고의 감소현상을 초래하게 되어 수출과는 정반대가 되는 것이다. 이렇게 보면 수입이 국민경제에 좋지 않은 영향을 끼치는 것으로 보이겠지만, 수입은 국민경제나 기업으로서 반드시 필요한 전략이나 행위로 간주하여야 한다.[3]

우리나라의 경우 예전에는 식량, 노동집약적 제품수출을 위한 원부자재 수입이 중심이었다면 최근에는 선박, 반도체, 승용차, 전자제품 등의 주력 수출품에 필수적인 에너지, 원자재, 소재부품 수입이 큰 부분을 차지하고 있다. 우리나라의 경우 자원을 수입해야 수출하는 천연자원 빈국이라는 점과 무역마찰을 완화하려면 수입을 해야 하는 입장이므로 수입에 대한 부정적인 고정관념을 버려야 한다.

---

2 이승종 외, 「글로벌 경영」, 민영사, 2004, p.247.
3 이신모 외, 「Global Business」, 두양사, 2006, p.357.

표 5-1 수출입 실적 (단위: 억 달러)

구분	금액(증감률)				
	2012	2013	2014	2015	
수 출	5,479	5,596	5,727	5,320	(-7.1)
수 입	5,196	5,156	5,255	4,400	(-16.3)
합 계	10,675	10,752	10,982	9,720	(-11.5)
무역수지	283	440	472	920	

자료: 관세청 보도자료, 한국무역협회

한국은 2011년 기준으로 수출 5,565억 달러, 수입 5,244억 달러로 무역규모가 1조 809억 달러를 기록하여 세계 9번째로 교역 1조 달러 국가에 가입하게 되었다.[4] 2012년 기준으로 수출은 5,479억 달러, 수입은 5,196억 달러를 기록했으며, 2013년 기준으로 수출은 5,596억 달러, 수입은 5,156억 달러를 기록했으며, 2014년 기준으로 수출은 5,727억 달러, 수입은 5,255억 달러를 기록하여 각종 대외악재에도 불구하고 4년 연속 무역 1조 달러를 달성했다. 하지만 2015년 기준으로 수출이 5,320억 달러, 수입이 4,400억 달러를 기록하여 무역규모 1조 달러 달성이 4년 만에 무너졌다.[5]

(2) 수출활동

수출은 전략수행이 쉬워서 소규모 기업은 물론 대부분의 기업들이 해외에 진입할 때 또는 진입한 뒤에도 가장 일반적으로 채택하는 방법이다. 여기서 수출이라 함은 특정국가에서 재화 또는 서비스를 생산하여 다른 나라로 이전하는 글로벌 경영활동을 말한다. 다만 서비스업체의 경우는 외국에 판매할 서비스를 국내에서 생산할 수 없고 기술, 자본, 인력, 기업자체 등 자신의 자원을 해외로 이전시키는 방안을 강구하여야 한다. 즉 전반적으로 대부분의 서비스는 현지 대리인이나 중개상을 통하여 전달되거나 해외 직접투자나 프랜차이징 또는 라이선싱과 같은 진입전략과 결합되어 판매된다.

4 공감코리아, "경제영토 확장…무역 1조 달러 시대 활짝"(2012.2.10).
5 노컷뉴스, "4년 만에 무역 1조 달러 붕괴"(2016.1.1).

수출이 해외시장진출의 기본전략으로서 널리 활용되고 있는 이유는 이질적인 해외시장에 처음 진출하는 기업에게도 상대적으로 적은 자원의 투입으로 판매이익은 물론 해외시장에 대한 경험을 축적할 기회를 얻을 수 있을 뿐 아니라, 다른 해외진출 전략보다 위험이 상대적으로 적어서 다른 전략과 함께 동시에 활용할 수 있기 때문이다.[6]

다른 나라보다 제품을 싸게 만들면 상대적으로 원가우위에 있다고 볼 수 있는데 이러한 제품을 생산하여 여러 나라에 수출하는 방식이다. 우리나라 대기업들은 1960, 1970년대 가발, 의류 등의 수출로 글로벌화를 꾀하였다. 그리고 글로벌화의 초기단계에는 해외에 대한 경험부족으로 해외직접투자나 제휴보다는 수출을 해가면서 서서히 그 나라의 시장과 고객에게 적응해 나가는 것이 바람직할 것이다. 직접수출도 자신이 없다면 국내에 있는 무역상사나 무역대리인 또는 우리나라를 방문한 외국 바이어 같은 수출 중개상을 통해 간접적으로 판매하는 간접수출 방식에 의해 수출을 하다가 점차 해외사업 경영에 자신이 생기면 직접수출방식으로 전환하기도 한다.

수출은 해외시장 진출의 기본적이고 용이한 방법으로서 기업이 성장하려면 해외로 진출해야 한다. 수출의 상대적 개념인 수입을 포함하여 무역이라고 한다. 국제무역은 양국 간의 이익을 도모한다. 즉 잘 먹고 잘 살기 위함이다. 생활의 질적 수준 향상이 일차적 목적이다.

수출은 특정 제조업체가 해외시장에 진출 및 개입할 때 활용할 수 있는 여러 전략적 대안 중에서도 가장 기본적인 전략이라고 할 수 있다. 다만 서비스업체의 경우에는 외국에 판매할 서비스를 국내에서 생산할 수 없고, 기술·자본·인력·기업 등 자신의 자원을 해외로 이전시키는 방안을 강구해야 한다.

산업통상자원부가 지정한 세계일류상품 숫자는 총 639개에서 661개로 22개 증가하였으며, 생산기업도 727개에서 751개로 24개가 증가했다. 이 가운데 세계시장 점유율 1위 품목은 2011년 131개에서 2012년 143개로 12개가 늘었고, 2013년 149개로 6개가 더 늘었고, 2014년 154개로 5개가 더 늘었다. 외면상으로는 개선됐으나 주요 경쟁국에 비해 한국의 세계시장 1위 품목은 그다지 많

6 이신모 외, 전게서, p.320.

그림 5-2 세계시장 점유율 1위 품목수

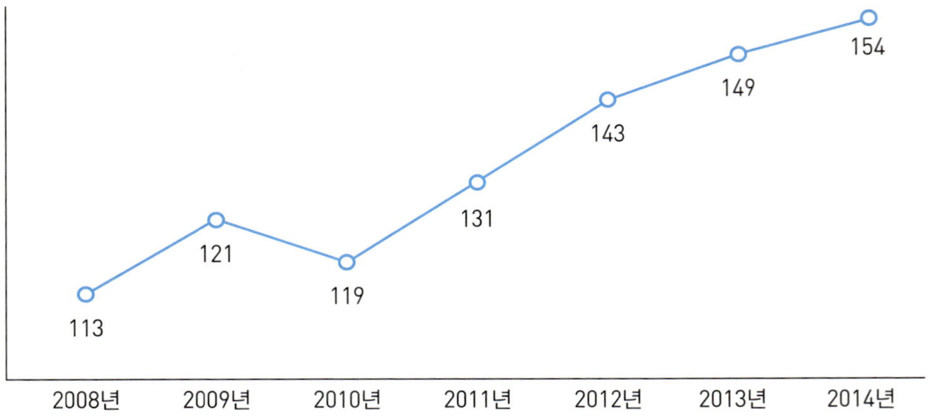

자료: 서울경제(2012.12.10)

은 편은 아니다. 현재 일류상품 중 중소중견기업 제품은 321개(67.4%)이며, 이 중 세계 1위 품목도 88개에 달하는바, 글로벌 경쟁력을 갖추고 세계시장을 누비는 중소중견기업이 절반 이상을 차지했다[7](〈그림 5-2〉 참조).

많은 신규 수출기업들은 처음 해외로 사업확장을 시도할 때 몇 개의 중대한 난관에 봉착하게 되는데, 이러한 경험은 종종 미래의 새로운 수출시도를 기피하게 만든다. 이러한 함정에는 잘못된 시장조사, 해외시장에서의 경쟁상황에 대한 이해 결여, 외국고객의 욕구에 맞지 않는 제품, 효과적인 배급계획의 부재, 판매촉진 캠페인의 미숙한 실행, 자본조달의 문제를 들 수 있다.[8]

2. 수출의 동기 및 장점, 단점

(1) 수출의 동기

기업이 수출활동을 전개하게 되는 동기에는 여러 가지가 있을 수 있다.[9]

---

7 산업통산자원자원부 보도자료(2015.12.16).

8 A. O. Ogbuehi & T. A. Longfellow, "Perceptions of U.S. manufacturing companies concerning exporting," *Journal of Small Business Management*, October, 1994, pp.37~59.

9 이승종 외, 전게서, p.249.

첫째, 과잉생산품을 처분하거나 유휴생산시설을 활용하기 위함이다.

둘째, 국내시장이 협소한 나라들의 기업이 대량생산을 통한 규모의 경제로 효율적인 생산활동을 전개하기 위해 적극적으로 해외시장으로의 진출을 꾀하는 수가 있다. 특히 고정투자와 연구개발투자의 비중이 높은 산업에서는 간접비의 흡수를 통한 원가절감의 효과를 기대하여 수출을 추진하는 경우가 많다.

셋째, 국내시장에 판매하는 것보다는 수출을 통해서 더 많은 이익을 올릴 수 있다거나 경쟁조건 등의 측면에서 해외시장이 보다 유리한 경우, 이러한 특수한 시장기회를 활용하기 위해 수출을 시도하기도 한다.

넷째, 특정한 해외시장국에서의 자사제품에 대한 시장잠재력을 시험하기 위한 수단으로서 수출이 활용되는 수도 있다. 이러한 경우 시장잠재력이 풍부한 것으로 판단되면, 기존의 해외경험을 토대로 수출을 확대하거나 해외 직접투자와 같이 보다 적극적인 방법으로 해외시장에 나서게 될 수도 있다.

다섯째, 정부가 금융, 세제, 외환관리 측면에서 특혜적인 수출지원을 하면서 일정한 수출실적을 이의 수혜요건으로 규정하고 있는 나라에서는 그러한 특혜를 활용하기 위해서 수출활동을 전개하게 되는 경우도 있다.

그 밖에 수직적으로 통합된 기업의 생산요소 이전으로 인한 수출, 외국기업의 해당국내 현지법인에 의한 수출이 있을 수 있으며, 낯선 외국환경에서 영업활동을 하는 것을 큰 위험으로 인식할 때, 경제성장률이 국가마다 상이할 때, 그리고 시장다각화의 전략을 수행할 때에도 수출을 할 수 있다.

(2) 수출의 장점

수출을 통해 해외 고객을 서비스하는 것은 역사적으로 대중적인 글로벌화 전략의 하나이이다. 기업을 수출을 통해 다음과 같은 이점을 얻을 수 있다.[10]

- 전반적 매출액 증가, 시장 점유율 향상, 종종 국내 시장보다 높은 판매 마진을 창출한다.

10 조영곤 외(역), 전게서, p.389.

- 규모의 경제를 증가시켜 단위당 제조비용을 절감한다.
- 고객 기반을 다변화하여 본국 시장에 대한 의존도를 줄인다.
- 경기변동이나 계절적 수요 변화에 따른 매출액 변동을 안정화시킨다.
- 다른 진입전략과 비교하여 위험을 최소화하고 유연성을 극대화한다.
- 기업은 반드시 목표시장에 투자를 하거나 물리적인 사업장을 설치할 필요가 없으므로 해외시장 진입비용을 낮출 수 있다.
- 해외 유통업체와 해외 사업 파트너와의 역량과 기술을 활용한다.

비용과 위험이 작고 해외 파트너를 활용할 수 있으므로 수출은 특히 중소기업에 적합하다. 예를 들어 완구업체인 오로라월드는 주문자상표부착방식업체로 출발하여 지금은 세계 최대의 캐릭터 완구시장인 미국에서 점유율 2위를 차지하였고, 러시아에서 점유율 1위를 차지하고 있다. 오로라월드가 세계 캐릭터 완구 시장에서 명성을 떨칠 수 있었던 원동력은 다름 아닌 자체브랜드 수출에 있다. 전체 생산량의 95%를 수출하고 있는 오로라월드의 자체브랜드 수출비중은 85%에 달한다. 세계 각지에서 제품을 요구하는 주문도 급증하고 있어 빠르게 성장하고 있다.

(3) 수출의 단점

진입전략으로서 수출 또한 몇 가지 단점을 가지고 있다.[11]

- 해외시장에 물리적인 사업장을 설립할 필요가 없기 때문에 경영진이 고객, 경쟁자 및 시장의 독특한 특징을 배울 수 있는 기회가 적다. 고객들과의 직접적인 접촉이 없으므로 수출업체는 현지 시장기회와 위협을 인식하지 못할 수 있고, 장기적으로 현지 시장에서 성공하는 데 필요한 지식을 습득하지 못할 수 있다.
- 기업은 수출거래를 적절히 실행하기 위해 필요한 새로운 역량을 획득하고 이에 조직 자원을 배분하여야 한다. 기업은 수출업무를 수행하기 위

11 조영곤 외(역), 전게서, pp.389~390.

해 국제 거래와 외국에서 능력을 갖춘 인력을 고용해야 한다. 경영진은 시간과 노력을 들여 화물운송, 수출거래의 문서화, 외환, 금융기법 등에 대해 학습하여야 한다. 이러한 역량의 확보로 인해 기업자원에 부담을 줄 수 있다.

- 다른 진입전략과 비교하여 수출은 관세나 환율변동과 같은 무역장벽에 훨씬 민감하다. 환율변동이 해외 구매자에게 제품의 가격 이상을 유발한다면 수출업체는 해외에서 시장을 잃을 위험에 처할 수 있다. 특히 우리나라의 경우 환율이 하락할 경우 삼성전자, LG 디스플레이, 현대·기아차 등과 같은 대표 수출기업은 수익성이 악화될 것이다. 환율이 50원만 하락해도 영업이익이 적게는 10%, 많게는 60% 이상 줄어들 것이다.[12]

3. 글로벌기업의 수출환경

수출대상국의 전략적인 선택을 위하여 기존 교역관계와 함께 다양한 경제적, 정치적 환경을 감안하여야 하며, 심지어는 대사관, 영사관, 대표부나 기타의 정부 부서들의 존재유무 등과 같은 요인들을 고려하기도 한다.

해외시장의 위험을 평가하는 것은 모든 기업에 있어서 분명히 어려운 일이다. 특히 중소기업은 해외사업 활동과 관련된 위험을 측정하기 위해 적합한 정보를 수집하고 해석하는 데 불리한 여건에 있다. 그러나 많은 전문기관, 예를 들면 은행이나 경제연구기관 등과 같은 곳에서는 특정국가의 정치, 경제, 사회 그리고 문화특성에 관련된 정보를 제공하고 있어, 이를 활용할 수 있다.

수출과 관련된 국가위험은 외국의 계약자와 상거래 시에 발생하는 제약, 규제 그리고 손실 등과 같은 위험으로 정의될 수 있다. 이러한 위험은 일반적으로 특정 해외시장 내의 정치, 경제적 요인들에 의하여 야기된다. 예를 들면 수입업자가 정시에 대금을 지불할 수 있는 능력은 수입업자의 의무수행 의지와는 상관없이 여러 가지 정치적, 경제적 요인에 따라 달라진다.[13]

---

12 시사저널, "환율 50원 내리면 삼성전자 매출 3조원 감소," 2009.9.5(1022호).

13 국제경영연구회, 「국제경영」, 문영사, 2000, pp.121~122.

표 5-2 국제거래와 관련된 위험의 유형

경제적 위험	경제 외적 위험
• 거시경제적 위험 사업주기로부터 위험발생 환위험 이전위험 • 미시경제적 위험 시장진입위험(수요위험, 경쟁위험) 시장조정위험(가격, 제품, 유통 그리고 커뮤니케이션 위험) 계약이행위험 제조위험 수송과 보관위험	• 정치적 위험 불안, 사회적 갈등, 전쟁 재화의 몰수 해외교역에 대한 정부규제(관세와 비관세무역장벽, 보조금지급 위험) • 행정위험 관료주의 정부 관료행정의 비효율성 • 문화적인 위험 언어 생활방식 • 법률적 위험 일반적인 법률환경 계약이행에 대한 법적 보호장치 계약관행 및 관습

구체적인 국가위험은 〈표 5-2〉에 경제적 위험과 경제 외적 위험으로 나타나 있다. 경제 외적인 요인은 다양한 방식으로 교역을 방해하는 위험으로 특히 정치, 행정, 문화 그리고 법률 등의 부문에서 발생한다. 경제적인 측면에 관련되는 대부분의 위험은 매우 일반적인 것이며, 기업의 수출채산성에 영향을 미치는 변수들이다.

해외에서의 위험은 내국시장과 관련되지 않은 요인, 가령 통화나 이전의 위험(특정 수입규제나 고객의 지불능력 정도) 등이나 정보의 부족에서 발생하는 요인들이다.

또한, 해외시장위험은 기업에 의해 선택된 진입방식에 따라 그 성격이 상당히 달라질 수 있다. 예를 들면, 수출이 해외에서의 생산으로 대체될 경우 이전위험은 감소하나 반대로 몰수의 위험은 증가한다.[14]

---

14 A. Zimmermann "Spezifische Risiken des Auslandsgeschafts." in E. Dichtl and O. Issing(eds.), *Exports als Herausforderung fur die Deutshe Wirtschaft*, Koln: Deutscher Instituts-Verlag, 1984, pp.105~139.

4. 수출국가의 선정단계

수출표적국가를 선정하는 데는 여러 가지 기법이 있으나 대부분 단계적인 방법을 사용하고 있다. 그중 유용한 기법은 다음과 같이 4단계로 이루어진다.

1단계: 시장기회 창출과 목표선정

첫 번째 단계는 수입국내에서의 자료수집과 모국수출과 관련된 자료의 수집이라는 2개의 주요 과정으로 이루어진다.[15]

① 해당국가 관련자료 수집

해당국가에 관련된 통계수집은 크게 두 가지 목적을 위하여 수행된다.

첫째는 수입과 수요를 결정하기 위한 것이다. 수입 및 수요와 관련된 자료수집은 금액, 상대적인 중요성 그리고 성장률을 기준으로 국가별, 제품별의 상대적인 중요성 분석에 초점을 둔다. 선진국의 수입통계는 그 국가 자체나 UN 그리고 OECD의 자료를 활용할 수 있는데 최소한 과거 3년간의 자료를 근거로 미래 수입의 수요를 예측하는 것이다.

둘째는 시장에서 현지제품의 경쟁력을 평가하는 것이다. 예를 들어 3년 이상의 기간에 걸쳐서 국내제품의 매출금액, 시장점유율 그리고 과거성장률 등에 대한 자료에 근거하여 시장점유율, 시장집중 정도 그리고 시장지배력을 평가하게 된다.

② 모국수출과 관련한 자료수집

해외시장기회를 평가하기 위해서는 해외현지국가의 수입통계와 함께 모국의 수출에 관한 분석도 필요하다.

첫째는 모국의 수출구조에 대한 평가가 필요하다. 이를 근거로 이론적인 잠재 수출능력을 추정할 수 있는데, 특히 해당국가로의 수출이 부진할 경우 수출부진 요인 규명에 도움이 된다.

둘째는 수입국에 대한 수출통계를 수집해야 한다. 이 자료는 앞에서 수집

15 이승종 외, 전게서, pp.251~254.

된 수입관련 자료를 확인하는 데 사용된다.

2단계: 해외시장기회 평가 및 수출유망업종

두 번째 단계에서는 장기적 수출시장기회를 평가하여 성공가능성이 높은 수출유망산업을 결정하기 위한 분석이 이루어진다.

① 해외시장기회의 평가

이 단계에서는 우선 1단계에서 수집된 자료에 근거하여 시장매력도를 결정하는데, 예를 들면 고·중·저로 평가할 수 있다. 시장매력도를 결정하는 방법에는 여러 가지가 있는데, G.E./McKinsey 기법에서는 시장매력도가 시장, 경쟁력, 재무/경제 그리고 사회/정치관련 변수로 결정된다.

② 수출유망 업종의 기업 결정

특정국가에서 수출 성공성이 높은 업종을 선정해야 하는데, 특히 유망수출사업과 관련하여 가능하면 모든 사업을 평가해 보겠으나, 이것은 매우 힘든 일이므로 사업의 초기 적격심사가 필요하다. 여기는 해외시장 성공의 대리변수로서 해당 업종에서의 기업의 경쟁력이 이용된다. 기업의 경쟁력으로서는 제품 차별화나 품질, 기술보호, 비용과 생산의 효율성 그리고 수직적 통합과 같은 것이 있다. 이러한 변수들은 네 개의 분야로 분류되는데 마케팅분야, 기술분야, 생산분야, 금융 및 경제분야로 나눌 수 있다.

3단계: 수출경쟁력과 해외시장기회의 연결

여기서는 G.E./McKinsey 기법과 같은 분석틀이 사용될 수 있는데 고·중·저 단계의 수출경쟁력과 시장매력도가 이루는 9개의 잠재적인 조합을 고려할 수 있을 것이다(〈그림 5-3〉 참조). 이를 근거로 수출국가의 우선순위를 결정할 수 있다.

4단계: 시장침투전략의 개발

모국기업의 국제경쟁력과 현지시장매력도에 따라 해외시장을 구분하면,

각 시장의 특성에 맞춰 시장침투전략을 개발하여야 할 것이다. 대체로 〈그림 5-3〉에서 1, 2, 4, 5, 7에 속하는 시장에 대해서는 좀 더 적극적인 시장전략이 필요하며, 그 외의 국가에 대해서는 소극적인 전략이 바람직할 것이다. 〈그림 5-3〉에서 보면 전략적 의사결정을 위해 9개의 칸은 크게 세 구역으로 나눌 수 있다. 왼쪽 상단의 세 칸(1, 2, 4)에 위치한 사업단위들은 경쟁력이 있는 사업단위이므로 투자에 의해 지속적으로 성장시켜야 할 것이고, 대각선 상에 위치한 세 칸(3, 5, 7)은 전반적인 매력도에서 중간인 사업단위들을 표시하므로 경쟁력이 있을 것으로 판단되는 사업단위들에 대해서만 선별적인 투자를 하고, 가능한 현금흐름을 증가시킬 필요가 있을 것이다. 오른쪽 하단의 세 칸(6, 8, 9)은 경쟁력이 약하거나 시장전망이 어두운 사업단위들을 나타내므로 이러한 사업단위로부터 철수하거나 최소한의 투자를 통해 현금흐름을 극대화하는 전략이 바람직하다.

그림 5-3 G.E./McKinsey 매트릭스

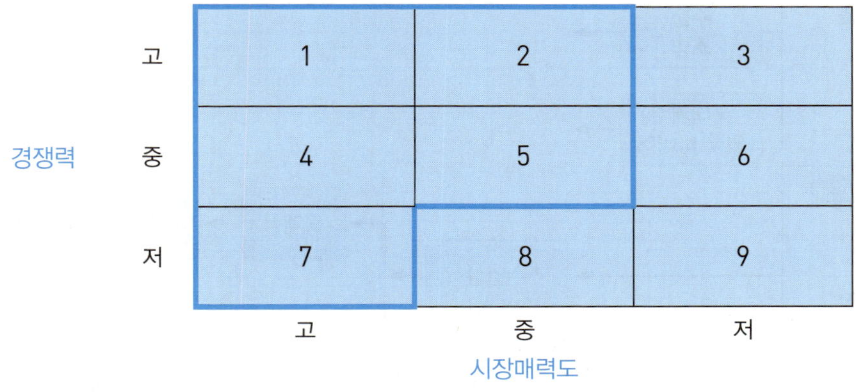

제2절 글로벌기업의 수출경로

수출은 사전단계로서의 시장조사나 거래처 접촉, 계약체결 그리고 실무적 절차인 통관, 선적, 보험 등 수출관련 업무를 기업내부 조직인 수출담당 부서가 직접 담당하느냐, 아니면 외부의 전문업체를 통해 수행하느냐에 따라 간접수출과 직접수출로 구분할 수 있다.[16]

그림 5-4 주요 수출경로

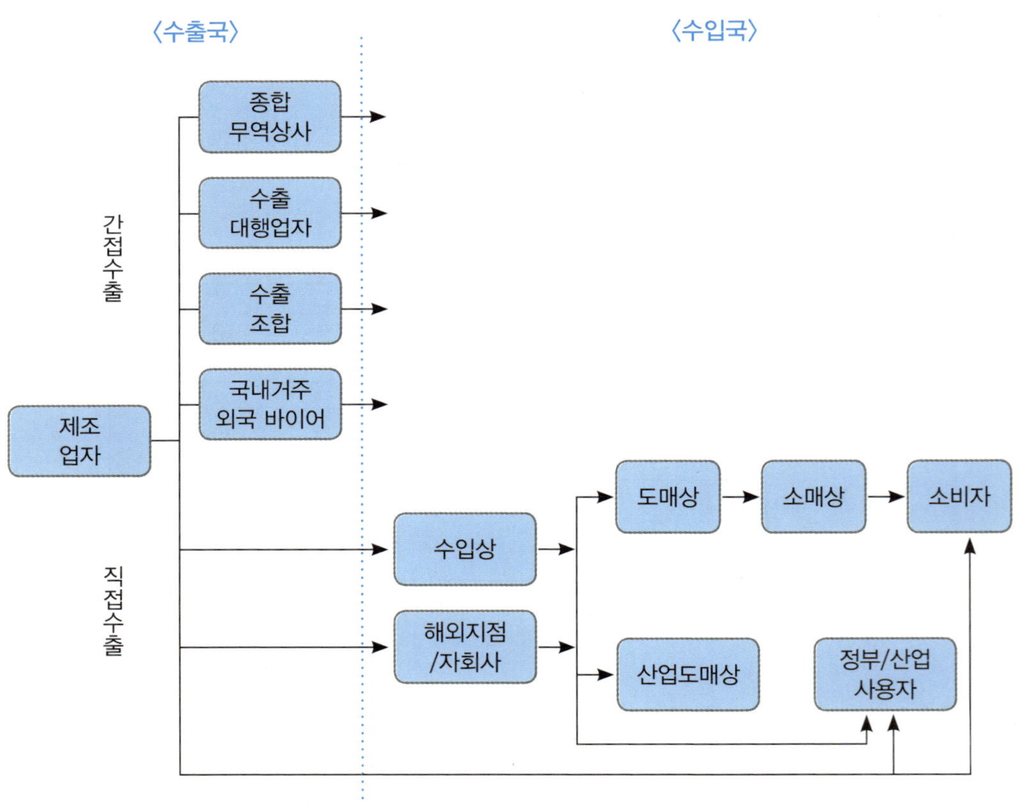

자료: 이승종 외, 전게서, p.256.

16 전용욱 외, 「국제경영」, 문영사, 2006, pp.123~125.

기업은 어떠한 동기로든 수출을 통해 해외시장에 진출하기 위해서는 우선 여러 가지 수출형태 또는 수출경로 중에서 하나를 선택해야 한다. 수출경로는 〈그림 5-4〉와 같으며, 크게 간접수출과 직접수출로 구분할 수 있다.[17]

1. 간접수출경로

간접수출이란 종합무역상사, 수출대행업자, 수출조합 또는 국내에 거주하고 있는 외국무역상 등을 통하여 수출함으로써 수출국 내에서 요구되는 수출관련기능을 제조업체가 스스로 수행하지 않으면서 제품을 해외에 판매하는 방법이다. 이러한 간접경로를 택하면 추가적인 인력이나 고정자본을 투입하지 않고도 수출판매의 이익을 향유할 수 있다. 또한 간접수출을 택하는 기업은 남보다 한발 앞서 해외시장에 진출함으로써 수출을 증대시킬 수 있을 뿐 아니라, 새로운 수출품목의 추가 내지 직접수출로의 이행도 가능하다.

구체적으로 살펴보면, 간접수출은 직접수출에 비해 다음과 같은 장점을 가지고 있다.

① 안정성: 수출업무에 전문적인 지식을 지니고 있거나 혹은 경험이 풍부한 수출중간상을 활용하기 때문에 안심하고 수출거래를 할 수 있다.

② 정보획득: 대규모 무역회사, 종합무역상사들은 세계적인 정보망과 판매망을 구축하고 있으므로 이들을 통하여 신속한 시장정보를 입수할 수 있기 때문에 시장별 수요에 맞는 상품의 수출을 증대시킬 수 있다.

③ 분쟁위험회피: 수출업체가 제조업체로부터 제품을 매입하여 자기의 계정으로 수출하는 경우에는 제조업체 입장에서 수출클레임에 따른 위험과 번거로움을 피할 수 있다.

④ 자금부담완화: 제조업체는 수출부서·해외지사 등을 운영하지 않아도 되므로 수출운영비·수출광고비·판매촉진비 등을 절감할 수 있다. 경우에 따라서는 수출업체로부터 제품생산에 필요한 자금지원을 받을 수 있다.

---

17 이승종 외, 전게서, pp.256~258.

반면에 간접수출은 직접수출에 비하여 아래와 같은 단점을 가진다.

① 통제력 약화: 간접적인 수출이므로 수출업체에게 제품을 맡긴 이후에는, 그 제품의 해외마케팅에 대한 통제권을 상실하고 어느 해외시장에서 어떤 가격으로 판매되었는지조차 알 수 없는 경우가 많다.

② 시장기회 포착 곤란: 해외고객과 직접 접촉할 수 있는 기회가 적어 독자적인 해외시장기반을 구축하기가 어렵다.

③ 소극적인 마케팅활동: 수출업체도 자체이익을 보다 중시하는 독립기업이므로 이익기회가 확실한 경우를 제외하고는 스스로 앞장서서 해외시장개척을 시도하거나 수출에 필요한 인력·비용 등을 충분히 투입하지 않는 경우가 많다. 심지어는 제조업체가 해외시장정보에 어두운 점을 악용하여 제조업체의 수입을 감소시키면서까지 지나치게 많은 이익을 올리는 수가 있다.

④ 이미지 훼손: 수출업체들은 제품수출에 따른 사전 및 사후서비스를 소홀히 함으로써 해외고객의 제조업체에 대한 명성을 손상시킬 우려가 있다.

결국 간접수출의 장·단점을 고려할 때, 간접수출은 무역실무에 대한 전문적인 지식이나 해외시장경험이 부족하여 직접수출을 할 수 있는 여건을 갖추지 못한 일부 중소기업들이 활용할 만한 해외시장 진출방법이라고 할 수 있다.

2. 직접수출경로

직접수출은 제조업체가 본사의 수출전담 부서나 계열무역상사를 통해 수출과 연관된 제반 업무와 기능을 타인에게 위임하지 않고 직접 수행하는 수출방법이다.

직접수출을 하게 되면 제조업체가 해외시장조사를 포함한 제품의 해외마케팅에 보다 적극적인 노력을 기울이기 때문에 일반적으로 간접수출의 경우보다 수출판매액이 늘어난다. 또한 직접수출을 하게 되면 제품의 유통경로에 대한 통제를 강화할 수 있고, 국제마케팅에 대한 전문적인 지식을 축적할 수 있다.

그림 5-5 해외수출경로

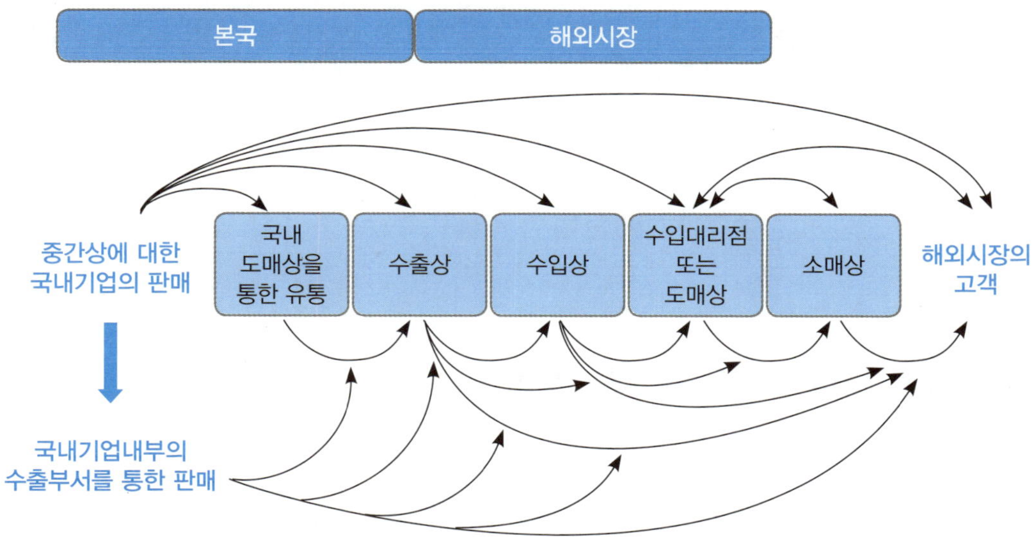

그러나 해외시장에서의 매출이 증대되면 제조업체 내에 수출을 전담하는 인원이나 부서 또는 별도의 수출전담기업을 설치해야 할 뿐만 아니라, 해외마케팅을 담당할 현지지점이나 해외 자회사까지 운영해야 할 경우도 생기므로 그만큼 수출경비도 늘어나게 된다.[18] 따라서 직접수출시에는 기업 및 제품의 특성, 목표시장의 규모와 무역환경, 수출의 상대적 중요성 등을 고려하여 기업의 목표에 가장 적합한 수출조직구조와 구체적인 수출경로를 신중하게 선택해야 한다(〈그림 5-5〉 참조).

〈그림 5-5〉에서는 해외수출경로, 즉 수출에서 조직 간 흐름을 보여주고 있다. 간접수출은 수출기업의 본국에 입지한 중개인과의 계약을 통해 이루어진다. 중소수출업체나 수출을 처음 시작하는 기업들은 일반적으로 수출업체의 본국에 위치한 수출관리회사와 무역회사를 이용한다. 이에 반해 직접수출은 일반적으로 해외시장에 입지한 현지 중개인과의 계약에 의해 이루어진다. 직접수출과 간접수출은 상호 배타적이지 않아서 기업들은 여러 해외시장에서 두 가지

18 국제경영연구회, 전게서, p.129.

방법을 모두 이용한다.

간접수출을 할 것인지, 직접수출을 할 것인지를 결정하는 데 주요 고려사항으로는 자원수준(경영진이 해외시장 개척과 개별시장에 투입하고자 하는 시간과 자본, 관리자원), 해외시장의 전략적 중요성, 판매 후 지원의 필요성을 포함한 제품 특성, 목표시장에서 유능한 현지 중개인의 이용 가능성 등이 있다.[19]

제3절 글로벌기업의 수출방식

제품 및 서비스의 수출방식에도 다양한 형태가 존재한다. 우선, 상표의 주체에 따라 OEM(Original Equipment Manufacturer) 상표, 즉 주문자상표와 고유상표 수출방식으로 분류할 수 있으며, 또한 외환의 교환이 없이도 수출이 일어날 수 있는 구상무역방식으로도 가능하다.

1. 주문자(OEM)상표의 수출과 고유상표의 수출방식

(1) 주문자(OEM)상표의 수출현황

주문자(OEM: original equipment manufacturing)상표[20]의 수출은 고유상표의 수출에 반대되는 개념으로, 공급업자는 생산에만 전념하고 OEM상표의 주체인 주문자는 상표, 광고, 유통, 시장조사 및 제품개발 등 제반 마케팅 기능을 담당하는 방식의 수출을 의미한다.[21]

OEM 수출비중에 관한 정확한 자료는 파악하기 힘드나, 실사한 자료에 의

19 조영곤 외(역), 전게서, p.392.

20 A, B 두 회사가 계약을 맺고 A사가 B사에 자사 상품의 제조를 위탁하여, 그 제품을 A사의 브랜드로 판매하는 생산방식 또는 그 제품.

21 국제경영연구회, 전게서, p.130.

하면 상표가 소비자에게 주는 촉진효과가 높은 산업만 국한하여 OEM 수출이 전체 수출에서 차지하는 비중은 50% 이상인 것으로 추정된다.

한 예로 일심글로발은 극세사를 이용한 청소용 걸레 등을 생산하는 섬유업체다. 2005년 설립된 일심글로발은 OEM(주문자상표부착생산) 방식으로 세계 36개국에 수출을 하는데, 대부분이 유통업체 PL이다. 독일 할인마트업계 '빅3'인 알디·리들·플러스가 자체 상표를 붙여 판매 중인 생활 섬유 클리너 대부분이 일심글로발 제품이다. 일심글로발은 까르푸를 비롯해 프랑스 내 16개 슈퍼마켓 체인점, 스페인 유통업체 에로스키에도 PL 상품을 납품하고 있다.

기업형태별로는 종합상사가 OEM 수출을 주도하고 있는 것으로 나타났다. 기업규모 면에서는 중소기업이 대기업보다 OEM 수출비중이 높은 것으로 나타났는데, 이는 중소기업이 자가상표 수출에 필요한 자금력·인력·조직 면에서 대기업에 비해 취약하기 때문인 것으로 판단된다. 한편 지역별로는 북미와 일본지역으로의 수출은 OEM 의존도가 높은 반면에 구주, 동남아 및 기타 지역에서의 OEM 의존도는 상대적으로 낮은 것으로 나타났다. 북미와 일본에서 OEM 수출비중이 큰 이유는 현지 유통업자가 대형이고, 타지역에 비해 영향력이 커서 우리 기업들이 해외 유통업체의 마케팅력에 의존하는 정도가 높기 때문인 것으로 추측된다.

최근엔 OEM에서 더 나아가 ODM(original design/development manufacturing), OBM(original brand manufacturing)으로 추진되고 있다. 한국콜마는 국내에서 ODM이란 용어를 처음으로 도입한 기업이다. ODM과 OEM은 다소 차이가 있다. 즉 단순주문 생산방식으로 주문자 요구에 따라 제품이나 부품을 생산、공급하는 OEM과 달리 ODM은 단순 하도급 구조에서 벗어나 제조업체가 개발、디자인한 제품을 주문자 브랜드로 공급한다. 화장품을 만드는 회사인 코스맥스도 대형 화장품업체에 ODM으로 납품하고 있다. 한국콜마가 변신을 꾀하고 있는 OBM은 ODM 방식에 더해 자체 브랜드 제품을 유통망에 공급하는 방식이다. 산업연구원은 신발산업의 비전 및 발전 전략이 차질없이 추진되면 현재 8 대 2 정도인 OEM 대 ODM(제조업자 개발, 설계 생산방식), OBM(제조업자 브랜드 생산방식) 생산 비중이 2018년에는 2 대 8로 역전될 것이다.[22]

22 EBN, "신발산업, OEM 아닌 ODM/OBM 주력해야"(2008. 9. 9).

우리나라와 마찬가지로 홍콩의 경우도 가공무역업체들은 판매, 마케팅, 디자인, 상품개발에 대한 노력과 동시에 OEM에 주로 의존하던 방식을 ODM과 OBM 방식으로 전환해 밸류체인을 확장하고 있다. 홍콩도 1980년까지는 OEM 방식만 존재했으나 그 후 ODM과 OBM방식으로 분화되었다. 홍콩기업들은 상품개발, 브랜드 론칭, 마케팅 등을 필요로 하는 OBM보다는 상품의 세부 디자인, 상품콘셉트 개발 등이 주가 되는 ODM에 더 능숙하다.[23]

(2) 주문자(OEM)상표의 수출과 고유상표 수출의 평가

일반적으로 상표는 기업의 주요 무형자산으로 평가된다. 상표에 의해 제품차별화가 이루어지며, 가격할증도 가능하다. 이러한 브랜드(brand)의 자산가치는 일반적으로 다섯 가지 요인, 즉 ① 상표 충성도, ② 인지도, ③ 품질지각도: 소비자가 인식하는 품질의 이미지, ④ 상징적 가치: 상표가 소비자에게 투영하는 상징적 이미지, ⑤ 법적인 보호 정도(예: 상표법)에 의해 결정된다.

우리 기업이 고유상표보다 OEM 상표에 의존하는 것은 우리 상표가 외국 유명상표에 비해 위의 다섯 가지 측면에서 뒤떨어지기 때문인 것으로 볼 수 있다. 특히 품질 및 상징적 이미지 그리고 상표충성도 면에서 상당한 격차가 있다고 할 수 있다.

따라서 기업들이 우리 상표를 개발하여 외국 유명상표에 상응하는 가치를 갖추기 위해서는 상표개발, 디자인, 고안 및 시장조사에 상당한 고정투자가 필요할 것으로 예상된다.

결국 고유상표와 OEM 상표와의 선택문제는 상표개발에 필요한 고정투자와 OEM 방식에 따른 변동비용과의 선택문제로 집약될 수 있다. 이 선택의 문제는 예상판매물량에 따라 결정된다.

예상물량이 적을 때는 OEM 방식이 경제적이고, 예상물량이 많을 때는 고유상표 개발이 더 경제적이다. 그 이유는 판매물량이 많으면 상표개발에 필요한 단위고정비용이 감소되기 때문이다.

---

23 중소기업수출지원센터 해외경제뉴스(http://www.exportcenter.go.kr)

우리 기업이 초기에는 투자비용을 절감하기 위해 OEM 방식을 선택하지만, 장기적으로는 고유상표가 유리하다고 할 수 있다. 이와 함께 OEM 방식은 여러 가지 면에서 문제점을 가지고 있다.[24]

첫째, OEM 상표만으로는 수출채산성에 한계가 있다. 우리가 동남아 국가들과 OEM 생산에 있어 경쟁관계에 있기 때문에 국내 생산비용의 상승에도 불구하고 가격인상을 요구하기가 어려운 실정이다.

둘째, 기술전수의 한계성이다. 생산기술이 취약했던 1970년대와 1980년대에는 OEM 방식에 의한 기술전수가 유익한 것이었으나, 전수되는 기술이 근본적으로 조립기술이기 때문에 현재 우리가 필요로 하는 설계 및 핵심기술의 전수에는 한계가 있다.

셋째, OEM 수출에 장기적으로 의존하게 되면 상품기획·광고·유통 등의 마케팅 능력을 배양할 수 있는 기회를 상실하게 된다. 현재 우리 제품의 현지 소비자가격이 FOB 가격(수출항 본선인도가격)의 3~4배가 되는 경우가 많은데, 이것은 우리가 자체 마케팅 능력이 없기 때문에 수출원가의 2~3배가 되는 부가가치를 그대로 상실하고 있다는 것을 의미한다.

넷째, 장기적 관점에서 볼 때 OEM 수출에 의한 부메랑 효과도 상당한 것으로 보인다. 즉, OEM 상표가 우리 자가상표의 잠재시장을 잠식하게 된다는 것이다. 한 예로 미국의 가전상표 에머슨은 우리의 OEM 생산에 의해 성장한 상표인데 현재 저가시장에서 우리의 최대 경쟁상표가 되어 있다.

기타 문제점으로 수주의 불규칙성과 중국·동남아산 제품과의 차별화의 결여를 지적할 수 있다.

이상의 문제점을 정리하면, OEM 수출만으로는 안정적인 시장기반을 구축할 수 없으며, 마케팅부문에서의 부가가치 창출도 불가능하기 때문에 장기적 관점에서 볼 때 고유상표 개발이 경제적이라고 할 수 있다.

---

24 이승종 외, 전게서, p.261.

2. 구상무역의 개념과 유형

(1) 구상무역의 개념

구상무역의 의의

구상무역 또는 연계무역이란 간단히 수출과 수입이 연계되는 무역거래라고 정의할 수 있다. 즉 수출자가 상품, 용역 또는 기술 등을 수출하고 이와 연계하여 수입자로부터 수출가격의 일정비율에 해당하는 상품, 용역 또는 기술 등을 대응 구매하는 무역거래의 한 형태를 말한다. 구상무역은 이와 같은 상품, 용역 또는 기술의 제공이 반드시 반대방향의 상품, 용역 또는 기술의 제공과 연계된다는 점에 그 특징이 있다.

구상무역의 역사는 인류가 생성한 이래 나타난 경제제도였으나 금융결제가 보편화되면서 점차적으로 사라졌다. 그러나 1920년대 말 발생한 대공항 이후 국제금융 결제시스템의 마비로 국제무역의 활성화 차원에서 부활되었다가 1944년 브레턴우즈(Breetton Woods) 협정에 따라 국제통화기금(IMF)과 세계은행과 GATT 체제가 확립되면서 서방 자본주의체제에서는 예외적인 수단으로 사용되어 왔다. 그러나 구상무역은 사회주의체제, 특히 사회주의권의 경제공동체인 '상호경제원조위원회(COMECON)'에서는 보편적인 결제수단으로 사용되었다.[25]

최초의 구상무역은 1960년대 자국화폐가 불환 상태에 빠져버린 소련정부와 동유럽 국가들이 해외로부터 물품을 사들이기 위해 고안한 방법에서 시작되었다. 1980년에 수입을 위해 필요한 외환 보유고가 부족했던 개발도상국에서 인기를 끌었다.[26]

이러한 구상무역이 세계무역에 차지하는 비중은 높게는 8~10%, 낮게는 2% 정도라고 추측된다.[27] 하지만 정확하게 파악되지는 않는다. 그 이유는 거의

---

25 한종만, 한·러시아 경제협력의 현황과 과제: 구상무역 촉진방안을 중심으로, 「경상논총」 제17권 2호, 1999, p.222.

26 박철순 외(역), 전게서, p.507.

27 American Countertrade Association의 추정자료. www.countertrade.org/index.htm. West. D. "Countertrade," *Business Credit*, 104, no.4, 2001, pp.64~67.

대부분의 나라들이 구상무역을 그 성격상 공개적으로 추진하기를 꺼리는 데다 무역통계 또한 구상무역에 관한 통계를 별도로 수집, 발표하고 있지 않기 때문이다.

그러나 구상무역을 추진하는 국가가 최근 크게 늘어나고 있으며 또 총무역에서 차지하는 구상무역의 비중이 크게 증대되고 있는 등 구상무역형태에 의한 대부분의 국제기관이나 구상무역에 관심을 가진 전문가들의 견해가 일치하고 있다.

먼저 구상무역을 시행하고 있는 국가를 보면 1972년에는 15개국만이 구상무역을 요청하였으나 1979년에는 27개국으로 증가하였으며,[28] 1980년대에 들어오면서 그 숫자가 크게 늘어 최근에는 일부 소규모 경제의 국가를 제외한 대부분의 국가들이 구상무역을 시행하고 있는 것으로 드러나고 있다.[29] 구상무역이 전통적으로 이루어져 왔다는 점을 감안하면 이와 같이 구상무역을 시행하는 국가가 급증한 것은 바로 그 대부분이 구상무역을 추진하는 개도국의 숫자가 증가한 것에 기인하고 있다고 볼 수 있다. 최근 구상무역에 대한 관심이 동·서 간의 교역보다는 남·북 및 남·남 간의 교역에 집중되어 있는 것은 이러한 움직임을 반영하는 것이다.

한국과 북한의 경우에 구상무역을 적용해 보면, 한국이 많이 수입하는 석탄을 북한에서 들여오고 북한에는 농기구나 비닐 등을 보내주는 식이다. 북한과의 무역거래에서 현금을 지급하는 사업은 5·24조치나 UN 제재에 위배되지만 구상무역은 비현금성 거래여서 이들 조치를 피해갈 수 있다. 현금을 북한에 주지 않으면서도 부분적이나마 남북한 산업체 모두에 활력을 불어넣을 수 있다. 수출과 내수 부진에 시달리는 국내 산업계에 도움을 주고, 남북경협 중단으로 어려워하는 대북 경협업자에게도 길을 열어줄 수 있다. 한국 기업은 북한에서 지하자원을 저렴한 가격에 가져올 수 있고, 농기구 등 관련 산업 제품을 추가 생산함으로써 새로운 시장 기회를 창출할 수 있다. 북한은 지하자원 수출에

---

28 대한무역진흥공사, 「구상무역 현황과 전망」, 1988, p.7.

29 K. W. Elderkin, & W. E. Norquist, *Creative Countertrade A Guide to Doing Business Worldwide*, Ballinger, 1987, p.38.

서 남한이라는 큰 시장을 새로 개척하는 셈으로 중국과의 수출가격 협상에서 우위를 점할 수 있다. 아울러 북한은 농업 등에 필요한 원자재를 확보해 경제 발전의 계기를 마련할 수도 있을 것이다. 구상무역은 남북 모두에 도움이 된다고 볼 수 있다.[30]

구상무역의 동기

최근 구상무역이 크게 늘어나는 이유는 무엇인가? 즉, 기업 또는 국가의 거래가 복잡하고 거래비용이 높고 위험이 수반되는 구상무역 방식을 선호하는 이유는 무엇인가? 대략 다음과 같은 동기에 의해 구상무역이 이루어진다고 보고 있다.[31]

① 외환의 부족: 세계 경기가 침체되고 개도국의 주력상품인 1차 상품의 수출가격이 떨어지며 외채부담이 늘어나면 심각한 외환부족문제가 발생할 수 있다. 이에 따라, 외환 없이 수입할 수 있는 구상무역방식이 널리 사용되기 시작하였다.

② 가격구조의 왜곡: 환율의 과대평가에 따라 가격구조가 왜곡될 수 있다. 이러한 가격구조에서는 수출이 억제되고 수입이 촉진되게 하는데, 구상무역을 통하면 이러한 가격구조의 왜곡현상을 시정할 수 있다. 왜냐하면, 구상무역에서의 가격은 교환되는 현물의 가치로 간접적으로만 산정할 수 있기 때문에 가격을 인위적으로 인상 또는 인하할 수 있는 여지가 많다.

③ 가격인하효과: ①에서 언급한 점과 관련된 것으로 계약가격이 외부에 노출되지 않기 때문에 기존 거래선과의 관계에 신경 쓰지 않고 가격인하가 가능하다는 것이다. 또한 인위적인 가격인하를 통해 관세절감 등 이전가격을 사용할 때와 같이 유사한 효과를 얻을 수 있다.

그러나 구상무역이 위와 같은 장점은 있으나, 거래방식이 복잡하여 거래

---

30 한국경제, "구상무역, 남북협력의 새모델"(2015.11.7).

31 국제경영연구회, 전게서, p.134.

비용이 높고 거래위험도 수반되는 점을 보아 구상무역의 경제성에 관하여 의문을 제기하는 학자들도 많다.

(2) 구상무역의 유형

구상무역은 위에서 본 바와 같이 간단히 정의될 수 있으나 대금지불 여부, 대금지불형태, 대응수입품목의 기술이전 여부, 계약의 수 등에 따라 바터무역(barter), 대응구매, 보상무역, 환매거래, 청산협정, 스위치 무역(switch), 상쇄무역 등 다양한 형태로 나누어지고 있다. 구상무역의 가장 전형적인 형태를 중심으로 그 특징을 간단히 살펴보면 다음과 같다.

바터무역(Barter)

바터무역 혹은 물물교환은 구상무역의 초보적인 형태의 거래로 〈그림 5-6〉에서 보는 것처럼 거래당사자 간에 대금의 결제나 화폐의 이전이 없이 특정의 상품이나 용역을 직접 교환하는 거래를 말한다. 즉 바터무역은 ① 대금의 결제나 화폐의 이전이 없으며, ② 단일계약서에 의해 두 개의 거래가 연계되며, ③ 상품의 교환이 동시에 이루어진다는 점에 그 특징이 있다.

바터무역은 국가 간에 화폐이전이 불가능하였거나 제한되었던 시대에 성행하였으며 현재는 일부 국가 간의 교역에 간혹 활용되고 있다. 하지만 몇몇 문

그림 5-6 바터무역의 형태

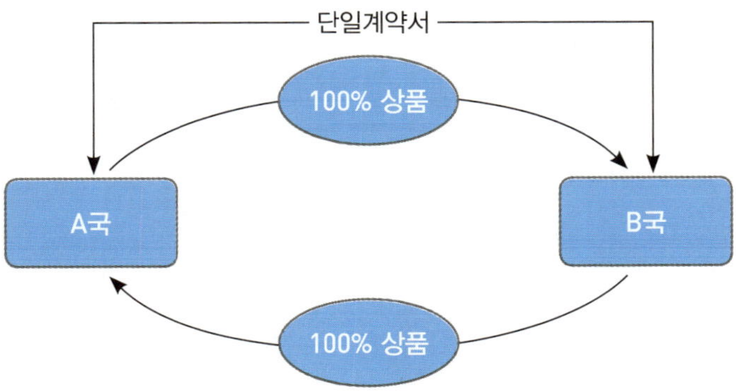

제점으로 인해 일반적으로 사용되지는 않고 있다. 물물교환의 문제점은 크게 두 가지가 있다. 첫째, 만약 제품이 동시에 교환되지 않는다면 남은 한쪽이 손실을 입게 된다. 둘째, 물물교환을 하는 기업들이 원하지 않거나 사용할 수 없는, 혹은 합리적인 가격에 되팔기 어려운 물건을 받아야 할 상황에 처할 수 있다. 이러한 이유에서 바터무역은 구상무역 중 가장 제한적인 방식이다.[32]

대응구매

대응구매는 상호구매계약으로 수출자가 수출계약가격의 일정비율만큼 수입자의 상품을 구매하는 거래형태를 말한다. 대응구매는 〈그림 5-7〉에서 보는 것처럼 바터무역과는 달리 ① 일반적으로 독립된 두 개의 계약서, 즉 수출판매계약서와 대응구매계약서로 이루어지는데 이 두 개의 독립된 계약서는 통상적으로 하나의 의정서에 의해 연결되며, ② 두 개의 거래행위가 동시에 이루어져야 하는 것은 아니며, ③ 대금지불도 별도로 이루어지며, ④ 대응구매의무를 제3국에 전가할 수 있다는 점에 그 특징이 있다.

그림 5-7 대응구매의 형태

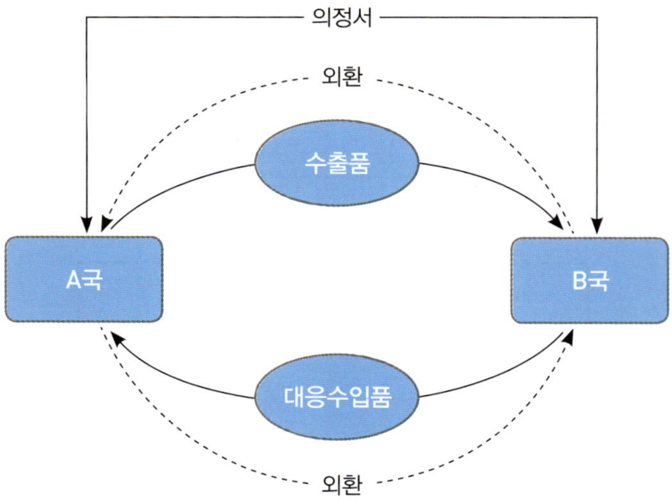

32 박철순 외(역), 전게서, pp.507~508.

보상무역

보상무역은 구상무역을 분류하는 기관, 학자에 따라 그 개념이 크게 상이하다. 즉 넓은 의미로는 모든 구상무역에 대한 포괄적 개념으로 사용되는가 하면 좁은 의미로는 수출입업자 쌍방간의 거래가 일부는 화폐로, 일부는 상품으로 결제되는 바터무역의 특수한 형태로 정의되고 있다. 이와 같이 보상무역을 협의로 보는 경우 외환거래가 발생하여 대응수입 의무를 제3국에 전가할 수 있다는 점 외에는 바터무역과 동일한 거래라 할 수 있다(〈그림 5-8〉 참조).

그림 5-8 보상무역(협의)의 형태

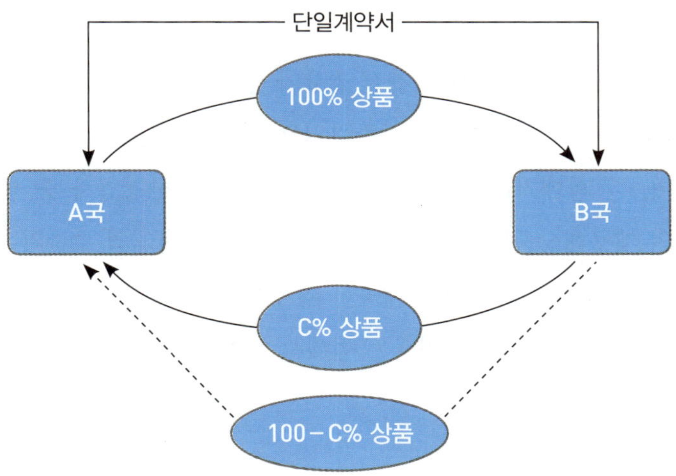

환매거래

환매거래는 수출자가 플랜트, 장비, 기술 등을 수출하고 동 설비에서 생산되는 결과재 또는 관련재를 재구매하는 형태의 구상무역을 말한다. 환매거래계약은 〈그림 5-9〉에서 보는 것처럼 대응구매계약과 마찬가지로 두 개의 독립적인 계약이 하나의 의정서로 연결되고 있다.

이러한 환매거래의 특징은 대응구매와의 차이점을 살펴봄으로써 보다 명료해질 수 있다. 즉 ① 환매거래는 재구매하는 상품이 최초 수입품에 의해 생산

그림 5-9 환매거래의 형태

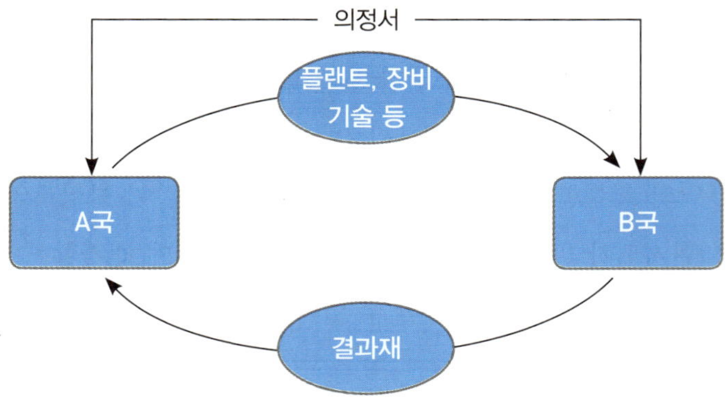

되는 결과재, 혹은 관련재인 반면 대응구매의 경우는 구매하는 상품이 최초의 수출품과 아무런 관련을 가질 필요가 없으며, ② 환매거래는 주로 장기간에 걸친 대규모 프로젝트 구매와 관련되고 이러한 과정에서 기술이전 측면이 다루어지며, ③ 환매거래는 구매업자나 구매업자의 하청업자 중 하나는 반드시 수출자의 재구매상품의 공급업자가 되며, ④ 환매거래의 수출자는 재구매품을 쉽게 처분할 수 있도록 자기가 제공한 명세서에 따라 생산할 것을 요구할 수 있는 등 생산과정을 통제할 수 있다는 점에서 차이가 있다.

쌍무무역협정과 청산협정

쌍무무역협정이란 특정한 두 나라가 양국간 상호교역의 증진 또는 양국간 무역균형을 유지하기 위하여 일정한 기간 동안 교역할 상품 및 가격 등을 미리 약정하는 무역거래형태를 말한다.

이러한 쌍무무역협정에 따른 수출입의 결제는 경화(硬貨)[33]로 이루어지나 양국 간에 외환의 사용을 회피하기 위하여 쌍무지불협정이 체결되는 경우가 있다.

청산협정이란 이러한 쌍무지불협정을 말하는 것으로 미리 청산메커니즘, 청산통화 등을 약정하고 기간이 만료되면 상호 수출입금액을 정산하는 형태의

33 금이나 다른 통화와 항시 바꿀 수 있는 화폐(달러화 따위)

무역거래를 말한다. 이 경우 쌍무지불협정에 의한 수출입은 경화로 지불되는 것이 아니라 특정한 결제통화를 사용하는 청산계정에 의해 이루어진다. 이 때 만약 거래가 균형을 이루지 못하여 한 나라가 다른 나라에 대하여 초과결제통화를 보유하게 되는 경우 청산계정은 경화로의 교환이 불가능하기 때문에 다음에 살펴볼 스위치 무역 등으로 무역불균형을 해소하게 된다.

스위치(Switch) 무역

스위치 무역은 앞서 언급한 바와 같이 청산협정과 관련하여 두 나라 사이에 청산계정 불균형이 발생하는 경우 동 불균형을 경화로 직접 결제할 수 없기 때문에 이러한 문제점을 해소하기 위하여 대두된 무역거래의 형태를 말한다.

스위치 무역의 전형적인 하나의 형태를 간단히 살펴보면 다음과 같다. 〈그림 5-10〉에서 보는 것처럼 먼저 청산계정의 흑자국 A는 적자국 B로부터 상품을 구매할 수 있는 권리로 제3자에게 양도한다. 이 때 구매권은 일반적으로 스위치교역상(switch trading house)에게 양도되는데 구매권을 양수한 스위치 교역상은 청산계정의 적자국 B로부터 상품을 구매하도록 하고 그 대금을 C국으로부터 수취한다. 스위치 교역상은 수취한 대금 중 자기의 커미션 등 수수료를 공

그림 5-10 스위치 무역의 형태

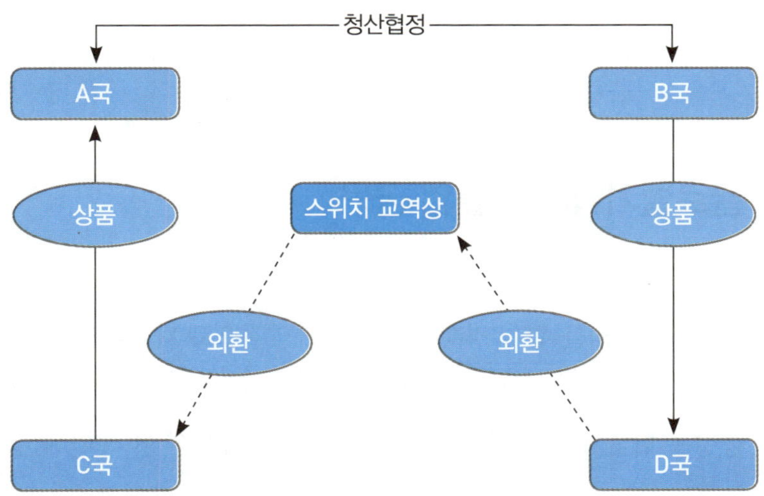

제한 금액을 당초 구매권을 양도한 A국이 원하는 상품을 공급할 수 있는 또 다른 국가, 예컨대 D국에 지불하면서 D국으로 하여금 동 상품을 A국에 공급하도록 주선한다.

스위치 무역은 이와 같이 일련의 복잡한 국제거래형태로 이루어지는데 이러한 과정에서 스위치 교역상은 청산계정의 구매권을 경화로 전환하는 기능을 담당한다.

상쇄무역

상쇄무역은 구상무역형태 중 보다 최근에 대두된 형태로서 주로 서방 선진국이 고도의 기술을 요하는 군장비, 통신장비, 전자장비 및 정부구매 물자 등을 수출하는 대가로 수입국의 상품을 구매하거나 자신의 기술, 노하우를 구매국에 이전하는 수출품의 전부 또는 일부를 현지에서 제작, 생산하게 하는 거래를 말한다. 이러한 상쇄무역은 일반적으로 거래규모가 크고 또 공동생산, 하청생산, 기술이전 등이 수반됨으로써 거래방법도 복잡하게 이루어지고 있다.

특히 상쇄무역은 무기 판매국이 구매국의 부품 및 장비를 역수입하거나 기술보호 정도에 따라 제공 가능한 기술을 이전하는 것으로, 무기거래 때의 국제관행이다. 보통 구매국이 자국에 도움이 될 수 있는 항목들을 판매국과 상호 협상을 통해 도출하는 경향이 있다.[34]

제4절 글로벌기업의 수출입 금융

복지사회를 위한 경쟁에서 가장 집약적으로 나타나는 수단이 글로벌 무역이며, 국제거래에서 보다 큰 몫을 차지함으로써 자국의 고용증대와 생활수준의 향상을 이루기 위해 노력을 기울인다. 무역금융은 양국 간에 성립하는 수출입

---

34 동아닷컴, "절충교역 이해해야 KFX 사업 제대로 보인다"(2015.12.4).

거래와 이와 관련된 국내거래 및 해외현지거래에 필요한 자금을 다른 일반금융보다 유리한 조건으로 융통함을 말한다.

일반적으로 기업의 글로벌화는 수출에서 시작하여 현지판매 또는 라이선싱의 단계를 거쳐 현지생산을 위한 해외직접투자로 이어진다. 그러나 모든 기업이 이와 같은 글로벌화단계를 거치는 것은 아니며 대다수 기업들은 해외시장으로 진출하고자 하는 경우 수출, 라이선싱 및 현지생산의 세 가지 해외시장진입방안 중 그 시점의 상황에 따라 가장 경제적인 방안을 선택하고 있다. 따라서 다국적기업이라고 해서 해외직접 투자에 의한 현지생산만을 고집하는 것은 아니며, 대다수 다국적기업의 경우 수출 또한 현지생산 못지 않은 높은 비중을 차지하고 있는 것이 사실이다.

1. 글로벌기업의 수출입 결제방법

국제무역에 있어서는 상품의 선적 및 하역에 상당한 기간이 소요될 뿐만 아니라 양국 간의 법적, 제도적 차이 때문에 외환통제위험, 정치적 위험 등의 추가적인 위험을 감수하여야 한다. 따라서 국내에서의 거래와 달리 거래당사자들은 상대방의 신용상태를 신중히 고려하여야 할 뿐만 아니라 거래기간 동안에 수출입자금을 융통할 수 있는 무역금융수단을 절실히 필요로 하고 있다.

국제무역에 있어서 이와 같은 위험관리 및 무역금융의 필요성 때문에 수출입업자는 여러 가지의 다양한 수출입대금 결제방식을 이용하고 있는데 대표적인 대금결제수단으로 선지급, 신용장, 수출환어음, 위탁판매 및 신용판매 등을 들 수 있다.[35]

(1) 선지급

수입업자가 상품대금을 현금으로 미리 지급하는 방식을 말한다. 수출업자에게는 안전하고 유리한 방식이나 수입업자에게는 불리하다. 매수인의 관점에

35 이승종 외, 전게서, pp.269~273.

서 볼 때 현금 선지급은 위험하고 현금흐름 문제를 야기할 수 있다. 수출업자가 물건을 선적하지 않을 위험이 있으므로 매수인은 현금을 사전에 지급하는 것을 주저한다. 특히 구매자가 수출업체를 잘 알지 못할 경우에는 더욱 그러할 것이다.[36] 신용도가 매우 낮은 기업, 정치적 위험이 높거나 외환통제가 극히 심한 국가의 기업에 수출하는 경우 또는 주문상품을 수출하는 경우 이외에는 잘 사용되지 않는 결제방식이다.

(2) 신용장

L/C로 축약되는 신용장은 국제거래에서 중요한 역할을 한다. 신용장이란 수입업자의 거래은행이 수입업자의 요청에 의하여 수출업자에게 일종의 지급보증을 제공하겠다는 것을 약속하는 증서로서 신용장을 개설한 은행은 수출업자가 신용장에 명시된 조건을 충족하는 한 수출업자가 동 은행을 지급인으로 하여 발행한 무역환어음을 지급할 의무를 진다. 신용장에 의하여 수출입대금의 결제는 수출업자와 신용장 개설은행 간의 계약으로서 수출업자와 수입업자 간

그림 5-11 수출업자와 신용장개설은행 간의 법률관계

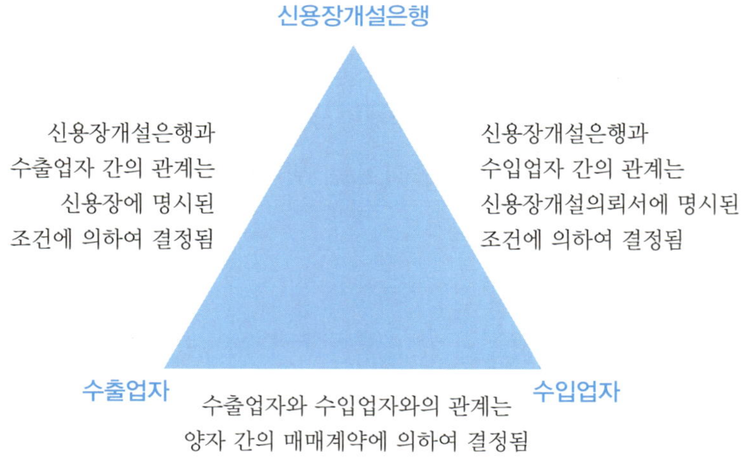

36 조영곤 외(역), 전게서, p.397.

의 매매계약과 분리된 별개의 계약관계로 성립하게 되므로 수출업자는 더 이상 수입업자의 신용위험을 부담하지 않아도 된다. 〈그림 5－11〉은 수출업자와 수입업자, 신용장개설은행의 3자간 법률관계를 잘 보여주고 있다.

신용장제도는 이와 같이 수입업자의 대금지급의무 불이행위험을 제거하여 수출업자를 보호하여 주지만 수출업자도 신용장에 명시된 모든 조건을 충족하는 경우에만 수출대금을 수취할 수 있으므로 수출업자의 계약불이행의 위험에 대하여 수입업자를 보호하여 주는 효과도 있다.

또한 신용장제도는 수입업자에게 신용장에 명시한 기간 동안 신용을 공여하는 효과를 지니고 있어 수출업자와 수입업자 쌍방에게 매우 유리한 무역금융 수단이라 하겠다. 〈그림 5－12〉는 한국의 수출업자가 미국의 수입업자에게 신용방식으로 상품을 수출하고 대금을 수취하는 과정을 도시하였다.

그림 5－12 신용장을 이용한 수출입거래절차

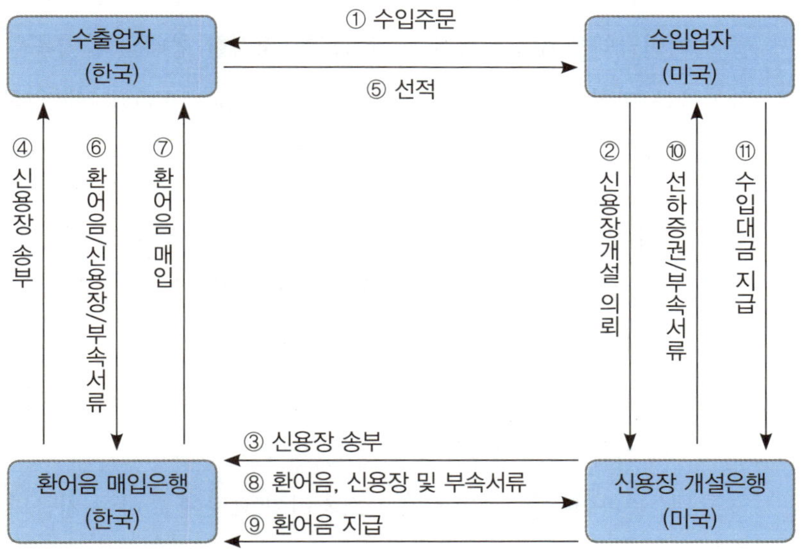

자료: Alan C. Shapiro, *Multinational Management*, Fourth ed., Allyn and Bacon, 1992, p.307.

(3) 수출환어음

수출환어음이란 수출업자가 환어음 매입은행을 수취인으로 수입업자 또는 신용장개설은행을 지급인으로 지정하여 일정한 날짜에 일정한 금액을 지급할 것을 지시하는 무역결제수단이다. 무역거래에서 환어음은 일종의 관습이 되고 있다. 이는 보통 판매자가 상품을 계좌가 열린 상태에서 운송하고, 그 후에 대금 납부 금액과 기한이 적혀 있는 상업송장이 뒤따르게 되는 국내 상품 거래와는 다르다. 국내 거래에서 구입자는 대금 지급의 의무가 있다는 것을 인정하는 공식적인 문서에 사인하는 절차없이 상품의 소유권을 획득하는 것이 일반적이다. 이와는 대조적으로 국제거래에서는 신용의 부족으로 구입자가 상품을 받기 전에 대금 지급, 혹은 지불하겠다는 공식적인 약속을 해야만 한다.[37]

수출환어음은 지급시기를 기준으로 일람출급어음과 기한부어음으로도 나누어지며, 일람출급어음은 수취인이 이를 지급인에게 제시하는 즉시 지급인이 액면금액을 지급하여야 하는 형태의 환어음을 말하며, 기한부어음은 수취인이 지급인에게 환어음을 제시한 날로부터 일정기간이 경과한 이후의 특정일에 지급이 액면금액을 수취인에게 지급하도록 지정한 형태의 환어음을 말한다. 수출환어음은 미국의 통일상법(U.S. Uniform Commercial Code)에 의하여 다음과 같은 요건을 갖출 경우 양도 가능한 유가증권이 된다.

- 수출환어음은 수출업자가 직접 작성하고 서명하여야 한다.
- 수출환어음은 수취인에게 확정금액을 지급하라는 무조건적인 약속 또는 지시가 있어야 효력을 지닌다.
- 수출환어음은 수취인의 지급요청이 있는 즉시 또는 미래의 특정 시장에서 지급되어야 한다.
- 수출환어음은 수취인 또는 소지인의 요구에 의하여 지급되어야 한다.

37 박철순 외(역), 전게서, p.502.

(4) 위탁판매

수입업자가 수입상품을 제3자에게 최종적으로 판매할 때까지 수출업자가 동 상품에 대한 소유권을 유지하는 방식을 위탁판매라고 한다. 제품이 팔리는 시점에서야 중개업체나 해외 고객은 수출업체에 대금을 결제할 의무가 있다. 이러한 접근의 단점은 수출업체가 제품에 대한 지배력을 유지하지 못한다는 점이다.[38] 위탁판매에서는 수출업자가 수출상품의 판매와 관련한 제반 위험을 감수하여야 하기 때문에 관계회사간이 아니면 거의 이용되지 않는다. 따라서 수출업자는 수입업자의 신용도와 수입국의 외환통제 위험 및 정치적 위험에 관하여 각별한 주의를 기울여야 한다. 위탁판매를 하는 수출업체는 이러한 위험에 대비하기 위해 보험에 가입한다.

(5) 신용판매

한마디로 수출업자와 수입업자 쌍방간의 합의에 의한 외상판매를 일컫는다. 수출업자에게 위험한 방식이므로 본·지사간 거래 또는 장기간 호의적인 관계를 유지하여 온 업체 간의 거래에서만 이용되어 왔다. 그러나 최근 국제무역이 급신장하였고 수입업자의 신용상태에 대한 정보획득이 용이하여졌을 뿐만 아니라 은행수수료 등의 제반 비용이 적게 들고 이용하기에 매우 편리하다는 등 여러 가지 장점 때문에 신용판매에 의한 수출입이 크게 늘어나고 있다. 신용판매의 경우에도 상대방 국가의 외환통제 위험과 정치적 위험에 대하여 신중히 고려하여야 할 것이다.

2. 글로벌기업의 무역금융

무역금융은 수출입의 단계에 따라 모든 자금의 융통을 총체적으로 포함하므로 무역의 규모가 확대되고, 글로벌 경쟁이 치열해짐에 따라 무역거래의 결

---

38 조영곤 외(역), 전게서, p.399.

제방식도 다양화되므로 이에 따라 무역금융의 종류도 다양하고 복잡하다. 무역금융은 융자시기 및 기간, 융자대상과 방법, 융자기준 등을 중심으로 구별하면 다음과 같다.

(1) 은행인수어음

어음의 인수란 일정 기간이 경과한 이후 환어음의 액면금액을 무조건 지급하겠다고 약속하는 일종의 지급보증절차를 의미한다. 인수가 이루어진 어음을 인수어음이라고 하며 인수어음은 은행이 인수한 은행 인수어음과 일반 기업이 인수한 무역업자 인수어음으로 구분된다. 은행인수어음은 유동성이 매우 높은 유가증권으로서 수입업자의 신용장개설은행은 이를 만기까지 보유하거나 혹은 국제금융시장에서 할인하여 판매함으로써 수입업자에게 상품을 판매하여 수입

그림 5-13 은행인수어음을 이용한 수출입거래절차

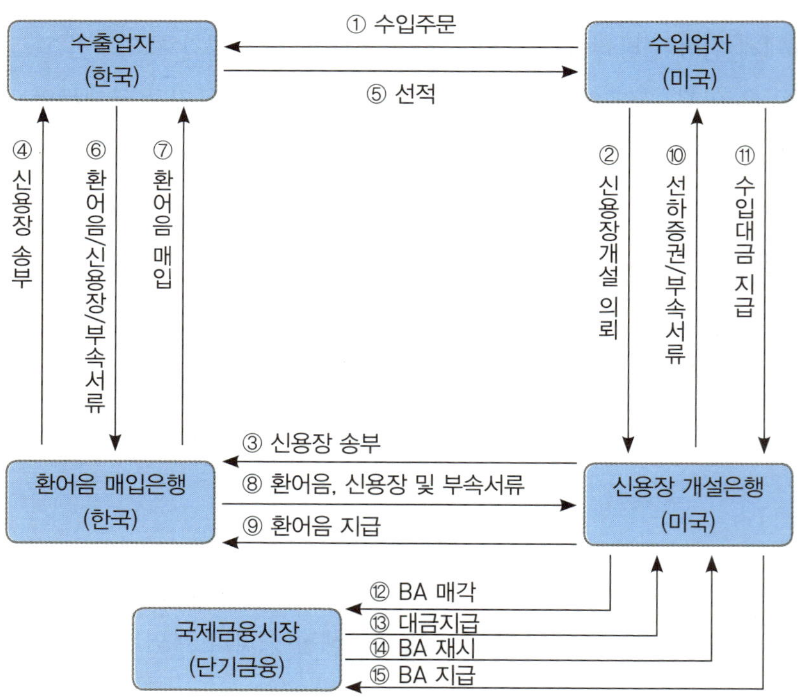

대금을 지불할 수 있을 때까지 자금을 공급해 주고 있다. 〈그림 5-13〉은 은행인수어음을 이용하여 수출입금융을 제공하는 절차를 보여주고 있다.

은행인수어음의 만기는 보통 30일, 90일 또는 180일이며 평균 90일 정도이다. 은행인수어음은 수입상품을 담보로 할 뿐만 아니라 수입업자와 인수은행의 연대로 지급을 보증하는 유가증권이므로 상업어음보다 훨씬 안전한 투자수단이므로 일반적으로 상업어음에 비하여 수익률이 낮다.

(2) 팩토링

국내팩토링

팩토링이란 전문 금융기관인 팩토링회사(팩터: factoring company or factor)가 상품의 판매자로부터 매출채권을 할인하여 매입하는 것을 말한다. 팩토링회사는 상품판매자로부터 매출채권을 매입함과 동시에 채무자의 신용위험을 전적으로 부담하게 되며 이에 따라 상품매매계약 불이행을 이유로 대금지급을 거절하는 경우에는 상품의 판매자가 대금회수의무를 부담하여야 한다. 따라서 팩토링회사는 채무자, 즉 상품의 구매자에 대한 신용조사력을 바탕으로 외상거래를 지원하는 서비스를 제공하는 금융기관이라 할 수 있다. 〈그림 5-14〉는 팩토링회사를 이용한 외상판매방식을 잘 보여주고 있다.

그림 5-14 팩토링회사를 이용한 외상판매방식

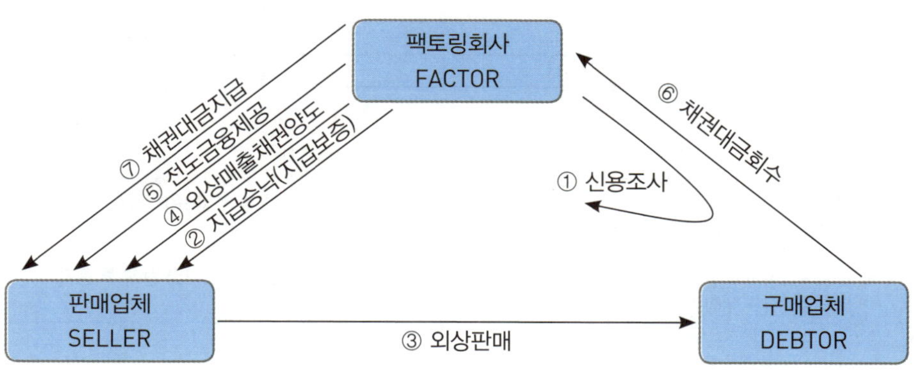

국제팩토링

국제무역거래에 있어서는 매매당사자가 지리적으로 멀리 떨어져 있을 뿐만 아니라 국가 간의 법적, 제도적 환경이 상이하기 때문에 수출업자 소재국의 팩토링회사가 수입업자의 신용상태와 지급능력을 조사하여 신용위험을 부담하기는 매우 어렵다. 따라서 이러한 문제점을 극복하기 위하여 1960년대 이후 각국의 팩토링회사들이 회원사로 참여하여 국제팩토링 취급조직을 결성하게 되었으며 이에 따라 국제팩토링 업무가 활성화되게 되었다.

각국의 팩토링회사들은 상호간 국제팩토링계약을 맺고 이에 의거 자국 내에 소재하는 수입업자의 신용위험을 인수하고, 대금추심업무를 대행하여 해외 수출업자에 대하여 국내팩토링의 경우와 같은 팩토링서비스를 제공하고 있는

그림 5-15 국제팩토링을 이용한 수출입 절차

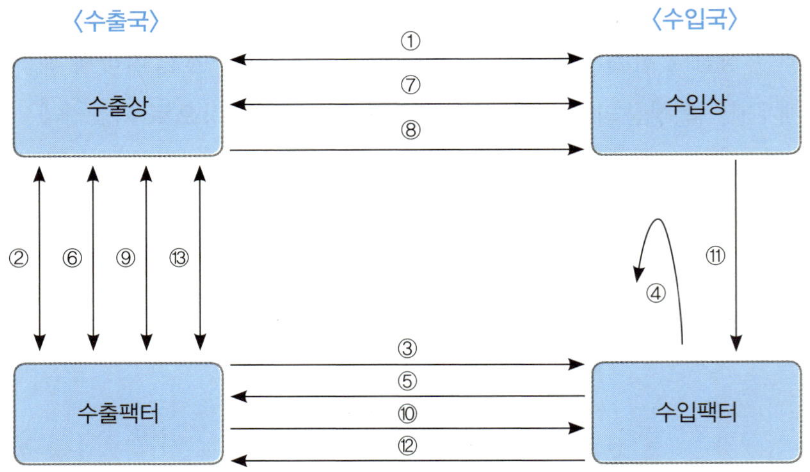

① 외상방식 수출, 수입거래상담
② 수출팩터링 거래상담, 약정체결, 신용승낙 신뢰
③ 신용승낙 의뢰
④ 신용조사 후 신용승낙 결정(필요시 수입팩토링 계약체결)
⑤ 신용승낙통지
⑥ 신용승낙통지서 발급
⑦ 팩토링방식에 의한 매매계약서 작성
⑧ 상품선적
⑨ 선적서류 매입의뢰, 매입대금지급
⑩ 선적서류 발송 및 수출채권 수입팩터에 양도
⑪ 수입대금 결제
⑫ 수입대금 송금
⑬ 회수대금과 매입대금 상계 후 통지

자료: 한국무역협회 국제무역연수원, 「국제팩토링」, 1994.6, p.5.

것이다. 따라서, 국내팩토링에서는 하나의 팩토링회사가 모든 기능을 수행하는 데 반하여, 국제팩토링에서는 원칙적으로 양국에 소재한 두 개의 팩토링회사가 기능을 분담하게 된다. 즉 국제팩토링거래는 수출업자, 수입업자, 수출국의 팩토링회사, 수입국의 팩토링회사의 4자간의 거래관계로 형성된다. 수출국의 팩토링회사는 국내의 수출업자와 팩토링계약을 맺고 수출채권을 매입하며, 이를 위해서 수입국의 팩토링회사는 수출국의 팩토링회사로부터의 신용승낙의뢰에 따라 수입업자의 신용상태를 조사하고 이에 의거 수입업자에 대한 신용위험의 인수와 관련한 신용승락을 수출국의 팩토링회사에게 통지한다(〈그림 5-15〉 참조).

수출품을 선적한 후 수입업자는 수출채권을 수출국의 팩토링회사에게 양도하고 매입을 의뢰하며 수출국의 팩토링회사는 수출채권을 수입국의 팩토링회사에게 재양도한다. 수출채권의 만기가 도래하면 수입국의 팩토링회사는 수입업자로부터 대금을 추심하고 회수한 대금을 수출국의 팩토링회사에게 지급하며 수출국의 팩토링회사는 이를 수출상에게 지급함으로써 팩토링거래는 종결된다.

포페이팅

포페이팅(forfaiting)이란 동서냉전시대에 서방기업들이 동구권의 국영기업으로부터 받은 중장기 약속어음을 할인하여 매입하는 것을 말한다. 1950년대 이후 동구권의 국영기업들은 자본재수입을 위하여 서방기업에게 5년 정도의 중장기 신용을 요구하였으나 서방기업들은 신용위험 및 정치적 위험을 감당할 능력이 없어 동서간 무역에 장애요인으로 작용하였다. 이에 동구권과 비교적 가까운 관계를 유지하여 온 스위스, 오스트리아 및 서독계 은행들이 동구권 기업이 발행한 중장기 약속어음을 매입하여 동서무역이 원활하게 이루어질 수 있도록 지원하여 주었다. 우리나라에서도 금융기관들은 신용장에 의해 발행된 환어음을 무소구조건[39]으로 매입하는 포페이팅제도를 시행하고 있다.

39 무소구조건은 만기일에 수입자가 수출대금을 상환하지 않더라도 수출기업의 귀책사유가 없으면 대금 상환청구를 하지 않는 것을 말한다.

그림 5-16 포페이팅을 이용한 수출입거래절차

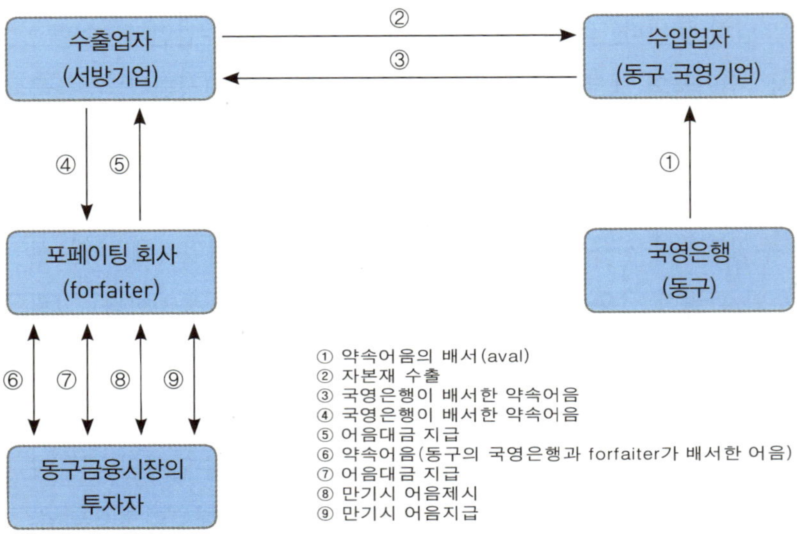

자료: G. Dufey & R. Mirus, *Financing Export and Import*, MiMeo, The University of Michigan, 1985.

이 경우 약속어음은 경화로 표시된 것이어야 하며 대부분 만기가 5년이고, 1년에 2회씩 할부형식으로 원리금을 상환하는 조건이다. 그러므로 포페이팅 회사들은 하나의 금융거래를 여러 개의 금융거래로 분리하여 각각의 약속어음에 직접 배서한 후 이를 국제금융시장에서 재판매하여 자본을 조달하여 왔다.

포페이팅을 이용하면 수출상은 약속어음 또는 환어음을 만기일 전에 포페이터로부터 대금을 수입상으로부터 지급받게 되고, 포페이터는 약속어음 및 환어음의 만기일에 대금을 수입상으로부터 회수한다. 이로써 수출상은 신용위험뿐만 아니라 환위험, 비상위험도 회피할 수 있다. 포페이팅을 이용한 무역금융 절차는 〈그림 5-16〉과 같다.

컨퍼밍(confirming)

컨퍼밍은 독립적인 기업이 판매국에서 수출 주문을 확인해주고 현지 국가의 통화로 상품 대금을 지급해주는 금융 서비스를 의미한다. 수출업체에게 컨퍼밍이란 것은 공장 설비에서 최종 소비자에 이르기까지 수출 거래 전반이 충분히 조정되고 시간이 경과하면 결제가 이루어진다는 것을 의미한다.[40]

40 조영곤 외(역), 전게서, p.401.

key point

CASE STUDY

페르시안의 마음을 잡아라! 이란시장 공략 6대 키워드

이란은 인구 8천만의 대규모 내수 시장이자 향후 5년 간 건설 부문에서 평균 6%의 성장이 기대되고 있는 잠재력이 높은 나라입니다. 특히, 경제제재 해제 후 유망시장으로 급부상하면서 이란시장에 진출하기 위한 외국 기업과의 경쟁이 치열해지고 있는데요. 하지만 이란이 한국을 자국 산업화에 적합한 파트너로 여기며 호감도가 높아 우리 기업에게 또 하나의 기회가 될 것으로 전망되고 있습니다. 이에 따라 전경련은 대통령의 이란 방문을 앞두고 이란 진출에 대한 리스크 관리와 함께 현지 기업과의 파트너십 구축 전략 등을 고려한 보고서를 제시했는데요. 그 자세한 내용을 알아볼까요?

이란시장 공략 키워드 'P.E.R.S.I.A'를 주목하라!

Partnership : 이란 기업과의 파트너십 강화

이란 정부의 자국 산업 보호정책으로 강화된 수입규제 및 고관세율 회피를 위해 이란 기업과의 합작투자 및 현지 조립생산이 유리합니다. 특히, 양국의 비교우위를 고려한 자동차 제조와 정유 산업이 합작투자 유망 산업으로 꼽히는데요. 이란 기업의 네트워크 및 시장 접근성과 한국 기업의 수출 경험과 기술력을 결합한 중동·중앙아시아 등의 제3국으로의 공동 진출 추진이 유리합니다.

Exclusive Industrial Park : 한국전용공단 조성 제안

재정이 부족한 이란 정부의 외국인 투자 유치의 필요성은 크지만, 행정규제와 인프라 미구축 등 환경 조성 능력은 부족한 것으로 나타났는데요. 2015년 세계은행 기준, 기업이 경영하기 좋은 국가 순위에서도 이란은 189개국 중 119위에 머물렀습니다. 이에 이란 정부의 한국기업 우대 정책을 유도하고 투자 애로사항을 원스톱으로 해결할 수 있는 전용 산업단지를 조성, 중동수출기지로 활용할 수 있도록 해야 합니다.

Risk Management : 위험방지장치 마련

이란시장의 가장 큰 위험요소는 핵 개발과 관련한 의혹이 다시 제기될 경우, 다시 제재가 복구되는 이른바 '스냅백' 조항입니다. 미국 재무부 산하 해외자산통제국(OFAC)에 따르면, 제재가 복원되면 그 이전에 계약한 수출입 거래나 건설 프로젝트의 기득권 보호를 기대하기 어렵게 되는데요. 따라서 이란과 관련한 국제사회 동향에 주의를 기울이는 한편, 계약서에 제재 복귀 시 배상금 없이 계약해지가 가능한 문구를 포함하는 등 사전에 위험 대응책을 마련할 필요가 있습니다.

Strengthen Financing : 파이낸싱 역량 강화

이란의 인프라 및 플랜트 발주 물량의 대부분이 건설 기업이 금융조달 계획을 세워야 하는 형태가 될 전망이 우세한데요. 하지만 우리 기업은 해외건설 수주 비중이 단순도급에 편중되어 있는 등 파이낸싱 역량이 부족한 것으로 나타나고 있습니다. 따라서 수출입은행, 무역보험공사 등의 금융지원 수단을 적극 활용하고, 민간은행이 적극적으로 참여하는 등 우리 기업의 파이낸싱 역량을 강화해야 합니다. 특히, 민간은행은 해외프로젝트 파이낸스에 대해 리스크 회피보다는 장기적인 수익원 다변화 차원으로의 인식을 전환해야 할 것입니다.

Incorporate : 국내 기업 및 경쟁국과의 협력

과거 중동 고유가 시기에 국내 건설사들의 출혈경쟁으로 저가 수주한 건설사들이 대규모 손실을 낸 경험이 있는데요. 이란 건설시장에서 이와 같은 국내 기업 간 과잉경쟁을 피하고, 외국 기업과의 치열한 수주 경쟁에서 살아남기 위한 대응전략이 필요합니다. 국내 기업 간 자율적 사전조율과 컨소시엄 구성을 통한 공동수주전략 및 가격경쟁력 확보를 위한 중국·인도 업체와의 협력, 수주확률을 높이기 위한 유럽 업체와의 컨소시엄 구축 등을 마련해야 합니다.

Absorb Consumer Goods : 소비재 시장 공략

체면을 중시하는 사회문화적 특성으로 이란인들은 건강과 외모 가꾸기에 관심이 많아 화장품, 식료품 등 관련 소비재 산업이 유망할 것으로 보이는데요. 특히, 이란 여성의 연간 화장품 지출액은 중동 평균의 4배 이상을 기록하고 있습니다. 따라서 피부톤과 취향을 고려한 특화 화장품을 개발하고, 인구 1천만 이상의 메가시티에 플래그십 스토어를 오픈하여 전략적 마케팅을 펼치는 것이 중요합니다.

이란시장 공략을 위한 전략 맵은 무엇일까?

[경제] 2020년까지 매년 4% 성장 전망

경제제재 해제 이후 원유 생산 및 수출 증가, 교역·금융 거래비용 감소, 해외 동결 자산회복 등이 주요인으로 중동 내 2위를 차지

[인구] 젊은층이 60%를 차지

전체 8천만 인구 가운데 30세 이하의 젊은 인구가 약 60%를 차지하고 있으며, 높은 교육 수준으로 숙련된 노동력 확보에도 유리

[지리] 중동 및 중앙아시아 시장 진출이 용이

중동 3개국과 중앙아시아 4개국과 국경을 접하고 있어 인구 6억 시장으로의 진출이 쉬움

[산업] 견실한 제조업 기반 국가로 높은 제조업 수출 비중

중동 최대 자동차 생산국이자 중동 제2의 석유화학제품 생산국으로, 이란 정부의 산업 다각화 정책으로 다른 중동 산유국들보다 원유 수출 의존도가 낮고 제조업 수출 비중이 높은 편이며, 향후 5년 간 건설 부문 성장률도 평균 6%로 글로벌 평균인 3%보다 높을 것으로 전망

[POINT] 제조업 부문에서 경쟁력을 활용하라!

제조업 수출 비중이 높은 이란의 특성을 바탕으로 한국이 보유한 자동차 등 제조업 부문에서 경쟁력을 발휘한다면, 양국 간 협력을 통한 공동 발전의 여지가 클 것으로 전망

빗장 풀린 이란은 성장잠재력이 풍부한 시장임이 분명합니다. 하지만 정부의 강한 시장 지배력, 외국 기업과의 경쟁 심화 등을 고려할 때 우리 기업에게 그리 호락호락하지 않은데요. 따라서 성공적인 이란시장 진출을 위해선 철저한 사전조사와 전략 수립이 필요합니다. 특히, 정부 간 교류 또한 중요한 시점에서 대통령의 이란 방문은 우리 기업의 비즈니스 기회 확대에 긍정적인 영향을 미칠 것으로 보입니다. 양국이 경제협력 기반을 조성하고 윈윈(win-win) 효과를 이루는 것, 이란시장을 공략하는 최고의 전략이 될 것입니다.

위키트리(2016.4.28)

key point
CASE STUDY

이제 아프리카의 대세는 '동아프리카'

케냐, 에티오피아, 우간다', 최근 인구 수 급증해 제조업 주목

최근 동아프리카가 새로운 아웃소싱지역으로 떠오르고 있다. 이 중 에티오피아는 낮은 생산비용, 케냐는 높은 생산성으로 경쟁력을 확보하고 있다. KOTRA에 따르면 지난해 케냐는 바지 같은 베이직 제품으로 대량 오더를 따내고 있으며 대미 수출의 58%가 바지류이다. 에티오피아도 의류 바이어들이 베이직 제품을 중심으로 한 대량 오더를 받았다. 전체 수출의 60%는 독일로 수출되며 미국 수출은 10%에 이른다.

유망 품목은 모바일·태양광·교육 중국·유럽제품과 경쟁해야 하므로, 결코 쉽지 않은 시장 "공 들여야"

아프리카 유망 시장의 판도가 바뀌고 있다. 2000년 이전까지 남아프리카공화국 등을 중심으로 발전했다면, 2000년 이후 유가가 상승하면서 나이지리아, 앙골라 등 산유국을 필두로 시장이 확대됐다. 그러다가 최근에는 유가가 크게 하락하면서 케냐, 에티오피아, 우간다 등을 중심으로 한 동아프리카가 주목을 받고 있다.

포스코경영연구소에 따르면 최근 인구수가 급증하고 정치가 타 아프리카 국가보다 안정적인 동아프리카로 투자가 몰리는 것으로 나타났다. 특히 동아프리카에 대한 외국인의 직접투자 금액이 매년 확대되면서 2014년 기준 33억3,600만 달러(케냐, 에티오피아, 우간다)에 달했다. 이는 2013년(25억 5,400만 달러)보다 30% 오른 수치이며 역대 최고치이다.

동아프리카 외국인 투자액이 급증하게 된 것은 중국, 인도 등 주요 아시아 국가의 투자 금액 확대 때문으로 풀이된다. 인도가 현지 시장 진출이 주된 목적이라면 최근 중국은 '일대일로' 사업의 일환으로 동아프리카 항만과 철도에 대한 투자액을 늘리는 모습이다. 대외경제정책연구원에 따르면 중국은 '케냐-우간다-르완다-남수단' 등 동아프리카 500km를 잇는 철도를 건설하고 있으며 '지부티-에티오피아-아디스아바바(500km)까지 달하는 철도도 만들고 있다. 이 두 사업의 들어가는 돈만 70억 달러에 달하는 등 그만큼 중국이 동아프리카 인프라 투자에 공을 들이는 양상이다.

동아프리카 국가도 자국의 경제 성장을 위한 정책을 내놓는 등 적극적인 모습이다. KOTRA에 따르면 동아프리카공동체(EAC)를 주도하는 케냐는 '비전 2030'을 내걸며 산업인프라를 개발하고 민간투자유치 환경조성에 나서고 있다. 나이로비, 몸바사 등 거점 도시를 중심으로 한 산업클러스터와 자유무역지대 조성이 바로 그 예다. 사우디아라비아 등 중동 국가와 접근성도 부각되면서 지난해 케냐의 경제 성장률은 5.4%에 달했다.

에티오피아의 경우엔 올해 자국 내 인구가 1억 명을 돌파할 예정이고 인건비도 세계 최저 수준인 월 60달러 미만인 등 이를 활용한다는 전략이다. 즉 섬유 및 의류산업 등과 같은 제조업에 집중해 경제 성장을 이루겠다는 것이다. 이와 달리 우간다는 내륙 국가이지만, 호수가 많아 어류 산업이 발달됐다. 실제로 환성(대표 장재영)은 우간다에서 민물농어를 가공해 유럽에 파는 등 동아프리카 최대 규모의 냉동 공장을 설립하기도 했다. 지금은 업종을 전환해 동아프리카 가구 시장에 독보적인 모습이다.

서상현 포스코경영연구원은 최근 대한상공회의소에 열린 '동아프리카 투자환경 및 진출전략 방안' 세미나에서 "동아프리카가 중국, 인도 등 대외 투자금액이 확대되면서 새로운 제조업 기지로 부상하는 모습"이라며 "TV, 가전, 자동차 등의 다양한 글로벌 업체가 들어와 공장을 운영하고 있다"고 밝혔다.

유망 산업 모바일·태양광·교육

앞으로도 동아프리카 시장은 유망하다는 게 전문가의 설명이다. 타 지역 아프리카 국가보다 천연자원이 적고 산업의 발달이 더뎠지만, 값싼 노동력과 쾌적한 환경조건, 제조업의 성장 등이 동아프리카 시장을 발전하게 한다는 것이다. 오는 5월 말 한국무역협회, KOTRA, 대한상공회의소, 전국경제인연합회가 '동아프리카 경제사절단'을 파견할 예정인 만큼 동아프리카 진출을 고려한 국내 업체 또한 힘을 받게 됐다.

유망 산업으로는 모바일, 태양광 등이 꼽힌다. 개발마케팅연구소에 따르면 아프리카의 2G 모바일폰 수는 약 7억 대 이상으로 집계됐다. 이 중 스마트폰 수는 최소 1억 대지만, 최근 샤오미 등 저가 제품이 70달러에 출시될 예정이라 스마트폰 수요가 급증할 것으로 보인다. 현재 아프리카 최신 2G폰은 50달러에 거래되고 있다. 이에 따라 현지 모바일 앱 시장도 확대된다는 주장이다. 특히 동아프리카 내 교육열이 높아 모바일을 활용한 교육 및 플랫폼이 유망할 것으로 전망됐다.

태양광 산업 역시 동아프리카에서 주목받는 산업 중 하나다. 동아프리카가 고지대 지형이고 태양볕도 좋아 환경적인 면에서 유리하다는 게 업계 측의 주장이다. 무엇보다 최근 태양광 발전 단가가 낮아졌을 뿐만 아니라 디젤 발전기를 직접 돌려야만 하는 현지 사정을 감안한다면 충분히 승산이 있다는 것이다.

김용빈 개발마케팅연구소 소장은 "우리나라의 경우 원자력 발전소 발전 단가보다 태양광 발전 단가가 더 높다"며 "심지어 원자력은 폐기 단가마저 발전단가에 포함되지 않기 때문에 가격경쟁력에선 원자력이 태양광보다 높을 수밖에 없다"고 밝혔다. 이어 "동아프리카 현지 내에서 TV, 냉장고 등과 같은 가전제품의 수요가 높기 때문에 비싸게 외국 발전기를 수입해 작동시키는 단가보다 태양광 패널을 설치하는 단가가 비슷한 상황"이라고 덧붙였다.

현지 모바일 시장에 대해 김 소장은 "모바일로 염소를 얼마나 더 나은 가격에 팔 수 있을지 확인하는 지역이 아프리카"라며 "그만큼 스마트폰을 활용한 사업이 유망할뿐더러 교육열 또한 높아 이를 활용한 사업도 전망이 좋다"고 강조했다.

유럽 시장 진출하는 것만큼 공들여야

동아프리카 시장이 유망한 것은 사실이지만, 여전히 정치 및 치안 문제는 국내 업체에 있어 부담이다. 아프리카 특성상 부족 정치가 심해 선거 결과에 따라 쿠데타 등 정정불안이 발생하는 일이 잦기 때문이다. 하지만 무엇보다 동아프리카 시장에 진출하는 국내 업체의 마음가짐부터 바뀌어야 한다고 전문가는 지적한다. 유럽 시장에 진출하는 노력만큼의 정성과 시간이 국내 업체에게 필요하다는 것이다. 실제로 동아프리카 내 소비재는 유럽 제품이 선점했기 때문에 사실상 유럽 업체들과 경쟁해야 하는 상황이다.

박진석 전 KOTRA 케냐무역관 부관장은 "사업적인 관점에서 쉽지 않은 시장인 것은 사실"이라며 "유럽의 식민 역사가 오래됐고 지리적 위치상 유럽에 가깝기 때문에 유럽 소비재 제품이 아프리카 시장 내에서 상당수 차지하는 상황"이라고 설명했다.

박 전 부관장은 "그럼에도 국내 업체는 아프리카 시장을 두고 쉬운 시장이라고 보는 경향이 있다"며 "시장 내에서는 유럽제품과 경쟁하고 현지 소비자의 인식도 바꿔야 하기 때문에 그만큼 공을 들여야 한다"고 강조했다. 이어 "최근 중국이 동아프리카에 투자 금액을 늘리면서 현지 내에서도 중국을 바라보는 시각이 좋아지고 있다"며 "중국과의 경쟁보다는 그 안에 틈새시장을 노리는 것도 전략 중 하나"라고 덧붙였다.

김용빈 개발마케팅연구소 소장은 "아프리카에 진출하려는 국내 업체와 컨설팅을 하다 보면 막상 시장조사와 경쟁업체만 조사한 경우가 많다"며 "내 품목을 어떻게 아프리카에 가져갈지부터 접근하는 것이 중요하다"고 설명했다. 또 그는 "동아프리카는 금액 기준으로 볼 때 전형적인 수입 시장"이라며 "KOTRA 및 관련 보고서를 참고해보면 수입을 많이 하는 품목들을 위주로 유망품목이 선정되는 경우가 많기 때문에 현지 내 운송이 취약하다는 점을 반드시 참고해야 한다"고 말했다. 이어 "중소기업이 현지 진출 시 직접 사업에 뛰어들어 성공한 사례도 있지만, 대기업과 함께 들어가는 것도 하나의 전략이 될 것"이라고 덧붙였다.

주간무역(2016.4.22)

글로벌경영론

제 6 장

해외직접투자를 통한 글로벌경영

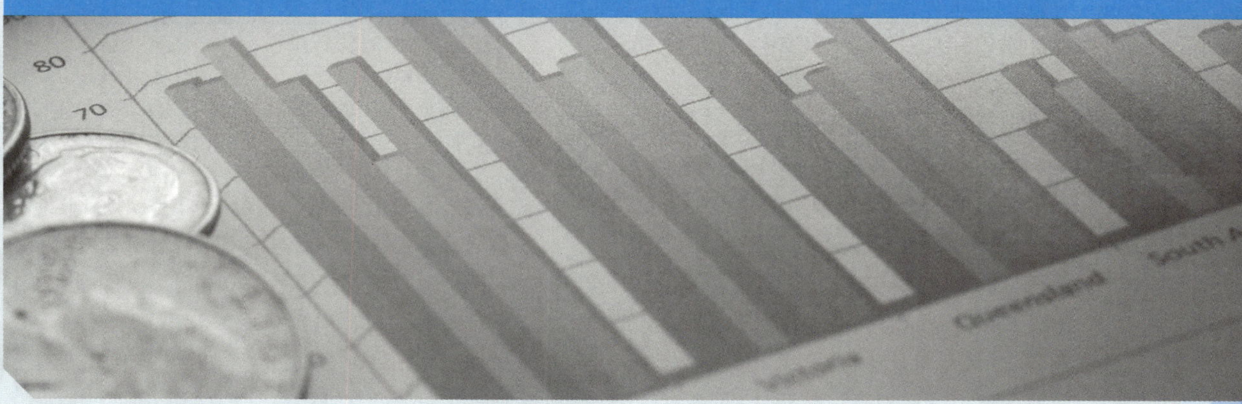

introduction
CASE STUDY

韓 외국인직접투자 증가율, 전 세계 절반에도 못미쳐…해외 추세와 엇박자

우리나라로 유입되는 해외투자 증가율이 전 세계 증가율의 절반에도 못미친 것으로 나타났다. 자국으로 투자금을 끌어들이려는 경쟁이 전 세계적으로 치열해지는 가운데 우리나라는 오히려 뒷걸음치고 있는 셈이다.

LG경제연구원은 30일 '전 세계 투자유치 경쟁 치열해지고 있다' 보고서에서 "지난 10년간 전세계 외국인직접투자는 연평균 11%씩 증가했으나 우리나라로 유입되는 외국인직접투자는 연평균 5% 증가에 그쳤다"고 밝혔다.

명목 국내총생산(GDP)대비 외국인직접투자 비중도 세계 평균에 비해 크게 뒤처졌다. 우리나라의 명목GDP대비 외국인직접투자 비중은 2010~2014년 평균 12.7%로 신흥국 평균(32.2%), 전 세계 평균(31.3%)에 크게 못미쳤다. 연구원은 "우리 주력산업들의 해외 생산 비중이 높아지고 해외 자원개발에 적극적으로 뛰어들면서 해외로 향하는 직접투자 금액은 지난 10년간 4배로 확대됐지만 국내로 유입되는 외국인직접투자는 1.6배 증가에 그쳐 우리나라는 해외투자 순유입국에서 순유출국이 됐다"고 소개했다.

특히 해외직접투자로 우리나라에서 유출되는 자금은 지난 10년간 연평균 18% 이상 증가, 선진국 평균(10%)에 비해 속도가 지나치게 빠르다고 덧붙였다. 직접투자가 늘면서 우리업체들의 해외생산 비중은 빠르게 증가했다.

보고서에 따르면 해외진출 초기에는 해외생산이 국내 고용과 수출에 긍정적인 영향을 미쳤으나 점차 그 효과가 둔화되고 있다. 보고서는 "2000년대

우리나라 외국인직접투자 비중 낮은편

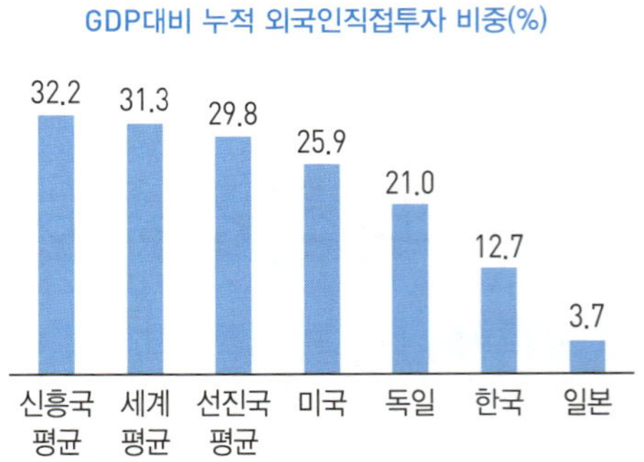

주: 10~14년 평균, 외국인투자 유입은 스톡(stock) 기준
자료: UNCTAD

초반에는 해외법인에서 필요한 인력을 국내 채용을 통해 조달함에 따라 고용이 확대되는 효과가 있었다"면서도 "최근 생산직뿐만 아니라 관리직 인력도 현지 채용 규모가 빠르게 늘면서 해외 생산을 통해 국내인력 고용이 확대되는 효과는 줄어든 것으로 보인다"고 설명했다.

침체된 국내경제 활성화를 위해서라도 외국인투자유치가 중요하다. LG경제연구원 이지선 선임연구원은 "우리 경제가 저성장 국면에 접어들면서 외국인직접투자 유치의 중요성은 더욱 확대되고 있다"며 "바이오, 항공 등 수요가 확대되고 있는 고부가가치 업종의 외국 기업들이 국내 투자를 할 경우 직·간접적으로 발생하는 기술 파급이 저성장에 빠진 국내 경제에 활력소가 될 수 있을 것"이라고 지적했다. 이 선임연구원은 "우리나라도 규제개혁, 생산여건 개선 등을 통해 해외직접투자 유치에 보다 적극적으로 뛰어들어야 할 것"이라고 당부했다.

국민일보(2016.3.30)

제 1 절 해외직접투자의 개념

1. 해외직접투자의 의의

수출이나 계약형태의 진입방법은 목표시장국 내에서의 생산활동을 위한 지분투자 없이 현지 시장을 대상으로 경영활동을 전개하는 것이다. 이에 비해 해외직접투자는 목표시장 내의 제조 및 생산시설에 대한 지분 참여와 함께 직접 경영활동을 담당하는 형태의 시장진입 방법이다. 이러한 제조 및 생산 시설은 모든 부품을 본국에서 수입하여 단순조립과정만을 거치는 조립공장으로부터 모든 생산과정을 전부 해결하는 업체에 이르기까지 다양한 형태가 있다.

기업의 해외시장 진입전략은 기업이 행사할 수 있는 통제 정도에 따라 세 가지 범주로 구분할 수 있다. 낮은 수준의 통제 전략에는 수출, 대응무역 및 글로벌 소싱이 있다. 이러한 방식에서는 상당한 책임을 해외파트너(유통업체나 공급업체)에게 위임하였으므로 해외 운영에 대해서는 통제력을 거의 갖지 못한다. 중간 수준의 통제 전략에는 라이선싱과 프랜차이징, 프로젝트에 기반한 협력사업과 같은 계약방식이 있다. 높은 수준의 통제 전략에는 국제합작투자와 해외직접투자가 있다. 기업은 해외시장에 물리적으로 사업기반을 마련함으로써 최대한의 통제력을 확보한다.[1]

해외직접투자의 요체는 복합적인 기업 자원을 패키지 형태로 이전한다는 점과 경영활동에 직접 참여하여 통제권을 행사한다는 점이다. 그런 점에서 볼 때 제품을 판매 목적으로 이전하는 수출이나 제품생산에 필요한 무형자산 자체를 이전하는 라이선싱과 구별되며, 경영참가 목적이 아닌 국제간접투자와 비교된다. 국제간접투자는 국내의 주식이나 채권 투자와 마찬가지로 이자, 배당금, 자본이득의 수취를 목적으로 외국의 증권에 투자하는 글로벌증권투자라 할 수 있다. 직접투자와 간접투자 모두 주식에 대한 투자로 나타날 수 있지만 근본적

1 조영곤 외(역), 「국제경영」, 2009, p.419.

인 차이는 주된 투자목적을 경영권 획득에 두느냐 아니면 경영참여 의사가 없는 자본이득의 수취에 두느냐 하는 것이다.[2]

해외직접투자는 일반적으로 특유의 우위요소를 보유한 투자기업이 부존요소, 우대정책 등의 면에서 장점을 갖고 있는 외국에 자본, 기술, 경영 등의 제요소를 개별적으로 판매하기보다 기업을 설립하여 내부화함으로써 거래비용을 축소하는 경우에 발생한다. 기업의 활동은 크게 생산활동과 판매활동으로 구성되며 기업의 행동원리인 이윤 극대화는 생산 비용극소화와 판매극대화를 통하여 달성된다. 다만 요소 및 생산물시장이 조직되어 있지 않거나 매우 불안정할 경우 기업은 생산 및 판매활동을 시장거래를 통하지 않고 내부화함으로써 기업활동의 장기적인 안정을 확보하고자 한다.

해외직접투자는 일반적으로 선진국기업의 시장진출형, 개발도상국가에 직접투자를 통한 무역확대형, 부족자원의 확보를 위한 자원개발형, 선진국의 첨단기술 전수를 위한 기술습득형과 자본 수익률 및 환율의 차이에 따른 자본이득을 추구하는 자본이동형을 들 수 있다.

이렇게 해외직접투자는 보호무역타개, 판매시장구축, 원자재확보, 고비용(고지가, 고임금, 고금리 및 고물류비)회피 및 선진기술습득 등의 복잡 다양한 동기에 의해 이루어지고 있다. 이윤을 추구하는 글로벌기업으로서는 세계환경변화에 적응하기 위하여 가장 중요한 전략 중의 하나라고 볼 수 있다. 즉 국경을 초월한 범세계적인 글로벌화가 가속화되는 세계화시대에 살아남기 위해 해외직접투자의 필요성이 강조되고 있다. 이에 세계 각국 기업들은 해외 직접투자를 통하여 국경을 초월한 생산과 경영활동을 확대하고 있다.

1960년대는 해외직접투자가 미국, 영국 등 선진국의 다국적기업들만이 수행하는 고유한 영역으로만 간주되었다. 그러나 21세기에 들어와서는 교통, 통신수단의 발달과 국제무역 및 투자의 자유화로 해외직접투자는 글로벌기업 경영전략에서 필수적으로 고려하여야 할 수단으로 발전하게 되었다. 국경 내에 한정하여 생산활동을 하던 시대에서 세계 전 지역을 대상으로 최적의 생산입지를 선택하는 시대로 옮겨가는 기업의 글로벌화 전략의 하나로 추진되고 있다.

2 이승종 외, 전게서, pp.325~326.

그림 6-1 해외직접투자와 해외간접투자의 구성

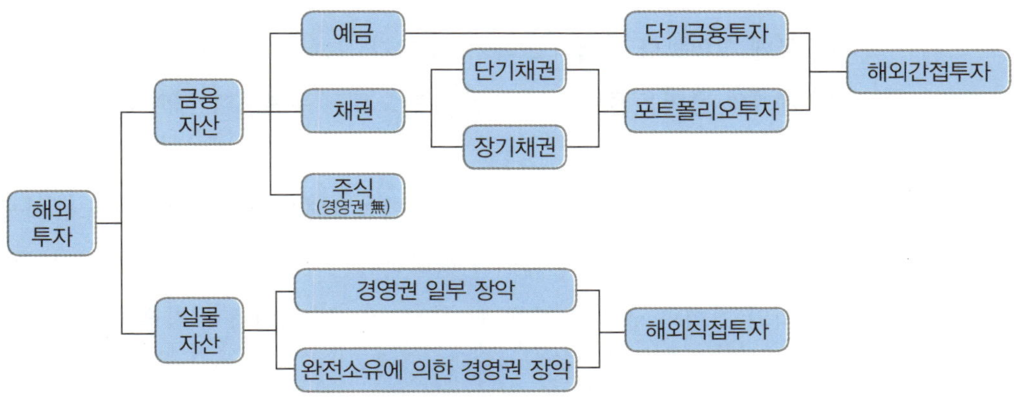

우리나라의 해외 직접투자도 최근 급격한 증가세를 보이고 있다. 삼성전자는 중국 산시성 시안에는 반도체 공장을, 베트남 수도 하노이 북쪽의 옌빙에는 휴대폰 제2공장을 짓고 있다. 미국 캘리포니아주 실리콘밸리에서는 최근 연구개발(R&D)센터 착공에 들어갔다. 현대차도 해외 생산 비중이 빠르게 늘고 있다. 현대차는 8개국에 11곳의 해외공장을 운영하고 있으며, 중국에서는 5공장 건설도 추진하고 있다.

우리나라는 지난 10년간 해외로 향하는 직접투자 금액은 4배로 늘었지만 국내로 유입되는 외국인 직접투자는 1.6배에 그쳐 해외투자 순유출국이 되었다. 선진국은 보통 순유출국인 경우가 많다. 개도국의 저렴한 노동력이나 시장 접근을 위해 자본을 투자하는 쪽이기 때문이다. 우리 경제가 개도국에서 선진국으로 도약하는 과정으로 순유입국에서 순유출국으로 변화하는 것이라는 설명이다. 하지만 문제는 유출 자금의 속도라는 지적이다. 해외직접투자로 우리나라에서 유출된 자금은 지난 10년간 연평균 18% 이상 증가했다. 대부분의 선진국 평균이 10%인 것을 감안하면 이는 매우 빠른 속도다. 반면 우리나라로 유입되는 투자는 증가세가 그리 크지 않다. 지난 10년간 전 세계 외국인직접투자는 연평균 11%씩 증가했지만 우리나라는 연평균 5% 증가에 그쳤다.[3]

3 이코노믹리뷰, "글로벌은 투자유치 경쟁가열…한국은 되레 뒷걸음질?"(2016.3.31).

해외직접투자는 경제성장 및 발전에 있어 매우 중요한 유·무형의 자산, 즉 자본, 기술, 조직 및 경영관행, 숙련, 국제시장에의 접근방법 등 변동을 수반하기 때문에 교역보다 경제적 효과가 더 크다. 특히 1990년대 들어서면서 해외시장에 재화와 용역을 공급하기 위한 수단으로서 수출보다 해외직접투자의 비중이 더 커지기 시작했다.

또한 해외직접투자는 투자하는 기업입장에서 볼 때 자본참여와 함께 경영활동에 직접 참여하고 통제권을 행사한다는 점이다. 이로 인하여 투자에 대한 이익의 기회와 권한을 갖게 되지만, 그만큼 책임과 투자손실의 위험이 수반된다.

결론적으로 해외직접투자는 대규모 자본의 유·출입과 기술·인력의 국가간 이전은 양국의 경제·사회·문화에 상당한 정도의 파급효과를 미친다. 각국 정부가 기업의 해외투자에 대해 각종 정책 수단을 통해 규제를 가하거나 유인책을 제공하는 것은 바로 이런 이유에서이다.

2. 해외직접투자의 특성

이처럼 해외직접투자의 개념에 따른 특성을 살펴보면 다음과 같다.[4]

첫째, 해외직접투자는 현지시장을 겨냥하여 해외사업에 대한 경영 지배를 하는 것이 목적이다. 따라서 단순히 자국에 물건을 대기 위하여 해외에 공장을 세우는 것, 단순히 배당이나 매매차익을 노리고 외국회사의 주식이나 채권을 사들이는 것(portfolio investment), 또는 해외마케팅만을 위해서 현지법인을 세우는 것 같은 형태의 투자는 직접투자에 해당하지 않는다. 그러나 주식투자의 경우 투자형태상 공통점이 많고 겉보기에 구분이 곤란하므로 일정 수준 이상의 주식보유를 직접투자로 보는 것이 일반적이다.

둘째, 해외직접투자는 구체적 형태면에서 단순한 화폐적 형태의 자본이동뿐만 아니라 유·무형의 경영자원, 즉 외면적으로는 경영자를 중핵으로 하고 실질적으로는 경영관리상의 지식과 경험, 특허, 노하우(know-how)는 물론 마케

4 이신모 외, 「Global Business」, 두양사, 2006, pp.370~371.

팅방법 등을 포함한 광범한 전문적·기술적 지식, 판매, 원료구입, 자금조달 등 시장에 있어서의 지위, 상표 또는 신용, 정보수집, 연구개발을 위한 조직 등의 이전을 포함한 포괄적 이전을 뜻하고 있다는 점에서 수출이나 라이선싱과 구별된다. 그러므로 해외직접투자에 따른 위험도 상당히 크기 때문에 경영자는 투자하는 경영자원의 결과로부터 예상되는 성과와 손실을 신중히 검토하여야 하며 많은 종류의 상세한 정보를 수집하여 분석할 필요가 있다. 한편 직접투자에 필요한 자본은 반드시 모기업의 거주지 국가로부터 이전될 필요는 없으며 필요자금을 현지국의 자본시장에서 조달할 수도 있다. 그러나 해외직접투자의 기본성격이 이윤동기에 의한 현지기업의 실질적 지배에 있으므로 기본속성은 자본수출에 있으며 여기에 기타 유·무형의 여러 경영자원의 수출이 복합되어 있다 하겠다.

셋째, 해외직접투자는 자본의 수출인 동시에 기업의 수출로서 한 국가의 기업이 국내지향 및 해외지향 경영에서 현지지향 및 세계지향 경영으로 전환하기 위한 필요조건인 동시에 기반이 된다. 이를 기업의 일반적인 성장과정에서 보면 기업은 생성초기단계에서는 국내시장개척에 주력하나, 기업이 성장하면서 국내 판매에서 야기되는 제 문제, 즉 시장의 제한성·경쟁의 심화 등을 해소하기 위하여 수출에 의한 해외시장개척을 도모하게 된다. 이러한 해외시장개척에 의해 기업은 수출확대기에 돌입하나, 이 시기가 지나면 수입국의 제반여건변화, 제3국과의 경쟁심화 등의 이유로 말미암아 현지생산에 의한 시장기반확보 및 생산원가절감을 추구하게 된다. 해외직접투자는 이와 같이 현지 생산기에 접어들면서 이루어지며, 따라서 해외직접투자는 글로벌기업의 발생과 성장을 위한 기반이라 할 수 있다. 해외직접투자는 기업이 현지에서 생산을 목적으로 한 투자가 이루어지는 것으로서, 이러한 생산입지를 해외 여러 곳에 지니고 있을 때 기업은 글로벌기업이 된다. 한걸음 더 나아가 기업이 세계시장을 상대로 하나의 통합적이고 유기적 경영을 수행하는 고도의 세계지향기에서도 해외직접투자는 그 기본조건이 되는 것이다.

넷째, 해외직접투자를 통해 현지국의 법률에 따라 독립법인으로서의 자회사나 합작회사를 설립한다는 것은 그 자회사가 모국본사의 관리하에 있다고 하더라도 의사결정의 거점을 현지로 이전하는 것을 의미한다. 또한 현지국 정부, 지방자치단체, 산업계, 거래처, 금융기관, 지역사회나 일반사회 등 넓은 범위에 걸쳐 있는 이해관계자와 다양한 관계를 가지게 된다. 따라서 현지국이나 지역의 일원으로서 지역발전에 공헌하는 것도 중요한 과제가 된다.

3. 해외직접투자의 배경

UNCTAD에 따르면 다국적기업의 해외 생산 비중은 지속적으로 상승하고 있으며, 해외 현지법인은 세계 GDP의 10분의 1 이상과 세계 수출의 3분의 1 이상을 차지하고 있다. 우리나라의 경우에도 대 현지법인 수출액이 총 수출의 30% 이상을 차지할 정도로 해외투자가 중요한 경제적 역할을 하고 있다.[5] 2005년 이전에 해외직접투자의 대GDP 비율이 1%를 넘지 못하였으나 최근의 투자액 규모는 GDP의 2%를 초과하는 수준으로 미국, 일본 등 보다 높으며 대외개방국가인 네덜란드에는 조금 못 미치는 수준이다.[6]

세계경제의 글로벌화는 자본과 생산의 국제화, 정보, 통신기술의 급진적인 발달과 함께 글로벌기업의 해외투자에 의해 주도되고 있으며 이와 같은 경제의 범세계화는 각국 국민경제의 생산체제에 적지 않은 영향을 미치고 있다. 세계경제의 변화에 따라 기업은 생산요소를 어디에서 어떤 방법으로 효율적으로 운영하는가에 따라 기업의 생존방식에 근본적인 변화가 요구되고 있다. 즉, 특정국의 입지요건이 더 이상 특정국만의 자원으로 활용되지 않게 됨에 따라 기업들은 다국적성을 확보하기가 쉬워졌고 이러한 다국적성을 통하여 각 지역별 요구에 보다 유연하게 대응할 수 있게 되었다. 과거에는 기업이 원가우위, 마케팅 차별화, 기술차별화라는 세 가지의 본원적 전략을 통하여 효율성, 지역별 고객요구, 기술혁신 중의 하나의 압력에만 대응하여도 세계시장에서 경쟁력을 발휘할 수 있었지만 국경이 없는 개방화시대에는 상호 배타적일 수 있는 본

5 김유신, "해외직접투자 현황 및 현지법인 경영실태," 수은 해외경제, 한국수출입은행, 2012, p.56.

6 하병기, 조재한, 한국 다국적기업의 해외생산네트워크의 대베트남 협력방안, 2015. 12.

원적 전략 전부를 동시에 달성하여야만 세계시장에서의 생존이 가능하도록 기업환경이 변화하였음을 의미한다.

이러한 국제환경의 변화는 과거 경제성장의 주요 수단으로 국내생산, 세계시장 수출전략을 사용해 온 기업들이 더 이상 동일한 전략으로 세계시장에서 경쟁할 수 없게 되어 해외직접투자가 실질적인 성장전략으로 추구되기에 이르렀다. 1980년대 중반 이후 정부의 지속적인 자유화정책과 국내외 경제환경의 변화, 특히 세계경제의 글로벌화에 따라 본국생산에 기반을 둔 수출전략만으로는 더 이상 세계시장에서 경쟁하기가 어렵게 되었다.

우리나라의 해외직접투자는 세계적인 해외직접투자의 증가 추세하에서 대내적으로 해외직접투자의 규제완화, 독점완화, 민영화, 무역과 해외투자제도 개선 등과 외환, 자본이 자유화되었고 1980년대 후반 이후 임금의 급상승과 잦은 노사분규, 물류비 및 지가의 급상승 등으로 인해 국내경영여건이 악화되었다. 대외적으로 세계경제의 통합과 지역주의 심화, 신흥경제권의 급성장 및 사회주의 국가의 시장경제체제로의 전환 등으로 새로운 투자기회가 발생하였기 때문에 더 이상 본국생산체제를 고집할 수 없게 되었다.

1990년대 구사회주의 국가들의 시장경제로의 전환, 정보화 및 세계화의 진전을 배경으로 기업들이 글로벌 경영전략을 추진하고 있는 상황에서 우리 기업들의 국제신용도가 높아짐으로써 외화증권 발행 등을 통한 해외직접투자 자금조달능력이 제고되어 급속한 해외직접투자의 증가추세의 요인으로 작용하였다. 기업의 이러한 자금조달 능력 확대는 글로벌 경영전략과 맞물려 대규모 해외투자 추진을 가능하게 하는 주요 요인으로 작용하였다.

4. 해외직접투자의 경제적 효과

해외직접투자는 긍정적 측면과 부정적인 측면의 양면성을 가지고 있어 국민경제에 미치는 영향을 일반화할 수는 없지만 국제수지, 고용측면, 산업구조 및 선진기술 습득의 측면에 투자국 및 투자유치국 경제에 여러 가지 영향을 미치게 된다.

첫째, 국제수지면에서 단기적으로 자본유출이 일어나 국제수지에 부의 효과가 있으나 장기적으로 이자, 배당 등 투자수익이 무역외 수입이 되어 국제수지개선효과를 가져오게 된다. 또한 보호장벽의 극복을 통한 수출증대, 해외 자회사에 대한 설비 및 원자재 수출 등 긍정적인 효과도 있으나 반면 해외생산으로 인한 수출대체 및 역수입에 따른 부정적 효과도 있다. 유통업의 해외직접투자는 국내 수출증대 효과를 극대화할 수 있을 것이다.

둘째, 무역에 미치는 효과는 해외직접투자로 과거의 수출이 현지생산품으로 대체되는 결과를 초래하나 현지생산을 위한 중간재나 자본재, 혹은 서비스가 유발되는 효과가 있다. 또한 해외직접투자로 저임의 노동력을 이용할 수 있어 생산비가 절감되어 기업의 경쟁력이 강화되어 매출의 증가가 발생한다. 이는 다시 현지기업의 중간재 및 서비스분야의 수입수요를 촉진시켜 투자국의 수출증대를 가져오게 된다.

수출유발효과는 해외로 생산거점을 옮겨 생산시설을 건설하는 동안 생산설비와 현지생산에 유발되는 부품, 원재료의 본국으로부터의 수출이 증가된다. 이 효과는 부품 및 반제품, 원자재 등의 현지조달이 상당 정도 진전될 때까지 계속된다. 그러나 완성재의 현지생산이 진전됨에 따라 해당제품의 본국으로부터의 수출이 감소하는 효과가 나타난다.

셋째, 해외직접투자는 투자유치국에 대한 기술이전, 교역 및 고용의 확대, 경제발전 촉진, 세계시장으로의 경제통합 등이 있는 반면 해외투자유입으로 인한 국제수지 문제가 발생하게 된다.

넷째, 고용측면에 있어서 유발수입이나 새로운 투자가 발생하는 산업부문에 있어서 고용이 증대되나 국내투자의 감소, 역수입 및 수입대체가 나타나는 산업부문의 고용은 감소하게 된다.

다섯째, 산업구조측면에 있어서 비교열위의 노동집약산업과 선진기술도입을 위한 해외직접투자는 국내산업구조의 고도화를 가져온다. 해외직접투자는 국내 사양산업의 해외 이전 및 첨단기술의 도입을 통한 산업육성으로 국내 산업구조의 고도화를 촉진하나 국내산업의 위축속도가 산업구조 고도화를 능가하면 산업공동화(hollowing out)를 초래할 수 있다. 따라서 국내 투자에 대한 여건 개선 등 사전예방을 강화해 나가야 한다.

해외직접투자가 금융 측면, 실물 측면 및 기업측면을 고려하여 볼 때, 우리나라의 해외직접투자는 경제규모에 비해 비중이 상대적으로 낮아 글로벌 경쟁력 제고를 위해서는 해외투자를 더 확대할 필요가 있다. OECD에 의하면 2013년 기준 GDP 대비 FDI 비중은 〈표 6-1〉과 같다. 지난 11년간(2004~2014년) 한국의 FDI 규모는 증가 추세에 있으나 국내총생산(GDP) 대비 비중(12.8%)은 네덜란드(76.7%), 영국(56.5%), 호주(39.1%), 미국(31.1%) 등 경제협력개발기구(OECD) 주요 선진국보다 낮다.[7] 특히 국내총생산(GDP) 대비 중국에 대한 FDI 비중도 한국이 5%로 일본(4%), 독일(2%) 등 선진국보다 높은 수준이었다.[8]

표 6-1 GDP 대비 외국인 직접투자 비중 (단위: %)

	2005	2006	2007	2008	2009	2010	2011	2012	2013
일본	2.2	2.5	3.1	4.2	4.0	3.9	3.8	3.5	3.5
한국	12.4	12.2	11.6	10.2	14.5	13.2	12.0	13.8	13.7
이탈리아	12.5	15.7	17.7	14.2	17.3	16.0	16.2	18.1	19.5
미국	14.3	15.5	16.2	16.3	16.6	17.5	18.5	18.8	18.9
터키	14.8	17.9	24.0	11.0	23.4	25.6	17.6	23.8	17.7
독일	23.4	28.8	30.5	25.6	29.4	29.2	26.3	29.3	29.2
멕시코	27.1	27.8	28.6	22.7	34.2	34.6	24.4	30.6	30.9
호주	32.5	36.9	39.7	29.2	43.5	40.9	36.4	39.1	37.1
영국	36.7	45.6	43.0	35.8	50.0	50.6	48.1	59.9	63.3
네덜란드	75.1	81.6	98.0	74.1	80.9	75.4	73.0	81.1	83.7
칠레	60.3	51.9	57.4	55.3	72.4	71.2	67.4	72.9	73.4
헝가리	55.4	71.2	70.1	57.1	78.0	71.2	62.2	83.0	85.3

자료: OECD, 「http://stats.oecd.org」(2014.9).
e-나라지표

7 한국경제, 나눠먹기식으로 지정한 경제특구, FDI 허브 어림없다(2016.1.27).
8 연합뉴스, 한국 금융권, 대중국 위험 노출액 비중 세계 최고(2015.9.30).

5. 해외직접투자의 방법

(1) 단독투자와 합작투자

해외 직접투자를 하는 데 있어서 글로벌기업의 입장에서는 어떠한 방법을 선택하느냐 하는 것은 매우 중요한 사안이다. 일반적으로 직접투자의 구체적인 투자방법은 합작투자, 신설투자, 인수·합병의 세 가지로 나누어 볼 수 있다.[9]

단독투자는 지분 전체를 보유하고 100% 통제권을 행사할 수 있기 때문에 경영권을 장악하고 투자 이익도 독점할 수 있는 장점이 있다. 그러나 그런 만큼 위험부담 역시 커지게 되며, 제품·산업 분야와 투자 대상국에 따라서는 단독투자를 허용하지 않거나 합작투자에 비해 불이익을 주는 경우도 있다.

이에 비해 투자지분을 다른 기업과 공유하는 합작투자는 과도한 투자비의

표 6-2 투자유형별 투자동기의 선택

	단독투자	합작투자	인수 및 합병
자원확보	자사 자금력 충분 낮은 개발위험 자체수요확보	현지정부의 규제 높은 개발위험 합작선의 경험 및 판매망 이용	기확보된 개발권 개발 노하우 보유
생산효율(원료)	특허 등 유출기피 고수익 목적 자금 충분	현지정부의 규제 현지 시장침투 합작선의 자금 및 지명도	설비의 조기확보 현지설비 추가곤란
생산효율(노동)	현지합작선 능력부족 본사의 종속적 위치 설계중심의 생산	합작선의 인력확보유지 현지시장확보 현지정부 기술이전요구	기설치된 설비이용 진출시간 단축
시장확보	기판매기반 확보 중요한 전략적 거점 노하우 유출기피	합작선의 시장기반 현지 인력통제 필요	판매망 이용 브랜드 활용
기술획득	본사의 통제 필요 상대국의 기술이전 기피 본사 인력의 훈련	벤처기업참여 자금부족 공동사업	전문인력, 특허확보 연구개발 활용
기술수출	노하우 유출기피 고수익 기대 기술적 우위	합작선의 자금, 토지이용 보편화된 기술이전 점차 사업축소	–

9 장세진, 「글로벌 경영」, 박영사, 2011, p.242.

부담을 줄임과 동시에 적절한 합작선의 선정을 통해 자신의 약점과 부족한 부분을 보완해 줄 수 있는 장점을 가지고 있다. 사실상 합작투자는 정부 규제에 따라 단독투자가 불가능하거나 제한이 가해지는 경우를 제외한다면 상호 보완관계에 있는 두 기업의 결합이라 할 수 있다.

투자기업의 입장에서 볼 때 자신의 약점이란 자본과 경영자원의 상대적 부족, 투자 대상국의 현시사정에 대한 경험과 이해 부족 등을 예로 들 수 있다. 경우에 따라서는 외국기업이라는 사실 자체가 현지 국민들에게 부정적 이미지를 줄 수도 있다. 이 중에서도 현지의 전반적인 환경에 대한 이해 부족이나 공급자, 고객, 노조, 은행, 정부관리 등과의 인간적 관계를 포함한 현지 경영관행에 대한 경험 부족은 외국기업으로서 피하기 힘든 약점이 된다. 이런 경우 적절한 현지 기업을 투자 파트너로 삼아 합작기업을 운영한다면 많은 문제가 해결될 수 있는 것이다.

그러나 이상적인 합작투자는 항상 '적절한' 파트너의 선정이라는 쉽지 않은 과제의 해결을 전제로 한다. 또한 양자의 이해가 일치하여 이상적인 관계로 출발했다 해도 시간의 흐름에 따라 이해가 상충될 가능성이 항상 존재한다. 경영권을 분담하므로 효율적인 의사결정이 어려울 수 있고 독자적인 기술과 노하우가 합작선을 통해 외부로 유출될 위험도 있다. 투자이익을 나누어야 한다는 점도 단점이 될 수 있다. 이러한 문제들 때문에 일단 합작형태로 진출했다가 현지시장에 대한 이해와 경험이 축적되면서 단독투자로 전환하는 사례가 많이 나타나고 있다.

(2) 신설투자와 인수·합병

위에서 설명한 단독투자와 합작투자와의 구분이 지분확보 비율에 따른 것이라면 신설과 인수·합병은 투자대상 기업의 출발형태에 따른 구분이다. 즉 신설이란 기업을 처음부터 새로 세우고 경영활동을 전개하는 것을 말하며, 인수·합병(M&A: merger and acquisition)은 이미 존재하고 있는 현지시장국 내의 기존 기업 경영권을 확보하는 형태의 해외직접투자이다.

신설은 기업의 설립과 그 후의 경영활동 모두 자신의 계획에 따라 새롭게 진행할 수 있는 장점이 있는 반면, 시간적으로 오래 걸리고 자금부담도 커질 수 있는 단점을 가지고 있다. 예를 들어, LG전자가 브라질 마나우스 공장을 조성한 경우가 해당된다. 이에 비해 기존 기업의 인수는 비교적 짧은 시간 안에 사업을 전개할 수 있다는 장점이 있다. 인수조건의 협상에 따라서는 자금 부담을 경감할 수도 있다. 매각대상으로 나와 있는 기업은 어려운 상황에 처한 경우가 많아 협상력의 열세를 보일 수 있기 때문이다. 또한 기존 기업이 가지고 있는 기술, 인력, 유통망, 거래관계, 마케팅 능력 등의 제반 자원을 활용할 수 있는 장점도 있다. 예를 들어 삼성이 네덜란드 에인트호번에 있는 디스플레이 연구개발 전문기업인 리쿠아비스타(Liquavista)를 인수한 경우이다.

그러나 인수는 이러한 자산으로서의 측면뿐만 아니라 기존 기업의 문제점이나 결점 등의 부채 측면을 그대로 매수하는 것이므로 세심한 사전 조사가 필요하다. 또한 기존 기업이 보유하고 있던 유능한 기술 및 경영인력을 적절한 동기부여와 함께 효과적으로 유지, 관리해야 한다는 점도 기업 인수의 중요한 과제가 된다. 인수 후 그러한 인력이 다른 기업으로 유출된다면 인수의 효과가 감소되기 때문이다.

합병은 두 기업이 합쳐 새롭고 더 큰 기업으로 탄생하는 인수의 특별한 유형이다. 합병에서는 기업들이 상대적으로 동등한 기반에서 그들의 사업을 통합할 수 있으므로 규모가 비슷한 기업들 간에 보다 일반적이고 보편적으로 사용된다. 예를 들어 아마존이 자포스를 합병한 경우이다. 합작투자와 같이 합병은 파트너 간 학습, 자원공유, 규모의 경제의 증가, 중복 활동 제거로 인한 비용절감, 판매와 시장지배력을 확대하기 위한 폭넓은 범위의 제품과 서비스의 제공 등을 포함하여 많은 긍정적인 결과를 발생시킬 수 있다. 문화, 경쟁정책, 기업가치, 운영방법 등의 측면에서 국가적 차이로 인해 국제 합병에는 많은 어려움이 발생한다. 합병을 성공하기 위해서는 매우 고도화된 조사 연구, 계획 및 실행이 요구된다. 철저한 선행조사와 함께 계획을 치밀하게 준비하고 실행으로 옮겨야 한다.[10]

---

10 조영곤 외(역), 전게서, p.428.

6. 해외직접투자 입지 선정의 고려 요인

오스트레일리아, 벨기에, 영국, 캐나다, 독일, 네덜란드, 미국과 같은 선진국들은 높은 국민 1인당 소득, GDP 성장률, 많은 지식근로자 및 우수한 사업 인프라(통신망, 에너지 자원 등) 등의 이유로 인해 해외직접투자의 주요 대상국이 되어 왔다. 하지만 최근 수년 동안, 신흥시장과 개발도상국들이 해외직접투자의 주요 입지로서 주목을 끌고 있다. 특히 중국과 인도가 매력적인 국가로 대두되고 있다.

〈그림 6-2〉에서는 해외직접투자의 잠재적 대상 후보지로 국가를 평가함에 있어서 기업이 이용하는 기준을 제시하고 있다. 일반적으로 해외직접투자의

그림 6-2 해외직접투자 입지 선정 시 고려요인

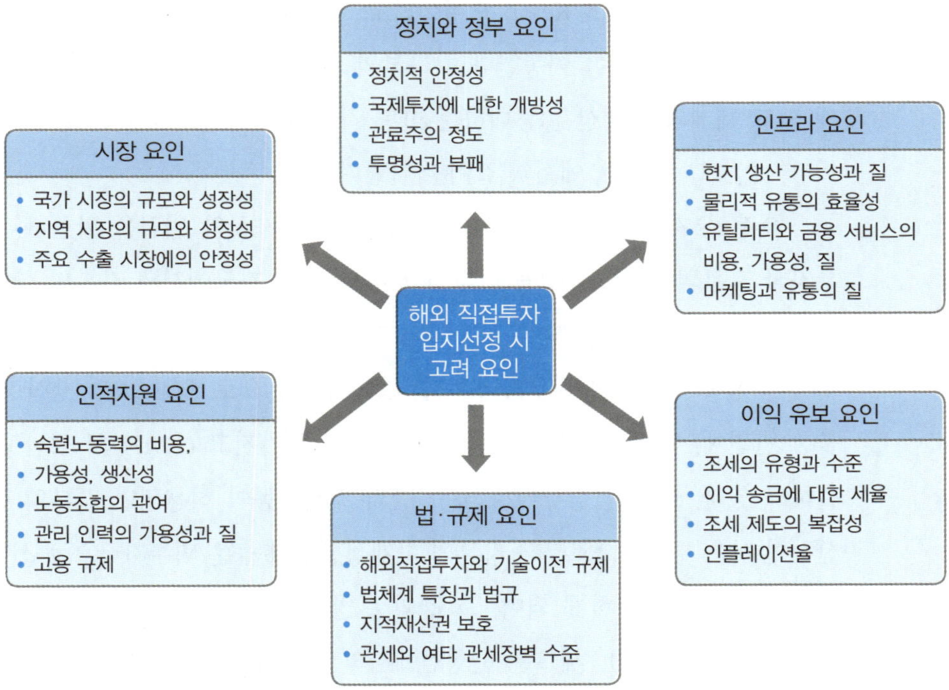

자료: F. R. Root, *Entry Strategies for International Markets*, John Wiley & Sons, 1994.

입지 선택은 여러 기준을 종합적으로 고려하여 결정한다. 최근 동유럽 국가들은 물리적으로 그리고 심리적으로 방대한 유럽연합(EU) 시장에 가까워 다양한 제품 판매의 유망시장으로 급부상하고 있다.[11]

제2절 해외직접투자의 제 이론

1. 자본의 한계생산성이론

해외직접투자의 동기를 자본의 한계생산성의 격차에 의해 설명하는 방법으로 맥더걸(G. D. A. MacDougall)과 캠프(M. C. Kemp) 등에 의하여 발전되었기 때문에 MacDougall-Kemp 모형이라고 부른다. 이 이론의 요지는, 글로벌적으로 자본이 자유로이 이동한다면 자본의 한계생산력은 글로벌적으로 균일하게 되고 세계의 총생산은 증대하는 한편 각국의 후생을 증대시키게 된다는 것이다. 즉, 〈그림 6-3〉에서와 같이 나타난다.

O_1은 투자국의 원점을 나타내고 O_2는 피투자국의 원점을 말한다. MP는 투자국 자본의 한계생산성을 나타내고 mp는 피투자국에서의 자본의 한계생산성을 표시한다. 선 O_1, O_2는 투자국과 피투자국의 자본량의 합계이다. 글로벌 투자가 행하여지기 전에 투자국은 선 O_1K의 자본으로 O_1MQK의 생산량을 산출한 반면에, 피투자국에서는 선 O_2K의 자본을 가지고 O_2mTK의 생산량을 산출하고 있다. 이러한 상황에서 국가 간의 자본이동이 허용되면 자본의 한계생산성이 낮은 투자국으로부터 자본의 한계생산성이 높은 피투자국으로 선 DK만큼의 자본량이 이동하게 되며, 그 결과로 양국에서의 자본의 한계생산성은 같아진다(그림에서 ED). 새로운 균형점에서의 투자국의 국내생산량은 O_1MED가 되며 해외투자로부터 발생하는 소득은 $DERK$가 되어 결과적으로 투자국은 해

11 조영곤 외(역), 전게서, pp.426~427.

그림 6-3 MacDuogall-Kemp 모델

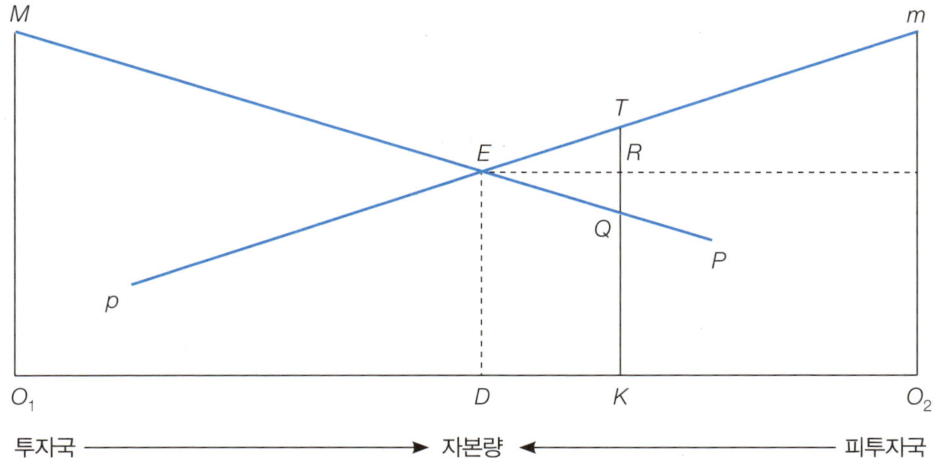

외투자로부터 *ERQ*만큼 순소득증대를 누리게 된다. 한편 피투자국은 외자도입 이후에 *DETK*만큼의 소득증대를 얻으며 그중 *DERK*만큼을 해외투자에 대한 과실송금으로 지불하고 난 뒤에도 *ETR*만큼의 순소득증대를 이루게 된다. 따라서 해외투자로 인하여 투자국과 피투자국에 다같이 순소득증대를 가져다준다.[12]

2. 독점적 우위이론

독점적 우위이론은 하이머(S. Hymer), 킨들버그(C. P. Kindleberger), 케이브스(R. Caves) 등이 해외직접투자를 설명하기 위하여 주장한 이론이다.

해외직접투자에 있어 외국기업은 현지국 기업과 비교하여 필연적으로 불리한 입장에 처하게 된다. 현지국 기업에 유리한 경제·사회·법률제한, 사회적 관습, 소비자의 기호, 교통 및 통신비용, 현지국의 주민 또는 공공기관으로부터 받는 차별대우, 현지국의 실정에 대한 지식부족 등으로 인하여 현지기업이 부담하지 않는 추가적인 비용을 지불하여야 한다. 이러한 비용을 통틀어 외국비

12 이승종 외, 전게서, pp.330~331.

용이라 한다. 이러한 불리한 점, 즉 외국비용을 극복하고 현지국 기업과의 경쟁에서 이기기 위해서는 외국기업은 현지국의 기업이 갖고 있지 못한 기업특유의 우위를 가지고 있어야만 한다. 이러한 우위를 소유함으로써 그 기업은 본국에서 보다 더 많은 이익을 얻을 수 있을 뿐 아니라, 외국비용을 상쇄하고 현지국 기업보다도 더 많은 이익을 얻게 된다.

이러한 기업특유의 우위요소는 일반적으로 저렴한 자본조달비용, 상표, 기술에 관한 노하우, 마케팅능력, 경영관리기술 및 규모의 경제 등인데, 이 우위요소는 특정기업에 한정되어야 하며, 기업 내에서는 국경을 넘어 쉽게 이동될 수 있어야 한다. 이러한 우위요소는 새로운 경쟁기업에 대하여는 진입장벽을 형성하는 한편, 기업내부에서는 그 사용에 있어 공공재와 같은 성격을 지니고 있는 것이다. 즉 지식, 정보 및 기술 등의 이러한 우위요소는 최초에 개발과 관련된 비용(매몰비용)을 다시 발생시키지 않으면서 다른 시장에서 잠재적으로 동일한 수익을 발생시킬 수 있게 한다. 즉, 추가적 사용에 따른 한계비용이 영(零)이라고 할 수 있다.

그러나 현지기업이 그러한 지식을 획득하는 데는 상당한 투자가 필요하게 된다. 따라서 글로벌기업은 이러한 지식을 공유화함으로써 경쟁력을 갖게 된다.

이러한 우위요소를 이용하여 투자기업이 본국에서 생산하는 것과 동일한 제품을 해외에서 생산하는 수평적 직접투자를 하는 경우 일반적으로 제품차별화를 하게 되며 산업구조는 독점적 형태를 취하게 된다.

특히 케이브스(R. Caves)는 하이머(S. Hymer)와 킨들버거(C. P. Kindleberger)에 의해 제시된 기업특유의 우위를 제품차별화능력으로 설명하면서 개별기업은 이를 통하여 세계 여러 시장에 동시에 진출할 수 있다고 설명하고 있다.

독점적 우위이론은 역투자 현상에 대하여도 설명하고 있다. 즉 이상에서 살펴본 독점적 우위는 국가에 특유한 것이 아니고 기업에 특유한 것이므로, 두 국가의 두 기업이 각각의 기업특유의 우위요소에 입각한 차별적인 제품을 가지고 상대국 시장에 접근할 수 있다면 두 기업이 동일산업에 속해 있다 할지라도 국가 간에 상호투자가 가능하다는 것이다.

그러나 독점적 우위요소를 보유하고 있다고 해서 모든 기업이 해외투자를 하게 되는 것은 아니다. 해외직접투자를 통해 얻을 수 있는 수익이 다른 대안, 즉 수출이나 라이선싱으로부터 얻을 수 있는 수익보다 커야만 한다. 수출과 라이선싱 및 해외투자 간의 선택은 수송비용, 관세, 기술사용료 및 그 국가의 비교우위 등에 의하여 영향을 받게 된다.

이상에서 살펴본 독점적 우위이론의 한계는 다음과 같다. 즉 기업이 기업특유의 우위요소를 가지고 있다는 사실은 해외직접투자의 필요조건은 되지만 충분조건은 되지 못한다는 것이다. 기업특유의 우위요소를 왜 해외직접투자라는 자금부담이 많고 위험이 큰 사업형태를 통하여 활용하여야 하는가에 대하여 독점적 우위이론은 전혀 언급하지 못하고 있다. 이 부분에 대한 설명은 내부화이론에서 구할 수 있다.

3. 내부화이론

직접투자가 수출이나 기술계약과 다른 점은 전자가 자회사를 세움으로써 해외사업을 기업의 내부로 끌어들이는 데에 비해서, 수출 및 기술계약은 일단 독립된 두 기업 간에 거래가 이루어진다는 점이다. 내부화이론은 바로 이 점에 착안해서 글로벌기업의 사회활동을 설명하는 이론이다. 다시 말해서 글로벌기업이 어떠한 이유에서 시장거래를 지양하고 해외투자사업을 기업의 내부로 끌어들이느냐 하는 점이다.

카손(M. Casson)에 따르면 외부시장에서 소유권의 교환을 통하여 이루어지는 시장거래를 정상시장거래라 하며 반면에 시장내부에서 소유권의 이전이 이루어지지 않는 개념의 거래를 내부거래라고 한다.

내부화의 이유는 시장의 불완전성에서 찾을 수 있으며, 시장의 불완전성은 다시 자연적 시장불완전성과 인위적 시장불완전성의 두 가지로 구분할 수 있다.

첫째는 자연적 시장불완전성이라고 할 수 있는 것으로서, 시장을 통할 경우 거래비용이 과다하게 지출되기 때문이다. 거래비용이 과다하게 되는 이유는 ① 구매자 불확실성, ② 품질관리, ③ 계약체결의 어려움 등 세 가지로 집약될

표 6-3 내부화의 이유

자연적 시장불완전성	인위적 시장불완전성
• 우위의 공공재적 성격 • 거래비용의 과다 ① 구매자 불확실성 ② 품질관리 ③ 계약체결의 어려움	• 정부의 규제 ① 관세 및 비관세장벽 ② 외화관리

수 있다. 구매자 불확실성이란 구매자의 입장에서 상품에 대한 정보가 불충분하여 구매를 주저하게 되는 현상을 가리킨다. 글로벌기업의 독점적 우위인 지식은 거래가 있기 전에는 상품에 대한 자세한 내용을 알기 어려우므로 구매자 불확실성이 존재하게 된다. 다음으로 품질관리란 특히 기술계약에 적용되는 것으로서, 기술 판매자의 입장에서 볼 때 기술 구매자가 자기의 상표로 생산해 놓은 제품의 품질이 조악할 경우에 자기 기업의 성과에 미칠 악영향에 대한 우려를 가리킨다. 마지막으로 계약체결의 어려움이란 일단 계약이 체결되었다 하더라도 과연 쌍방이 각각 상대방의 계약대로 실행할 것인가에 대한 불안감을 가진 것을 가리킨다. 따라서 계약체결 자체가 어려워진다.

인위적 시장불완전성은 정부의 개입으로 인해서 수출이나 기술계약 등의 거래형태가 어렵게 되는 상황을 가리킨다. 대표적인 경우는 관세 및 비관세의 부과로 인해서 이미 개발해 놓은 수출시장이 위험을 받게 되는 상황으로, 이러한 불완전성을 극복하기 위해서는 직접투자를 하게 된다.

버클리(P. J. Buckley)와 카손(M. Casson)은 내부화의 동기가 되는 불완전시장의 발생요인으로서 ① 미래시장의 부패, ② 가격차별화를 할 수 없을 때, ③ 경쟁의 증가로 인한 비용 및 사회적 불확실성 증가, ④ 판매자와 구매자 간에 상품에 대한 지식의 차이, ⑤ 글로벌 시장에 있어서의 정부의 간섭 등을 들면서 시장의 불완전성을 완제품시장에서뿐만 아니라 중간재시장에서도 파악하여야 한다고 주장하고 있다. 따라서 글로벌기업이 해외직접투자를 통하여 내부화하는 유형은 중간재시장의 내부화를 통한 수직적 통합, 지식 및 기술 시장의 내부화를 통한 수평적 통합, 그리고 글로벌자본시장의 내부화를 통한 다각적 통합으로 나누어 볼 수 있다.

(1) 수직적 통합-중간재시장의 내부화를 통한 수직적 해외직접투자

이윤극대화를 추구하는 기업은 중간재시장에서 불완전성이 발견되면 이를 기업조직 내로 흡수하여 내부화하게 된다. 중간재의 내부화는 어떤 기업이 그 생산라인에 원료를 공급하거나(후방통합), 그 기업이 생산한 제품, 반제품을 사용하거나 판매하는 공장을 다른 나라에 설립하는 것을 말한다(전방통합). 이러한 내부화의 결과 수직적 해외직접투자가 생겨나게 되는데, 원자재 및 부품공장 등 중간재를 조달하기 위한 모든 해외직접투자가 이 부류에 속한다고 할 수 있다. 만일 이들 상품에 대한 중간재시장이 매우 효율적이라면 이들의 거래는 시장거래를 통하여 이루어지게 될 것이고, 따라서 내부화의 유인은 전혀 존재할 수가 없다. 그러나 실제로 시장은 효율적이지 못하며 불완전하기 때문에 내부화의 유인이 생기고 따라서 수직적 해외직접투자가 발생하게 되는 것이다.

기업은 수직적 해외직접투자를 통하여 원자재의 공급을 장기적·안정적으로 저렴한 비용으로 확보할 수 있다. 이러한 수직적 통합을 통한 내부화는 외부시장을 통한 원자재의 장기공급계약보다 훨씬 그 위험이 적은 것이다. 또한 가격기구가 제 역할을 못하는 저개발국으로부터 중간재를 공급받게 되는 경우, 이 또한 수직적 해외직접투자의 요인으로 작용하게 된다. 이는 가격기구가 제 역할을 못하기 때문에 중간재의 가격을 올리는 경우에도 저개발국 기업으로부터의 효율적인 생산증대를 기대할 수 없기 때문이며, 이 경우 수직적 해외직접투자는 생산 및 유통의 상대적 효율성을 높이는 중요한 수단이 될 것이다.

(2) 수평적 통합-지식 및 기술시장의 내부화를 통한 수평적 해외직접투자

전형적인 불완전시장은 지식 및 기술시장이라고 할 수 있다. 지식 및 기술의 개발을 위하여는 여러 가지 비용이 필요하고 더구나 이러한 지식 및 기술을 기업의 생산 및 마케팅활동에 도입하는 데에는 많은 비용이 들어가게 된다. 그러나 연구개발이 일단 완료되면 지식 및 기술은 공공재의 성격을 띠게 된다. 공공재의 가격은 영이므로 기업은 외부시장거래를 통하여서는 지식 및 기술개발에 투여한 비용을 전혀 보상받지 못하게 된다. 따라서 기업은 지식 및 기술시장을 내부화하여 지식을 중간재로 사용하는 완제품을 생산하여 최종 완제품을 독점함으로써 지식 및 기술개발에 사용한 비용을 보상받고자 한다. 즉 기업은 지식 및 기술의 우위를 독점적으로 사용함으로써 연구개발에 소요된 초기의 비용에 대한 수익을 극대화하게 되는 것이다.

(3) 다각적 통합 – 자본시장의 내부화를 통한 다각적 해외직접투자

세계적인 글로벌기업들은 글로벌적인 자본시장의 불완전성에 직면하여 자본시장의 기능을 내부화함으로써 다각적 통합에 따른 다각적 해외직접투자를 행하고 있다. 만일 피투자국의 자본시장이 잘 발달되지 못하였다면 글로벌기업은 내부시장을 활용하여 자원의 효율적인 배분을 추구하게 될 것이며 국경에 상관없이 높은 수익이 보장되는 곳에 투자를 행함으로써 자본의 한계효율을 높이려 할 것이다. 이 경우 다각화 해외직접투자가 발생하게 된다.

이 경우 한 국가 내에서만 활동하는 것보다 위험분산요소가 크다는 것이 일치된 견해이다. 이러한 글로벌적 위험분산이 발생할 수 있는 요인은 글로벌적 자본시장의 불완전성에 있다고 할 수 있다. 즉 해외직접투자를 통해 영업활동을 분산시킴으로써 기업의 위험을 줄일 수 있으며 안정적인 수익의 흐름을 확보할 수 있게 된다.

러그만(A. Rugman)은 이러한 내부화이론을 해외직접투자의 일반이론이라고 주장하면서 대부분의 기존이론들은 근본적으로 내부화이론의 하위체계에 속하고 있다고 하였다. 그런데 내부화이론의 한계는 다음과 같다.

① 해외진출의 동기가 뚜렷하지 않다.
② 기업이 외생적인 시장불완전성에 반응할 뿐 아니라 스스로 시장의 불완전성을 창출해 갈 수 있다는 가능성을 부정하지 못한다. 세계적인 글로벌기업들은 때때로 시장의 불완전성을 내생화하여 기업특유의 우위를 영속화하려는 경향을 가지고 있는바, 이 경우 시장 불완전성의 내부화는 기업이 내생적으로 창조하는 것이라고 볼 수 있다.
③ 해외직접투자의 방향, 즉 생산입지에 대한 설명을 하지 못하고 있다.

4. 절충이론

독점적 우위이론과 내부화 이론에 해외직접투자의 방향에 관한 입지이론을 통합하여 던닝(J. Dunning)은 글로벌생산에 관한 절충이론을 주장하였다. 그는 어떤 기업의 해외직접투자는 그 기업이 다른 국가의 기업들에 비하여 가지고 있는 기업특유의 우위요소, 내부화 우위요소 및 생산입지의 우위요소에 의하여 결정된다고 규정하면서 절충이론을 전개하고 있다.

지금까지 해외직접투자의 기본적 요건으로 여겨져 왔던 기업특유의 우위요소로서의 독점적 우위는 해외직접투자가 아니더라도 수출이나 라이선싱에 의해서도 충분히 향유될 수 있기 때문에 독점적 우위가 직접투자의 필요충분조건은 되지 못한다. 따라서 독점적 우위를 가진 기업이 직접투자를 행하는 현상을 설명하기 위해서는 내부화 우위와 입지적 우위요소에 대한 추가적인 설명이 가능하여야 한다. 기업특유의 우위요소는 그 기업이 일정기간 동안 배타적으로 사용할 수 있는 무형자산으로서 새로운 진입기업에 대해서 진입장벽을 제공하는 요소들을 말한다.

내부화 우위요소에서 말하고자 하는 것은 기업이 기업특유의 우위요소를 수출이나 라이선싱과 같이 외부시장을 이용하는 것보다 이를 자체 내의 조직체계를 이용하여 직접 이용함으로써 얻는 이익이 더 커야 한다는 것이다. 즉 내부화를 통한 이익이 다른 대체적인 사업방법으로부터 얻어지는 이익보다 더 커야 한다는 주장이다. 내부화의 강점은 기업이 제품을 생산하고 마케팅하는 방법을 조절할 수 있고, 기업의 독점 지식이 외부에 유출되는 것을 막을 수 있으며, 기

표 6-4 던닝의 절충이론의 세 요소

1. 기업특유의 우위	2. 내부화의 우위	3. 장소특유의 우위
① 기업특유의 지식우위 ② 경영과 마케팅 및 재무관리능력 ③ 수직적 통합능력(원료와 시장에 대한 통제력) ④ 위험분산	① 거래비용을 없애기 위해서 ② 구매자 불확실성을 감소시키기 위해서 ③ 정부의 규제를 극복하기 위해서	① 국내시장의 규모와 경쟁여건 ② 국가의 요소부존도와 기술수준(생산함수) ③ 정부의 지원과 규제 ④ 정치리스크와 문화적 특성

업이 제공하는 구매자에게 상품 가치의 불확실성을 감소시킬 수 있다.[13]

마지막으로 입지우위요소는 해외 개별국가에 존재하는 비교적 우위로서 글로벌기업을 특정국가로 끌어들이는 국가의 매력으로서, 각 국가들은 기업들이 특정 이익을 얻을 수 있는 독특한 이점을 가진다. 구체적으로는 성장속도가 빠르고 규모가 큰 시장, 저렴한 인건비, 우수한 노동력, 정부의 지원 등이 포함된다. 입지우위의 성공은 해외직접투자를 통해 나타날 수밖에 없다. 현재 해외에 위치한 기업 중, 기업 특유의 우위와 최소한 입지 우위를 결합시킬 수 있는 기업은 틀림없이 이익을 낼 것이다. 만약 그렇지 않다면 기업은 해외시장진출을 위해 수출을 할 것이다.[14]

따라서 앞에서 설명한 바와 같이 해외직접투자가 이루어지려면 당초에 기업특유의 독점적 우위가 존재하여야 하는데, 이를 외부시장에서 판매하는 것보다 내부화하는 것이 유리할 때, 기업은 라이선싱 방식을 버리고 수출이나 해외직접투자의 방식을 택하게 될 것이다. 그 다음에 자본, 기술을 해외로 이전하여 현지에서 생산하는 것이 국내생산보다 유리할 때, 즉 현지특유의 우위가 있을 때, 기업은 수출 대신 직접투자를 택하게 된다는 것이다(〈표 6-5〉 참조).

해외직접투자이론의 출발점은 경쟁우위의 원천을 설명하는 독점적 우위이론이었으나 직접투자가 여러 가지 가능한 사업활동대상 중 가장 유리한 방식이라는 조건들에 대한 설명은 없었다. 이에 1970년대 중반 이후로 라이선싱과 직접투자의 선택기준으로서 내부화이론이 나오게 되었고, 다시 수출과 직접투자의 선택기준으로 생산입지이론을 포함한 절충이론이 나오게 되었다. 절충이론은 다음의 몇 가지 결점을 가지고 있다.

첫째로 던닝은 해외직접투자를 무역의 일반균형이론과 결합시키지 못하고 단순히 기업의 측면에서만 설명함으로써 해외직접투자이론과 무역이론과의 통합모형을 제시하지 못하였다. 즉 절충이론은 글로벌경영학적 접근의 전형적인 부분분석이다.

---

13 J. Dunning, "The Eclectic Paradigm of International Production: A Restatement and Some Possible Extensions," *Journal of International Business Studies*, 19, 1988, pp.1~31.

14 *Ibid*.

표 6-5 기업의 해외시장 진입방식 선택과 결정요인

결정요소 / 개입방식	우위 요소		
	기업특유의 우위	내부화 우위	입지특유의 우위
해외직접투자	○	○	○
수출	○	○	×
계약에 의한 자원이동	○	×	×

자료: 김광수 외, 전게서, p.253.

둘째, 절충이론은 시장내부화를 통한 해외직접투자 요인을 제시하였는바, 이러한 요인을 가장 많이 가지고 있는 기업은 역시 세계적으로 규모가 큰 독점적인 글로벌기업이라고 할 수 있으므로, 던닝의 절충이론은 결과적으로 독과점적인 대규모 글로벌기업의 여러 행위를 이념적으로 합리화하고 옹호하는 결과를 낳는다고 할 수 있다.

셋째, 던닝의 절충이론도 기업의 미시적인 관점에서 해외직접투자를 바라본 결과 거시적인 경제단위인 국가경제와 마찰이 생길 가능성을 배제할 수 없다는 것이다. 마지막으로 던닝의 이론은 이미 독점적 우위이론과 내부화이론에서 제시된 기업특유의 우위와 내부화요인 이외에 장소특유의 우위만을 추가한 이론으로서 독창성이 엿보이는 것은 아니며, 단지 여러 이론을 결합시킨 문자 그대로 절충에 지나지 않는다고 비판할 수 있을 것이다.

제3절 제품 및 경쟁에 연관된 직접투자이론

1. 제품수명주기이론

버논(R. Vernon)의 제품수명주기이론[15]은 글로벌무역과 해외투자를 동시

15 R. Vernon & L. T. Wells, *The Economic Environment of International Business*, 4th ed.(Englewood Cliffs, NJ, Prentice-Hall, 1986).

그림 6-4 제품수명주기(PLC)

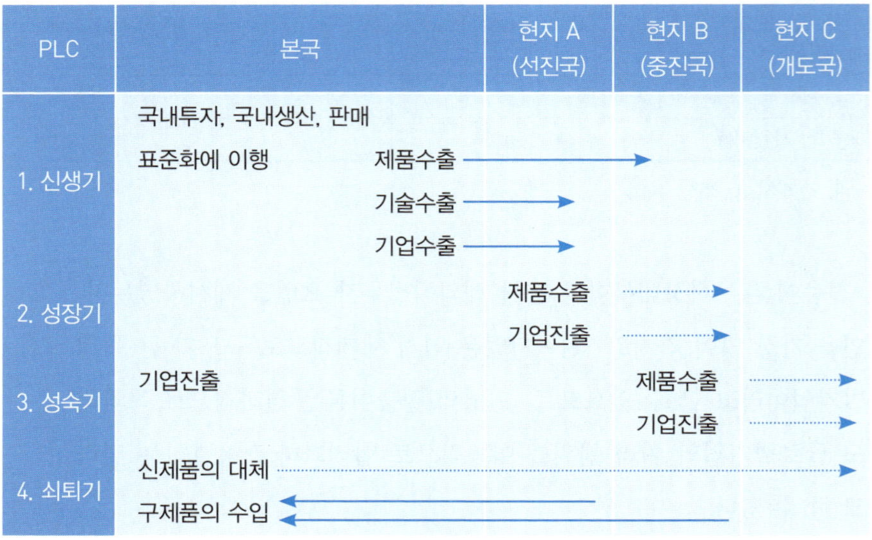

에 설명한다. 연구개발에 의하여 개발된 새로운 기술은 특정국으로 하여금 신제품의 생산을 가능하게 하며, 신제품의 생산과 교역은 개발–성장–성숙의 3단계를 거쳐, 글로벌 시장으로 파급된다는 것이다.

첫 번째 단계는 신생기로서 제품의 생산이 기술적으로 불안정한 상태에 있는 시기로 제품의 시장수요가 활발하지 못하여 동제품에 대한 가격탄력성이 비교적 작고, 따라서 생산입지에 따른 비용격차가 크지 않으므로 기업은 국내에 생산지를 선택하게 되고, 일시적으로 독점을 누린다. 이 단계에서는 제품의 개발을 위한 연구개발이 관건이 되며, 따라서 막대한 연구개발비용을 감당해 낼 수 있는 경제대국에서 주로 신제품 개발이 이루어지게 된다.

두 번째 단계는 성장기로서, 제품의 판매가 대량화되기 시작하며 대량생산방식이 채택된다. 동시에 생산자 간에 경쟁이 점차 치열하게 되고 수요가 보다 안정되며 가격탄력성을 갖는다. 따라서 기업으로서는 유사제품을 취급하는 타사와의 경쟁력을 향상시키기 위하여 대규모생산의 필요성과 이를 위한 생산공정의 확실성, 대규모 시설투자의 필요성을 느끼게 되며 생산비 인하를 위해 노력하게 된다. 이 단계에서는 규모의 경제와 합리적인 기업경영이 보다 중요한 역할을 한다.

세 번째 단계인 성숙기에서는, 제품이 보다 규격화되고 생산이 기술적으로 더욱 안정되고 이 국면에서는 반숙련 내지는 미숙련 노동력의 공급이 중요한 요인이 된다. 따라서 이 단계에서는 저렴한 노동력을 보유하고 있는 개발도상국에 해외투자가 일어나게 된다. 또한 궁극적으로는 해외로 이전한 자회사로부터 역수입현상이 발생한다. 즉 생산순환의 단계에 따라 기업의 생산입지가 글로벌적으로 이동하는 데서 직접투자가 발생한다.

제품수명주기이론에도 약점이 있다. 아시아나 유럽적인 견지에서 볼 때 대부분의 신제품이 미국에서 개발되고 출시된다는 버논의 주장은 자민족 중심주의적으로 보인다. 미국이 전 세계 경제를 지배하던 시기(1945년에서 1975년)에 대부분의 신제품이 미국에서 출시되었다는 건 사실일 수 있으나 중요한 예외들은 항상 있어 왔다. 이런 예외들은 최근 더욱 많아지는 것으로 보인다. 게다가 세계 경제가 글로벌화되고 통합됨에 따라 점점 많은 수의 신제품들이 미국, 일본 및 다른 유럽 선진국들에서 동시에 출시되고 있다. 결국 버논의 이론은 짧았던 미국 세계 지배 기간 동안의 국제무역의 패턴을 설명하는 데는 유용할지 몰라도 현대의 세계 경제를 설명하는 데는 한계가 있다.[16]

2. 수정제품 수명주기이론

제품 수명주기이론은 기업이 제품 및 제조과정, 연구개발, 마케팅 그리고 경영 기술을 독점적으로 가지는 것을 전제로 하였다. 그러나 개도국의 글로벌 기업은 경영, 생산 또는 마케팅 등 각 방면에서 독점적 기술이나 지식이 부족하기 때문에 제품수명주기이론으로 개도국 기업의 해외직접투자를 해명하는 데 한계에 이르게 된다.

---

16 박철순 외(역), 전게서, p.204.

이에 레크로우(D. J. Lecraw)[17]는 수정제품 수명주기이론을 제출하여 ① 개도국 기업이 왜 다른 개도국으로 투자하는지 또는 ② 이들 개도국 해외 자회사는 선진국의 글로벌기업 또는 현지국의 기업과 어떻게 경쟁하는지를 해명하여 준다.

레크로우에 의하면 처음에 개도국 기업이 국내시장에 제공하는 제품만을 생산한다. 자국의 저소득 및 협소한 시장규모로 품질이 저하되고 노동집약적 기술로 제품을 소규모적으로 생산하기 때문에 기업들이 정부의 고관세, 수입쿼터 내지 수입금지에 의하여 보호받는 것이 보통이다. 개도국에는 경영·관리·기술이 결핍하여 몇 개의 가족 기업 그룹에 기업이 집중되어 있다. 이들 가족 기업 그룹은 또한 항상 유통경로를 통제한다. 그리하여 개도국에 있어 다른 기업의 산업진입을 방지하기 위한 진입장벽이 존재하지 않음에도 불구하고 개도국 기업이 높은 수익을 획득할 수 있다.

또한 이들 기업이 협소한 국내시장에 대한 과잉공급에 의한 기업 수익의 감소 때문에 국내 동종 산업의 재투자에 소극적이다. 그리하여 이들 기업은 국내에서 다각화 경영을 하든가, 또는 다른 후진 개도국이나 선진국으로 제품을 수출하든가 둘 중의 하나를 선택하는 것이 보통이다. 그러나 시간이 경과함에 따라 후진 개도국의 기업도 선진 개도국에서 수입된 제품의 생산을 시작하게 된다. 후진 개도국은 선진 개도국만큼 제품을 생산하는 데 경험이 적고 효율적이지 못하여도 정부의 고관세 정책 때문에 수익을 확보할 수 있다. 이로 인한 수출시장을 상실할 위험에 대비하기 위하여 선진 개도국의 기업은 후진 개도국으로 해외직접투자를 하게 된다.

수정제품 수명주기이론은 국제제품 수명주기이론과 같이 한 기업의 수출 및 해외직접투자를 하는 단계적 변천을 알려주고 있다.

수정제품 수명주기이론은 선진 개도국의 기업이 인위적으로 시장이 불완전한 자국시장에서 자국 정부의 산업보호 정책 및 수입정책에 의하여 자국 시

17 Donald J. Lecraw, "Internationalization of Firms from LDCs: Evidence from the ASEAN Region," in Krishna Kumar and Maxwell G. McLeod(eds.), *Multinationals from Developing Countries* (Lexingtonbooks, 1981), pp.40~41.

장을 점유하고 나서 보다 후진 개도국으로 제품을 수출하거나 해외생산을 한다고 주장한다.

3. 추적제품 수명주기이론

추적제품 수명주기이론은 안정형태이론이라고도 불린다. 산업발전 형태를 해명하는 안정형태의 기본형은 각 산업이 수입 → 생산 → 수출의 차례로 진전된다는 사실이다. 비교열위에 처한 제품이 수입되다가 생산방법의 개선, 생산능률의 향상, 코스트 인하에 의하여 비교우위에 서게 되면 자국 기업이 수입대체생산을 하며 나아가 수출을 하기에 이르게 된다.

버논에 의한 제품수명주기이론과 추적제품 수명주기이론은 기술혁신국과 후발공업국의 제품수명주기 변화를 알려준다.

버논의 제품수명주기이론에 의하면 기술혁신국에 있어서의 제품수명주기 변화는 다음과 같다. 즉 ① 우위를 가진 신제품의 생산, ② 기타 선진국의 제품에 대한 수요를 충족하기 위한 제품의 수출, ③ 비교우위의 상실로 외국으로부터 제품을 수입하는 등 3단계의 과정을 제시한다. 이에 비해 추적제품 수명주기이론은 ① 후발공업국의 표준화 제품에 대한 수요는 비교열위로 인하여 제품의 수입을 유발하고, ② 생산조건의 개선으로 제품을 생산하게 되고, ③ 제품생산에서 비교우위를 가지게 되어 제품을 수출하게 되는 등 주기변화의 과정을 거친다고 주장하였다.

4. 순위이론

개도국의 해외직접투자를 보완적으로 해명하는 또 하나의 이론은 웰스(L. T. Wells)[18]에 의하여 제시된 순위이론이다. 순위이론에 의하면 각국은 어

---

18 Louis T. Wells, "Foreign Investment from the Third World," in Krishna Kumar and Maxwell G. McLeod(eds.), *Multinationals from Developing Countries*(Lexingtonbooks, 1981), pp.24~25.

떤 제품을 생산하는 시기에 따라서 순위가 정해지며 이 순위에 의해서 다음 순위의 국가로 수출할 뿐만 아니라 해외직접투자도 동일한 패턴을 따른다는 것이다. 따라서 해외직접투자형 글로벌기업은 자국보다 순위가 낮은 국가에 해외직접투자를 하게 된다는 것이다. 이러한 순위이론은 기술의 가능성 여부와 생산비의 차이에 근거를 두고 있으며 시간의 흐름에 따라 비교우위가 순위에 의하여 이동한다고 가정하고 있다.

웰스는 개도국 기업의 해외직접투자가 다음과 같은 특징이 있다고 주장한다.

① 자국보다 후진적 국가 또는 동일한 공업화 수준에 있는 국가로 해외직접투자를 한다는 것, ② 대부분이 근접 국가로 투자한다는 것, ③ 선진국에 대한 투자는 최종제품을 조립하는 플랜트가 대부분이라는 것, ④ 국영기업보다 사기업의 해외직접투자가 활발하다는 것.

개도국의 시장은 일반적으로 규모가 작고 노동력이 풍부하여 정부의 고관세와 외환통제로 인하여 부품 및 원료의 수입이 곤란하다. 따라서 개도국 기업이 노동집약적인 생산 방법으로 외국 부품 및 원료를 대체하는 자국 부품 및 원료를 시장규모에 맞는 소규모의 생산을 한다. 또한 선진국에서 도입된 기술 또는 기계를 자국 시장규모에 적용하도록 개량하여 생산함으로써 시장규모가 작고 노동력이 풍부한 다른 개도국으로 해외직접투자를 하는 데는 선진국 기업보다 생산의 비교우위를 가지고 있다고 웰스가 지적하였다.

5. 거시경제적 접근이론

거시경제적 접근이론은 종래 알려진 미시적·경영학적 관점에서 도출된 해외직접투자이론과 달리 거시적·글로벌 경제학적 측면에서 해외직접투자이론을 연구하였다. 종래의 해외직접투자이론이 구미 여러 나라의 해외직접투자의 형태에만 적용될 뿐 표준화 제품을 생산하는 일본과 개도국의 해외직접투자의 형태에는 맞지 않으므로 거시경제적 접근이론으로 해명하고 있다.

해외직접투자는 비교우위 이론을 인용하여 비교열위에 있는 투자국 산업의 자본 및 누적된 생산, 경영 기술을 현시적이나 잠재적 비교우위를 가진 투자 수입국으로 이전하면 후자의 생산성이 개선되어 양국의 비교생산비의 격차가 확대되고 보다 큰 이익의 무역이 창조될 수 있다. 해외직접투자와 무역은 대체적 관계가 아니고 보완적 관계이다.

또한 해외직접투자를 역무역지향적 투자 및 무역지향적 투자로 분류하여 전자를 미국형 투자, 후자를 일본형 투자라고 한다.

한편 미국형 투자는 독점적 우위를 가진 글로벌기업이 수출보다 내부화를 통하여 이윤극대화를 추구하기 때문에 결국 자국의 비교우위 상실을 초래할 뿐만 아니라 미국의 무역을 저해하기 마련이고 미국내 실업률을 증가시키기도 한다. 또한 미국의 글로벌기업이 완전소유 자회사를 선호하기 때문에 현지국과의 마찰을 일으키기도 한다.

반면에 일본형 투자는 자원투자에 있어서 자국의 비교열위를 보완하는 것이 주목적이고 또는 비교열위를 가진 표준화된 노동집약적 산업을 잠재적 비교우위를 가진 국가로 이전함으로써 자국의 산업구조 조정과 현지국의 기술 향상 및 고용증대에 기여함으로써 자원을 더욱더 효율적으로 배분할 뿐만 아니라 양국의 무역을 증대시키고 후생수준을 향상시키기도 한다.

따라서 거시적·국민경제적 차원에서 보면 자사의 이윤극대화를 추구하는 미국형 해외직접투자가 자국은 커녕 현지국에도 불리한 점을 가져오게 된 반면에 일본형 해외직접투자가 투자국 및 투자수용국의 산업구조향상, 무역증대 등 효과가 있게 함으로써 양국의 국민경제에 커다란 공헌을 하게 된다는 것이다.

6. 기업성장과 불완전경쟁이론

기업성장론은 해외직접투자를 기업의 성장 및 그에 따른 경영전략으로 설명한다. 기업이 성장하면 기업의 의사결정에 포함되는 지역적 영역이 넓어져 전통적인 국내시장 이외에도 글로벌 시장을 대상으로 하게 된다. 따라서 경영전략도 해외시장의 개발과 수출에 치중하다가 차츰 해외자회사 설립과 그 운영에 역점을 두게 된다는 것이다. 해외투자활동을 기업성장의 한 과정으로 보는 해외투자이론은 다시 기업성장-해외투자의 동기로서 시장의 확대 또는 내부금융의 확대 중 어떤 것을 강조하느냐에 따라서 두 가지 견해로 나타난다.

시장확대의 견해는 다음과 같다. 즉 기업이 해외투자를 하는 동기는 이윤증대에 있는 것이 아니고, 시장의 확대에 있으므로 이윤율은 높지 않더라도 시장의 점유율을 높일 수 있다면 기업은 기꺼이 해외투자를 한다는 것이다.

내부금융의 확대를 강조하는 견해는 해외투자를 기업의 자금조달비용과 관련시켜서 설명하고 있다.

대체로 최고경영자들은 배당증대보다는 기업의 성장에 더 역점을 두게 되는데 이는 기업이 배당을 확대하는 대신에 사내유보를 증대시키게 되면, 면세의 혜택을 받을 수 있을 뿐만 아니라 한 번 배당을 증대시키게 되면 주주들은 계속 더 많은 배당을 기대할 것이기 때문이라는 것이다. 따라서 기업이 일정수준 이상으로 성장하기 위해서는 해외투자는 불가피한 과정이라는 이론이다.

불완전경쟁론은 해외직접투자를 불완전경쟁 내지 산업조직과 결부시켜 설명하는 이론이다. 즉 시장환경의 불완전성, 시장의 지역적 특수성, 특수한 경영능력, 마케팅전략, 자본조달, 기타 정부정책 등의 독점적 요인을 가진 기업이 이윤극대화를 위하여 해외직접투자를 행하는 것이라는 이론이다.[19]

해외투자를 행하는 기업은 피투자국의 기업에 대하여 제품 및 생산요소시장에서 독점권을 행사할 수 있기 때문에 독점기업은 해외투자를 통하여 독점이윤을 극대화한다는 것이다. 만약 제품 및 생산요소시장에서 완전경쟁이 지배한다면 투자기업이 보유하고 있는 모든 시장정보는 피투자국의 기업이 획득할 수 있게 되며, 따라서 이러한 상황 아래에서는 지리적·경제적으로 불리한 입장에 있는 해외투자기업은 현지기업과의 경쟁에서 불리하므로 해외투자는 이루어지지 않을 것이라는 것이다. 독점기업이 해외에서 수직적 결합을 하는 경우는 원료의 확보와 제품의 판매가 목적인 경우가 많다. 반면에 수평적 결합으로 이윤을 극대화하고자 하는 경우에는 외국에 진출해 있는 직접투자기업이 본국의 모기업과 동일한 제품을 취급하게 된다. 이러한 경우에 특수한 지식, 정보 또는

19 Charles P. Kindleberger, *American Business Abroad*, Yale University Press, 1969, p.189.

기술이 필요하므로 모기업의 도움이 없이는 피투자국의 현지기업들이 동일한 제품을 생산할 수 없기 때문에 직접투자기업은 독점이윤을 누릴 수 있다는 것이다.

7. 과점이론과 통화프리미엄이론

선진국의 글로벌기업에 의한 해외투자에 있어서 그 논리적 배경으로 흔히 인용되는 것은 하이머(S. H. Hymer)－킨들버그(C. P. Kindleberger)－케이비(R. Caves)의 과점이론, 앨리버(R. Z. Aliber)의 통화프리미엄이론이다.[20]

과점이론에 의하면, 해외에 투자하는 기업은 해외시장으로 진입함에 있어서 생산기술의 규칙을 통해서 혹은 생산요소시장의 불완전성을 통하여 생산비에서 우위를 가질 수 있다.

또한 기존 업체가 상호, 상표 등을 통하여 성과를 축적하였든지 제품의 질과 디자인의 특허 등을 통하여 보호하고, 또한 효율적인 유통채널을 가지는 경우에는 다른 기업에 비하여 제품차별화의 우위를 가질 수 있다. 이와 아울러 생산과 판매, 광고 등 시장 지배적인 규모의 경제 장점도 누릴 수 있다. 이러한 기업의 우위성이 해외투자의 근원이 되고 있다. 특히 글로벌기업의 본산이라고 할 수 있는 미국의 경우를 본다면 수많은 기업체가 경쟁하는 산업으로부터는 해외투자가 발생하지 아니하며 해외투자의 업종은 몇몇 산업에 집중되어 있고 비교적 적은 수의 기업에 의하여 이루어지고 있다.

앨리버의 통화프리미엄이론이란, 다수 지역에서 생산 또는 판매하게 되는 기업은 상이한 다수의 통화로 표시된 자금을 보유하는 기회와 위험에 관한 정보를 적당한 시기에 입수할 수 있는 기회를 가질 수 있으며, 세계금융 중심지에서 다수의 금융매체와 접촉할 수 있는 기회가 많다. 따라서 이러한 기회를 이용하여 글로벌기업이 선호하거나 환거래상보다 유리한 통화를 손쉽게 구입할 수

20 Stephen H. Hymer, A study of Direct Foreign Investment(Cambridge, Mass MIT Press), 1976; Robert Z. Aliber, "A Theory of Direct Foreign Investment," in *The International Corporation*, Charles P. Kindleberger, ed.(MIT Press, 1970).

가 있기 때문에 해외투자가 가능하다.

이와 동시에 투자자들은 이 기업에 대하여 보다 높은 자본비율을 부여한다고 보고 있다. 그러나 이 이론은 통화프리미엄이 약한 지역에 투자하는 경우를 설명하기에는 어려운 점이 많다. 예를 들면, 이자율의 차이가 환위험을 낮게 평가한 경우 약세통화권의 기업이 거기서 차입하여 강세통화권의 지역에 투자하면 유리할 수도 있을 것이기 때문이다.

제4절 한국기업의 해외직접투자전략

1. 해외직접투자정책의 기본방향

1980년대 중반 이후 급속한 임금상승과 노사분규, 환율하락 등 모든 투자환경의 악화에 따른 비교우위 상실업종의 해외이전이 이루어지고 북미나 유럽 등 선진국의 보호주의에 대응하기 위한 현지진출이 급속히 증가하고 있다.

해외투자는 원칙적으로 민간기업이 이윤동기에 따라 자율적으로 결정하도록 해야 하나 정부는 국민경제 전체의 입장에서 산업구조조정 촉진이나 수출장벽 극복 등 해외투자의 긍정적 효과를 극대화하고 국내투자대체나 부메랑효과 등을 극소화하도록 유도해야 한다. 그리고 정부는 해외직접투자 관련정책을 일관성 있는 자유화 정책의 추진과 정착에 기본방향을 두어야 하며 해외직접투자가 산업공동화 등을 통하여 국민경제에 부정적인 영향을 준다 하여도 국내 투자환경의 개선을 통하여 도모해야 한다. 또한 기업의 성공적 활동을 위한 여건 제공의 차원에서 정보제공, 전문인력의 훈련, 해외사업 종사자의 자녀 교육상의 배려 등 간접적인 지원을 제공해야 할 것이다.

기업, 특히 대기업은 전 세계의 모든 지역을 대상으로 기업활동의 최적 배치를 염두에 둔 글로벌화 전략을 추진해 나가면서 세계 각 지역에 대한 전문인력의 양성 및 정보망 구축에 힘쓰는 동시에 중소기업과 연계한 형태의 투자진출을 확대해야 할 것이다.

임금상승 및 인력부족으로 더 이상 글로벌경쟁력을 유지할 수 없는 저부가가치산업에 대한 생산을 개도국으로 이전시킴으로써 국내의 산업구조조정을 촉진시킴과 동시에 수출확대에 기여하도록 하고 같은 산업이라도 비교적 고기술, 고숙련 노동력을 요하는 부분은 국내 생산을 유지시키고 저급기술부문의 단순노동집약적인 부문은 해외로 이전시켜야 한다.

중소규모 자본을 필요로 하는 기술개발형투자와 국내생산의 효율성이 낮은 기술집약적 부품생산을 위한 직접투자는 지속적인 확대가 필요하다. 특히 첨단산업은 현지 설립을 통한 적극적인 기술획득 노력이 모색되어야 한다. 선진국들은 반도체, 컴퓨터, 전기통신, 신소재, 제약, 화학 등의 High-Tech 분야 기술이전을 계속 기피할 것이므로 지분참여나 M&A를 통한 기술습득방법을 모색하고 신속한 시장진입과 글로벌 경영기법의 도입을 위한 투자형태를 적극 추진해야 할 것이다.

기업들은 대개도국 진출시 장기적인 관점에서 모기업의 본원적인 기술력을 확보하는 노력이 필요하며, 대선진국 시장진출과 기술습득을 위한 대형투자사업의 진출은 엄밀한 시장평가와 구체적인 경영계획을 마련하는 등 사전적으로 투자수익성 평가를 해야 한다.

현지진출기업은 가능한 빠른 시일 내에 현지화를 통한 독립경영체제를 확립될 수 있도록 현지에서의 부품 및 중간재의 연계생산을 구축하고 독자적인 판매망 구축과 제3국간의 거래 확대 등 자생기반을 확립해야 한다.

2. 해외직접투자의 문제점

(1) 투자계획 입안단계의 오류

해외투자사업의 경영실패는 해외투자사업의 결정에 소요시간이 짧고 사전준비도 철저하지 않았기 때문에 일어나는 경우가 많다. 즉 해외투자결정에 현지 투자여건, 투자사업에서 발생할 잠재적 문제점 등에 치밀한 타당성에 기초하지 않고 최고경영자의 직관적 판단이나 경쟁기업의 모방투자에 치우쳐 투자결정 이후 투자실행과정에서 사업이 취소되거나 예견치 못했던 문제의 발생으로 경영을 악화시키는 사례도 많다. 더구나 현지사정에 대한 정확한 준비가 없이 성급히 진출하였고 장기적 계획없이 단기이익에 집착하여 현지의 사고방식에 대한 이해가 부족한 경우가 특히 그렇다. 또한 투자업종의 선정에 전혀 경험이 없이 수익성을 예상하여 참여하거나 국내에서 쌓은 기술과 노하우의 우위를 과신하여 현지국의 동일업종 경영과 관련된 특성을 무시하여 사업에 실패하는 경우도 있다.

투자규모 및 자금조달 계획 수립에 적정한 예비비를 포함한 정확한 투자비용 산출과 이에 따른 자금조달방안을 수립하여 정상화까지 발생할 투자금액의 추가요인을 고려하지 않아 사업계획 자체의 변경이나 무리한 자금조달로 조업전에 재무상태가 악화되기도 한다. 특히 출자자본까지 과도하게 차입에 의존하는 점이 문제이다.

(2) 해외현지법인의 현지화 미흡

현지화는 미지의 현지사회에서 초래될 수 있는 기회비용을 최대한 절감하기 위한 현지사회에 대한 적응노력이다. 이것은 해외에 진출하는 기업 모두에게 공통된 것이다.[21]

투자자금 조달에 과도하게 부채에 의존하는 경향이 있으며, 특히 해당 투자 사업의 수익성에 기초한 자금조달을 활용하기보다는 모기업의 지급보증에 의존하여 투자자금을 조달하는 경향이 있다. 따라서 현지법인의 경영부실이 나타날 경우 국내 모기업의 부실로 이어질 수 있다. 이는 현지법인의 불량한 경영성과가 본국 모기업의 경영악화 또한 해외투자사업의 성패에 상당한 영향을 줄 수 있다는 것으로 분석된다.[22]

---

21 한국은행의 조사에 의하면 세계 100대 다국적기업들의 현지화지수가 평균 49인 데 비하여 우리나라 대기업들은 평균 23 정도에 불과할 정도로 수준이 낮다.

22 한국은행이 1980년 이후 청산된 해외투자사업 중 일부의 청산사유를 분석한 결과 "현지법인

(3) 현지생산체제 취약

1980년대 후반부터 본격화된 해외직접투자는 외국의 무역장벽이나 국내의 임금상승을 회피하는 수단으로 이루어졌으며 생산제품이나 원료 및 중간재의 대부분이 국내에서 만들어 생산지로 공급되어 현지기업들은 조립판매만을 담당하여 왔다. 따라서 저렴한 임금활용을 목적으로 한 대다수의 해외직접투자기업들은 국내의 비싼 중간재를 사용하게 되어 현지생산제품의 저가 판매전략은 실패하였고 중국과 ASEAN국가의 저가 경쟁제품과의 경쟁에서 뒤지게 되었다. 또한 일부국가들이 자국산 중간재와 부품 사용을 강요하고 국내 부품에 대한 덤핑판정 등 제도적인 제한으로 현지화 정도가 낮은 국내 기업들은 애로를 겪고 있다.

(4) 투자대상국의 규제정책

선·후진 각국의 자국산업을 보호하기 위해 외국기업의 자국내 투자를 우회수출로 간주하고 원산지 요건을 충족하도록 하는 자국산 원자재사용제도에 따라 제품생산에 현지원료나 중간재를 사용해야 하는 경우가 많다. 우리나라를 비롯한 개도국들은 현지관련 사업의 부족으로 고품질 제품의 생산이 어렵고 선진국들은 중간재의 공급가격이 높아 가격경쟁력을 잃게 된다.

한국기업은 강력한 경쟁우위 요인도 없는 상황에서 충분한 사전조사 없이 투자를 결정함으로써 실패하는 사례가 많다. 한국의 전자산업 분야 기업들은 상당한 기술력을 갖추고 있지만 독점적 경쟁우위가 없다. 예를 들어 전자산업 중 표준기술의 저부가가치 제품과 관련된 투자로 단지 수입규제를 우회하고 EU시장을 유지한다는 차원에서 유럽내 생산거점을 갖추었으나 현지법인의 제품은 후발개도국의 가격공세를 당해낼 수 없어 투자 철수 등 어려운 상황에 직면하기도 하였다.

의 경영부실"(42%), 다음으로 "국내투자가의 도산"(31%)이 큰 비중을 차지하고 있는 것으로 조사된 사실이 이를 뒷받침하고 있다.

(5) 투자지역의 편중

투자지역의 선정에 '밴드왜건(bandwagon)'식, 즉 동종업계의 경쟁기업들의 행동을 모방하여 특정지역에 과도하게 진출하여 문제를 발생시키고 있다. 엄밀한 사업타당성 분석의 결여에서 기인한 이러한 방식의 투자지역 선정은 투자유치국 및 파트너 기업과의 협상과정에서 투자조건의 불리함을 감수하고 투자를 성사시키는 결과를 가져와 정상조업 후에도 우리 기업 간의 과당경쟁을 야기하게 되고 이는 경영악화의 원인으로 작용하였다. 한국기업의 해외직접투자가 과거 중남미에서 최근에는 동남아에 편중되어 있어 값싼 노동력의 이용이나 쿼터규제 회피와 같은 투자초기에 누려온 입지적 우위요소의 이점이 점점 감소하고 있어 이에 따라 수익성이 악화되었을 뿐만 아니라 과당경쟁으로 인해 어려움을 겪고 있다.

(6) 기술력의 부재

국내기업들이 해외에서 좋은 성과를 얻지 못한 이유는 선진국의 글로벌 기업들과 달리 기업특유의 경쟁우위를 발휘할 수 있는 기술력이 부재한 데 원인이 있다. 이러한 문제점은 수출에만 의존할 때는 그렇게 큰 문제가 되지 않았지만 해외투자를 통한 제품차별화 전략을 추진하고자 하면서 심각한 문제로 대두되고 있다. 생산기술 분야에서 단순가공과 조립기술은 선진국 수준이나 단조기술과 기본 설계기술 등은 선진국의 40~60% 수준에 불과한 실정으로 아직 상당한 격차를 보이고 있다. 특히 설계기술에서는 극도로 취약한 상태를 보이고 있어서 앞으로 독자적인 제품개발에 상당한 애로요인으로 작용할 것이다. 이러한 문제점은 해외생산을 추진하고 있는 기업의 제품 차별화분업을 어렵게 만드는 중요한 원인이 되고 있다. 한 설문조사보고서는 해외자회사가 국내 본사와 동일한 제품을 생산하고 있는 기업이 2/3 정도이며, 본사보다 저급한 제품을 생산하고 있다는 기업도 1/4에 육박할 정도이다.

3. 해외직접투자전략

한국기업의 글로벌화를 위해 해외투자기회를 최대한 정부입장에서 지원하고, 투자국에 대한 심층적 정보전달을 강화하기 위해 효과적 정보수집체계 및 지원체제의 정비가 국가적 차원에서 필요하다. 효율적인 해외투자를 활성화하기 위해서는 몇 가지 전략적인 측면에서 고려되어야 한다.

(1) 해외투자제도의 정비

해외직접투자의 건전화와 외화자금을 효율적으로 관리하기 위한 해외직접투자 요건을 강화하고 있으나 우선순위가 높은 사업에 대해서는 허가절차를 실질적으로 간소화해야 한다. 미수교국가에 대한 투자허가절차도 유사한 성격의 사전신고 및 예비검토제도를 통합하고 적용대상을 축소해야 한다. 아울러 사후관리가 실효성 있는 성과를 거둘 수 있도록 현지공관 및 해외주재 정부기관의 활동을 강화하여 현지기업의 애로 사항 등을 청취하고 사후관리규정이 지켜지지 않을 경우에 대한 제재조치강화 등 보완책이 마련되어야 한다.

(2) 투자정보지원 강화

투자대상국의 제도, 관행 및 업종별 동향 등 전반적이고 심층적인 투자환경에 대한 정보 수집을 위하여 현지진출 유관기관, 즉 세계 각 지역에 주재원을 두고 있는 KOTRA의 투자관련 정보수집기능을 대폭 강화하여야 한다.

해외사업환경에 관한 정보에 있어 상대적으로 불리한 위치에 있는 중소기업들은 물론 대기업의 해외진출과 관련하여 해외투자 유관기관들은 각국의 해외투자환경과 관련된 정보 제공 서비스를 강화할 필요가 있다. 또한 해외직접투자 유관기관에 해외투자와 관련한 정보를 집중 데이터베이스화하여 효율적으로 관리하는 한편 산학협조체제를 구축하여 우리기업의 해외투자성공 및 실패사례에 대해 보다 엄밀하고 심층적으로 분석함으로써 우리 기업들의 투자위험을 감소시키는 한편 기업들이 아까운 외화를 해외투자의 학습비용으로 낭비시키는 것을 방지하는 노력을 해야 한다. 최근 부각된 해외직접투자의 여러 가지 오류를 교훈삼아 앞으로 신중한 투자 결정과 철저한 사후관리로 해외직접투자의 효과를 극대화하는 한편 귀중한 국부의 유실을 막는 노력도 기울어야 한다. 따라서 진출희망업체들의 현지타당성조사에 있어서 적합한 방문대상 기업을 소개하고 실질적 정보를 접할 수 있는 기회를 확대하여야 한다.

(3) 국내 산업구조조정과의 연계강화

비교우위상실 업종의 해외이전은 국내산업의 구조조정에 긍정적 기여를 할 뿐 아니라 시설재나 원부자재의 대부분이 한국에서 조달됨으로써 국제수지의 개선을 가져오기 때문에 지속적으로 추진되어야 한다. 따라서 투자지역 다변화 및 합작파트너 선정을 지원하고 해외투자시 국내모기업의 합리화 추진에 대한 지원을 강화해야 한다.

한편 대선진국 기술개발형 투자에 대한 지원을 강화하여 고도기술사업의 외국인 직접투자에 상응하는 조세감면인센티브의 부여 및 해외 R&D 공동참여에 대하여 법인세를 감면하고 금리상의 우대조치를 제공하는 등 금융지원도 강화해야 한다.

(4) 효율적 해외투자를 위한 기반조성

대외협력 기금을 활용한 공적개발원조와 민간기업의 해외투자의 병행추진과 대개발도상국과의 국가간 투자보장협정 및 이중과세방지협정 체결을 확대하여 진출기업의 위험부담을 최소화하고 기업의 조세부담을 경감해야 한다. 또한 해외투자보험 대상을 확대하고 홍보를 강화함으로써 이용을 확대하며 현지 진출 기업간 협의체를 구성하여 정보를 교환하고 정부와의 연계를 통하여 투자환경 개선을 위한 정부간 협상에 활용해야 한다. 아울러 과당경쟁 및 과다진출 방지를 위한 자율적 규제를 유도하여야 한다.

(5) 투자대상국에 대한 철저한 검토

해외직접투자시 먼저 투자환경에 대한 정보·조사를 통하여 투자에 대한 타당성조사를 사전에 철저하게 실시하여야 하며, 중·장기적인 투자전략을 수립하여야 한다. 성공적인 해외투자를 위해서 현지국에 대한 전반적인 사전정보 입수는 필수적이다.

투자대상국의 제도, 사회경제상황 및 관련기술수준, 동업종에 대한 조사, 생산여건, 현지수요예측, 진출형태검토, 현지정밀조사 등 체계적인 과정을 거쳐 투자규모의 책정을 면밀히 추진해야 한다. 또한 투자지역에 대한 조사시 해당업종의 현황 및 전망, 생산여건 등에 대한 검토뿐만 아니라 투자대상국의 경제개발, 지역개발, 주변국과의 관계, 민족성, 관습 등 투자 후 영업활동에 영향을 줄 수 있는 여러 가지 복합적인 요인들을 장기적인 관점에서 분석하여 투자 후 성공가능성을 높일 수 있도록 사전 검토를 철저히 해야 한다. 현지의 투자환경분석을 기초로 마케팅, 재무, 인사, 생산 등 다양한 투자전략이 요구된다. 그러나 일례로 중국의 경우 정부의 빈번한 정책변경, 내수시장의 상황변경 등에 대한 충분한 자료와 정보가 부족하다는 문제점을 안고 있다.

(6) 해외진출시 동반진출 적극 추진

한국기업은 기술, 경영, 브랜드 등 세계적인 경쟁우위요소를 확보하지 못하면서 해외직접투자를 계속해 왔다. 이러한 취약한 요인들을 극복하기 위해서는 국내기업들 간에 공동투자 또는 대기업과 중소기업 간의 동반진출을 모색하는 것이 효과적인 전략이 될 수 있다.

동반진출은 완제품업체에서 보면 국내에서 장기적으로 거래관계를 유지해 온 부품업체들로부터 투자대상국에 부품공급을 안정적으로 받을 수 있고, 제품의 경쟁력을 유지할 수 있으며, 완성품업체의 해외투자로 수요를 상실하게 된 부품업체의 입장에서도 현지로 진출하여 안정적인 거래처를 확보할 수 있는 이점이 있다. 특히 자금, 마케팅, 정보수집 등에서 우위인 대기업과 중소기업의 동반진출은 생산과 판매의 분업전략으로 상호이익을 극대화할 수 있을 것이다.

key point
CASE STUDY

세계 금융시장 노리는 차이나머니

차이나머니가 글로벌 금융시장으로 쓰나미처럼 밀려들고 있다. 해외 선진기술 도입과 중국 정부의 해외기업 인수 장려 영향이 크다. 하지만 최근에는 위안화 절하까지 이어지면서 중국 자본의 글로벌 침투는 더욱 가속화될 전망이다.

실제로 중국 기업의 해외 직접 투자는 가파르게 성장하고 있다. 최근 들어서는 금융권을 중심으로 더욱 활발해지고 있다. 중국의 해외 직접 투자에서 금융부문 비중은 2011년 8.1%에서 2013년 10.7%로 확대됐고, 이후 꾸준히 성장하고 있다.

中, 글로벌 금융시장 왕좌 노린다

중국의 해외 금융 시장 투자 금액은 폭발적으로 증가하고 있다. 특히 유럽을 중심으로 한 중국의 투자 금액은 놀라울 정도다. 지난 2014년 기준으로 중국 기업이 지분 매수와 기업 인수 등을 통해 유럽 금융기업에 투자한 규모는 39억6,000만 달러(4조 3,586억원)에 달한다. 지난 2013년(3억400만 달러)보다 무려 13배나 치솟았다. 특히 글로벌 금융위기 이후 자금 부족을 겪으면서 회복이 더딘 금융산업에 대한 공격적인 투자를 발판으로 유럽은 물론이고, 아프리카 금융시장까지 선점하고 있다.

실제 지난해 중국 안방보험그룹은 네덜란드 4위 금융그룹인 국영 SNS레알 보험 자회사인 비바트 베르체케링겐 지분 전량을 1억5,000만 유로에 인수했다. 네덜란드 재무부에 따르면 안방보험은 인수 이후 비바트에 10억 유로의 현금을 투입했고, 5억 5,200만 유로에 이르는 부채도 떠안았다.

이보다 앞선 지난 2014년 12월에는 네덜란드 보험회사 델타로이드가 소유한 벨기에 은행도 사들였다. 곧바로 벨기에 보험회사 피데아까지 인수했다. 정치적 반대에 부딪혀 실패하긴 했지만 포르투갈의 노보방코 지분 인수에도 나선 바 있다.

중국 공상은행 역시 최근 영국 런던의 스탠다드 은행의 지분을 사들였고, 중국 푸싱그룹은 9,850만 유로 규모의 독일 BHF은행 지분을 사들이며 2대 주주로 등극했다.

세계에서 가장 오래된 은행인 이탈리아 몬테 파스키(Banca Monte dei Paschi di Siena) 인수전에도 중국 보험사 여럿이 뛰어들고 있다. 푸싱그룹은 최근 중국기업으로서는 처음으로 포르투갈 보험회사 피델리다드-콤파니아 드 세구로스 지분을 대규모로 사들이면서 대주주로 올라섰다. 중국의 하이퉁증권도 에스피리토산토의 투자은행 부문을 3억7,900만 유로에 인수한 바 있다.

유럽뿐만이 아니다. 미국 금융시장에 대한 투자도 공격적이다. 푸싱그룹은 지난해 5월 미국 보험회사 아이론쇼어의 지분 80%를 18억4,000만 달러(약 1조9,700억원)에 매입했다. 푸싱은 2014년 8월 아이론쇼어의 지분 20%를 4억6,400만 달러에 매입한 이후 이번에 80%의 지분을 추가 매입함으로써 100% 인수에 성공했다.

한국 금융 깊숙이 파고든 차이나머니

대규모 자본을 바탕으로 한 '차이나머니'의 국제 M&A시장 공략에 한국 역시 자유롭지 못하다. 차이나머니의 한국 금융시장 진출은 아직 보험업권에 한정돼 있지만 과거 우리은행 지분 매각에도 뛰어드는 등 업권을 가리지 않는 것으로 나타났다.

가장 대표적인 곳이 안방보험이다. 지난해 동양생명을 인수한 데 이어 알리안츠생명 한국법인마저 끌어들이며 국내 금융시장의 판을 뒤흔들고 있다.

안방보험이 국내 금융시장에 이름을 알린 것은 2014년 우리은행 경영권 입찰에 단독으로 입찰하면서부터다. 당시 다른 경쟁자가 나서지 않아 경쟁입찰 조건에 맞지 않아 불발됐으나 국내 금융시장 진출의 불을 당겼다.

이후 지난해 9월 동양생명을 1조1,300억원에 인

수하면서 중국 자본 중 최초로 한국 금융권에 발을 들였다. 동양생명 인수 후에는 ING생명이나 PCA생명, KDB생명 등 M&A 시장에 나오는 보험사들의 유력 인수 후보에 지속적으로 거론되며 존재감을 과시했다.

중국계 은행의 국내 진출도 활발한 모양새다. 현재 중국은행과 공상은행, 건설은행 등 5곳이 국내에 진출한 상태다. 지난해 12월에는 중국 광대은행이 서울지점 신설을 인가받았다.

이 같은 중국의 행보에 대해 전병서 중국경제금융연구소장은 "중국은 자본수출국이기 때문에 전세계적으로 이 같은 흐름은 앞으로도 계속될 것"이라며 "중국 입장에서는 방산, 유전, 반도체 등 사고 싶은 기업이 많겠지만 미국이나 유럽 등에서 팔지 못하도록 규제가 이뤄질 것으로 보여 향후 중국의 공습이 얼마나 펼쳐질지는 좀 더 지켜봐야 할 것이다"고 말했다.

이어 "중국의 전체 해외투자 규모 가운데 한국이 차지하는 비중은 2%에 불과하다"며 "한국 기업 입장에서는 중국 자본의 진출을 우려할 수 있겠지만 지금까지의 M&A 실적을 보면 큰 의미를 둘 수 있는 수치는 아니다"고 말했다.

아주경제(2016.4.13)

key point

CASE STUDY

2군 취급받던 아세안 기업의 飛上…年 91조원 해외투자

말聯 페트로나스·泰 PTT…포천 글로벌 100대 기업
화교 재벌들이 경제 장악…印尼 상장기업 73% 차지
헨리 시 SM몰 회장 등 3명 이건희 회장보다 재산 많아

아세인 외국인 직접투자

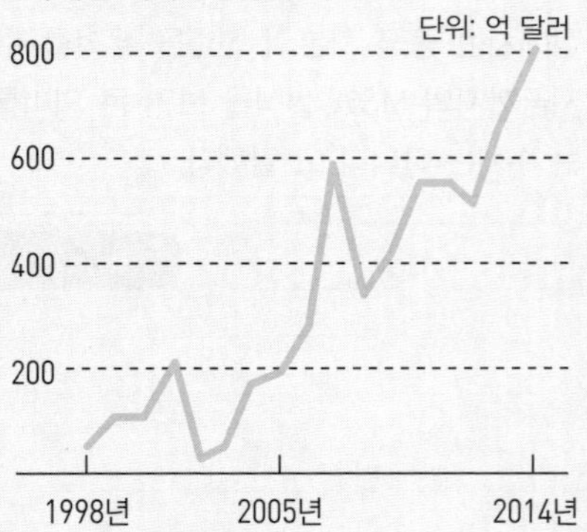

자료: 닛케이아시안리뷰

'포춘 글로벌 500' 내 한국·아세안 기업 수

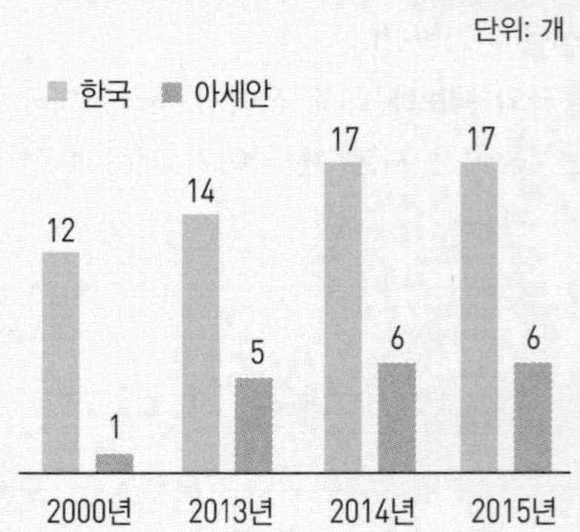

자료: 포춘

아세안(ASEAN·동남아시아국가연합) 기업의 비상은 한국에 적지 않은 의미를 내포한다. 글로벌 인수·합병(M&A) 시장에서 큰손으로 부상한 아세안 기업들은 한국의 잠재 투자자가 될 수 있다. 또 이들 아세안 기업은 세계 경제 침체 속에서도 연 4~5% 성장하며 '세계 경제 성장엔진'으로 부상한 아세안 시장에 한국 기업이 진출할 때 유력한 현지 파트너가 될 수 있다. 2부 시리즈는 이처럼 한국 경제와 한국 기업들의 성공에 중요한 역할을 할 수 있는 아세안 기업들에 대한 전반적인 이해도를 높일 수 있도록 아세안 기업들의 특징과 성장 전략을 집중적으로 파헤칠 예정이다.

아세안 기업들이 신흥시장인 아시아뿐만 아니라 미국, 유럽 등 선진시장으로 보폭을 넓히고 있다. 글로벌 기업 사냥, 랜드마크 부동산 매입 등을 통해 입지를 다지겠다는 것이 주요 특징이라고 할 수 있다. 닛케이아시안리뷰 분석에 따르면 아세안의 외국인직접투자(FDI) 규모는 2013년 650억 달러(약 74조5,420억원)에서 2014년 800억 달러(약 91조 7,440억원)로 23% 증가했다.

아세안 기업들이 글로벌 기업을 사냥하며 국제 무대 진출을 본격화하고 있는 것은 대외경쟁력 강화를 위해서다. 지난해 말 단일 시장을 목표로 한 인구 6억2,200만 명(세계 3위), 국내총생산(GDP) 2조6,000억 달러(세계 7위)의 아세안경제공동체(AEC)가 출범하면서 글로벌 기업들의 아세안 시장 진출이 보다 용이해졌다. 앞으로 10개 회원국별로 복잡하고 다양한 제도가 하나의 표준으로 통합될 예정이어서, 글로벌 기업들 입장에서 아세안 시장 진입 비용을 크게 줄일 수 있게 된 덕분이다. 하지만 시장을 방어해야 할 아세안 기업들은 오히려 더 치열한 경쟁 환경 속에 놓이게 됐다. 한국·인도네시아 경제협력위원장을 역임한 소이 M 파데데 '아세안경쟁연구소' 소장은 "점차 아세안 기업들도 강

'포브스 2016년 세계 억만장자' 중 韓·아세안 주요 부호

아세안 순위(세계순위)		이름	재산(억달러)	연령	업체	국적	업종
1	(71)	헨리 시	129	91	SM몰 회장	필리핀	유통
2	(94)	짜른 시리와타나팍디	107	71	타이 베버리지 회장	태국	식품
3	(103)	궈허녠	100	92	샹그릴라호텔 회장	말레이시아	식가공, 호텔
*	(112)	이건희	96	74	삼성전자 회장	한국	전자
4	(141)	부디 하르토노	81	75	자룡그룹 소유주	인니	금융, 담배
5	(146)	마이클 하르토노	79	74	자룡그룹 소유주	인니	금융, 담배
*	(148)	서경배	77	53	아모레퍼시픽 회장	한국	화장품
6	(151)	로버트 옹	76	64	시노그룹 회장	싱가포르	부동산
7	(158)	아난다 크리슈난	74	78	맥시스텔레콤 회장	말레이시아	통신
8	(171)	타닌 찌아와논	68	76	CP그룹 회장	태국	유통, 식품
*	(201)	이재용	60	47	삼성전자 부회장	한국	전자
9	(248)	궈링찬	53	74	홍룽그룹 회장	말레이시아	부동산
10	(270)	고청량	50	88	우스램홀딩스 설립자	싱가포르	페인트

자료: 포브스

자만이 살아남을 수밖에 없는 구조가 될 것"이라고 말했다.

이와 관련해 경제전문지 포춘이 선정하는 '포춘 글로벌 500 기업' 중 아세안 기업은 절대적인 숫자는 아직 적지만 늘어나는 추세다. '포춘 글로벌 500 기업' 중 연매출액 기준으로 아세안 기업 수는 2013년 5개에서 2015년 6개로 늘어났다. 회원국별로 보면 인도네시아 2개, 싱가포르 2개, 태국 1개, 말레이시아 1개였다. 가장 순위가 높은 기업은 68위에 오른 말레이시아 국영 석유회사 페트로나스(Petronas)였다. 태국 정유·가스업체인 PTT는 93위에 올라 '톱 100위' 안에 랭크됐다.

아세안 기업들이 비상하면서 한국 기업들과도 다양한 형태의 비즈니스 관계를 맺는 사례가 늘어나고 있다. 롯데그룹은 올해 2월 인도네시아 핵심 그룹인 살림그룹(Salim Group)과 합작으로 인도네시아 전자상거래 시장에 진출하기로 합의했다. 양 그룹은 상반기 중으로 합작법인을 설립하고 내년 초부터 서비스하는 것을 목표로 사업을 진행하기로 했다. 신한카드는 지난해 12월 살림그룹의 자동차 판매 계열사인 '인도모빌(Indomobil)'과 함께 '신한인도파이낸스'를 출범시켰다.

이를 통해 할부·리스사업을 확대하고, 신용카드 사업도 개시한다는 계획이다. 현대엘리베이터는 올해 3월 말레이시아 리조트 '겐팅 하일랜드(Genting Highlands)' 확장공사 물량을 전량 수주했다. 고속 엘리베이터를 포함해 승강기 103대(엘리베이터 59대, 에스컬레이터 44대)를 겐팅 하일랜드 호텔과 쇼핑몰에 설치한다.

아세안 시장에 진출하기를 원하는 한국 기업이 늘어나고 있는 만큼 현지 기업 특성을 제대로 이해할 필요성이 커지고 있다. 상대를 제대로 알아야 사업 기회를 잡는 데 그만큼 유리하기 때문이다. 또 아세안 국가들의 경우, 외국인 지분율을 제한하는 업종이 많기 때문에 적절한 합작 파트너를 구하는 게 아세안 시장 진출 성공 여부를 가늠하는 가장 중요한 요인이 되고 있다. 게리 가르시아 필리핀·한국 경제연합회장은 매일경제와 인터뷰하면서 "대다수 필리핀 인프라스트럭처 사업의 경우, 외국인 지분율이 40%로 제한된다"고 설명했다.

이와 관련해 아세안 대표 기업들의 공통적인 특징은 화교, 경제력 집중, 서비스업 등으로 요약된다. 한·아세안센터에 따르면 싱가포르와 인도네시아 화교는 상장기업 시가총액의 각각 87%, 73%를 차지한다. 1920년대에 많은 중국인은 생계 문제, 자연재해 때문에 아세안으로 이주했다. 또 1960년대 문화혁명으로 또 한 차례 많은 중국인들이 아세안으로 이주해 화상(華商) 네트워크가 확대됐다. 린우퉁은 푸젠성 안시현 출신으로 1937년 말레이시아로 이주해 카지노 리조트 겐팅을 창설했다. 살림그룹 린샤오량도 1936년 인도네시아 수마트라 메단으로 이주했다.

한편 포브스 '2016년 전 세계 부호(Global Rich) 순위'에 따르면 아세안에서 이건희 삼성전자 회장(세계 112위, 96억 달러·11조원)보다 재산이 많은 부호는 총 3명으로 나타났다. 아세안 최고 부호는 필리핀의 헨리 시 SM몰 회장(세계 71위, 129억 달러·14조원)으로 조사됐다. 중국 푸젠성 출신인 헨리 시 회장은 1958년 작은 신발가게에서 출발해 필리핀 최대 유통기업을 일궈낸 입지전적 인물이다.

아세안 기업들은 주로 자원 채취, 농업 같은 1차

산업이나 유통·부동산·호텔 등 3차산업 업종에 집중돼 있고 제조업은 거의 없다. 수출주도형 공업화가 진행되는 과정에서 제조업 부문을 대부분 일본 등 다국적기업이 장악한 탓이다. 문기봉 아세안비즈니스센터장은 "아세안에 진출하려는 중소기업들은 현지 기업이 갖지 못한 비즈니스를 제시하면 현지 대기업과도 합작할 수 있는 기회를 잡을 수 있다"고 말했다. 아시아에서 비즈니스 기회를 찾는 이들에게 손에 잡히는 정보를 제공하는 레이더A가 이메일 서비스를 실시하고 있다.

매일경제(2016.4.18)

글로벌경영론

제 7 장

합작투자와 전략적 제휴를 통한 글로벌경영

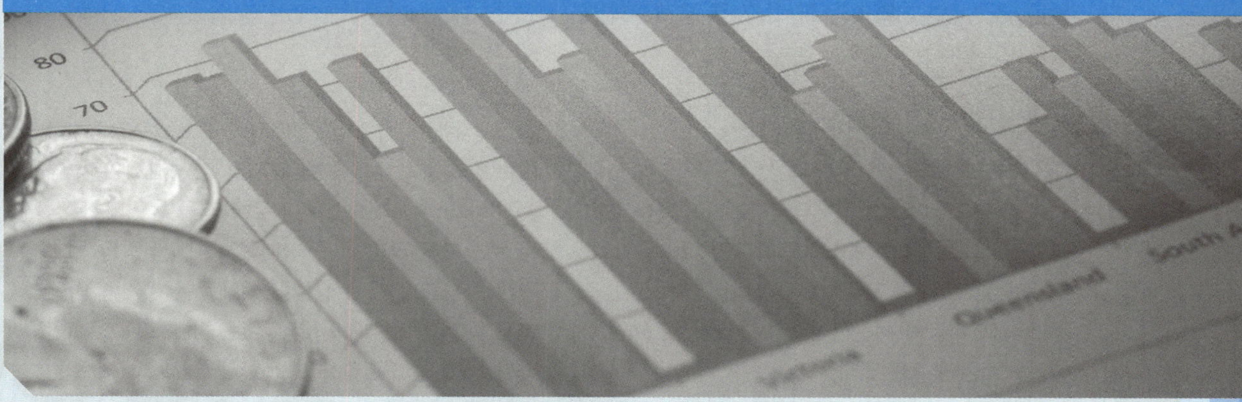

introduction

CASE STUDY

한국車 다시 달린다..합작조립생산이 대세

세계 17위 생산국, 완성차 수입보다 현지합작 조립생산 장려
기아 소렌토, 쌍용 티볼리 다시 달린다…수출과 현지조립생산 투트랙

대통령이 순방에 나선 이란에 대한 유망 진출 분야로 자동차 및 부품업이 꼽히고 있다. 다만 이란 정부의 자국내 자동차 생산 강화 정책과 현지 경제 상황 여건상 단기간 내 수출 증가로 이어질 수 없는 만큼 우선 현지기업과의 합작투자를 통해 시장을 선점해야 한다는 지적이다.

이란, 3년내 200만 대 목표…9년 뒤엔 100만 대 수출

29일 한국무역협회 국제무역역구원이 내놓은 '이란 유망 진출 분야' 보고서에 따르면 이란은 2015년 98만2,337대의 자동차를 생산해 세계 17위, 중동 최대의 자동차 생산국이다. 2011년에는 64만 대 생산으로 세계 13위였다.

이란 정부는 2019년까지 200만 대, 2025년까지 300만 대 생산을 목표로 이 중 100만 대는 수출도 할 계획이다. 이란 현지 생산 현황만 보면 한국 완성차업체들이 비집고 들어갈 틈이 없어 보인다. 하지만 이란의 자동차 생산이 자체 기술이 아닌 해외 업체들과의 합작투자의 현지조립생산방식(CKD)이라는 점에서 보면 달라진다.

게다가 이란은 인구가 7,947만 명에 이르고 자원 부국으로 소득격차가 큰 부유층의 사치성 소비로 높은 성장 잠재력을 인정받고 있다. CKD방식의 현지 생산과 부유층을 노린 직접 수출의 투트랙 전략이 가능하다는 얘기다.

2012년 외국 자동차기업들의 철수 이후 이란은 국가주도로 국내 생산을 강화하고 해외 자동차 의존도를 낮추는 추세다. 2019년까지 자동차의 85%를 이란 내에서 생산할 계획을 세우고 있다. 국제무역연구원 홍정화 수석연구원은 "이란 정부는 수입 완성차에 대한 90~110%의 높은 관세를 유지함으로써 외국기업과 현지기업의 합작 투자를 유도할 것으로 보인다"고 내다봤다.

기아차, 사이파와 CKD 재개…쌍용 티볼리 수출 잘돼

국내 완성차업체 중 현대기아차와 쌍용자동차가 이란에 자동차를 수출해 왔지만 지난 2012년부터 시작된 대이란 제제의 여파로 타격을 받았다. 완성차 수출까지 막힌 것은 아니었지만 미국과의 외교관계 등을 고려해 수출물량을 대폭 줄이거나 아예 팔지 않았다. 현대기아차의 경우 지난 2010년 4만 9,737대에 달했던 수출이 2011년 3만6,321대로 감소한 뒤 2012년과 2013년에는 단 한 대도 수출하지 않았다.

지난해부터 수출이 조금씩 재개된 데 이어 올해 1월 국제 사회의 이란 경제제재가 해제되고 정부 정책 지원 등에 힘입어 수출량을 확대하는 상황이다. 기아차는 발빠르게 제재 이전의 합작사였던 현지 국영 자동차업체 사이파(Saipa)와의 CKD 생산을 재개했다. 현재 스포티지, K5, 쏘렌토 등 완성차 수출과 함께 포르테를 CKD로 현지 생산하고 있다. 1분기 이란 수출로 CKD를 포함해 2,000여 대를 판매했다.

지난해 코란도C 위주로 1,043대를 수출했던 쌍용차는 올해 들어 티볼리의 인기세를 몰아 4월 현재까지 1,736대를 팔아 지난 한해 판매량을 훌쩍 넘겼다. 현대차는 경제제재가 풀린 뒤 이란 수출 재개를 위한 준비를 서두르고 있다. 현지 협체와의 CKD 생산을 적극 검토 중인 것으로 알려졌다.

유럽업체도 합작 러시…
"시장 안정화 뒤 탄력받을 것"

이란의 CKD 생산 시장은 유럽 자동차업체들도 눈독을 들이고 있다. 지난해 5만1,500대를 판매해 시장점유율 4.8%를 차지한 르노는 주요 파트너인 사피아와 호드로(Khodro)를 통해 신모델을 출시한다. 푸조와 시트로앵을 만드는 PSA는 호드로와 2017년 후반부터 10만 대의 차량을 생산할 수 있도록 테헤란 인근 공장시설 개선에 향후 5년 동안 약 4억 유로를 투자할 계획이다. 벤츠는 이미 경제제재 해제 이전 호드로와 상용차 및 승용차 현지생산 양해각서(MOU)를 맺은 데 이어 올해 1월 본계약을 체결했다.

홍정화 연구원은 "이란은 중동과 중앙아시아, 서아시아 국경이 맞닿아 있어 합작투자를 통한 생산으로 주변국으로까지 수출이 가능하다는 점에서 매력적인 생산 기지"라고 평가했다. CKD 생산이 결국에는 완성차 수출에도 영향을 미칠 것으로 보인다. 중산층이 거의 없는 극심한 소득 양극화 사회인 이란에서 부유층들은 높은 관세로 가격이 두 배 가까이 비싸도 수입차를 구입할 여유가 있기 때문이다.

제재조치가 해제되더라도 이란 자동차 시장이 당장 급성장하기는 어려울 것이라는 분석도 나온다. 국내 자동차업계 관계자는 "이란에 대한 제재조치가 해제됐지만 시장이 안정화되려면 1~2년 정도가 필요해 그 이후에야 국내 자동차업계의 이란 수출도 탄력을 받을 수 있을 것"이라고 전망했다.

News 1(2016.5.1)

제1절 해외합작투자

1. 해외합작투자의 의의

해외합작투자란 국경을 초월한 자본참여를 기반으로 둘 이상의 파트너 사이에 계약상 지속적으로 확정되는 해외직접투자의 하나이다. 예를 들어, 엘지필립스엘시디는 1999년에 엘지전자와 필립스전자가 합작으로 설립하였다. 외국기업과 이런 합작투자를 설립하는 것은 전통적으로 사업기반이 없는 새로운 시장에 진출하는 방식으로 사용되었다. 협력관계에 있는 파트너는 합작기업이 설립되는 현지국에 근거지를 두고 있어야 한다. 합작투자의 종류는 파트너의 참여비율에 의해 결정된다. 파트너의 참여율은 자본, 기계 등과 같은 실체적인 재화와 경영능력, 노하우 및 라이선싱과 같은 무형재화의 형태로 이루어진다. 기업에 대한 권리나 경영에 대한 영향력은 소유지분의 구조에 의해 결정된다.

소유지분의 크기에 따라 투자형태를 분류하면 다음과 같은 구분이 가능하다. '50 대 50'의 비율은 이상적인 참여관계, 특정 파트너의 지분이 41%~60%이면 실용적 참여관계, 특정 파트너의 소유지분이 21%~40%이거나 61%~80%이면 동화적인 참여관계라고 할 수 있다. 만일 특정 파트너의 지분이 1~20%이거나 81~99%의 경우에는 확장관계라고 부르고 있으나 현실적으로는 이런 경우가 발생되지 않는다. 예를 들어, 스웨덴의 텔레2와 텔레노어가 2009년 50 대 50의 합작법인을 설립해 4세대 전국망 구축을 합의한 경우이다.

개념적으로 볼 때 합작투자가 두 개 이상의 기업이 공동의 목적과 이익을 실현하기 위해 경영자원을 결합하고 협력한다는 의미에서서는 전략적 제휴의 일환으로 이해할 수도 있다. 따라서 제3절의 전략적 제휴에서 다루게 되는 내용 중 상당부분이 합작투자에도 적용된다. 그러나 합작투자가 자본참여와 별도의 독립법인체 설립을 전제로 하고 있다는 점에서 전략적 제휴와는 차이가

있다.[1]

한편, 합작투자에 투입하는 자산이 비실체적인 재화, 즉 무형자산의 경우에는 의사결정권의 결정이 곤란하다. 경영노하우나 라이선싱, 기술력 등은 계량화가 불가능하기 때문이다. 이들에 대한 평가는 참여기업이 이들 무형자산에 부여하는 의미와 필요성에 따라 결정될 수밖에 없다.[2]

2. 해외합작투자의 요건과 형태

(1) 해외합작투자의 요건

미국의 다국적기업이 주류가 되어 현격한 기술격차를 이용하여 해외로 진출했던 1950년대와 1960년대에는 합작투자보다 단독투자 방식에 대한 선호도가 높았지만 경쟁이 격화되고, 신기술개발이 지연되는 등 독점적 우위를 확보하기가 어려워짐에 따라 오늘날에는 전략적 제휴와 함께 합작투자를 통한 해외진출도 성행하고 있다.[3]

이러한 해외합작투자가 이루어지기 위한 요건은 무엇보다도 파트너 간의 굳건한 신뢰가 뒷받침되어야 한다. 따라서 조직적으로 상호 간 자유로운 커뮤니케이션이 이루어져야 하며, 합작파트너들의 관심 분야가 기본적으로 일치해야 한다. 이럴 경우에만 서로의 사업목표와 행동 방식이 양립할 수 있게 된다. 현지국과 투자국의 투자풍토도 합작투자를 뒷받침할 수 있어야 한다. 예를 들면, 법률에 의한 제도적 보장, 장기적 예측이 가능하고 기업들로 하여금 자유로운 경쟁을 허용하는 일관된 경제정책, 사회적 안정, 행정기능의 지원, 사회간접자본의 구축 등이 구비되어 있어야 한다.

1 김광수 외, 「국제경영」, 박영사, 2010, p.261.
2 박기안, 「글로벌 경영론」, 무역경영사, 2007, pp.179~180.
3 김광수 외, 전게서, p.262.

(2) 해외합작투자의 형태

글로벌기업들 사이에서 유명한 공동소유의 형태가 하나 이상의 기업이 소유권을 갖는 합작투자이다. 비록 기업들은 특정한 목적들을 달성하고자 합작투자를 하지만, 목표가 동일한 합작투자의 운영은 끝나지 않고 계속적으로 이어진다. 합작투자는 두 개 이상의 조직이 참여하지만, 한 조직이 50% 이상의 지배권을 갖는 경우도 빈번하다. 법적 조직의 유형은 제휴기업, 주식회사 또는 해당 국가에서 허가된 여러 형태의 기업이 된다.

해외합작투자는 대체로 다음과 같이 4가지의 형태로 구분할 수 있다.

① 두 회사가 서로 출자하여 제3의 합작회사를 만드는 경우(일본과 한국에서 주로 이용)
② 글로벌기업이 기존 현지 기업의 지분 일부를 매입하여 합작법인을 만드는 경우
③ 글로벌기업이 소수의 현지 기업인(개인)과 함께 참여하여 합작법인을 만드는 경우
④ 현지 기업의 지분을 널리 분산시켜 소유하는 경우(하나의 외국투자기업이 지분분산이 충분히 이루어진 현지 기업의 지분 일부를 인수하는 경우로 경영권 확보가 용이함)

이외에도 외국 기업체들끼리 공동참여하여 투자하는 경우와 각국의 기업들이 서로 다른 자원을 출자하여 만드는 경우(multiparty venture)처럼 글로벌 합작투자의 형태와 범위는 투자의 목적과 참여 방식에 따라 다양하게 전개될 수 있다. 그러나 어떤 형태의 투자라도 해외직접투자의 목적은 경영권의 확보에 있기 때문에 경영권을 어떻게 배분하는가의 문제가 가장 중요한 쟁점으로 부각되게 된다. 합작투자의 경우에 있어 경영권은 반드시 주식의 소유지분과 정비례하지는 않는다. 소수지분(49% 이하)을 갖고도 핵심기술이나, 원자재 또는 주력시장을 확보함으로써 경영권을 장악하는 경우도 많다.

그러나 보다 중요한 것은 협상 과정에서 후일 이해의 상충이 발생될 수 있

는 부분에 대해 사전에 쌍방이 충분히 이해하고 합의를 이루는 것이다. 개발도상국의 시장 확보를 위해서 합작투자가 이루어지는 경우는 자주 목격되고 있다. 과거 한국기업의 해외합작투자에서 실패한 요인 중 가장 높은 비중을 차지하고 있는 것이 바로 현지 파트너와의 갈등이었다. 따라서 믿을 수 있고 유능한 현지 파트너를 확보하는 것이 합작투자의 성패를 좌우한다고 할 수 있다.

(3) 합작투자기업의 종류

자본에 참여하는 비율에 의해 합작기업을 구분하는 경우에는 재무적 수단, 투자에 대한 기대치, 투자 기업이 원하는 경영권 행사 정도 등이 중요한 기준이 된다. 합작투자기업의 종류는 흔히 자본참여의 형태와 비율에 따라 ① 외국인 소수 지분참여형, ② 외국인 과반수 지분참여형, ③ 동등 소유참여형으로 구분된다.[4]

외국인 소수 지분참여형

이 경우는 기업의 의사결정권이 현지국 파트너에게 주어진다. 외국 투자기업은 기업활동의 조정이나 운영 방식에 대한 절대적인 권한을 갖지 못한다. 그러나 외국인 지분이 25%를 넘게 되면 기업정책의 결정에 간접적인 영향력을 행사할 수 있다. 자본참여도의 크기는 해당 국가와의 합작투자의 경우에 중요한 역할을 하게 된다. 예를 들어, 국가가 과반수의 지분을 소유하면 그 기업은 국영기업의 특성을 지니게 된다. 따라서 관료적 특성이 기업의 효율성에 부정적 영향을 끼칠 가능성이 매우 높다. 이런 이유로 국가가 과반수 이상의 지분을 소유하는 합작투자기업은 실제로 잘 나타나지 않는다.

외국인 과반수 지분참여형

의사결정권이 생산수단에 대한 소유지분의 크기에 의해 결정되는 경우, 투자기업의 입장에서는 적어도 과반수의 지분을 소유하고자 할 것이다. 이 경우, 적어도 51% 이상의 지분을 소유하게 된다. 국가에 따라서는 75%까지 지분

4 박기안, 전게서, pp.182~183.

을 인정하는 경우도 있다. 이런 투자 기업에 있어서는 기업의 운영이나 조정활동이 외국 투자기업에 의해 이루어진다. 그러나 현지국 파트너가 국가인 경우에는 국가의 이해관계와 충돌할 때 과반수의 지분을 갖더라도 의사결정권을 행사하는 데 제약이 있을 수 있다. 그러나 민간기업 간의 경우에는 과반수 이상의 지분을 소유한 기업이 의사결정권을 행사하는 데 아무런 제약이 없게 된다. 예를 들어, 풀무원은 중국의 상하이복생두제식품유한공사 및 상하이장샤오바오녹색식품발전유한공사와 지분의 51%를 보유하는 합자회사인 상하이풀무원복생식품유한공사를 설립하였다.

중국 공업신식하부가 1994년부터 이어온 해외 자동차업체 합작투자사 50% 지분 제한정책을 향후 8년 내에 철폐할 계획인 것으로 알려졌다. 중국 중앙정부는 지난 1994년 해외 자동차업체들이 자국 업체와의 합작투자사 설립시 50% 이하의 지분까지만 허용하고 최대 한 개의 합작투자사로 제한한 바 있다.[5]

동등 지분참여형

투자 파트너들이 동일한 비율의 지분을 소유함으로써 권리와 의무의 이행에 있어서 동일한 지위에 있게 된다. 따라서 경영진에도 양측으로부터 동일한 숫자의 경영자가 배정되며 의사결정도 공동으로 내리게 된다. 이런 형태의 합작투자는 상호간의 신뢰가 반드시 필요하다. 왜냐하면 쌍방이 적응이나 의견의 통일을 위해 항상 노력해야 하기 때문이다. 합작기업의 기능수행에 있어서는 협조의지가 필수적이다. 동등 지분참여형은 소위 혼합투자(mixed-venture)에서 자주 나타난다. 특히 현지국의 정부가 대규모 프로젝트를 수행하는 데 있어서 기술상의 문제로 외국의 민간기업을 파트너로서 필요로 하는 경우에 일반적으로 나타난다. 예를 들어, GE헬스케어의 홈헬스 사업부와 인텔의 디지털 헬스그룹의 합작으로 GE와 인텔이 각각 50 대 50 투자하고, 합작사의 소유권은 GE와 인텔이 동등하게 보유하기로 하였다. 그리고 국내의 코오롱과 세계적인 종합화학회사인 바스프는 5,000만 달러(약 593억원)를 50대50 지분으로 투자해 코오롱바스프이노폼을 설립했다.

5 스탈앤메탈뉴스, 中 외국인 車합작투자사 50% 지분제한정책 철폐 검토(2016.5.10).

3. 해외합작투자의 특수한 형태

합작기업은 순수한 생산활동을 담당하는 형태가 보통이다. 그러나 합작사업에 참여한 각 파트너들은 자신의 기업에서 수행하지 않은 특정한 기능만을 전담할 수도 있다. 이런 경우, 기능의 합리성과 수용능력의 확장은 중요한 문제가 된다. 기업의 특정 기능을 독립하여 참여하려는 의도에서 설립된 합작투자기업의 경우는 연구개발(R&D), 생산, 판매기능만을 담당하는 합작기업을 말한다. 연구개발을 위한 경우에는 글로벌경쟁력 제고를 위한 연구개발이 필요함에 따라 합작투자의 형식을 빌어 연구 협력관계를 구축하게 된다. 이런 형태는 경쟁관계에 있는 기업이 아니라 상호 보완적 제품을 생산하는 업체 간에 유행하고 있다. 이런 기업에서는 서로의 지식을 공유하기 위한 협약이 필요하다. 예를 들면, 특정 부문의 전문화에 관한 협약·가격·쿼타·판매영역에 대한 협정을 말한다. 제조업체가 합작투자에 참여하는 경우는 생산기술의 합리화가 목적이 되는 경우가 많다. 이때 각 파트너들은 기술, 경영 또는 조직의 측면에서 기여하게 된다. 예를 들어, 각 파트너들이 일정한 노하우를 서로 공유하기 위해 기술 또는 경영노하우를 제공하는 경우나, 어느 일방이 생산수단을 제공하고 다른 일방은 노하우 등을 제공하는 경우, 그리고 양 파트너들이 필요한 원자재를 생산하는 공동작업을 수행하는 경우가 있을 수 있다.

글로벌판매회사를 목적으로 결성된 합작 기업은 파트너 기업들을 대신해 마케팅 활동을 하게 된다. 이를 통해 마케팅비용을 줄이고 시장지배력을 강화시킬 수 있다. 이런 형태의 합작기업은 주로 매출규모가 작거나 자본이 부족하여 단독으로는 국제시장의 수요를 충족시킬 수 없는 중소기업들에게 인기가 있다. 글로벌판매회사는 광고, 판매촉진, 시장조성 업무를 대신하게 된다. 따라서 동일한 업종에 속해 있거나 동일한 생산 단계에 종사하는 수평적 관계에 있는 기업들이 참여하는 경우도 있다.[6]

합작투자에도 나름대로의 장·단점이 있으나 완전소유 자회사의 형태보다 합작투자의 형태가 진정한 의미에서 경제협력의 파트너십을 가능하게 한다는 점에서 후진국으로부터 환영받고 있다.

---

6 박기안, 전게서, pp.186~187.

제2절 해외합작투자의 동기 및 문제점

1. 합작투자의 동기

오늘날 글로벌 합작투자는 선진국의 기업들뿐만 아니라 선진국과 개발도상국간에도 성행하고 있다. 선진국기업과 개발도상국기업 간의 글로벌 합작투자는 주로 선진국기업이 개발도상국에 투자할 때 이루어진다. 이는 일반적으로 단독소유 자회사의 설립보다는 현지인이 참가할 수 있는 합작투자방식이 기술의 이전 면에서 효과가 높은 것으로 기대되기 때문이다. 즉 개발도상국이 경제성장에 필요한 선진기술을 도입하기 위한 수단으로서 개발도상국 정부가 글로벌 합작투자를 법적인 강제조항으로 규정해 놓고 있기 때문이다. 또한 여기에는 100% 단독소유 자회사를 허용할 경우 독점적인 지배력을 가진 외국기업들이 국내시장을 장악할 가능성이 있기 때문에 현지인의 지분참여를 통해 이익의 분배장치를 마련하는 목적도 있다.[7]

해외직접투자는 목표에 따라 참여 형태가 달라진다. 글로벌기업이 합작기업의 파트너가 되는 이유는 다음과 같이 다양하다.[8]

(1) 새로운 시장의 개척과 확보

수요의 변화, 가격 및 경쟁상황에 관한 정보획득은 해외시장의 개척에서 매우 중요한 과제의 하나이다. 현지 시장에서 이미 확고한 시장지위를 확보하고 있는 파트너는 이런 정보와 경험을 풍부하게 지니고 있다. 따라서 현지국 시장정보에 정통한 파트너와 협력하게 되면 목표로 하는 시장에 손쉽게 접근할 수 있다. 현지국 이외의 국가에 소재한 합작파트너도 투자 기업에게 자금이나 원자재의 조달과 판매를 더 효과적으로 할 수 있게 해줄 수 있다. 현지 사정에

7 어윤대 외, 「국제경영」, 학현사, 1998, pp.365~366.
8 박기안, 전게서, pp.184~186.

정통하여 유리한 구매를 할 수 있는 경우나 현지 시장에서 요구되는 서비스나 현장 감각을 바탕으로 한 마케팅활동이 가능한 기업들이 대상이 된다. 새로운 시장이나 기존 시장의 확보는 자국에서 부족한 원자재를 필요로 하는 정유나 철강과 같은 업종의 경우에는 매우 중요하다. 필요한 원자재를 안정적이고 지속적으로 공급받기 위해서는 여러 국가에 자회사를 설립하거나 자본참여를 하게 된다. 현지에서의 생산은 관세와 수입제한과 같은 무역장벽을 회피하는 수단이 되기도 한다. 이상과 같은 경우에는 합작투자를 통해 해외시장에 용이하게 진입하여 시장점유율을 확보할 수 있다.

(2) 위험의 분산

유통업체나 제조업체와 합작사업을 추진하면 지역적·정치적 또는 경제적인 측면에서 기업 전체의 경영위험을 분산시키는 효과를 얻을 수 있다. 다양한 국가에서 유통업체와 합작을 하게 되면 판매상의 위험을 감소시킬 수 있다. 특정 제품에 대한 수요변동은 모든 시장에서 동시에 발생되지는 않기 때문이다. 원가상승이나 노동자의 파업 등에 따른 위험도 여러 곳에 생산거점을 분산시킴으로써 제거할 수 있다. 따라서 모든 시장에 대해 안정적으로 제품을 공급할 수 있는 능력을 확보하게 된다.

(3) 비용의 절감

해외투자를 통한 비용절감은 운송비, 인건비 그리고 세제상의 측면에서 가능하다. 수출업자가 합작기업이나 현지 자회사를 설립하여 생산거점을 해외로 옮기는 경우에는 운송경로나 운송시간을 단축할 수 있다. 또 인건비가 낮은 국가에서 합작파트너와 함께 제품의 생산이나 조립을 함으로써 원가를 낮출 수 있다. 그 밖에도 세제상의 혜택을 기대할 수도 있다. 자본수입국이 제시하는 세제상의 혜택은 직접투자의 매력을 증대시킨다. 따라서 감가상각, 법인세, 판매세, 소비세 그리고 관세 등에서의 혜택은 투자자들로 하여금 현지에 자본참여를 하게 하는 동기를 부여한다. 파나마나 리베리아 같은 세금천국이나, 대미수출을 희망하는 기업은 대미 우회수출기지로 활용 가능한 카리브해 연안국 등에서 세제상의 혜택을 크게 볼 수 있다.

(4) 기업이미지의 개선

해외시장에서 자회사를 신설하거나 자본참여에 의한 시장진입은 기업의 촉진전략에 많은 도움이 된다. 세계적으로 명성이 높은 제품을 다양한 국가에서 생산·판매한다는 사실은 세계도처에 기업의 존재를 알릴 수 있는 계기가 된다. 수용국의 파트너 측면에서는 세계적인 외국 기업과 합작사업을 전개함으로써 유동성을 높일 수 있고 기업의 성장·발전에 크게 기여할 수 있다. 현지국 기업의 합작사업 개입의 목적을 살펴보면 대체로 다음과 같다.

① 기본자본의 확충
② 국제화를 통해 세계 시장에서 추가적인 신용능력의 확보
③ 선진기술과 노하우, 경영기법을 도입함으로써 기업운영의 효율성 증대
④ 외국과의 접촉기회 확대

이러한 이유로 합작기업은 대개 개발도상국에 설립되고 있다. 상대적으로 경제발전이 뒤떨어진 현지 수용국 기업들은 합작투자를 통하여 선진국 기업들의 생산방식, 노하우, 관리기법 등을 접할 수 있다. 따라서 기업운영의 학습효과를 높일 수 있다. 수용국 기업들은 합작 기업을 이용해 수입에 필요한 외환을 손쉽게 확보할 수도 있다. 물론 이러한 이점은 투자기업이나 수용국 파트너뿐만 아니라 수용국의 정부당국에게도 적용된다.

2. 해외합작투자의 문제점[9]

(1) 글로벌 합작파트너의 상이한 기업배경

합작투자의 경우 많은 이점들을 가지고 있다고 해도 책임, 소유권, 관리구조에 대해 문제점이 발생한다. 합작체계가 와해되거나 계약이 끝난 시점에서 갱신이 되지 않는 경우도 있다. 합작투자의 경우, 한 파트너의 완전소유 자회

9 박기안, 전게서, pp.188~197.

그림 7-1 합작투자회사의 문제에 따른 해체 사례 유형

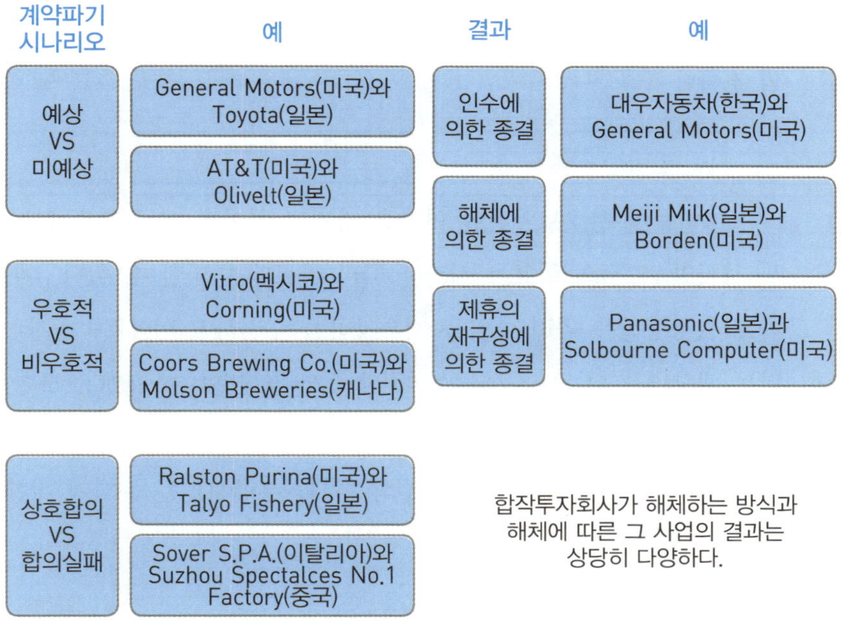

자료: J. H. Daniels & L. H. Ladebaugh, *International Business*, 8th Ed., 1998, Ch.14.

사로서 지속되기 위해서, 한 파트너사가 다른 기업의 지분을 종종 사들인다. 반면, 합작계약이 와해되는 경우에 합작계약을 해제하는 대신에 기업연합 관계를 재구성하는 경우도 있다.

〈그림 7-1〉은 합작투자의 문제점 때문에 해체되는 여러 경우를 보여주고 있다. 합작투자체계에서 주로 다음과 같은 이유로 문제가 발생한다. 즉 ① 합작사에 대한 중요성, ② 변화하는 목표들, ③ 지배권한의 문제, ④ 상대적 기여와 비용의 충당, ⑤ 문화의 차이이다.[10]

① 합작사에 대한 중요성

합작파트너 기업의 합작에 대한 몰입의 차이는 협력사들의 서로 다른 규모에 기인한다. 예를 들어, 대기업과 소기업 사이의 협력의 경우, 대기업보다는

10 J. H. Daniels & L. H. Ladebaugh, *International Business*, 8th Ed., 1998, Ch.14.

소기업에게 있어서 협력체계가 전체 경영에서 차지하는 비율이 더 클 것이다. 그러므로 소기업이 더 큰 이익을 볼 것이다. 만약 협력체계의 불일치가 발생한다면, 대기업에 대항할 만한 자원을 갖지 못하는 소기업이 더 불리한 위치에 놓일 것이다.

② 변화하는 목표들

기업들이 상호보완적인 역량을 가지고 있어서 서로 협력체계를 구성하기는 하지만, 그들의 목표는 시간에 따라 다르게 변화할 수 있다. 예를 들어, 한 파트너는 성장을 위해 수익을 재투자하기를 원하고(이익유보 증가), 다른 파트너는 배당금을 더 많이 받기(이익배당 증가)를 원할 수도 있다. 또한, 한 파트너는 생산라인과 판매영역을 확장하길 원하고, 다른 파트너는 이것을 자사 경영과의 경쟁으로 볼지도 모른다. 주식가치를 부양시키는 문제에 대한 의견도 다를 수 있다.

③ 지배권한의 문제

다른 기업과 자산을 공유함으로써, 한 기업은 자산 이용의 범위와 질적인 측면에서 지배권을 잃을 수도 있다.

두 합작파트너 중의 한 기업이 지배권을 관리한다 하더라도, 두 기업 모두 관련문제에 대한 책임을 져야 할 것이다. 한 예로, 중국의 KFC의 합작투자에서는 중국에 소재하는 협력사가 중국 당국에 재무관련 보고를 해야 하는 의무를 가지고 있었다. 그러나 수익을 낮게 보고하여 탈세한 것에 대한 책임은 두 협력사 모두에게 부과하였다. 또한, 합작투자와 관리계약에는 누가 직원들을 관리하는지에 관한 애매한 문제가 존재한다. 한 예로 티벳에서 맺은 Hollyday Inn의 10년 관리계약에는, Hollyday Inn인 직원들을 훈련시키고, 성과급을 지급할 수가 없었다. 결과적으로, 많은 손님들이 찾아오는 점심식사 시간에 웨이터와 웨이트리스가 모두 점심식사를 위해 자리를 비워도 어떻게 할 방법이 없었다.

합작파트너 기업 중 아무도 협력체계에 대한 지배권을 갖지 않을 때, 그 사업은 방향성을 잃는다. 반면에, 한 협력사가 압도적인 지배권을 갖는다 하더라도, 다른 협력사의 이익에 대해서도 여전히 고려를 해야 한다.

④ 상대적 기여와 비용의 충당

한 합작파트너가 기술, 자본 또는 다른 자산들에 기여하는 능력은 다른 합작파트너의 능력과 비교해서 시간에 따라 점점 감소할 수도 있다. 예를 들어, 베트남에서 프엉동(Phuong Dong) Soap & Detergent와 합작투자회사를 설립한 P&G는 사업확장을 원하였지만, 프엉동(Phuong Dong)은 확장하는 데 필요한 자금도 없었을 뿐만 아니라, P&G가 더 강력한 지배권을 갖도록 허용할 생각도 없었다. 합작파트너 간의 약한 관계는 방해물을 생기게 할 수 있으며, 그것은 합작파트너 간의 불화를 일으킨다. 게다가 한 합작파트너는 자사보다 다른 합작파트너가 사업으로부터 더 많은 이익(특히 지식 기반자산들)을 얻고 있다고 의심할 수도 있다. 거의 모든 합작사업체계에는, 한 합작파트너가 다른 합작파트너가 기여한 자산을 이용하고, 결국에는 경쟁자로 거듭나는 위험이 내재해 있다. 실제로, 합작파트너의 목적이 지식을 습득하는 것으로 합작파트너 계약이 끝나고 독자적으로 사업을 운영하는 기업의 예가 많이 있다. 예를 들어, 애보트 제약회사(Abbott Laborartories)는 합작투자에서 충분한 경험을 얻은 후에 호쿠리쿠 세이야쿠(Hokuriki Seiyaku)의 주식을 매입해버렸다. 어떤 시장에서는 핵심사업을 가지고 전면 경쟁을 하는 기업들이 다른 시장에서는 같은 핵심사업에 대해서 전적으로 협력해야 하는 것은 어려운 일이다.

⑤ 문화의 차이

각 합작파트너들은 민족성에 따라 사업의 성공을 어떻게 평가하느냐 하는 것에 대해서 각기 다른 시각을 가지고 있다. 예를 들어, 미국 기업들은 이윤, 시장점유율 그리고 특정 재무적 이익을 토대로 성과를 평가하는 경향이 있다. 일본 기업들은 주로 해당 사업이 기업의 역량을 발전시킴으로써, 기업의 전략적 위치 구축에 어떤 도움을 주었느냐를 가지고 평가한다. 영국기업들은 수익성과 사회적 목표달성 간의 균형에 더 중점을 두고 평가를 한다. 이러한 차이들은 한 합작파트너는 사업 성과에 만족하지만, 다른 합작파트너는 만족하지 못하는 것을 의미한다. 맥주브랜드 '버드와이즈' 제조사인 안호이저 부시(Anheuser-Busch)는 모델로(Modelo, 멕시코)와의 협력 파기에 대해서, 모델로(Modelo)

가 가족기업처럼 운영되고, 지배권의 분담을 달갑지 않게 여기는 것을 그 이유로 들었다. 따라서 매우 다른 문화를 가진 상이한 국가 간 기업들과 합작하는 것을 좋아하지 않는다. 예를 들어, 영국 기업들은 언어 소통의 어려움을 이유로 일본 기업과 합작하는 것을 가장 꺼려한다.

국가문화 이외에도, 기업문화의 차이 또한 합작투자에 있어서 문제점을 야기시킬 수 있다. 예를 들어, 한 기업은 내부 조직 출신의 관리자들을 승진시키는 것에 익숙한 반면, 다른 기업은 외부 출신 사람들에게도 기회를 열어둔다. 또한, 참여경영 방식을 택하는 기업이 있는 반면, 권위적인 방식을 선호하는 기업도 있다. 기업가적인 마인드로 위험을 감수하는 기업이 있는 반면, 위험을 회피하는 방식을 택하는 기업도 있다. 이러한 이유 때문에, 많은 기업들은 판매대리권, 라이선싱 등의 계약들을 통해 오랜 기간에 걸쳐 서로의 호의적인 경험을 쌓은 후에 합작투자회사로 발전한다. 기업문화 간의 적합성은 기업 간의 우호적 관계를 공고히 하는 데 중요한 역할을 한다.

(2) 글로벌합작투자의 고려사항

글로벌기업은 상이한 국민성과 생활관습, 상이한 사회 수준 및 국가 형태 등을 지닌 둘 이상이 국민경제 속에서 재화와 용역을 창출해야 한다. 이에 따라 환경의 동질성이 보장되는 내수기업과는 다른 문제점들과 직면하게 된다. 합작투자의 경우에 특히 문제가 되는 것은 합작파트너의 선정과 함께 입지 선정, 상이한 경제·경영구조에서 파생되는 시장 및 관리상의 문제라고 할수 있다

입지선정의 문제

적절한 입지를 선택하기 위해서는 비용정책의 관점, 경제·사회정책적 관점 그리고 법률적 관점에서의 분석이 필요하다.

① 비용정책의 관점

합작기업의 최적입지는 우선 비용절감, 경제성과 경쟁력의 제고라는 관점에서 분석되어져야 한다. 이때 고려해야 할 요인은 에너지비용, 노무비, 원자재

조달비용, 감가상각 방법과 규모, 기타 세제상의 문제와 투자 및 생산과 관련된 법적제약 등 이라고 할 수 있다.

② 경제 · 사회 정책적 관점

합작투자의 입지선정을 위해서는 현지국의 경제상황 및 사회상황과 같은 투자 분위기를 고려해야 한다. 이때 필요한 정보는 경제성장률, 시장잠재력, 환율의 안정성, 외환정책, 정치적 안정성, 기업의 전통, 근로자들의 교육 수준, 국민들의 기질, 노동에 대한 일반인들의 관점 등이다. 국가 간에 정치 또는 경제적 관계의 악화나 일반인들의 외국인에 대한 적대감 등은 합작투자에서 요구되는 파트너 간의 긴밀한 협조를 깨뜨릴 수 있어 바람직하지 않다.

③ 법률적 관점

일부 국가에서는 자본투자에 대한 법규상의 제약이 가해지고 있다. 현지국은 자국의 산업을 보호한다는 차원에서 외국 기업에 대한 통제를 가하고 있다. 이런 점에서 국가 간의 법규가 유사한 나라일수록 파트너들의 성공적 협력관계를 유지할 가능성이 높다고 할 수 있다.

그림 7-2 합작기업의 참여파트너의 협력 부문

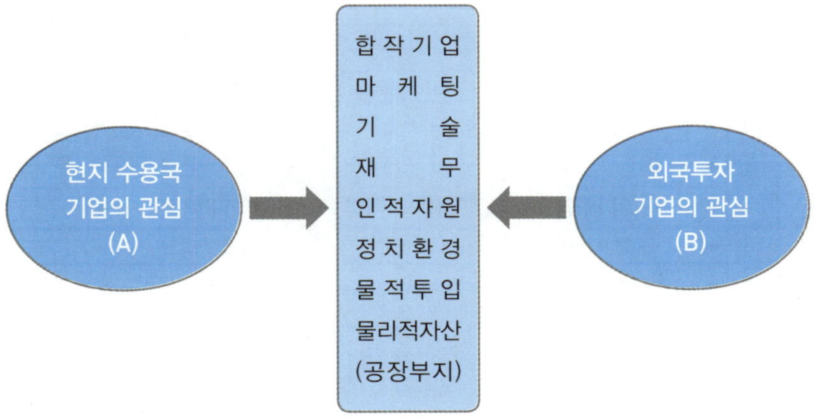

자료: Richard D. Robinson, *International Business Mansgement*, 2nd ed., Prentice-Hall, 1981, p.304.

파트너 선정의 문제

합작투자에 있어서는 입지선정의 문제와 함께 합작파트너의 선정이 투자안의 성패를 결정하는 중요한 변수가 된다. 합작투자에 있어 자사의 부족한 부분을 보완해 주면서 원활한 협력관계를 유지할 수 있는 적절한 파트너를 선정하는 것이 성공의 관건이다. 합리적인 기준에 따라 엄격하게 심사가 이루어져야 하며, 합작파트너의 선정기준은 다음과 같다.

① 일반적인 기준

파트너 선정에서 최우선적으로 고려되는 사항은 업무의 연관성이다. 따라서 기존의 업무나 업종상으로 공통점이 많은 기업이라면 일단 파트너의 기초자격을 구비하고 있다고 할 수 있다. 다음으로는 시장개입의 정도, 재무적 능력, 기술수준, 관리능력 그리고 마케팅능력 등이 고려된다. 그러나 업무연관성이라는 차원에서는 보편적으로 적용될 수 있는 평가기준이 존재하지는 않는다. 참여 기업들의 환경이나 특성에 있어 상당한 차이가 존재하고 있기 때문이다. 따라서 더욱 중요한 것은 앞으로 사업의 흥망성쇠를 함께 할 수 있을 만큼의 신뢰성이라고 할 수 있다. 따라서 파트너 후보자의 지식 수준, 목표, 정치노선, 현

그림 7-3 합작기업 참여파트너들의 혜택

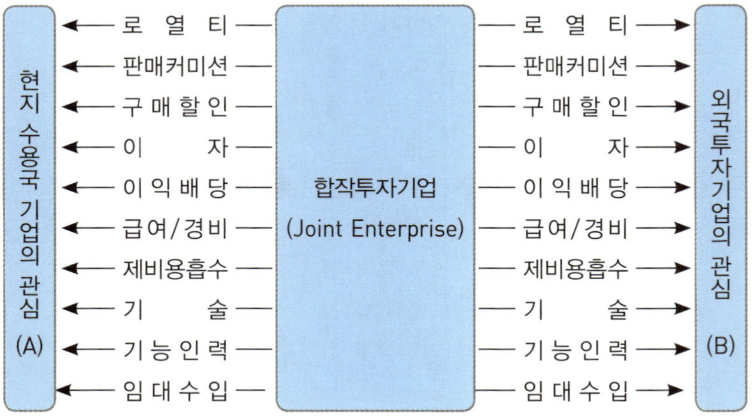

자료: R. D. Robinson, *op. cit.*, p.395.

지국에서의 권한이나 대외관계 등도 중요한 선정기준이 된다.

② 공공 부문의 합작파트너와 민간 부문의 합작파트너

합작투자에서 국가와 민간기업 간에 협력관계가 이루어지는 소위 혼합기업(mixed ventures)의 형태는 잘 나타나지 않는다. 민간기업과 공공기관 사이에 일체감을 구축하는 것이 곤란하고 합작기업의 운영과 의사결정에 너무 많은 부서와 담당자들이 개입하게 됨으로써 조직의 효율성이 떨어지기 때문이다. 관료제도는 기업의 효율성에 부정적인 영향을 미치기 때문에 합작투자는 민간기업 간에 이루어지는 것이 보통이다. 그러나 경제활동에 정부가 많이 개입하는 국가에서는 종종 공공기관과 민간기업 간의 혼합기업 형태에 의한 합작이 이루어지고 있다. 합작파트너로 국가나 공공단체가 되는 경우에는 자금조달에 있어서의 우선권이나 설립절차와 관련된 업무의 용이성, 공공입찰 등에서 유리한 점이 있다. 대개의 합작투자가 민간기업 간에 이루어지지만 국민경제 전체에 영향을 미치며 공공기관에 우선권이 부여된 특정한 업종에서는 공공기관이 합작파트너가 된다.

기업경영상의 문제

합작파트너 간에는 경영상 이해관계가 상충하거나 경영진의 경영 방식이 달라 갈등이 발생할 수 있다. 완전소유 자회사의 경우에는 모기업의 경영 방식이 그대로 적용되지만 합작기업에 있어서는 쌍방의 목표를 동시에 충족시킬 수 있는 경영전략이나 콘셉트를 개발한다는 것이 쉽지 않다. 특히 이익의 배분이나 재투자와 관련된 의사 결정에 있어서는 쌍방의 이해가 첨예하게 대립하는 경우가 많다. 합작초기에 있어서 해외투자기업의 목표는 현지 수용국에의 위치를 조기에 확보하는 데 있기 때문에 이익의 배분에 대하여는 소극적인 것이 보통이다. 그러나 수용국의 파트너는 합작기업의 경영성과를 빨리 배분받음으로써 새로운 소득을 확보하려고 한다. 그러나 초기 단계가 지나게 되면 해외투자기업의 입장은 현지 수용국에서의 재투자보다 이익배당에 관심이 더 커져서 가급적 이익유보보다는 이익배당의 비율이 높아지는 것을 원한다. 그에 반하여 현지 수용국 파트너의 입장은 합작기업의 경영활동 결과를 가지고 재투자 내지는 확대투자를 하는 데에 관심이 있어서 이익배당보다는 이익유보에 비중을 더 두게 된다. 그 다음으로는 수출시장에 대한 문제이다. 수용국파트너는 해외투자기업의 새로운 수출시장 확장에는 그다지 관심이 없기 때문에 해외투자기업이 직접 수출하던 특정국 시장에만 계속하여 수출하기를 희망한다. 그러나 해외투자기업은 가능한 많은 지역으로 수출시장을 다변화하기를 원한다. 따라서 수출시장의 범위와 관련된 문제는 사전에 합작투자계약의 단계에서 명확히 규정하는 것이 필요하다.

경영 방식의 차이에서 발생하는 충돌은 주로 이들이 처한 사회·경제적 환경이 다르기 때문에 나타난다. 외국투자기업은 자신들이 현지 수용국의 경영진보다 경영능력이 우월하다고 생각하는 데 반하여, 현지 경영자들은 자신들이 현지사정을 더 잘 이해하고 있다고 생각하므로 자신들의 경영 방식을 고집하게 된다. 이에 따라 경영목표의 설정이나 자원의 할당과 같은 문제에 있어 쌍방 간의 의견 충돌이 나타나게 된다.

제3절 전략적 제휴

1. 전략적 제휴의 개념

최근 국내 기업들은 경기 불황을 극복하기 위한 대책을 마련하느라 고심하고 있다. 오늘날의 불황이 고비용, 저효율의 허약한 기업체질과 핵심역량 부재에 기인한다는 지적에 따라 기업들이 감원이니 감량이니 하는 정책을 쓰고 있는 상황이다. 그러나 이와 같은 국내기업의 구조적 불황 극복을 위한 대응책들이 대부분 임시방편적이기 때문에 보다 근본적이고 혁신적인 대책이 요구되고 있다.

그중의 하나가 무한경쟁 시대를 맞이하여 경쟁기업 간에 적대적 경쟁과 동시에 협력도 추구하는 윈-윈 전략의 개념이 대두되었다. 윈-윈 전략은 경쟁업체 간의 기존 경쟁 관계는 그대로 유지하면서 서로 협력하여 새로운 시장 및 수요를 공동으로 창출해 내자는 것으로 전략적 제휴가 그 대표적인 예이다.

전략적 의미에서의 기업 간 제휴는 1980년대 중반에 태동하기 시작하여 1990년대부터는 급속도록 확산되어 왔고, 단기적 이익을 얻기 위한 보완적 수단이 아니라 범세계적 환경에서 기업이 존속하고 번영하기 위한 본원적 수단으로서의 성격을 지니고 있다.[11]

기업간의 과열된 경쟁은 자칫 소모전을 초래하여 상처뿐인 패자만을 낳게 된다. 이에 산업과 기업이 지속적으로 성장하기 위해서는 냉엄한 경쟁과 함께 때로는 공생하는 지혜를 갖는 것이 필수적이라는 인식이 팽배해졌기 때문이다.

전략적 제휴는 잠재적인 또는 실제적인 경쟁자 간의 협력 계약으로 경쟁력이 없거나 실패한 회사의 어쩔 수 없는 선택이 아니라 IBM, GE, 삼성전자, LG전자 등과 같은 세계 유수의 기업들이 채택한 기업의 생존전략인 것이다. 예를 들어, 삼성전자의 경우, 소니와 디스플레이 사업 경쟁력 강화를 위해 엘시디 패널을 공급하는 새로운 전략적 제휴를 체결했다. 전략적 제휴의 확산은 상대적으로 기업 간의 제휴를 경쟁 우위를 확보하려는 데 그 목적이 있다고 할 수 있다. 기업은 제휴를 통해 상대방의 자원과 비용을 공유함으로써 위험을 줄이고 새로운 이윤 획득, 기회를 확보할 수 있다. 따라서 전략적 제휴 유형의 선택은 글로벌경쟁 우위의 확보와 밀접하게 관련되어 있기 때문에 각각의 전략적 제휴의 선택에 영향을 주는 요인들에 대한 면밀한 분석이 필요하다.[12]

전략적 제휴의 기본 논리는 글로벌 게임이라는 새로운 경쟁 상황에서는 독자적 힘만으로는 결코 게임의 승자가 될 수 없다는 데에 있다. 따라서 국적이 어디냐, 경쟁자가 누구냐에 관계없이 필요하다면 언제든지 "적과도 동침할 수 있다"는 것이다.

이러한 논리에 의한 전략적 제휴의 예는 그 수를 헤아릴 수도 없이 많다.

---

11 김광수 외, 전게서, p.280.
12 이승종 외, 「글로벌 경영」, 민영사, 2004, p.386.

포드와 마쓰다는 자본 제휴를 통해 아시아 지역에서의 공동생산체제를 구축했으며, IBM은 마쓰시다(현 파나소닉), 히타치 및 개인 기업체인 세가 등과 같이 멀티미디어 관련 기술 제휴를 맺었다.

이와 같이 전략적 제휴는 한 기업 또는 그 이상의 제휴자의 경쟁전략을 지원 또는 협력하기 위해 추진되는 기업내 혹은 기업간의 결합을 말한다. 물론 경쟁환경과 시대적 배경에 따라 전략적 제휴에 대해 많은 학자들이 각기 다르게 정의하고 있다. 나라드(S. Narod)는 전략적 제휴를 특정 기업의 목적을 달성하기 위하여 둘 또는 그 이상의 독립법인이 운영 투자에 참여한 형태라고 정의하고 있으며, 아자미(R. A. Ajami)는 제휴를 초국가적 활동으로 범세계적 시장 진입을 위한 기업간 협력관계로, 해리건(K. R. Harrigan)은 합작투자와 같은 협력적 협정을 포괄하는 것으로서 전략적 목표를 달성하기 위해 기업들 간에 맺어지는 파트너십으로 보고 있다.[13] 또한 전략적 제휴는 실질적 또는 잠재적 경쟁관계에 있는 기업들이 사업의 일부 또는 특정 기능 부문에 있어서 일시적으로 협조관계를 맺는 것을 말한다.[14]

이처럼 전략적 제휴에 대한 정의는 학자들마다 차이를 보이고 있지만, 대체적으로 전략적 제휴(strategic alliance)는 경쟁관계에 있는 기업들이 각각의 독

표 7-1 전략적 제휴의 정의

	구분	전통적 기업협력	최근의 전략적 제휴
전략적 의도	협력동기	국지시장/제한적	범세계시장/포괄적
	협력자 관계	남북관계/잠재협력	기존 경쟁/제한협력
	협력영역	기술이전/단순영역	기술개발/특수영역
	참여자 수	소수(대개, 2기업)	제한 없음
전략적 형태	협력형태	정형적/단위계약	비정형적/복합계약
	협력분야	단위사업/제한적	복수사업/유기적
	대상기간	단기/일회성	탄력적용/재협상
	대표형태	기술라이선싱, 합작투자	교차 라이선싱 계약방식, 컨소시엄

자료: 김영곤, 패러다임 전환기의 신조직기술: 전략적 제휴, 1992.

13 이승종 외, 상게서, p.387.

14 Charles W. L. Hill, *Global Business Today*(McGraw-Hill, 1998), p.342.

립성을 유지하면서 지속적인 경쟁 우위를 확보하기 위한 의도를 갖고 타기업과 다양한 분야에서 일시적으로 상호 협력관계를 형성하는 것이라고 할 수 있다(〈표 7-1〉 참조).

2. 전략적 제휴의 특성

전략적 제휴란 경쟁관계에 있는 기업들간의 특정사업 및 업무분야에 걸쳐 협력관계를 맺는 것을 말한다. 예컨대, 전략적 제휴는 제휴사 간의 상호 보완적인 제품, 시설, 기능 및 기술을 공유하고자 하는 목적을 띤 일련의 벤처성격을 갖는다. 전략적 제휴가 갖는 속성은 다음과 같이 요약된다.[15]

첫째, 책임의 공유(shared responsibility)이다. 제휴의 본원적 속성은 위험과 성과의 공유에 있다. 일반적으로 각 제휴선은 자신이 정책결정에 참여하고 공헌한 만큼에 대해서만 위험과 성과를 분담하는 것을 원칙으로 한다.

둘째, 개별 구성원의 독자성(identity)을 유지하는 속성을 지닌다. 제휴는 제휴선들 업무영역의 일부분만 관련된다. 즉 각자의 독자성을 그대로 유지하면서 제휴에 참여하게 된다. 그러나 실제적으로 제휴에 관련되는 업무영역과 그렇지 않은 부분을 구분 짓기란 매우 모호하다.

셋째, 자원의 지속적 이전이 가능하다. 제휴선들이 프로젝트에 자금, 기술, 인력 등의 자원을 지속적으로 투입해야 한다. 제휴사업을 지속하는 데 있어 자원의 종류, 사용방법, 이전비용의 결정 등에 대한 제휴선 간의 합의가 이루어져야 한다.

넷째, 시너지(synergy)창출 효과가 기대된다. 제휴는 제휴선간 자원을 공유함으로써 보다 큰 가치를 창출하는 데 그 목표를 둔다. 즉 규모의 경제, 범위의 경제, 학습의 경제효과를 누리고자 하는 데 제휴의 목표가 있다.

다섯째, 제휴 프로젝트의 개별성을 들 수 있다. 제휴의 독특성은 잘 정립되고, 실현 가능한 구체적인 목표에 있다. 즉 어떤 단일 제휴 프로젝트가 또 다

15 F. J. Contractor, and P. Lorange(eds), *Cooperative Strategics in International Business*, Lexington Books, Lexington, MA, 1988.

른 하위 프로젝트(sub-project)로 분리되어서는 안 된다.

여섯째, 연락기능이 강조된다. 전략적 제휴에 있어서는 지분공유와 의사결정과정에서 일어날 수 있는 제휴선 간의 충돌을 사전에 방지하고, 이를 원만하게 다룰 수 있는 연락 및 조정기능이 중요시된다.

3. 전략적 제휴의 동기

글로벌기업 간의 전략적 제휴는 1980년대 이후 급증하고 있는데, 특히 정보통신분야, 생명공학분야, 신소재산업분야, 자동차, 항공, 화학 등 첨단산업이라고 불리우는 분야에서 두드러지게 나타나고 있다. 이는 글로벌기업들이 단독으로 기업경영활동을 하기보다는 시장진입, 상호보완적인 기술의 활용, 신규기술개발에 필요한 시간과 자본을 줄이려는 등 다양한 동기로 전략적 제휴를 선호하기 때문이다.[16]

(1) 현지국정부의 규제

글로벌기업들이 해외진출을 할 때 현지기업과 합작투자 등과 같은 전략적 제휴를 많이 하는 이유는 현지국정부의 각종 규제가 존재하기 때문이다. 아직도 많은 개발도상국에서는 글로벌기업의 시장진출에 대해서 현지기업과 합작투자 등과 같은 전략적 제휴의 형태로만 가능하도록 법적으로 규제하고 있다. 예를 들어 중국정부는 자동차, 기계, 전자, 석유화학 그리고 건설자재산업 등은 중국경제의 중추산업이라고 지정하여 외국기업의 투자를 합작투자와 같은 전략적 제휴 형태로만 허용하고 있다. 따라서 이와 같은 산업에서 중국으로 진출하고자 하는 글로벌기업은 필연적으로 합작투자를 하여야 한다. 즉 이러한 상황에서의 합작투자와 같은 전략적 제휴는 글로벌기업의 전략적인 선택 측면보다 현지국정부에 의해서 강요된 성격이 강하게 나타난다.

그러나 이러한 조치가 비록 현지국정부의 강요에 의한 것이지만 글로벌기

16 장세진, 「글로벌경영」, 박영사, 2011, pp.274~281.

업의 입장에서는 현지파트너로부터 도움을 받을 가능성이 있다. 현지파트너는 현지에서 자금을 조달함으로써 투자비용을 줄여주고, 그만큼 외국파트너가 부담하는 위험을 감소시킨다. 또한 현지파트너가 보유한 현지국의 문화와 경영환경에 대한 이해, 그리고 개인적인 친분관계, 고객, 은행, 정부관료와의 협상능력, 또한 현지에 맞는 경영, 생산, 마케팅기술 등에서 많은 도움을 줄 수 있다. 특히 중국에서 사업을 하기 위해서는 정부의 관리, 고객들과 밀접한 관계와 같은 꽌시(關係)라고 불리는 개인 간의 관계가 특히 중요하다. 외국기업들이 이러한 관계를 스스로 창출할 수 없기 때문에 현지파트너의 도움은 중국에서 사업을 하는 데 큰 도움을 줄 수 있다.

이와 같이 현지 파트너가 기여하는 측면은 현지국정부와의 관계와 현지환경에 대응할 수 있는 지식을 제공해 주는 것이다. 따라서 아무리 합작투자와 같은 전략적 제휴가 현지국정부의 규제에 의하여 강요된 것이라 하더라도 자신에게 가장 도움이 될 수 있는 파트너들의 능력(즉 정부를 상대로 교섭할 수 있는 능력과 개인적인 네트워크, 그리고 그들이 가진 기술이나 브랜드, 유통력 등)에 대한 객관적인 평가를 기초로 합작파트너를 선택하는 것은 글로벌 경영전략에서 중요한 과제이기도 하다.

(2) 자원공유를 통한 투자위험감소

글로벌기업들은 해외진출을 할 때, 많은 경우 가능하면 100% 자회사의 형태로 진출하기를 원한다. 그러나 단독투자의 형태로 해외에 진출할 때 모든 시장에서 경쟁기업보다 경쟁우위를 가질 수 있을 만큼 충분한 경영자원을 가진 기업은 존재하지 않는다. 따라서 기업들은 보완적인 제품, 유통망, 그리고 생산기술을 가진 다른 경쟁기업을 찾아 전략적 제휴를 맺음으로써 투자위험을 줄이고자 노력한다. 특히 거의 모든 산업에서 연구개발투자가 더욱 중요해지고 생산시설이 자동화됨에 따라서 예전에 비해 연구 개발투자와 생산시설투자에 소요되는 비용은 막대해졌다. 이에 신제품 개발에 막대한 연구개발비와 생산비가 소모되는 산업 등에서 자원공유를 통한 투자위험감소와 같은 이유로 전략적 제휴가 활발히 이루어지고 있다.

전략적 제휴는 비용과 위험을 제휴관계의 특정 일방이 전적으로 부담하지 않기 때문에 위험을 회피하는 매력적인 메커니즘이 된다(Porter & Fuller 1986).[17] 이러한 관점에서 컨트랙터와 로레인지(Contractor & Lorange, 1988)는 제휴전략이 제휴파트너의 위험을 줄일 수 있음을 규명하였다.[18]

예를 들어 연구개발투자가 중요한 항공기산업에서도 보잉(Boeing)사는 미쓰비스(Mitsubishi)중공업과 긴밀한 제휴관계를 맺고 있다. 또한 보잉사의 가장 큰 경쟁사인 에어버스(Airbus)사는 보잉사에 효과적으로 대응하기 위하여 영국과 프랑스, 스페인, 독일 항공산업기들의 컨소시엄(consortium)형태로 만들어진 기업이다. 이와 같은 연구개발투자와 생산비용이 큰 산업에서의 전략적 제휴는 높은 고정비용과 위험을 낮추는 효과를 갖고 있다.

이외에도 국제간 합작투자와 같은 전략적 제휴를 통해 얻고자 하는 경영자원은 현지국 경영관습 및 환경에 대한 지식이다. 해외시장을 무대로 경쟁하는 글로벌기업은 많은 경우 현지시장에 대한 정보부족으로 인하여 실패하는 경우가 많다. 이러한 경우 합작투자나 제휴시 현지파트너는 현지국의 정보, 특히 현지의 유통망과 현지시장에 대한 마케팅 지식 등을 제공함으로써 투자위험을 감소시킨다.

(3) 시장진입의 시간단축

글로벌경쟁이 심화되면서 신제품개발의 초기단계로부터 시장에서 제품화되는 데 소요되는 시간은 지난 수십년간 계속적으로 단축되어 왔다. 특히 경쟁기업에 비해서 더 빠르게 제품을 출시하는 기업일수록 이로 인한 높은 수익을 보장받을 수 있고 여러 가지 초기진입자(first mover's)의 우위를 누릴 수 있다.

이렇게 시간에 의한 경쟁우위가 중요해짐에 따라, 모든 기업들이 갖고 있

---

17 M. Porter, & M. B. Fuller, *Coalitions and global strategy*, In M. Porter(ed), Competitions in Global Industries, Harvard Business School Press, Boston, MA, 1986, pp. 315~343

18 F. J. Contractor, & P. Lorange(eds), *Cooperative Strategies and Alliances*, Emerald Group Publishing Limited, 2002.

는 고민은 어떻게 하면 경쟁자보다 빨리 신제품을 개발하여 시장에 먼저 출시할 수 있는가와 동시에 어떻게 하면 경쟁기업이 진입하기 전에 새로운 시장에 먼저 진입할 것인가의 문제이다. 하지만 글로벌기업들이 가진 공통적인 문제점은 시장진입의 시간단축에 필요한 모든 경영자원을 보유하고 있지 못하다는 것이다.

특히 반도체산업과 같은 첨단산업의 경우에는 제품의 수명주기가 상당히 짧고 시장에 늦게 진입한 기업은 큰 손해를 본다. 따라서 개별기업이 모든 경영자원을 가지고 있다고 하더라도 여러 기업들이 자원을 공유하였을 경우가 단독으로 개발하는 경우에 비해 훨씬 빨리 시장에 진입할 수 있다는 이점이 있다. 그리고 기업들이 필요한 모든 경영자원을 보유하고 있지 못한 상태에서 신규사업에 진출하려고 할 경우 이러한 전략적 제휴의 필요성은 더욱 높아진다.

(4) 산업표준의 선택

국제합작투자 등과 같은 전략적 제휴는 글로벌기업의 전 세계적인 글로벌 경영전략의 입장에서 이루어지기도 한다. 많은 산업에서 전략적 제휴나 국제합작투자가 일어나는 이유 중의 하나는 기술의 표준화를 이루는 것이다.

예를 들어 일본의 소니(Sony)와 마쓰시다(Matsushita)가 산업표준화를 위해 경쟁하다가 Sony가 실패한 VCR 산업의 사례는 글로벌기업에게 산업표준이 얼마나 중요한가를 알려 주는 단적인 예이다. Sony가 개발한 β방식의 기술은 Matsushita의 자회사인 JVC가 개발한 VHS 기술에 비해서 화면의 색상과 품질 면에서 훨씬 더 뛰어난 것으로 알려졌다. 그러나 Sony는 자사의 β방식이 훨씬 기술적인 우위가 있다고 믿고 다른 기업들과의 라이선싱 관계를 기피하였다. 이에 반해 기술적으로 열위에 있는 JVC는 VHS 방식을 채택하려는 기업들과 자유롭게 라이선싱계약을 허용하였으며, 그 결과 가전산업의 모든 기업들이 VHS 방식을 채택하게 되었다. 따라서 Sony는 자사의 β방식이 품질 면에서 뛰어남에도 불구하고 VCR 산업에서 시장점유율이 낮아지게 되었고 결국은 β방식을 포기하기에 이르렀다. 왜냐하면 비디오용 영화제작사의 입장에서는 화질도 중요하지만 시장점유율이 낮은 Sony의 β방식으로 비디오테이프를 제작하기보다는 더 많은 비디오테이프 구매자들이 있는 VHS 방식을 선호하였기 때문이다.

이처럼 글로벌기업의 입장에서는 누가 먼저 기술측면에서의 산업표준을 확립하느냐에 따라 기업의 경쟁우위가 달라지기 때문에 핵심적인 글로벌 경영전략으로써 전략적 제휴를 선택하는 경우가 많다.

(5) 기업의 유연성 확보

국제합작투자 등과 같은 전략적 제휴는 기존의 사양산업에서 탈퇴하는 데에도 유용하기 때문에 매우 중요한 경영전략으로 사용된다. 즉 우리나라에서 경쟁력이 사라져 가는 일부 사양산업을 합작투자 등과 같은 전략적 제휴형태로 개발도상국에 이전하게 되면 그 사업에서 완전히 철수하는 것에 비해 투자가치를 보존할 수 있으며, 또한 그 산업의 전망이 좋아지면 언제든지 다시 진출할 수 있는 가능성을 갖게 된다.

예를 들어, 한국기업들이 중국에 진출하는 많은 사업분야, 특히 노동집약적 산업인 의류, 텐트, 조명, 신발 등의 사업은 이미 한국의 인건비가 비싸져서 경쟁력이 없어진 사업이다. 이러한 사업에서의 중국합작투자는 그 사업에서 완전히 철수하기보다 중국으로 공장을 이전하여 중국시장을 공략하거나 또는 중국에서 생산하여 다른 나라로 수출하는 목적의 투자이다. 이러한 합작투자형태의 투자는 만일 그 사업전망이 나빠질 경우는 중국측 파트너에게 매각(풋옵션, put option)을 할 수 있고 사업전망이 호전되면 확장을 하여 100% 소유의 자회사로 탈바꿈(콜옵션, call option)할 수 있는 유연성을 가지고 있다.

결국 기업이 시장에서 퇴거할 때에도 전략적 제휴는 기업에게 옵션을 가져다 주는 것과 같은 유연성을 준다. 또한 전략적 제휴를 통하여 기업은 자신의 핵심역량이 아닌 주변활동이나 기능을 외부기업들에게 외주(outsourcing)를 줌으로써 기업은 자신의 설비비용을 크게 줄이고 보다 유연한 비용구조를 가질 수 있게 된다.

(6) 규모의 경제 달성

기업은 부가가치창출 활동 중 어느 한 분야에서 타기업과 제휴함으로써 규모의 증가에 따른 학습효과와 비용절감을 꾀할 수 있다. 특히 규모의 경제효과가 상당히 중요시되는 산업에서는 막대한 생산비투자가 불가피하지만 다른 한편으로는 이 때문에 공급과잉이 발생하게 될 우려가 있다. 그러므로 기업들은 독립성을 유지하면서 타기업과의 협력과 분업을 통해 규모의 경제를 달성하고 이를 통해 제휴에 참여하지 않은 기업들에 대해서 경쟁우위를 확보할 수 있게 하는 전략적 제휴를 택하게 된다.[19]

또한 전략적 제휴는 동일산업에 속한 기업들이 기업의 전체를 합병함으로써 발생하는 불확실성과 여러 가지 어려움을 피할 수 있도록 하면서도 생산을 합리화하여 규모의 경제효과나 실행에 의한 학습효과를 취할 수 있게 한다 (Mariti & Smiley 1983).[20]

전략적 제휴는 많은 이점도 있지만 전략적 제휴를 통해 경쟁자에게 새로운 기술과 시장을 빼앗길 수 있다.[21] 예를 들어 몇 년 전에 일부 전문가들은 미국과 일본 기업들이 맺는 전략적 제휴는 대부분 미국 기업의 우수한 공법과 생산기술을 얻기 위하, 또한 자국 내 고임금, 고부가가치 업종을 유지하기 위한 일본의 계산하에 이루어진 것이라 주장했다.[22] 그들은 일본이 기계와 반도체 산업에서 성공한 것은 전략적 제휴를 통해 얻은 미국의 기술이 토대가 되었기 때문이라고 말한다. 또한 이러한 전략적 제휴를 통해 미국의 많은 신기술이 일본에 전해졌고, 또한 일본 제품이 미국에서 판매될 수 있는 판매 및 판촉망을 제공한 셈이 되었다고 주장했다. 이 계약이 단기적으로 이익이 됐을지 몰라도 장기적으로 보았을 때 결과는 미국 기업들에게는 아무런 이익이 되지 않는

---

19 김광수 외, 전게서, p.284.

20 P. Mariti & R. H. Smiley, "Co-operative agreements and the organization of industry," *Journal of Industrial Economics*, 31(June), 1983, pp.437~451.

21 R. B. Reich & E. D. Mankin, "Joint Ventures with Japan Give Away Our Future," *Harvard Business Review*, March-April, 1986, pp.78~90.

22 J. Bleeke & D. Ernst, "The Way to Win in Cross-Border Alliances," *Harvard Business Review*, November-December, 1991, pp.127~135.

'속 빈 강정'이었다는 것이다. 이는 전략적 제휴는 위험을 수반한다는 것을 암시한다.[23]

4. 전략적 제휴의 분류

전략적 제휴는 경쟁관계에 있는 기업이 일부 사업 또는 기능별 활동부분에서 경쟁기업과 일시적인 협조관계를 갖는 것을 의미하는 것이다. 전략적 제휴는 상당히 다양한 형태로 분류할 수 있는데 가장 단순하고 단기적인 성격이 강한 형태는 연구개발컨소시엄, 또는 기술제휴이다. 이에 반해 합작투자는 기업들의 지분참여도가 높고 제휴당사자들 간에 참여(commitment)하는 정도가 높은 전략적 제휴의 유형이라 볼 수 있다.[24]

(1) 기능별 또는 업무별 국제제휴

기능별 제휴(functional agreement)는 대체로 지분참여 없이 그 기업이 수행하는 여러 가지 업무 분야의 일부에서 경쟁기업과 협조관계를 갖는 것이다. 이러한 제휴관계는 상당히 구체적인 기능별 분야, 즉 연구개발, 생산, 마케팅, 기술, 라이선싱, 유통 등의 분야에서 공동프로젝트를 협조하여 수행하는 것이다. 이런 기능별 제휴에서는 대부분 비용을 줄이려는 목적으로 활용되기 때문에 합작투자와 같은 새로운 조직이 창출되지 않고, 제휴의 영역 역시 극히 제한된 일부 기능에서만 일어남으로써 많은 경우 기업들은 지분참여를 하지 않고서도 가능하다.

국제연구개발 컨소시엄

첨단산업분야에서 흔히 볼 수 있는 현상이 연구개발 컨소시엄(R&D consortium)과 같은 전략적 제휴이다. 일부 컨소시엄은 정부에 의해 전적으로 또는 일

23 박철순 외(역), 전게서, pp.451~452.
24 장세진, 전게서, pp.269~273.

부를 보조받는 경우도 있다. 세계항공기산업에서 잘 알려진 Airbus는 영국, 프랑스, 독일, 스페인 등의 기업들이 공동출자한 컨소시엄 형태의 기업이다. 또한 반도체, 통신 등의 첨단산업에서는 세계 각국의 글로벌기업들이 참여한 컨소시엄이 많이 나타나고 있다.

국제기술제휴

국제기술제휴 또는 기술라이선싱 형태는 대체로 한 기업이 다른 국가의 기업에게 로열티를 매개로 생산기술을 공여하거나 자신의 기술을 기반으로 하여 신제품을 개발할 수 있는 권리를 부여하는 것을 의미한다. 이는 주로 신제품개발과 생산의 위험과 비용을 절감하는 것이 주된 목적이라고 할 수 있다. 특히 기술제휴 또는 기술제휴 라이선싱(technology licensing)이 국제적인 전략적 제휴의 주요한 형태가 되는 이유 중의 하나는 교차 라이선싱(cross- licensing)에서 살펴볼 수 있다. 교차 라이선싱은 기업들끼리 서로 기술을 주고 받는 형태이다. 예를 들어 삼성전자는 일본의 소니(Sony)와 LCD 합작법인을 설립하여 서로 기술을 주고받고 있다. 이와 같이 기업 간에 필요한 기술을 서로 주고받음으로써 제휴관계를 맺는 것은 제휴관계 이외의 기업들에 대하여 더 높은 경쟁우위를 확보할 수 있는 좋은 방법이 된다.

국제생산 라이선싱

국제생산 라이선싱(production licensing)은 규모의 경제를 활용하고 유휴생산시설을 활용하기 위한 방법으로 둘 이상의 기업이 공동생산을 할 수 있는 라이선스를 보유하거나 자체수요를 위해 직접 특허기술을 라이선스받아 생산하는 방법이다. 예를 들어 캐나다 브르본 공장에 100% 단독투자를 했다가 실패한 현대자동차는 이후 해외진출에 신중한 전략으로 전환해 국제생산 라이선스를 선호하였다. 주로 필리핀, 중국 등으로 하여금 현대자동차의 모델을 라이선스로 생산하도록 한 것이다.

국제제품스왑

국제제품스왑(product swap)은 판매제휴를 의미한다. 제품스왑이나 판매제휴의 유형은 타사의 생산품에 자사의 브랜드를 붙여 마치 자사의 생산품인 것처럼 판매하는 방식이다. 주문자상표부착생산방식(OEM: Original Equipment Manufacturing)이 대표적인 생산방식의 하나이다. 예를 들어, 미국의 GM은 일본에서 GM차의 판매를 Toyota 브랜드에 의한 판매를 진행하여 일본 내의 유통망과 신뢰를 얻을 수 있었다.

(2) 국제합작투자

이상과 같이 국제연구개발 컨소시엄, 국제기술제휴, 국제생산 라이선싱, 국제제품스왑과 같은 기능별 또는 업무별 국제제휴는 기업들의 지분참여 없이 기업간의 국제간 계약과 거래에 의하여 이루어지는 것이 보통이다. 그러나 점차 이러한 전략적 제휴관계가 그 기업의 글로벌 경영전략에 중요한 역할을 하게 되고, 제휴를 통해 보다 높은 시너지를 창출하기 위해서 참여의 강도가 커지는 합작투자(joint venture)의 형식을 선호하게 된다. 국제합작투자는 외국기업과 연구개발, 판매, 생산에서 이루어질 수 있으며 더 나아가서는 자신의 핵심사업분야 자체를 합작투자화하는 경우도 발생하고 있다.

일부 기능에만 국한된 기능별 제휴와 달리 국제합작투자는 법률적으로 모기업으로부터 독립된 기업을 만드는 방법이다. 이러한 합작투자방식은 기능별 제휴처럼 한 기능이나 한 업무분야에 국한되어 있기보다는 연구개발, 생산, 마케팅, 유통 등과 같이 여러 분야에 걸친 종합적인 협력관계가 필요할 때 실행하는 경우가 많다.

제4절 전략적 제휴의 구축과 관리

1. 전략적 제휴의 구축

급속하게 변화하는 기업경영 환경 변화와 글로벌 경영화에 따른 무한경쟁 속에서 기업은 적대적 경쟁 이외에도 협력적 관계를 모색해야 하는 시대가 왔다. 전략적 제휴는 지금까지 기업의 생존을 위한 선택된 전략이며 앞으로도 더욱 관심이 집중될 기업의 성장전략과도 상호 밀접한 관계를 가지고 있다.

이는 기업경영 환경이 악화되면서 기업간 출혈경쟁은 상처투성이의 패전만 낳게 되는 결과를 가져오기 때문에 이를 피하기 위해서도 전략적 제휴는 더욱 더 중요하게 영향을 미치고 있다. 전략적 제휴는 협력을 통해서 상호 공생의 지혜를 추구하고 있기 때문이다.

전략적 제휴를 구축하기 위해서는 먼저 전략적 제휴 기업을 선택해야 하며, 선정된 기업에 대해서 어떻게 전략적 제휴를 구축할 것인가에 대한 협상전략을 수립해야 할 것이다.

이 때 잠재적인 파트너 기업의 전략적·조직적 능력을 분석하는 과정이 가장 중요한 것이며 가장 어려운 제휴 이전의 과제일 것이다. 여러 가지 협상 요소들이 때로는 상대기업의 정확한 능력 분석의 과정을 어렵게 만들고 있다.

가장 어려운 장애물은 잠재적인 파트너를 효과적으로 평가함에 있어서 필요한 정보가 제한되어 있다는 데 있다. 효과적인 분석을 위해서는 파트너와 관련된 물질적인 자산(예를 들면, 공장과 시설의 생산성과 상태)뿐만 아니라 비물질적 자산(즉 브랜드의 강도, 소비자와의 관계의 정도, 기술적인 숙련도의 정도), 그리고 조직운영능력(즉 관리능력, 조직구성원의 기업에 대한 충성도, 공유된 가치) 등을 분석해야 한다. 대부분 이러한 정보를 단기간에 얻을 수 없는 어려움이 제휴를 결정하는 데 있어 한계점들로 대두되어 왔다.

또한 잠재적인 파트너의 전략적이고 조직적인 능력을 일시적인 시점에서 평가한다는 것은 너무나도 어렵고, 그러한 능력들은 시간에 따라 진화하기 때문에 전략적 제휴 이전에 효과적으로 평가하기란 거의 불가능하다.

2. 전략적 제휴의 관리

전략적 제휴를 통하여 기업은 상호보완적인 경영자원을 공유함으로써 기업의 전략적 목적에 한 발 더 다가설 수 있는 이점을 살릴 수 있다. 그러나 실제로 기업들은 전략적 제휴를 통해 얻을 수 있는 이점을 고려해서 협정을 맺었지만, 실제 그 목표를 달성하는 것은 전략적 제휴 관리를 통해서 효과를 가져올 수 있도록 지속적으로 노력해야 한다.

성공적으로 제휴관계를 관리하기 위해서는 관계적 자본(relational capital)이라고 불리는, 파트너 사의 경영자 간 관계가 구축되어야 한다. 이는 Ford와 Mazda 간 전략적 제휴의 핵심적인 성공요인이다. 이 두 기업의 경영진은 단지 관련 사인을 논의하는 것에서 한발 더 나아가 상호관계를 구축하는 것을 회의의 목표로 삼았다. 이렇게 형성된 친밀감은 서로 신뢰를 쌓고 조화로운 관계를 유지하는데 큰 도움이 되었다. 경영진 간의 개인적인 유대감은 비공식적인 경영네트워크 형성을 촉진하기도 하는데, 이러한 비공식적 네트워크는 공식적인 상황에서 생기는 문제를 해결하는 데 도움이 되기도 한다.[25]

이러한 지속적인 노력은 먼저 파트너기업과의 제휴 경계를 설정하고 이 경계선과 기업조직 사이의 영역을 관리함에 있어서 여러 가지 방법이 존재한다. 극단적으로는 두 기업들 간의 독립적인 합법조직을 구성함으로써 공동제휴를 할 수도 있다. 이는 한쪽 또는 양쪽 모기업과의 실질적인 전략적, 조직적, 관리적인 통제에 의해서 운영되어질 수 있다. 하지만 대부분의 경우는 이런 극단적인 조직구성이 반드시 필요한 것은 아니며, 공동위원회와 같이 단순하면서도 덜 관료적인 지배 조직이 기업간에 공유된 내용들을 관리 및 지도·통제하는 데 적합하다.[26]

---

25 박철순 외(역), 전게서, p.454.

26 이승종 외, 전게서, p.401.

관리영역·경계의 선택은 구체적인 제휴의 범위에 의해 결정되어진다. 전략적 제휴의 내용들이 기능적인 상호의존에 의해 구성되어진다면, 공유된 과제와 관련된 의사결정과정에서 높은 정도의 통합적인 노력이 필요한 것이다.

전략적 제휴가 조직구성원의 학습에 대한 잠재적인 효과를 극대화시키지만, 각 기업은 의도하지 않았던 정보의 유출을 방지하기 위해서 공유영역을 관리해야 한다. 특히, 기업간 조직의 경계선들 사이로 정보의 자유로운 흐름과 균형을 이루게 하는 역할이 중요하게 된다. 그 이유는 첫째, 두 기업이 하나의 사업목적에 자원을 집중시킴으로써 규모나 학습의 효과를 얻을 수 있다. 공동사업은 각 기업들이 관리하고 있는 사업의 운영방법과 비교해 보면 사업의 규모 또는 기술개발 및 학습의 정도를 증가시킨다. 르노와 푸조를 예를 들면, 이 두 기업들은 각 기업이 서로 다른 다양한 자동차부품을 만들 목적으로 제휴를 형성하여 왔다.

둘째, 제휴한 기업 간에는 각기 사업을 수행하는 능력이나 지식에 대한 접근 기회가 공동으로 사용, 판매하는 방법 등에 있어서 차이점을 발견할 수 있다. 이러한 경우 전략적 제휴는 분배경로(수단), 기술이나 혁신적인 능력, 전문적인 비법 그리고 자본상의 측면에서 상호보완적인 해법을 제공할 수 있다.

셋째, 전략적 제휴는 상대방 기업들의 위험을 분산시키고, 비용을 상호 줄이는 데 기여할 수 있다. 또한 기업이 각자 했을 때 소요되는 시간을 줄이는 이점이 있기 때문에 이를 효과적으로 관리해야 할 것이다.

3. 전략적 제휴의 성공요인

전략적 제휴를 성공으로 이끌기 위해서는 여러 가지 실패요인을 분석하고, 이에 대한 처방을 사전에 준비함으로써 가능하다. 과거 전략적 제휴 관계에서 실패한 요인들은 기업 간의 신뢰성, 기업문화의 차이, 의사소통의 미비에서 나온 것이 많다. 또한 자기 회사의 능력을 과대 포장하거나 상대회사의 역량에 대한 과도한 기대는 실제 전략적 협력 과정에서 불신과 갈등을 야기시킬 수 있다.

전략적 제휴의 성공요인은 크게 기업문화와 관련된 요인, 경영관리와 관련된 요인, 그리고 조직특성 및 운영프로세스와 관련된 요인으로 구분할 수 있다. 글로벌기업의 전략적 제휴에서 특히 문화적 특성 간의 동질성은 그 성패에 매우 중요한 영향을 미치고 있다. 문화적 일치성이나 상호간의 신뢰감, 권한위임의 성공요인으로 기능별 역량에 주목할 필요가 있다. 제휴 기업 간에 서로 보완적 기능을 수행할 충분한 역량을 구축하고 있는 경우에는 성공할 확률이 매우 높게 나타나고 있다. 반면에 계약서 등 법률적 차원에서의 합의내용은 서로의 신뢰가 전제되지 않는 한 성공에 그다지 영향을 미치지 못하고 있음을 알 수 있다. 인적자원의 구성 및 종업원의 능력은 전략적 제휴의 중요한 동기가 됨에도 불구하고 실질적으로는 전략적 제휴의 성공에 크게 기여하지 못하는 것으로 나타났다.[27] 따라서 이러한 문제점을 사전에 제거하고, 기업이 왜 전략적 제휴를 선택하게 되었는지 그 이유와 목적을 분명히 해야 한다.

전략적 제휴 파트너를 선정할 때는 기업의 이익을 얼마나 최대화할 수 있으며, 또한 위험을 얼마나 최소화할 수 있는지를 고려하여 가장 적합한 전략적 제휴 파트너를 선정하여야 한다. 일반적으로 좋은 동맹자 혹은 파트너는 세 가지 특징을 가지고 있다. 먼저 그들은 시장진입의 통로가 되거나 제품개발에 수반하는 비용과 위험을 공유하든지 혹은 핵심적 역량에 대한 접근을 가능하게 하는 방법들을 통해 기업의 전략적 목표를 달성할 수 있도록 도와준다. 즉 파트너는 기업이 현재 보유하지 못한, 가치 있는 능력 및 자원을 보유하고 있어야 한다. 둘째로 좋은 파트너는 동일한 제휴의 목적을 갖고 있다. 셋째로 좋은 파트너는 기회주의적으로 제휴관계를 이용하지 않는다. 이런 세 가지 특징을 가진 파트너를 고르기 위해서 기업은 잠재적인 제휴 후보들에 대해 면밀히 조사할 필요가 있다.[28]

파트너 기업과 자사는 기본적으로 상이한 경영자원을 가지고 있으며 이들이 효율적으로 상호보완의 시너지 효과를 낼 수 있어야 전략적 제휴가 성공할 수 있다. 전략적 제휴에서 실질적으로 제휴 파트너의 선정은 가장 중요한 문제

27 박기안, 전게서, pp.226~227.
28 박철순 외(역), 전게서, p.452.

로 이를 선정하는 기준은 양립성(compatibility), 파트너의 능력(capability), 몰입성(commitment)의 요인을 지적할 수 있다.

먼저, 양립성의 문제로 양립가능성은 양 기업의 전략, 기업문화, 경영관리 시스템 등의 측면에서 고려하여야 한다. 이처럼 전략적 제휴의 가장 중요한 성공요인으로 양립성을 고려하는 것은, 국제합작투자나 국제적 제휴에 참여하는 기업들의 능력이 아무리 뛰어나다고 하더라도 파트너들이 서로 협력할 수 없다면 성공하기 어렵기 때문이다.

둘째, 파트너의 능력과 관련된 문제로 국제적인 합작투자나 국제적 제휴를 선택할 때 파트너가 보유한 경영자원과 핵심역량을 정확하게 파악하여야 한다. 파트너기업의 능력과 핵심역량을 평가하는 것은 제휴를 통하여 약점을 보완하고 강점을 강화하는 것이 필요하기 때문이다. 즉 서로의 부족한 점을 보완하여 줄 수 없을 때, 이런 합작투자나 전략적 제휴는 무의미하다고 할 수 있다.

마지막으로 제휴의 몰입성과 관련된 문제이다. 아무리 합작투자 파트너나 국제적인 제휴파트너가 핵심역량과 경영자원을 갖고 있고 양사의 경영관리 시스템과 기업문화가 양립성이 높을지라도 제휴당사자들이 합작투자나 전략적 제휴를 성공적으로 만들어 가기 위하여 시간과 에너지, 경영자원을 투입하지 않으면 합작투자나 제휴가 성공할 수 있는 가능성은 매우 희박하다. 따라서 자신의 파트너들이 국제적인 합작투자나 제휴를 성공적으로 수행하기 위하여 얼마만큼 열심히 임할 것인가를 파악하는 것이 중요하다. 이를 위하여는 해당 합작투자나 전략적 제휴가 파트너의 핵심사업분야에서의 제휴인지 주변사업부에서의 제휴인지를 고려하여야 한다. 만일 전략적 제휴가 파트너에게 중요하지 않은 주변사업분야에서 이루어진다면 그 파트너는 전략적 제휴를 성공적으로 이끌기 위하여 시간과 경영자원을 많이 쏟으려고 하지 않을 것이며, 미묘한 갈등이 있어도 쉽게 합작투자나 제휴를 포기할 가능성이 높다. 따라서 한 회사만 제휴에 많은 투자를 하고 다른 기업은 수수방관하거나 무임승차하려는 기회주의적인 행동을 하려고 한다면 이런 합작투자나 제휴는 실패할 가능성이 높게 된다. 이렇게 국제적인 합작투자나 제휴를 상대편 회사의 비주력사업분야에서 선택하기보다는 혼신의 노력을 다할 수 있는 주력사업을 가진 파트너를 선택하는 것이 훨씬 바람직한 전략이다.

한편 전략적 제휴를 통하여 기업은 새로운 네트워크를 구축할 수 있다. 한 기업이 수많은 기업과 네트워크로서 상호 연결되어 새로운 기술을 습득하고 위험을 분산시킬 수 있다. 이러한 전략적 네트워크의 디자인은 전략적 제휴의 초기단계부터 이루어져야 한다. 여기에서 상호간의 경쟁과 협력을 동시에 구사하는 전략적 유연성을 가지고 있어야 한다. 전략적 제휴는 짧게는 단기적인 계산으로 끝나게 되겠지만, 대부분 장기적으로 연결되어 있다. 이러한 장기적 전략적 제휴를 성공으로 이끌기 위해서는 지속적으로 제휴관계를 모니터링하고 이에 따라 재협상을 하는 것이 필수적이다.[29]

4. 전략적 제휴에 따른 기업성과

기존의 연구는 전략적 제휴가 기업성과에 미치는 긍정적인 효과를 다음과 같이 제시하고 있다. 첫째, 전략적 제휴는 외부 자원에 대해 레버리지를 가능하게 한다(M. A. Hitt et al., 2000). 둘째, 지식 전달 및 관리기관의 학습을 강화시킨다(B. Kogut et al., 1992; P. J. Lane & M. Lubatkin, 1998). 셋째, 자산과 생산 능력 변동에 대한 적응에 유연하게 반응토록 한다(D. J. Collis, 1994). 넷째, 특화된 기술이나 지식의 습득을 촉진시킨다.

사카, 에참바디와 해리슨(M. B. Sarkar, R. A. J. Echambadi & J. S. Harrison, 2001)은 전략적 제휴를 형성한 기업의 시장성과를 실증적으로 분석하기 위해 182개의 기업을 대상으로 얻어진 설문조사 데이터를 사용하여 회귀분석을 시도하였다. 보다 구체적으로 전략적 제휴의 혁신성, 시장의 불확실성(시장 변동성, 경쟁 변동성, 기술 변동성으로 측정) 및 사업체의 규모와 시장점유율, 매출의 성장, 생산 개발, 시장 개발로 정의된 기업성과의 관계에 대해 분석하였다. 그 결과 이들은 전략적 제휴 기업의 성과를 결정짓는 유의미한 설명변수로 제휴의 혁신성, 시장 변동성, 사업체의 규모를 제시하였다. 시장 수요의 변동은 새

29 이승종 외, 전게서, p.402.

로운 재화 및 서비스의 제공을 요구하는데, 혁신적 제휴는 기업으로 하여금 소비자의 필요에 따른 신속한 대응을 촉진시켜 기업성과를 제고시키기 때문이다. 뿐만 아니라 사업체의 규모가 작을수록 제휴의 긍정적인 효과는 더 증가한다고 지적한다. 대규모의 사업체는 전략적 제휴뿐 아니라 기업 내부 자원을 이용할 수 있는 반면 소규모 사업체의 경우 전략적 제휴가 유일한 대안일 수 있으며 전략적 제휴가 기업 규모(scale)와 범위(scope)의 한계를 극복할 수 있는 방안으로 작용할 수 있기 때문이다.

그러나 전략적 제휴 자체가 기업의 양호한 성과를 보장해주지 않는다는 것은 여러 연구들에서 발견되었다. 그 주된 이유는 전략적 제휴 대상에 대한 불완전정보가 유발하는 탐색과정의 마찰 및 제휴 대상 기업의 기회주의적 행동은 전략적 제휴 가능성을 낮추거나 전략적 제휴가 체결되더라도 이것이 기업의 성과를 높이는 것을 방해하는 요인으로 작용할 수 있기 때문으로 이해된다(R. Gulati & M. Gargiulo, 1999).[30]

따라서 전략적 제휴는 글로벌기업들에게 많은 성과를 제공하기도 하지만 위험도 수반하고 있으므로 이에 대한 면밀한 분석이 이루어져야 한다. 예를 들어 정보공유에 따른 정보유출에 대해 사전에 철저히 통제를 하여야 한다. 그리고 전략적 제휴가 영원히 이루어지는 것이 아니고 한시적인 것이므로 결렬되었을 경우 기업에 미치는 영향에 대해 사전에 대책을 강구해야 한다.

30 김병연, 기업의 외부위탁, 전략적 제휴 및 신사업진출: 결정요인과 효과, 통계개발원, 2009, pp.159~160.

key point

CASE STUDY

중국의 對韓 투자는 한국에 기회다

최근 중국의 한국 내 투자가 본격화하고 있다. 중국 구룡(九龍)자동차의 광주 전기차 생산공장 설립 투자, 중국 안방보험의 한국 알리안츠생명 인수와 같이 신규 투자 및 인수를 통한 중국 기업의 국내 투자가 활성화하고 있다. 우리나라 기업들의 중국 내 투자는 1992년 한·중 수교 후 본격적으로 시작됐고, 1990년대 중반부터 우리나라 대기업들의 중국 내 투자가 많이 이뤄졌다. 미국과 유럽의 사례를 비춰볼 때, 우리 기업의 중국 내 투자가 본격화한 지 20년이 지난 이제부터 중국 기업의 대한(對韓) 투자가 적극적으로 나타날 것을 예측해 볼 수 있다.

지난 몇 년간 이뤄진 중국의 제주도에 대한 대규모 투자로 우리는 중국 투자에 대해 경계심을 가지고 있다. 물론 중국의 국내 투자가 주는 기술 유출, 경제적 종속 등과 같은 부정적인 효과도 있다. 그러나 국내 기업의 경쟁력 제고를 통한 글로벌화 추진, 고용 창출을 통한 국내 경제발전 기여 등과 같은 긍정적인 효과도 있다. 따라서 우리는 중국의 투자를 통해 부정적인 효과를 최소화하는 한편, 긍정적인 효과를 어떻게 극대화할 것인지를 고민해야 한다.

중국 기업은 자금과 시장을 가지고 있고, 한국 기업은 기술과 경영관리 능력을 가지고 있다. 서로 보완적인 관계를 가지고 있는 중국 기업과 한국 기업이 협력한다면 경쟁이 치열한 글로벌 시장에서 리더십을 확보할 수 있다. 또한, 아시아 시장이 안고 있는 초과 공급에 대한 문제도 협력을 통해 풀어갈 수 있다. 이런 이유로 중국 기업과 한국 기업 간의 전략적 제휴 및 인수·합병(M&A)이 앞으로 활발히 일어날 것이다.

이와 같은 맥락에서 우리는 중국 투자를 바라보는 시각을 다르게 가져야 한다. 1990년 중반 이후 한국 기업은 중국 시장 진출을 위해 많은 노력을 했지만, 그 성과는 우리의 기대에는 훨씬 못 미친다. 그러나 중국 기업의 국내 투자는 그동안 우리가 그토록 어렵게 생각했던 중국 시장에 진출할 수 있는 새로운 기회를 열어 주고, 더 나아가 중국의 육상과 해상 일대일로(一帶一路, 육·해상 실크로드)를 활용해 우리 기업들은 글로벌화를 보다 적극적으로 추진할 수 있다. 따라서 우리는 중국을 새로운 제품이나 서비스를 개발할 수 있는 자금을 제공하는, 그리고 우리의 완제품이나 서비스를 세계로 실어 나르는 파트너로 생각해야 한다.

또한, 중국과 한국을 커다란 하나의 시장으로 생각해야 한다. 중국이 해외시장이라는 접근보다는 우리가 함께하는 우리 시장으로 간주해야 한다. 미국과 캐나다가 하나의 북미시장을 형성했듯이 중국과 한국은 하나의 동북아시장을 만들어내야 한다. 한국의 기술을 가지고 새로운 제품이나 서비스에 대한 아이디어를 만들어 내고, 이러한 아이디어를 가지고 중국이나 한국에서 공동 생산하고, 생산된 제품이나 서비스를 한국과 중국에서 판매함은 물론 글로벌 시장으로 판매를 확대하기 위한 양국 간, 양국 기업 간 역할을 분담해야 한다.

2018년부터 글로벌 주요 2개국(G2) 시대가 시작된다. 미국을 중심으로 한 유럽과의 공동체가 하나이고, 또 다른 하나는 중국을 중심으로 한 아시아 공동체다. 중국과의 공동체에서 한국이 어떤 위상을 가질 것인지는 중요하다. 세계 경제의 또 하나의 축인 중국의 등에 올라타 함께 성장하기 위해서는 중국 기업의 국내 투자가 많이 이뤄져야 한다. 중국의 국내 투자가 많이 이뤄질수록 한국은 중국에 중요한 파트너로 자리 잡을 수 있다. 또한, 중국에 대한 한국의 중요성도 크게 부각돼 북한에 대한 중국의 시각과 관계도 달라질 것이다.

지난해 12월 20일 한·중(韓中) 자유무역협정(FTA)이 발효됐다. 한국과 중국이 동북아의 커다란 하나의 시장으로 도약하기 위한 물꼬가 트였다. 중국 기업은 투자를 통해 무역을 뛰어넘는 국내 시장 진출을 추진하고 있음에도 우리 기업들은 중국 시장, 중국 기업 진출에 대해 큰 관심을 기울이지 않고 있다. 우리는 바로 옆에 세계 최대 시장과 최대 기업들이 있지만 이를 제대로 활용하지 못하고 있는 것이다. 중국 기업의 한국 시장 및 기업에 대한 관심은 앞으로 5년, 2020년까지는 계속될 것이다. 이 기간에 우리가 중국과의 '협력을 통한 경쟁'에서 주도권을 잡아야만 동북아 시장을 발판으로 중국과 함께 지속 성장을 해 나갈 수 있다.

문화일보(2016.4.12)

key point

CASE STUDY

'VR 시대' 성큼…글로벌 기업과 협력 강화하는 삼성·LG

삼성전자-페이스북, 풍부한 VR 콘텐츠 제공
LG전자-구글, 'LG 360 캠'과 '구글 스트리트 뷰' 호환

가상현실(VR) 시대가 성큼 다가오면서 삼성전자, LG전자 등 국내 기업들이 페이스북, 구글과 같은 글로벌 기업들과 협업을 본격화하고 있다. 7일 관련 업계에 따르면 삼성전자와 페이스북이 지난달 열린 '모바일 월드 콩그레스(MWC) 2016'에서 VR 분야의 협업관계를 공식적으로 밝힌 데 이어 LG전자도 구글과 VR 콘텐츠 생태계 구축에 나서며 치열한 경쟁을 예고했다.

VR은 'Virtual Reality(가상 현실)'의 약자로 360도로 펼쳐지는 영상과 음향을 통해 실제와 흡사한 가상공간을 만들어내는 기술이다. VR은 MWC 2016에 앞서 올 초 열린 'CES 2016'에서도 뜨거운 반응을 불러일으켰다. 이에 업계는 올해가 가상현실 대중화의 원년이 될 것이라는 관측을 내놓고 있다.

이런 가운데 삼성전자와 LG전자는 페이스북, 구글 등 글로벌 기업들과의 협업을 통해 막 태동하기 시작한 VR 시장 선점에 나서고 있다. 공통점은 삼성전자, LG전자가 하드웨어를 만들고 페이스북, 구글이 콘텐츠를 만들어 시너지를 내겠다는 전략이다.

먼저 삼성전자는 오큘러스와 협업을 통해 지난 2014년 모바일 VR 헤드셋인 '기어 VR'을 발표하고 2015년 11월 한국에 출시했다. 이후 지난달 MWC에서 열린 갤럭시S7 언팩 행사에서는 VR 영상을 찍을 수 있는 360도 카메라 '기어 360'이 등장했다.

기어 360은 동그란 공 모양의 카메라로 180도 범위를 촬영할 수 있는 어안렌즈 두 개가 360도의 영상을 만든다. 삼성은 기어 360을 갤럭시 S7, S7 엣지는 물론 S6 시리즈, 갤럭시노트 5 등 모바일 기기와 연동시켜 찍은 영상을 기어 VR로 볼 수 있도록 했다. 삼성전자는 여기에 페이스북과의 협업으로 더 풍부한 VR 콘텐츠를 제공하겠다는 계획이다.

마크 저커버그 페이스북 최고경영자(CEO)는 지난달 삼성 갤럭시7 언팩 행사에 깜짝 등장해 "삼성전자는 VR을 감상하는 최고의 하드웨어를 만들고 페이스북과 오큘러스는 VR을 공유하는 최고의 소프트웨어를 제공할 것"이라고 말했다.

앞서 페이스북은 지난 2014년 2조원이 넘는 돈을 들여 가상현실 기업인 오큘러스를 인수했고 삼성전자는 현재 오큘러스와 협력해 VR 기기를 만들고 있다. 하드웨어는 삼성전자가, 소프트웨어와 앱스토어 등은 오큘러스가 각각 담당하는 분업구조다. 페이스북은 최근 내부적으로 소셜 앱스와 VR 개발을 위한 팀까지 구성한 것으로 알려졌다.

구윤모 삼성전자 무선사업부 전무는 "사이즈, 무게, 화질 등 하드웨어의 문제들을 개선하는 동시에 양질의 다양한 콘텐츠도 제공해서 최종적으로는 삼성전자의 제품과 서비스 경쟁력을 높일 것"이라고 말했다.

이에 질세라 LG전자도 가상현실 사진과 영상을 촬영할 수 있는 'LG 360 캠'이 구글 스트리트 뷰와 호환될 수 있도록 하며 구글과 본격적인 VR 협업에 나섰다. LG 360 캠은 LG전자가 최근 공개한 G5의 프렌즈(주변기기) 중 하나로 스마트폰 제조사 중 구글 스트리트 뷰의 호환제품 인증을 받은 것은 LG전자가 유일하다.

LG 360 캠은 3개의 마이크를 내장해 5.1 채널 서라운드 사운드 레코딩을 지원하고 1,200mAh의 내장 배터리 탑재로 70분 이상 동영상 촬영이 가능하다. 마이크로SD 카드 슬롯이 있어 2TB(테라바이트)까지 저장공간을 확장할 수 있다. LG 360 캠 사용자는 촬영 후 촬영 콘텐츠 파일을 변환하지 않고 구글 스트리트 뷰 앱에 곧바로 업로드할 수 있다. 또 LG전자의 VR 헤드셋인 'LG 360 VR'은 구글의 '카드보드(Cardboard)'에서 제공하는 모든 VR 콘텐츠를 지원한다.

찰스 암스트롱(Charles Armstrong) 구글 스트리트 뷰 총괄 매니저는 "1,600만 픽셀의 이미지를 구현하는 LG 360 캠은 360도 콘텐츠를 즐기려는 모든 이들에게 훌륭한 선택이 될 것"이라고 말했다.

또 김홍주 LG전자 MC상품기획그룹장(상무)는 "구글 스트리트 뷰와 전략적 제휴를 통해 사용자가 모바일 생태계인 LG플레이그라운드에서 콘텐츠를 쉽게 만들고 자유롭게 공유할 수 있을 것"이라고 강조했다.

시장조사업체 트렌드포스는 글로벌 VR 시장(하드웨어+소프트웨어) 규모가 올해 67억 달러(약 8조원)를 찍은 뒤 오는 2020년에는 10배 이상 성장한 700억 달러(약 86조원) 수준까지 성장할 것으로 전망했다. 또 VR 기기 대수는 올해 1,400만 대에서 2020년엔 3,800만 대로 3배 가까이 커질 것이라는 관측이다.

업계 관계자는 "점차 커지는 VR 시장에서 국내 업체들이 입지를 다지려면 글로벌 기업들과의 협업도 중요하지만 자체적인 콘텐츠 생산도 중요하다"며 "삼성, LG전자가 하드웨어 생산에 집중하는 구조를 탈피해 콘텐츠 개발에도 적극 나설 필요가 있다"고 말했다.

EBN(2016.3.7)

글로벌경영론

제 8 장

해외인수·합병, 기술제휴 활동을 통한 글로벌경영

introduction

CASE STUDY

차이나머니의 M&A 식탐

전 세계 M&A 독식…업종불문 뻗어나가는 손
작년 韓겨냥 M&A 최대규모…위기이자 기회

지난 3일 중국 국영화학회사 켐차이나(CNCC)는 스위스의 종묘·농약 제조업체인 신젠타를 430억 달러(52조4,300억 달러)에 인수했다. 중국 기업의 인수합병(M&A) 역사상 최대규모다. 신젠타는 북미 지역 최대 농약업체로 CNCC는 전 세계 최대 농약 제조사로 거듭난다.

앞서 지난 1월에는 미국의 130년 전통의 제너럴 일렉트릭(GE) 가전사업부문은 중국 가전업체 칭도 하이얼에 팔려나갔다. 인수금액으로 6조5,000억원을 지불한 하이얼은 북미 가전시장을 공략할 수 있게 된 것은 물론 삼성전자와 LG전자 등 한국 기업들에게도 잠재적인 위협요소로 떠오르고 있다.

중국 차이나머니의 무서운 식탐은 지금 이 순간에도 진행형이다. 중국은 꾸준히 해외 M&A에 나서며 글로벌 시장의 경쟁판을 뒤집고 있다. 이런 소용돌이 속에서 한국도 예외가 아니다. 제주도 땅으로 몰려들고 있는 차이나머니는 빙산의 일각일 뿐이다. 이미 중국 자본은 국내 굴지의 기업들에 손을 뻗치고 있고 이들의 위력은 갈수록 거대해질 전망이다. 전문가들은 중국 자본의 한국 침투가 기회가 될 수 있지만 위협 또한 될 수 있다는 데 주목하라고 조언한다.

거대자본 업고 M&A 식탐 넓히는 中

지난 2014년 기준 중국의 외환보유고는 약 3조 7,300억 달러에 이른다. 부동의 전세계 1위다. 그러나 중국의 자본시장 개방은 이런 위상과 걸맞지 않게 더디게 이뤄져왔다. 이제 막 자본시장의 문호가 열리고 있는 것이다.

자본시장 개방은 중국 위안화의 위상을 높이고 중국으로 자본을 유입시키는 효과도 크지만 중국 왕서방의 대외투자 역시 크게 증가시키게 된다. 실제 다른 국가들도 자본시장이 개방되면 해외 자본의 유입보다 대외 투자가 더 증가하는 모습을 보였다. 주요국 자본 계정 자율화 이후 5년간 국제자산 증가율은 평균 21.7% 증가를 기록했으며 대만도 2002년 자본시장 완전 개방 이후 순(대외－대내)포트폴리오 투자액 증가가 나타났다.

중국의 M&A 증가 지속

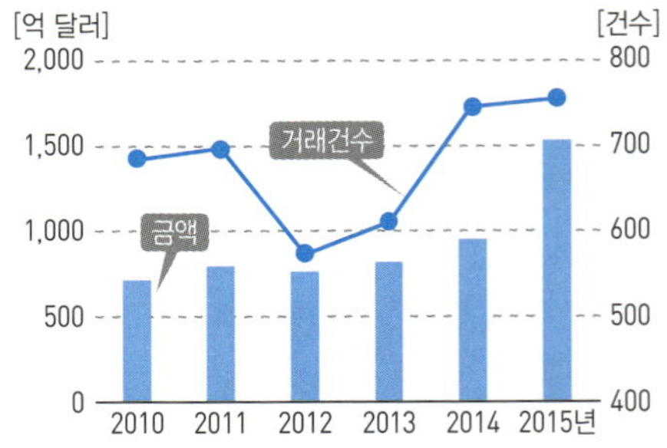

자료: 블룸버그, 현대증권

중국의 자본시장 개방 정책이 이제 막 초기란 점을 감안하면 중국 자본의 해외투자가 앞으로 더 가속화될 수 있음을 의미한다. 중국 자본은 해외직접투자시 인수합병 투자를 선호하고 있고, 차이나머니의 움직임이 가장 활발한 곳이 바로 M&A 시장이다.

넉넉한 자금 여력과 함께 중국의 성장 둔화라는 거대 기류도 해외 M&A를 촉발시키는 요인으로 분석된다. 구조조정을 통해 대기업 위주로 재편되고 이 가운데 살아남은 이들은 외부에서 추가 성장 동력을 찾기 위해 해외 기업 인수에 뛰어들고 있다는 얘기다.

업종불문 닥치는 대로 '꿀꺽'

불과 몇 년 전만 해도 중국의 M&A 대상은 자원이나 에너지 등에 국한됐다. 그러나 이제는 돈이 되는 산업이라면 업종을 불문하고 닥치는 대로 공략하고 있다. M&A 규모 역시 사상최대치 경신을 지속하며 매머드급이다.

중국 레노버는 모토로라를 인수했고 칭화유니그룹은 반도체 업체 샌디스크를 인수했다. 최근 하이얼의 GE 가전사업부문 인수도 업계를 벌벌 떨게 했다. 중국 완다그룹은 배트맨, 쥬라기월드 영화제작사인 미국 레전더리 엔터테인먼트를 4조원에 통째로 사들였다. 완다그룹은 추가적인 해외 M&A를 계획하고 있다.

중국의 M&A 메뉴에서 한국 기업도 빠질 수 없다. 중국 자본이 인수한 한국 기업을 보면 쌍용자동차, 아가방컴퍼니 등 낯익은 기업들이 많다. 지난해 2월에는 중국 안방보험이 동양생명을 1조650억원에 인수했고 우리은행 등도 매물로 거론되면서 금융권으로도 손을 뻗치고 있다.

상대적으로 낯이 설지만 돈이 될 만한 코스닥업체들에 대해서도 투자에 나서거나 무섭게 빨아들이고 있는 실정이다. 블룸버그에 따르면 지난해 중국의 한국기업 M&A 및 투자규모는 전년대비 119% 급증한 19억 달러로 사상최대를 기록했다. 앞으로도 중국 정책 변화에 따라 다양한 산업군에 속한 국내 기업이 중국의 타깃이 될 것으로 전망되고 있다.

단순히 M&A뿐만 아니라 중국계 자본의 한국 점령도 빠르게 진행되고 있다. 국내에 진출한 중국계 은행은 공상 · 중국 · 건설 · 교통 · 농업 등 5곳으로 지난해 말은 중국 10위권 은행인 광다(光大)은행이 예비인가를 마쳐 6곳으로 늘어났다.

오온수 현대증권 연구원은 "올해 중국자본의 한국 투자가 지속될 것으로 예상된다"며 "콘텐츠와 엔터테인먼트에서 헬스케어, 의류, IT장비 및 부품, 유통 등 전 영역으로 다양화될 것으로 판단했다.

한국에겐 기회이자 위기

중국 자본시장의 유입은 한국 입장에서는 기회이자 위기일 수 있다. 중국의 자본투자가 새로운 성장의 활력소가 될 수 있는 반면 무분별한 M&A는 국가 경제를 해칠 수 있기 때문이다. 대외경제정책연구원은 일본과 중국 기업 M&A 유형이 빠르게 변화하고 있는 만큼 한국 입장에서도 기술과 브랜드, 유통망, 경영노하우 등을 통한 역량강화용 M&A 추진이 필요하다고 판단했다.

현대증권은 중국 자본유입과 실제 시너지 발생, 펀더멘털 개선 등 구체적인 성과가 언제 나타날지는 예측하기 힘들다고 판단했다. 또한 단순 주가 흥행을 노린 먹튀나 위기상황 타개를 위해 신사업 추가를 통한 단순한 자본결합, M&A 흥행을 위한 바람몰이용은 아닌지도 주의깊게 살펴야 한다고 말했다.

비즈니스워치(2016.2.17)

제1절 기업의 해외인수 · 합병

글로벌화와 해외직접투자에서 일어나고 있는 하나의 특징은 인수·합병을 통한 글로벌 산업에서의 기업간 합병 현상이다. 기업간 합병은 공급이 수요를 초과함으로써 공급과잉으로 이내 과도한 재고가 발생할 때 주로 이루어지는데, 공급과잉이 되면 극심한 경쟁으로 인해 공급자 간의 합병이 촉진되고 공급자의 수는 감소한다. 기업간 합병은 의약, 개인용 컴퓨터, 통신기기, 주류 등을 포함하여 여러 글로벌 산업에서 나타나는 중요한 특징 중 하나이다.[1]

이러한 기업의 인수·합병은 전략적 제휴와 근본적인 차이가 있다. 전략적 제휴는 독립적인 기업들이 일부 기능면에서 또는 합작투자와 같이 새로운 조직을 설립하여 여러 기능별 분야에서 협조체제를 이루는 것이다. 이에 비하여 기업 인수·합병은 두 기업이 하나의 기업으로 통합하여 새롭게 출발하는 형태라고 할 수 있다.

그러나 넓은 의미로 볼 때, 기업 인수·합병은 전략적 제휴의 일종이라고 볼 수 있다. 기업이 제휴관계에 투자하는 지분이 높아지면 두 기업이 전략적 제휴에 몰입(commitment)하는 정도가 높아진다. 기업 인수·합병이란 두 기업이 서로의 도움을 너무나 절실히 필요로 하고 있기 때문에 두 기업이 합하여 하나의 기업으로 새롭게 탄생하는 것이다. 즉 제휴의 필요성이 너무나 크고 장기적인 몰입의 필요성이 있을 때, 인수·합병을 통하여 결합하는 가장 강한 형태의 제휴관계라고 볼 수 있다.[2]

1 Economist, "A survey of the car industry: The new European order," September 4, 2004, survey section; J. Sapsford & N. Shirouzu, "Mitsubishi group to give car maker $3 billion bailout," *Wall Street Journal*, January 20, 2005, pp.A1 and A6.

2 장세진, 「경영전략」, 박영사, 2011, p.522.

1. 해외인수·합병(M&A)의 개념

글로벌기업의 해외투자는 현지에 새로운 기업을 설립하는 형태(본원적 투자: Green Investment)로 이루어지기도 하지만, 기존 기업을 인수하거나 합병(매입 투자: Merger & Acquisition)하는 경우도 있다. 이처럼 글로벌기업들은 해외시장에 있는 기존 기업을 합병할 것인지 아니면 인수할 것인지에 대한 선택을 해야 한다. 인수는 기존 기업에 직접 투자를 하거나 시설을 구매하는 것을 의미한다. 예를 들어, 중국의 해양석유총공사(CNOOC)는 캐나다의 석유기업인 넥센을 151억 달러에 인수하여 신속하게 국제화를 추진하고 있다. 한화가 독일의 보쉬와 중국의 트리나솔라 등 세계적인 기업들을 물리치고 세계적 태양광 전문회사인 독일의 큐셀(Q-Cells) 인수에 성공, 세계 3위의 태양광 회사로 도약하게 되어 세계적인 기업이 될 수 있게 되었다.[3]

합병은 두 기업이 합쳐 새롭고 더 큰 기업으로 탄생하는 인수의 특별한 유형이다. 합병에서는 기업들이 상대적으로 동등한 기반에서 그들의 사업을 통합할 수 있으므로 규모가 비슷한 기업들 간에 보다 일반적이고 보편적으로 사용된다. 합병의 최근 사례로 그동안 시장을 주도했던 루센트 테크놀로지(Lucent Technologies), 알카텔(Alcatel) 등은 최근의 시장변화에 신속하게 대처하지 못하면서 매출이 둔화되면서, 2006년에 두 기업은 알카텔-루슨트(Alcatel-Lucent)로 합병하여 세계 통신장비시장은 상위 5대 기업이 세계시장의 70% 이상을 차지하는 등 소수 거대기업이 시장을 주도하고 있는 상황이다.[4] 국제 합병에는 문화, 경쟁정책, 기업가치, 운영방법 등의 측면에서 국가적 차이로 인해 많은 어려움이 발생하므로 합병에 성공하기 위해서는 매우 고도화된 조사 연구, 계획, 및 실행이 요구된다. 철저한 선행조사와 함께 계획을 치밀하게 준비하고 실행으로 옮겨야 한다.

2015년 이후, 중국자본의 한국기업 인수합병(M&A) 및 지분 투자 규모는 2014년 동기 대비 119% 급증, 사상 최고치인 19억 달러에 이르렀으며 계속 증

3 동아일보, 한화그룹, 독 태양광업체 큐셀 인수(2012.8.28).
4 OECD, OECD Information Techonoloy Outlook, 2008.

가되는 추세를 보이고 있다. '중국 자본 열풍'은 또한 양국의 동반성장 파트너십 구축을 가장 잘 보여주는 사례 중 하나로 부상하고 있다. 중국기업의 대(對)한국 투자현황에 대한 분석에 따르면 2015년 중국자본의 한국기업 인수 및 지분투자 건수는 2014년(9건)에 비해 대폭 증가한 21건으로 나타났다.[5]

M&A, 즉 기업 인수·합병은 특정 기업이 다른 기업의 경영권을 인수할 목적으로 그 회사의 소유지분을 획득하는 제반 과정이다. 인수·합병의 전략적 의미는 4가지로 정리할 수 있다.[6]

첫째, 동일 제품을 생산하는 동종 산업의 기업을 인수·합병함으로써 규모의 이익을 통한 비용절감과 판매력강화를 도모하는 생산력, 판매력 강화전략의 일환이다.

둘째, 기존 시장에 신상품을 투입함으로써 업무확대를 도모하는 상품개발전략의 일환이다.

셋째, 시장개발전략으로서 기존상품의 판로를 확장하는 전략이다.

넷째, 사업다각화전략으로 인수·합병을 통해 새로운 사업으로의 진출을 시도함으로써 조직 전체의 위험을 분산시키는 전략이다.

인수·합병의 유형에는 ① 본사와 유사한 제품계열과 시장을 가진 기업을 통합하는 수평적 형태, ② 본사의 공급업자나 소비자를 통합하는 수직적 형태, ③ 본사의 시장이나 기술과 유사한 기업을 통합하는 집중적 형태, ④ 기존사업과는 다른 사업체를 인수하는 다각화 유형 등이 있다.

(1) 인수·합병의 장·단점

인수·합병을 통한 해외시장의 진입은 대상기업의 선택에 따라 성공 여부가 결정된다. 따라서 장·단점도 이를 기준으로 평가되게 된다. 대상기업의 선택이 잘못되면 통합의 의미도 없어지게 된다. 인수·합병의 장점을 살펴보면 다음과 같다.[7]

---

5 인민망, 작년 중국기업의 對한국 M&A 및 지분 투자 사상 최고(2016.1.4).
6 박동현, "기업인수·합병사례와 활용방안", 상의주보(1991.10.21), pp.16~20.
7 박기안, 「글로벌경영론」, 무역경영사, 2007, p.154.

첫째, 이미 제품과 시장을 확보하고 있는 기업을 흡수하기 때문에 가장 신속하게 시장에 진입할 수 있다는 점이다. 즉 이미 설립된 기업을 인수·합병함으로써 목표 해외시장에서 입지를 빠르게 구축할 수 있다. 시장진입 속도는 수익증가와 밀접한 관계가 있기 때문에 그만큼 투자의 회수기간도 짧아지게 된다. 인수·합병에서는 통합 후에 피흡수기업을 모기업의 경영 방식에 적응시키는 과정이 필수적이다. 이에 따라 통합의 성과가 달라지게 된다. 인수·합병에 있어서는 소유권구조와 경영의 통제권이 문제점으로 부상하게 된다.

둘째, 인수·합병을 통해 희소한 자원을 확보하거나 활용하는 것이 가능하게 된다. 이런 자원들은 관리나 기술상 인적 요소가 포함되는 경우가 보통이다. 따라서 새로 기업을 설립할 때 인력충원에 어려움이 예상되는 경우에는 인수·합병이 유리하다. 인적자원을 활용하기 위해서는 통합 이후에도 기존기업에 소속된 인력이 이탈되지 않도록 조치를 강구해야 한다.

셋째, 새로운 제품라인을 확보할 수 있다는 점이다. 그러나 본사가 새로운 제품을 다룰 수 있는 능력이 없거나 사업경험이 전혀 없는 경우에는 오히려 약점으로 작용할 수 있다. 제품라인이 기존의 것과 유사한 경우에 본사의 지식이나 경험을 활용할 수 있다.

넷째, 많은 경우에 글로벌 기업들은 경쟁자들에 앞서 시장을 선점하기 위해 인수·합병을 한다. 선점은 특히 통신업계처럼 빠르게 국제화되는 시장에서 많이 사용되고 있다. 이는 각국의 규제가 철폐되고 외국인 직접투자에 대한 규제가 완화됨에 따라 인수·합병을 통한 해외진출이 기존보다 용이해졌기 때문이다. 실제로 기업들이 글로벌기업으로서 확장하기 위해 경쟁하면서 기업 인수·합병이 활발하게 일어나고 있다.[8] 예를 들어, 대만 팹리스업체 미디어텍은 2009년 매출이 4조원을 돌파했다. 한국 전체 팹리스업체 매출 1조원을 합친 4배 규모이다. 벤처기업에 불과하던 미디어텍의 성장은 2008년 아날로그디바이스의 모바일사업부를 인수·합병(M&A)하면서부터이다. 그리고 1993년 수입장비 판매대리점으로 시작한 중국 화웨이는 세계 3대 통신장비업체로 발돋움했다.

8 박철순 외(역), 전게서, pp.479~480.

표 8-1 중국기업의 한국 기업 M&A 주요 사례

공시	인수기업명	인수대상기업명	분야
2015.2	Anbang Insurance Co Ltd	동양생명보험	금융
2015.6	쥐메이 인터내셔널 홀딩스	잇츠스킨	화장품, 유통
2015.6	쑤닝 유니버셜	레드로버	소프트웨어
2015.8	중국은행	Samsung Air China Life Insurance Co Ltd	보험
2015.9	DMG 엔터테인먼트& 미디어	초록뱀미디어	엔터테인먼트
2015.9	Bejing XingAi Jiacheng Investment Management Co Ltd	씨그널 엔터네인먼트그룹	엔터테인먼트
2015.12	Shanghai Xingyun Wenhua Dianbao Co Ltd	엠제이비	소프트웨어

자료: 블룸버그

화웨이의 급성장은 2007년 미국 쓰리콤과 합작법인을 설립한 것이 결정적 계기가 되었다.[9]

우리나라에서도 SK텔레콤의 CJ헬로비전 인수합병은 성사 여부를 떠나 '통신사와 방송사 간의 첫 융합' 시도라는 점에서 의미가 있다. 해외사례에서 나타나듯이 선진국 미디어 기업들은 정체된 시장의 돌파구를 마련하기 위해 대규모 이업종간 M&A를 시도하고 있다.[10] 최근 중국기업의 한국 기업 M&A를 행한 사례는 〈표 8-1〉과 같다.[11]

한편, 인수·합병은 다음과 같은 단점도 지니고 있다. 먼저 대상기업의 선정과 평가가 쉽지 않다는 점이다. 적당한 후보기업을 찾기도 힘들지만 적당한 대상이 발견되더라도 비밀유지, 회계기준의 차이, 허위기록, 문제점의 은폐 등으로 이를 올바르게 평가하기 힘들다. 공장설비가 노후하여 교체투자가 필요한 경우나 입지상 치명적인 결함이 있을 수도 있다. 현지국 또는 본국의 경제정책상 여러 가지 제약조건이 있을 수 있다는 점도 단점으로 지적될 수 있다. 일반적으로 현지국 정부는 인수·합병을 신규설립에 비해 호의적으로 인식하지 않

9 ETNEWS, "삼성, LG '차이완 기업'에도 M&A 경쟁력 뒤져"(2011.8.24).
10 아시아경제, 해외 통신·방송 인수합병 현황(2016.2.23).
11 한국무역협회, Trade Brief(2016.3.14).

는다. 인수·합병은 신규설립에 비해 경제적 효과가 적고 외국 기업으로 소유권이 이전됨으로써 통제권의 상실을 우려하기 때문이다. 따라서 인수·합병에 대한 협상은 기업설립의 경우보다 어려우며, 정부에 의해 기각될 위험도 높다. 본국 정부가 제한을 가하는 경우도 있다. 특히 독점규제법에의 저촉 여부는 인수·합병을 검토할 때 반드시 고려해야 한다. 예를 들어, AT&T는 2011년 3월 T-Mobile USA의 모회사 독일의 Deutsche Telekom와의 협의를 통해 390억 달러에 T-Mobile USA인수를 합의하고 합병작업을 진행해 왔으나 경쟁통신사업자뿐만 아니라 미국의회도 소비자권리침해를 이유를 인수·합병에 반대하면서 미국 행정부도 반대 의견을 개진하여 M&A를 포기한 경우가 있다.

이처럼 인수·합병은 현지 법인설립이나 합작투자에 비해 시장참가에 소요되는 시간을 단축할 수 있다. 또 기술적 노하우, 피인수기업의 유능한 인력을 한꺼번에 확보할 수 있으며 현지화의 조기실현, 시장지배력의 확보 등과 함께 보이지 않는 시너지효과를 기대할 수 있어 매우 유리한 전략이라고 할 수 있다. 그러나 인수대상 기업의 선정이나 통합 이후의 운영 과정에서 많은 문제점들이 나타나게 된다. 따라서 여러 가지 예기치 못한 사태가 발생함으로써 손해를 볼 가능성도 매우 높다. 특히 대상기업의 제품이나 기술이 본사와 일관성을 결여하는 경우에는 더욱 치명적이다. 인수·합병의 성패는 합병 이후의 과정보다 사전의 선택 단계에 달려 있다고 해야 할 것이다.

또한 성공적으로 M&A를 체결하더라도 통합과정에서 M&A 업체간 문화적 차이로 실패하는 사례도 많으므로 CEO의 의지와 강력한 지원이 중요한 만큼 피인수기업의 자율성과 문화를 최대한 존중해주고 피인수기업 조직원의 동요 방지를 위해 신속한 비전제시가 필요할 것이다.

(2) 인수·합병의 과정

해외기업의 인수·합병은 일반적으로 다음과 같은 과정을 통해 이루어진다.[12]

---

12 박기안, 전게서, p.155.

첫째, 인수·합병의 대상을 탐색하는 일이다. 이를 위해 M&A 전문회사들을 이용하는 것이 보통이다. 특정 기업에 대해 관심을 갖게 되면 가계약(confidential agreement)을 맺어 대상회사의 사업내용을 보다 자세하게 검토하게 된다. 이를 위해 피인수기업에서 제공하는 안내자료(selling brochure)를 활용할 수 있다. 여기에는 회사의 연혁, 생산시설, 시장, 고객, 거래업자, 경영진, 제품특성 등에 대한 자세한 상황이 소개되며 재무제표가 포함된다. 인수희망기업은 이를 토대로 1차적인 인수희망의사를 표명하게 된다. 이를 인수의향서(Indication of Interest)라고 한다. 여기에는 인수가액의 규모와 함께 인수자금의 조달 방법, 그리고 인수조건과 인수이전에 필요한 조치사항 등이 표시된다. 이렇게 하여 인수할 가치가 있다고 판단되면 인수기업의 가치평가 작업을 수행하게 된다. 동시에 인수방법과 자금조달 방법, 세제상의 문제점, 그리고 해당 실무진과의 협상 등을 구체적으로 실행하게 된다. 그리고 양도기업에 공식오퍼를 제출하게 된다. 협상에 성공하면 상호 동의한 내용을 인수계약서에 표기하고 서명을 하게 된다. 다음에는 인수기업의 회계담당자가 상대기업에 대한 실사를 벌이게 된다. 그리고 마지막으로 인수대금을 지급함으로써 인수·합병의 과정은 종결된다.

국제간 인수·합병의 일반적 절차는 다음과 같이 요약할 수 있다.

① 경영전략(business strategy)의 수립과 인수·합병의 필요성 파악
② 인수·합병의 대상기업 선정(identifying the target)
③ 재무상태의 검토(financial considerations)
④ 기본계약의 체결과 인수가격의 결정(documentation & other issues)
⑤ 계약서 작성(closing)
⑥ 피인수기업의 운영관리(managing the new company)

이처럼 인수·합병은 그 과정이 매우 복잡하고 짧은 시간에 결론을 내려야 하는 어려운 작업이다. 특히 인수타당성이 확인된 후에도 실제가치의 평가와 협상, 그리고 인수 이후의 운영 방침 등을 수립해야만 한다. 이런 절차를 수행하는 과정에는 보다 전문적인 문제점들이 내재되어 있어 작업의 원활한 수행을 위해 전문기관의 도움이 필요하게 된다.

2. 인수·합병의 성과요인

M&A의 추진 과정에서 고려해야 할 사항은 여러 가지가 있다. 먼저 의사결정의 지침이 될 수 있는 전략을 구축하는 것이 필요하다. 전략을 개발함으로써 인수·합병의 목적이 구체화되며 대상기업으로부터 기대되는 혜택을 분명하게 할 수 있다. 인수·합병에서 검토해야 할 항목은 기업의 규모, 기술 수준, 제조설비, 유통경로 등이다. 이런 항목들을 기준으로 후보기업을 탐색하고 최적의 기업을 선발하게 된다. 대상기업을 선정하는 경우에는 다음과 같은 점들을 고려해야 한다.

① 대상기업이 본사의 해외시장에 대한 진입전략상 필요한 조건을 얼마나 잘 충족하고 있는가?
② 대상기업이 본사의 제품라인, 기술, 시장, 관리스타일 등과 얼마나 잘 조화되고 있는가?
③ 새로 기업을 설립하는 전략에 비해 인수·합병의 유리한 점은 무엇인가?
④ 화폐단위로 표시한 대상기업의 가치는 얼마인가?

이런 문제를 해결하기 위해 대상기업을 직접 방문하는 것이 필요하다. 협상 이전에 후보기업들과 개별접촉을 통해 가능한 많은 정보를 확보해야 한다. 물론 상대기업의 기술이나 설비에 대한 완벽한 정보는 정식으로 협상이 개시되어야 가능하다. 그러나 은행이나 전문 중개기관을 이용하면 유용한 정보를 얻을 수 있다. 재무상태의 분석은 직접투자 프로젝트의 경우와 비슷하다. 상대기업의 가치평가에는 현금할인의 개념을 이용하는 것이 바람직하다. 인수·합병의 결과로 발생되는 비용의 절감이나 매출증가가 미래의 현금흐름에 반영되어야 한다. 또한 추가적인 투자에 대한 고려도 필요하다. 이렇게 하여 도출된 상대기업의 가치가 가격협상의 척도가 되는 것이다.

(1) M&A의 실패 요인

인수·합병이 실패하는 경우는 전혀 관련이 없는 업종으로의 사업다각화,

과도한 인수가격의 지불, 인수·합병의 조급한 추진, 인수 후 통합 과정에서의 비효율성 등으로 요약된다.

일반적으로 비관련업종으로의 사업다각화는 실패할 가능성이 높다. 많은 기업들은 경영다각화의 추진에 있어서 기존제품이나 시장과 전혀 연관성이 없는 분야의 기업을 인수하기도 한다. 그러나 인수·합병을 통한 가치창조는 일반경영기술의 이전, 관리기능의 이전, 규모의 경제, 산업구조의 변화에 대한 대응력을 강화시킬 수 있는 경우에만 가능하다. 따라서 인수기업과 피인수기업이 어떤 면에서라도 연관성을 지니고 있는 경우에 가치창조를 위한 시너지효과를 기대할 수 있다.

인수가격이 높게 되면 인수프리미엄을 상쇄할 수 있을 만큼 경영성과의 향상이 필요하게 된다. 미국에서 인수프리미엄은 대개 30% 정도에서 결정된다. 그러나 외국기업이 미국기업을 인수하는 경우에는 이보다 10% 정도 더 높은 프리미엄이 지불되고 있다. 이처럼 높은 프리미엄은 인수·합병을 통해 그에 상응하는 높은 경영성과의 향상을 기대할 수 있는 경우에만 효과를 발휘하게 된다.

사업포트폴리오를 단시일 내에 변경시키려는 조급한 추진계획은 대상기업에 대한 평가를 너무 낙관론으로 흐르게 할 가능성이 있고 이는 결국 지나친 프리미엄을 지급하도록 할 가능성이 높다. 인수 후에도 상대기업과의 효과적 통합이 이루어져야 한다. 만일 통합 과정에서 마찰이 발생하면 일반 경영능력의 이전을 통한 시너지효과를 기대할 수 없고 상대기업의 귀중한 인력자원이 밖으로 빠져나갈 가능성이 높게 된다.

실패사례에 대한 분석결과에 의하면 피인수기업 내에서 불안감 해소, 효과적인 통합계획의 수립, 인센티브제도의 도입 등에서 미흡한 경우가 많이 보고되고 있다.

따라서 인수·합병에서의 실패 위험을 줄이기 위해서는 인수·합병 전략에 대해서 좀 더 신중해야 할 것이다. 기업의 운영 상황, 재무상태, 기업문화에 대한 감사를 비롯해서 인수대상 기업을 잘 선택함으로써 인수될 기업에 대해서 지나치게 많은 금액을 지불하지 않게 되며, 인수 후에 문제투성이 사업을 인수했다는 사실을 알게 될 가능성이 줄어들고, 피인수 기업의 기업문화가 달라서 겪는 어려움을 피할 수 있다. 피인수 기업의 경영진들이 갖고 있는 우려를 해소시키는 것도 매우 중요하다. 이것의 목적은 원치 않는 경영진과의 마찰을 줄이는 것이다. 마지막으로 경영자는 인수 후에 통합계획을 빠르게 수행해야 하고 계획대로 행동해야 한다.[13]

(2) M&A의 성공 요인

M&A 프로그램에서 성공한 기업들의 특징은 다음과 같다.[14]

첫째, 기업의 총가치를 추구하고 인수가격을 낮추기 위해 피인수기업의 자산구조와 재무구조를 재편하고 있다. 즉 다양한 부서와 자산을 보유한 대규모 기업을 인수한 경우, 대개 1~2년 이내에 인수프리미엄의 부담을 해소하기 위해 자산의 일부를 매각하고 있다. 이때 매각자산은 자사가 관리하기에 부적합하다고 판단되는 자산, 매각이 세제상의 혜택을 가능하게 하는 자산, 영업손실을 중지시키는 데 기여할 수 있는 자산 등이다. 재무공학(financial engineering)의 기법을 이용하면 자본조달 수단을 변경하여 비효율적으로 활용되고 있는 재무능력을 개선할 수 있다. 예를 들어, 대상기업의 부채비율이 너무 낮다고 평가되면 인수자금을 부채로 조달한다거나 조건부 지불(contingent payment), 특정 자산을 담보로 한 사모증권의 발행, 자산매각 후 재임차(sale and lease back) 등의 방법을 고려할 수 있다.

둘째, 상대기업으로 경영기술을 이전하여 산업구조변화에 효과적으로 대응할 수 있는 능력을 향상시켜 가치를 높이고 있다. 관리기능별로 규모의 경제를 실현하려는 목적은 원가우위의 확보에 있다. 예를 들어, 개발부분에서는 중복적인 개발활동을 제거하고 경쟁에 필요한 최소 규모를 유지하려고 노력한다. 또 제조기능에 있어서는 구매활동의 통합과 공장통합이 고려되고 있다. 산업구조의 변화를 예상하고 이에 대한 적절한 대응이 장기적 측면에서 중요하다. 다른 기업의 인수는 과잉설비문제의 해결, 공급기업과 고객기업 간의 관계변화를

---

13 박철순 외(역), 전게서, p.482.
14 박기안, 전게서, pp.159~160.

위해서도 추진될 수 있다.

셋째, 가치를 부가시킬 수 있는 여지가 많은 우수한 기업을 적극적으로 탐색하여 그 가치를 객관적으로 추정하기 위한 엄격한 평가절차를 이행하고 있다. 이들은 다음과 같은 3단계 과정을 통해 인수대상 기업을 선정하고 있다.

제1단계에서는 인수하는 기업 자체의 강점과 약점을 파악함으로써 통합된 기업으로 하여금 가치를 증대시킬 수 있는 방법을 결정한다. 예를 들어, 인수·합병을 통해 핵심사업의 기능강화, 경쟁우위가 가능한 일반관리 또는 부문별 기능의 이전가능성, 규모의 경제 가능성 등을 분석하게 된다.

제2단계는 인수대상기업의 탐색이다. 제1단계에서 파악된 유망 인수대상 기업의 유형을 중심으로 적극적인 탐색에 착수하게 된다. 'General Electric'은 그동안의 많은 인수·합병에서 중개기관의 힘을 빌리지 않고 독자적으로 유망 인수대상 기업들을 발굴해 온 것으로 알려져 있다.

제3단계는 인수대상 기업의 평가이다. 특히 보다 정밀한 분석결과에 따라 인수가격의 상한선을 책정해야 한다. 이는 협상 과정에서 과도한 가격을 지불하게 될 위험을 예방하기 위해 필요하다. 인수가격의 범위는 자산매각 등을 통해 2~3년 이내에 인수프리미엄을 상쇄할 수 있는 선에서 제시되어야 한다. 또한 잠재적 시너지효과에 대한 프리미엄은 계산하지 않는 것이 바람직하다. 왜냐하면 시너지효과란 오랜 기간에 걸쳐 나타나며 그만큼 불확실성이 크고 대개는 과대평가되기 때문이다.

넷째, 가치증대를 실현시키기 위한 통합, 관리 과정이 구체적이고 체계적으로 수립되어 있다. 통합 과정에 관한 계획은 특히 대상 기업의 평가가 진행되는 단계에서 이미 수립되어지고 있다.

예를 들어, 아르셀로미탈은 M&A를 통해 탄생한 회사로 M&A의 역사를 살펴보면 이 회사의 발전과정을 알 수 있다. 아르셀로미탈의 성장사는 크게 부실기업 인수를 통해 확장을 모색했던 1단계와 주식 상장을 통해 대규모 자본을 확보한 2단계, 신흥시장의 M&A에 집중했던 3단계, 초대형 철강사로 성장한 4단계로 구분할 수 있다(〈표 8-2〉 참조).

표 8-2 Mittal Steel의 국제 M&A 역사

성장단계	연도	주요 내용
1단계 (부실기업 인수를 통한 확장)	1976	• 인도네시아의 부도난 철강회사 인수 → 6만5천 톤 규모 선재공장 '이스팟인도(Ispat Indo)' 설립
	1989	• 중남미 Trinidad & Tobago 국영철강회사 '이스콧(Iscot Steel)' 인수(전기로에 들어가는 고철가의 변동에 골머리, 이에 대체환원철을 '이스콧'으로부터 조달받다. 이 회사 경영난 때 인수) → 가동률 30%에 매일 백만 달러씩 적자, 미탈 인수 후 흑자전환
	1992	• 멕시코 '시발사(Sibalsa)' 인수 → 1년 안에 흑자 전환
	1994	• 캐나다 4위 철강사이자 퀘백주 산하 국영철강사 '시드벡(Sidbec)' 인수 → 최초로 선진국 철강사 인수
	1995	• 카자흐스탄 국영철강회사 '카르멧(Kamet)' 인수 → 일괄 인수했던 철광석 광산으로 원가절감 기여, 후에 원자재가 상승으로 자원 확보 경쟁 현상 발생 시 미탈스틸의 수익성 확보 및 성장 기반이 됨
2단계 (주식상장)	1997	• 지주회사 'Ispat international' 설립 → 뉴욕과 암스테르담 주식시장 상장으로 자본 확보
	1998	• 미국 6위의 철강회사 'Inland' 인수 → 최초로 고로 보유한 제철소 인수
3단계 (신흥시장 M&A 집중)	2001	• 북아프리카 알제리 '알파시드(AIFASID)' 인수 • 동유럽 루마니아 '시덱스(Sidex)' 인수
	2003	• 체코 '노바헛(Nova Hut)' 인수
	2004	• 폴란드 '폴스키 후티 스타리(Polskie Huty Stali)' 인수 • 마케도니아 '발칸 스틸(Balkan Steel)' 인수 • 보스니아 'BH 스틸(Steel)' 인수 • 루마니아 '페트로텁 로만(Petrotub Roman)' 인수 • 남아프리카공화국 '이스코르(Iscor)' 인수
4단계 (세계1위 철강기업 등급)	2004	• 세계 1위의 다국적 철강기업 'Mittal Steel' 탄생 → Ispat International과 LMN Hoddings 합병 및 ISG (International Steel Group) 인수를 통해 미탈스틸로 사명변경
	2006	• ArcelorMittal 탄생 → 세계 2위 룩셈부르크 '아르셀로(Arcelor)' 적대적 M&A 성공

자료: EBN, 아르셀로미탈의 선택(2008.12.31).

제2절 글로벌 라이선싱

일반적으로 라이선싱 계약은 기술 또는 상표의 제휴를 의미한다. 그러나 오늘날 글로벌기업 간의 글로벌 라이선싱 계약의 범위는 매우 넓다. 글로벌 라이선싱이란 글로벌기업이 현지 기업에게 기술특허권, 제조기법, 영업기법, 상표권, 상호, 브랜드명, 디자인의 사용, 관리기법, 정보사용권, 지식, 교육 등의 기업특유의 무형자산을 제공하는 것을 내용으로 하는 글로벌기업 간 계약을 의미한다. 이 때 계약의 당사자인 현지 도입기업(licensee)은 통상적으로 이러한 무형자산에 대해 소유권을 이전받는 것이 아니라 일정기간 사용권을 받게 된다. 반면 무형자산의 제공기업(licensor)은 빌려주는 대가로 로열티, 수수료 등을 현지 도입기업(licensee)으로부터 받게 된다.

그림 8-1 해외시장 진입전략으로의 라이선싱

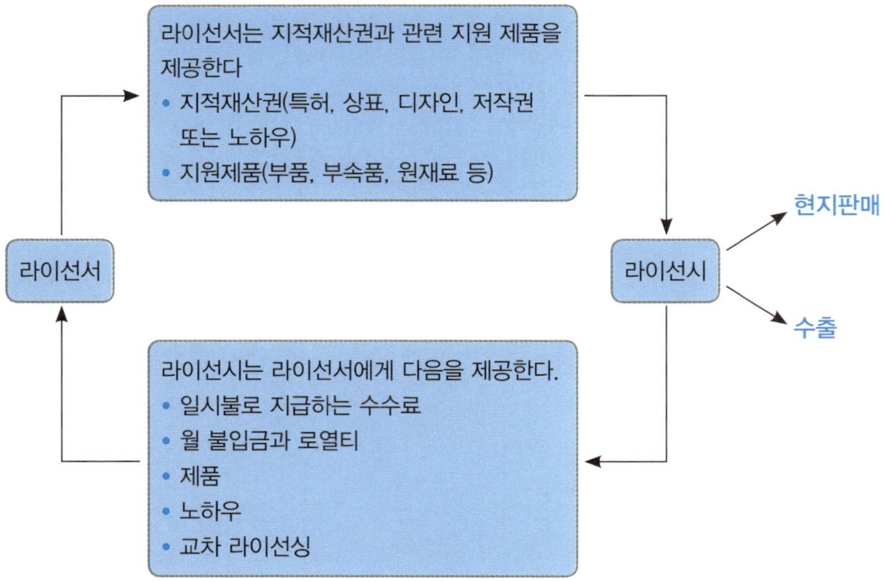

자료: 조영곤 외(역), 전게서, p.455.

대개의 경우 이러한 무형자산이나 재산권이 적절히 사용될 수 있도록 기술의 지원이 수반되기도 하지만 다음에서 설명할 프랜차이징에 비해 그 후속적인 지원의 범위는 좁은 편이며, 라이선싱 계약의 핵심은 무형자산 자체의 사용권의 이전과 그 대가의 수수에 있다.

1. 글로벌 라이선싱의 의의

(1) 글로벌 라이선싱의 개념

오늘날 글로벌기업들은 심화일로에 있는 글로벌 경쟁시장에서 경쟁우위를 지키고, 시장지배에 있어서 주도권을 잡기 위해 기술의 개발에 박차를 가하고 있다. 그러한 결과 수많은 기술이 개발되어져서 심지어 기술폭발의 지경에 도달하고 있다. 국제기술시장에서는 언제나 기술과 관련정보의 판매와 구매가 끊임없이 이루어지고 있다. 글로벌 경영에 있어서 기술개발이 갖는 의의는 매우 크다. 그러한 기술개발은 우리의 공업생산 및 경영관리 발전의 원동력이 되고 있다. 기술이 글로벌 경영관계에 있어서 재화와 자본에 필적할 만한 중요성을 띠게 됨으로써, 기술무역은 글로벌경영의 새로운 분야로 대두되고 있다. 이제 기술무역은 글로벌 경영활동에 있어서 그 비중이 높으며, 으뜸가는 분야로 등장하고 있다.

글로벌 라이선싱은 해외운용의 일환으로 간주되고, 많은 기업들이 직·간접의 수출활동에 부가하여, 해외시장으로의 진입 또는 확대를 위한 한 형태로서 널리 이용되고 있으며 또 큰 자금과 인적 요원의 투입이라는 불이익을 감수해야 하는 조인트 벤처나 직접투자에 들어가기 전에 해외시장의 가능성을 시험하고, 또 글로벌경영에 관한 경험을 쌓는데 비교적 안전한 방법이라고 간주되고 있다.

오늘날 글로벌경영의 실제적 담당자인 글로벌기업은 거액의 투자가 소요되고 위험이 크며, 또 본국과 현지국 간의 이해대립을 가져오기 쉬운 직접투자를 가능한 회피하려는 경향을 띠고 있다. 또한 기술제휴 외에 기술계약, 기술

공유협정 등을 통하여 이익을 계속적으로 추구하는 입장을 강하게 나타내고 있다. 이는 근래에 와서 기술에 근거한 글로벌기업이 많이 등장하고 있는 사실을 보아도 자명한 것이다.

오늘날의 기업은 높은 연구개발비용, 타 기업과의 경쟁격화, 독점금지법, 재정적 어려움 등에 직면하고 있다. 이들 기업이 생존하기 위하여 소유하고 있는 모든 자원을 이용하여 최대한의 이윤을 추구하여야 한다는 것을 가리킨다. 따라서 이를 위해 글로벌기업은 기술의 판매를 고려해야 할 뿐 아니라 이에 대한 수익률도 향상시키지 않으면 안 된다.

글로벌기업은 국제기술시장을 배경으로 기술판매전략을 수행함에 있어 기술이전방법으로 주로 해외직접투자와 국제 라이선싱(international licensing)을 이용한다. 글로벌기업들이 해외직접투자의 방법을 선호하는 경우는 기술의 성질이 복잡·정교하여 도입자가 이를 소화·흡수할 수 있는 능력이 없거나 장기간이 필요한 경우, 기술혁신의 수명이 길어서 현재나 미래의 시장에서 그 효익이 보장되는 경우, 그리고 라이선싱이 미래에 그들과 경쟁자가 될 수 있는 외국생산자들에 기술의 핵심적인 노하우를 제공할 우려가 있는 경우 등을 들 수 있다. 이에 반하여 국제 라이선싱은 기술의 성질이 단순하거나, 제품수명주기가 단명일 경우, 그리고 직접투자가 법에 제한을 받거나 정치적·경제적으로 높은 위험성을 내포한 경우에 선호된다.[15]

특히 국제 라이선싱 활동은 국제 간의 경영협력의 한 가지 방법으로서 또는 글로벌경영의 한 가지 형태로서 그 비중이 크다. 예를 들어 이동통신 관련 기술과 CPU 등 부품 및 소프트웨어를 공급하는 미국 사업자 퀄컴이 CDMA 이동통신 표준기술을 우리나라 휴대폰 제조사와 라이선싱 계약을 체결하였다. 그로 인해 퀄컴사는 직접 핸드폰을 제조하는 것이 아닌 CDMA 사용권을 제공하는 것만으로 막대한 로열티를 지급받았다. 미국 벤처기업 연구소에 불과했던 퀄컴은 한국 휴대폰사업의 성공에 힘입어 세계적 정보통신업체로 거듭났다.

일반적으로 라이선싱 계약은 기술 또는 상표의 제휴를 의미한다. 그러나

---

15 이승종 외, 전게서, p.288.

오늘날 글로벌기업 간의 글로벌 라이선싱 계약의 범위는 매우 넓다. 글로벌 라이선싱이란 글로벌기업이 현지 기업에게 기술특허권, 제조기법, 영업기법, 상표권, 상호, 브랜드명, 디자인의 사용, 관리기법, 정보사용권, 지식, 교육 등의 기업특유의 무형자산을 제공하는 것을 내용으로 하는 글로벌기업 간 계약을 의미한다. 이 때 계약의 당사자인 현지 도입기업(licensee)은 통상적으로 이러한 무형자산에 대해 소유권을 이전받는 것이 아니라 일정기간 사용권을 받게 된다. 반면 무형자산의 제공기업(licensor)은 빌려주는 대가로 로열티, 수수료 등을 현지 도입기업(licensee)으로부터 받게 된다.

대개의 경우 이러한 무형자산이나 재산권이 적절히 사용될 수 있도록 기술의 지원이 수반되기도 하지만 다음에서 설명할 프랜차이징에 비해 그 후속적인 지원의 범위는 좁은 편이며, 라이선싱 계약의 핵심은 무형자산 자체의 사용권의 이전과 그 대가의 수수에 있다. 이와 같은 글로벌 라이선싱이 증가하는 배경에는 다음과 같은 것들이 있다. 즉 ① 정보기술과 통신관련 산업이 급속하게 성장하면서 모든 부문에서 기술우위를 점하기 어려운 상황에서 주로 핵심기술에만 주력하고 개발된 기술은 글로벌 라이선싱을 선호하게 되었고, ② 정상적인 수출활동이나 해외직접투자보다 위험도가 낮기 때문에 자본회수불능 위험이 있는 지역에 전략적으로 진출하는 경우에 글로벌 라이선싱을 선호하기 때문에 증가하였다.

또한 ③ 기술경쟁이 심해지면서 기술개발비용도 함께 크게 증가하면서 기술개발과 기술상업화를 동시에 추구하기 어려운 상황이 되면서 글로벌 라이선싱을 선호하게 되었고, ④ 화장품, 캐릭터 및 전자산업 등에서 후발업체의 경우 선도적 브랜드 이미지를 활용하여 소비자에게 판매를 늘리기 위해 글로벌 라이선싱을 선호하기 때문이다.

그리고 ⑤ 삼성전자와 Micron의 경우처럼 서로 다른 글로벌 경영전략 목표와 내부자원을 가지고 있었지만 각 사의 문제점을 해결하기 위해 서로 Win-Win하는 라이선싱을 선호하는 경우와 ⑥ 글로벌 브랜드들을 갖고 있는 기업이 신규 해외시장 진출 시 자사의 기술이나 브랜드에 대해 현지 기업들의 무단 복제 또는 도용 등으로부터 보호하기 위해 견실한 현지기업과 라이선싱 계약을 체결하는 경우 등으로 인해 글로벌 라이선싱이 증가하였다고 볼 수 있다.

국제 라이선싱에 대해서 크래머(Roland L. Kramer) 교수는 '한 나라의 라이선서(licensor)에 의해서 마련되는 제조·가공·상표·노하우·기술지원, 머천다이징 지식 또는 기타 숙련을 다른 나라의 라이선시(licensee)가 사용하기 위한 목적으로 라이선서와 라이선시가 협약하는 회생의 한 방법이다'라고 정의하였다. 그렇다고 라이선싱이 해외운용에만 적용되는 것은 아니고 국내운용에도 적용된다. 즉, 한 국내회사와 다른 국내회사가 동일한 방법에 의해 라이선싱 협약을 맺을 수 있는 것이다.

(2) 글로벌 라이선싱의 장점 및 단점

다른 진입방법과 마찬가지로 라이선싱도 나름대로의 장단점을 지니고 있다. 대표적인 장점으로 들 수 있는 것은 시장국의 수입 장벽을 우회할 수 있다는 점이다. 최종 제품에 대한 관세가 높거나 다른 형태의 수입 규제가 있다 해도 그러한 제품을 생산하는 데 필요한 무형자산에 대해서는 제한이 가해지지 않는 경우가 많이 있다. 수출 방법을 사용하다가 수입규제가 늘어나서 라이선싱으로 전환하는 수도 있는데 이 경우 완제품 대신 부품이나 반제품을 상대기업에 수출하게 될 수도 있다.

또 다른 장점은 직접투자에 비해 정치적 위험에 대한 노출이 적다는 점이다. 현지에 대한 자원 투입이 적기 때문에 최악의 경우 잃게 되는 부분이 적게 되며, 현지국 정부가 라이선싱을 기술 습득의 기회로 생각하는 경우가 많아 비교적 우호적인 태도를 보이게 된다.

라이선싱은 해외시장의 가능성을 검증하는데 저비용 전략으로 사용될 수 있다. 라이선싱 관계를 맺음으로써 외국 기업은 현지 시장에 대해 학습할 수 있고 보다 독립적인 기반을 구축하기 위한 최선의 향후 전략을 고안할 수 있다. 기업은 라이선싱을 해외시장에서 경쟁자의 진입을 억제하기 위한 선점 전략으로 이용할 수 있다. 즉 시장에서 라이선싱 기반을 구축함으로써 기업은 현지에서 브랜드 이름을 개발하고 친밀감을 쌓아 시장에 늦게 진입하는 경쟁자의 진

입을 방해할 수 있다.[16]

한편 최종 제품을 현지 사정에 맞게 적응화해야 할 필요성이 있고 이러한 제품적응화에 많은 비용이 소요되는 경우에도 라이선싱은 적절한 진입방법이 될 수 있다. 적응비용을 상대 기업에게 전이시킬 수 있기 때문이다.

진입방법으로의 라이선싱이 갖는 대표적인 단점은 현지 시장에서의 마케팅전략에 대한 통제권이 적다는 점이다. 따라서 상대 기업의 성과가 좋지 못해도 계약에서 허용할 경우에 한해 라이선싱 계약 자체를 해지하는 수밖에 없다. 많은 기업들은 라이선싱 계약을 하더라도 자신들의 노하우를 통제할 수 있을 것이라는 착각을 하곤 한다. 예를 들어 RCA Corporation은 자신들의 컬러 TV 기술을 파나소닉과 소니와 같은 일본계 회사들에게 라이선싱했는데, 이런 일본 회사들은 이 기술을 재빨리 흡수하고 향상시켜 미국시장에 진출하는 데 사용했고 결국 RCA의 시장을 빼앗아갔다.

또 하나의 간과할 수 없는 단점은 기술을 제공받는 업체가 기술 제공업체의 미래 경쟁자로 부상할 수 있다는 점이다. 소위 말하는 부메랑(boomerang) 효과가 나타날 수 있는 것이다. 기술을 제공받는 업체로부터의 경쟁위험은 제3국 시장에서뿐만 아니라 기술 제공업체의 본국에서도 나타날 수 있다. 이는 라이선싱이 정치적 위험은 낮을지 몰라도 궁극적으로 높은 경제적 위험에 직면할 수도 있음을 의미한다고 볼 수 있다. 물론 제공된 기술로 생산된 제품의 판매를 해당 시장국 내로 한정하거나 라이선싱 계약기간의 종료 후에는 해당 기술의 사용을 금지한다는 조항을 계약에 명시함으로써 이러한 상업적 위험을 줄일 수는 있다. 그러나 이러한 노력은 상대국 정부에 의해 무위로 끝날 수 있고, 미국의 경우에는 그러한 계약 자체가 반독점적이므로 불법화되어 있기도 하다.

한편 대개의 경우 라이선싱 계약은 제공받는 기술이나 상표를 사용한 제품에 대해 계약기간 동안 상대 기업에게 해당국 국내시장에서의 독점적 판매권을 갖게 하는 경우가 많다. 따라서 기술 제공 기업은 계약기간 동안 해당 제품에 대해서는 다른 진입방법을 사용할 수 없게 된다.

이런 기술 유출의 위험을 줄이는 방법들도 있는데, 이 중 한 가지 방법은

16 조영곤 외(역), 전게서, p.459.

외국기업과 교차 라이선싱 계약을 맺는 것이다. 교차 라이선싱 계약하에서 어떤 기업이 그들의 가치있는 무형자산을 외국기업에 라이선싱해 주면 로열티는 물론 그 외국기업의 노하우를 거꾸로 라이선싱 받을 수 있도록 요구할 수 있다. 이런 계약은 기술의 라이선싱과 관련된 위험을 줄일 수 있게 해준다.[17] 예를 들어 우리나라의 녹십자는 미국 아브락시스 바이오 사이언스사와 교차 라이선싱 계약을 체결하였다. 또한 최근 한국 반도체 업체들은 특허 침해제소를 방지할 목적으로 외국기업들과 교차 라이선싱 계약을 맺는 사례가 빈번해지고 있다. 그러나 이러한 목적의 교차 라이선싱은 사실상은 우리 기업이 가지고 있는 특허의 수가 제한되어 있기 때문에 명목만 교차 라이선싱이고 내용은 일방적인 대가지급에 불과하다.

2. 글로벌 라이선싱의 동기

국제간에 라이선싱 활동이 전개되는 것은 기본적으로 라이선시와 라이선서 양자에게 이익이 발생할 수 있기 때문이다. 라이선싱을 추구하는 동기나 이유에 있어서는 라이선서와 라이선시가 각기 상이하나 라이선싱을 추구하는 일반적인 이유는 다음과 같다.

① 추가이익발생의 원천이 된다. ② 마케팅이익을 얻을 수 있다. 즉 해외고객의 필요를 충족시킬 수 있고, 완제품의 수입에 대한 통상장해를 극복할 수 있거나, 또는 앞으로의 시장이익을 얻을 수 있는 성과를 쌓아올릴 수 있는 점 등이다. ③ 기술폭발을 방지할 수 있다. 계속적인 연구개발에서 얻은 기술의 과다현상을 조절하는 계기가 된다. ④ 어떤 경우에 있어서는 라이선시에게 완성품·공급품·조립부품 등을 수출할 수 있다. ⑤ 기술이전과 관련하여 특정기간 동안 라이선시 요원에 대한 훈련 및 감독을 담당한다. 이로써 역시 대가를 받을 수 있다. ⑥ 라이선시의 기술에 접근할 수 있고 라이선시의 상업정보와 시장지식을 얻을 수 있다.

17 박철순 외(역), 전게서, p.473.

한편 라이선시의 입장에서 라이선싱을 추구하는 일반적인 이유는 다음과 같다.

① 기술의 복잡성, 특허제한 또는 높은 개발비 등으로 인해 직접 개발할 수 없는 경영자원을 활용할 수 있다. ② 추가이익의 확보를 기할 수 있다. ③ 고액의 지불 없이 기술 또는 그 관련 지식을 전수받을 수 있다. ④ 라이선서가 갖는 명성·신용 또는 평판의 혜택을 입을 수 있다. ⑤ 협약조건하에서만 통제되는 것이고 라이선서에 의한 기업지배는 전적으로 배제된다. ⑥ 라이선서로부터 필요한 경우 기술요원의 파견을 보장받을 수 있다. ⑦ 제품의 마케팅 기회가 넓어질 수 있다.

제3절 프랜차이징과 계약생산 및 관리계약

1. 프랜차이징

프랜차이징(franchising)은 프랜차이저(franchisor: 사업본부)가 프랜차이지(franchisee: 가맹회사, 또는 개인)에게 상호, 상표, 기술 따위의 사용권을 허가해주고 사업체의 조직, 마케팅 및 경영방법의 이전을 통해 계속적으로 지원해주는 방식이다.[18] 프랜차이징은 넓은 의미의 라이선싱의 한 형태라 할 수 있다. 다만 프랜차이징은 제공기업(franchisor)이 상호, 상표, 기술 등의 사용권을 특정 기업이나 개인(franchisee)에게 허용할 뿐만 아니라 상대방에 대해 조직, 마케팅, 원료 및 일반경영관리 분야에서의 지원을 제공하는 등 양자가 보다 지속적이며 포괄적인 관계를 유지한다는 점이 특징이라 하겠다.

대개 프랜차이지는 프랜차이저의 상호와 상표를 가지고 기업경영활동을 전개하며 후자가 마련한 정책과 절차를 따르는 것이 일반적이다. 그 대가로 프

18 이신모 외, 「Global Business」, 두양사, 2006, p.421.

그림 8-2 해외시장 진입전략으로서의 프랜차이징

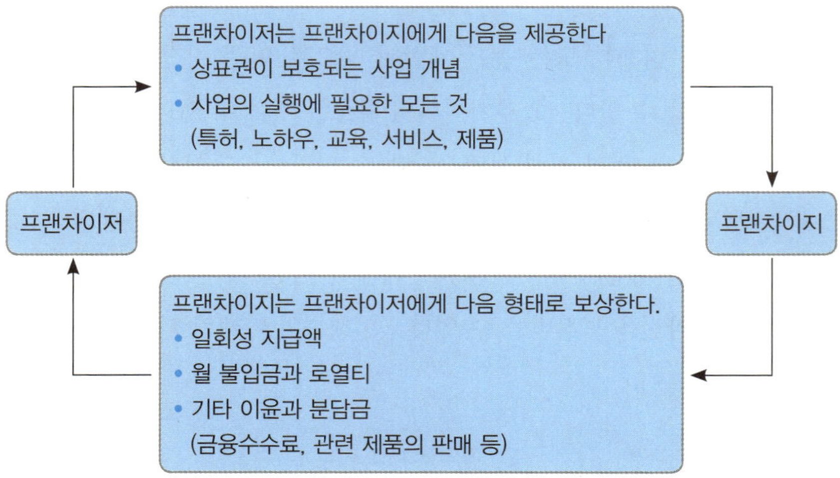

자료: 조영곤 외(역), 전게서, p.462.

랜차이저는 수수료, 로열티 혹은 다른 형태의 보상을 프랜차이지로부터 받게 된다. 좁은 의미의 라이선싱이 주로 제조업과 관련된 생산기술이나 특허권 등을 대상으로 하는 데 비해 프랜차이징은 패스트푸드를 비롯한 식음료 산업과 호텔, 모텔, 자동차 렌트 등의 서비스 산업에서 활발히 이루어지고 있다.

프랜차이징의 장점으로는 적은 자본 투자로도 해외시장의 확산이 가능하다는 점과 표준화된 마케팅전략에 의해 독특한 이미지 형성이 가능하다는 점, 프랜차이징을 통해서 기업이 해외시장에 독자적으로 투자를 하는 경우 수반되는 위험과 비용을 경감할 수 있다는 점, 그리고 정치적 위험이 낮다는 점 등을 들 수 있다. 한편 이 진입방법의 단점으로는 제공업체의 이익 기회가 제한되고 상대 기업에 대한 완전한 통제가 어렵다는 점, 품질관리가 어렵다는 점, 그리고 프랜차이징 계약조건에 해당국 정부의 제한이 가해질 수 있다는 점 등을 들 수 있다. 이런 단점은 확장하려는 국가에 자회사를 설립함으로써 해소될 수 있다.

라이선싱 계약과 프랜차이징이 다른 점은 라이선싱 계약은 보통 단기적이지만 프랜차이징에서는 보통 몇 년간 관계가 지속된다. 따라서 라이선싱에 비해 프랜차이징은 보다 안정적이고 장기적인 진입전략이다. 그리고 프랜차이징은 프랜차이저가 프랜차이저의 모든 사업 활동을 사실상 규정하기 때문에 라이선싱보다 포괄적이다.[19]

2. 계약생산

계약생산은 라이선싱과 직접투자의 중간적 성격을 띠고 있지만 지분참여가 없다는 점에서는 직접투자와 확실히 구분된다. 이 방식은 한 기업이 진출 대상국 내에 있는 다른 별개의 기업에게 일정한 조건하에 제품을 생산하도록 하고, 현지 시장국이나 제3국에 대한 판매 및 마케팅은 자신이 직접 담당하는 것을 말한다. 대개의 경우 원하는 명세에 따른 제품을 얻기 위해 현지의 생산업체에게는 기술제공이나 기술적 지원이 이루어진다. 물론 이러한 기술이전은 별도의 공식적인 라이선싱 계약을 통해서 이루어질 수도 있다.

따라서 계약생산은 기술제공이라는 측면에서는 라이선싱과 비슷하고, 현지 생산과 제품을 직접 판매한다는 점에서는 해외직접투자와 비슷하다. 하지만, 생산된 제품을 직접 판매한다는 점에서 라이선싱과 다르고, 생산에 대한 자본투자가 없다는 점에서 직접투자와 다르다.

계약생산은 상대적으로 적은 자금과 경영인력의 투입으로 조기에 시장진입을 할 수 있고, 일반적인 라이선싱과는 달리 애프터서비스를 포함한 마케팅 활동의 통제권을 가질 수 있는 장점을 지니고 있다. 계약생산은 직접투자를 정당화하기에는 목표시장이 너무 작다거나 수출에 대한 제한이나 비용이 클 경우에 적당한 진입방법이라 하겠다.

반면에 적절한 현지 생산업체를 찾는 것이 어렵거나 불가능할 수 있고, 그러한 기업이 존재한다고 해도 원하는 품질과 수량의 제품을 확보하기 위해서는 상당한 정도의 기술적 지원이 필요하다는 점은 계약생산의 단점으로 지적된다. 라이선싱과 마찬가지로 미래의 경쟁자를 키워주는 위험도 고려해 보아야 할 사항이다.

---

19 조용곤 외(역), 전게서, p.461.

흔히 고유상표에 의한 수출과 비교되어 언급되는 주문자 상표부착방식(OEM)도 일종의 계약생산이라고 볼 수 있다. 그러나 발주자 입장에서 볼 때 계약생산이 목표시장 진입의 한 방법으로서 현지시장에서의 생산을 염두에 둔 것인 데 비해, OEM 방식은 시장진입 방법으로서의 성격보다는 제품조달 방법의 일환으로 이해될 수 있다. 주문을 받아 제품을 생산하는 기업의 입장에서는 OEM 방식도 물론 수출의 한 형태로서 해외시장 진입방법의 하나로 여길 수 있다. 그러나 여기서 말하는 계약생산에서의 하청 생산업체는 수출 방법으로서가 아니라 자국 시장 공급용 제품을 주문받아 생산하는 입장이다.

3. 경영관리계약

국제 경영관리계약은 계약에 의해 한 기업이 외국의 특정 기업의 일상적인 경영활동을 대신 수행해 주고 그 대가를 받는 형태의 시장진입 방법이다. 즉 관리계약하에서 계약자는 보수를 받고 호텔, 휴양소, 병원, 공항 또는 기타 시설을 운영하는 관리 노하우를 제공한다. 일반적으로 경영 위임을 받는 사항은 일상적인 업무에 한정되며 신규투자나 장기 기채(起債), 배당결정, 기타 중요한 경영전략상의 변화를 수반하는 결정은 제외된다. 따라서 이 방법은 신규 사업이 아닌 기존의 경영활동에 국한될 수밖에 없다.

대개의 경우 경영관리계약은 그 자체의 독자적인 계약보다는 다른 형태의 진입방법과 결부되어 이루어지는 것이 일반적이다. 예를 들어 현재 합작관계에 있는 기업에 대해 지분 구조상 경영참여가 곤란할 경우 경영관리계약은 효과적인 경영참여 방법이 될 수 있다. 합작이 예정된 기업의 경우에도 경영관리계약은 순조로운 경영권 이양의 방편이 될 수 있다.

그 자체로만 볼 때 경영관리계약은 위험도가 아주 낮은 해외시장 진입방법이라 할 수 있다. 그러나 수익 역시 주어진 기간 동안 일정액의 수수료에 국한되며, 자사 제품이 없기 때문에 현지 시장에서의 장기적인 입지구축도 어렵다고 볼 수 있다. 그리고 경영관리계약의 가장 큰 단점은 미래에 경쟁자가 될 수 있는 해외기업을 교육하는 것이다.

라이선싱이나 프랜차이징과는 달리 경영관리계약에는 시설의 실제적인 운영뿐만 아니라 전문화된 노하우가 제공된다.[20]

4. 턴키계약

턴키계약(turnkey contract)은 일반적인 진입방법의 하나라기보다는 진출대상국 정부, 혹은 상대 기업의 요청에 의해 특정 산업분야에서 활용되는 해외시장 진입방법이다. 대개 중화학공업 분야의 공장이나 여타설비를 건설하여 가동직전의 단계까지 준비해준 후 인도하는 방식으로서 보통 플랜트(plant) 수출이라 일컫기도 한다. 여기에서 한 걸음 더 나아가 발주자가 해당 플랜트나 프로젝트를 독자적으로 운영할 수 있도록 관리 및 기술상의 지원까지 제공하는 수도 있는데 이러한 형태의 계약을 턴키 플러스(turnkey plus)라 부른다.

턴키 프로젝트는 그 규모 자체도 클 뿐 아니라 설비의 특징, 발주자의 요구사항 등이 매우 다양하기 때문에 어떤 표준화된 계약 유형을 찾기는 힘들다. 따라서 계약 체결시 세심한 주의가 요구된다. 또한 턴키계약은 계약 당사자가 현지국 정부인 경우도 많아 그 자체로서 정치적 위험에 노출된다고 볼 수 있다. 즉 계약의 취소나 강제적인 재협상을 요구하기도 하며, 현지 정부의 재량에 따라 청구가 가능한 입찰 보증금이나 계약이행 보증금 등을 은행의 지급보증과 함께 요구하는 수도 있다.

턴키계약과 관련된 장점을 살펴보면, 정유, 제철과 같이 기술적으로 복잡한 공장을 건설하고 운영하는 노하우는 가치 있는 자산이다. 턴키 프로젝트는 그 자산을 활용해 큰 경제적인 이익을 얻는 방법 중 하나이다. 이전 전략은 현지 정부규제에 의해 외국인 직접투자가 제한되는 곳에서 특히 유용하다.

턴키 프로젝트는 수주를 하는 기업에도 이익이 되는데, 이는 턴키 프로젝트가 아니라면 자신들의 노하우를 이용하여 해당 국가에서 이익을 얻는 방법이 사실상 없기 때문이다. 또한 턴키 프로젝트는 전통적인 직접 투자보다는 덜 위험하다는 이점이 있다. 불안정한 정치·경제적 환경의 국가에서는 장기 투자한

20 조영곤 외(역), 전게서, p.467.

기업이 대처하기 어려운 정치적, 경제적 위험에 노출될 수 있기 때문이다.

턴키 프로젝트와 관련된 단점으로 세 가지를 들 수 있다. 첫째, 턴키 프로젝트에 참여한 기업은 외국에 대한 장기적인 이해관계를 갖지 않게 된다. 때문에 이후 그 국가가 해당 산업에서 큰 시장으로 성장할 경우 그러한 기회를 활용할 방법이 없을 수 있다. 이런 단점을 최소화하기 위해 해당 사업에 대해서 지분을 소수라도 투자하는 방법이 보완책으로 쓰이고 있다.

둘째, 외국기업과 턴키 프로젝트에 참가한 기업은 의도하지 않게 경쟁자를 양산할 수 있다. 예를 들어 사우디아라비아, 쿠웨이트 등에 정유기술을 판매하는 경우 이들 국가의 기업들은 기술을 습득하여 경쟁력을 갖추게 될 수 있다.

셋째, 만약 기업의 기술이 경쟁우위의 원천이라면 턴키 프로젝트를 통해서 이런 기술을 판매하는 것은 잠재적인 또는 실질적인 경쟁자들에게 자신들의 경쟁우위를 넘겨주는 격이다.[21]

5. BOT 방식

BOT란 build, operate, transfer의 약자로서 공장이나 설비를 건설(build)한 후, 일정기간 동안 직접 운영(operate)함으로써 투자비 및 이익을 회수하고, 설비를 현지 정부나 기업에게 이양(transfer)하는 형태의 국제 사업 방식이다. BOT 방식은 턴키계약의 일종이지만, BOT 방식이 턴키계약과 다른 점은 후자의 경우 재원조달을 발주자가 하고 소유권도 발주자에 있으며, 발주자의 대금지급이 투자자의 수입원이 되는 데 비해, BOT 방식은 투자자가 재원조달을 하고 소유권은 투자자에서 발주자로 이양되며 투자회수는 설비의 운영수익으로부터 이루어진다는 점이다(〈표 8-3〉 참조).

이 방식은 턴키 프로젝트와 마찬가지로 건설이나 공장 설비 분야에서 활용되어 왔으며, 개발도상국의 기본 통신사업 분야 진출시 선진 통신사업자들에 의해 사용되기도 하였다. 즉 통신설비의 건설을 위한 투자재원 조달, 전반적인 기획과 타당성 조사, 교환기 및 전송 설비의 구축, 이에 수반되는 각종 건설,

21 박철순 외(역), 전게서, p.471.

표 8-3 턴키계약과 BOT 방식의 비교

계약형태	재원조달	소유권	운영 및 관리	투자회수
턴키 방식	발주자	발주자	발주자	발주자의 대금지급
BOT 방식	투자자	투자자→발주자	투자자→발주자	운영수익

자료: 이승종 외, 「글로벌 경영」, 민영사, 2004, p.300.

토목, 엔지니어링, 경영활동 등을 포괄적으로 담당하여 통신망을 구축한 후 직접 통신사업을 영위하다가 현지에 이양하는 방식이 채택되는 것이다. 즉 다국적 금융기관, 건설업체, 그리고 자문가 컨소시엄이 자금을 제공하고 시설을 설계, 건설, 운영하는 것이 일반적이다.

BOT 방식은 발주자의 필요에 의해 생겨난 방식이라 볼 수 있다. 공장, 설비, 사회간접자본 등이 자국의 경제발전에 꼭 필요하긴 하지만 공사 대금을 지불할 능력이 없을 경우에 적합한 대안이 되는 것이다. BOT 방식은 실제 운영기간 중 수요증가나 영업성과에 따른 이익기회가 주어진다는 장점이 있는 반면에 이러한 이익이 보장된 것이 아니라는 단점을 가지고 있다. 투자회수 기간이 길어 이에 따른 정치, 경제적 위험 또한 높은 것이다.

key point

CASE STUDY

중국의 해외 M&A, 계속 늘고 분야도 광범위해질 것

HSBC "중국의 해외 직접투자 및 M&A, 앞으로도 활기 띨 것"

중국의 해외 직접투자가 전반적인 산업 분야로 광범위하게 확산될 것이며 이는 경제적으로 부정적인 요인보다는 긍정적인 요인이 더 많을 것이란 진단이 나왔다. 특히 중국의 해외 M&A는 부채가 아닌 주로 자기자본에 의해 이뤄지고 있는 것도 고무적인 일로 평가됐다.

22일 HSBC에 따르면 최근 들어 중국의 해외투자는 중국 내 경제 둔화에도 불구하고, 혹은 중국의 경기 침체로 인해 계속될 전망이다. 아울러 중국은 저축분을 해외자산 투자로 다각화하는 전략을 확대할 것으로 보인다. 특히 중국의 해외직접투자(ODI) 증가율은 과거 경기 침체 기간 동안 정체되어 있었지만, 최근 들어서는 섹터별, 지역별, 그리고 채널별로 계속해서 증가하고 있다.

그중에서도 해외 M&A(인수합병)가 급속도로 늘고 있고, 이는 중국뿐만 아니라 중국의 투자를 받는 국가들에 새로운 도전이 될 것으로 여겨지고 있다. 하지만 (중국의 해외투자로 인한) 편익이 우려보다 더 클 것으로 전망되고 있다.

HSBC는 "최근 중국의 해외직접투자(ODI)는 계속해서 활기를 띠고 있다"면서 "비금융부문 해외직접투자 증가율은 2015년에 10.1%를 기록했고, 현재 중국의 해외직접투자액은 중국이 외국인직접투자(FDI)를 통해 투자를 받은 액수를 넘어서고 있다"고 밝혔다.

HSBC는 "이러한 중국의 해외투자 트렌드는 2016년에도 지속될 것으로 보인다"며 "2016년 1월과 2월에 중국의 해외직접투자는 전년 동월 대비 80% 가까이 급증했다"고 전했다.

HSBC는 중국 자본의 국제화는 국내 경제 둔화에도 별다른 영향을 받지 않을 것이라고 했다. 중국은 장기적으로 수익을 낼 수 있는 자산에 투자하기를 바라고 있고 육상 및 해상을 통한 신 실크로드 정책은 종종 일대일로(One Belt, One Road) 전략으로 일컬어지기도 하는데, 이는 해외투자 계획의 중요한 부분을 차지하고 있다고 HSBC는 진단했다.

한편 해상 실크로드와 더불어 중국의 해상 무역은 지난 10년 동안 연평균 18.2%의 증가율을 보였는데 이는 중국 전체 교역량의 20%를 차지하는 것이다. 또한 해상 실크로드에 포함되어 있는 국가들로의 중국 기업 직접투자는 같은 기간 대비 2억 4,000만 달러에서 93억 달러로 급증했다. 중국의 해외직접투자 분야 또한 다각화되는 추세다. 광산에서 상업 서비스, 제조업, 유틸리티, 그리고 IT쪽으로 다변화되고 있다.

HSBC는 "중국 기업들의 관심이 천연자원에 그치지 않고, 시장 접근성 및 기술, 그리고 지적 재산에 점점 더 관심을 보이게 될 것으로 판단된다"며 "또한 주목할 만한 것은 부채가 아닌 자기자본을 통한 투자에 관심이 크게 집중되고 있다는 것"이라고 밝혔다.

HSBC는 "중국의 해외직접투자에서 자기자본 투자가 차지하는 비중은 무려 80%에 육박한다"면서 "이는 중국의 해외 M&A 가속화를 대변한다"고 덧붙였다. 아울러 중국의 해외 M&A는 2016년 연초의 수준과 같이 계속해서 견고할 것으로 보이며, 주요 M&A의 대부분이 광범위한 산업에 걸쳐 이루어질 것으로 예상된다는 게 HSBC의 전망이다.

초이스경제(2016.3.22)

key point
CASE STUDY

애플, 꺾인 성장동력 M&A로 찾나…팀 쿡의 힌트

"이전보다 더 큰 규모의 M&A에 나설 것"
업계서는 핏빗·박스 등 인수 유력후보 찾기 혈안

애플의 매출이 13년 만에 감소세로 돌아서 가운데 팀 쿡 애플 최고경영자(CEO)가 인수합병(M&A)을 통해 성장동력을 찾겠다는 의지를 드러냈다. 미국 실리콘밸리의 다른 IT 기업에 비해 M&A에 소극적이었던 애플이 전략에 큰 변화를 줄지 주목된다.

쿡 CEO는 26일(현지시간) 실적발표 후 "애플은 지난 4분기 동안 15개 기업을 인수했지만 투자자들에게 개별적으로 소개할 만큼 의미 있는 기업은 없었다"며 "지금까지 사들인 기업보다 더 큰 기업을 인수할 것"이라고 말했다.

구글 모회사인 알파벳이나 시스코, 페이스북 등에 비해 애플은 M&A에 적극적이지 않았다. 지금까지 애플이 인수한 기업 중에 2014년 30억 달러에 사들인 비츠일렉트로닉스 정도가 눈에 띈다. 그 외 다른 인수건은 규모를 다 합쳐도 비츠일렉트로닉스 인수 규모에 미치지 못할 정도로 미미하다.

쿡 CEO는 "그동안 애플은 현재 하고 있는 사업을 보완해주거나 중요한 역할을 하는 기업, 관심 있는 영역에 더 빠르게 진출할 수 있도록 해줄 만한 기업을 주로 찾아왔다"고 설명했다. 하지만 이날 대규모 M&A 가능성을 열어둔 것이다.

업계에서는 애플이 어떤 기업을 인수할지를 두고 벌써 설왕설래다. 다만, 미국 기업을 인수하려면 별도의 자금조달이 필요할 것이란 분석이 나온다. 내부에 상당한 현금을 쌓아뒀지만 대부분 해외에 두고 있기 때문이다. 여기에 애플은 이날 배당과 자사주매입에 추가로 500억 달러를 쓰겠다고 밝혔다. 이를 통해 총 주주환원 규모를 2,500억 달러로 확대한다는 방침이다.

잰 도슨 잭도리서치 애널리스트는 "애플이 대규모 인수합병에 나선다면 규모는 50억~100억 달러 수준이 되겠지만 미국 기업을 인수한다면 이 가격도 힘들 수 있다"며 "이미 주주환원 프로그램 재원을 마련하기 위해 수십억 달러를 조달해야 하는 상황"이라고 말했다.

업계에서는 아이폰의 애플워치보다 더 다양한 가격대의 웨어러블 제품을 만들고 있는 핏빗이나 애플의 아이클라우드를 보완해줄 수 있는 박스 등을 거론하고 있다. 핏빗 시가총액은 50억 달러가 안 되고 박스도 16억 달러 수준으로 큰 부담은 없다. 스타트업으로 눈을 돌릴 가능성도 나온다.

이데일리(2016.4.27)

American Girl Place
GIFTS

Part Ⅲ

글로벌기업의 최신 경영관리

글로벌경영론

제 9 장

글로벌 생산관리

introduction
CASE STUDY

미쓰비시상사·미쓰이물산, 창사 이래 첫 적자…원자재값 급락에 고개 숙인 '일본 상사'

"5대 상사 손실규모 1조 엔"
중국 수요 급감…구리값 등 '뚝'
미쓰비시, 1,500억 엔 적자…미쓰이·스미토모도 큰 손실

이토추발 지각변동 예고…섬유 등 비자원분야에 주력
2015회계연도 3,300억 엔 순익…다른 기업도 사업 다각화 나서

미쓰비시상사 등 일본 종합상사가 원자재 가격 급락으로 직격탄을 맞았다. 일본 1, 2위 종합상사인 미쓰비시상사와 미쓰이물산은 2015회계연도(2015년 4월~2016년 3월)에 창사 이래 첫 적자를 기록할 전망이다. 구리, 액화천연가스(LNG) 등 원자재 가격 하락으로 수천억 엔에 이르는 손실을 반영해야 하기 때문이다. 2012년까지만 해도 '황금알을 낳는 거위'이던 자원부문이 '미운 오리'로 바뀌면서 업계 내 순위가 뒤바뀌고 있다. 자원개발 중심에서 벗어나 인프라, 자동차 리스, 병원 운영 등 수익원을 다양화하려는 움직임도 나타나고 있다.

5대 상사, 1조 엔 손실 처리

24일 니혼게이자이신문에 따르면 미쓰비시상사는 2015회계연도에 1,500억 엔(약 1조5,500억원) 이상 순손실을 낼 전망이다. 1950년 창사 이래 65년 만의 첫 적자다. 2012년 사들인 칠레 구리 사업권과 LNG 사업권의 가치 하락으로 결산 때 약 4,000억 엔 규모 손실을 계상하기로 했기 때문이다. 작년 3분기(2015년 10~12월) 실적발표 때만 해도 3,000억 엔 순이익을 전망했다.

미쓰이물산은 전날 기업설명회(IR)에서 2015회계연도에 약 700억 엔 순손실을 낼 것이라고 발표했다. 이 회사 역시 1947년 회사 설립 후 처음으로 적자를 내게 된다. 이번 회계연도에 원자재 가격 하락으로 2,600억 엔 규모의 손실을 반영하기로 했기 때문이다. 미쓰이물산은 실적 악화 우려로 이날 장중 8% 이상 급락했다. 야스나가 다쓰오 미쓰이물산 사장은 IR에서 "창사 이래 첫 적자를 매우 무겁게 받아들인다"며 "중국 원자재 수요로 2008년 이후 (원자재 시장에) 산이 높아진 만큼 골도 깊은 상황이 이어지고 있다"고 말했다. 미쓰이물산은 자동차 판매와 리스, 병원 운영 등 좀 더 안정적인 사업을 확대할 계획이다. 일본 상사의 원자재 손실 반영은 이들 회사뿐 아니다. 스미토모상사도 원자재 가격 하락에 따라 이번 결산 때 1,700억 엔의 손실을 새로 반영할 것으로 알려졌다. 이로 인해 일본 5대 상사의 원자재 관련 손실 처리액은 1조 엔에 육박할 것이라고 이 신문은 전했다.

이토추發 상사업계 지각변동

종합상사는 일본 젊은이들이 취업하고 싶어하는 회사 1위로 꼽히는 선망의 직장이다. 과거 고도성장기 때는 무역을 중개하며 일본 수출의 첨병 역할을 했다. 제조업체가 해외 직접투자를 확대하면서 기존 사업모델이 한계를 드러내자 자원개발 투자를 대안으로 선택했다. 상사들은 1990년대 엔고(高)를 무기로 경쟁적으로 자원개발에 나섰고, 원자재 가격이 급등하면서 큰 수익을 거뒀다. 미쓰비시상사는 2010회계연도에 순이익의 70%인 3,255억 엔

창사 이래 첫 순손실이 예상되는 미쓰비시상사와 미쓰이물산(단위: 억 엔)

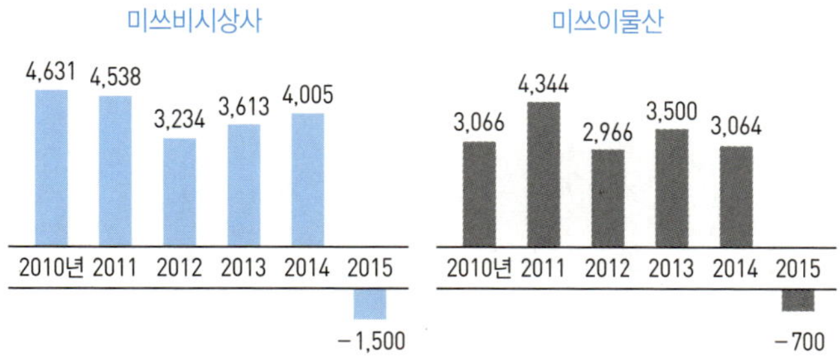

주: 회계연도 기준, 2015년은 회사 추정치
자료: 니혼게이자이신문

일본 5대 상사 자원부문 순이익 변화

(단위: 억 엔, %)

회사	2011		2014	
	금액	비중	금액	비중
미쓰비시	2,927	65	854	21
미쓰이	3,894	90	1,806	59
스미토모	722	29	−1,910	−
이토추	1,492	49	−236	−
마루베니	792	46	−421	−

주: 회계연도 기준
자료: 각사

을 자원부문에서만 벌어들였다. 미쓰이물산도 2011회계연도 순이익의 90%(3,894억 엔)가 자원부문에서 나왔다. 2011회계연도 5대 상사의 자원부문 순이익 합계는 1조 엔에 육박했다. 하지만 국제 유가 급락으로 분위기가 한순간에 바뀌었다. 5대 상사는 2014회계연도에 대부분 대규모 손실을 반영했고, 이로 인해 업계 3위였던 스미토모상사는 731억 엔의 순손실을 냈다. 뒤늦게 셰일오일 투자에 나선 것이 화를 불렀다.

이런 와중에 돋보이는 기업이 이토추상사다. 업계 4위였던 이토추상사는 2014회계연도 순이익에서 스미토모상사를 제쳤다. 이번 결산 때는 미쓰비시와 미쓰이까지 넘보고 있다. 섬유, 유통, 식품 등 생활소비 관련 사업을 중심으로 자원 외 부문을 키운 덕분이다. 자원 외 분야 순이익 기준으로 업계 1위인 이토추상사는 2015회계연도에 3,300억 엔의 순이익을 예상하고 있다.

한국경제(2016.3.25)

제1절 글로벌 생산관리

1. 글로벌 생산관리의 의의

무역장벽이 없어지고 시장이 글로벌화되면서 많은 기업들이 점점 더 서로 긴밀하게 관련되고 있다. 이러한 현상으로 발생하는 문제 중 하나는 생산활동을 어디에서 수행해야 하는가에 대한 점이다. 생산시설을 한 국가에 집중적으로 설립하는 것이 좋은지 또는 전 세계적으로 분산시키는 것이 좋은지에 대한 논쟁은 끊임없이 있어 왔다.[1]

오늘날의 기업들은 글로벌화가 진전됨에 따라 본국에서 생산된 제품을 해외에 수출하는 해외 지향적 기업에서, 현지에서 생산하여 판매를 동시에 수행하는 현지 지향적 기업으로 변화한다. 이러한 변화는 생산입지의 국제적 이전이며 글로벌 생산은 그런 의미에서 입지선정이 중요한 문제로 대두된다.

원래 생산관리란 생산활동을 계획하고 조직하며 통제하는 행위이며 일정한 가격, 품질, 수량, 기일 등에 맞추어 특정 상품이 완료될 수 있도록 생산활동을 합리적으로 계획·조직·통제하는 경영활동이다. 그런데 기업의 경영활동은 인사, 생산, 판매, 재무, 구매활동 등으로 분화되어 이루어지고, 이들 활동이 기업 전체의 경영활동을 구성하며 생산관리는 다른 경영활동, 즉 인사, 판매, 재무, 구매관리 등과 불과분의 관계를 유지하면서, 유기적으로는 계획·조직·통제되어야 한다. 글로벌기업의 생산관리 역시 이들 부문, 즉 글로벌 마케팅, 글로벌 재무, 글로벌 소싱, 글로벌 로지스틱스 등과 유기적 관계를 맺으면서 이루어져야 한다. 글로벌기업도 국내기업과 마찬가지로 고객의 욕구를 충족시킬 수 있는 제품을 생산하기 위해 기본적으로 자본, 노동, 원자재, 에너지 등과 같은 생산요소를 투입하여 생산활동을 하는 것에는 차이가 없다. 그러나 관리측면에서 보면 해외에서의 생산관리가 국내보다 더욱 복잡하고 어려운 것이 현실이다. 이

---

1 박철순 외(역), 「국제경영」, McGraw-Hill Korea, p.516.

것은 정치, 경제, 사회, 문화적 환경 및 제도 등의 해외환경이 국내환경과 크게 다르기 때문이다. 따라서 해외생산시 생산입지의 선정, 생산규모 및 기술, 분업생산을 위한 공장의 배치와 네트워크, 조달(sourcing), 로지스틱스 등이 복잡한 과제가 된다. 그러므로 해외생산을 하려는 글로벌기업은 현지환경이 반영된 생산전략을 수립하고 구체적인 프로그램을 개발해야 할 것이다.[2]

2. 글로벌 생산 통합시스템

기업들은 글로벌생산과 관련해서 단순히 현지에서의 제조활동에만 중점을 두기보다는 〈그림 9-1〉에서 보듯이 자재구입, 제조, 연구개발 및 판매가 국·내외적으로 상호 연계되어 이루어지는 통합시스템 구축에 보다 깊은 관심을 기울여야 한다. 즉, 글로벌 생산관리에서는 어디에서 원·부자재를 구입하며, 어디에서 연구개발을 수행할 것이며, 어디에다 주도적인 생산기지를 갖출 것이며, 그리고 어디에다 판매할 것인가에 대한 통합적인 계획이 이루어져야 한다.

글로벌생산 통합시스템의 의의는 각 지역(국가)의 생산자원(기술, 노동, 자금 등)의 비교우위(비용, 질, 다양성, 서비스, 배달, 보증, 신뢰도, 신축성 등)를 효

그림 9-1 국제생산 통합시스템

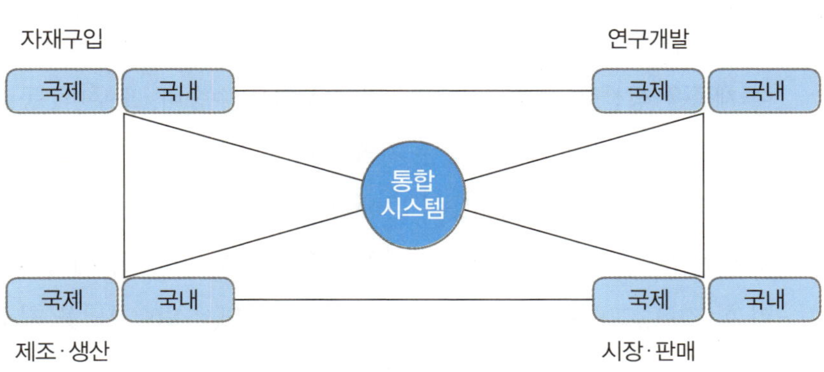

2 이승종 외, 「글로벌 경영」, 민영사, 2004, p.467.

과적으로 활용해 글로벌 경쟁력을 제고시키고자 하는 데 있다. 일본의 마즈다(Mazada) 자동차는 자사의 최신형 스포츠카인 MX-5 미아타(Miata)를 생산해내는 데 있어서, 설계작업은 미국의 캘리포니아에서 하였으며, 자금은 도쿄와 뉴욕에서 조달하였고, 제품원형은 영국의 워딩(Worthing)에서 제작, 미국의 뉴저지에서 개발하였으며, 최종적으로 미시간과 멕시코에서 일본산 첨단 부품을 이용해 완제품으로 조립하는 과정을 거쳤는데, 이는 통합적 글로벌생산시스템의 단적인 예이다. 즉 「made-in world」 제품을 만드는 것이다.

제2절 해외공장 입지

1. 해외공장 입지선정의 의의

경영자는 기업활동을 글로벌화하는 과정에서 해외의 환경에 대한 이해를 새롭게 해야 한다. 해외에서의 수익성과 사업성 등을 분석하는 것도 중요하지만 그 지역의 위험부담에 대한 정보의 분석도 필요하다. 그러므로 기업의 생산시스템 효율성은 공장입지선정에 의해서 크게 좌우된다. 해외공장 입지의 중요성은 입지결정 자체가 제품의 생산원가에 미치는 영향이 크며 공장을 가동하여 제품을 생산할 때, 그 제품원가를 좌우하는 수송비, 노무비, 동력비 및 용수비 등은 그 공장이 입지해 있는 지역에 따라 다르다.[3] 특히 오늘날 국내사정으로 해외직접투자가 생산비용이 가장 저렴한 지역에 투자하는 생산효율형인 경우에는 입지선택이 제조원가에 미치는 영향이 더욱 크다. 해외에 공장을 세우려 할 경우, 그 투자효과가 장기적으로 지속되면서 위험부담을 최소로 하는 공장을 운영할 수 있는 지역을 선정하는 것이 중요하다.

생산을 위한 공장입지는 입지선정에서 가장 중요한 과제이며, 생산입지의

3 국제경영연구회, 「국제경영」, 문영사, 2000, p.302.

선정은 가치생산의 물리적 공간을 정하는 문제로서 기업이 수행해야 할 중요한 의사결정문제이다. 그 중요성은 무엇보다 생산시설의 고정비적인 성격 때문이다. 공장을 설립하거나 이전하기 위해서는 장기간의 계획과 시행이 필요하고, 막대한 자본이 투입되며, 한 번 결정되면 그 영향이 장기적이다. 또한 생산입지는 생산시스템의 효율성에도 크게 영향을 미친다. 이는 생산공장이 어디에 위치해 있는지에 따라 제품원가를 구성하는 노무비, 수송비, 동력비, 수용비 등에 있어서 국가 간 차이로 인해 생산되는 제품의 원가가 달라지기 때문이다. 특히 공장입지는 운영비 중에서 원자재구입 및 완제품의 배분과 관련된 비용에도 큰 영향을 미치기 때문에 이것이 궁극적으로는 제품가격의 책정과 기업의 경쟁력을 위한 중요한 요인으로 작용한다. 따라서 입지선정의 적격성 여부는 기업의 성패를 좌우하는 중요한 문제라 할 수 있다.[4]

최고경영자가 해외공장 입지를 결정할 때 고려해야 할 점들은 각국의 비교우위를 고려해야 한다. 즉 저임금의 노동력이 풍부하고, 원자재의 공급이 수월하고, 부존자원이 풍부한 나라, 투자효과가 장기적으로 지속되고 정치적 위험이 낮은 나라에 공장을 입지시켜야 한다. 또 기후조건과 용수시설이나 용수량, 부지의 상태 등의 자연적인 요건과 지가, 수송시설, 고정자산세, 보험료, 경쟁회사, 전력·연료 등의 경제적인 요인, 소음, 매연, 폐기물 처리 등의 공해요인과 공공시설 이용도, 도시계획 등의 지역 개발 계획과 관습이나 풍속 등의 사회적인 요인을 검토하여 신중하게 결정되어야 한다.

이렇게 글로벌기업이 수행하는 다양한 활동을 어느 나라에 자리잡게 하고 또한 이들을 어떻게 조정하는가 하는 것은 글로벌전략을 수행하는 데 매우 중요한 선택이다. 글로벌 전략적 관점에서 입지를 선정해 생산활동을 영위하게 되면 다음과 같은 이점이 있다.[5]

① 각 활동을 중복시키는 데서 나타나는 비용의 중복을 피할 수 있고 규모의 경제효과를 충분히 이용할 수 있으며 그리고 생산량의 증가로 말미

---

4 김광수 외, 「국제경영」, 박영사, 2010, p.450.
5 이신모 외, 「Global Business」, 두양사, 2006, p.459.

암은 학습효과를 최대한 이용함으로써 비용의 절감을 꾀할 수 있다.

② 각 국가별 또는 시장별로 개별적으로 생산활동을 입지시키는 것보다 제품이나 프로그램의 수를 줄여 집중하게 함에 따라 품질의 향상을 꾀할 수 있고, 동시에 생산시설을 가장 최적의 국가에 입지케 함으로써 가장 양호한 조건에서 생산을 함에 따라 품질을 향상시킬 수 있다.

③ 서비스의 향상을 통해 간접적으로 소비자선호도를 향상시킬 수 있고 네트워크를 잘 활용함으로써 자원을 보다 효율적으로 사용할 수 있다.

2. 해외공장 입지선정시 고려해야 할 요소

글로벌기업의 해외생산활동은 현지국의 시장규모, 소비자의 선호 등 외에도 현지국 정부의 정책 및 제도, 현지의 기술수준, 현지의 생산인력, 현지국의 지원산업, 생산시스템 등에 의해서도 영향을 받는다. 일반적으로 현지의 경제·사회·문화적 환경, 정부의 정책 및 규제, 소비자의 기호 등이 다르기 때문에, 글로벌기업으로서는 무엇보다도 현지국의 시장특성과 생산환경을 고려하여 생산활동을 전개하지 않으면 안 된다.[6]

(1) 대상국가의 전반적인 검토

우리나라의 경우 1990년대 후반 IMF 외환위기 극복을 위해 외국인 투자의 걸림돌이 되고 있는 각종 규제를 철폐하고 적극적인 외자유치 정책을 펴고 있는 사실을 보면 현지국의 정책 및 규제가 해외공장 입지선정시 중요한 변수로 작용하고 있음을 알 수 있다.

다른 조건이 같다면 글로벌기업은 경제, 정치, 문화적 조건과 생산요소 비용을 고려해서 생산활동의 성과가 높을 수 있는 곳에 생산시설의 입지를 선정해야 한다.

국가와 밀접한 관련이 있는 요소 중 하나는 예상되는 환율변동이다. 최적

6 어윤대, 「국제경영」, 학현사, 1996, pp.499~503.

의 생산시설 입지를 선정하고자 국가의 매력도를 평가할 때 환율변동은 이러한 평가에 영향을 미친다. 통화가치가 평가절상(환율하락)되면 기존까지 저비용 입지였던 곳은 고비용 입지로 바뀔 수 있다.[7]

(2) 현지국의 기술요인

기업이 특정한 생산활동을 수행하기 위해 사용하는 기술의 유형은 입지를 결정하는 데 있어 반드시 고려해야 할 요소이다. 즉 기업의 해외생산은 현지국의 기술적 요인에 의해 영향을 받는다. 기술적 요인이란 생산공정과 관련된 것으로 이에는 공장의 규모, 기계, 공정, 제품설계, 기타의 기술적 측면을 말한다. 우선 나라별로 상이한 공업표준, 안전기준 등의 영향을 받는다. 그리고 원자재 부품 등의 현지가용성에 맞추어 기술수준이 결정되며, 그에 따라 생산공정 등 생산시스템을 변경해야 할 경우가 많다. 또한 현지부품 사용의무비율에 관한 규정에 의해서도 기술수준을 현지규정에 적응시키지 않으면 안된다.

입지결정에 있어, 생산공장을 설립하는 고정비용이 매우 높다면 기업은 한 장소 혹은 매우 적은 수의 장소에서 제품을 생산하여 세계시장에 공급하는 것이 바람직하다. 반대로 상대적으로 고정비용이 낮다면 특정 활동을 여러 장소에서 한 번에 수행하는 것이 경제적일 수 있다.

또한 전 세계의 수요를 감당하기 위한 최소효율규모가 클수록 한 장소 혹은 제한된 몇 곳에 생산시설을 집중시키는 것이 유리하다. 여기서 최소효율규모는 규모의 경제가 더 이상 발생하지 않는 산출량의 수준을 말한다.[8]

한편 선진국과 개도국에 대해 어떠한 기술이 적정한가에 대한 일치된 의견은 없다. 선진국의 현지공장은 기술집약적이어야 하고 개도국의 경우는 노동집약적이어야 한다. 반대로 자본집약적 기술이 오히려 더 적정하다는 주장도 있다. 그러나 실제로 대부분의 기업은 본국이나 제 3국에서 과거 활용했거나 현재 활용하고 있는 설비 및 공정과 같은 것을 현지공장에서 활용하는 경향이 높다.

---

7 조영곤 외(역), 전게서, p.521.
8 조영곤 외(역), 상게서, p.523.

그 이유는 ① 소정의 품질을 유지하고 수선유지를 최소화하며, ② 다른 대안이 없고, ③ 공정을 변경하려면 시간과 비용이 많이 들며, ④ 해당 글로벌기업이 파견하는 기술 및 생산요원들이 기존의 공정에 이미 숙달되어 있기 때문이다.

(3) 현지국의 생산인력

어디에서나 공장을 효율적으로 운영하려면 물적 자원과 더불어 인적자원이 중요하다. 따라서 해외생산 시에도 역시 예외없이 인적자원문제에 직면하게 된다. 이 문제는 선진국보다 개도국에서 더욱 심각하다. 개도국은 공장의 생산계획, 통제기능을 담당할 생산관리 요원을 구하기가 힘들고 작업자들에게 올바른 생산기술을 익혀주고 건전한 작업태도를 심어 주기가 어렵기 때문이다.

따라서 적절한 교육, 훈련을 통해 생산인력 문제를 원만히 극복하는 방법을 강구해야 한다. 그런데 체계적인 선발, 훈련, 동기부여, 감독 등을 통하여 능률적인 작업집단을 구성하는 것은 선·후진국을 막론하고 어려운 일이다.

그리고 본국이나 타 선진국에 위치한 공장에서 보편적으로 활용하는 생산관리 방법을 개도국에서 그대로 적용할 수 없는 경우가 많다. 따라서 현지공장의 기계, 시설, 생산계획 및 통제시스템 등을 결정할 때에는 현지 종업원의 가치관, 관습, 태도 등을 고려해야 한다. 작업의욕이 부족하고 작업능률도 전반적으로 낮은 동남아, 중남미, 아프리카 개도국의 경우 현지인 생산관리 요원 및 기능공만으로 효율적인 공장운영이 쉽지 않으므로 본국 또는 제3국인을 활용하는 것도 해결책의 하나이다.

(4) 현지국의 관련산업

글로벌기업의 해외생산은 현지의 관련산업에 의해 크게 영향을 받는다. 선진국에서 현지생산을 하면 관련산업이 발달하여 공급업체로부터 원자재, 부품, 반제품 등을 원활히 공급받을 수 있고, 제품설계 및 생산기법 등에 대한 기술정보 및 조언도 받을 수 있다. 또한 선진국들은 대부분 시장규모가 커서 경제적인 규모의 생산활동을 할 수가 있고, 통합된 생산시스템을 운영할 수 있다.

반면에 개도국은 관련산업이 미진하여 공급업체로부터 원자재, 부품, 반제품 등을 원활히 공급받을 수 없다. 수요 역시 제한되어 있어 경제적인 규모의 생산활동을 할 수가 없다. 따라서 개도국에서 현지생산을 할 때에는 중소규모의 공장을 운영해야 하고, 또한 기술수준이 낮은 기계와 공정을 활용해야 한다.

3. 해외공장 입지의 선정과정

해외공장의 입지를 선정하는 데 있어 그 과정은 보통 세 단계로 나누어진다. 먼저 대상지역을 검토한 후, 그 다음은 특정지역을 선정하고 선정된 지역의 부지를 평가하여 최종적으로 입지를 결정하는 것이다[9](〈그림 9-2〉 참조).

그림 9-2 해외공장 입지선정과정

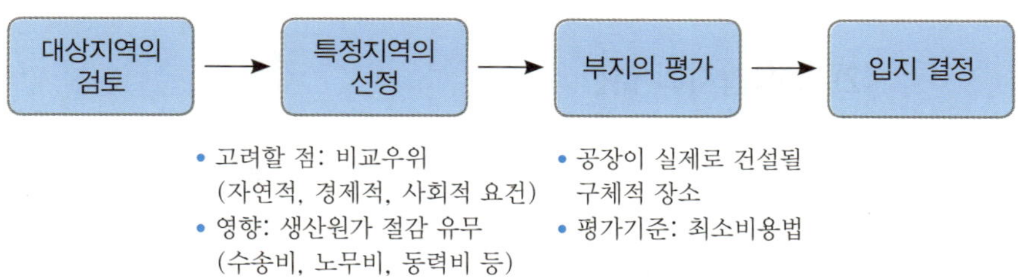

(1) 대상지역의 검토

공장입지를 결정하는 데 있어 첫번째 단계는 대상지역을 검토하는 것이다. 이것은 기업이 생산하는 제품의 특성 및 생산투입요소 등의 구성과 관련해서 공장을 설립하려는 지역이나 국가를 조사하는 것이다. 생산시스템의 투입과정, 생산공정 및 산출과정에 있어 어떤 요소들이 중요한지를 살펴보는 것이다. 예를 들면 석유화학이나 철강 등은 원자재를 중요시하는 데 비해 섬유나 신발

9 이승종 외, 전게서, pp.470~472.

은 노동력을 중시한다.

전통적으로는 비용측면을 중요시 해왔으나 최근에는 각 요인들의 이용가능성, 확보용이성, 접근성, 시설의 구비 여부 등을 더욱 중요시하고 있다. 전통적인 입지요인에 있어서도 강조되고 있는 점이 달라지고 있는데, 예를 들면 교통요인의 경우 과거에는 원료와 완제품의 운송비가 고려사항이었으나 오늘날에는 비용보다는 교통시설, 운송수단의 이용가능성이 더욱 중시되고 있다. 노동력 역시 노동비나 임금수준보다는 필요한 만큼의 풍부한 노동력과 양질의 숙련노동자, 전문기술자 및 관리경영자 등의 확보가능성, 노동생산성, 노동자집단의 이미지 그리고 노동조합의 활동을 포함한 노동자 집단의 태도 등이 보다 중요시되고 있다. 시장면에서는 시장의 규모 및 잠재력과 함께, 글로벌 시장으로의 접근과 시장개척을 위한 입지가 고려되어지고 있다. 원료와 부품의 조달측면에서도 운송비에 영향을 주는 면보다는 원료산지에의 접근, 부품소재 공급기업에의 접근, 그리고 이들의 확보가 중요한 것으로 나타나고 있다.

(2) 최적입지의 결정

입지대상지역의 평가 및 검토 후에는, 이 가운데에서 특정지역을 최적입지로 결정하는 순서이다. 이 입지의 결정과정은 첫째는 대안이 되는 지역을 평가하기 위한 평가기준(예: 비용, 수익 등)을 선정하고, 둘째는 관련된 주요 입지요인을 확인하며, 셋째는 제시된 입지요인과 제약 조건을 만족시키는 지역을 일차적으로 선정한 후, 마지막으로 1차 선정된 대안을 집중적으로 평가하고 입지를 결정한다.

최적입지의 평가에 주로 계량적 입지결정모델이 이용된다. 그러나 중소기업 등은 경영자의 개인적 선호에 의한 경영인의 출생지 등의 연고지를 선택하는 경우도 많다.

(3) 부지의 선정

지역이 선정되면, 그 다음은 공장이 실제로 건설될 구체적인 장소, 즉 부

표 9-1 주요 입지결정요인들

입지요건	구체적 항목
1. 토지 및 주거지요인	• 지가 및 지대 • 부지의 가용성 • 확장을 위한 여분의 공간구비 • 공장건설, 기계구비비용 • 생활·노동을 위한 주변환경 • 거주지 여건(생활편의·쾌적성)
2. 원료, 부품 요인	• 원료산지에의 접근 • 부품·소재 공급기업에의 접근
3. 교통 요인	• 고속도로, 철도에의 접근 • 공항에의 접근
4. 노동력 요인	• 노동비(임금수준) • 노동력의 가용성 • 숙련노동력의 확보 • 전문기술자의 확보 • 전문경영자의 확보 • 노동생산성 • 노동자집단의 태도(노동조합활동)
5. 시장 요인	• 시장의 규모(잠재력) • 제품판매시장에의 접근
6. 정보 요인	• 기업경영에 필요한 제반정보에의 접근 • 행정당국과의 접촉 • 경제적 기회, data bank 이용 가능성 • 정보처리기관, 대학교, 연구기관과의 접촉
7. 하부구조, 서비스 요인	• 전력, 용수, 폐수처리, 도로 등 하부구조 이용가능성 • 생산에 필요한 기술서비스 이용편의 • 사무·업무서비스 이용편의 • 행정서비스 이용편의
8. 정책 요인	• 면세·조세감면 혜택 • 공장설립 제한 또는 장려지역의 여부
9. 개인적 요인	• 개인적인 경제적 이점(고객, 공급자 또는 은행과의 친분성) • 개인적 동기(연고지, 고향), 개인적 선호 • 지방주민의 태도

자료: 산업연구원, 「기업의 입지결정요인 분석」, 1982.

지가 결정되어야 한다. 부지를 선정하는데 검토되는 요소로는 토지가격, 지형이나 넓이 등의 부지의 특성, 시설의 가용성, 배기 및 배수 등과 같은 폐기물처리의 용이성, 도로건설비용, 관계법규의 저촉 여부 등이 있다. 보통 업종의 성격에 따라 공장부지의 검토요인이 다르다.

4. 최적입지의 결정을 위한 분석

공장입지를 결정하는 평가기준으로는 최소비용법이 주로 이용되는데, 해외공장의 입지결정에서도 생산비와 수송비를 합한 최소비용법이 주로 이용된다.

해외공장의 입지선정에서 수송비가 특히 중요하게 고려되는 것은 현지의 내수시장을 목표로 진출하지 않고 제3국으로 수출하거나 본국으로 역수입하는 해외투자가 많기 때문이다. 글로벌 소싱활동이 기업의 글로벌 경쟁력에 중요한 요인으로 작용하므로 수송비의 중요성이 계속 커지고 있다.

한편 평가요인들은 계측할 수 있는 양적 요인 이외에 계측불능의 질적 요인이 있다. 질적 요인은 노동력의 질, 공해규제의 정도 등과 같은 것이다. 최적입지결정의 분석방법으로는 양적요인에 의한 방법으로 ① 총비용비교법, ② 손익분기점법, ③ 요인평가법, ④ 수송비법 등이 널리 사용된다.[10]

제3절 글로벌기업의 분업생산

1. 글로벌 분업생산의 의의

글로벌 분업생산이란 복수의 해외공장을 상호 연계시켜서 보완적인 생산활동을 전개하는 것을 말한다. 글로벌 분업생산은 크게는 한 제품의 공정을 분담하는 공정간 분업과, 제품의 종류에 따라 분업하는 제품간 분업이 있다.

공정간 분업은 구미의 반도체 회사가 조립공정은 말레이시아나 태국 등의 인건비가 저렴한 곳에서 수행하고, 반도체의 디자인 등은 본국에서 행하는 것과 같이 노동 집약적인 공정과 자본 집약적인 공정을 다른 지역의 자회사에서 생산하는 것을 말한다(〈그림 9-3〉 참조).

제품간 분업은 고급 기술이 필요한 고가품은 선진국에서 생산하고, 표준기술로 생산할 수 있는 저가품은 개발도상국의 자회사에서 생산하는 생산방식이다.

글로벌 분업화는 본국시장의 규모가 작은 스위스처럼 부존자원도 없고 본

10 국제경영연구회, 전게서, pp.306~307.

그림 9-3 글로벌기업의 분업생산

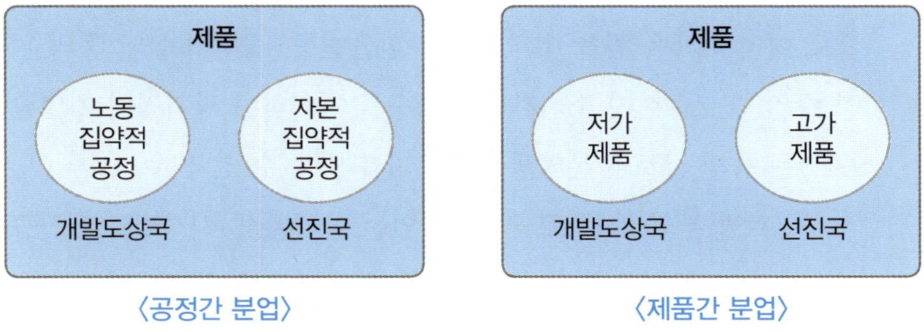

국시장규모가 작은 국가들에서 잘 발달되었다.

글로벌 분업생산에서 성공하기 위해서는 기업은 수요와 입지, 규모의 경제 및 각종 정부정책과 환경적 제약 등을 고려하여 공장별로 전문화를 시도할 필요가 있다. 또한 가급적 원자재, 부품, 완제품 등을 표준화시키고 부품의 호환성을 증대시켜야 하며, 자본재나 내구성 소비재를 생산 판매하는 기업은 부품과 완제품등을 표준화시킴으로써 규모의 경제로 원가를 절감시켜 경쟁력을 얻고 균일한 품질의 제품을 공급할 수 있어야 한다.

글로벌 기업은 양질의 원자재를 저렴한 지역에서 조달하여 생산원가가 낮은 지역에서 생산하고 판매가격이 높은 시장에서 판매하는 것이 목표이다.

2. 글로벌 분업생산의 효과

국제적으로 분산된 입지의 이점을 이용하기 위해서는 무엇보다도 생산의 배합과 조정이 잘 되어 생산시설 간의 시너지효과를 거둘 수 있어야 한다. 국제적으로 분산된 생산시설을 가질 경우, 기업은 각 국가에 있는 공장을 독립적으로 운영하기보다는 상호의존적으로 운영·조정함으로써 많은 문제점을 해소시킬 수 있고 시너지효과를 창출할 수 있다. 즉 수개의 공장이 생산 및 기술활동에 관한 정보를 공유하여 공동으로 이용하는 것이다. 공장 간의 조정을 위해서는 전체적인 총괄생산계획의 세심한 수립이 중요하다. 이와 같이 글로벌 분업생산을 한다면 ① 현지의 생산요소를 효율적으로 활용할 수 있다. ② 원자재나 완제품의 수송비를 감소시킬 수 있다. ③ 현지국 정부가 제공하는 각종 유인책으로 여러 혜택을 받을 수 있다. ④ 환율변동, 정치적 불안 등의 위험을 분산시킬 수 있다. ⑤ 현지 소비자들의 욕구를 파악하여 장기적인 기업활동을 유지할 수 있는 등의 글로벌 분업생산의 효과를 얻을 수 있다.

글로벌 분업생산으로 얻을 수 있는 이익은 ① 시장별로 생산공장을 세우는 것보다 제품이나 생산 프로그램 수를 줄여 특화함으로써 보다 우수한 품질의 제품을 생산할 수 있다. ② 비용의 중복을 피하고 규모의 경제로 원가절감에 기여할 수 있다. ③ 고객관리의 서비스를 향상시켜 간접적으로 소비자의 욕구층에 기여할 수 있고 네트워크의 원활한 활용으로 효율적인 자원관리가 가능하다.

그러나 현지 정부의 시장수요나 공급요건, 사회·문화적인 요인, 기술 등의 차이로 글로벌기업의 분업생산시스템을 최적으로 운영하는 데는 어려움이 많다. 그러므로 글로벌기업이 최적의 다국적 분업생산을 운영한다는 것은, 하나의 이상으로 현실적으로는 어려움이 많다는 것을 알아야 한다.

3. 글로벌 품질관리: 전사적 품질관리(TQM: Total Quality Management)

전사적 품질경영은 1985년경 미국에서 발생한 새로운 품질운동이다. TQM은 품질을 관리하고 보증하는 것을 의미할 뿐만 아니라 품질을 계획하고, 조직하고, 감독하고 통제하는 모든 기능을 포함한다. TQM은 품질향상을 위한 전사적 노력이다. 이는 품질향상을 위해 조직의 모든 이해당사자를 포함하고자 하는 개념이라고 할 수 있다.

TQM은 궁극적으로 불량률 감소와 원가절감 그리고 자본장비 구매개선을 통하여 고객만족에 이르는 총체적 품질관리활동이다. TQM의 주요한 요소들은 다음과 같다.[11]

11 이장로 외, 「국제경영」, 홍문사, 2006, pp.459~460.

고객중심

품질의 현대적 정의는 고객기대의 충족 내지는 초과만족에 모아지고 있는데, 이는 고객이 품질을 평가하는 주체라는 것을 의미한다. 고객과 관련하여 일반적으로 기업은 다음 세 가지 목표를 가지고 있다. 첫째, 고객을 만족시킨다. 둘째, 경쟁자보다 더 높은 고객만족을 달성한다. 셋째, 오랫동안 고객으로 남게 한다.

기업은 품질을 보증함에 있어 제품을 구입하는 외부고객 못지않게 내부고객도 중요하다는 사실을 인식해야 한다. 기업 내에서 어떤 종업원이 다른 종업원의 고객이 되기도 하고 다른 종업원에 대한 공급자이기도 하다. 이 사실을 안다면 고객의 요구를 가장 효과적으로 달성하기 위해 최종제품에 종업원 각자가 어떻게 기여해야 할지에 대해 책임감을 느끼게 될 것이다.

종업원 참여와 팀워크

종업원 참여에 있어서 중요한 요소는 각 작업자가 자기가 수행하는 작업 또는 제품의 품질을 검사할 책임을 갖는다는 것이다. 불량품이 발생하면 생산현장에서 이를 만든 작업자가 바로 시정해야 한다. 이는 원천적 품질관리로서 이러한 철학은 작업자를 넘어 작업자 그룹, 모든 부서, 납품업자에게 확대 적용되어야 한다.

TQM의 또 다른 요소는 팀워크인데 이는 고객/공급자 관계를 강조하고 전 종업원의 참여를 조장하여 기능부서 간의 장벽을 무너뜨리는 역할을 한다. 전통적 조직은 수직적 구조를 이루어 기능부서간 의사소통이 두절되었으나 TQM에서는 부서 간 수평적 상호작용을 강조하여 팀 구성을 필수요소로 하고 있다. 예를 들면 설계, 엔지니어링, 제조, 판매 등을 담당하는 사람들이 하나의 팀을 이루어 고객의 요구를 설계와 제조과정에 반영토록 한다.

지속적 품질개선

지속적 개선(CI: continuous improvement)은 제품과 공정의 개선에 있어서 점진적으로 작은 성과를 달성하는 끝없는 과정이며, 또한 이를 위한 경영철

그림 9-4 TQM의 범위

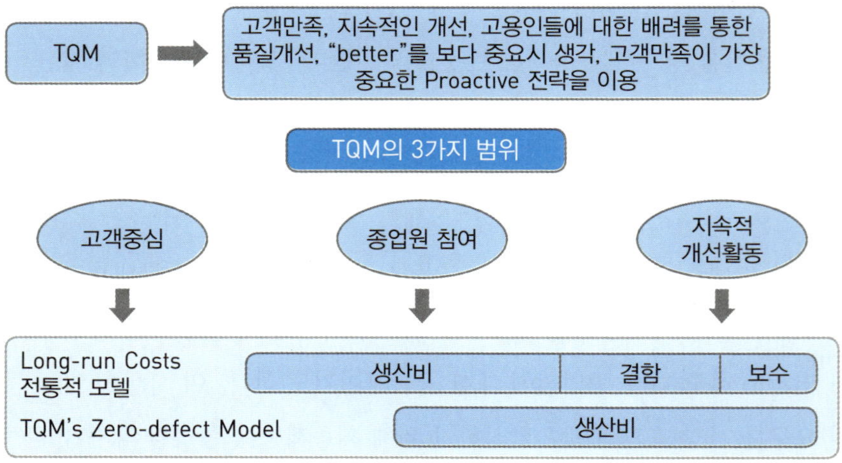

학이라고 할 수 있다. 원래 지속적 개선을 위한 프로그램은 20세기 초 테일러(F. Taylor)의 과학적 관리법 이후 미국기업에서 생성, 발전되어 왔으며 이 철학은 일본 생산관리의 초석이 되었다. 지속적 개선은 TQM을 실행하는 기업에서 채택하는 필수적인 과정이다.[12] 개선은 다음과 같은 형태를 취한다.

① 새로이 개선된 제품과 서비스를 통해 고객에게 더 많은 가치를 부여한다.
② 실수, 불량, 낭비 등을 감소시킨다.
③ 자원을 생산적이고 효과적으로 사용한다.

12 J. D. Daniels, & L. H. Radebaugh, *International Business: Environments and Operations*, 9th ed., Addison-Wesley Publishing Co., 2002, pp.637~638.

제4절 글로벌 소싱(Global sourcing)

1. 글로벌 소싱의 의의

글로벌 조달 내지 글로벌 구매로 불리는 글로벌 소싱의 의미는 전 세계를 대상으로 원재료 및 부품을 구매하기 위한 일련의 활동으로 정의될 수 있다. 다시 말해 글로벌 소싱은 독립적인 공급자나 해외에 위치한 기업 소유의 자회사로부터 자국시장이나 제3국에서의 소비를 위해 제품이나 서비스를 구매하는 것을 의미한다. 즉 소싱은 외부로부터의 부품과 서비스를 조달하는 것과 기업 내부에서의 조달을 모두 포함하며 원재료 및 부품을 유리한 가격으로 필요한 시기에 적당한 공급자로부터 합리적으로 구매하기 위한 관리활동을 의미한다. 그러므로 최종제품을 어떻게 어디에서 표적시장으로 공급할 것인가를 포함한 구매나 조달보다 훨씬 넓은 개념이라고 할 수 있다.[13]

글로벌 소싱이 1980년대부터 국제경영활동의 하나로 정립되어 왔지만 최근의 글로벌화의 진전으로 새로운 추진력을 갖게 되었다. 특히 다음의 네 가지 중요한 동인들이 최근의 글로벌 소싱의 성장을 촉진시켰다. 즉 실시간 인터넷 접속과 광대역 통신망의 확보 등을 포함한 기술적 발전, 통신 및 수송비용의 감소, 공급자와 고객 간의 연계성이 증가하는 등 대규모 정보에 대한 광범위한 접근, 그리고 신흥시장의 기업가정신과 급속한 경제적 발전 등을 들고 있다.[14]

글로벌 소싱전략은 글로벌기업의 비교우위 차원에서의 생산 및 조달, 입지의 선정과 경쟁우위 차원에서 소싱 방법에 대한 의사결정을 다루는 것이라 할 수 있다. 미국은 국내시장의 방대함과 역외생산에 의한 해외시장의 공급패턴으로 생산에서 차지하는 수출비중이 낮은 데 비해 일본은 해외생산보다는 수출을 선호해 왔다. 그러나 현재는 미국기업들도 생산시스템을 전 세계적으로

---

13 이승종 외, 전게서, 2004, p.475.
14 조영곤 외(역), 전게서, pp.484~485.

통합하고 있으며 일본기업도 해외생산의 비중을 크게 늘리고 있다.[15]

이러한 상황은 글로벌 생산관리에서 소싱활동이 중요해지고 있음을 말해준다. 대부분의 글로벌기업들은 세계시장을 대상으로 영업활동을 전개하기 위해서 생산에 필요한 소재 및 부품을 어떻게 조달할 것인가를 결정해야 한다. 글로벌기업들은 세계시장에 제품을 공급하기 위해서 여러 국가에서 부품을 생산하거나 조립 가공하여 지역적으로 분산된 생산활동을 통하여 비교우위를 확보하려 한다. 이와 같이 여러 국가에서 생산을 하는 글로벌 경영활동은 최근 들어 더욱 활발해지고 있는 추세이며 기업의 생산, 운영관리를 더욱 복잡하게 하고 있다.

2. 글로벌 소싱의 이점

다른 해외진입전략과 마찬가지로 글로벌 소싱은 기업에게 이익과 문제점을 동시에 제공하고 있다. 글로벌 소싱에 있어서 당면하는 과제로서 7가지 사안, 즉 환율변동에 대한 취약성, 파트너 선정, 자격확인과 감시 비용, 세계적인 네트워크상의 생산입지와 파트너 관리의 복잡성 증대, 글로벌 공급망 관리의 복잡성, 공급자의 제조과정에 대한 영향력이 제한적임, 공급자의 악의에 의한 기회주의적 행위나 행동에의 취약성 및 지적자산을 보호하기 위한 능력의 제한 등에 대해 기업이 특별히 주의를 기울여야 함을 강조하고 있다.

기업이 해외의 독립 공급업체로부터 글로벌 소싱을 하는 경우에 많은 문제들이 발생하며 통제수준이 낮은 글로벌 소싱의 특성으로 인해 파트너를 찾아내어 적격자를 선별하고, 협상하며 그들의 활동을 효과적으로 감시하는 것은 글로벌 소싱의 성공에 있어 매우 중요한 요소이다. 글로벌 소싱에 있어서 하나의 추가적인 과제는 불리한 환율 변동에 노출되는 취약성의 문제인데, 글로벌 소싱에 의한 비용절감이 모국 화폐의 가치 하락에 의해 상쇄될 수 있다는 것이다. 이러한 시나리오에서는 해외로부터 제품조달비용이 더 많이 발생한다.

15 국제경영연구회, 전게서, p.311.

글로벌 소싱을 하는 두 가지 주요 이유는 비용효율성 제고와 전략적 목표의 달성이다.

(1) 비용 효율성

해외에서 소싱하는 전통적인 이유는 비용 효율성 때문인데, 기업은 선진국과 개발도상국 간의 근로임금 차이인 '노동의 차익거래'를 이용한다. 한 연구 결과에 따르면 기업은 글로벌 소싱으로부터 기준 원가 대비 40% 이상의 비용을 절감할 것으로 기대한다고 밝혀졌다.[16] 이러한 비용절감은 특히 연구개발, 제품디자인 활동 그리고 회계와 정보처리와 같은 후방지원 업무에서 발생하는 경향이 있다.

(2) 전략적 목표의 달성

비용을 절감하는 것 외에 글로벌 소싱은 보다 장기적 관점의 목표를 달성하는 데 도움을 줄 수 있다. 글로벌 소싱의 이러한 전략적 관점은 이른바 변환적 아웃소싱으로 불리는데, 기업은 해외의 재능(글로벌 소싱)을 활용함으로써 효율성, 생산성, 품질 그리고 수익성을 보다 효과적으로 증대시킬 수 있다는 것을 시사한다.[17]

글로벌 소싱은 혁신을 가속화시키고 달리 감당할 수 없는 개발 프로젝트에 자금을 지원하거나 사양사업을 회생시키는 수단을 제공할 수 있다. 기업은 글로벌 소싱을 통해 고임금의 분석가, 엔지니어, 그리고 판매 인력들이 단순 업무에서 벗어나 혁신과 고객관리에 시간을 쏟도록 할 수 있다.[18] 이러한 관점에서 볼 때 글로벌 소싱은 진부화된 업무 운영을 혁신하고 새로운 경쟁을 준비하는 데 있어서 촉매제가 될 수 있다.

---

16 Duke University DIBER/Archstone Consulting, Second Biannual Offshore Survey Results, 2005.

17 *Business Week*, 2006, p.22.

18 P. Engardio, "The Future of Outsourcing," *Business Week*, January 30, 2006, p.21.

글로벌 소싱 활동에는 종종 비용효율성과 전략적 목표의 성취라는 두 가지 목적이 존재하고 이들은 상호배타적이지 않다. 주된 동기가 무엇이든지 글로벌 소싱에 참여하는 기업들은 다음과 같은 다양한 유형의 이점을 기대한다. 즉 신속한 기업성장, 해외 양질 인력의 접근, 생산성과 서비스의 개선, 비즈니스 프로세스 재설계, 시장출시 속도의 증가, 새로운 시장에 대한 접근, 기술적 유연성 및 불필요한 간접비를 줄임으로써 민첩성을 제고시킬 수 있다.

글로벌 소싱으로부터 특히 많은 이득을 볼 수 있는 산업에는 의류, 신발, 가구 등과 같은 노동집약적 산업, 자동차 부품, 기계공구와 같이 상대적으로 표준화된 절차와 기술을 사용하는 산업, 가전부품과 같이 판매패턴이 예측가능한 정형화된 제품을 생산하고 판매하는 산업이 해당된다.[19]

3. 글로벌 소싱전략

〈그림 9-5〉는 글로벌 소싱에 대한 모습을 알기 쉽게 설명한 것이다. 그림에서 보듯이 제품에 대한 원자재나 부품의 조달, 부품생산과 조립가공공정 그리고 판매의 과정에서 기업은 어느 지역을 선택할 것인가에 대한 대체안을 보여주고 있다. 자동차의 경우만 보더라도 현대차는 한국에서 자동차부품을 구매, 미국내 입지해 있는 완성차 공장에서 이를 조립가공하고 미국이나 멕시코에서 판매한다. 한국에서 그 자동차부품을 생산하는 경우에도 부품을 제조하는데 소요되는 소재의 일부를 해외에서 수입하는 것이다. 이와 같이 글로벌화된 기업은 한 제품을 생산하기 위해 여러 곳에 입지해 있는 공장들을 이용하는 글로벌 소싱전략을 택함으로써 경쟁우위를 견지해 나가는 것이다.

부품을 만들기 전에 부품제조에 필요한 원자재 및 소재의 조달은 매우 중요하다. 특히 부존자원을 대부분 해외에 의존하고 있는 우리나라의 경우는 더욱 그러하다. 우리나라의 종합상사들은 이러한 해외원자재 조달의 첨병역할을 하고 있어 해외자원의 개발수입을 적극적으로 추진하고 있다.

19 조영곤 외(역), 전게서, pp.494~497.

그림 9-5 글로벌 소싱전략

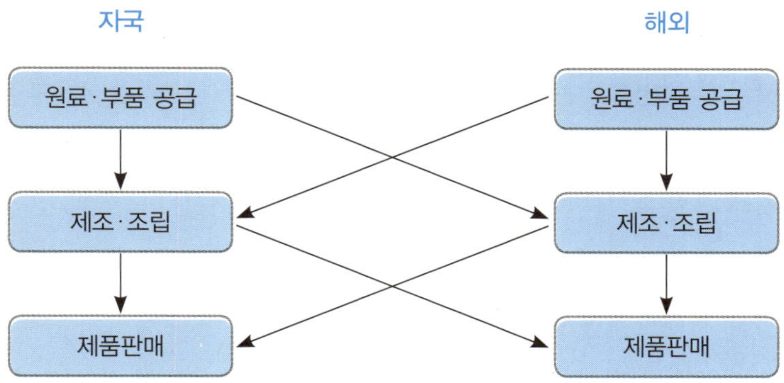

기업들이 글로벌 소싱을 추진하는 데 있어 가장 어려운 과제 중의 하나가 세계경제여건이 항상 변화하고 있다는 것이다. 따라서 변화하는 세계경제환경 아래 글로벌 소싱전략을 어떻게 수행해 나갈 것인가 하는 과제가 중요해진다. 이러한 점을 고려한다면 글로벌 소싱전략은 크게 두 가지로 분류할 수 있다. 첫째는 소싱 입지에 따른 분류로 조달-생산이 어떻게 분산되느냐에 따라 현지, 본국 및 제3국의 소싱으로 분류된다. 둘째는 소싱 방식에 따른 분류로 소싱활동의 내부화 정도를 기준으로 내부소싱과 외부소싱전략으로 분류한다.

성공한 기업 중에는 부품 조달을 글로벌 소싱으로 전환하여 시장의 주목을 받은 사례가 많다. 특히 나이키는 자사 품질 기준을 만족시키는 저가 제품을 세계의 각처에서 구입하여 전 세계시장에서 확실한 글로벌 경쟁력을 확보하였다.

이와 같이 기업들은 해외소싱으로 원가를 절감하고 품질을 향상시키는 방향하에서 추진한다. 재료비가 제조원가에서 차지하는 비중이 큰 제조업체의 경우 가장 조달비용이 싼 지역에서 원자재를 조달하는 것은 당연하다. 또한 인건비가 큰 비중을 지닌 의류나 신발과 같은 노동집약적 업종들은 임금이 낮은 지역에서 부품이나 반제품을 생산하는 것이 유리하다. 해외소싱이 갖는 이점에도 불구하고 기업들은 글로벌 소싱전략의 추진에 있어 세 가지 리스크를 가진다. 그것은 해외소싱을 할 경우, ① 공급라인이 길어지고, ② 재고수준이 높아지며, ③ 환율변동으로부터 영향을 받는다는 점들이다.

4. 글로벌 소싱의 위험

글로벌 소싱활동은 소기업과 대기업 모두에서 활발하다. 다수의 기업에서 글로벌 경영활동은 글로벌 소싱으로 시작된다(내부적인 국제화 과정). 기업은 글로벌 소싱을 통해 얻어진 경험을 기반으로 나아가 수출, 해외직접투자, 해외합작투자 등을 실행할 수 있다(외부적인 국제화 과정). 글로벌 소싱을 통해 기업은 보다 많은 국제적인 기회를 인지할 수 있다. 이와 같이 글로벌 소싱을 통해 매출을 확대하거나 다른 활용방안을 학습함으로써 경영자의 안목은 확대된다.

그러나 다른 비즈니스 활동과 마찬가지로 글로벌 소싱은 복잡한 문제를 가지고 있다. 실증연구 결과에 의하면 아웃소싱 계약의 절반이 당초 계획보다 조기에 종결되는 것으로 밝혀지고 있다. 특히 글로벌 소싱은 다음과 같은 위험을 가진다.[20]

기대 이하의 비용 절감

국제 거래는 예상보다 훨씬 복잡하고 비용이 많이 들며, 소싱 기업과 해외 공급자 간의 국가문화와 기업문화의 차이로 인해 갈등과 오해가 발생할 수 있다. 이러한 이유로 인해 비용절감이 경영자가 당초 기대했던 것에 미치지 못한다.

환경적인 요인

예를 들어 높은 에너지 가격과 운송비용, 환율변동, 파업, 부정적인 경제적 충격, 높은 관세 그리고 무역장벽 등 많은 환경적 문제에 직면하게 된다. 때때로 낙후된 인프라를 업그레이드시키기 위해서, 숙련 노동력을 유인하기 위해 해외 아웃소싱 시설을 대도시에 유치해야 할 필요가 있는데, 이로 인해 비용이 초기 계획보다 훨신 커지게 된다.

취약한 법적 환경

글로벌 소싱으로 유명한 국가들의 다수(예, 중국, 인도, 러시아)는 지적자산

---

20 Masaaki Kotabe, & Janet Y. Murray, "Global Sourcing Strategy and Sustainable Competitive Advantage," *Industrial Marketing Management*, 33(1), 2004, pp.7~14.

과 관련한 법과 규제가 취약하다. 이로 인해 전략적으로 중요한 자산의 가치가 훼손될 수 있다. 이들 국가들은 부적절한 법률제도, 관료주의, 복잡한 조세제도 그리고 현지 운영을 어렵게 하는 복잡한 사업규제로 유명하다.

경쟁자를 양산할 위험 존재

글로벌 소싱 기업은 자신의 지적재산권과 사업 프로세스 지식을 해외 공급자와 공유하면서 공급자를 미래의 경쟁자로 만들 가능성이 있다. 예를 들어 글로벌 자전거 산업의 리더인 슈윈(Schwinn)은 자신의 생산과 핵심기술을 해외 공급자에게 이전함으로써 경쟁자를 만들어냈고, 이후 공급자가 지식을 충분히 습득하여 원가 우위를 가진 경쟁자가 되어 결국 슈윈(Schwinn)을 파산시켰다.

업무처리능력을 갖지 못한 또는 저숙련 노동자

일부 해외 공급업체에서는 과업에 대해 적절한 지식을 보유한 인력의 부족 문제를 겪고 있다. 또한 일부 공급업체는 숙련된 근로자들이 보다 조건이 좋은 직장을 찾아 이직을 하기 때문에 인력확보에 어려움을 겪는다.

공급자에 대한 지나친 의존

기회주의적인 공급자는 자신에게 보다 중요한 고객을 확보했을 때 기존 고객의 업무를 소홀히 할 수 있다. 공급자들은 종종 재무적 어려움에 직면하거나 우선 순위와 운영절차가 다른 기업에 의해 인수될 수 있다. 이러한 일이 발생하면 소싱 기업의 경영진은 서둘러 새로운 공급자를 찾아야 한다. 공급자에 대한 지나친 의존은 핵심 활동의 통제권을 공급자에게 이동시키므로 공급자가 많은 업무를 할수록 소싱기업은 중요한 업무에 대한 통제권을 상실할 수 있다. 소싱 기업의 경영진은 자신과 해외 공급자 간의 힘의 균형을 적절히 유지하도록 노력해야 한다.

종업원의 사기와 몰입의 감소

글로벌 소싱은 종업원들이 자신의 고용주와 고용주의 고객과의 사이에서 난처한 입장이 될 수 있다. 극단적으로 근로자들은 심리적 혼란에 빠져 누가 진정한 자신의 고용주인지를 명확하게 인식하지 못할 수 있다. 아웃소싱으로 인해 내부인력과 아웃소싱된 인력이 함께 일을 하는 경우, 이들 간에 긴장과 불확실성이 발생하여 일종의 '우리편 대 상대편'을 나누는 신드롬으로 발전해 종업원의 몰입과 열정을 감소시킬 수 있다.

key point

CASE STUDY

현대모비스 "글로벌 경쟁력의 원천은 협력사와의 상생"

현대모비스가 협력사들과의 상생협력을 강화하고 있다. 협력사들의 경쟁력 강화는 곧 현대모비스 제품과 완성차의 품질경쟁력으로 직결되기 때문이라는 설명이다. 이를 위해 현대모비스는 협력사의 경영환경 및 생산성 등을 높일 수 있도록 다양한 동반성장 프로그램을 개발해 적극적으로 지원하고 있다.

현대모비스는 지난 2010년부터 협력사에 자금지원과 기술역량지원, 교육·인력지원, 2차 협력사지원, 협력사소통, 공정거래준수, 기타(해외 동반진출 및 벤치마킹 등) 지원 등 7가지 세분화된 동반성장 활동을 펼치고 있다.

이 같은 활동을 보다 효율적으로 운영할 수 있도록 현대모비스는 최근 '동반성장 실적관리시스템'을 새롭게 구축했다. 동반성장 실적관리시스템은 각 부문별 협력사 지원이력을 하나의 창구로 통합관리할 수 있게 한 것으로, 1~3차 협력사 자금지원, 교육/세미나 지원, 금형비 지급실적 등에 대한 현황을 종합적으로 볼 수 있는 시스템이다.

현대모비스는 이를 활용해 1,000억원 규모의 대출지원 프로그램 등을 효율적으로 운용하고 혜택이 부족한 곳에 지원을 확대하는 등 균형 있는 동반성장을 전개해나갈 방침이다.

그동안 협력사 벤치마킹 활동과 기술 노하우 전수 등 다양한 상생협력 프로그램을 진행해온 현대모비스는 기존 프로그램에 더해 협력사의 생산성과 품질 향상에 직접적으로 도움을 줄 수 있는 방안을 지난해부터 추가로 강구해왔다. 바로 '진단→솔루션 제공→관리'의 논스톱으로 이어지는 선제적 지원 방안을 마련한 것이다. 구체적인 지원 방식은 '공정 최적화' '자동화 기술 지원' '표준화 프로세스 제공' '운·품질 관리' '작업자 스킬 개선' '개선 대책 관리' 등이다. 현대모비스는 지난달부터 40여 개 부품 협력사를 대상으로 이 같은 기술지원을 실시하고 있다.

아울러 현대모비스는 경영노하우를 협력사에 전수하기 위해 각 사업장의 문을 활짝 열고 있다. 현대모비스는 최근 1차 협력사 200여 곳을 전국 주요 사업장으로 초청해 품질정책을 공유하고 각종 사내 IT 시스템을 체험케 했다. 협력사 대표 200여 명은 지난 2월 현대모비스 본사, 진천(전장), 김천(램프), 창원(제동), 포승(조향), 아산·울산(모듈)공장에서 시스템경영을 벤치마킹할 수 있는 시간을 가졌다.

또 중국 상해 기술시험센터도 협력사들에게 전격 개방하고 있다. 이를 통해 현대모비스 협력업체들은 지난해에만 이 시험센터에서 4만 건에 이르는 기술 및 품질인증 시험을 진행할 수 있었다. 올해부터는 의왕연구소의 전파무향실도 부품협력사에 무상 개방한다.

현대모비스 관계자는 "글로벌 자동차 시장의 패러다임이 바뀌어 IT업체도 지능형 차량개발에 나서는 등 업계 경쟁이 심화되고 있다"며 "글로벌 톱 제품경쟁력 확보를 위해 협력사와 동반성장을 지속적으로 전개해나갈 것"이라고 전했다.

브릿지경제(2016.4.27)

key point

CASE STUDY

중국으로 몰리는 '아시아 소싱'

글로벌 기업 구매, 본사 아닌 지역별 소싱부서에서 진행

연 매출 80억 달러로 '포춘' 500대 기업인 미국 D사는 에너지, 냉동 및 식품장비, 엔지니어링 시스템 업체다. 최근 KOTRA 시카고 무역관이 이 회사의 글로벌 소싱 및 물류 담당자와 미팅을 갖고 소싱 트렌드에 관해 이야기를 들었는데 그 내용을 정리한다.

중국으로 몰리는 소싱오피스

과거에는 한국·인도·중국의 공급업체를 비교해 글로벌 소싱을 진행했으나 최근에는 아시아 지역 소싱 제품을 중국산으로 선택하는 경우가 많다. 과거에는 품질이나 업체규모, 공급능력, 신용등급 등 여러 사항을 검토해 본사에서 글로벌 소싱을 진행했으나 경제위기 이후로는 아시아 공급자 선택에 있어서 가장 큰 요소를 가격으로 보기 때문이다. 이에 따라 중국 내 바잉오피스 운영을 통해 중국 기업을 협력업체로 선정하는 경우가 늘고 있다.

하지만 기계류 중에서도 품질에 따라 구매 여부가 크게 좌우되는 경우에는 '메이드 인 아메리카' 슬로건으로 대변되는 미 제조업의 부활과 연방정부와 각 주정부의 지원정책 등을 감안해 자체 생산하거나 미국 내에서 소싱하고 있다.

최근 들어 많은 미국의 글로벌 기업들이 공격적인 연구·개발(R&D) 투자에 나서면서 기술 경쟁력에서 괄목할 만한 성장을 보이고 있는 중국에 글로벌 소싱오피스를 두고 아시아 공급자를 관리하고 있다. 이 중 상하이는 산업재 분야의 비중이 높아지면서 글로벌 중공업 기업의 아웃소싱 허브 역할을 하고 있다. 상하이 소재 IPO(International Purchasing Office)가 지속적으로 확대되고 관련 분야의 인적 네트워크가 더욱 집중화되는 상황에서 상하이 오피스의 직원 대부분이 중국계이다 보니 중국 기업 중심으로 아시아 공급업체가 구성되는 경향이 있다.

한국은 이런 면에서 중국과 경합해야 하는데 아시아 소싱을 중국 오피스에서 1차적으로 진행하다 보니 한국 업체들이 배제되는 상황도 발생하고 있다.

해외 아웃소싱 공급 네트워크

해외에 소싱오피스(IPO)를 둔 글로벌 기업의 일반적인 공급과정을 보면 IPO에서 1차 검토를 통한 선별과정을 자체적으로 진행한 뒤 본사 구매팀이나 제품개발 담당에게 최종 결정을 위한 과정을 전달하고 있다. 중장비와 자동차 등 중공업과 제조업 분야의 경우 생산기지가 해외에 있더라도 본사 소싱 업체 및 제품 선정에 대한 승인을 받아야 한다. 하지만 해외 공급업체의 기술수준 향상으로 소싱오피스의 실질적인 업체 선정 권한이 더욱 커지고 있는 것이 최근 트렌드다.

주간무역(2016.4.16)

글로벌경영론

제10장

글로벌 마케팅관리

introduction
CASE STUDY

유통업계, 밖으로 밖으로…새먹거리 찾아 해외로

지난해 부진 만회하기 위한 해외 진출 추진
인도·동남아 등 신흥 시장이 주요 타깃
제과·홈쇼핑업계 등도 내수 시장 한계로 해외로 눈돌려

유통업계가 신성장동력을 확보하고 성장 기반을 마련하기 위해 연초부터 해외 진출을 서두르고 있다. 지난해 유통업계는 최악의 부진을 기록했다. 내수경기 침체로 저성장이 지속됐고 중동호흡기증후군(MERS) 사태로 업계 전체적인 위기를 맞이했다.

이에 유통업계는 지난해 부진을 만회하기 위해 연초부터 해외에서 발 빠른 움직임을 보이고 있다. 장기화되고 있는 경기 불황에도 과감한 투자와 사업 확대로 미래 먹거리를 창출하기 위한 노력을 아끼지 않는 셈이다. 특히 유통업계 오너들이 해외에서 저성장을 반전시키겠다는 의지를 보이고 있다.

신세계그룹은 올해 이마트의 글로벌 사업 확대를 추진한다. 지난해 말 오픈한 베트남 이마트 1호점 고밥점을 계기로 동남아시아 시장에서 입지를 확보하겠다는 전략이다.

지난해 정용진 신세계그룹 부회장은 중국 이마트 사업 실패를 뒤로하고 베트남에서 다시 한 번 승부수를 띄웠다. 베트남 진출은 중국에 마지막으로 매장을 연지 4년 만의 일로 신세계그룹은 올해부터 이마트의 해외사업을 본격적으로 재가동했다.

현재 이마트는 베트남 공항 근처의 떤프지역에 베트남 이마트 2호점을 오픈하기 위해 부지 확보 협의를 진행하고 있다. 또 베트남을 라오스와 인도네시아, 미얀마 등 동남아시아 신흥국 진출의 전략적 교두보로 삼을 계획이다.

신동빈 롯데그룹 회장 역시 해외에서 광폭 행보를 이어가고 있다. 올해 롯데그룹은 인구 12억 명의 인도 시장 공략에 총력을 기울이고 있다. 인도 시장은 중국과 동남아시아 등 그룹의 새로운 공략 대상 중 하나로 신 회장은 연초 인도를 방문해 현장경영을 펼치고 인도 고위 관계자들과 만나는 등 인도 시장 진출을 서두르고 있다. 특히 신 회장은 인도 모디 총리와의 만남에서 뉴델리, 첸나이, 뭄바이 등의 복합역사개발 사업을 정식으로 제안한 것으로 알려졌다.

또 롯데그룹은 호텔과 면세점의 해외 진출도 추진한다. 호텔롯데는 위탁 경영을 중심으로 해외 진출을 확대할 방침이다. 호텔롯데는 해외 직접 투자 방식에서 벗어나 위탁 경영을 하는 방식으로 해외 호텔을 수주해 사업을 확장할 예정이며 올해와 내년에는 중국과 미얀마, 러시아 등에 호텔을 오픈한다.

면세점은 지난 2012년 인도네시아 수카르노하타 공항점에 들어가며 세계 시장에 모습을 드러냈고 현재 총 4곳에서 면세점을 운영하고 있다. 롯데그룹은 여기에 그치지 않고 올해 일본과 태국 등 2곳에 매장을 오픈할 예정인데 일본에서는 도쿄 시내 면세점 특허를 바탕으로 일본 내 면세점 사업을 지속적으로 확대하겠다는 전략이다.

CJ그룹도 이재현 회장의 부재 속에 저성장을 타개하기 위한 행보를 보여주고 있다. CJ그룹은 연초 CJ제일제당을 통해 중국 매화홀딩스그룹과 인수 추진에 관한 양해각서(MOU)를 체결했다. 매화홀딩스그룹의 대주주가 돼 매화홀딩스그룹을 지주회사로 둔다는 심산으로 이를 통해 글로벌 바이오사업의 경쟁력 강화할 방침이다.

이는 오너 부재 속 최대 위기를 타개하고 '2020 그레이트 CJ' 비전을 달성하기 위한 것으로 풀이된다. 2020년까지 매출 100조원, 영업이익 10조원,

해외 비중 70%를 달성하기 위해 올해부터 글로벌 1등 브랜드 육성 등 해외 시장에서 사업 성과를 창출하겠다는 셈이다.

CJ대한통운 역시 박근태 CJ 중국본사 대표를 공동대표로 선임하면서 해외 사업 강화에 나서고 있고 CJ CGV도 해외 현지 극장 인수에 더욱 적극적으로 나설 것으로 보인다.

이랜드의 행보도 무섭다. 지난 14일 박성경 이랜드 부회장은 중국 상하이에서 기자간담회를 갖고 창닝지역에 차별화된 도심형 아울렛인 팍슨뉴코아몰 1호점을 오픈한다고 밝혔다.

팍슨뉴코아몰은 이랜드와 중국의 유통기업 바이셩이 합작해 만든 상하이의 첫 도심형 아울렛이다. 이랜드는 팍슨뉴코아몰을 시작으로 올해 중으로 중국 주요 도시에 총 10개의 유통점을 열고 중국에서 유통기업으로 입지를 다진다는 전략이다.

박 부회장은 "5년 안에 100개 점포 확장을 목표로 중국 사업을 확대하겠다. 다양한 콘텐츠를 보유한 장점과 가격 경쟁력을 통해 중국에서 한국식 성공 모델을 보여줄 것"이라고 말했다. 이 외에도 제과업계와 홈쇼핑업계도 올해 해외 진출에 적극적으로 임하고 있다.

▲ 롯데홈쇼핑 ▲ GS홈쇼핑 ▲ CJ오쇼핑 ▲ 현대홈쇼핑 등 홈쇼핑업계는 새로운 홈쇼핑 출범과 경쟁 심화 등으로 국내 시장을 벗어나 중국과 동남아시아 등 성공 가능성이 높은 시장으로 눈을 돌리고 있다.

제과업계는 현지화 전략과 함께 한국 식품류만의 특징을 내세워 해외 소비자의 입맛을 사로잡고 있다. 특히 파리바게뜨와 뚜레쥬르는 국내의 출점 규제라는 어려운 환경을 뚫고 중국과 동남아시아 시장에서 성과를 올리고 있다. 제과업체 중 오리온과 롯데제과도 각각 중국과 동남아시아에서 인기를 끌고 있어 해외 사업에 더욱 주력한다는 방침이다.

이에 대해 한 유통업계 관계자는 "내수 시장의 한계로 유통업계가 해외 시장으로 사업영역을 넓히고 있다. 특히 올해는 연초부터 각 업체들이 해외에서 발 빠른 행보를 이어가고 있어 해외에서의 경쟁도 치열해질 것으로 전망된다"고 말했다.

뉴스웨이(2016.1.24)

제1절 글로벌 마케팅

1. 글로벌 마케팅의 개념

세계는 하나의 커다란 글로벌 시장으로 변하는 과정에 놓여 있다. 가속화되는 자유무역협정 체결로 국가 간 무역장벽이 빠르게 허물어지고 글로벌 경쟁은 피할 수 없는 상황이다. 이런 상황에서 마케팅은 국경을 초월해 비즈니스하는 글로벌기업을 고객지향적으로 만든다. 따라서 해외시장 기회를 추구하는 글로벌기업들은 시장 및 고객지향의 기업을 만들기 위해서는 글로벌 마케팅 활동에 집중해야 한다.

글로벌 마케팅의 개념을 알기 위해서는 우선 마케팅의 개념부터 살펴볼 필요가 있다. 미국마케팅협회(AMA: American Marketing Association)[1]는 마케팅은 '개인과 조직의 목적을 충족시켜 주는 교환이 창출되도록 아이디어, 제품 그리고 서비스의 개념화, 가격 결정, 촉진, 그리고 유통을 계획하고 실행하는 과정이다'라고 정의 내리고 있다.

이러한 마케팅활동이 글로벌하게 확대되어 전개되었을 때 글로벌 마케팅이 발생하게 된다. 즉 글로벌 마케팅은 마케팅활동이 국내마케팅활동으로부터 수출마케팅으로 또 다시 글로벌 마케팅활동으로 확대됨으로써 발전된 개념이다. 따라서 글로벌 마케팅은 국내마케팅과 원리에서는 큰 차이가 있을 수 없다. 단지 글로벌 마케팅이 국내마케팅과 특별히 다른 점은 마케팅활동이 국경을 초월하여 전개되고, 이때 전혀 상이한 환경에 직면하게 된다는 점이다.[2]

글로벌 마케팅이란 개인 및 조직의 필요와 욕구를 충족시키는 교환을 위하여 기업이 해외시장에 개입하고 아이디어, 재화와 용역의 개념, 가격, 판매 및 유통을 다국적으로 계획하고 수행하는 과정으로 정의한다. 마케팅은 국내마

1 American Marketing Association, "AMA Board Approves New Marketing Definition," *Marketing News*, March 1, 1985, p.1.

2 이신모 외, 「Global Business」, 두양사, 2006, p.476.

케팅과 글로벌 마케팅으로 구분되며, 글로벌 마케팅은 다국적마케팅 또는 해외마케팅이라고도 하는데, 이 글로벌 마케팅을 다시 수출마케팅과 수입마케팅으로 나누며, 보다 좁은 의미로 수출마케팅으로 한정하기도 한다. 카테오라(P. Cateora)는 글로벌 마케팅이란, 한 나라 이상의 소비자나 사용자에게 기업의 제품이나 서비스의 흐름을 관리하는 기업활동의 수행이라고 정의하였다. 국내 마케팅과 글로벌 마케팅의 차이점은 제품의 판매지역이 국내가 아닌 외국이라는 점에 있으므로 외국의 개인, 기업, 조직, 정부 등의 소비자와 외국의 환경여건이나 그 변화에 민감하게 대처해야 한다.[3]

2. 글로벌 마케팅의 특성

기업의 글로벌 마케팅활동에 적용되는 기본개념이나 원리는 국내에서의 마케팅활동과 다를 바 없지만 법, 정치, 경제, 사회, 문화 등 모든 환경과 경쟁환경도 다른 다수의 국가시장을 동시에 상대하여 마케팅활동을 전개하는 점에서 글로벌 마케팅이 국내마케팅과 다른 특성이다.

글로벌 마케팅에서 환경이 서로 다르다는 것은 각 국가시장에 서로 다른 마케팅믹스 프로그램을 적용해야 한다는 것과 다른 한편으로는 규모의 경제나 통일적인 기업이미지 실현 등을 위해 전 세계적으로 동일한 마케팅전략을 수행하는 것도 고려해야 한다. 또 글로벌 마케팅 담당자는 개별 국가의 거시적 환경특성이나 경쟁구조, 소비자행동 유형 등을 정확히 이해하여야 하고 개별국가의 소비자 욕구에 맞는 정책을 마련하여 제시해야 한다. 글로벌 마케팅 분야에서 '표준화와 현지 적응화' 문제는 바로 이러한 국가별 환경의 차이에서 생기는 것이다. 글로벌 마케팅환경은 국제 분업화로 국제경쟁력이 있는 상품개발만이 글로벌 시장에서 살아남을 수 있다. 그러므로 마케팅이 국경을 초월해서 국제적으로 수행되려면 기업 활동의 국제적 측면에서 파악해야 한다. 글로벌 마케팅을 잘 수행하려면 글로벌 시장의 욕구를 충족시키는 제품으로 그 나라의 문화나 관습, 인

3 이승종 외, 「글로벌 경영」, 민영사, 2004, p.526.

종, 정치제도나 종교 등을 고려하고 국제광고, 국제상관습, 유통경로, 품질, 가격 등 글로벌 시장에서의 소비자의 욕구를 충족하는지를 파악하여 장기적인 안목을 갖고 본사와 해외 회사와의 필요한 모든 정보를 수집 분석하여 실행해야 한다.

글로벌 마케팅 관리자는 해외시장에서 성공하기 위해서는 각국의 시장에 대한 폭넓은 이해와 해외시장의 효과적인 운영을 할 수 있는 계획을 수립할 수 있어야 하고, 해외시장환경에 적응할 수 있는, 즉 글로벌 시장 환경변화를 전망 예측할 수 있는 능력이 충분해야 한다. 그러나 아무리 우수한 마케팅 관리자라도 각국에는 정치적 불안요인이나 경제적, 상업적인 복잡한 관계가 발생할 수 있음으로 국제거래의 안전한 미래를 정확히 예측할 수는 없다. 그래서 세계 여러 나라는 국제거래의 존재이유로 상대적 비교우위성의 이론을 적용하고 있다. 이 이론은 각국에서 생산성이 가장 우수한 제품을 전문적으로 생산하여 수출하고 가장 생산성이 낮은 제품을 수입하여 서로의 극대이익을 창출할 수 있다는 것이다.[4]

3. 글로벌 마케팅의 발전단계

글로벌 마케팅이란 세계를 하나의 단일시장으로 보고 마케팅전략을 전개하는데 그 특징이 있다. 이러한 글로벌 마케팅의 특성은 글로벌 마케팅의 발전단계에서 다른 마케팅과 비교해 보면 더욱 분명해진다. 일반적으로 글로벌 마케팅의 발전단계는 〈표 10-1〉과 같이 국내마케팅 → 수출마케팅 → 다국적마케팅 → 글로벌 마케팅 순서로 발전하는데, 이들 각 단계의 마케팅 특성은 다음과 같다.[5]

(1) 국내마케팅(domestic marketing)

기업이 국내시장만을 마케팅대상으로 하는 것을 국내마케팅이라 한다. 글로벌 시장에 진출하기 전에, 많은 기업들은 그들의 국내시장에만 초점을 맞춘

4 이승종 외, 전게서, pp.490~491.
5 이수형, 「글로벌 마케팅」, 대명, 2007, pp.31~33.

표 10-1 글로벌 마케팅의 발전단계

마케팅 유형	국내마케팅	수출마케팅	다국적마케팅	글로벌 마케팅
경영자의 사고	본국지향	본국지향	현지국지향	세계지향
제품계획	본국고객을 위한 제품개발	제품개발은 주로 본국고객의 욕구에 의해 이루어짐	현지 고객욕구에 근거한 제품개발	현지의 특징을 고려한 글로벌 제품개발
마케팅믹스 결정	본국	본국	현지국	서로 협의하여 공동결정

자료: Masaaki Kotabe & Kristiaan Helsen, *Global Marketing Management*, John Wiley & Sons, Inc., 2007, p.14 에서 일부 수정·정리.

다. 마케팅전략은 국내고객의 욕구, 산업추세, 경제환경, 기술 및 정치적 환경에 대한 정보에 의거하여 수립된다. 국내마케터는 자국시장에만 관심을 두기 때문에, 세계시장에서 일어나는 변화에는 거의 주의를 하지 않는다. 따라서 이들은 해외경쟁자의 국내진입과 같은 갑작스런 변화에 취약하다는 단점이 있다. 하지만 최근엔 교통 통신의 발달, 자유무역협정, 글로벌화 등으로 인해 해외시장으로 진출하는 경우가 많아지고 있다.

(2) 수출마케팅(export marketing)

수출마케팅은 기업이 자사의 상품을 국경을 넘어 해외시장에 판매하여, 그 상품이 다른 나라로 선적될 때에 일어나는 마케팅활동을 말한다. 국내마케팅활동이 여전히 제일 중요하지만, 수출마케팅의 주요 업무는 마케팅조사를 통한 적절한 해외시장의 선정, 수출시장의 수요조건에 맞추기 위한 제품조정, 제품판매를 위한 수출경로 개발 등이다.

국내마케팅만 수행하는 기업이 수출마케팅으로 발전하기 위해서는 여러 자극이 필요하다. 이러한 자극 요인으로는 네 가지, 즉 경쟁기업이 해외시장으로 진출하는 경우, 해외 경쟁기업이 국내시장에 진출하는 경우, 예상치 않은 구매 주문이 해외로부터 발생하는 경우 및 최고경영자의 강한 글로벌화 의지에 의해서 해외시장을 대상으로 수출마케팅을 전개하는 경우 등이다.[6]

6 Y. Aharoni, "The Foreign Investment Decision Process," U.S.A: Harvard University Press, 1966.

(3) 다국적마케팅(multinational marketing)

다국적마케팅은 다수의 해외시장에 생산시설을 갖추고 생산 및 마케팅활동을 하는 것을 말한다. 다국적마케팅의 특성은 각각의 해외시장에 맞는 현지지향적인 마케팅전략을 수립하는 것으로 이른바 다국가별 지향성(multi-domestic orientation)을 지니고 있다. 이는 여러 국가의 국내마케팅을 합친 것과 같은 모양을 띄게 된다. 극단적인 경우로는 모든 개별시장에 독립된 해외자회사를 설립하여 본사의 통제 없이 서로 독립적인 마케팅활동을 하는 것이다. 다국적마케팅전략은 고객의 욕구가 국가마다 상이하여, 국가간에 공동의 제품이나 촉진전략이 개발될 수 없을 때에 유용하다.

이 형태의 장점은 해외 현지시장의 특성에 맞춰 차별화된 마케팅활동을 벌임으로써 현지 소비자의 좋은 반응을 끌어낼 수 있으며, 매출증대를 기대할 수 있다는 점이다. 반면에 단점은 마케팅비용이 많이 들고, 해외시장 간에 마케팅 프로그램이 중복되는 등 전체적으로 자원의 효율성이 떨어진다는 점이다.[7]

(4) 글로벌 마케팅(global marketing)

글로벌 마케팅은 기본적으로 전 세계를 하나의 시장으로 보고 마케팅활동을 전개하는 것을 의미한다. 따라서 글로벌 마케팅은 각 국가별로 별도의 전략을 수립하는 대신에, 전 세계에 적용될 수 있는 하나의 보편적인 전략을 수립한다. 그러나 필요할 때에는 현지시장 조건에 그 전략을 적응화시키는 유연성도 유지한다. 글로벌화의 열렬한 지지자인 레빗(T. Levitt)은 다국적기업은 여러 나라에서 활동을 하며, 국가별로 자사의 제품과 실행을 적응화하는 반면, 글로벌 기업은 전 세계시장이 하나의 시장인 것처럼 활동한다고 주장한다.

한편, 국제마케팅(international marketing)은 그 개념을 협의로 보는 경우와 광의로 보는 경우가 있다. 협의로 볼 때의 국제마케팅은 글로벌 마케팅 발전단계에 있어서 수출마케팅에서 발전하는 단계로, 이 단계에서의 기업은 현지국에

---

7 이철 외, 「글로벌시대의 국제마케팅」, 학현사, 2006, p.15.

자회사 설립 등을 통해 현지마케팅환경에 더욱 직접적으로 개입하게 된다. 이 협의의 개념에서 글로벌 마케팅 발전단계를 보면, 수출마케팅 → 국제마케팅 → 다국적마케팅 → 글로벌 마케팅 순서로 된다. 한편 2개국 이상에서 일어나는 마케팅활동 전부를 의미하는 광의의 입장에서 보면, 국제마케팅은 국내마케팅과 대치되는 개념으로서 수출마케팅에서부터 글로벌 마케팅까지 모두를 포함하는 제일 넓은 뜻으로 해석된다. 글로벌 마케팅은 학계에서나 업계에서 상기와 같은 의미 차이를 염두에 두고 국제마케팅, 다국적마케팅과 구분하여 사용되는 경우도 있으나, 때로는 혼용하여 사용되고 있는 실정이다.

제2절 글로벌 시장전략

글로벌 시장전략에서는 무엇보다 글로벌기업들이 어떠한 시장전략을 수립하고 실행하느냐가 관건이다. 일반적으로 이때 시장전략의 핵심으로 인식되는 것이 마케팅믹스전략으로 설명되어진다. 하지만 이런 글로벌 마케팅믹스전략을 수립, 실행하기에 앞서 글로벌기업의 입장에서는 글로벌 마케팅 의사결정의 기초적 단계를 거친 후 시행되어야만 실질적이고 효과적인 글로벌 마케팅전략이 수립, 실행될 것이다.

1. 글로벌 시장전략의 기초단계

(1) 해외시장 진출 여부에 대한 결정

글로벌 마케팅 의사결정과정의 논리적 출발점은 해외시장 진출 여부를 결정하는 일이다. 이미 해외시장을 대상으로 글로벌 마케팅활동을 하고 있는 많은 기업의 경우 이 결정은 다시 생각할 필요가 없는 이미 내려진 것이지만 그들

기업 역시 어떤 형태로든 이 결정과정을 거쳤음이 분명하다. 또한 이미 해외시장에 개입하고 있는 기업의 경우라 해도 다른 제품·사업분야의 해외진출을 시도한다면 이 결정은 새로운 것일 수도 있다.

일반적으로 기업은 국내시장을 대상으로 경영활동을 전개하여 경험을 축적한 후 해외시장 진출가능성을 검토하게 된다. 해외시장에 대해 관심을 갖게 되는 동기는 국내시장의 성장한계, 과도한 경쟁, 국내에서의 성공에 힘입은 해외시장에서의 새로운 가능성 타진 등 다양하다. 특히 국내시장의 협소로 수출을 통한 경제성장에 주력해 온 한국으로서는 해외시장의 중요성이 더욱 크다 할 수 있으며 이에 대한 기업의 관심 역시 아주 자연스런 현상이 되고 있다.

해외시장 진출 여부를 결정하기 위해서는 해당 제품·산업분야의 세계수급 동향, 경쟁상황, 자사의 잠재적 점유율 등에 대한 분석을 국내시장과 비교하여 수행해야 한다.[8]

(2) 진출시장의 선택

일단 해외시장 진출가능성에 대한 검토가 끝나 진출이 결정되면 그 다음 단계의 의사결정은 어떤 시장으로 진출하느냐, 즉 진출 국가를 선정하는 일이다. 다른 제품·사업 분야에서 해외시장에 진출해 있는 기업이라면 해당 국가시장이 일차적 후보지로 자연스럽게 떠오르겠지만 처음으로 해외시장 진출을 계획하는 기업의 경우 진출시장을 선택하는 것은 해외시장 개척의 성패를 좌우할 수 있는 중요하고도 신중을 요하는 문제이다.

진출시장을 선택함에 있어 전 세계 모든 국가를 대상으로 검토 작업을 벌인다는 것은 현실적으로 불가능하다. 따라서 대개 초기단계에서는 심층 조사 및 분석을 요하는 국가들을 복수선정하고 이들 국가들을 대상으로 평가 과정을 거쳐 진출 국가를 선택하게 된다. 이러한 진출시장 선정과정에는 기본적으로 '기회(opportunity)'와 '위험(risk)'이라는 두 가지 차원과 관련된 자료를 분석하게 된다.

---

8 김주현, 「국제마케팅」, 문영사, 2007. p.49.

(3) 시장진입 방식의 결정

어떤 국가시장으로 진출할 것인가가 결정되면 이제 그 시장에 어떤 방법으로 들어갈 것인가를 결정해야 한다.

해외시장 진입방식은 크게 수출, 계약형태, 직접투자 등의 세 가지 유형으로 나눌 수 있다. 계약형태란 라이선싱(licensing), 프랜차이징(franchising), 계약생산 등을 포함하며, 직접투자(foreign direct investment)는 현지에서 직접 생산 활동을 하려는 것이다. 직접투자 방식은 소유권 비율에 따라 단독투자와 합작투자로, 출발 형태에 따라 기존 기업의 인수(합병)와 신규설립 형태로 구분할 수 있다.

진입방식을 결정하려면 해당 시장의 규모 및 성장 가능성, 정치적 위험, 무역장벽이나 외환공급규제와 같은 각종 규제, 전기, 도로, 항만, 통신 등과 같은 하부구조(infrastructure), 노동력의 양과 질 등에 대한 정보가 필요하다.[9]

이러한 진입방식에 대한 결정이 논리적으로 진출시장의 선택 후에 이루어지는 것인가에 대해서는 그것이 일반적이라고 할 수는 있어도 반드시 그렇다고 하기는 어렵다. 왜냐하면 기업이 현실적으로 택할 수 있는 진입방법이 한정되어 있거나 특정방법을 선호 내지 고집한다면 이것이 시장선택에 영향을 줄 수 있기 때문이다.

(4) 마케팅믹스 결정(marketing mix decision)

시장의 선택과 진입방법에 대한 결정이 이루어지면 이제 글로벌 마케팅 담당자는 구체적인 마케팅믹스에 대한 결정을 해야 한다. 마케팅믹스 결정은 해당 시장에 대한 보다 구체적인 정보를 필요로 하며 필요한 정보의 유형이나 시장조사의 방법 등은 기본적으로 국내 시장 대상의 마케팅믹스 결정을 위한 경우와 크게 다를 바가 없다.

'글로벌 시장'에서 마케팅목표를 달성하기 위해 기업이 선택하는 마케팅정

9 김주현, 전게서, p.50.

책수단이 글로벌 마케팅믹스인 것이다. 그러나 국내시장과 다르고, 국내에 비해 훨씬 복잡하지만 글로벌 마케팅환경에 구체적으로 대응해야 한다는 점에서 선택의 폭이 달라질 수 있으며 사전 준비와 검토 노력이 더 많이 요구된다.

글로벌 마케팅믹스를 구성하는 구체적 변수 역시 일반적인 마케팅믹스 변수와 다를 바 없지만, 해외의 현지시장에 전적으로 개입하여 마케팅활동을 전개하지 않는 한 그 변수들이 모두 관리 가능한 통제변수가 되는 것은 아니다. 예를 들어 OEM(Original Equipment Manufacturing) 방식에 의한 수출의 경우 수출업자가 통제할 수 있는 마케팅믹스 변수는 수출가격협상에 대한 참여 외에는 아무것도 할 수 없다는 점에 어려움이 있다.

2. 글로벌 시장세분화

시장세분화는 세분화기준에 따라 구매행동이 다양한 소비자를 동질적인 특성을 가진 여러 하위 집단으로 구분하는 것을 의미한다. 세분화 기준은 지역, 인구통계적 특성, 사회 문화적 요소, 심리적 요소 등으로 세분화될 수 있다. 각 세분화된 집단들은 서로 다른 구매 형태를 보이므로 글로벌기업들은 각 세분집단별로 각기 다른 마케팅전략을 수립한다.

글로벌 시장세분화는 각 나라의 고객 욕구가 개인에 따라 차이점과 다양성이 존재함에도 불구하고 어떤 유사성을 기준으로 하여 집단화가 가능하다는 것을 전제로 한다. 즉 기업은 서로 다른 소비자들의 욕구를 파악하여 마케팅믹스를 투입할 표적시장을 결정해야 하며, 시장을 세분화함으로써 각 세분시장에 진출할 기회를 찾고 시장구조에 따라 진출하기 위해 기업이 대체해야 할 전략을 전개해야 한다.

서로 다른 환경을 가진 복수 국가 시장을 대상으로 하는 글로벌 마케팅의 경우 가장 자연스러운 형태의 시장세분화는 국가별 시장의 독특성과 국가 시장 간의 환경적 차이를 전제로 하는 국가별 시장세분화라 할 수 있다.

이러한 국가별 시장세분화는 개별 국가단위의 시장조사를 필요로 하며 이를 토대로 수립되고 집행되는 글로벌 마케팅전략은 현지적응화나 현지중심주의로 전개해야 한다.

국가를 분석단위로 하되 개별국가를 독립된 세분시장으로 보지 않고 소득수준, 지리적 환경, 문화적 배경, 인구 등의 측면에서 유사한 국가들로 분류하여 해외시장을 세분화하는 방법도 고려할 수 있다.[10]

한편 최근 들어 글로벌 시장 세분화 방법으로 초국적 시장세분화라 하여, 국가시장을 분석단위로 하는 것이 아니라 여러 국가시장에 공통적으로 존재하는 유사한 세분시장을 하나의 범세계적 세분시장으로 파악하려는 것이다. 즉 국경과 관계없이 소비자들의 공통된 욕구를 가진 집단은 존재할 수 있기 때문에 글로벌 시장을 단일시장으로 간주하고 글로벌전략을 추구할 수도 있다. 이러한 유형의 시장세분화는 표준화된 범세계적 마케팅을 가능하게 한다. 이는 비차별화 마케팅으로 단일제품, 단일 서비스 및 마케팅믹스로 여러 국가시장을 대상으로 마케팅활동을 전개하는 마케팅믹스전략을 통하여 대량생산하여 저원가의 제품을 공급할 수 있는 장점을 살려 글로벌 경쟁력을 키울 수 있다.

3. 표적시장 선택

오늘날 기업들은 글로벌 소비자에 대한 시장세분화를 통해 기업의 경쟁력 우위를 보이는 표적시장을 하나 혹은 그 이상을 선택하게 된다. 여기서 표적시장이란 각 세분시장을 평가하여 적합한 목표시장을 선택하는 과정이다.

글로벌 시장에서 시장기회를 평가하여 표적시장으로 선정하는데 세 가지 기준, 즉 세분시장의 현재 크기와 성장잠재력, 세분시장에서의 경쟁상황, 그리고 세분시장과 관련된 글로벌기업의 목표와 자원을 고려해야 한다.

현지중심적 세분시장의 분류 후에는 그에 적합한 전략은 몇 개의 세분시장만을 대상으로 할 것인가? 또는 전체시장을 표적시장으로 결정할 것인가에 따라 차별화전략과 비차별화전략, 집중화전략 등으로 알려진 세 가지 시장 영업범위 전략 중에서 하나를 채택할 수 있다.

---

10 이승종 외, 전게서, p.493.

차별적 마케팅전략은 기업이 여러 세분시장을 표적시장으로 삼고 이들 각각의 시장에 독특한 제품으로 공략하는 마케팅전략이며, 비차별적 마케팅전략은 기업이 세분시장의 특성의 차이를 무시하고 한 가지 제품으로 전체시장을 공략하는 마케팅전략이며, 집중적 마케팅전략은 자원이 제한되어 있는 기업이 전체 시장에서 낮은 점유율을 추구하는 대신에 하나의 표적시장 혹은 몇 개의 세분시장에 집중함으로써 높은 점유율을 확보하려는 마케팅전략으로 기업이 이 전략들 중에 어떤 전략을 선택할 것인가는 각각의 장·단점이 있으므로 쉽게 결정하기는 어렵다. 그러나 가장 일반적인 결정방법으로는 수익과 비용의 분석으로 결정한다. 이외에도 특정기업의 상품특성이 모든 국가나 모든 세분시장을 동일하게 만족시키지는 못하므로, 글로벌경쟁하에서는 집중전략이 더 효율적인 대안이 되기도 한다.

4. 제품포지셔닝(positioning)

글로벌기업이 어떤 세분시장을 타깃으로 진입할 것인지를 결정하고 나면 글로벌기업은 그 세분시장에서 자사의 제품을 글로벌 소비자의 마음 속에 어떻게 위치시킬 것인가에 대한 분석이 필요하다.

글로벌기업이 세분시장을 지속하려는 목표는 표적시장 소비자의 마음에 고유한 포지셔닝을 만들어 내는 것이다. 포지셔닝은 글로벌기업이 제품과 마케팅으로 글로벌 소비자에게 경쟁사와 차별화된 고유한 인상을 불러오는 마케팅 전략이라 할 수 있다.[11]

제품포지셔닝이란 제품을 시장에 소구하기 위하여 기본적 개념을 강화시키고자 하는 마케팅 의사결정과 활동을 의미한다. 즉 글로벌한 제품 포지셔닝이란 세계 각국에서 동일한 이미지를 주는 제품으로 자리잡게 하는 것이다. 예를 들어, BMW, Benz와 같은 고급자동차는 세계 어느 시장에서도 고급차라는 이미지를 확실하게 소비자에게 전달하고 있다.[12]

---

11 조영곤 외(역), 「국제경영」, 시그마프레스, 2010, p.519.
12 장세진, 「글로벌 경영」, 박영사, 2011, p.396.

제품포지셔닝을 위하여 가장 중요한 것은 고객들이 어떻게 인지하고 있는가이다. 다시 말해서 여러 경쟁상표 중에서 자사 제품 및 서비스에 대한 고객의 지각(인지) 상태를 파악하는 것이다. 또한 포지셔닝 분석에 의하여 자사 상표와 강력하게 경쟁하고 있는 경쟁상표를 파악하여 대응전략을 마련할 수도 있다.[13] 이것은 경쟁사의 제품과 차별화된 포지셔닝을 하기 위해서 제품의 특성, 예를 들어 디자인, 상표, 포장, 가격, 유통 또는 광고 등을 변화시키는 것으로 제품의 외형과 기능은 변하지 않더라도 환경이 서로 다른 해외시장에서 성공하기 위해서는 새로운 포지셔닝전략을 개발해야 한다.

문화권에 따라 동일한 제품도 사용법이 달라진다. 우리나라를 비롯한 극동아시아에서는 쌀이 주식이며 다른 음식이 보조음식이지만, 서구에서는 쌀은 육류음식을 보완하기 위한 보조음식으로 사용된다. 따라서 해외시장에서 성공적으로 제품을 판매하기 위해서는 제품의 포지셔닝을 정하는 데 주의를 기울여야한다. 그러므로 글로벌 마케팅 관리자들은 다른 문화권의 소비자들에게 제품을 매력적으로 느낄 수 있도록 만드는 혁신적인 제품개발의 필요함과 제품포지셔닝전략을 찾도록 노력해야 한다.[14]

표 10-2 제품포지셔닝전략의 예

제품포지셔닝전략	구체적 내용
속성	• 벤츠 자동차: 고급차, 우수한 기술성 • 포르쉐 자동차: 디자인, 스피드, 스포츠카 • 현대백화점: 고가격, 고품질 • 이마트(할인점): 저가격, 표준수준의 품질
경쟁사와 비교	• Seven-Up: 콜라가 아님(Uncola 캠페인) • 아시아나 항공: 최신 비행기만 보유함 • Avis 대 Hertz 전략: 우리는 2등입니다. 그러나 더 열심히 노력합니다(We're number two, but we try harder).

자료: 안운석·장형섭, 「마케팅」, 대진출판사, 2007, p.271.

13 박재기, 「글로벌 마케팅」, 선학사, 2000, pp.156~159.
14 이승종 외, 전게서, p.494.

제 3 절 글로벌 마케팅의 표준화와 적응화전략

글로벌기업은 이익의 극대화를 위해서 전 세계적으로 표준화된 마케팅프로그램을 수행할 것인가 아니면 각 국가별로 현지시장 상황에 부합되도록 적절히 변형된 마케팅활동을 펴나갈 것인가 하는 것은 중요한 전략적 문제이다. 현지의 독특한 환경에 적합하도록 마케팅활동을 현지적응해야 한다는 것이 전통적인 사고방식이고, 마케팅전략에도 부합되는 것으로 볼 수 있지만 국가의 구분 없이 통일적인 마케팅프로그램을 전개하는 표준화전략도 나름대로의 대량생산으로 저원가의 제품을 공급하는 것으로 중요성을 인정한다.

표준화와 적응화의 균형을 이루기 위하여 글로벌기업은 글로벌 통합과 현지 적응 간의 포지션에 대해 고민해야 하는 폭넓은 기업전략이 필요하다. 글로벌기업이 글로벌 통합과 현지 적응 간의 균형을 어떻게 결정하느냐는 기업이 마케팅 프로그램 요소를 어떻게 표준화하고 적응화할 것인가를 결정하는가에 영향을 미친다.

1. 표준화

글로벌 통합의 경향에서와 같이 표준화는 항공기 제조, 제약, 신용카드와 같은 글로벌 산업에서 추구된다. 표준화 마케팅 방식은 여러 나라 간 시장세분화가 유사할 때, 소비자가 제품과 서비스에서 추구하는 방식이 유사할 때, 전 세계적으로 범용적인 상품일 때, 사업소비자가 호환적 기대가 있을 때 가장 적합하다.[15]

표준화전략의 가장 큰 장점이자 근거가 되는 것은 규모의 경제효과에 의한 원가절감이다. 국가별 반응전략을 선택할 때 매출액의 증가 가능성은 더 높아지겠지만 연구개발이나, 생산, 마케팅측면에서의 비용이 많이 발생한다. 또한

---

15 조영곤 외(역), 전게서, p.521.

고객에 대한 서비스의 일관성을 유지시켜 준다는 점도 범세계적 접근법에 의한 표준화전략의 장점이다. 여행과 출장 등으로 소비자들의 국가간 이동이 빈번한 요즘 표준화된 제품이나 광고전략 등은 통일적인 기업이미지 형성에 도움이 된다. 이러한 표준화전략의 대표적인 성공사례로는 코카콜라를 들 수 있다. 표준화전략은 기업의 전체 글로벌 마케팅활동을 조정하고 통제하는 기능도 향상시킬 수 있으며, 이러한 표준화전략을 수행하는 것이 바람직하고 필요성이 높아지는 근거로는 통신 등의 발전에 힘입어 전 세계 소비자의 욕구 및 기호와 선호가 점점 동질화되어 가고 있음을 들 수 있다.

그러나 위에 설명한 표준화전략의 장점에도 불구하고 이를 실행하는 데는 많은 제약과 한계가 따른다. 물리적, 법적, 정치적 환경의 차이는 물론 여러 측면의 시장특성에 있어서도 국가간의 차이가 크기 때문에 특정 국가시장의 수요자특성을 완전히 무시할 수는 없다. 예를 들어서 국내시장에서 판매되고 있는 백퍼센트의 과즙음료는 국내소비자의 기호에 맞도록 당도를 조정해서 만들었다. 내국소비자들의 입맛에 맞는 음료가 외국인의 입맛에 잘 맞을 수는 없다. 결국 글로벌 마케팅의 핵심은 현지의 사정에 맞게 제품을 변화시키면서도 동시에 표준화할 수 있는 부분은 최대한으로 표준화해서 규모의 경제를 살리는 것이라 할 수 있다.

그러므로 글로벌 마케팅 담당자는 전 세계적으로 동일한 마케팅 프로그램을 전개하는 표준화전략의 장점들을 염두에 두고 이러한 전략의 집행 자체를 불가능하게 하거나 부정적 효과를 가져올 수 있는 요인들을 분석한 후 의사결정을 내려야 한다.[16]

2. 적응화

적응화는 특정시장의 세분화된 소비자를 위한 한 개 또는 그 이상의 마케팅 프로그램 조정 노력을 말한다. 글로벌기업은 가능한 표준화와 더불어 적응화를 함께 염두에 두지 않을 수 없다. 글로벌 마케팅 프로그램의 적응화는 현지

16 이승종 외, 전게서, pp.495~496.

요구에 대한 구현이다. 이것은 복수내수산업 전략에 사용되는 전략으로서 개별시장에 대한 맞춤전략인 것이다. 현지적응화는 현지의 마케터들에게 매우 유리한 점을 가져다준다.

글로벌기업이 마케팅 프로그램 요소를 적응화하는 이유는 다음과 같다.[17] 첫째, 국가별 선호도의 차이가 존재하기 때문이다. 전 세계 소비자행동의 다양한 차이가 현지 적응화의 주요 관건이다. 적응화는 제품이 각 나라의 소비자가 더욱 쉽게 수용할 수 있도록 해준다. 가령 맥도널드도 전 세계적으로 햄버거를 모두 표준화할 수 있었던 것은 아니었다. 왜냐하면 힌두교 사람들은 소고기를 먹지 않기 때문이다. 그래서 버거류의 고기는 양고기로 바꾸었다.

둘째, 법과 규제의 차이가 존재하기 때문이다. 어떤 특정한 제품에 대한 프로모션은 일부 국가들에게 금지되고 있다. 예를 들어 독일, 노르웨이, 스위스 등 유럽법에는 아이들에게 직접적인 광고를 금지하고 있다.

셋째, 생활수준과 경제적 여건의 차이가 존재하기 때문이다. 전 세계적으로 실질적인 소득수준이 다양하기 때문에 기업은 특징적인 가격정책과 개별시장별 제품기능의 복잡성을 조정한다. Dell은 개발도상국 현지 소비자의 구매력을 고려하여 기능을 단순화한 컴퓨터를 판매하였다. 인플레이션과 경기하락 또한 가격정책에 영향을 미친다. 경기하락은 소비욕구가 저하됨을 나타내며, 기업은 판매를 늘리기 위해 가격을 인하하는 것이 필요할 수 있다. 환율변동 또한 필수적인 조정의 이유가 된다. 수입국 환율이 약할 때, 즉 평가절하될 때 그 나라 소비자의 구매력은 감소된다.

넷째, 국가인프라시설의 차이가 존재하기 때문이다. 도로시설, 마케팅기관, 전반적 비즈니스 기반 환경은 기업이 해외인력을 채용하여 마케팅홍보수단과 유통시스템의 대안 및 수준에 특히 영향을 미친다. 사회기반시설은 개발도상국의 농업지역에서 특히 열악하며, 소비자에게 제품이 닿을 수 있도록 혁신적인 방법을 필요로 한다.

개별시장의 국제마케팅 프로그램의 적응화의 주요 장점은 소비자의 욕구

---

17 조영곤 외(역), 전게서, pp.522~524

를 좀 더 세밀하게 알 수 있고, 제품에 대한 고유한 매력을 만들어 낼 수 있고, 보건과 기술기준과 같은 정부규제를 따르고, 소비자 저항에 맞서 큰 성공을 거둘 수 있다는 점이다.

더불어 적응화는 관리자에게 제품이나 서비스의 마케팅 대안을 개발하는 기회를 제공한다. 이러한 제품조정에 대한 시장반응의 정보는 R&D 활동을 이끌어내어 해외시장이나 국내시장에서의 좋은 제품을 이끌어내기도 한다.

제4절 글로벌 마케팅믹스 관리

1. 글로벌 제품전략

글로벌기업의 마케팅전략 중 가장 중요한 요소라고 할 수 있는 것이 제품전략이다. 제품전략에 의해 가격, 촉진, 유통전략이 결정되며, 고객 및 경쟁자도 제품에 의해서 결정된다고 볼 수 있기 때문이다. 특히 고유브랜드가 다른 마케팅믹스전략의 전제가 된다는 점에서 상표전략을 포함한 제품전략은 글로벌 마케팅에서 대단히 중요한 위치를 차지하고 있다. 글로벌 마케팅 관리자가 맞이하게 되는 가장 큰 도전 중의 하나는 세계적 차원에서 시장의 욕구를 충족시킬 수 있고 경쟁력이 있으며 자사의 가용자원에 적합한 제품전략을 개발하는 것이다.[18]

(1) 글로벌 제품계획과 개발전략

글로벌 제품계획이란 표적시장에 어떤 제품을 공급할 것인가를 결정하는 것으로 소비자의 욕구를 최대한으로 만족시키는 방향으로 이루어져야 기업의

18 김주현, 전게서, p.305.

현지시장 진출목표를 달성할 수 있다. 또한 해외시장에서 필요한 제품이 공급될 때만이 고객의 창출이 가능하므로, 그러한 해외소비자의 욕구를 충족시키기 위해서는 그에 합당한 제품개발계획이 필요하다.

글로벌 마케팅을 위한 제품개발계획에는 ① 신제품 개발, ② 기존제품의 개선, ③ 기존제품의 새로운 용도 개발, ④ 제품퇴출 등이 있다.[19]

① 신제품 개발

기업에서 제품개발과정에 의해 신제품을 출시하는 것이다. 물론 국내제품을 그대로 해외시장에 공급하는 것이 가장 확실한 규모의 경제로 많은 이익을 얻을 수 있지만 그 지역의 문화 등 환경변화의 특수성을 감안하여 그 지역 소비자의 욕구를 충족시키는 신제품을 개발하여 시장확대에 노력하는 전략이다.

② 기존제품의 개선

기존에 개발되어 판매되고 있는 제품을 표적시장의 소비자 욕구에 맞는 제품으로 변경시키는 방법이다. 제품의 기본적인 기능은 유지하면서 제품의 모양이나 색, 크기, 포장 등의 외형만을 변경하는 경우와, 품질이나 서비스 등의 질적인 면을 변경하여 공급함으로써 표적시장에서 가격의 차별화로 성공하려는 전략이다.

③ 기존제품의 새로운 용도 개발

기존제품의 용도를 시장 필요에 따라 전혀 다른 새로운 용도로 이용하도록 하는 개발이다. 새로운 용도의 개발은 제품, 시장, 소비자에 대한 지속적인 연구로 제품의 수명주기를 연장시킬 수 있는 중요한 역할을 하게 되는 전략이다.

④ 제품의 퇴출

제품이 수익성이 없거나 고정비용이 너무 많이 소요되는 경우에는 과감하게 퇴출시키고 이에 소요되는 자원은 수익성이 높은 쪽으로 배분하는 방법이다. 그러나 제품의 공헌도가 현재는 미미하지만 마케팅의 결과로 미래에 많은

---

19 이승종 외, 전게서, pp.496~497.

공헌을 할지도 모르므로 신중한 검토 후에 퇴출시켜야 한다. 즉 국제환경이 급속히 변화함으로 고객의 욕구, 경쟁제품의 출현 등의 환경변화에 민감하게 대처하여 제품의 공헌도를 평가하고 제품의 퇴출을 신중히 결정해야 한다.

(2) 원산지 효과와 제품전략

원산지 효과란 제품의 원산지(제조국 혹은 상표국)가 소비자들의 제품 평가나 구매에 미치는 영향을 말하는 것으로, 즉 원산지국이 소비자가 평가하는 그 제품의 이미지에 영향을 미치는 것을 말한다. 글로벌 마케팅 관리자가 현지에서 어려운 점의 하나는 외국제품에 대한 현지 소비자들의 편견이다. 현지인들의 선입관은 마케팅노력을 헛되게 할 수도 있고 반면 도와줄 수도 있다. 어떤 나라도 모든 제품에 대해서 호의적인 또는 그릇된 인상을 가지고 있지 않고, 일반적으로 외국제품에 대한 소비자들의 태도는 국가에 따라 커다란 차이가 있다. 예를 들어 브라질의 정밀계측기 제조기업이 브라질에서 만든 과학기기들에 대해 멕시코 고객들이 나쁜 편견을 가지고 있다는 것을 알고서 자기 회사의 부품들을 스위스로 수출하여 "Made in Switzerland"라는 원산지 증명을 달고서 멕시코로 다시 수출하여 좋은 결과를 얻었다는 사례도 보고 된 바 있다.

(3) 글로벌 상표전략

상표는 특정기업이나 서비스를 소비자에게 식별시키고 경쟁자들의 그것과 차별화하기 위하여 사용되는 독특한 이름과 상징물(로고, 디자인 따위)들의 결합체를 의미한다. 글로벌기업에 있어 글로벌 브랜드의 개발도 중요한 전략이다. 따라서 상표관련 의사결정은 제품전략에서 빼놓을 수 없는 분야이다. 상표는 장기간의 마케팅노력에 의해 형성된 기업의 자산으로 국제거래의 대상이 되기도 하지만 때때로 해외의 다른 사람에 의해 무단 사용될 수도 있다. 따라서 상표보호에 대해서도 신경을 써야 한다.[20]

---

20 이신모 외, 전게서, p.486.

강력한 글로벌 브랜드는 마케팅 프로그램의 효율성과 효과성을 향상시키고, 브랜드 충성도를 자극하고 비싼 비용을 부담하도록 소비를 촉진하고 중간 도매상과 회사의 영향력을 높이고 글로벌 시장 내 전반적인 회사의 경쟁우위를 향상시킨다.[21]

특히 유명제품들은 그 제품의 속성보다도 그 제품의 상표 때문에 소비자들로부터 좋은 인식과 신뢰를 받고 상표충성도가 높아지게 된다. 이에 글로벌기업의 상표관련 의사결정을 중심으로 검토해 본다.[22]

고유브랜드와 주문자상표

글로벌 마케팅 능력이 부족한 중소기업의 입장으로는 대량수출로 규모의 경제를 통한 많은 이익을 실현할 수 있다는 점에서 주문자상표, 즉 OEM도 나름대로의 매력을 가지고 있다. 그러나 최종소비자들로 구성된 실질적인 시장기반 구축이 불가능하다는 점과 협상력의 열세로 인해 불리한 거래조건과 낮은 수익성을 감수해야 한다는 점에서 OEM 상표는 특별한 경우를 제외하고는 바람직한 선택이 될 수 없다.

우리나라의 많은 기업들이 해결해야 할 시급한 글로벌 마케팅 과제 중의 하나가 바로 OEM 상표로부터 고유상표로 전환하는 일이다. 기업이 고유브랜드를 부착하고 성공을 거두기 위해서는 자체적인 기술력을 바탕으로 하는 제품력이 뒷받침되어야 하는 것은 물론 최고경영자의 강력한 의지 또한 대단히 중요하다. 규모가 그리 크지 않으면서도 고유브랜드로 국제적 입지를 구축해 가고 있는 가파치(가죽제품), 은성사(낚시대), 진웅(텐트), 서전(안경테) 등은 바로 이러한 점을 실례로 보여 주고 있다.

범세계적인 상표와 국가별 상표

제품전략의 표준화 중에서도 상표의 표준화, 즉 범세계적 상표(global brand)를 사용하는 것이 기업 이미지의 통일과 상표자산의 활용이라는 점에서

---

21 D. A. Aaker, *Managing Brand Equity*, New York: The Free Press, 1991; J. Gregory & J. Wiechmann, *Branding Across Borders*, Chicago: McGraw-Hill, 2002.

22 이승종 외, 전게서, pp.498~499.

특히 중요한 의미를 가진다. IBM, Sony, Coca-cola 등은 이러한 범세계적 상표의 대표적 예들이다. 한편 글로벌 브랜드는 새롭고 혁신적인 제품과 서비스로 시장 선도적 이점을 누리기도 한다. 예를 들어 1971년에 Starbucks는 시애틀과 워싱턴에 매장을 오픈하면서 갓 뽑아내 커피를 안락한 의자에서 사람들이 편히 즐길 수 있도록 하였다.[23]

그러나 경우에 따라서는 국가별로 다른 상표를 사용해야 할 때도 있다. 외국의 특성을 줄이기 위한 경우, 어감이나 발음이 좋지 않을 경우나 또는 동일하거나 유사한 상표가 이미 존재해 범세계적인 상표를 사용하는 것이 법적으로 불가능한 경우 등이 이에 해당한다.

(4) 글로벌 포장전략

포장이란 제품을 담는 용기나 이것을 감싸는 도구를 말하는 것이다. 포장의 기능은 제품보호기능이 일차적인 기능으로 수송이나 보관 중에 제품을 안전하게 보호하기 위하여 제품을 용기에 직접 담는 것을 일차적 포장이라 한다. 하지만 이것만으로는 진열이나 취급이 어려우므로 일차적 포장을 다시 포장할 필요성을 느껴 이차적 포장을 하게 된다. 일반적으로 포장은 많은 양을 멀리 수송하거나 저장, 보관하기에 안전과 효율을 위해 여러 개를 다시 큰 용기에 담는 적송포장을 하며, 다른 하나는 판매촉진기능으로 현지여건에 맞는 포장선택으로 글로벌 마케팅 관리자의 활동이 원활하게 실현될 수 있다. 예를 들면 경제적 여유가 없는 국가에서는 대형포장 대신에 소형의 포장용품을, 습한 지역에서는 내부포장재를 종이로 겹겹이하여 습기를 흡수토록 하고, 미적으로나 현지 정부의 문화나 규제에 맞게 포장을 수정해야 하는 경우도 있다.

2. 글로벌 가격전략

가격은 흔히 '마케팅 최후의 변수'라고 말한다. 이는 소비자가 모든 마케

23 조영곤 외(역), 전게서, p.527.

팅 요소를 고려한 다음에 결국 가격을 놓고 최종 의사결정을 한다는 점에 기인한 주장이다. 가격은 더 정확히 소비자가 구매하는 제품의 가치라고 정의할 수 있다.[24]

글로벌 가격전략은 전반적인 글로벌 마케팅믹스에서 중요하다. 글로벌기업들은 동일한 제품에 대해서도 국가마다 다른 가격을 설정할 수도 있다. 즉 가격차별을 실시한다. 서로 다른 국가에서는 다른 가격을 사용하는 것이 바람직하고, 이윤을 극대화할 수 있다. 이를 위해서는 글로벌기업들이 각각의 시장을 분리할 수 있어야 하고, 국가별 가격탄력성이 달라야 한다는 전제가 필요하다.[25]

일반적으로 가격은 제품의 원가를 하한선으로, 그리고 소비자의 지불능력 등 수요측면을 상한선으로 하여 그 사이에서 경쟁상황과 기업의 목표 등을 고려하여 생산비보다 높게 책정하여 그 차이인 이윤을 창출하도록 결정된다. 그러나 복수의 해외시장을 대상으로 하는 글로벌 마케팅에서는 이러한 일반적인 원칙 외에 추가적으로 고려해야 할 독특한 측면들이 있게 된다.

(1) 수출가격 결정방법

기업인들이 가격결정에서 복잡한 가격이론을 현실에 적용하기에는 많은 어려움이 있다. 특히 해외시장에 대한 제품의 판매는 원화가 아닌 외화로 결제되는 것이 일반적이기 때문에 환위험에 노출된다. 거래시점과 결제시점 사이의 환율변동에서 오는 환위험 회피전략은 별도로 하고, 자국화폐의 평가절상과 평가절하에 따른 가격정책을 설명하면 다음과 같다.[26]

평가절하와 국제가격정책

자국화폐의 평가절하는 자국의 통화가치가 외국통화에 비해 상대적으로 하락하는 현상으로 평가절하의 경우에는 절하의 폭만큼(국내제품가격의 변동이

24 이철·장대련, 「글로벌시대의 국제마케팅」, 학현사, 2007, p.248.
25 박철순 외(역), 전게서, p.567.
26 이승종 외, 전게서, pp.499~501.

없다면) 해외시장의 수출가격은 떨어질 것이다. 그러나 그 제품의 수입원자재 사용비율만큼 가격인상요인이 생기게 된다. 따라서 글로벌 마케팅 관리자는 평가절하의 경우, 이와 같은 인상요인을 고려하여 이익을 극대화하기 위한 가격정책을 결정하여야 한다. 글로벌 마케팅 관리자는 수출가격을 인하하여 해외시장의 점유율을 확대하여 이익을 증가시키거나 또는 가격인하 요인만큼 마케팅 비용을 늘려서 이익을 극대화하는 방법을 사용할 수 있다.

〈달러와 원화의 관계〉

1$=1,200원 ⟶ 1$=1,300원
환율↑, 평가절하(원화의 가치↓)

1$=1,300원 ⟶ 1$=1,250원
환율↓, 평가절상(원화의 가치↑)

평가절상과 국제가격정책

자국화폐의 평가절상은 자국의 통화가치가 외국통화에 비해 상대적으로 상승하는 현상으로 외국통화로 표시되는 자국제품의 수출가격이 인상되게 된다. 따라서 글로벌 마케팅 관리자는 가격인상분을 해외고객에게 전가시키거나, 가격인상분을 자체 흡수하여 마케팅비용이나 관리비용을 줄이거나, 국내가격을 인하하여 외국통화로 표시될 때의 인상분을 흡수하거나, 현재의 마케팅 및 관리비용을 유지하고, 대신 낮은 이익폭을 감수하는 등의 방법 중에서 선택하여야 한다.

대개 판매량에 중대한 영향이 없는 경우에는 외국의 고객들에게 가격인상분이 전가된다. 그러나 경쟁적인 시장상황에서는 가격인상분을 자체 흡수하여 평가절상 이전의 수준으로 수출가격을 유지하려고 노력해야 한다.

원가중심 가격결정

해외시장에서의 국가별특성이나 수요량, 경쟁상황 등의 시장요소를 고려하지 않고 생산자의 입장에서 원가만을 고려하여 가격을 결정하는 방법이다. 이에는 원가가산법으로 제품의 생산원가에 수송비, 관세, 이윤, 현지조세, 관리비, 간접비 등을 합산하는 표준공식에 의해 수출가격을 결정하는 방법이다. 원가중심 가격결정 방법은 가격책정의 용이성과 시장 간의 가격을 일치시켜 주는 장점이 있으나, 가격을 고정시킴으로써 마케팅믹스전략의 주요수단인 가격의 기능이 위축되는 것이 큰 단점이다.

해외시장중심 가격결정

이는 시장의 요소를 반영하여 가격을 결정하는 방법으로 해외시장은 국내시장과 다르며, 복수의 해외시장에 상품을 공급할 때에는 시장상황의 이질성이 매우 높을 수 있다. 그러므로 표적시장의 수요와 경쟁기업의 가격수준을 고려하여 시장 상황에 따라 마케팅믹스로서 가격수단을 활용할 수 있다.

목표중심 가격결정

이는 기업이 해외시장에서 추구하는 목표, 즉 수익성이나 시장점유율에 따라 가격을 결정하는 방법이다.

① 침투가격전략: 이는 경쟁사보다 낮게 가격을 책정하여 가격경쟁력 우위로 새로운 시장에 진출하거나 판매량을 늘려 시장점유율을 확대하기 위하여 사용되는 방법이다.

② 초기고가전략: 해외시장진출 초기에 경쟁기업의 제품가격보다 높게 책정하여 단기간에 이익을 극대화하려는 방법이다. 이 전략은 신제품 명성이 있는 제품, 다른 제품과의 차별성이 강한 제품으로서 높은 가격에도 구매할 의사가 있는 소비자가 충분히 있을 때 가능한 전략이다.

(2) 글로벌 이전가격전략

글로벌 이전가격이란 관계회사 간의 거래, 즉 본사와 해외자회사 간의 거래나 해외자회사 사이의 거래에 책정되는 가격을 말한다. 예를 들어 한국에 있는 삼성전자가 베트남에 있는 생산기지에 부품 등을 판매했을 때와 같이 동일기업 내 거래가 이루어져 이전가격이 발생하는 것이다. 오늘날의 대규모 글로벌기업들은 국제적인 조직구조를 바탕으로 글로벌 경영활동을 전개하고 있기 때문에 부품, 완제품, 기술 등의 기업내부거래가 빈번하게 발생하고 있으므로 이전가격의 책정이 중요한 문제로 부각된다. 특히 기업내부 거래의 비중이 높은 글로벌기업일수록 기업에게 유리한 방향으로 이전가격을 인위적으로 조작할 유인이 더 많다고 볼 수 있다.[27]

이전가격이 문제가 되는 것은 시장가격과 다를 수 있기 때문이며 기업은 전체적인 이익의 극대화를 위해 이전가격을 적절히 책정할 여지를 갖게 된다. 예를 들어 세율이 낮은 나라의 자회사에서 이익을 많이 내도록 하는 것이 전체적으로 유리하기 때문에 그 자회사에서 다른 국가의 자회사로 판매할 때는 보다 높은 가격을, 수입할 때는 낮은 가격을 책정하는 것이다. 이 외에도 관세를 줄이기 위해, 정치적 위험에 따른 피해를 줄이기 위해, 불안정한 환율로부터의 보호 혹은 송금규제를 우회하기 위한 수단으로 이전가격이 책정되기도 한다.

(3) 글로벌 덤핑규제

덤핑(dumping)이란 동일한 제품에 대해 서로 다른 가격을 책정하는 가격차별화의 형태이다. 간단하게만 보면 국가간 가격차별화로 이해할 수 있으나 대부분의 수입국가들이 덤핑에 대한 규제조치를 시행하고 있기 때문에 가격차별화의 수단으로 여길 수만은 없다. 덤핑은 한 기업이 생산비용보다 낮은 가격으로 제품을 판매하려고 할 때 발생한다. 일반적으로 덤핑은 '정상가치 이하의 판매'로 정의되지만 정상가치를 무엇으로 보느냐에 대해서는 다양한 입장이 있을 수 있다. 덤핑 자체는 수출국의 기업입장에서 시장의 진출목표를 달성하기 위한 것이나, 수입국의 입장에서는 자국 내의 자원의 효율적 배분을 저해하고 시장질서를 문란시킨다는 점에서 국제거래상 불공정거래로 간주하여 각국은 이에 대한 조치를 취한다. 덤핑판정의 기준가격으로서의 정상가격이란 ① 수출국 동종제품의 가격, ② 수입국내 동종제품의 가격, ③ 제3국 수출가격 중 가장 높은 가격 등이 그 예이다. 이와 같이 준거가 되는 비교가격이 없을 때는 구성

---

27 김광수 외, 「국제경영」, 박영사, 2010, p.434.

가격이라 하여 원가와 적정수준의 유통마진 등을 고려한 정상가격을 산출하기도 한다.

하지만 대부분의 규제는 덤핑을 좀 모호하게 정의한다. 예를 들어 어느 국가든지 GATT 6조에 의해 두 가지 조건만 충족된다면 반덤핑 규제를 적용할 수 있다. 즉 공정가치보다 낮은 가격에 판매되면서 동시에 국내 산업에 해를 끼치는 제품인 경우가 이에 해당된다. 이 정의의 문제점은 공정가치가 무엇인지 명시하지 않았다는 것이다. 이러한 모호함 때문에 생산비용보다 낮은 가격이 아니라 생산지에서의 가격보다 낮은 가격으로 팔면 덤핑이라는 주장도 생겨났다.

반덤핑 규제로 인해 수출가격을 마음대로 낮출 수 없어서 전략적 가격책정을 추구하는 글로벌기업들은 어려움을 겪게 된다. 대부분의 반덤핑 규제에서 사용되는 모호한 용어 때문에 가격차별을 시도하려는 노력조차 반덤핑법에 의해 제한될 수 있다.[28]

반덤핑관세가 부과되면 가격경쟁력의 하락으로 수출에 타격을 입는다. 그러나 최종적으로 덤핑판정과 관세부과를 받지 않더라도 일반 덤핑제소에 말려들면 자료준비, 변호사비용 등 시간적으로나 경제적으로 피해를 보게 된다. 따라서 덤핑문제의 소지를 미연에 예방하는 것이 보다 바람직할 수 있다.

덤핑규제를 예방하기 위한 방법으로 제품의 차별화를 들 수 있다. 수출품과 국내시장에서의 제품을 차별화함으로써 직접적인 가격비교가 쉽지 않도록 하는 것이다. 또한 수입국 중간상에 대해 가격 이외의 유인책을 제공함으로써 실질적인 가격인하의 효과를 올리는 것도 한 방법이다. 외상거래를 허용하거나 다양한 형태의 판촉활동을 전개하는 것이 그 예이다.

3. 글로벌 유통전략

유통전략은 글로벌기업의 마케팅믹스에 있어 중요한 요소이다. 유통은 제품이나 서비스를 소비자에게 전달하는 것이라 할 수 있다. 즉 글로벌기업의 유

28 박철순 외(역), 전게서, pp.570~571.

통은 '자사의 제품이나 서비스를 최종소비자에게 어떠한 방법으로 도달하도록 할 것인가?'를 결정하는 것으로 경쟁사와의 차별화를 통해 전략적 무기로 활용할 수 있는 중요한 마케팅믹스 수단이다. 외국시장의 유통구조와 관습은 오랜 시간을 두고 형성되면서 나름대로의 전통과 독특성을 지니고 있기 때문에 철저한 사전준비와 이해가 필요하다.

글로벌기업의 유통경로전략은 기업 전체의 글로벌전략과 같은 맥락에서 수립되어야 하고, 또 전략을 수립할 때는 우선 각국 시장의 소비자특성, 제품특성, 마케팅구조, 경쟁의 정도, 기업 자체의 특성 등을 고려하여 기업의 장기목표와 부합되도록 조정하여 이를 바탕으로 기업의 유통전략을 수립해야 한다.[29]

(1) 글로벌 유통경로의 의의

이는 기업이 생산한 재화나 용역을 해외소비자들이 쉽게 사용할 수 있도록 하는 과정과 관련된 모든 조직을 말한다. 해외 소비자의 욕구를 만족시키고 기업의 목표를 달성하기 위해서는 제품과 서비스가 해외의 표적시장에서 소비자가 원하는 상태로, 정해진 기간에, 접근 가능한 장소로, 적당한 수량만큼 제공되어야 한다.

하지만 각 국가마다 유통전략은 많이 차이가 난다. 이처럼 국가 간 유통시스템의 차이를 일으키는 요소는 크게 네 가지, 즉 소매집중도, 채널길이, 채널독점성 및 채널품질이 있다.[30] 먼저 소매집중도 측면에서 보면, 소매시스템은 어떤 국가에서는 집중되어 있고 다른 국가에서는 분산되어 있을 수 있다. 집중되어 있다는 의미는 소수의 소매업체가 유통을 독점하고 있다는 것이고, 분산되어 있다는 의미는 독점하고 있는 소매업체가 존재하지 않고 다수의 소매업체가 시장에서 경쟁하고 있다는 것이다. 이처럼 집중도에 있어서 각 국가별로 차이가 난다는 것은 유통시스템이 각 국가의 역사와 전통에 영향을 받기 때문이다. 일반적으로 선진국의 경우 소매유통채널이 소수에게 독점되어 있는 경

29 이승종 외, 전게서, pp.503~505.
30 박철순 외(역), 전게서, pp.553~557.

향이 있다.

둘째, 채널길이 측면에서 보면, 글로벌기업들은 채널길이를 짧게 혹은 길게 할지를 결정해야 한다. 여기서 채널길이는 생산자(혹은 제조업자)와 최종 소비자 사이에 존재하는 중간상의 수를 의미한다. 물론 생산자가 소비자에게 직접 판매하면 채널길이는 짧아진다. 채널길이를 결정짓는 가장 중요한 요소는 소매시스템이 분산된 정도이다. 소매시스템이 분산되면 소매업자에게 제품을 전달하는 도매업자가 필요하므로 채널길이는 길어질 수밖에 없다. 최근엔 인터넷의 발전으로 채널길이도 짧아지고 있다.

셋째, 채널독점성 측면에서 보면, 유통채널의 독점 정도는 국가마다 다양하다. 여기서 독점적 유통채널이란 다른 사람이나 기업이 접근하기 어렵고 자신만이 배타적으로 소유한 채널을 말한다. 특히 일본의 경우 독점적 유통채널을 가지고 있다. 이로 인해 일본에 진출한 글로벌기업들은 일본시장에 접근하기 위해선 많은 어려움을 겪는다. 그렇다고 방법이 없는 것은 아니다. 신상품 출시를 통해서 일본시장에 침투할 수 있다.

마지막으로 채널품질 측면에서 보면, 각 국가들마다 채널품질이 일정한 것은 아니다. 여기서 채널품질은 국가 내 유통을 담당하는 소매업체들의 전문적 기술과 능력을 말한다. 선진국 소매업체들의 능력은 전체적으로 훌륭하지만 러시아, 인도네시아와 같은 신흥시장이나 후진국의 채널품질은 일정하지 않다. 고품질 채널이 부족할 경우 시장진입이 힘들어질 수 있다.

(2) 간접유통경로와 직접유통경로

기업은 간접유통경로와 직접유통경로를 이용하게 된다. 간접유통경로는 국내의 무역회사 등의 중간상을 통한 국내경로를 이용하여 해외시장에서 제품을 공급하는 것으로, 제품에 대한 마케팅상의 통제가 곤란하다거나, 제품이 중간상에게 이익을 줄 수 없을 때의 거래단절 등의 단점이 있다. 직접유통경로는 제조업자 자신이 해외 유통경로를 직접 개발하여 이용하는 것으로 본국의 중간상을 거치지 않고 해외측과 직접거래를 한다. 이는 시장개척과 통제력 증대의

그림 10-1 글로벌 유통전략

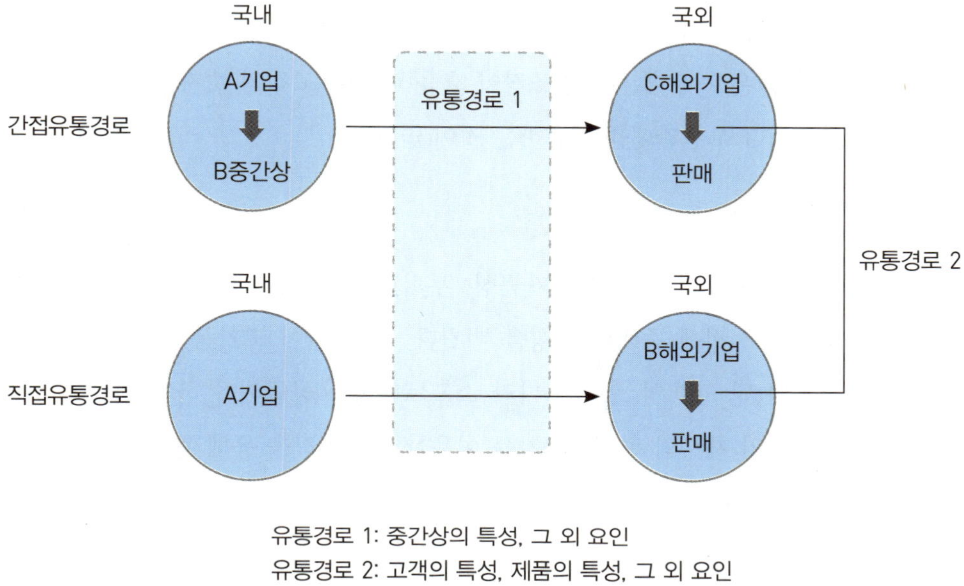

자료: 한국금융연수원, 「국제금융 2」, 2001, p.283.

효과는 있으나, 해외시장에 대해 이해가 부족할 경우 경로운영의 어려움 및 시간과 많은 비용의 투자가 필요한 것이 단점이다(〈그림 10-1〉 참조).

(3) 글로벌 유통경로 선정

글로벌 유통경로의 선정은 전체적인 기업의 마케팅 목표와 부합되게 해야 한다. 특히 해외시장의 목표고객의 욕구와 선호도에 따라 국제유통경로가 결정되어야 한다. 또한 각 해외시장에서의 경쟁력 지위 및 전체 마케팅 목표에 부합되게 이루어져야 한다. 경쟁이 심한 시장의 경우에는 자사제품의 판촉을 위해 독립된 경로기관들에게 강력한 인센티브를 주거나, 자사 직속의 판매조직을 설립하여야 한다. 이처럼 국제 유통경로가 전체적으로 마케팅 목표에 부합되기 위해서는 다음의 요인들을 고려하여야 한다.

고객의 특성

해외시장 목표고객의 구매습관, 지역적 분포, 소득수준, 유통기구에 대한 선호도에 따라 서로 다른 유통경로를 선택하여야 한다. 일반적으로 고객의 숫자가 적은 경우에는 직판조직이 효율적이며, 고객의 숫자가 큰 경우에는 소매조직이나 우편판매를 이용하는 것이 좋다.

제품의 특성

표준화의 정도, 부패가능성, 부피, A/S정도, 단가 등 제품의 특성들이 유통경로 선정에 중대한 영향을 미친다. 예를 들어 고가품인 컴퓨터의 경우에는 사용법 및 고객의 요구에 따라 소프트웨어를 공급해야 하기 때문에 훈련된 판매요원인 자사의 판매기술자를 이용한 직판조직을 통해 판매하고, 낮은 단가의 제품들은 주로 대리점 조직을 통해 판매한다.

중간상의 특성

유통경로를 선정하는 데는 기존 중간상들의 특성도 고려해야 한다. 중간상들은 거래시에 제조업체의 이익보다 자신들의 이익을 최우선으로 고려한다. 특히 중간상들은 고객의 수요가 있는 제품만 주문하고 적극적인 판촉이 필요한 제품은 취급하기를 회피하는 경향이 강하다. 이와 같은 중간상들의 반응은 특히 해외시장에 처음 진출하는 글로벌기업에게는 매우 심각한 문제가 된다.

환경요인

해외시장의 전체적인 환경요인은 유통경로 선정의 또 다른 중요한 고려요인이다. 글로벌 유통경로관리에서는 각 해외시장의 다양한 정치, 경제, 사회적 환경 때문에 현지경영자나 중간상에게 상당한 정도의 의사결정권과 책임을 부여해 줄 필요가 있다. 그리고 글로벌 마케팅 관리자는 해외시장의 유통경로를 선정할 때 그 나라 고유의 사회, 문화적, 경제적 환경을 고려하여 그 환경요인에 부합되는 경로를 설정하여야 할 것이다.

(4) 글로벌기업의 로지스틱스

글로벌기업의 생산관리에서 논의되는 로지스틱스(logistics)는 국제간에 행해지는 투입물과 산출물의 운송과 저장의 통합적 조정을 의미한다.[31] 완제품이나 반제품 및 부품의 수출이나 판매를 위한 물류활동으로서 주문처리, 산출물의 운송, 예측, 하역, 포장, 보관 및 정보, 원료의 확보와 입지선정 등을 광범위하게 포함하기도 한다. 글로벌 로지스틱스는 2개국 이상에 걸쳐 행해진다는 점에서 수송이 주체가 되고, 여기에 하역, 포장, 보관 및 정보의 모든 활동이 수송기능을 강화하는 형태로 행해지고 있다. 글로벌기업의 목적은 로지스틱스와 관련된 비용을 최소화하는 것으로, 로지스틱스의 최적화를 위해서는 수송, 보관, 포장 등 각 기능의 합리화뿐만 아니라 이들의 모든 기능이 통합된 토탈(total) 로지스틱스 시스템을 구축하여 출발지에서부터 도착지에 이르기까지 계속적으로 최적화를 위해 노력해야 한다.

기업이 글로벌화의 진전에 따라 해외에서의 제조, 판매와 부품 및 원자재 구입이나 조달이 큰 비중을 차지하고 중시됨에 따라 로지스틱스의 역할도 점차 증대하고 있다. 글로벌기업의 표적시장은 대부분 해외시장으로 대상시장에 대하여 어떤 생산기지에서 보다 효율적인 제품의 공급을 배려한 전략적인 물자의 흐름을 뒷받침할 기업배치전략이 절실히 필요하다. 또 현지에서 대고객 서비스가 이루어지게 되므로, 제품이나 서비스가 해외시장에 적절히 도달할 수 있는 최적의 로지스틱스 시스템 수립이 요구된다. 즉 기업의 글로벌화가 진전되면 세계적으로 분산된 생산거점들을 어떻게 네트워크화하여 원료, 부품, 완제품 등의 이동을 최적화 하느냐가 중요한 과제가 된 것이다.

글로벌기업은 해외환경을 정확히 분석하여 이를 기초로 로지스틱스의 관리시스템을 개발해야 한다. 최적의 로지스틱스 시스템을 구축하고 운영하기 위해서 글로벌기업은 환경분석, 전략계획의 수립, 조직의 구축, 운영계획의 수립, 실행상황의 관리 및 통제, 결과의 평가 및 개선 등과 같은 일련의 과정에 따라 로지스틱스를 관리해야 한다는 것이다.

---

31 조동성, 「국제경영」, 경문사, 1997, p.683.

로지스틱스의 결정기준

해외지향기업의 로지스틱스 관리는 최적의 비용 및 시간의 효율적인 방법으로 수출하는 활동에 국한한다. 그러므로 로지스틱스 관리 시스템이 시장이나 지역별로 분산되어 있는가를 확인해야 한다. 그리고 현지 소싱을 할 것인지 글로벌 소싱을 할 것인지를 고려해야 한다. 현지공장이 현지시장만을 위한 소량생산을 목표로 할 것인가, 아니면 세계시장을 목표로 대량생산을 할 것인가와 해외 자회사에 원자재나 제품 및 기계 등을 어떻게 공급할 것인가를 고려해야 한다.

이외에도 현지국의 경제환경과 세계경제환경의 변화를 고려하고 생산공정을 수직으로 공장별 통합을 하느냐, 아니면 각 공장의 생산공정을 전문화시켜 상호 교역으로 중요한 부품들을 공급할 것인가 등을 고려하여 로지스틱스를 결정해야 한다.

글로벌 로지스틱스 시스템의 효과

기업이 해외사업시 고려할 수 있는 로지스틱스 시스템은 직송시스템, 보관시스템, 다국간 시스템 등이 있다. 이들 시스템의 변형은 다양하게 있을 수 있지만 기본적으로 세 가지의 유형을 벗어나지 않는다. 기업은 이것들을 조합하여 활용하기도 하며, 투자형태, 생산시스템, 지역·제품·기간별로 취하는 형태가 달라질 수 있다.

직송시스템은 현지국에 자회사나 본사가 없거나, 있어도 보관시설을 운영하지 않고 판매만을 행하므로 상품이 본사로부터 고객에게 직접 운송되는 시스템으로 운송비와 기타 관련 비용이 상대적으로 높은 편이다. 이 시스템은 수출입 물류에 주로 이용된다. 보관 시스템은 현지에 창고를 운영하며 대량의 물품을 현지창고에 비축하여 놓고 위탁 판매하거나 현지의 주문에 공급해주는 시스템이다. 이는 일부시장에 수요가 있는 제품에 적절하며, 수출입 선적횟수나 서류작성 등의 횟수를 줄일 수 있고 충분한 재고 보유가 가능하다.

다국간 시스템은 글로벌기업의 분산된 생산거점이나 배송거점을 통합하여 글로벌 로지스틱스를 추구한다. 즉 세계적으로 분산된 생산거점들을 글로벌 로

지스틱스로 연결하여 원재료나 부품, 제품 등의 글로벌 소싱 네트워크를 구축하고, 생산거점을 유기적으로 연계하여 매출액 증대와 물류비용의 절감을 통한 글로벌 경쟁력을 키울 수 있다. 이에 글로벌 분업생산에 맞는 시스템은 다국간 시스템이라 할 수 있다.

다국간 시스템은 상품을 생산공장에서 주요 입지국 물류센터로 수송하여 그곳에서 다시 각국의 자회사 창고와 고객에게 배송하는 시스템으로 수송의 편리성을 위하여 교통의 중심지나 자유무역지대가 물류센터로 많이 활용된다.

4. 글로벌 촉진전략

(1) 글로벌 촉진의 개념

마케팅믹스에 있어 중요한 요소 중 하나는 예상되는 소비자들에게 제품의 특성을 전달하는 것이다. 글로벌기업이 사용할 수 있는 촉진전략은 직접 판매, 판촉, 직접마케팅, 광고와 같이 무수하다. 글로벌기업의 촉진전략은 채널의 선택에 의해서 좌우된다.

촉진은 표적시장으로부터 기업이나 제품에 대한 호의적인 반응을 얻기 위해 행해지는 커뮤니케이션 활동이다. 이러한 촉진활동은 우선 소비자에게 제품에 관한 정보를 제공하여 소비자가 제품을 알게 하며, 다음으로 제품에 대해 호의적인 태도를 가지도록 한 후, 마지막으로 제품의 구매를 이끌어 낸다. 즉 소비자에게 설득적 커뮤니케이션을 하여 판매를 증대시키는 것을 목적으로 한다.[32] 따라서 현재고객뿐만 아니라 미래의 잠재고객에게도 자사제품의 편익과 가치 그리고 타사제품보다 자사제품의 우수성을 인식시키고 설득시키는 의사소통과정이 필요하다. 글로벌 촉진전략은 광고, 판매촉진, 홍보활동 그리고 인적판매 등의 네 가지 주요 수단으로 구성되어 있다[33](〈표 10-3〉 참조).

---

32 이수형, 전게서, p.311

33 이승종 외, 전게서, pp.506~509.

표 10-3 일반적인 글로벌 촉진수단

광 고	판매촉진	홍 보	인적판매
신문과 방송	경연, 게임, 추첨	신문자료	판매제안
외부포장	복권	연설	판매회의
포장내 삽입물	경품권	세미나	텔레마케팅
우편	견본	연차보고서	유인프로그램
카탈로그	품평회	자선적 기부금	판매원
영화	박람회	공중관계	
잡지	전시회		
팸플릿	전람(설명)회		
포스터 및 전단	쿠폰		
안내서	환불금		
광고복사물	저리융자		
옥외게시판	오락		
전시판	상품교환		
시청각용 도구	상표권		
심볼과 로고			

(2) 글로벌 촉진의 장벽

글로벌 촉진은 글로벌기업이 제품을 다른 국가에 판매하기 위해 마케팅활동을 수행할 때 발생한다. 글로벌 촉진은 문화장벽, 원천효과 및 노이즈 레벨[34]에 의해 효율성이 저해될 수 있다.[35]

문화장벽

문화장벽으로 인해 글로벌기업은 자신들의 메시지를 온전하게 소비자에게 전달할 수 없다. 문화적 차이로 인해 같은 메시지라도 국가마다 받아들이는 의미하는 바가 다를 수 있다. 예를 들어 1980년대 P&G는 일본에서 카메이(Camay) 비누에 대한 광고 홍보활동을 활발히 전개하는 동안 예상치 못한 문제에 직면했다. TV 광고는 한 일본 남성이 부인이 목욕을 하고 있는 화장실에 걸어 들어가는 것으로 시작한다. 여성은 남성에게 새로운 비누에 대해 말하기 시

34 노이즈레벨(noise level)은 미디어 전달 효과의 방해 수준을 말한다.
35 박철순 외(역), 전게서, pp.558~561.

작하지만 남편이 아내의 어깨를 쓰다듬으면서 비누거품 따위는 신경쓰지 않는다고 넌지시 말한다. 유럽에서 이 광고는 매우 인기가 있었지만 일본에서는 완전히 실패했다. 일본에서는 아내가 있는 곳에 남편이 갑자기 들이닥치는 것을 예의가 아니라고 생각하기 때문이었다.

기업이 문화장벽을 극복하는 최선의 방법은 다양한 문화를 이해할 수 있는 능력을 키우는 것이다. 덧붙여 마케팅 메시지를 고안할 때 현지 광고 대행사의 도움을 받는 등 해당지역의 자원을 적극적으로 활용하여야 한다. 메시지를 전달하기 위해 광고보다 직접판매의 방식을 사용하고자 한다면 기업은 현지 영업 판매사원을 육성해야 한다.

원천 및 원산지 효과

원천효과는 메시지 수신자가 발신자의 지위나 이미지에 근거하여 메시지를 평가할 때 발생한다. 목표 국가의 잠재 소비자들이 외국기업에 편견을 가지고 있다면 원천효과로 인해서 기업이 목표국가의 시장에 진입할 때 어려움을 겪을 수 있다. 대부분의 기업들은 해외에서 기업활동을 할 때 자신들의 국적을 밝히지 않는 방식으로 국적에 따른 부정적인 원천효과를 피하려고 노력한다.

원천효과의 하위 항목으로 원산지효과가 있는데, 이것은 제품의 제조장소가 제품평가에 영향을 미치는 정도를 말한다. 연구결과에 따르면 소비자들은 원산지를 가지고 제품을 평가하기도 한다. 특히 제품에 대한 세부지식이 부족할 경우 이런 경향이 더욱 크게 나타난다.

원천효과와 원산지 효과가 항상 부정적인 결과만을 가져오는 것은 아니다. 프랑스산 와인, 이탈리아 의류, 그리고 독일 고급차는 긍정적인 원천효과로 전 세계에서 큰 인기를 얻고 있다.

노이즈 레벨

노이즈(noise)란 잠재 소비자의 관심을 끌기 위해 경쟁하는 다른 메시지의 양을 가리킨다. 노이즈는 효과적인 커뮤니케이션을 방해하며 국가에 따라 매우 다양하다. 미국과 같은 선진국의 경우 노이즈의 정도가 극도로 높다. 반면에 개발도상국의 경우 잠재소비자들의 관심을 끌기 위해 경쟁하는 기업이 적기 때문에 노이즈의 정도가 낮다.

(3) 글로벌 촉진전략 수단

광 고

광고는 마케팅믹스 중 잠재고객에게 제품에 대한 정보 및 가치를 알려주고 설득하며, 인지도를 높여주는 역할을 하는 중요한 수단이다. 이와 같은 광고의 중요성은 글로벌 마케팅에서도 예외가 아니며 특히 산업재보다 소비재의 경우에 그 역할이 더욱 중요하다(〈표 10-4〉 참조).

특히 해외시장에서의 광고전략을 수립할 때는 국내마케팅의 경우와 달리 몇 가지 고려할 점이 있다. 우선 제품이 해외시장에 따라 제품수명주기상의 상이한 위치에 놓이는 경우가 많아 나라에 따라 제품에 대한 인지도와 소구점이 달라질 수 있다. 따라서 글로벌 마케팅 관리자는 이와 같은 점을 충분히 고려하여 효과적인 글로벌 광고전략을 수립해야 한다.

세계적으로 표준화된 광고의 장단점에 대해 활발히 논의되고 있다.[36] 세계적으로 표준화된 광고에 대해 찬성하는 사람들은 크게 세 가지 이유를 들고 있다. 첫째, 경제적으로 큰 이점이 있다. 표준화된 광고는 광고를 개발하는 데 소

표 10-4 광고목적

고 지	• 신제품을 시장에 소개 • 신고객에게 제품을 제안 • 가격변경을 전달 • 제품사용법 설명	• 이용 가능한 서비스 설명 • 잘못된 이미지 수정 • 소비자의 두려움 제거 • 기업이미지 구축
설 득	• 브랜드 선호 구축 • 자사 브랜드 전환으로의 설득 • 제품속성에 대한 소비자의 인식 변경	• 구매설득 • 판매방문을 수락하게끔 설득
상 기	• 가까운 장래에 제품의 필요성 상기 • 비수기 동안 소비자 기억에 지속	• 구매장소의 상기 • 최고의 지명도 유지

36 박철순 외(역), 전게서, pp.565~566.

요된 고정비용을 여러 국가에 분산시킴으로써 가치창출에 드는 비용을 줄인다. 둘째, 창의성을 가진 인재가 부족할 경우 각각의 국가에 적합한 캠페인을 수행하기 어렵기 때문에 개개인의 능력을 모아서 전 세계적으로 표준화된 캠페인을 수행하는 것이 더 좋은 결과를 얻을 수 있다고 믿는다. 셋째, 여러 브랜드 이름이 이미 세계적으로 널리 알려져 있다는 것을 꼽을 수 있다.

세계적으로 표준화된 광고에 반대하는 사람들은 두 가지를 들고 있다. 첫째, 국가 간의 문화적 차이로 인해 한 국가에서 받아들여지는 메시지가 다른 나라에서는 받아들여지지 않을 수 있다. 문화적 다양성으로 인해 단일 광고 주체가 세계 각국에서 받아들여지는 것은 지극히 힘든 일이다. 둘째로 광고에 대한 규제는 표준화된 광고를 방해할 수 있다. 예를 들어 American Express는 다른 국가에서 성공적이었던 프로모션이 독일 규제 당국에 의해 제지 당한 경험이 있다. 이 프로모션은 American Express 카드 소유자들이 카드를 사용할 때마다 카드 소유자에게 "보너스 포인트"를 지급한다는 내용이었다. 독일의 경쟁법에서는 제품판매와 함께 무료로 사은품을 주는 것을 금지하고 있어, American Express는 독일의 경쟁법을 위반한 혐의로 상당한 벌금을 내고 광고를 내려야만 했다.

바람직한 글로벌 광고전략은 표준화와 차별화의 단점을 지양하고 두 전략의 장점을 모두 살릴 수 있는 범세계적 전략이다. 이 전략은 최근에 논의되는 개념으로서 자국시장을 대상으로 개발된 광고를 아무런 수정 없이 해외시장에 보내는 자국중심적 표준화전략과 달리 처음부터 전 세계적인 청중을 대상으로 공통된 소구점을 찾아 단일의 메시지를 개발하고 광고디자인 및 카피 등 구체적인 일러스트레이션(illustration)을 각 해외시장의 환경요인에 맞추어 수정할 수 있게 하는 전략이다.

보다 구체적으로 말하면, 즉 전 세계적인 소비자에게 공통되는 소구점을 찾아 이것을 공통된 광고의 메시지로 하는 글로벌광고의 원형을 개발하고 광고의 구체적인 카피, 포맷(format), 일러스트레이션은 현지시장의 문화적 환경, 소비자기호, 경쟁상황, 법률적 규제에 적합한 형태로 개발하는 전략이다. 예를 들어 광고전략을 크게 두 가지 분야로 나누어 광고의 주제(소구점)에 대해서는 표준화된 공통 메시지를 사용하나 그 주제를 표현하는 광고의 배경, 모델, 음악, 포맷 등은 현지시장에 환경적 요인, 사회문화적 전통, 법률적 규제, 소비자 특성 등을 고려하여 제작하여야 한다는 것이다.

범세계적 글로벌 광고전략은 표준화의 장점인 비용절감효과와 차별화의 장점인 현지적응력 및 효과적인 설득력을 동시에 추구할 수 있다.

글로벌 인적판매

글로벌 인적판매란 고객과의 접촉을 통해 판매를 실현시키려는 방법으로 판매원을 매개로 한 촉진수단이다. 고객과 접촉하여 제품을 판매할 직접적인 책임을 담당하고 있는 사람을 판매원이라 한다. 판매원은 해외시장에서 실질적인 판매활동을 할 뿐만 아니라 촉진프로그램이나 광고계획에 이용될 수 있는 정보수집도 할 수 있다. 인적판매는 촉진의 속도가 느리고 고객당 소요되는 비용이 많으므로 대중을 상대로 한 소비재보다는 제품 단가가 높고 고객에게 제품의 기술적 복합성을 이해시킬 필요가 있는 산업재의 촉진 수단으로 많이 활용된다.

글로벌 마케팅 관리자는 현지에서 필요한 글로벌 인적판매원을 본국에서의 파견인력으로 할 것인지, 현지 채용인력이나 제3국인 중 어느 쪽으로 해야 할지를 결정하는 것이 중요한 업무이다.

판매촉진

판매촉진은 제품이나 서비스의 판매·구입을 촉진하기 위한 단기적인 인센티브를 말한다. 광고가 제품이나 서비스를 구입할 이유를 제공하는 것이라면 판매촉진은 당장 구입하도록 하는 이유를 제공한다. 판매촉진은 비인적 수단을 통해 단기적으로 이루어지며 전시회, 설명회, 경연, 경품, 쿠폰제, 견본, 선물, 가격할인, 카탈로그 등을 통해 이루어진다. 특히 쿠폰제와 같은 일부 판촉활동은 해외에서 불법이거나 규제대상이 될 수 있다. 예를 들어 그리스, 포르투갈, 스페인에서는 사실상 모든 판촉활동이 가능하나 독일, 노르웨이, 스위스에서는 일부에 대해 금지하거나 제지한다. 무상제공과 같은 판촉활동은 비윤리적 판촉

활동으로 취급받을 수 있다.[37]

글로벌 판매촉진은 단순 수출의 경우보다 해외시장국의 유통경로에 적극적으로 개입하는 경우에 보다 중요한 의미를 지니며, 특히 제품이 시장에 처음 소개될 때 효율적인 수단이다.

홍 보

홍보란 기업이 비용을 부담하지 않고 어떤 매체에 의해 기업과 제품에 관한 뉴스를 다루게 함으로써 수요를 자극하는 비인적 촉진수단이다. 이는 기업과 독립적인 제3자의 입장에 있는 신문, 방송, 잡지 등에 의해 뉴스의 성격을 띠고 자연스럽게 시행되어 높은 신뢰성을 갖기 때문에 촉진효과가 크지만 기업이 통제할 수 없는 단점이 있다.

글로벌기업은 현지국에서 예술문화활동지원, 상금기부, 회사의 업적에서 회사조직원의 지역정보활동 등의 방법으로 홍보선전 효과를 기대할 수 있다.

오늘날 해당 시장국의 산업사회가 성숙되면서 노동조합, 소비자단체, 기타 이해집단들의 행동이 글로벌기업의 마케팅활동에 큰 영향을 미칠 수 있게 되어, 현지국에서 기업에 호의적인 여론이 형성되면 순조로운 기업활동에 많은 도움이 된다.

---

37 조영곤 외(역), 전게서, pp.538~539.

key point

CASE STUDY

"소비자 만족이 최우선!" 포스코의 고객만족경영 '눈길'

대표적인 B2B 기업 포스코가 고객만족경영에 박차를 가하고 있다. 차별화된 고급제품을 바탕으로 소비자의 만족을 중심 '솔루션 마케팅'을 강화하면서 불황을 타개하고 있어 눈길을 끈다.

실적개선 일등공신: WP+솔루션마케팅

포스코는 글로벌 불황과 철강공급 과잉 상황에서도 지난 1분기 별도기준 매출 5조7천671억원, 영업이익 5천812억원, 당기순이익 4천459억원을 기록했으며, 영업이익률은 전 분기에서 3.9%포인트 상승한 10.1%를 기록했다. 전 세계 철강업황을 고려하면 괄목할 만한 수치이다. 특히 눈여겨 볼 점은 전분기 대비 매출이 소폭 감소한 상황에서도 영업이익이 전분기 대비 2,109억원, 당기순이익이 1,841억원이 각각 증가했다는 점이다. 이러한 수익성 제고의 일등공신은 포스코가 양산해내고 있는 2천여 종의 차별화된 고부가가치 제품인 월드프리미엄(WP: World Premium) 제품이다.

포스코는 지난 1분기 월드프리미엄(WP)제품을 전 분기보다 25만5천 t 더 팔아 368만2천 t의 판매량을 기록했고, 전체 제품 판매에서 WP제품이 차지하는 비중은 44.5%로 전 분기보다 4.8%p 상승했다. 이 중 고객이 더 편리하고, 더 경제적으로 포스코의 제품을 사용할 수 있게 하자는 새로운 마케팅 전략인 '솔루션마케팅'과 연계된 판매량은 23%에 달한다. 향후 포스코는 월드프리미엄 제품 판매 비중을 50% 가까이 늘리고 솔루션마케팅 연계판매량 역시 꾸준히 늘려나간다는 방침이다.

포스코는 지난 2015년부터 고객과의 친밀한 관계 형성과 신뢰 구축을 통해 고객감동을 추구하는 Human Solution을 추가하여 더욱 포괄적이고 진화된 솔루션마케팅 활동을 추진하고 있다. 고객의 감동을 얻어 마음을 사로잡는 휴먼솔루션은 무엇보다 포스코의 솔루션마케팅을 특별하게 하는 중요한 개념이다.

고객 감동을 강조해오고 있는 권오준 회장은 지난 2월 포스코그룹 임원과 직책보임자를 대상으로 한 월례 회의에서도 "포스코의 솔루션마케팅은 휴먼솔루션 영역으로 진화해야 한다"며 "을의 입장에 서서 고객에게 다양한 가치를 제공하며 고객만족을 넘어 고객감동을 이끌어내자"고 강조한 바 있다.

세계로 뻗어나가는 솔루션 마케팅

이 일환으로 포스코는 글로벌 고객의 목소리를 좀 더 가까이에서 듣기 위해 노력하고 있다. 미국 휴스턴에서 열린 세계 최대 해양기술 박람회인 OTC(Offshore Technology Conference)에는 2008년 이후 매년 참가해 다수의 현지 미팅을 통해 에너지 강재 공급 계약 체결, 기술 협력 MOU 체결 등의 성과를 얻는 것은 물론 고객사와의 네트워크를 강화하고 있다. 올해 5월 2일 개최되는 OTC에도 포스코는 참가를 확정했다.

또한 디트로이트에서 열린 북미국제오토쇼에서 철강사 세계 최초로 기술전시관을 열어 미래지향적 자동차 소재에 대한 포스코의 솔루션을 소개했다. 고강도이면서 가공성이 좋은 TWIP강과 고온성형 및 급속냉각을 통해 자동차의 내충돌성능을 향상시키는 HPF(Hot Press Forming)강 등의 WP(World Premium) 제품을 비롯한 미래지향 부품 30여 종을 전시하고, 포스코가 생산하고 있는 세계 최고 수준의 자동차 강판을 모두 적용시켜 구성한 가장 이상적인 철강 차체(Body)를 선보였다.

향후에도 포스코는 제품만 단순 공급하는 것이 아니라 해당 제품을 고객의 필요에 가장 알맞게 활용할 수 있도록 성형, 용접 등의 이용기술도 함께 제공하는 솔루션마케팅 활동을 적극 전개함으로써 고부가가치 월드프리미엄 자동차강판 판매 비중을 70% 이상 확대할 계획이다.

고객대응 100점을 향해: 고객 만족도 조사까지 하는 철강회사

포스코는 2003년부터 운영해온 CRM 시스템을 통해, 현재 2만여 개의 국내외 고객사 정보를 관리하고 있다. 각 고객사별 거래실적은 주문관리 ERP 시스템을 통해, 재무·일반현황은 신용평가기관과의 연계를 통해 자동 업데이트되며, 전사의 모든 고객 접점부서는 고객 니즈와 대응 상황, 중요 이슈 사항 등을 실시간으로 등록하고 있다. 이러한 CRM 시스템의 고객정보는 국내는 물론 전 세계 50여 개의 사업장에 동일하게 공유되어 고객만족도 제고 및 솔루션마케팅에 적극 활용되고 있다.

또한 포스코는 제품 및 서비스 활동 전반에 대한 고객의 의견 및 개선 요구사항 등을 파악하고, 고객가치 향상 활동을 제고하기 위해 매년 외부 전문조사기관에 의뢰해 고객만족도 조사를 실시하고 있다.

2015년에는 2014년도와 마찬가지로 포스코 7대 전략산업인 에너지, 조선해양, 전기전자, 자동차, 경강선재, 강건재, STS 산업의 고객사를 중심으로 조사를 실시했다. 7월 말부터 9월 말까지 2개월 간 온라인과 우편을 통해 설문조사를 진행한 결과, 포스코의 고객만족도는 국내는 전년보다 2점 상승한 85점, 해외는 전년과 같은 74점을 기록했다.

포스코는 2015년 고객만족도 조사에서 도출한 160여 개 고객 니즈를 과제화하여 집중 개선하고, 이를 통해 고객과의 동반성장 기틀을 공고히 다져나갈 계획이다. 아울러 2016년에도 고객의 목소리를 경청하고 고객 니즈를 발굴, 개선하는 노력을 지속할 예정이다.

소비자가 만드는 신문(2016.4.28)

key point

CASE STUDY

현대차, 해외 스포츠 마케팅 확대로 글로벌 이미지 강화

미국프로풋볼과 유로2016 후원…홍보 강화, 글로벌 자동차회사 위상 굳혀

현대자동차가 미국프로풋볼과 유로2016 후원을 통해 스포츠 마케팅을 확대하고 있다. 인기 스포츠에 힘입어 현대차 브랜드의 글로벌 이미지를 강화하려고 한다. 현대차 미국법인은 18일 미국프로풋볼리그(NFL) 소속팀 마이애미 돌핀스와 4년 공식 후원계약을 맺었다.

현대차는 마이애미 돌핀스의 홈구장인 썬라이프 스타디움에 차량 3대를 전시하고 관중석에 '현대클럽'을 조성하기로 했다. 현대클럽은 경기를 보면서 다과를 즐길 수 있는 스위트룸 형태의 좌석이다. 현대차는 지난해 미국프로풋볼리그 사무국과 5년 동안의 후원계약을 맺고 애리조나 카디널스, 미네소타 바이킹스 등 4개 팀을 후원해 왔다.

현대차는 올해 슈퍼볼에서 모두 4편의 광고를 내보내 톡톡한 홍보효과를 누린 것으로 평가된다. USA 투데이가 슈퍼볼에서 방영된 TV광고를 두고 실시한 선호도조사에 따르면 현대차 제네시스 광고가 1위를 차지했고 엘란트라(한국명 아반떼) 광고가 5위와 6위를 차지했다.

현대차는 유럽에서도 인기 스포츠를 활용한 마케팅을 펼치고 있다. 현대차는 6월 열리는 유럽의 축구 국가대항전인 '유로2016'의 공식 후원사다. 현대차는 최근 유로2016과 연계된 홍보 웹사이트 '디지털 팬파크'를 개설했다. 현대차는 이 웹사이트를 통해 유로2016 티켓과 현대차 i20을 얻을 수 있는 이벤트를 진행하는 등 대회 개막을 앞두고 본격적인 마케팅에 돌입했다.

현대차는 올해 3월 열린 제네바모터쇼에서 유로2016을 기념해 한정제작한 모델을 선보이는 등 유로2016 개막에 맞춰 마케팅을 순차적으로 진행해 왔다.

현대차는 주목도가 큰 경기에서 브랜드와 제품을 노출해 인지도를 높이고 글로벌회사로서 위상을 확고히 하는 두 가지 효과를 기대하고 있다. 미국프로풋볼리그는 아이스하키, 야구, 농구와 함께 미국 4대 프로스포츠 리그로 꼽힌다. 미국프로풋볼리그는 한 시즌이 진행되는 6개월 내내 꾸준히 많은 관심과 높은 시청률을 보인다.

미국프로풋볼리그의 결승전인 슈퍼볼은 단일 스포츠경기의 글로벌 시청자수에서 유럽의 축구클럽 대항전인 챔피언스리그와 선두를 다툰다. 올해 슈퍼볼은 미국에서만 1억 명이 넘게 시청했고 전 세계 시청자수는 2억 명이 넘었을 것으로 추산된다. 유로는 4년마다 한번 열리는데 챔피언스리그와 함께 유럽 최대의 축구이벤트로 불린다.

미국프로풋볼리그의 인기가 미국과 미국 외 지역에서 크게 갈리는 것과 달리 유로는 세계가 주목하는 축구 대회다. 유로는 유럽에서 월드컵이나 올림픽보다 더 관심이 높은 것으로 알려져 있으며 경기당 시청자수는 2천만 명에 이른다. 현대차는 유로2016 후원으로 얻을 수 있는 광고효과가 10조원에 이를 것으로 기대하고 있다. 이렇게 세계적으로 이름난 리그나 대회의 후원을 맡으려면 그만큼 기업의 능력이 뒷받침돼야 한다.

현대차는 미국프로풋볼리그와 유로를 후원하고 홍보활동을 펼쳐 글로벌기업으로써 능력을 과시하는 효과를 볼 수 있다. 현대차 관계자는 "주요 스포츠 이벤트에서 현대차 브랜드나 차량을 노출하는 것 자체로 글로벌기업으로써 이미지를 다지는 데 효과적일 것"이라고 말했다.

비즈니스포스트(2016.4.19)

글로벌경영론

제11장

글로벌 재무관리

introduction

CASE STUDY

현대캐피탈의 당찬 글로벌 도전 해외 법인 자산·영업이익 쑥쑥 큰다

국내 캐피털 업계 1위 기업인 현대캐피탈이 해외 사업에서도 큰 성공을 거두고 있다. 해외 법인 영업이익과 자산 증가세가 놀라운 수준이다. 금융업계에선 '현대캐피탈이 국내에서의 저금리·저성장으로 인한 수익성 악화 상황을 해외 사업 성장을 통해 극복할 수 있는 수준까지 이르렀다'는 평가도 나오고 있다.

지난 3월 현대캐피탈이 국내 민간기업 중에선 처음으로 그린본드(Green Bond·환경친화적인 프로젝트에 투자할 자금을 마련하기 위해 발행하는 특수 목적 채권) 발행에 성공했다. 국내 전체로는 수출입은행에 이어 두 번째다. 현대캐피탈은 이번 그린본드 발행을 통해 5억 달러 규모의 투자금을 확보했다.

제2금융권 기업이 그린본드를 발행한 것도 놀라운 일이지만, 금융업계에선 현대캐피탈이 해외 연기금 등 글로벌 투자자 네트워크 기반을 늘린 것에 더 큰 의의를 두는 모습이다. 국내 IB 업계 한 관계자는 "현대캐피탈의 이번 그린본드 발행은 초우량 등급에 투자하는 미국, 유럽의 장기 펀드 등으로 투자자 저변을 확대했다는 점에서 큰 의미가 있다"고 설명했다. 현대캐피탈의 그린본드 발행에서 글로벌 투자자 네트워크 확대가 주목받는 이유는 최근 현대캐피탈이 열을 올리고 있는 해외 사업 확대에 이들 네트워크가 큰 도움이 될 것이란 전망 때문이다. 그린본드 발행 한 달 전인 지난 2월, 현대캐피탈은 해외 사업 영업이익 2조원 시대를 열겠다고 공언해 화제를 모은 바 있다. 현대캐피탈은 지난해 해외 사업 부문에서 3,669억원의 영업이익을 기록했다.

해외 사업 확대 왜?

현대캐피탈은 2009년 독일에 현대캐피탈 저머니 Hyundai Capital Germany를 설립하면서 해외 사업 진출의 첫발을 내디뎠다. 이후 2015년까지 꾸준히 진출국 수를 확대해 현재 러시아, 중국, 인도, 영

현대캐피탈 해외 진출 현황 (숫자는 설립 연도)

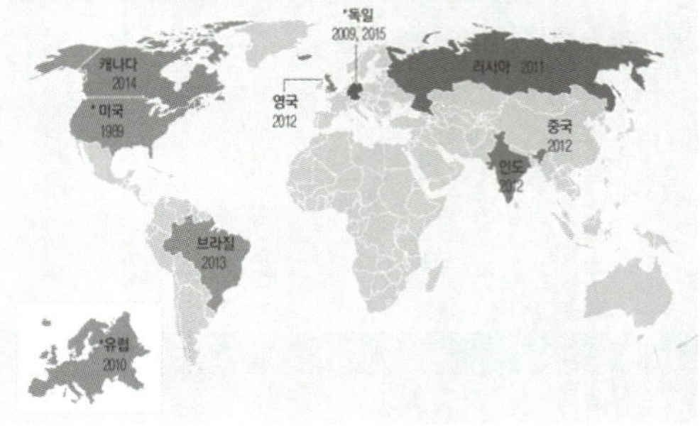

국, 브라질, 캐나다 등 총 7개국에 9개의 법인을 두고 있다.

현대캐피탈이 해외 사업 확대에 공을 들이는 이유는 국내 금융시장 환경이 크게 나빠지고 있기 때문이다. 한국은행이 지난해에만 두 차례나 기준금리를 인하(현재 1.5%)하는 등 역사적인 저금리 기조가 유지되면서 현재 국내 금융업체들은 순이자마진 등의 수익성 지표가 바닥까지 떨어진 상태다. 인터넷 전문은행의 출범이 코앞으로 다가오면서 금융업체들의 수익성은 더 나빠질 것으로 예상되고 있다. 금융업체들이 조직 규모를 줄이는 등 노력을 하고 있지만, 근본적인 해결책이 아니라는 점에서 역부족이라는 평가가 많이 나온다.

이 같은 상황을 극복하기 위해 현대캐피탈을 비롯한 국내 많은 금융업체가 해외 진출을 시도하고 있다. 하지만 성과는 미미한 편이다. 대다수 금융업체의 해외 법인이 현지 교민이나 한국 기업 법인, 유학생 등을 대상으로 한 탓에 '해외에 거주하고 있는 국내 고객들의 편의 증대' 정도의 역할만 하는 곳이 대부분이기 때문이다. 시장 확대라는 본연의 목적에 충실하지 못하다는 말이다. 금융업체 중 가장 큰 덩치를 자랑하는 은행들의 지난해 상반기 해외 영업점 당기순이익 총합이 3억7,800만 달러에 불과했다는 금융감독원의 발표가 이 같은 상황을 방증한다.

현대캐피탈의 놀라운 성장세

국내 금융업체들이 해외 사업에서 부진을 면치 못하고 있는 가운데, 현대캐피탈이 최근 놀라운 성장세로 차별화한 모습을 보여 눈길을 끈다. 현대캐피탈의 해외 법인 자산 규모는 매년 큰 폭으로 성장했다. 현대캐피탈의 해외 법인 자산 규모는 2015년 상반기 기준 총 34조원에 달했다. 2009년 이후 연평균 30%대 이상 고성장을 지속해온 결과다.

해외 법인 영업이익도 꾸준히 상승했다. 2012년 3,290억원이었던 현대캐피탈의 해외 법인 영업이익은 2013년 4,118억원, 2014년 4,835억원으로 가파르게 올랐다. 지난해에는 글로벌 경기침체와 이에 따른 자동차 매입 신규 수요 감소(현대캐피탈은 자동차 금융의 비중이 전체 매출의 80%를 차지해 자동차 시장의 영향을 많이 받는다), 신규 법인인 현대캐피탈 캐나다의 영업 적자 등으로 해외 법인 영업이익이 뒷걸음질쳐 3,669억원을 기록했지만, 이는 일시적 충격이란 것이 업계 관계자들의 중론이다. 이를 반영하듯 정태영 현대캐피탈 부회장 역시 "1년 실적에 일희일비하지 말고 글로벌 시장 공략에 박차를 가해 달라"며 향후 지속적인 해외 사업 확장을 주문하고 있다.

치밀한 준비가 성공의 열쇠

현대캐피탈이 해외 사업 부문에서 좋은 모습을 보이고 있는 이유는 '각국에서의 성공적인 비즈니스 수행을 위한 제반 사항 마련'에 많은 공을 들였기 때문이다. 현대캐피탈은 지난 2010년부터 '글로벌 익스체인지 프로그램 Global Exchange Program'을 운영 중이다. 글로벌 익스체인지 프로그램은 한국 본사와 해외 법인 임직원들이 자유롭게 근무지 이동 및 교환 근무를 할 수 있는 제도이다. 자격 요건을 충족하는 임직원들은 자신이 근무할 현대캐피탈 국내외 법인을 직접 선택하고 그곳으로 이동해 업무를 수행할 수 있다.

현대캐피탈은 지난해 해외 사업 부문 조직 구성에도 변화를 줬다. 해외 사업실을 중심으로 1실 2팀 구조였던 해외 사업 조직을 해외 전략실, 해외 HR실, 해외 경영 관리실, 해외 리스크 관리실 등 4실 8팀 구조로 확대했다. 명칭도 해외 사업실에서 해외 사업 본부로 격상했다. 조직이 커짐에 따라 35명이었던 해외 사업부 인원도 85명으로 크게 늘었다.

치밀한 시장 조사는 현대캐피탈 해외 사업 성공의 핵심으로 꼽힌다. 현대캐피탈 관계자는 말한다. "현대캐피탈은 어떤 시장에 진출하기 전에 정밀한 분석 과정을 거칩니다. 이 과정의 핵심은 '전략적 중요성'과 '사업 환경'을 살펴보는 거죠. 전자는 진출할 국가의 시장 규모와 지리학적 위치, 현대·기아차의 상황 등을 살펴보는 것이고, 후자는 해당 국가의 정부 규제와 금융 인프라, 리스크, 지역 경쟁 업체의 현황 등을 살펴보는 것입니다. 저희는 그 외에도 민족과 언어, 현지 자금 조달 능력 등을 추가로 정밀 분석하고 있어요. 이 모든 것을 종합한 후에야 이 시장에 들어갈지 말지, 들어가면 어떤 식으로 사업할 것인지를 결정하게 됩니다. 거의 모든 변수를 고려하는 만큼 성공 확률도 높을 수밖에 없어요."

현대캐피탈이 선진국 시장에 더 집중하는 이유

현대캐피탈이 해외사업을 영위하기 위해 진출한 국가들을 보면, 다른 금융업체들과 다소 다른 모습을 보여 눈길을 끈다. 대부분의 금융업체들이 인도네시아, 베트남 등 동남아시장 공략에 집중하는 것과 달리, 현대캐피탈은 유럽, 캐나다 등의 선진국 시장에 더 관심을 쏟고 있다. 이들 국가에는 강력한 로컬 경쟁 사업자가 존재하긴 하지만, 자동차 구매 시 금융서비스를 이용하는 소비자 비율이 80%를 넘어 선진 경쟁력을 갖추고 있는 현대캐피탈에겐 유리한 시장이라는 판단 때문이다. 동남아시장은 점포 출점 비용이 적게 들고 수익성이 상대적으로 높다는 장점이 있지만, 소비자들에게 자동차 금융이 생소해 전체 시장이 작다는 단점을 가지고 있다.

현대캐피탈의 글로벌 파트너들

현대캐피탈의 성공적인 세계시장 공략에는 글로벌 금융업체들과의 파트너십도 많은 도움이 됐다. 현대캐피탈은 해외 사업 진출 초기부터 현재까지 세계적인 금융업체들과의 파트너십을 통해 각국에서 활용할 수 있는 비즈니스 노하우와 철학 등을 배우고 공유해왔다. 이들 업체와의 파트너십은 현지 시장 이해도를 높이는 데 큰 도움이 됐고, 결과적으로 현대캐피탈이 현지에 성공적으로 안착하는 데 결정적 역할을 했다.

그중에서도 GE 캐피털은 현대캐피탈과 파트너십을 맺은 최초의 기업이자 가장 대표적인 파트너사로 유명하다. 현대캐피탈은 GE 캐피털과 2004년 인연을 맺었다. 2004년 조인트 벤처 계약을 맺은 이후 두 기업은 재무와 리스크 관리, 금융 상품, IT 기술, 기업 문화 등 전방위적인 협력관계를 구축하며 현재까지도 서로의 장점과 사업 노하우를 공유하고 있다. GE 캐피털 덕분에 현대캐피탈은 국내 최초로 총부채상환비율(DTI·Debt To Income) 개념을 도입하는 등 많은 성과를 낼 수 있었다. 현대캐피탈과의 파트너십은 GE 캐피털 내에서도 세계적인 성공 사례로 인정받고 있다.

현대캐피탈은 해외시장 진출을 본격화한 2009년부턴 GE 캐피탈 외에도 여러 유수의 글로벌 금융 업체들과 파트너십을 체결해왔다. 2009년 1,800조원의 자산을 자랑하는 유럽 최대 은행 산탄데르 Santander와 조인트 벤처를 체결한 데 이어, 2010년에는 소시에테 제네랄과 플릿(Fleet·법인 차량) 금융 제휴를, 2012년에는 BNP 파리바와 자동차 금융 및 플릿 금융 제휴를 맺어 관련 업계를 놀라게 했다.

서울경제(2016.4.29)

제 1 절 글로벌 금융과 재무관리

1990년대 말 이후 현재 이 시점에서 세계경제의 가장 커다란 변화는 세계경제의 범세계적 통합화이다. 즉, 세계경제가 통합화되는 과정인 글로벌화가 진행되고 있는 것이다. 게다가 최근에는 그 속도가 더 빨라지고 있다.

최근의 경향을 보면 2011년 한·EU FTA, 2012년 한·미 FTA, 2013년 한·터키 FTA, 2014년 한·호주 FTA 및 2015년 한·베트남 FTA, 한·캐나다 FTA, 한·중 FTA 발효 등 이제까지 각국마다 엄격히 설치되었던 진입장벽이 철폐되고 국가 간 교류의 증대가 강화되고 있다. 따라서 글로벌화는 각국 시장들의 상호관련성이 높아지고 진입장벽이 제거되면서 국가별로 분리되었던 시장이 하나로 통합화되어 가는 과정으로 볼 수 있다.

이러한 글로벌화는 특히 금융거래에 있어서 현저해지고 있다. 예컨대 금융의 글로벌화는 금융시장이 통합되어 각국 경제가 급속히 개방되고 국내 외환 금융 시장 간에 연계성이 높아지면서 상호의존성이 확산되고 있는 것이다. 결국 세계 각국의 금융시장을 하나의 시장으로 인식하면서 금융거래가 이루어지고 있는 것이다. 소위 금융의 글로벌화가 진전되고 있다는 것이다.[1]

금융 글로벌화는 국내금융시장이 해외금융시장과 밀접하게 연결되면서 국제간 자금교류가 자유화되고, 이에 따라 금융기관이나 기업 등 각 경제주체들로 하여금 국제금융시장을 통한 자본조달 및 투자를 추진시키는 과정으로 해석할 수 있다. 이러한 금융글로벌화 단계에서는 거시적으로 국가가 보유중인 외화자산의 효율적 활용은 물론 개별기업 자신의 외화자산운용에 따른 환, 금리 및 신용위험 등에 대해서도 효율적 관리가 요구된다. 나아가 이들 자산의 수익성이나 유동성을 극대화할 수 있는 글로벌 재무관리 능력의 축적과 거래기법의 고도화를 함께 추구해야 할 입장이다.

1 최해범, 「국제재무관리」, 대명, 2007, pp.16~17.

글로벌 재무관리는 기업경영활동을 한 나라에만 국한하지 않고 2개국 이상에서 수행하고 있는 글로벌기업이 세계적 경영환경에서 자금조달이나 운영에 관련된 의사결정을 효율적으로 수행하기 위한 관리기능이라 할 수 있다. 대부분의 기업들은 내수시장보다 외국시장에서 더 많은 매출액을 올리고 있다. 또한 많은 기업들이 해외시장에서 매출액의 상당부분을 달성할 뿐만 아니라 생산이나 기타 영업활동도 또한 국제적으로 수행하고 있다.[2]

글로벌 재무관리의 기본적인 목표는 내수기업이 세후 현금흐름과 위험 및 기회비용에 기초하여 기업가치를 극대화시키려는 것이다. 금융기관이나 개별기업의 글로벌 재무관리는 각국의 국제수지상태에 영향을 받기 때문에 그 형태와 성격이 달라진다. 일반적으로 국제수지 적자국의 금융기관이나 기업은 외화자금의 조달과 유동성관리에 글로벌 재무관리의 비중을 두게 되나, 국제수지 흑자국에 있어서 금융기관이나 기업의 글로벌재무관리는 외화자산의 수익성 제고나 자산·부채의 연계적 관리를 통한 포트폴리오의 적절한 구성을 중시하게 된다.

또한 거시적 측면에서 보면 금융 글로벌화를 배경으로 한 글로벌 재무관리 기법의 축적은 해외금융자산에 대한 투자확대는 물론 출자 재원의 효율적 운용을 통한 금융자산의 소득증대, 즉 해외요소소득의 증대로 이어져 결과적으로 국민소득을 증대시키게 된다.

글로벌 재무관리자는 국제적인 사업에 참여할 때 회사에 결정적인 6개의 중요한 재정적인 관리 업무 실행에서 능숙해질 필요가 있다. 6개의 중요 업무는 다음과 같다.[3]

① 자본구조 결정: 부채의 이상적인 장기간 혼합과 회사의 국제적인 운영을 위한 자기 자본조달 중에서 선택한다.
② 회사를 위한 자금 조달: 자금 부가가치를 위한 활동과 투자 프로젝트와 더불어 주식, 부채 또는 기업 내부 자금조달 등을 이용한다.

---

2 이승종 외, 「글로벌 경영」, 민영사, 2004, p.518.
3 조영곤 외(역), 「국제경영」, 시그마프레스, 2010, p.579.

③ 유동자산과 현금유동성 관리: 회사의 부가가치활동의 자금 유출입을 관리한다.

④ 자본 예산 수립: 중요한 투자 방안의 재정적인 매력도를 평가한다.

⑤ 환위험 관리: 복수 통화 거래와 환율변동에 의해 초래된 위험 노출을 관리한다.

⑥ 국제회계와 세무관리: 다양한 회계 관행 및 국제적인 세금 구조를 가진 글로벌 환경에 있는 운영을 배운다.

오늘날 글로벌 재무관리에서 주로 사용되고 있는 글로벌 금융자산의 관리 방법으로는 첫째, 글로벌 금융시장의 불완전을 전제로 하여 제기되는 "동일 금융자산 간의 가격차"를 이용한 재정거래(arbitrage)와 둘째, 가격전망의 불확실성에서 초래되는 환 및 금리변동위험을 방지하기 위한 헤징(hedging), 셋째, 시장기대가격과 상이한 가격예측을 활용한 투기(speculation)기법[4] 등이 있다.

글로벌 재무관리에 있어 사용되는 이상과 같은 기법들의 경우 글로벌 금융시장에서의 시장 가격이 수집가능한 모든 정보를 즉시 반영하고 또한 시장 간의 자본이동이 자유스럽고 모든 금융자산의 가격이 항상 균형에 접근하는 완전한 금융시장에서는 그 효용가치가 없다. 이는 글로벌 금융시장이 완전하고 효율적인 상태에서는 시장예측가격이 미래에 실현될 실제가격과 동일하게 될 뿐만 아니라, 시장가격 간에 완전한 균형이 이루어져 물가, 금리, 환율 간의 균형이나 금융자산 간에 헤징이나 재정거래 또는 투기거래의 필요성이 제기되지 않기 때문이다.[5]

그런데 글로벌 금융시장의 비효율성 또는 불완전성은 자금관리자에 대하여 재정·투기거래를 통한 추가 이익실현의 기회를 부여하지만 동시에 이에 상응하는 위험도 수반하고 있음을 고려할 때 글로벌 재무관리의 실행에는 고도의 시장정보 분석과 다양한 금융기법의 활용 그리고 신속성이 요청된다 하겠다.

---

4 상품이나 유가증권의 시세변동에서 발생하는 차익의 획득을 목적으로 하는 거래행위.

5 최해범, 전게서, p.18.

제2절 국제채시장

1. 국제채시장의 의의

국제채시장은 국제금융시장에서 가장 대표적인 역할을 담당하는 시장이다. 국제채시장은 기업이나 정부기관 등이 해외에서 채권을 발행하여 자금을 조달하거나 발행된 국제채가 유통·거래되는 시장을 말한다. 사실 국내채권시장에서 채권을 발행하여 자금을 조달하려면 여러 가지의 정부 규제나 간섭을 받게 된다. 특히 조세 등에서도 엄격한 적용을 받는다. 자연히 조달비용이 올라가게 되거나, 채권발행 자체가 어려울 때가 많다. 따라서 그러한 국내시장에서의 규제나 제한요소를 피해 좀 더 유리한 조건하에서 자금조달이 행해질 수 있는 국제채시장이 등장하게 된 것이다.

1970년대 접어들어 등장한 석유위기나 브레턴우즈체제의 붕괴, 금리변동폭의 확대 등 세계금융환경이 달라짐에 따라 국제채시장에도 적지 않은 변화가 나타났다. 즉 국제채권투자자들은 이제까지의 단순한 여유자금의 대출과 차입이라는 금융형태에서 변화를 보였다. 특히 국제채 투자자의 수요변화로 인해 규제완화(deregulation)가 이루어지면서 국제채시장은 급속한 발전을 가져왔다.

1980년대 중반 이후부터 다양한 파생금융상품의 등장과 함께 차입자나 투자자의 수요에 부응하는 금융혁신이 계속되어 현재 국제채시장에서는 수많은 상품들이 개발되어 이용되고 있다. 물론 21세기에도 국제채시장은 양적·질적으로 발전이 계속될 것으로 보이며, 투자자나 차입자 모두의 요구를 충족시켜줄 금융상품의 출현이 이어질 것이다.

타인자본조달의 주요 원천은 채권이다. 여기서 채권은 지정된 날짜에 원금과 이자를 함께 갚은 것을 약속함으로써 발생자로 하여금 자본을 증가시킬 수 있도록 하는 자본조달방법이다. 국제채시장은 국제시장으로서 주로 은행이나 브로커를 통하여 채권이 매매된다.

흔히 우리가 국제채(international bond)라고 말하는 것은 외국채(foreign bond)와 유로채(Euro bond)를 포함하는 개념이다. 이 중 외국채란 발행국의 거주민이 아닌 외국의 발행자에 의해서 발행되어 발행국의 화폐로 발행국 내에서만 판매되는 채권을 말한다. 예를 들어 한국기업이 미국 내에서 달러로 발행하여 미국투자자들에게 판매하는 채권은 외국채이다. 한편, 채권이 애초에 표시통화의 국가가 아닌 다른 나라에서 거래될 목적으로 발행되는 경우 이를 유로채라고 부른다. 예를 들어 미국기업이 달러로 채권을 발행하되 미국이 아닌 다른 지역에서 이 채권을 발행, 매각한다면 이는 유로채가 되는 것이다.

이러한 발행방식의 차이 때문에 유로채와 외국채는 여러 가지 면에서 서로 다른 특징을 갖게 되는데, 이를 요약하면 다음과 같다.

첫째, 유로채는 액면에 표시된 통화의 발행국이 아닌 표시통화국 이외의 지역에서 모집되고 판매되기 때문에 통화소속국가의 발행허가, 감독, 신용등급 평가절차 등의 여러 가지 규제를 받지 않고 비교적 자유롭게 발행되고 있다. 반면, 외국채는 일반적으로 표시통화국 내에서 모집되고 판매되므로 해당국가의 자본시장에 대한 모든 규제를 동일하게 적용받는다.

둘째, 유로채의 경우에는 여러 나라의 기관들로 구성되는 국제적인 인수단이 참여하는 반면에, 외국채의 경우에는 주로 표시통화국 내의 금융기관 또는 증권회사로 참여인수단을 구성하므로 초기 시장형성자의 구성이 다르다.

셋째, 유로채의 경우에는 개인투자자의 투자비중이 상당히 큰 반면에 외국채의 투자자는 주로 보험회사, 연금기관 등의 기관투자자로 이루어진다.

넷째, 외국채는 발행지국의 증권거래소에 상장되어 거래소 또는 점두거래로 유통되나 유로채는 주로 점두거래로 이루어진다.

2. 국제채의 종류

(1) 변동금리채(FRN: Floating Rate Note)

변동금리채는 액면금리가 시장금리에 연동하여 일정기간마다 변경되는 채권을 의미한다. 변동금리채는 신디케이트대출의 유동성위험이나 고정금리채의 금리변동위험을 완화시키기 위한 방안으로 등장하였다. 즉 유로신디케이트대출의 변동금리 적용의 장점을 살리면서 채권형식을 빌어 유동성을 높이려 한 것으로 유로대출과 채권의 특성을 결합한 금융상품이라고 할 수 있다.

변동금리채의 금리는 신디케이트 대출에서와 마찬가지로 기준금리인 LIBOR[6]에 일정률의 감산금리(spread)를 더하여 결정하는 방식이 일반적이다. 이자 지급은 3개월 또는 6개월 단위로 이루어지며 상환기간은 5~7년의 중기물이 대부분이다. 또, 일정한 최저금리를 정하여 금리하락에 따른 투자가의 위험을 헤지하고 있다.

투자자의 입장에서 보면 변동금리채는 금리가 단기 국제금리에 연동되어 있어 시장금리를 반영한 수익률을 얻을 수 있으며, 고정금리채에 비하여 채권가격이 안정적이어서, 자본손실위험이 적다. 또 신디케이트 대출의 최소 참여금액 수준에 비하여 소액 단위로 발행되기 때문에 일반 투자자의 참여가 용이할 뿐만 아니라, 만기가 짧기는 하나, 비교적 유통시장에서 거래가 자유로워 유동성이 확보된다. 따라서 은행을 비롯한 기관투자가들이 자산운용수단으로 많이 이용하고 있으며, 특히 국제금리가 불안정하게 움직일 때 적합한 투자대상이라고 할 수 있다.

발행자의 입장에서 보면 유로신디케이트대출보다 총조달비용(all-in-cost)이 다소 저렴하고, 고정금리채 등 직접금융시장에 본격적으로 진출하기에 앞서 그 준비단계로 이용할 수 있는 상품이다. 또 금융기관이 발행자인 경우 단기자금을 조달하여 중·장기 대출을 실행함에 있어 조달자금과 운용자산의 기간 불일치에 따른 금리변동 위험을 회피할 수 있는 이점이 있다. 유로시장에서 예금기반이 취약한 금융기관이 국제금리가 고금리인 경우 영업자금조달 수단으로 변동금리채를 많이 발행하고 있다.

---

6 리보(LIBOR): 영국 런던에서 우량은행끼리 단기자금을 거래할 때 적용하는 금리

(2) 주식연계채

전환사채(CB: Convertible Bond)

CB는 채권 소지자에게 계약당시 미리 정한 조건에 따라 발행자의 다른 증권 또는 자산으로 전환할 수 있는 권리를 부여한 채권을 말한다. 대체로 전환대상은 주식이 되므로 CB는 보통채와 주식의 중간 형태라 할 수 있다. 주식으로의 전환권을 부여한 대가로 액면금리(coupon)가 보통채보다 낮다. 또한 CB의 표시통화가 주식의 표시통화와 다를 경우 환율은 CB의 가치를 결정하는 중요한 요소가 된다.

차입자 입장에서 CB 발행은 다음과 같은 장점이 있다.

첫째, 저렴한 장기 안정자금의 조달을 기할 수 있다. 왜냐하면 보통채보다 낮은 금리와 장기로 발행하기 때문이다.

둘째, 주식의 시가발행 효과를 들 수 있다. 주식으로의 전환권 행사시 전환가격을 CB 발행 당시의 주가보다 높게 설정하므로 향후에 상승한 시가로 증자한 것과 같은 효과를 얻을 수 있기 때문이다.

셋째, 재무구조 개선을 도모할 수 있다. 전환권 행사시 타인자본(CB)이 자기자본(주식)으로 대체되기 때문에 '부채감소 → 자본증가'의 재무구조 개선효과가 있다. 또한 CB 표시통화가 주식의 표시통화와 다를 경우 전환에 의한 환위험이 경감된다.

넷째, 채권과 주식의 중간형태라는 특성 때문에 투자자 기반을 넓힐 수 있고 국제시장에의 신인도 제고효과가 있으며, 주식으로의 점진적 전환으로 주가 압박요인과 배당 압력이 비교적 가벼워진다고 할 수 있다.

반면, CB의 단점은 다음과 같다.

첫째, 주가수준에 따른 손실이 발생할 수 있다. 전환권 행사 시점에 주가가 전환가보다 훨씬 높게 형성된다면 보통주 발행에 비하여 기회손실을 입게 된다. 반대로 주가가 전환가 이하로 유지된다면 발행자의 신용도 저하로 다음 기채에 불리한 영향을 미친다.

둘째, 전환상의 번거로움을 들 수 있다. 전환기간 중 빈번하게 일어나는 전환 실무의 처리라든가 전환 시기의 불확정으로 인한 재무관리상의 어려움 등이 있다.

한편 투자자 입장에서는 주가 상승시 자본이득을 얻을 수 있는 이점이 있으나 반대로 주가가 전환가격에 미치지 못할 경우 액면금리 수취로 만족해야 한다.

신주인수권부 사채(BW: Bond with Warrant)

BW는 채권소지인에 미리 정한 조건에 따라 발행자의 다른 자산을 매입할 수 있는 권리를 부여한 채권이다. 일반적으로 매입권 행사의 대상 자산이 발행기업의 주식이 되기 때문에 신주인수권부 사채라 부른다.

BW는 주식 매입권을 분리하여 그 자체만의 양도거래가 가능하며, 매입권 행사시 주식 매입을 위한 별도의 자금이 필요하고 당초 채권은 그대로 남는다. 반면에 CB는 전환권을 행사하면 채권이 주식으로 전환되어 당초 채권이 소멸된다. 따라서 발행회사의 입장에서 볼 때 CB는 부채가 자본금으로 대체되는 것에 불과하나, BW는 기존 채무 외에 자기자본이 증가하는 효과를 갖는다. BW의 유통시장에서는 워런트(warrant)가 분리되지 않은 상태(cum-warrant), 워런트가 분리되어 나간 당초 채권(ex-warrant), 그리고 워런트 그 자체의 세 가지 형태로 거래가 이루어진다.

한편 주식 매입권이 행사되었거나 워런트 그 자체가 분리 거래되어 남게 된 당초 채권은 낮은 액면금리 때문에 대체로 유동성이 떨어진다. 이를 보완하기 위하여 최근에는 국제 상업은행(특히 일본계 은행)이 ex-warrant 채권을 매입하여 변동금리 조건의 채권으로 바꾸어 일반투자자에게 판매하는 합성거래 방식이 늘어나고 있다.

BW의 발행은 차입자의 입장에서 다음과 같은 장점이 있다.

첫째, 장기저리의 자금조달이 가능하다. 신주인주권(warrant)이라는 선택권을 부여한 대가로 낮은 금리로 장기 조달이 가능하다. 또한 향후 주가 상승이 부진하여 신주인수권이 행사되지 않는다면 그 효과는 더욱 높아진다.

둘째, 자기자본이 확충된다. 신주인수권이 행사되면 신주발행에 의한 자기자본이 추가 조달되어 재무구조 개선의 효과를 갖는다.

반면, BW 발행의 단점은 다음과 같다.

첫째, 신주인수권의 행사로 주식의 공급 물량이 증가하면 발행 기업주식에 대한 주가압박 요인으로 작용할 수 있다.

둘째, 기존 주주의 지분율이 감소한다. 워런트 행사에 따른 신주의 추가발행은 유상증자와는 달리 채권자들이 주주로 참여하게 되므로 대주주의 입장에서 보면 경영권 확보에 문제가 발생할 수 있다.

셋째, 사후관리 절차가 번잡하다. 신주인수권 행사시마다 신주발행 절차를 밟아야 하고, 외국 주주들에 대한 통지의무 등으로 사후 관리가 번거롭다.

주식예탁증서(DR: Depository Receipt)

DR은 외국에서 발행 기업의 국내 주식을 대신하여 유통되는 외화표시증서를 말한다. DR은 주식의 발행자와 투자자가 서로 다른 자본시장에 소재하는 데서 발생하는 여러 가지 불편을 해소하기 위하여 등장한 방식으로서, 직접금융수단으로서의 주식 발행/투자의 국제화를 위한 중간단계의 형태라 할 수 있다.

그림 11-1 DR 발행의 기본적 구조

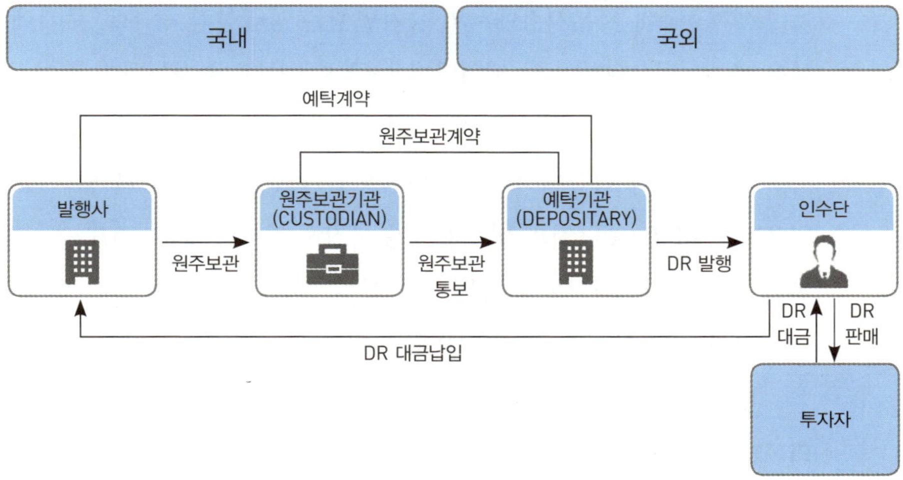

* 원주보관기관: 국내기업 발행 DR의 경우 한국예탁결제원이 모든 원주 보관·관리

* 예탁기관: Bank of New York Mellon, Citibank N.A., Deutsche Bank Trust Company, JP Morgan Chase Bank 등

자료: 한국예탁결제원(www.ksd.or.kr)

즉, 어느 기업이 해외 자본시장에서 주식을 발행하여 자금을 조달함에 있어 국내 주식이 해외에서 유통되기 어려운 점을 보완하기 위하여 발행주식(原柱)은 발행기업의 국내 금융기관(保管機關)에 보관시키고, 해외 대상지역의 금융기관(預託機關)이 보관주식을 담보로 외화표시 예탁증서(DR)를 발행하여 유통시킨다. 따라서 DR은 주주권 행사에 있어서 국내 原株와 동일한 지위를 갖는다.

DR은 판매대상 지역 또는 상장거래소별 ADR(American DR), EDR(European DR), LDR(London DR), GDR(Global DR) 등의 다양한 명칭이 부여되나, 그 기본적 성격 및 거래구조는 거의 같다. 또한 DR은 발행기업의 후원 여부에 따라 발행기업이 DR 발행 관련비용을 부담하는 자본조달형 DR(sponsored DR)과 외국 금융기관의 DR 프로그램 설정요청에 대하여 발행기업이 동의만 해주고 발행비용은 투자자가 부담하는 투자지원형 DR(unsponsored DR)로 구분할 수 있다.

발행기업의 입장에서 DR의 장점을 설명하면 다음과 같다.

첫째, 자기자본 확충과 조달재원의 다양화가 가능하고 다른 국제 조달수단에 비하여 환위험이 발생하지 않는다.

둘째, 해외에서 발행·유통되므로 발행기업과 동 기업 제품의 해외시장 홍보효과가 있다.

셋째, 국내 자본시장에서의 증자발행은 공급물량 증가로 주가에 나쁜 영향을 줄 수 있으나, DR의 해외발행은 국내로의 환류 가능성이 적어 주식 수급관계에 직접적으로 영향을 미치지 않는다.

발행기업의 입장에서 DR의 단점으로는 주식의 국내 발행에 비하여 발행비용이 많이 든다는 점과 발행절차가 복잡하고 재무제표, 주요 영업활동 등에 관한 공시의무를 지켜야 한다는 점 등이 있다.

한편, 투자자의 입장에서 DR의 장점을 들어보면 다음과 같다.

첫째, 해외주식투자와 관련된 절차상의 번잡성을 겪지 않으면서 투자자산의 국제적 다각화를 기할 수 있다.

둘째, 기관투자가의 경우 외화표시증권 투자를 규제하는 내부지침을 충족할 수 있다.

셋째, 예탁기관의 정보전달 기능으로 투자정보의 입수가 용이하다.

투자자의 입장에서 DR의 단점으로는 유통시장이 활발하지 않아 유동성이 비교적 적은 편이라는 점을 들 수 있다.

(3) 자산유동화증권(ABS: Asset-Backed Securities)

ABS는 특정한 금융자산을 독립된 수탁기관에 수탁 보관시킨 후, 동 담보자산을 기초로 채권을 발행하여 투자자로부터 중·장기 자금을 직접 조달하는 방식을 말한다.

전통적 의미의 채권이 채권 발행자의 일반 영업수익에서 원리금 지급이 이루어지는 반면, ABS는 별도로 수탁한 금융자산이 원리금 지급의 기초가 된다는 점에서 커다란 차이가 있다. 즉 ABS는 채권 발행자의 신용위험과 관계없이 수탁자산 자체의 신용도를 근거로 한 자금조달방식으로서 금융자산을 증권상품화한 것이라 할 수 있다.

ABS 시장은 미국의 부동산 대출증서(mortgage) 시장으로부터 시작되어 최근에는 금융증권화를 배경으로 하여 자동차대출(vehicle loan), 신용카드 대출(credit card loan), 리스금융(lease receivable) 등의 대출채권의 유가증권화로 진전되어 급속한 신장세를 보이고 있다.

ABS를 매입하는 투자자 입장에서는 ABS가 신용위험이라는 점에서 안정성이 높고 수익성이 비교적 뛰어나다는 이점이 있다. ABS의 신용위험은 관련 담보채권의 원소유주(대출취급 금융기관)의 신용도가 아니라 자산 자체의 신용도에 바탕을 두고 있고, 담보로 제공되는 금융자산은 일반적으로 원리금상환성이 높고 충분한 담보 여력을 갖고 있기 때문에 신용등급 사정기관으로부터 매우 높은 신용등급(rating; 보통 AA 이상)을 받는다. 한편 같은 기간의 정부채에 비하여 1~2% 포인트 이상 높은 수익률을 형성하는 것이 일반적이어서 비교적 높은 수익성을 갖고 있으나, 일반 채권에 비하여 유통성이 뒤떨어지는 단점이 있다.

대출채권을 유동화하여 매각하려는 원대출자 입장에서 대출자산의 장기 고정화에 따른 재무구조 악화를 방지할 수 있는 이점이 있다. 즉 대출자산과 관련 부채를 재무제표에서 동시에 감소시킬 수 있어 자산·부채 관리의 효율성을 높이고 새로운 자금 부담 없이 영업확대가 가능해진다. 또한 자금 조달 비용이라는 면에서 자신의 신용도가 아니라 매각자산의 신용도에 근거하여 차입행위가 일어나므로 보다 저렴한 비용으로 자금을 조달하는 효과가 있다.

제3절 국제은행시장

1. 의 의

국제은행시장이란 자금조달과 대출 및 투자와 같은 은행업무가 국경을 넘어 국제적으로 행해지는 시장을 말한다. 즉 국제은행업무, 곧 글로벌기업을 비롯한 기업들의 국제적인 자금조달과 은행의 대출 내지 투자가 국경을 넘어서 일어나고 있으며, 여기에는 국제상업은행의 금융중개기능(intermediation)을 통한 대출 및 예금거래, 그리고 국제투자은행의 사무주간사(bookrunner) 또는 주간사(lead manager) 역할을 통한 주식과 채권의 발행 및 유통거래 등이 해당된다. 세계은행(IBRD), 아시아개발은행(ADR), 유럽투자은행(EIB), 유럽부흥개발은행(EBRD) 등 국제금융기구도 국제은행시장의 주요 참가자로 활동하고 있다. 국제은행업무의 영역에는 외환의 매입 및 매도로부터 외국정부에 대한 프로젝트금융을 위한 컨소시엄 은행단에의 참여까지 지역적 및 기능적으로 매우 다양한 업무들을 수행하게 된다. 더구나 국제은행업무는 영업의 유형에 있어 국내은행업무와 공통점도 있으나, 국내금융과 달리 보다 복잡하고 다양한 특징을 지니고 있다. 이는 국제금융업무와 관련하여서는 2개 이상의 통화, 법적 환경 및 금융제도의 차이, 정치적 위험의 존재 등이 추가적인 변수로 작용하기 때문이다. 한편, 세계경제 및 금융시장의 통합추세에 따라, 각국의 상업은행들은 글로벌 은행업무를 주요 수익원으로서 적극적으로 추진하고 있다.

2. 신디케이트론시장

신디케이트론(Syndicate loan)이란 2개 은행 또는 그 이상의 은행이 차관단 혹은 은행단을 구성하여 공통의 조건으로 일정금액을 융자하는 중·장기 대출을 말한다. 이를 그룹대출 또는 공동융자(group 또는 joint lending)라고도 한다. 신디케이트론을 구성하는 차관단은 유럽은행들만으로 구성되는 경우가 대부분이지만 때때로 국내은행들만으로 또는 유로은행과 국내은행들이 함께 구성될 수도 있다.

특히 신디케이트론 형태의 대출은 유로시장이나 미국자본시장에서 대규모 중·장기자금을 대출하는 중요한 수단의 하나가 되고 있다. 신디케이트론방식에 의한 유로시장의 대출은 전통적인 은행대출업무와 투자은행의 인수업무기능을 혼합한 성격을 지니고 있다고 볼 수 있다. 신디케이트론 방식에 의한 유로크레디트시장의 대출은 광범위한 시장참여자, 대형거래, 장기대출, 국제적 신용을 바탕으로 한 무담보대출 등을 그 주요 특징으로 한다.

이와 같은 특징을 지닌 신디케이트론을 조직함으로써 자금공여자의 입장에서 볼 때 유로시장 대출리스크를 여러 기관이 공동으로 부담할 수 있어 위험을 분산시킬 수 있다는 데 가장 큰 이점이 있다.

자금차입자 입장에서의 이점으로는 대규모 차입의 가능, 차입협상 및 시기조정 등에 대한 신축성, 저렴한 차입비용, 간편한 차입절차, 시장접근의 용이성, 변동금리 등에 의한 신속한 시장변화에의 대응, 무담보대출 등을 볼 수 있다.

3. 유로크레디트시장

유로크레디트시장(euro-credit market)이란 만기 1년 이상의 중·장기자금시장으로서 일반적 은행대출의 형식으로 자금을 공여한다.

유로시장은 원래 1년 이내의 단기자금시장으로 발전되었으나 다국적기업의 급성장, 정부기관의 차입수요증대, 개도국의 개발자금 수요증대 등에 힘입어 1960년대 후반 이후 유로크레디트시장이 크게 성장하게 되었다. 1970년대에도 석유파동의 계기로 각국간 국제수지의 불균형이 심화됨에 따라 이른바 오일달러의 환류와 관련하여 동 시장은 급신장하기에 이르렀다. 1980년대 및 1990년대에 와서도 세계금융의 개방화 내지 자유화에 힘입어 계속적인 성장세를 유지하고 있다.

유로크레디트시장의 특성은 다음과 같다.

첫째, 유로크레디트시장은 중·장기대출시장이다. 유로은행의 대출은 일반적으로 그 만기가 5년 이상 15년에 이르는 중·장기대출시장이다.

둘째, 거액 도매시장이다. 유로크레디트시장은 그 규모가 건당 최소 1,000만 달러, 최고 수십억 달러에 달하는 거액 도매시장이다.

셋째, 변동금리제도가 보편화되고 있다. 유로크레디트시장은 금액이 대규모일 뿐만 아니라 만기가 장기화되고 있기 때문에 장래의 금리변동리스크가 크다. 따라서 이러한 금리변동리스크를 줄이기 위해 기준대출금리에 일정 스프레드(spread)를 가산하여 금융시장의 실세금리를 반영하도록 하는 변동금리제도를 일반적으로 채택하고 있다. 여기서 기준대출금리는 국제금융시장의 지표금리(reference interest)라 불리는데 일반적으로 런던금융시장의 3개월 또는 6개월 은행간 대출금리(LIBOR)가 적용되며 경우에 따라서는 미국의 프라임레이트(prime rate), 싱가포르의 은행간 대출금리(SIBOR: Singapore Interbank Offered Rate)가 적용되기도 한다.

넷째, 신디케이트론이 주를 이룬다. 유로크레디트의 규모가 크고 기간이 장기이기 때문에 개별은행으로서는 단독으로 대출하기에는 그 리스크가 대단히 크다. 따라서 유로크레디트시장은 대부분 수개의 은행이 공동으로 참여하는 신디케이트론의 형식을 취하게 된다.

다섯째, 선·후진국이 공존하는 시장이다. 유로크레디트시장은 원래 선진국이 지배적인 시장참여자였으나 60년대 이후 개도국의 급속한 경제개발에 따른 자금수요의 확대 및 그에 따른 외자조달의 증대, 70년대의 석유파동에 따른 산유국의 막대한 오일머니의 형성 등으로 개도국의 참여가 크게 늘어나게 되었으며 그에 따라 동 시장은 선진국과 후진국이 공존하는 시장이 되었다.

여섯째, 무담보 신용대출시장이다. 유로크레디트시장은 차입자 또는 차입자가 소속한 국가의 신용을 배경으로 대출이 이루어지는 전적으로 무담보 대출시장이다. 그것은 유로시장이 본질적으로 신용을 중심으로 모든 거래가 이루어지고 있고 국제금융시장에서 신용이 실추되었을 때 차입자 또는 차입자의 국가에 돌아가는 국제적 신용위기가 가져오는 파급효과가 너무나 크기 때문에 그만큼 차입에 신중을 기하게 되고, 결과적으로 신용의 회수불능위험이 상대적으로 적은 데 연유한다.

일곱째, 차입코스트가 다양하다. 유로크레디트의 차입코스트는 차입금리와 대출에 수반된 수수료(fee)로 구성되는데 차입금리는 LIBOR 또는 미국의 프라임레이트 등 국제적 지표금리와 거기에 가산되는 일정 스프레드(spread)에 의해 결정되고 수수료는 대출에 참여하는 각 대출참여은행이 징수하는 대출약정수수료(commitment fee), 대출관리수수료(management fee) 등의 이른바 부대수수료(front-end fees)로 구성된다. 여기서 지표금리에 가산되는 일정 스프레드는 차입자에 따라 격차를 보이게 되는데 이것은 차입자의 신용도를 반영하는 좋은 지표가 된다. 일반적으로 선진국의 경우는 스프레드가 낮고 개도국의 경우는 그보다 훨씬 높게 나타난다. 뿐만 아니라 부대수수료의 경우도 차입자에 따라 격차를 보인다.

4. 유로은행시장

유로은행(Eurobank)이란 은행소재국 밖의 국가가 발행한 통화로 표시된 자금의 예금 및 대출업무를 수행하는 은행을 말한다. 즉 유로시장에서 예금 및 대출업무를 중개해주는 금융기관이 유로은행이 된다. 이와 같은 유로은행이 유로통화시장에서 비은행고객으로부터 받은 예금 또는 영업외이익 등 자체적으로 조성된 자금을 일시적으로 다른 유로은행에게 대출해주는 은행간시장을 유로은행시장이라고 한다.

가령 한국의 K은행이 고객으로부터 여분의 달러화를 예금받거나 수출기업이 받은 달러화 수출대금을 받아 조성된 1백만 달러를 갖고 있다고 하자. 미국의 A은행은 사정상 3개월간 1백만 달러를 LIBOR 조건으로 차입하였다. 이 때 한국의 K은행이나 미국의 A은행은 모두 유로은행이 된다. 이와 같이 유로은행은 지역적으로 유럽과는 아무런 관계를 가지고 있지 않으며 과거 유럽에서 달러화거래가 많았기 때문에 붙여진 이름이다.

유로은행시장에서 거래되는 주요 상품으로는 유로정기예금,[7] 유로CP,[8] 유로CD[9] 등이 있다. 이 가운데 가장 많이 이루어지고 있는 상품은 위에서 예를 든 유로은행 간에 일시적으로 자금을 예금하고 이를 대출받는 유로정기예금(TD)이다.

제4절 환위험의 관리 및 글로벌 분산투자

1. 환위험의 관리

(1) 환노출과 환위험

외환시장은 한 나라의 화폐를 다른 나라 화폐로 전환하기 위한 시장이고, 환율은 한 화폐에서 다른 화폐로 전환되는 단순한 비율이다. 국제교역과 투자에는 위험이 따른다. 이러한 위험은 미래의 환율을 완벽히 예측할 수 없기 때문에 발생한다. 한 화폐가 다른 화폐로 교환되는 비율인 환율은 시간에 따라 변

7 유로정기예금(Euro time deposit)은 표시통화 소재국의 은행감독기관으로부터 규제를 받지 않는 유로은행이 다른 유로은행에 예치시키는 양도불가능한 만기가 정해진 예금을 말한다.

8 유로CP(Euro CP: Euro Commercial Paper)란 유로시장에서 발행되는 CP로 유로노트퍼실리티(NIFs: Note Issuance Facilites)의 발전형태라 할 수 있다. 여기서, NIFs란 변동금리에 의한 유로시장의 중·장기 자금조달수단의 하나로 차입자는 금융기관과 먼저 어음인수계약을 체결하고 단기어음을 투자자에게 매각하여 자금을 조달하도록 하되 그 어음의 매각이 제대로 되지 않을 경우에는 인수약정을 맺은 금융기관의 어음을 인수함으로써 차입자의 원활한 자금조달을 보장하여 주는 것이다.

9 양도성예금증서(CD: certificate of deposit)는 정기예금증서를 양도할 수 있게 하여 정기예금에 유동성을 부여한 것으로 이것을 유로은행시장에서 취급하게 되면서 유로 CD가 발달하게 되었다.

할 수 있다. 특히 외환시장에서 가장 많이 사용되는 용어 가운데 환노출과 환위험이라는 말이 있다. 먼저 노출이란 말 뜻 그대로 위험에 노출되어 있는 상태를 뜻한다. 따라서 환노출의 정확한 정의는 '환율로 인한 위험에 노출되어 있는 상태'가 된다. 한편 위험이란 손해를 볼 가능성을 의미한다. 따라서 환위험의 정의는 '환율변동에 의하여 불확실한 금액의 손실을 입을 수 있는 가능성이 된다. 일반적으로 환노출이라는 말은 환율변동에 의하여 기업이 손실을 볼 수도 있고, 수익을 볼 수도 있는 상태, 즉 불확실한 상태를 뜻하고, 반면 환위험이라고 하였을 때에는 주로 환율 변동에 의하여 손실을 볼 가능성만을 의미한다.[10]

위에서 살펴본 환노출과 환위험의 정의를 간단히 정리하면 다음과 같다.

① 환노출(Exposure): 위험에 노출되어 있는 상태(환차손, 환차익을 포괄하는 중립적인 개념)

② 환위험(Risk): 불확실한 금액의 손실을 입을 수 있는 가능성(환차손의 발생 가능성만을 의미)

대부분의 경우 이익을 창출하기 위한 상행위의 결과로 재정적인 위험을 부담하게 되는 경우가 많으며, 이러한 경우에 환노출이 발생하게 된다. 즉 어떤 상행위를 하기 위한 자금의 지원과 이에 따른 재무적인 활동으로 인하여 위험이 발생하는 거래를 하게 되고 그와 같은 거래를 함으로써 환노출을 갖게 된다.

재무적인 관점에서의 위험은 크게 두 가지로 분류된다.[11] 첫째는 시장에서의 위험이고, 두 번째로는 신용에 따른 위험이 그것이다. 시장에서의 위험은 다시 가격의 변동에 따른 위험과 유동성에 따른 위험으로 구별된다. 가격 변동의 위험은 시장 가격이 자신에게 불리한 방향으로 움직여 손실임을 위험을 의미하며, 유동성 위험이란 시장에서의 거래량이 부족하여 원하는 시기에 원하는 가격에 거래하지 못하여 손해를 입을 위험을 뜻한다. 그리고 신용에 따른 위험은 다시 신용을 지킬 수 있는 능력에 따른 위험과 신용을 지키려고 하는 의지에 따른 위험으로 구별된다.

10 한국무역협회, 「외환·환위험관리」, 한국무역협회 무역아카데미, 2007, p.135.
11 한국무역협회, 상게서, p.136.

그림 11-2 기업의 환위험

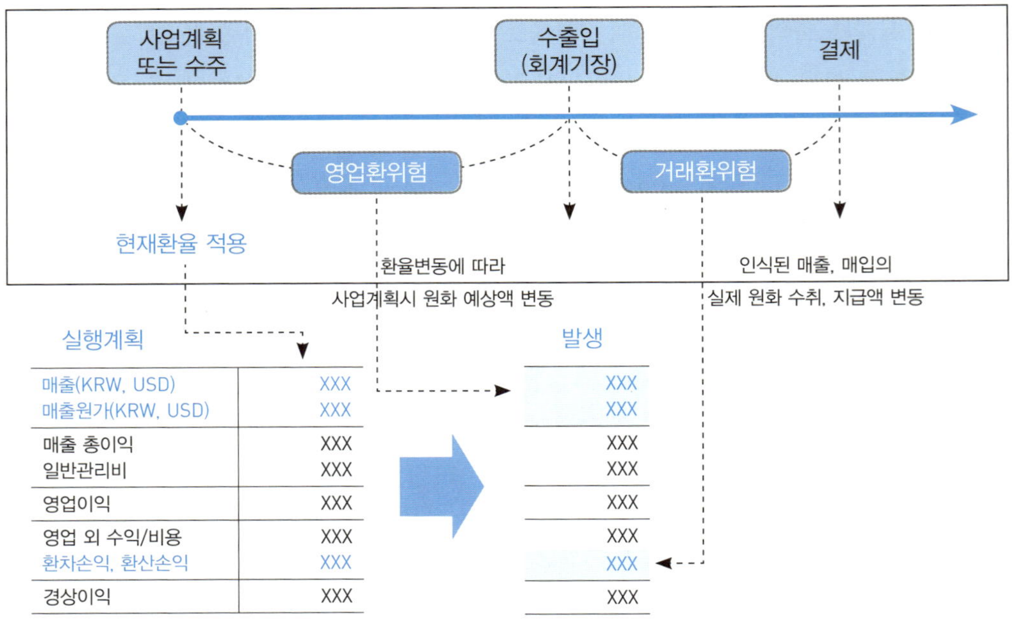

기업에서 실제 수출을 하는 시점 또는 프로젝트 대금이 입금되는 시점에 환율이 하락했다면, 받는 외화금액은 같은 금액이지만 장부상에 기록되는 원화 매출액은 원래 사업계획 시점이나 견적시점보다는 적은 금액이 기록될 것이다. 이렇게 환율하락으로 매출액이 작아지는 것을 영업환위험이라고 한다. 만약 수입업체의 경우라면 환율의 상승으로 수입원재료가격이 상승하여 매출원가가 증가하는 것이라 할 수 있다.

거래환위험은 손익계산서에 환차손익 또는 환산손익으로 표시되는 것을 말한다. 수출의 경우 선수금을 받는 경우를 제외하고는, 매출액으로 인식되는 시점(대부분 선적시점)으로부터 일정 기일이 경과한 후에 실제 수출대금을 수령하게 되는데, 이때 수출외화가 매출액으로 인식될 때의 환율과 실제 수출대금을 수령할 때의 환율의 차이에 의한 금액차이를 환차손익(실현)이라고 한다.

결산일이나 평가일 현재까지 수출대금이 미결제(외화외상매출금) 상태인 경우에는 매출액 인식시점의 환율과 결산일이나 평가일 현재의 환율의 차이에 따른 금액을 환산손익(미실현)이라고 한다. 수입의 경우에도 마찬가지이다. 또한 외화차입금의 경우에도 상환일 현재의 환율과 차입일 또는 직전 평가일 환율과의 차이에 따른 금액차이는 환차손익이며, 미상환된 외화차입금의 경우에는 환산손익이 된다.

거래환위험이란 매출(매출원가)인식일과 수령일(지급일) 간의 환율차이에 의한 금액차이이며, 노출기간이 중요하다. 노출기간을 조정함으로써 거래환위험의 크기를 조정할 수 있기 때문이다.[12]

(2) 경제적 환위험의 관리

경제적 노출은 기업이 미래에 벌어들일 수 있는 수익 능력이 환율변동에 따라 영향을 받는 정도로 운영노출이라고도 한다. 경제적 노출은 미래가격, 판매, 비용과 관련된 환율의 장기적인 영향과 관련된다.[13]

경제적 노출을 관리하는 목적은 예상치 못한 환율변동이 기업의 미래 현금흐름에 미치는 효과를 예측하여 이를 기업에 유리한 방향으로 적용하도록 조치를 취하고자 하는 것이다. 그러기 위하여 기업의 경영진은 시장에서 불균형상태가 발생하는 경우 이것을 즉시 발견하여 적절한 대응을 할 수 있도록 준비를 갖추고 있어야 한다. 이러한 목적을 달성하기 위한 가장 효과적인 방법은 기업의 영업활동 및 자금조달원천을 국제적으로 다변화시키는 것이다. 영업활동의 국제적 다변화는 판매, 생산시설의 위치, 원료공급원 등을 국제적으로 분산시키는 것을 말하며, 자금조달원천의 국제적 다변화는 여러 국가의 자본시장에서 여러 가지 통화로 자금조달을 하는 것을 말한다.[14]

경제적 환위험을 관리하기 위해서는 기본적으로 영업 및 자금조달을 널리 분산시켜야 한다. 즉 원재료의 공급원, 생산시설 및 판매지역 등을 국제화하고 여러 개의 자본시장에서 한 개 이상의 통화로 자금을 조달해야 한다.

---

12 자료원: 한국수출입은행, 환위험 관련 자료(http://www.koreaexim.go.kr/kr/bbs/noti/list.jsp?bbs_code_id=1311914261928&bbs_code_tp=BBS_2)

13 박철순 외(역), 전게서, p.373.

14 어윤대 외, 「국제경영」, 학현사, 1998, p.461.

(3) 거래적 환위험의 관리

거래노출은 개인적 거래의 수익이 환율변동에 받는 정도를 말한다. 여기에는 기존에 합의된 가격으로 제품 및 서비스를 구매, 판매하는 의무와 외국 통화로 자금을 빌리거나 빌려주는 등의 의무가 포함된다. 거래노출에 대한 관리방법은 크게 대내적 환노출 관리방법과 대외적 환노출 관리방법으로 나눌 수 있다. 먼저 대내적 환노출 관리방법이란 환노출을 본원적으로 감소 및 제거시키기 위해 기업 내부적으로 사용하는 방법으로서 네팅(netting), 매칭(matching), 리딩(leading)과 래깅(lagging) 등을 말한다. 네팅이란 글로벌기업의 본사 및 현지 자회사들 간에 발생하는 채권과 채무의 차액만을 일정한 기간마다 결제하는 방법을 말하는 반면, 매칭은 글로벌기업의 사내거래뿐만 아니라 제3자와의 거래에도 이용할 수 있는 것으로서 통화별로 현금흐름의 수급금액 및 시기를 의도적으로 일치시키는 방법을 말한다. 그리고 리딩과 래깅이란 각종 대금 지급시기를 앞당기거나 지연시키는 것을 말한다.[15] 구체적으로 리딩은 외국통화가치가 하락할 것으로 예상될 때 외국통화로 받아야 하는 대금을 조기에 회수하는 방안과 외국 통화가치가 상승할 것으로 예상될 때 만기 이전에 외국통화로 지급해야 할 대금을 처리하는 것을 수반한 반면에 래깅은 외국통화 가치가 상승할 것으로 예상될 때 외국통화로 받아야 하는 대금의 회수를 늦추는 것과 통화가치가 하락할 것으로 예상될 때 외국통화로 받아야 하는 대금을 연기하는 방안을 포함한다. 래깅과 리딩은 통화가치가 약한 국가에서 강한 국가로의 지불을 촉진하거나 통화가치가 강한 국가에서 약한 국가로의 유입을 지연하는 것을 포함하는 개념이다.[16]

다음으로 대외적 환노출 관리방법이란 외환시장 및 국제금융시장을 통한 거래를 행함으로서 환노출을 제거시키는 방법을 말하며 그 대표적인 예로서 선물환시장, 금융시장 또는 옵션시장을 통한 헤징방법 등이 있다.

---

15 어윤대, 전게서, p.463.
16 박철순 외(역), 전게서, p.373.

(4) 환산적 환위험의 관리

환산적 노출은 기업 재무제표상에서 통화 환율이 변화하여 초래된 영향을 의미한다. 환산적 노출은 과거 사건에 대한 현재의 측정과 관련된다. 환산적 환위험이란 연결재무제표를 작성하는 과정에서 외화로 표시된 자산, 부채, 수익, 비용 등을 자국의 통화로 환산할 때 환율이 변동함으로써 기업의 재무상태 및 성과가 변동될 가능성을 말한다.

이러한 환산적 환위험을 계산하는 방법에는 현행환율법, 화폐성·비화폐성법, 시제법, 유동·비유동법 등이 있다. 먼저 현행환율법은 모든 외국 대차대조표와 손익계산서 항목이 환율에 따라 변화하는 것으로 자기자본을 제외한 모든 항목을 환산일자의 현행환율로 환산한다. 이 방법은 외국 자회사의 기록을 변형할 때 일반적으로 사용되고 있다. 그것은 별도의 기관이 아닌 모국 기업의 운영 파트에서 구성되어 있다.

둘째, 화폐성·비화폐성법은 현금, 유가증권, 외상매출금, 장·단기부채와 같은 화폐성 자산 및 부채는 현행환율로 환산하고, 그 밖의 비화폐성 자산 및 부채 그리고 자본은 역사적 환율로 환산하는 방법이다.

셋째, 시제법의 환율선택은 평가의 방식에 따라 달라진다. 시제법은 외형상으로는 화폐·비화폐성법과 매우 유사하다. 만약 자산과 부채의 가치가 역사적 비용으로 가치 평가되면 역사적 비율로 변환된다. 그 비율은 자산을 획득하였을 때 효과가 있다. 만약 자산과 부채의 가치가 시장비용으로 가치 평가가 되면 현행환율에 따라 변환된다. 따라서 현금, 채권과 같은 통화항목과 지불대금은 현재의 교환비율에 의해 변환된다. 재고, 자산, 공장, 장비와 같은 비통화성 항목은 역사적 비율로 변환된다.

미국의 회계표준에 따르면 만약 자회사의 기능 통화가 그 지역 환경의 통화라면 기업은 현행환율법을 사용해야 할 것이다. 만약 기능통화가 모국의 통화를 사용한다면 다국적기업은 시제법을 사용해야 한다.[17]

넷째, 유동·비유동법은 역사적으로 가장 오래된 환산방법이다. 유동성 자

17 조영곤 외(역), 전게서, pp.601~602.

산, 부채에 대해서는 현행환율을 적용하고, 비유동성 자산, 부채에 대해서는 역사적 환율, 즉 거래 성립 당시의 환율을 적용한다. 따라서 이 방법에 의하면 환위험에 노출되는 유동자산과 유동부채의 차이, 즉 순유동자산 또는 운전자본이 환산에 따른 위험에 노출된다.[18]

환산적 환위험 및 거래적 환위험을 관리하는 데는 매우 다양한 헤징 방법들이 있으나 그중 중요한 선물환시장과 금융시장을 통한 헤징을 간단히 설명한다. 여기서 헤징은 내기 또는 투자를 상쇄함으로써 내기 또는 투자에서 가능한 손실을 보상하는 노력을 말한다.

먼저 선물환시장을 통한 헤징은 미리 정해진 환율로 한 통화를 다른 통화로 교환하기로 하는 선물환계약을 체결함으로써 환율변동으로 인한 위험을 제거하는 방법이다. 금융시장을 통한 헤징은 외국통화를 차입하여 자국통화로 바꾸어 자국의 금융자산에 투자함으로써 환율변동에 따르는 위험을 회피하는 방법이다. 선물환시장을 통한 헤징이 금융시장을 통한 헤징과 다른 점은 선물환시장을 통한 헤징이 외환시장을 이용하는 데 반해 금융시장을 통한 헤징은 단기금융시장을 이용한다는 것이다. 그러나 이 두 시장이 균형을 이루고 있을 때는 결과적으로 동일한 효과를 얻게 된다. 다음으로 옵션시장을 이용한 헤징은 미래 일정시점에서 일정환율로 외국통화를 사거나 팔 수 있는 옵션을 매입함으로써 환율변동에 따르는 위험을 제거하는 방법이다. 이 경우 헤징의 비용은 옵션가격에 의해 결정된다.

이 밖에도 환산노출을 줄이기 위하여 외화표시자산과 부채의 금액을 일치시키거나 거래노출을 줄이기 위하여 자금이전의 시기를 조절하는 방법이 있다.

2. 글로벌 분산투자

(1) 글로벌 분산투자의 정의

해외의 주식이나 채권 등의 금융자산에 투자할 때는 해외 금융자산의 가치

---

18 김광수 외, 전게서, p.484.

에 대한 변동성뿐만 아니라 외국통화의 가치에 대한 변동성 위험에도 노출되어 있다. 이러한 해외투자에 따르는 외국통화 가치의 변동성 위험을 제거하는 것이 좋은 투자전략일 수도 있다. 해외에 금융자산을 투자할 때 금융투자자들은 금융시장의 시스템 속에서 효용극대화 또는 위험조정 수익률을 위해 다양한 방법으로 분산투자를 한다.[19]

글로벌 분산투자란 투자이득을 목적으로 다양한 외국의 증권 또는 금융상품에 분산하여 투자하는 것을 말한다. 이에 따라 글로벌 분산투자를 글로벌 간접투자라고도 한다.

이러한 글로벌 분산투자는 글로벌 직접투자의 반대개념으로도 설명될 수 있다. 글로벌 직접투자는 경영권 또는 소유권을 목적으로 해외에 단독 또는 합작으로 투자하거나 해외기업을 인수·합병하는 것을 의미하나, 글로벌 간접투자는 경영에 직접 참가하지 않고 단순히 이자, 배당 등을 통한 자본이득을 목적으로 하는 투자이다. 글로벌 증권회사, 글로벌 은행 등 글로벌 금융기관뿐만 아니라 일반기업이나 투자자 입장에서 글로벌 분산투자는 자산을 유리하게 활용할 수 있는 투자수단으로서의 역할을 하고 있다.[20]

(2) 글로벌 분산투자의 위험과 효과

글로벌 분산투자는 상대적 가치가 유동적인 여러 가지 외국통화로 표시된 자산에 투자하는 것이기 때문에 항상 환율변동에 따른 가치변동의 위험(환위험)이 존재하며, 또한 외국정부에 의한 주식 취득이나 투자비율의 제한, 투자된 주식의 몰수나 배당송금제한 등의 통제의 위험이 따르거나, 혹은 정부가 외국인에게 지급되는 배당이나 이자에 대해 특별한 세금을 부과함으로써 분산투자 효과를 상쇄하고도 남는 손실을 입을 수도 있다. 또한 글로벌 분산투자에는 각 나라마다 회계기준과 처리방법의 차이, 회사에 대한 정보획득 비용이 예상보다 과다하게 지출되어 잘못 투자하는 위험도 있다.

---

19 이성훈, "글로벌분산투자와 외국통화가치의 변동성 위험", 자본시장 Weekly, 2011-04호.
20 최해범, 전게서, p.161.

글로벌기업의 해외증권에 대한 투자이론도 투자자들이 하나의 증권에 투자하는 것보다 다수의 잘 분산된 포트폴리오에 투자함으로써 위험을 감소시키는 국내투자증권에 적용되는 투자이론과 유사하다. 포트폴리오 이론에서는 개별증권의 위험을 분산투자로 제거가 가능한 비체계적 위험과 분산투자로도 제거할 수 없는 체계적 위험으로 구분한다. 비체계적 위험은 신제품개발, 광고활동, 경쟁회사와의 관계 등 특정 기업이나 산업에 국한되는 요인에 의하여 발생하는 위험을 말하며, 체계적 위험은 전쟁, 내란, 정부의 금융 및 재정정책, 경기변동 등 한 국가의 경제 또는 시장 전체에 영향을 미치는 요인에 의해 발생되는 위험을 말하는데, 이러한 체계적 위험은 국내에서의 분산투자로서 제거할 수 없는 위험이 된다. 그러나 만약 국제적으로 분산투자를 실시한다면 각 국가간의 상이한 정치·경제적 요인으로 인하여 개별국가 특유의 요인이 서로 상쇄되어 개별국가의 체계적 위험도 상당부분 제거시킬 수 있는 장점이 있다.

(3) 글로벌 분산투자방법

국내 투자자들이 이용할 수 있는 글로벌 분산투자방법은 첫 번째, 해외주식에 대한 직접투자일 것이다. 미국, 영국, 일본 등의 금융선진국에서는 내국인에 의한 해외투자가 자유로운 편이나 대부분의 개발도상국에서는 법적·제도적으로 많은 규제를 하고 있으며, 또한 실물주식의 인수 등에 따른 불편함과 국제간 주식매매자금의 결제시 절차상 복잡성 등의 문제점이 항상 존재하지만, 이와 같은 투자의 장애들은 세계 각국의 주식시장이 하나의 시장으로 통합되어 가는 추세로 볼 때 해외주식에 대한 직접투자는 점점 증가할 것이다.

두 번째, 국내 증권시장에 상장된 외국기업의 보통주 또는 주식예탁증서에 투자하는 것으로, 주식예탁증서는 글로벌기업이 해외의 증권거래소에 주식을 상장하는 경우 발행주식은 본국에 있는 금융기관에 보관시키고 해외의 투자자에게는 원주에 대한 소유권을 인정하는 표시로서 발행해 주는 증서를 말한다.

세 번째, 일반투자자들을 대신하여 유가증권 투자를 전문으로 하는 투자신탁회사와 같은 기금회사가 판매하는 투자상품인 펀드를 이용하는 것이다. 전문적인 투자기술을 가지고 해외주식에 투자하는 펀드는 투자자들이 이용하기에 편리한 글로벌 분산투자의 수단이 된다. 펀드는 투자자의 요구에 따라 언제든지 주식을 발행 또는 환매할 수 있는 개방형 펀드와 투자자의 환매에 응하지 않는 폐쇄형 펀드로 구분할 수 있다. 또한 해외주식에 대한 투자비율에 따라 국가펀드 및 글로벌펀드로 구분한다.

네 번째, 외국기업이 발행한 채권에 직접 투자하거나 국내 증권거래소에 상장된 외국기업의 채권인 외국채나 유로채에 투자하는 것이다. 대표적인 외국채로는 미국시장에서 비거주자가 발행하여 유통되는 달러표시 채권인 양키본드(Yankee bond)와 비거주자가 일본에서 발행하는 엔화표시 채권인 사무라이본드(Samurai bond)와 최근 우리나라에서 발행한 원화표시 채권인 아리랑본드(Arirang bond) 등이 있다. 유로채는 발행되는 채권의 표시 통화국 이외의 지역에서 발행되는 채권을 말하는 것으로 대부분이 신주인수권부 사채와 전환사채 등의 주식연계형 채권으로 발행되고 있다.

이와 같은 주식연계형 유로채는 채권의 가치가 이자율의 변동보다는 주식가치의 변동에 의해 훨씬 더 큰 영향을 받는 것이 특징이다. 이런 채권의 옵션이 행사되는 경우 결과적으로 외국투자자들이 해당 기업의 주식을 보유하게 된다.

다섯 번째는 국제적인 자본이동을 제약하는 각종의 투자장벽이 존재하는 경우 이용할 수 있는 글로벌 분산투자방법으로, 국제적으로 사업을 영위하는 글로벌기업의 주식을 매입하는 것이다. 미국의 IBM, Coca-Cola 등과 같은 글로벌기업들은 수익의 상당부분이 본국 이외의 사업활동에서 발생하기 때문에 이들 기업의 주식을 매입하는 것이 글로벌 분산투자를 대신하는 간접적인 방법이 되는 것이다.

key point

CASE STUDY

글로벌 투자, '정보 비대칭성' 극복하자

지난 1815년 6월 18일, 런던 증권거래소 안에서 수많은 투자자들이 벨기에 남동쪽 워털루에서 벌어진 웰링턴(영국)과 나폴레옹(프랑스)과의 전투 결과를 초조하게 기다리고 있었다. 당연히 그 당시 유럽 전역에 강력한 글로벌정보망을 구축하고 있던 로스차일드가의 일거수일투족에 시선이 집중됐다.

영국의 대승과 나폴레옹의 패배 정보를 미리 독점하고 있던 로스차일드가는 시장교란을 목적으로, 당일 오전 증권거래소에 보유중인 영국국채 매도 사인을 보냈고 시장은 곧바로 패닉에 빠져 영국국채는 95% 폭락, 원본의 5% 수준에서 거래됐다.

로스차일드가는 그날 헐값으로 쏟아져 나온 영국 국채 대량매수를 통해 20배의 차익을 올려, 정보독점의 과실을 완벽하게 향유한다. 시장에는 나폴레옹의 패배 소식이 하루 뒤에나 알려진다. 이상이 '화폐전쟁(쑹훙빈 저)' 1권 도입부의 요약이다.

실제로 글로벌투자를 실행할 때 가장 문제되는 부분은 바로 절대적으로 정보가 부족하다는 점이다. 한국에서 주식이나 채권에 투자를 할 때는 관련 정보와 보고서들이 넘쳐나는데, 자국이 아닌 해외 주식이나 해외 채권에 투자할 경우 매우 제한적인 정보만 접할 수 있다.

이는 바로 지역적·언어적·문화적 특성으로 인해 발생하는 '정보 비대칭성' 때문. 인터넷·핸드폰(통신)과, 비행기(교통)의 발달로 글로벌금융이 보편화된 지금도 200년 전인 1815년과 마찬가지로 여전히 정보의 비대칭성은 존재한다.

글로벌 투자를 위해 일반 투자자들이 영어와 중국어, 베트남어, 인도네시아어, 독일어 등 각각의 언어들을 모두 공부하는 것은 불가능하다. 또 효율적이지도 않다. 후강퉁 시행 이후 많은 증권사들이 언어장벽을 극복하기 위해 주요 중국기업들에 대해 제한적으로 한글 분석보고서를 내고 있지만 미국과 유럽, 중국, 인도, 인도네시아, 베트남 등 글로벌 기업들에 대한 한글보고서는 여전히 절대 부족한 실정이다.

문화적 특성으로 인해 발생하는 장벽 또한 만만치 않다. 단순히 외국의 분석자료를 번역하여 제공하는 수준으로는 해당국가의 문화적인 장벽을 극복하기 어렵다. 한국인이 한국적인 관점에서 작성한 자료라야 해당 국가의 문화적인 특성을 고려한 양질의 분석자료가 될 수 있다.

필자의 경우 'KOTRA 해외비즈니스 정보포털' 글로벌윈도우(www.globalwindow.org)에서 각 국가들의 정보를 많이 얻는다. 한국 주재원들이 해당 국가에 거주하며 한국적인 관점에서 작성한 정치·문화·경제 관련 자료는 단순 번역자료보다 훨씬 이해하기 쉬운 장점이 있다.

예를 들면 인도네시아 은행의 경우 이윤배분방식에 따라 전통은행과 샤리아(이슬람 율법체계)에 근거한 이슬람금융으로 나뉜다. 이슬람금융은 근본적으로 대출이자 사업을 금지하고 있어 이자지급 대신에 이익을 공유하는 형태의 배당금 지급을 지향한다. 이러한 문화적인 차이를 모르고 해당 국가의 주식이나 채권에 투자할 경우 투자성공 확률이 낮아질 수밖에 없다.

한국의 구조적인 저성장 문제로 인해 국내 투자자들은 필연적으로 국내보다 성장성이 높은 글로벌 기업으로의 분산투자를 할 수밖에 없다. 과거 투자자들은 해외펀드를 통해 1차적인 글로벌 분산투자 포트폴리오를 완성하였지만 지금의 투자자들은 해외주식에 대한 지식이 높아지면서 최근 해외주식 직접투자에 대한 니즈가 커지고 있다.

해외주식 직접투자에 대한 관심은 중국, 홍콩, 미

국을 넘어 이제 유럽, 베트남, 인도네시아 등으로 확산되고 있다. 한국예탁결제원 증권정보포털(SEIBro) 자료에 의하면 외화증권 예탁결제 보관잔액은 매년 30%~40% 이상 급증하고 있다. 이러한 시대적 흐름 속에서 글로벌 투자의 장벽인 '정보의 비대칭성'을 해결하기 위해서는금융회사의 글로벌리서치를 통해 나온 해외기업의 양질의 정보를 참고하는 것이다.

하지만 해외주식에 대해 충분히 공부할 시간과 능력이 안되는 투자자들은 펀드를 통해 전문가에게 운용을 맡기는 것이 효율적이다. '정보의 비대칭성'이 극명한 만큼 해외주식 직접투자보다 양질의 해외펀드를 잘 선별하여 투자하는 것이 더 효율적이다.

그럼에도 불구하고 충분히 공부하고 분석한다면 향후 저성장이 예상되는 국내주식보다 고성장이 예상되는 해외주식의 기대수익률이 더 높으므로 국내투자자들에게는 좋은 기회가 될 수 있다.

저금리·저성장·고령화는 우리 금융시장과 자산관리에 많은 변화를 가져오고 있다. 국내주식시장이 전 세계 주식시장에서 차지하는 비중은 2%가 되지 않는다. 해외의 다양한 자산과 국가에 투자하는 글로벌 자산배분은 국내투자자들에게는 선택이 아닌 필수다.

the bell(더벨) (2016.2.3)

key point
CASE STUDY

단기적 '엔고' 중장기적 '엔저' 대비해야

글로벌 금융환경 변화로 시험대 오른 아베노믹스
일본은행 대응에 유의…선제적 환위험 관리 필요

일본은행이 한 달 이상 마이너스 금리 정책을 이어가고 있다. 일본은행은 2월 16일 민간금융기관의 일본은행 당좌예금 일부에 대해 -0.1%의 금리를 도입한 이후 이달 중순의 회의에서 이를 유지하기로 했다.

아베 정권은 통화 완화정책을 개시하면서 2015년까지 물가상승률을 2%로 높이겠다고 공약했다. 그러나 저유가와 경기 침체 등으로 그 약속은 지켜지지 못했다. 오히려 글로벌 금융시장 불안으로 엔화가치가 상승하며 기업의 투자심리가 악화될 것이 우려됐다.

이에 따라 시장에는 속속들이 부정적인 전망들이 등장했다. 기업이 마이너스 금리 도입만으로 투자 확대나 임금 인상을 결정하지는 않을 것이며, 오히려 은행의 수익성 악화로 대출 규모가 늘지 않아 경기활성화 효과는 불투명하다는 것이다.

현지언론 "4월도 엔고 계속될 듯"

일본 언론들은 이번 봄의 기본급여 상승액 평균이 1,478엔에 불과해 작년 동시기에 비해 988엔 깎였다고 지적했다. 3월 18일 기준으로 평균임금방식 급여 상승분은 6341엔으로 전년 동기대비 1,156엔 낮았다.

〈지지통신〉은 주가 약세와 엔화 상승, 신흥국 경제 침체 때문에 경영자들이 높은 수준의 임금 상승에는 신중한 자세를 보이고 있다고 봤다. 당초 아베 정권은 물가 목표 실현을 위해 통화 완화와 소비세 및 임금 상승을 병행할 계획이었다. 그러나 경제환경이 급변하면서 이와 같은 아베노믹스에 제동이 걸렸다.

일본총연의 노동문제 연구가 야마다 히사시 조사부장은 "국내 소비를 활성화시켜 경제 선순환을 실현시키려면 중소기업의 임금인상이 필수불가결"하다고 봤다. 중소기업의 임금인상에 대해서는 "인력부족에 시달리는 기업에서는 어느 정도 임금 인상 전망이 가능하지 않나"라고 답했다. 그러나 중소기업은 대기업에 비해 노조 교섭력과 기업실적이 약한 경우가 많아 실상 아베 정권에서 기대하는 바를 이뤄내기에는 부족할 것으로 평가됐다.

〈일본경제신문〉 또한 마이너스 금리 정책이 한계에 달했다고 지적했다. 또한 4월에도 외환시장에서 엔고 흐름이 계속될 것이라는 전망이 부상했다고 지적했다.

크레딧 아그리콜 은행의 사이토 유지 외환팀장은 "중국 등 아시아 세력이 유로나 파운드화에서 손을 떼고 엔을 사고 있다"고 지적했다. 브뤼셀 테러로 인해 유로화가, 브렉시트 우려로 인해 파운드화가 하락하면서 상대적으로 안전자산이라고 여겨지는 엔의 수요가 높아졌다는 것이다.

일본에는 본래 매년 3월까지 엔고가 계속되고, 4월부터는 엔저가 시작된다는 통념이 있었다. 일본은 새학기와 새 회기연도가 4월부터 시작된다. 회기연도가 끝나며 수출기업들이 외화를 엔으로 바꾸고, 새 회기연도가 시작되며 금융업계에서 달러를 매입하기 때문에 저런 현상이 일어났던 것이다.

그러나 일본경제신문에 따르면 최근에는 3월 엔고, 4월 엔저의 법칙이 깨지고 있다. 해외 자회사로부터의 배당 등으로 인해 4월에 일본으로 들어오는 돈이 많아졌다는 것이다. 이에 따라 JP모건체이스의 타나세 쥰야 애널리스트는 이와 같은 기업의 엔 수요로 인해 4월에는 달러당 110엔선을 돌파할 가능성이 높다는 분석을 내놓기도 했다.

KB경영연구소는 글로벌 불확실성이 복합적으로 확대됨에 따라 안전통화로 여겨지는 엔화 선호 현상이 일본의 통화정책 영향을 압도했다고 봤다. 또한, 마이너스 금리는 금융기관 수익성 악화, 정책적 한계 시사 등 부작용이 있을 수 있는 정책으로, 이와 같은 우려도 엔화 강세 요인으로 작용했다고 지적했다. 마이너스 금리 도입이 가용 통화정책이 한계에 도달했다는 우려를 확산시켰다는 것이다.

KOTRA "중장기 엔저 대비해야"

한편으로는 최근의 엔화 강세 및 주가 급락은 글로벌 경기에 따른 영향에 불과하다는 지적도 있었다. 중장기적으로는 엔화가 약세로 돌아서고 주가가 상승해, 기업 실적도 호전되고 의도했던 물가상승 목표를 달성할 것이라는 전망이다.

KOTRA는 21일 '일본 마이너스 금리 도입에 따른 우리 기업 영향과 전망' 보고서를 발간해 중장기적인 엔저에 대비해야 한다고 조언했다. 보고서는 일본 금융시장에서 중장기적으로 엔고나 주가 하락이 해소될 것으로 예상하면서도 경기 활성화나 물가상승 효과는 미지수라고 지적했다. 마이너스 금리 도입 시 의도했던 결과 중 금리 하락은 달성했으나, 의도와는 정반대로 엔화가치는 상승하고 주가는 하락했다는 것이다.

KOTRA에서 지난 2월 일본 현지 유력기업들을 대상으로 실시한 인터뷰에 따르면 일본 기업들은 마이너스 금리 정책의 효과에 대해 시큰둥한 반응을 보였다. 이들은 마이너스 금리가 직접 회사 경영에 영향을 미치지는 않으며, 설비 투자는 일감의 유무에 따라 판단한다는 의견이었다. 이와 같이 마이너스 금리에 대한 일본 기업들의 호응이 적은 상황에서는 기업의 설비투자 확대, 임금인상을 통한 일본 경기 활성화 및 물가상승률 목표 2% 달성은 쉽지 않을 전망이다.

또한 KOTRA는 일본은행의 의도대로 엔저와 주가 상승을 통해 실물경기 활성화 및 물가 상승을 이루기 위해서는 해결해야 할 문제가 많다고 봤다. 첫째로 일본은행과 경제주체 간의 시각차 해소가 필요하다고 지적했다. 마이너스 금리 도입 직후 나타난 엔고, 주가급락으로 정책 효과에 대하여 의구심을 갖는 기업, 소비자가 다수라는 것이다. 일본은행 정책에 대한 신뢰감 속에 기업의 투자심리와 소비자의 소비심리가 살아나야 마이너스 금리 도입 효과가 실물경제로 파급될 것이라 봤다.

둘째로 민간금융기관의 신용창출 기능 확대도 필요하다고 봤다. 마이너스 금리 도입으로 예대마진이 축소되어 은행 수익성이 악화되고, 대출 규모가 축소하는 부작용이 우려되고 있다. 일본은행은 이와 같은 부작용을 최소화시키려 하고 있다.

셋째로 글로벌 시장의 불안정성을 극복할 수 있어야 한다고 봤다. 유가 하락, 미국 및 중국 경제지표 등 글로벌 시장에서 나타날 수 있는 불안정성을 압도할 만큼의 강력한 일본은행의 완화 정책 의지 표출이 필요하다는 것이다.

KOTRA는 중장기적으로 엔화가치는 다시 하락할 가능성이 높다는 것이 일본 국내외 전문가 의견이라며, JP모건증권의 칸노 마사아키 수석이코노미스트의 발언을 소개했다. 그에 따르면 마이너스 금리 정책에 따라 기본적으로 엔화 약세, 주가 상승효과를 기대할 수 있지만 마이너스 금리 도입 이후 나타난 엔고는 해외 시장의 동요 때문이다.

덴마크 노디어(Nordea) 은행 페더슨(Pedersen) 수석경제위원 역시 마이너스 금리가 엔화 약세를 위한 도구로는 기능할 것이라고 밝혀, 향후 일본 마이너스 금리가 의도했던 엔화가치 하락에 제한적으로라도 작용할 것임을 시사했다.

일본 마이너스 금리 도입 후 나타난 엔화가치 상승에 대해 KOTRA는 우리기업이 아베노믹스 도입 후 엔저로 인한 수출 비상상황으로부터 벗어나 일본 시장으로의 수출 및 글로벌 시장에서 일본 기업과의 경쟁에 유리해졌다는 것을 의미한다고 봤다.

그러나 엔화가치 상승은 마이너스 금리 도입보다

글로벌 경기침체 영향이 작용한 결과라고 지적했다. 향후 일본은행 마이너스 금리 도입 의도대로 환율이 엔저로 전환되면 우리 기업이 엔고로 누렸던 이점이 사라진다는 것이다.

이에 따라 KOTRA는 중장기적으로 엔화 가치가 다시 하락할 가능성을 염두에 두어야 할 것이라 봤다. 또한 일본 은행의 정책 및 금융 시장에 대한 모니터링과 엔저에 대한 선제적인 리스크 관리가 필요할 것으로 진단됐다.

고상훈 KOTRA 아시아대양주팀장은 "우리 기업은 일본의 마이너스 금리 정책에 크게 동요하지 말되 중장기적으로 엔저에 다시 대비해야 한다"며, "엔화 환율 상황이 우리 기업에게 악재로 돌아설 가능성을 미리 염두에 두고, 시장 변화에 맞춰 선제적으로 리스크 관리를 해야 할 것으로 보인다"고 밝혔다.

주간무역(2016.3.24)

글로벌경영론

제12장

글로벌 인적자원관리

introduction
CASE STUDY

작은 차이가 부르는 큰 갈등… 기업내 다문화 충돌 해결법

Sarah K. White

MIT에는 학생을 위한 강의 외에도 기업 리더와 직장인을 위한 경력 개발 프로그램이 많다. 그중 하나가 '다문화 일터에서 통하는 커뮤니케이션 방법(Culture Matters: Communicating Effectively in a Global Workplace)' 강좌이다. 바스카 판트와 제인 던피 두 강사가 참가자들과 함께 다문화 일터에서 발생할 수 있는 문제를 주제로 논의한다.

판트가 다문화 환경에서 의사소통의 문제를 경험한 것은 90년대 말 인도에서 일하면서였다. 당시만 해도 기업이 인도 직원을 지금보다 많이 고용했다. 하지만 미국인 고용주와 인도인 직원 사이에 의사소통이 원활히 이루어지지 않았다. 문화적 이해가 조금만 뒷받침돼도 쉽게 풀렸을 문제가 서로의 의도에 대한 오해 때문에 상황을 복잡하게 만들고 긴장감을 높이는 결과를 불러왔다.

판트는 이러한 문제를 전문으로 해결해주는 사업을 시작했고 이후 줄곧 테크놀로지 업계에서 관련 문제를 해결해 왔다. 테크놀로지의 발달로 기업의 활동 영역이 전 세계로 넓어짐에 따라 문화 차이로 인해 직원들 간에 오해가 발생하는 예도 늘어났다.

작은 차이가 부른 큰 갈등

판트는 우선 다문화 커뮤니케이션 문제에 대해 고민하고 정기적으로 대화를 나눠야 한다고 지적했다. 하지만 이런 노력을 기울이는 기업은 많지 않다. 그는 "지금은 15년 전보다 훨씬 더 다문화에 대한 이해가 필요하다. 과거에는 단지 '그런 문제가 있구나' 인식하는 정도였다면, 이제는 이를 시급해야 해결해야 할 상태다. 서로 다른 국가, 문화에 속한 이들과 의사소통하는 역량이 점점 더 중요해지고 있다"고 말했다.

실제로 기업은 10~15년 전보다 훨씬 더 '글로벌'해지고 있다. 심지어 같은 팀 내에서도 일부 팀원은 바다 건너 다른 대륙에서 일을 하는 때도 있다. 그래서 대부분 직원은 컨퍼런스 콜이나 이메일, 미팅 등의 상황에서 매일같이 다문화 커뮤니케이션이라는 문제에 직면한다. 상황이야 어찌 됐든 문화적 배경이 다른 상대방과 커뮤니케이션하는 방법에 대해 배울 필요가 있음을 확실하다.

특히 주기적으로 다른 나라나 문화권에서 활동하는 동료, 고객과 일하는 경우 상대방의 문화에 대한 전반적인 오해 때문에 발생하는 문제가 있다. 판트는 "이런 오해가 발생했을 때 사람들은 상대의 게으름, 무관심하거나 회피적인 태도를 탓하기 쉽지만, 사실은 상호 간의 노력을 통해 해결할 수 있는 문화적 차이에서 오는 문제"라고 말했다. '자민족 중심주의(ethnocentrism)'라고도 불리는 이러한 태도는 상대방을 자신이 속한 문화의 관점에서만 바라보며 갈등의 원인이 문화적 차이에서 오는 오해임을 깨닫지 못하는 상태를 가리킨다.

자민족 중심주의적 태도는 원활한 의사소통을 막을 뿐 아니라 회사 전반의 생산성과 효율성에도 악영향을 미친다. 판트는 "자민족 중심주의란 자신에게 익숙한 문화적 관점만을 강요하며 상대가 속한 문화를 이해, 공감하려는 그 어떤 태도도 보이지 않는 것이다. 그러나 문화적 차이를 민감하게 받아들이고 이를 배려할수록 장기적으로 긍정적인 업무 환경을 조성할 수 있다. 오늘날 기업이 직면한 여러 가지 문제를 해결하고 결국 전체적인 생산성과 효율성도 올라간다"고 말했다.

사소한 부분에서도 얼마든지 오해가 생긴다

다문화 커뮤니케이션 오해의 가장 흔한 사례가 이메일이다. 판트는 "미국에서 이메일은 비교적 격식 없는 의사소통 수단이다. 미국 문화에서는 상대방과 (이메일로) 대화하거나 어떤 문제에 대한 답을 구하는 과정에서 이메일을 대여섯 번씩 주고받는 것은 흔한 일이다. 그런데 다른 문화권의 동료와 함께 일을 하다 보면 신속하게 이메일 답장을 하지 않는 경우가 종종 있다. 그러면 이메일을 보낸 사람은 자신의 메일을 무시하거나 피한다고 오해하게 되는 것이다"라고 말했다.

하지만 문화권에 따라서는 이메일을 통한 소통을 격식 없는 개인적 의견의 교환 창구가 아니라 팀 또는 부서 전체의 합치된 의견을 전달하는 수단으로 인식하는 곳도 있다. 판트는 "답장을 하기 전 다른 팀원과 함께 이메일 내용을 검토하느라 시간이 걸리는 때도 있다. 또는 미국에서처럼 이메일을 캐주얼한 소통 수단으로 인식하지 않는 문화권에서는 질문에 대한 대답을 여러 차례의 이메일 교환을 통해 하는 것이 아니라 한 통의 '편지'에 가까운 이메일에 모두 담으려 하는 일도 있다"고 말했다.

미국 문화에서는 이메일을 통해 요청이나 문의를 받으면 현재 알아보는 중이라는 간단한 답변만 보내거나, 아니면 상대방이 물어본 것 중 현재 답할 수 있는 일부만 우선 답하고 나머지에 대해서는 나중에 회신한다. 이메일을 확인했다는 확인 여부만 답장으로 전달하는 등 답변이 완벽하게 준비되지 않았어도 일단 답장을 한다.

판트는 "미국에서는 상대의 이메일에 즉각 답변하지 않는 것이 무례한 행동으로 여겨진다. 반면 문화권에 따라서는 상대방이 요청한 것에 대한 완전한 답이 준비되지 않은 상황에서 답장하는 행위가 '건성으로' 답하는 것 같은 인상을 줄 수 있다"고 말했다.

문화적 오해에 따른 의사소통 실수가 종종 발생하는 또 다른 경우가 프로젝트 마감이다. 상대방이 정해진 데드라인을 지키지 않으면 나와의 약속을 소홀히 한다거나, 혹은 일에 진지하게 임하지 않는다고 생각할 수 있다. 하지만 문화에 따라서는 어떤 일을 해도 어느 한 개인이 일을 끝내서 전달하는 것이 아니라 팀으로 처리하고, 함께 그 결과를 검토해 최종 결정을 내리는 경우가 있다.

또는 타이틀만 보고 함께 일하는 상대가 기업에서 꽤 높은 직책을 맡고 있을 것으로 생각하지만, 미국 회사와 위계 구조가 다른 경우도 있어 상급자의 결재나 승인을 기다리는 경우일 수도 있다. 문제는 이런 오해 자체가 아니라, 이런 오해가 발생했을 때 자신의 문화적 경험에만 비추어 상대방에 대한 성급한 결론을 내리고 단정 짓는 데 있다. 문제의 원인이 되는 문화적 차이를 극복하려 하지 않고 단순히 개인의 부정적 행동의 결과로 치부하는 것이다.

판트는 "이런 경우는 거의 매일 같이 발생한다. 이런 일이 발생하면 우리는 쉽게 '그 사람 조금 무책임한 것 같아' 혹은 '관심이 없거나 무례한 거겠지'라며 기분이 상한다. 하지만 그것은 전혀 사실이 아닐 수도 있다. 이런 사실을 알고 나면 놀라는 사람들이 매우 많다. 입장을 바꿔 생각하면 상대방도 당신에 대해 얼마든지 그렇게 생각할 수 있고 거기에 대해 확신을 가질 수도 있다. '문화권이 다른 상대방은 내 요구, 질문에 대해 어떻게 생각할까? 답변이 늦어지는 이유가 있는 건 아닐까?' 하고 자문하는 경우는 잘 없다"고 말했다.

문제의 싹, 뿌리부터 자르자

판트는 다문화 업무 환경이 조성된 기업이라면 처음부터 다문화 의사소통을 원활히 하기 위한 노력을 게을리하지 말라고 조언했다. 갈등과 문제가 발생한 이후에 사후 약방문으로 프로그램을 시행하는 것보다 처음부터 이 문제에 대해 공개적으로 논의하고 함께 노력하는 것이 훨씬 낫다는 것이다.

당연하고 쉬운 얘기 같지만, 문제는 기업 대부분이 이런 문제가 존재한다는 것조차도 모르고 있다는 점이다. 그래서 기저에 깔린 문제를 해결하기보다는 손발이 맞지 않는 외국인 파트너와 반복되는 갈등에 두 손 두 발 다 들고 포기해 버리는 경우가 많다. 대체 왜 이메일 답장이 오지 않는 것인가에 대해 자신만의 기준으로 성급한 결론을 내리고 시간과 열정을 낭비하는 것보다 이 문제를 해결하기 위해 노력하는 것이 더욱 생산적일 것이다.

판트는 문화적 차이로 인한 문제를 해결하지 않고 놔두면 처음에는 작은 부분에서 마찰이 생기지만 결국에는 큰 문제가 되어 터지게 된다고 경고했다. 사실은 문화에 대한 이해로 예방이 가능한 문제임에도 말이다. 사소한 오해로 직원들이 낭비하게 되는 시간과 노력이 쌓이다 보면 결국 비즈니스 전체에도 영향을 미칠 수밖에 없다. 데드라인을 놓치거나 커뮤니케이션이 제대로 되지 않는 문제가 발생할 때 이를 개인적인 문제로 치부하고 계속해서 발생하도록 내버려둘 수도 있다.

그러나 처음부터 문제의 근원을 뿌리 뽑아 해외 클라이언트 및 파트너와 향후 발생할 수 있는 문제까지도 예방할 수도 있다. 다문화 이해에 대한 직원 교육에 대해 관리자가 회의적이라면, 개인 차원에서라도 타 문화권 상대방과의 갈등이 발생했을 때 이에 대한 성급한 판단은 유보하고 상대방의 관점에서 다시 한 번 생각해 보려고 노력해야 한다.

판트는 "기꺼이 다문화 교육 프로그램을 신청하는 기업도 많지만, 이 문제에 대해 전혀 무지한 기업도 있다. 자신이 마주하는 문제가 순전히 문화적 차이에 기인함에도 이것을 깨닫지 못하고 부차적인 이유만을 탓하거나 심지어 혼자만의 상상으로 소설을 쓰는 경우를 보면 안타깝다"고 말했다.

CIO Korea(2016.4.29)

제1절 글로벌 인적자원관리의 특성

글로벌 기업경영에 있어서 인적자원관리의 중요성은 여러 가지 측면에서 끊임없이 제기되어 왔던 이슈이다. 실제로 기업이 글로벌 전략을 수행할 경우 자본의 부족보다는 유능한 글로벌 관리자를 적절히 확보하지 못하는 점을 가장 큰 문제점으로 인식하고 있다.[1] 즉 여러 국가에서의 다양한 글로벌경영경험과 우수한 관리자 자질을 갖춘 글로벌 인적자원의 확보는 매우 중요하다는 것이다. LG전자의 경우, 세계 각지에 100개 이상의 법인 및 연구소를 전진배치하고 있으며, 이 곳에서 글로벌 인력을 운용하며 사업의 미래를 열어가고 있다. 2014년 말 기준으로 해외에 45,806명을 고용하고 있다. 이들 중 사무직의 약 40%가 마케팅, 영업 분야의 인력이고, 약 15%는 R&D 분야에서 근무하고 있다.[2]

글로벌 인적자원관리는 어떤 글로벌 조직이 가진 인적자원을 효과적으로 사용하기 위한 활동을 의미한다.[3] 인적자원은 조직구성에 핵심적인 요소이다. 어떠한 기업이 세계시장에서 경쟁사보다 우위를 점하기 위해서는 보다 우월한 인적자원 확보와 적절한 인사관리가 필요하다. 그리고 이러한 인적자원이 능률적으로 업무를 수행하고, 기업이 추구하는 조직문화의 일원으로서 활동하기 위해서는 적절한 교육이 수반되어야 한다. 하지만 한국 기업들이 생각하는 글로벌 인재의 기본전략 방향은 여전히 한국사람을 중심으로 하고 있으며, 글로벌 인재의 의미는 외국어 구사 및 일부 현지 경험을 가진 한국인력을 의미하는 것에 가깝다는 것이다.[4]

---

1 Christopher A. Bartlett & Sumantra Ghoshal, What is Global Manager, *Harvard Business Review*, 70(5), 1992, pp.131~132.

2 2014~2015 LG전자 지속 가능 경영보고서

3 P. J. Dowling & R. S. Schuler, *International Dimensions of Human Resource Management*, Boston: PSW-Kent, 1990.

4 윌리스 타워스 왓슨, 글로벌시대, 다국적 인재관리(2014.7.24).

또한 인적자원이 기업경영전략에 부합하는 업무를 수행할 수 있도록 하는 보상체계가 마련되어야 하며, 인적자원이 기업가치 실현을 추구할 수 있도록 하는 인사고과가 이행되어야 한다.[5]

순수 국내경영기업과 달리 글로벌기업이 여러 글로벌 시장을 대상으로 활동하면서 직면하게 되는 인력관리상의 독특한 문제점은 이질적인 문화문제, 현지국 정부의 규제문제, 자회사 간의 조정 문제, 적절한 보상체계 문제 등으로 나눠 볼 수 있다.[6]

1. 이질적인 문화문제

현지국 환경은 주요한 외부 요소이다. 외부 요소 중 특히 주목할 만한 것은 문화의 영향이다. 해외에 파견된 주재원은 지금까지 성장해 온 익숙해 있던 자국의 사회, 문화적 환경과는 달리 언어, 기후, 생활습관, 가치관 등이 상이한 환경에서 업무를 수행하는 과정에서 여러 가지 갈등과 변화를 겪게 된다.

2. 현지국 정부의 규제문제

현지국의 민족주의적 성향이 강해짐에 따라 글로벌기업의 인력관리상의 문제에 대해 현지국 정부의 압력이 강화될 수 있다.[7] 예를 들면, 현지국 정부가 외국인의 취업을 제한하거나 출입국을 규제하고, 현지인의 고용확대와 해고 제한규정 등 각종 규제조치를 통해서 글로벌기업의 인력관리에 간섭하는 경우가 많다. 뿐만 아니라 현지국 정부의 유·무형의 압력은 글로벌기업의 효율적인 인적자원배분을 어렵게 만들며, 해외사업의 성과를 저하시키고 투자의 위험을 증대시키는 요인으로 작용한다.

---

5 박철순 외(역), 「글로벌 시대의 국제경영」, McGraw-Hill Korea, 2009, p.587.

6 국제경영연구회, 「국제경영」, 문영사, 2000, p.356.

7 이신모 외, 「Global Business」, 두양사, 2006, p.510.

3. 자회사 간의 조정문제

글로벌 경영활동을 수행하기 위해서는 인적자원이 국경을 넘어서 이동하는 것이 필요불가결하며, 이러한 국경의 이동에 따른 해외파견인력의 선발, 교육 및 대우 그리고 파견 전 교육이나 현지국의 환경에 관한 전반적인 교육 등의 새로운 문제가 발생하게 된다.[8] 또 이러한 문제는 자회사에 따라 사정이 크게 달라질 수 있으므로 선발기준이나 인력배치, 대우 등의 측면에서 자회사 간에 적절히 조화를 이룰 수 있도록 조정할 필요가 있다.

특히 최근 기업의 국제화 추세에 비해서, 글로벌 경영활동을 수행할 수 있는 유능한 글로벌경영 인력이 절대적으로 부족하기 때문에 능력 있는 글로벌 경영자의 훈련과 양성이 중요한 문제로 대두되고 있는 실정이다.

글로벌 경영활동에 참여하고 있는 기업들은 이와 같은 글로벌 인력관리의 문제를 해결해야 해외시장에서 성공적인 기업활동을 수행할 수 있으므로, 본사와 현지 자회사 혹은 지사 간의 유기적인 인사관리체제를 확립하는 것이 중요하다. 또 이 분야에 대해 최고경영층의 지속적인 관심과 장기적인 목표를 가지고 인적자원의 확보 및 양성을 위한 부단한 노력이 필요하다.

4. 적절한 보상체계문제

글로벌기업들은 인건비가 낮은 지역으로 생산거점을 옮기는 경향이 있다. 이때 본국의 직원이 현지에 파견되기도 하고 현지 인력이 채용되기도 한다. 이들에게 요구되는 업무목표와 내용은 서로 다르며 이에 따라 보상체계도 서로 다르다. 모두에게 공정하고 객관적인 보상체계는 조직의 단합과 생산성 향상에 큰 영향을 미친다.[9]

세계를 무대로 활동하는 글로벌기업의 인적 구성은 국내시장만을 대상으로 하는 기업에 비해 다양하고 복잡하다. 따라서 보다 정교한 보상체계를 개발

---

8 이신모 외, 상게서, pp.510~511.

9 박기안, 「글로벌경영론」, 무역경영사, 2007, p.445.

하고 관리하는 것이 필요하다. 보상에 대한 문제는 먼저 해당 직원이 관리자의 위치에 있는가 아니면 생산직에 있는가에 따라 달리 접근해야 한다. 관리 인력에 대한 보상수단은 정기적인 급여 이외에도 상여나 세제상의 혜택이 포함된다. 특히 보상제도의 내용은 각국의 문화나 사회체제와도 밀접한 관계를 맺고 있는데, 예를 들어 유럽의 경우에는 다른 지역에 비해 장기간의 유급휴가가 보장되어야 한다. 반면에 생산직 인력에 대한 보상은 본국과 현지국의 통상임금을 기준으로 하되 노동시장에서의 자유로운 이동이 보장되어 있는가의 여부에 따라 다소 융통성 있게 적용하는 것이 좋다.[10] LG전자는 국내외 전 직원을 대상으로 단일한 정기 성과평가 제도를 운영하고 있다. 성과평가 제도는 성과주의 원칙에 입각하여 상대적 변별력을 강화하고 차별적 보상을 시행할 수 있도록 상대평가방식으로 시행 중에 있다.

제2절 글로벌 인력의 선발 및 교육

1. 글로벌 인력의 선발

글로벌경영의 성공은 경영자의 자질에 달려 있다. 이러한 자질은 국내경영자에게 요구되는 것과는 다른 성질의 것으로 글로벌 경영자를 선발할 때에는 이러한 자질을 대상자가 갖고 있는지에 대한 분석이 선행되어야 한다[11](〈그림 12-1〉 참조).

글로벌 경영활동에 참여하고 있는 기업들이 필요한 인원선발의 원천으로는 본국인, 현지국인 그리고 제3국인으로 나눌 수 있다. 제3국인이란 현지국이나 글로벌기업의 본국이 아닌 다른 나라 출신의 관리자를 뜻한다.

10 박기안, 상게서, p.448.

11 이승종 외, 「글로벌 경영」, 민영사, 2004, p.541.

그림 12-1 글로벌 경영자의 선발과정

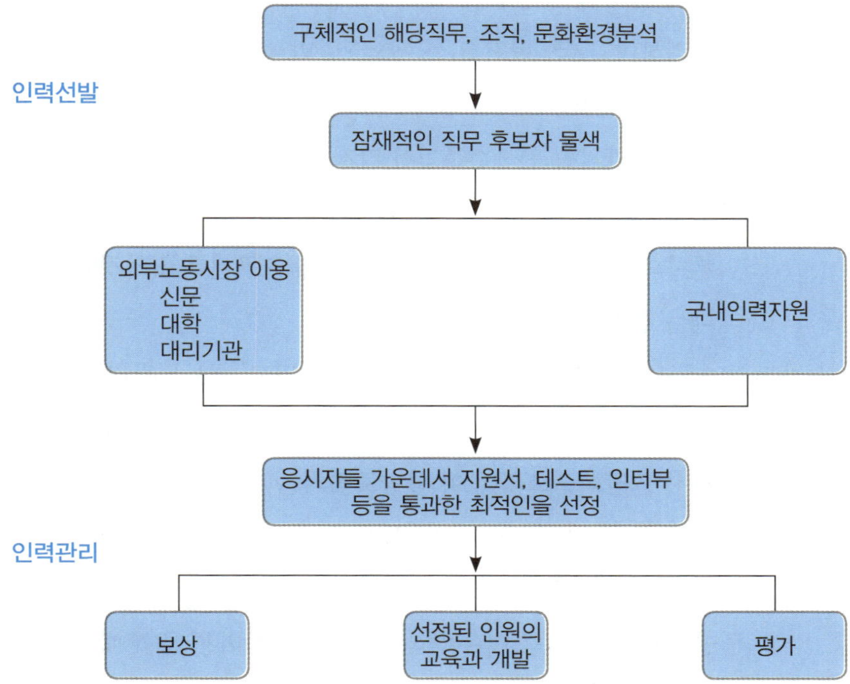

(1) 글로벌 인력의 선발에 대한 결정요인

글로벌기업이 글로벌경영활동에 필요한 인원을 확보하는 방법으로는 크게 본국에서 인원을 선발한 다음 파견하는 경우, 현지인을 활용하는 경우, 제3국인을 선정·파견하는 경우와 같이 세 가지로 나눌 수 있다.[12]

이와 같이 세 가지 원천 가운데서 어느 방법을 사용할 것인가에 관한 연구를 살펴보면 다음과 같다.

기업 내·외부의 영향요인

① 회사 자체 내의 특성: 해외자회사의 소유권 정도, 기술특성, 조직구조, 경영형태 등이 인원에 영향을 준다.

12 국제경영연구회, 전게서. p.358.

② 선발 가능한 인원의 개인적 특성: 자격과 경험 여부, 지금까지의 업무성과와 글로벌 경영업무에의 적합성, 가족 전체의 적응문제 등의 기준을 고려하여 본국, 현지 또는 제3국 관리자를 선정하게 된다.

③ 현지국의 경제 및 정책 특성: 현지국의 경제, 이용 가능한 기술발전수준, 정치적 안전성과 국수주의적 감정 등에 의해 결정된다.

④ 현지국에서 경영목표: 현지시장에서 경영목표가 장기적일수록 그리고 본사의 이미지 제고가 보다 시급하게 요구된다고 가정할 때 본사인력보다는 현지인력을 선호하게 된다.

⑤ 비용: 본국관리자, 현지국관리자 그리고 제3국 관리자 중 대체적으로 본국관리자 파견시 가장 많은 비용이 예상된다. 본국관리자를 현지 파견시 일반적으로 직급이 상향조정되는 경향이 있고, 또 주거비 및 교육비 보조를 위한 각종 수당 등으로 총지출비용은 봉급의 보통 3배 이상에 이르고 있다. 따라서 최근 많은 기업들이 본국 파견인 대신 현지인력을 사용하려는 큰 이유 중의 하나가 바로 비용 문제 때문이다.

국제화 단계에 따른 국적문제

펄뮤터와 히난(H. V. Perlmutter & D. A. Heenan)에 따르면 기본적으로 최고경영자의 경영정책이 무엇이냐에 따라서 글로벌 경영인력의 선정이 다음 네 가지 형태로 결정된다고 할 수 있다.[13]

① 자국 중심 관점: 자회사의 주요 지위는 본사에서 교육받고 파견한 모국 인원이 담당한다. 이 방법은 초기에 채택되었고, 한국과 일본의 여러 기업들은 대부분의 해외 사업부 요직에 자국인을 임명하였다.

② 현지국 중심 관점: 자회사의 주요 지위는 현지의 인력으로 선발 임명한다. 현지국 중심 방식은 자국 중심적 인사정책의 단점들을 보완한다. 예를 들면, 기업이 문화적 근시안으로 인해 입게 되는 피해 손실을 예방할 수 있다.[14]

---

13 국제경영연구회, 전게서, p.359.
14 박철순 외(역), 전게서, p.591.

표 12-1 글로벌경영을 위한 인적자원관리 유형과 상황특성

상황특성 \ 유형	자국 중심	현지국 중심	지역 중심	세계적 중심
표준설정과 평가 및 통제	본국의 본사기준	현지자회사의 독립적 관리	지역 내 국가들 간의 조정	범세계적 표준과 통제 및 조정
커뮤니케이션과 조정	본사의 강압적, 일방적, 커뮤니케이션	본사와 자회사 간 또는 자회사들 간의 조정이 거의 없음	자회사와 본사 간의 조정은 거의 없고 지역 내 자회사들 간 조정	전체적으로 연결된 네트워크
충원과 교육훈련	본사에서 인력을 선발, 배치하고 교육, 훈련시킴	현지에서 현지인을 선발, 배치하고 교육, 훈련시킴	지역 내에서 인원을 선발, 배치하고 교육, 훈련시킴	전 세계적으로 최적의 인력을 선발, 배치하고 교육, 훈련시킴
의사결정 권한	본사에 집중	자회사에 집중	지역별 본부에 집중	본사와 자회사의 협의에 의한 결정
보상과 동기부여	본사 기준에 따름	자회사에 따라 상이한 기준 적용	지역별로 독자적 기준 적용	범세계적 평가 기준 적용

자료: 김광수 외, 「국제경영」, 박영사, 2010, p.386.

③ 지역 중심 관점: 자회사의 주요 지위는 그 지역 내에서 가장 유능한 인재를 선발 임명하게 된다. 이 관점은 각 지역 내의 의사소통과 조정은 활발하게 이루어지지만 본사와 지역 간 그리고 지역들 간의 통합과 조정이 어려운 단점도 있다.[15]

④ 전 세계적 관점: 국적에 관계없이 개개인의 능력에 따라 최적의 위치에 배치하게 된다. 이 관점은 바로 Lenovo에서 시행되었던 방식으로 다른 조건이 동일하다면 가장 선호되는 관점이다.

결국 글로벌인력의 선발문제는 확고한 선정기준이 존재하는 것이 아니라 기업내부의 상황과 외부환경 등에 따라 결정된다고 할 수 있으므로, 고정된 선정기준보다 글로벌경영 환경변화에 따라서 선정기준을 탄력적으로 변화시키는 것이 중요하다.

---

15 김광수 외, 「국제경영」, 박영사, 2010, p.385.

(2) 특정 국적인의 관리자 선정

본국인의 선정

본국인을 국내에서 선정하여 해외로 파견시키는 방법은 주로 해외사업에 처음 참여하는 경우거나 혹은 국제적 경험과 범세계적 관점을 지닌 중간 관리자의 양성이 필요한 경우, 현지국의 기업운영에 적합한 유능한 현지인이나 제3국인 선정이 어려운 경우, 기업이 기업문화를 유지하기 위한 최선의 방법이라고 판단하는 경우, 기업이 핵심역량을 해외지사로 이전하여 가치를 창출하고자 하는 경우 자국인을 파견함으로써 글로화전략을 효과적으로 실행할 수 있다고 판단하는 경우에 선호되는 방안이다.[16] 특히 개도국이나 후진국에 진출할 경우나 기술부문에 진출할 경우 더욱 중요하다. 현대 모비스의 해외파견인력의 조건은 당사 근무 만 3년, 담당 직무 경력 만 2년 이상이며, 2년간 인사고과 평균 B 이상의 과장-부장을 대상으로 하며, SPA 45점, JRC 4급 이상이 되어야 한다. 해외파견 인력으로 결정되면 2년간 어학교육을 하고 후보자과정, 파견자 과정을 거쳐 해외파견이 이루어진다.

본국인의 해외파견에 따르는 장점은 다음과 같다.

① 본사의 정책, 절차 등에 익숙하고 본사요원과 친밀한 관계를 유지할 수 있고 현지정책실행이나 정보의 상호교환이 보다 효과적으로 이루어질 수 있다.

② 본사와의 효율적인 커뮤니케이션의 유지가 용이하며, 본사의 경영기법에 익숙해 있으므로 본사의 자회사에 대한 통제나 관리시 효율성을 높일 수 있다.

③ 모회사의 자회사에 대한 영향력을 증가시킬 수 있으며 본사의 정책에 충실한 인원선정이 가능하다.

한편, 본국인 선정의 문제점은 다음과 같다.

① 익숙지 못한 현지국의 사회, 문화환경에 적응할 때 생기는 무력감이나

16 이신모 외, 전게서, p.511; 박철순 외(역), 전게서, p.590.

문화적 충격으로 자기의 능력을 발휘하기가 어렵다. 레온티아드(J. C. Leontiades)의 연구결과에 의하면 유럽관리자의 약 80% 정도가 미국으로 파견되었을 때 국내에서와 동일한 능력을 발휘하는 데 1년 이상의 시간이 소요되는 것으로 나타났다.

② 현지국의 국수주의와 외국인 경영자에 대한 반감 증대로 현지경영에 어려움이 있다. 또한 본사에서 파견된 인력 때문에 현지인의 승진기회가 박탈된다고 볼 경우 현지인의 사기 저하나 생산성 저하 등 심리적 요인에 악영향을 미칠 수 있다.

③ 현지인 근로자나 본국 내의 같은 지위의 경영자에 비해 기본급 이외에 각종 수당 및 특별급여 제공에 따라 유지비용이 많이 든다.[17]

현지인의 선정

현지국 종업원의 선정에 따른 장점은 다음과 같다.

① 현지의 언어, 종교, 문화, 관습 등에 이미 익숙해 있으므로 본국인이나 제3국인 파견시 드는 각종 교육경비를 절약할 수 있다.

② 현지의 소비자, 고객, 정부기관들, 근로자 등과의 호의적인 관계유지가 용이하고 현지국 경영상황에 익숙하다.

③ 특히 국수주의적 경향이 증가하고 있는 국가일 경우 외국 이미지를 감소시킴으로써 현지운영에 많은 이점을 얻을 수 있으며, 현지인 종업원을 승진시킴으로써 현지종업원의 사기를 높일 수 있다.

④ 본국인과 제3국인 고용시 드는 각종 수당 및 특별급여 등의 경비를 절약할 수 있다.

한편 현지인 선정시 파생되는 단점은 다음과 같다.

① 특히 개도국이나 후진국일 경우 유능한 현지 인력의 충원이 불가능하거나 양성시 시간이 오래 소요된다.

② 본사의 운영방침에 따른 현지인 경영자와의 의견충돌이 야기될 수 있다.

---

17 이승종 외, 전게서, pp.544~545.

제3국인의 선정

제3국인의 선정은 상당히 광범위한 글로벌 기업체를 운영하는 기업들이 이용할 수 있는 방안이라 볼 수 있다. 삼성전자의 베트남 현지법인장으로 캄보디아인을 임명하거나, LG전자의 중국 현지법인장으로 대만인을 선발하는 것 등을 들 수 있다.

제3국인의 채용시 고려할 수 있는 장점은 다음과 같다.

① 본국 경영자들이 현지국 근무를 기피하는 경향이 있거나, 유능한 본국인 및 현지인이 부족할 경우 인원충원의 한 대체방안으로 효과적이다.

② 제3국인의 현지 체제경비가 본국인보다 더 싸게 드는 경향이 있어 경비 절감효과를 기대할 수 있다.

③ 제3국인이 현지국과 유사한 문화적 배경을 갖고 있고 공통된 언어를 구사하는 경우 현지적응과 문화적 탄력성에 있어서 본국인보다 쉽게 적용할 수 있다.

한편 제3국인의 선정시 파생되는 단점은 다음과 같다.

① 현지인과 마찬가지로 본국의 경영방침 및 목표 등에 어둡기 때문에 효율적인 경영전략 수립이 어렵다.

② 제3국인 고용시 현지언어와 문화를 제대로 이해하지 못한 경우에 의사소통상의 어려운 문제가 대두될 수 있다.

(3) 글로벌 인력의 선발기준

글로벌기업이 세계시장에서 성공적인 경영성과를 달성하기 위해서는 무엇보다도 훌륭한 자질을 지닌 경영인력을 확보하는 것이 중요하다. 이를 위해서는 성공적인 업무수행에 요구되는 인력 선발기준을 정하는 것이 필요하다.

먼저 글로벌기업이 본국인을 해외에 경영자로 파견할 때 흔히 사용하는 선발기준은 다음과 같다.[18]

---

18 국제경영연구회, 전게서, p.365.

① 직무수행능력: 국내인력 선발에도 그대로 적용될 수 있는 요인으로써 해당 직무사항에 필수적인 지식과 경영관리능력을 의미한다.

② 기술적 능력: 현지 공장설비나 장비 등에 관한 기술 및 지식 여부도 중요한 선발기준이 될 수 있다.

③ 개인적 특성: 이질적인 해외환경에서 독립적인 의사결정과 집행을 할 수 있는 정신적 성숙감, 주관과 이성을 잃지 않고 대처할 수 있는 정서적인 안정성, 그리고 넓은 시야와 폭넓은 사고 등 국제적인 감각을 보유하고 있는지의 여부가 해외업무의 성공적인 수행을 좌우하는 중요한 요인이 된다. 또한 해외업무활동에 대한 적응성과 이질적인 환경에 능동적으로 도전하는 자세의 여부 등도 중요한 선발기준이 된다.

④ 문화적 감정이입: 익숙한 본국의 문화만을 고집하지 않고 현지국 환경과 문화에 대해 융통성 있게 대처하면서, 그 나라의 전통과 관습, 윤리를 수용할 수 있는 능력도 중요한 파견관리자의 평가기준이 된다.

⑤ 외교적 수완: 현지국 정부와의 충돌을 피하기 위하여 현지국 정부관리나 영향력 있는 정치인 등과 호의적인 관계를 유지할 수 있는 사교적 노력이 필요한데 이러한 외교적 수완 여부는 특히 자회사의 최고경영층일수록 많이 요구된다.

⑥ 가족: 주재원 가족구성원 전체의 현지적응문제로서, 특히 배우자의 적응문제가 중요하며, 자녀 교육문제의 용이성도 선발시 고려할 요인이다.

여러 선정기준 가운데 과거에는 주로 개인의 기술능력과 관리능력 그리고 과거의 업적 등을 중심으로 선정하였으나, 최근에는 이질적인 외국환경에서의 적응능력과 가족구성원 전체의 적응문제 등이 강조되고 있다.

멘덴홀과 오도우(M. Mendenhall & G. Oddou, 1985)는 파견성공을 예측할 수 있는 4가지 측면, 즉 자기지향, 타인지향, 지각능력 및 문화적 어려움 등을 제시하였다. 여기서 자기지향은 파견근무자의 자긍심, 자신감 및 정서적 안정에 대한 측면이고, 타인지향은 파견근무자와 현지인들의 유대관계에 대한 측면이고, 지각능력은 본국 근무자들과 다른 현지인들의 행동의 차이를 이해하는 능력, 즉 공감하는 능력이고, 마지막으로 문화적 어려움은 파견근무자의 파견국가의 문화 적응 정도에 대한 것을 말한다.[19]

한편 현지인을 선발할 때에는 현지국의 문화적 배경과 전통, 현지노동시장의 상태, 산업화 정도 등이 주된 선발기준요소로 작용한다. 즉 현지인 선발에 있어서는 직무수행능력, 개인적 특성, 외교적 수완 이외에 글로벌기업의 경영철학, 경영목표 및 전략 등에 대한 이해와 국제적인 감각 등이 중요한 기준이 된다.

이와 같이 글로벌 경영후보자의 선발기준은 현지인이냐, 본국인을 파견할 것이냐에 따라 다소의 차이점이 존재한다. 그리고 기업은 이용 가능한 인적자원요소를 고려하여 산업별, 부서별로 상이한 기준을 적용할 필요가 있다.

(4) 글로벌 인력의 선정방법

글로벌 경영인력의 후보자들에 대한 추가적인 정보의 수집, 분석을 통한 선발방법들을 살펴보면 다음과 같다.[20]

① 시험방법: 선발과정에 있어서 가장 고전적인 방법이라 할 수 있으나, 해외에서의 성공을 위한 명백한 기준이 부족하고 뚜렷한 기준이 있더라도 시험문제화하는 것은 쉬운 일이 아니다. 따라서 오늘날 실제로 거의 사용되지 않는 구식화된 방법이다. 후보자와 관련된 능력들에 관한 조사에 있어서도 시험방법은 선진국의 경우 거의 사용되지 않고 있다.

② 면접방법: 일반적으로 많이 사용되는 방법으로 해외파견인의 심리적 자세 및 주관적 태도를 심층적으로 파악할 수 있다. 특히 해외로 나가기 싫어하는 후보자를 걸러내는 데 유용하게 쓰이며, 파견대상 후보뿐 아니라 그의 배우자나 가족구성원 전체에 대한 면접도 필요하다.

해외로의 단기여행은 좋아하나 장기적인 해외체류를 꺼리는 후보는

---

19 M. Mendenhall & G. Oddou, "The Dimensions of Expatriate Acculturation: A Review," *Academy of Management Review*, 10, 1985, pp.39~47.

20 이승종 외, 전게서, p.548.

선발기준에서 제외시켜야 하며, 단지 특정지역 자회사에만 관심이 있어 다른 지역 자회사는 무관심한 후보자를 제외시키는 것이 좋다.

③ 집단훈련평가법: 앞으로 가장 유망한 방법으로 개인의 집단활동을 평가해서 결정하게 되며, 글로벌경영후보자의 선정시 앞의 두 가지 방법보다는 객관적이고 타당성 있는 방법이라 할 수 있다. 구체적인 방법으로는 경쟁적 집단훈련 방법과 협동적 집단훈련 방법이 있다.

경쟁적 집단훈련 방법은 발표력, 청취력, 집단토의능력 및 리더십 등을 측정하기 위해 특정 리더 없이 그룹구성원 전체의 자유로운 토의과정을 통하여 선정하는 방법이다. 그리고 협동적 훈련방법은 그룹 전체 구성원과의 협력에 의한 작업능력의 평가나 그룹에의 적응성, 협동성 등을 평가하는 방법을 의미한다.

2. 글로벌 인력의 교육

(1) 해외파견인력의 교육

교육의 목표

글로벌 경영인력을 선발한 다음에는 그들이 능력을 발휘하여 성공적으로 해외직무를 수행할 수 있도록 하는 체계적인 교육과정이 필요하며, 이러한 교육의 내용은 현지 경영인력이 본국에서 파견될 경우와 현지인으로 채용될 경우 다소의 차이가 있게 된다.

본국인의 해외파견인력에 대한 교육은 글로벌 경영자의 사회·문화적 개발을 위한 준비단계이다. 이는 해외환경에 보다 잘 적응할 수 있도록 현지의 국가·국민·문화에 대한 제반 사항과, 해외자회사 운영전반에 관한 내용을 미리 숙지시키는 과정이라 할 수 있다.

이러한 교육의 근본적인 목표는 해외파견인들이 이질적인 환경에서 겪을 수 있는 문화적 충격을 최소화시키고, 현지국의 경영조건에 대한 정보지식을 갖추도록 하며, 해외자회사의 계획·제품·시장 등의 전반적인 운영정책을 미리 익히도록 하는 것이다. 이를 통하여 자민족 중심적인 사고나 행위를 현지국의 문화 및 사고에 맞게 변화시키고 해외자회사의 운영을 효율적으로 수행하려는 것이다.

교육내용의 특성

본국에서 파견하는 글로벌 경영인력의 교육내용은 대체로 다음과 같다.

① 현지국의 경제나 경쟁상태, 정치·법률적 환경, 지리, 기후 등 현지국 전반에 관한 기본지식을 미리 숙지하게 한다.

② 주재원이 소속하게 될 해외기구의 경영계획 및 그 계획과 글로벌기업이 추구하는 전략적 계획과의 연계성 등에 대한 교육을 통해 본사와 해외 자회사 사이의 의사소통을 효율적으로 할 수 있게 하며, 현지 자회사에 첫 부임시 직면하는 어려움에 효과적으로 대처할 수 있게 한다.

③ 주재원이 상주하게 될 자회사와 다른 자회사 간의 관계 및 조정에 대한 기본교육을 통해서 여러 해외 자회사 간의 협력체제의 구축과 조직 전체의 목표달성 및 효율성 증진을 꾀할 수 있다.

④ 현지국 정부가 추구하는 경제 및 사회개발 목표와 외국인투자에 거는 기대에 대한 사전지식을 제공함으로써 현지국 정부의 법적 조치나 새로운 경제제재시 효과적으로 대처할 수 있게 한다.

⑤ 현지국의 독특한 경영관리제도에 대한 체계적인 교육을 통해서 현지국 경영방식에 익숙하게 한다.

⑥ 파견인력뿐만 아니라 전체 가족구성원에 대한 현지국의 문화 등에 관한 교육을 통해서 가족 전체의 현지적응을 쉽게 할 수 있으며, 가족구성원의 안정을 꾀하도록 한다. 가능하다면 파견 근무 전에 해당 국가를 방문하여 문화 충격을 완화시키는 것 또한 바람직하다. 배우자의 적응실패의 경우를 고려하여 가능하다면 배우자 혹은 가족 구성원 모두가 함께 교육을 받는 것이 좋다.[21]

21 박철순 외(역), 전게서, p.599.

이외에도 타 문화권에 대한 이해력과 적응력, 언어, 대인관계능력, 사명감 고취, 기술능력 등을 개선시키기 위한 교육 등도 추가로 포함될 수 있다. 특히 언어와 관련하여 영어는 국제경영의 공식언어로 인식되고 있으므로 경영을 하는 데 있어서 영어를 통한 의사소통만으로도 충분한 업무수행이 가능하다고 할 수 있다. 하지만 파견인이 영어에만 의존한다면 현지국 사람들과의 관계형성에 악영향을 미칠 수 있다. 따라서 유창한 언어가 아니라도 파견인이 현지 언어를 사용하려고 노력한다면 이는 현지인 근무자들과의 유대감 형성과 경영효율성 증진에 도움이 된다.[22]

교육훈련방법

글로벌기업들이 해외파견인력을 교육시키기 위한 방법으로는 자사내부의 프로그램을 개발·운영하거나, 외부의 전문기관을 이용하여 교육시키는 방법 두 가지로 구분할 수 있다.

① 사내 교육프로그램을 이용

사내 교육프로그램을 통한 교육 필요성을 깊이 인식하고는 있으나 소수의 글로벌기업을 제외하고는 실질적인 프로그램 운용은 아직도 저조한 편이다.

② 외부 교육프로그램의 이용

사내에 적절한 교육프로그램이나 교육기관이 부족한 경우, 외부교육 프로그램이나 전문교육기관을 이용할 수 있으며 이러한 외부교육을 통해 훈련참가자들로 하여금 그들의 미래업무에 대한 지식을 넓혀주기 위해 이용하게 된다. 외부 교육프로그램의 이용에 따른 장·단점을 살펴보면 다음과 같다.

우선 장점으로는 첫째, 외부프로그램을 통해 글로벌 경영자를 현재의 업무로부터 분리시킴으로써 당면한 교육에 집중할 수 있게 하고 가장 최근의 글로벌 경영이론들과 연구결과들에 접근할 수 있는 기회를 제공함으로써 경영자로서의 자질을 높일 수 있게 한다.

둘째, 국내 교육기관뿐만 아니라 외국 교육기관도 참여함으로써 외국인들

---

22 박철순 외(역), 상게서, p.600.

과의 접촉을 통한 다양한 정보의 교환이 가능하며, 외국시장과 외국기업사례에 대하여 객관적인 관점에서 분석할 수 있는 기회를 얻을 수 있게 한다.

한편, 단점으로는 첫째, 교육훈련내용이 표준화되고 일반적이기 때문에 해외파견인이 해외의 특정국가에서 직면하는 특정한 문제나 상황에는 도움이 안 되는 경우가 많다는 점이다.

둘째, 외부훈련 프로그램의 내용이 어떤 특정기업의 요구에 맞도록 참가한 경영자의 관리나 경영상의 행동변화를 가져올 수 있도록 고안되기는 어렵다.

이 밖에도 해외파견 대상인력을 앞으로 파견할 국가에 휴가를 주어 미리 가보게 하거나, 현지에 대한 출장기회를 주어 현지국에 대한 사전경험을 축적시킬 수 있다. 또는 자국의 문화가 다문화권 국가일 경우 현지국 문화와 유사한 하부문화권 내에서 일정기간 거주하게 함으로써 현지국에 대한 두려움을 감소시키거나 현지국 적응을 쉽게 할 수 있도록 한다. 이외에도 현지국에 대한 좋은 풍습, 환경, 문화를 소개시킴으로써 현지에서의 생활의욕을 고취시킬 수도 있다.

(2) 현지 인력의 교육

최근의 글로벌기업의 고용상태를 살펴보면, 유능한 인적자원의 부족과 현지의 정치적·법적 규제 등에 의해서 현지인의 채용경향이 증가하고 있는 추세라고 볼 수 있다.

기본적으로 본사국의 가치관이나 문화, 관리제도 등에 대한 기본개념이 현지국과는 상당히 다르기 때문에 현지 자회사의 원활한 운영을 위해 현지 인력에 대한 교육훈련을 본사의 교육·훈련 프로그램을 그대로 이전하기보다는 현지인의 사고방식과 가치관·신념을 고려하여 현지인에게 맞게 적응시키는 것이 필요하다.

또한 현지 인력을 크게 중간관리층과 현장종업원으로 나눌 수 있는데 양 그룹의 업무영역이나 역할이 다르기에 교육내용이나 훈련 자체가 달라야 한다.

먼저 관리자층의 경우 교육내용은 주로 본사에 대한 이해를 증진시키는 내용과 본사와의 원활한 의사소통 추구나 본사와의 업무분담체제의 숙지 및 능숙한 운영방법 그리고 본사에서 파견된 주재원들과의 원만한 인간관계를 유지하는 데 있게 된다. 따라서 현지 관리자층에 대한 주된 교육내용은 본사의 경영목표 및 전략목표 등을 이해시키는 것과 본사의 운영방침 및 업무관련사항 등을 주지시키는 데 역점을 두어야 한다.

한편, 현장의 종업원에 대한 교육은 본사의 경영정책이나 전략적 내용의 강조보다는 현지 자회사 내부의 원활한 노사관리나 인간적인 유대관계의 형성에 초점을 맞추어야 한다. 아울러 생산 효율성을 증진시키는 정기적인 기술교육이 더 중요하다고 할 수 있다. 자사내 또는 공장 내에서의 자체적인 교육프로그램을 통해서 기존기술에 대한 숙련교육, 신기술 사용방법 등의 교육을 통한 생산성 제고, 투철한 직업관의 양성 및 노사간의 화합이나 공동체의식을 증진시키기 위한 단체 체육활동이나 단합행사를 자주한다.

기업내부의 프로그램 외에 기업외부의 공공기관 및 대학기관에서의 위탁훈련방법도 가능하다. 마찬가지로 이러한 방법을 통해 주로 전문적인 기술의 전수나 회사내부의 기업활동에 있어 효율성을 증가시키기 위한 실무적 지식의 주입이나 소양교육을 실시한다(〈그림 12−2〉 참조).

현지인의 교육은 현지국 내에서의 교육훈련과 병행하여 본사국에 초청하여 교육시킴으로써 회사에 대한 자긍심을 갖게 할 수도 있다. 이러한 초청교육은 일종의 휴가나 성실한 근무에 대한 보상의 한 방법으로 활용할 수도 있다. 또 현지에서의 생산성 증대와 근로의식을 고취시킬 수 있는 방안으로도 활용할 수 있을 것이다.[23]

---

23 이승종 외, 전게서, pp.551~552.

그림 12-2 글로벌 인적자원 개발 모델

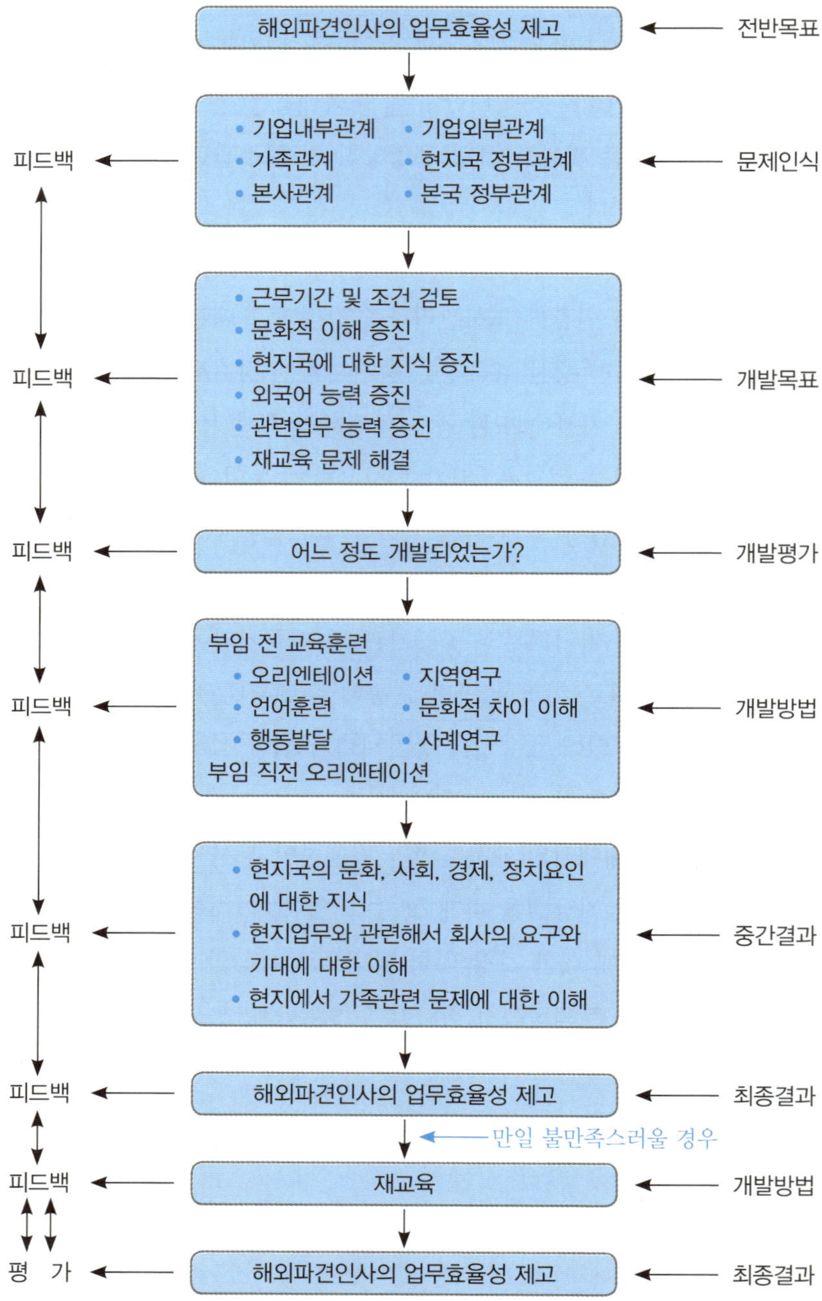

자료: A. Rahin, "A Model for Developing Expatriate Executives," *Personnel Journal*, April 1983, pp.312~317.

제3절 글로벌 인력의 평가 및 보상

1. 글로벌 인력의 평가

글로벌기업의 인적자원관리에 있어서 해외파견인의 평가제도는 국내경영환경과의 차이나 영업기반의 차이 등으로 인해서 국내경영자의 평가기준과는 상이한 평가방법이 적용되어야만 한다. 즉 현지 자회사 운영시에는 일국 내에서의 평가보다 통제할 수 없는 많은 경영외적 요소나 각국별로 상이한 환경변화요소들이 존재하기 때문에 이러한 요소에 대한 적절한 고려가 필요하다.

또 현지 자회사들이 활동하고 있는 각 현지국의 상이한 경영환경변화도 글로벌 경영자에 대한 그릇된 평가를 내릴 수 있다. 즉 현지국의 경기변동, 인플레이션율, 환율변동 등의 경영외적 환경변화가 현지 경영자의 경영실적이나 능력평가에 영향을 미치어 그릇된 평가를 가져올 수 있다는 것이다. 예를 들어 특정 현지국의 통화가 평가절하되었을 경우, 그 자회사에 대한 평가기준을 현지국 화폐로 할 경우 상당한 플러스요인으로 작용하게 되지만, 평가절상통화로 평가시는 마이너스요인이 되어 현지 자회사 경영자의 실적 및 능력을 정확하고 객관적으로 평가하지 못하는 문제가 발생하게 된다.

그리고 현지 경영자에 대한 평가시, 현지국 정부의 투자유인정책 및 각종 혜택이나 각국별 노동생산비의 차이를 고려하거나, 경영실적에 영향을 미치는 유통채널의 질적 문제 및 가용인력자원에 대한 경영외적 환경요인에 대한 적절한 평가가 필요하다 하겠다.

하지만 해외에서 활동하는 인적자원에 대한 평가는 국내에서 이루어지는 평가보다 훨씬 더 복잡하고 어려운 것으로 인식되고 있다. 그 이유는 여러 가지 원인에서 찾아볼 수 있지만 일반적으로 평가자 선정의 어려움, 성과에 대한 판단의 어려움, 커뮤니케이션의 어려움, 성과 목표 설정의 어려움, 해외환경에 대한 본사의 이해 부족 등의 요인들이 작용하기 때문이다.[24]

---

24 김광수 외, 전게서, p.396.

전통적인 중국의 인사관리시스템은 개인성과와 무관하게 일명 '철밥통(iron rice bowl)'으로 표현되는 종신고용 형태의 고용보장을 제공한다. 직원들에게 개인별 성과에 대한 가치평가보다는 직원들 간의 평등에 초점을 맞추는 집단주의 문화와 사회주의 이데올로기를 강화해왔다. 그로 인해 중국에 진출하는 많은 한국 기업들은 중국 직원들이 성과중심 보상제도에 대해 부정적인 반응을 보인다고 생각하기 쉽다. 그러나 중국 직원들은 회사의 성과평가시스템에 만족하지 못할 경우 혹은 그 과정이 정당치 못하다고 생각할 경우에만 성과급에 대해 부정적인 인식을 보인다. 따라서 공정한 평가절차와 체계적인 평가시스템만 구축한다면 성과급과 같은 고성과 작업시스템을 성공적으로 적용할 수 있다.[25]

그리고 평가과정에서 선입견을 줄일 수 있는 방법으로 파견근무자에 대한 평가는 본사경영자의 평가보다 현지 경영자의 평가에 더 많은 비중을 두어야 한다. 그 이유는 현지 경영자들은 파견인을 더 근접한 거리에서 지켜 볼 수 있기 때문에 파견인의 성과의 중요 요소인 노력이 수반된 변수들을 더 잘 평가할 수 있기 때문이다.

따라서 글로벌 경영인력에 대한 공정하고 객관적인 평가가 이루어지기 위해서는 경영실적에 영향을 미치는 제반 경영외적 요소 및 직접적인 경영실적 평가요소에 대한 상대적인 가중치를 두는 상이한 평가방법의 고려가 필요하다고 볼 수 있다.

특히, 중국에 진출했거나 진출을 계획하는 한국 기업들은 한국 국내에서 적용하는 평가시스템을 중국에 적용할 때, 절차적으로 단순화하고 객관화하며 직관적으로 쉽게 이해할 수 있도록 수정해 적용하는 것이 필요하다. 다른 한편으로 중국 직원들은 조화로운 사회적 교환관계를 원하기에 개인평가에 대해 직접적인 피드백(예: 장점과 단점에 대한 직접적 언급)을 주는 대신 간접적이고 비공식적인 대인관계를 통해 전달받을 때 절차적으로 더 공정하다고 느낀다. 따라서 이러한 사항에 주의해 인사제도를 적용해야 한다.

---

25 이코노믹조선, 중국에는 중국만의 인사관리 방식이 있다(2013.4.9).

2. 글로벌 인력에 대한 보상

기업의 보상제도는 기업의 장기적인 목표를 달성할 수 있도록 조직원들에게 동기를 부여하는 효과적인 방법 중의 하나이다. 특히 글로벌 경영활동에 참여하고 있는 기업의 경우 가족문제나 문화적 충격 및 문화적 역충격 등으로 인한 해외업무 지원자수의 감소 등으로 인해 적절한 보상 및 과외수당 지급은 필수적이라고 할 수 있다.

일률적인 보상기준은 없지만 해외업무 파견인을 유인할 수 있는 충분한 금액의 지급은 물론 직위, 국가간 거리 정도, 생활조건 등에 따른 적절한 차등지급이 필요하며, 과다한 수당지급이 발생되지 않도록 꾸준히 조정하여야 할 것이다.

(1) 본국 파견인의 보수관리

보상제도는 국가마다 다르다. 각 국가에서 법적으로 지시된 이익, 세법, 주거비용, 현지 관습 및 문화가 다르기 때문이다. 일반적으로 해외주재원들은 국내 근무자들보다 높은 보수를 받는데 그 이유는 유능한 글로벌 인력에 대한 대우와 더불어 이질적인 해외환경에서 근무하는 데 따르는 어려움에 대한 최소한의 보장, 과중한 책임에 대한 적절한 대가 지급, 유능한 인력을 유인하기 위한 과외수당의 지급 때문이라고 볼 수 있다.

본국에서 파견되는 해외파견인력에 대한 보수기준은 다음과 같다.

① 기본급: 해외파견 직원이라고 해서 특별히 더 많이 지급하기보다는 본국의 기본급을 그대로 적용하는 것이 통례이다. 즉 본사와 동일하거나 유사한 직책의 직급에 해당하는 기본급을 지급하게 되며 해외파견시 직급의 이동이 있을 경우에는 이에 따른 기본급 조정이 요구된다. 해외파견 임금은 보통 모국의 화폐, 현지국의 화폐 혹은 혼합된 형태, 제3국의 통화로 지급된다.[26]

26 조영곤 외(역), 전게서, p.559.

② 해외근무수당: 해외환경에서 직무를 수행하고 생활하는 데 따른 고생과 불편, 개인적 희생, 과중한 책임에 대한 보상의 성격을 지닌 기본급 이외의 부가급을 말한다. 이는 익숙하지 않은 지역에서 가족 및 친구들과 떨어져서 생활하는 것에 대한 보상이며, 새로운 문화와 언어에 적응하고 새로운 근무습관과 근무수행방식에 적응해야 하는 것에 대한 보상이다.[27]

③ 보조금: 해외 근무자와 그 가족이 적어도 해외에 본국과 동일한 생활수준을 유지할 수 있도록 지급되는 생활보조비, 주택수당, 자녀교육수당, 귀국휴가수당 등을 말한다.

④ 기타 수당: 해외 직무담당으로 인해 받을 수 있는 재정적 손실을 보상하기 위해 시행되는 퇴직연금, 의료 및 상해보험, 생명보험 등을 말한다.

이러한 금전적인 보상체계는 기업이 통제하기 어려운 국내외 환경의 변화에 의해 영향을 받기 때문에 글로벌기업은 주기적으로 혹은 필요할 때마다 세금, 환율, 물가 수준을 고려하여 보수에 대한 지속적인 관리를 해야 하며, 본사의 입장에서 해외 업무에 따른 여러 가지 어려운 문제를 이해하고 이에 대한 적절한 보상을 지급하려는 장기적인 노력이 필요하다.

해외 파견 직원 보상에 있어서 세금 균일화는 중요한 고려사항이다. 해외파견자는 현지국과 본국으로부터 두 개의 세금 명세서를 받을 수 있다. 대부분의 모국 정부는 해외 파견자들의 이중과세를 최소화하는 규정을 고안했다. 종종 해외파견자는 수익에 대해 세금지불을 할 수 있다. 추가적인 세금이 직원에게 발생되는 곳의 경우는 별도의 조세부담에 대해 고용주가 배상해준다.[28]

(2) 현지채용인력의 보수관리

현지인도 모기업의 일원이므로 본국인과 동일한 보수체계를 적용해야 하지만 현지의 임금수준도 고려해야 하므로 보수지급내용은 본국인과 현지인력

27 박철순 외(역), 전게서, p.607.
28 조영곤 외(역), 전게서, p.560.

사이에 차이를 보이게 된다.

현지인의 보수지급은 자사의 보수지급기준에 의하기보다는 현지의 노동조건 및 현지에 진출한 국제경쟁사의 임금구조 등에 의해서 결정된다. 대개 현지의 평균임금보다 높은 보수를 지급하는 반면 같은 직위의 국내인력에 비해서는 낮은 보수를 지급하게 된다. 현지인에 대하여 현지 평균임금보다 높은 보수를 지급하는 것은 현지의 경험 있는 유능한 인재의 채용 및 유지를 위한 유인책의 일환이라고 할 수 있다. 또한 보수 상승에 따른 노동생산성의 기대 및 현지인 기업에 비해 외국기업이 갖는 승진기회의 제약 등에 따른 일종의 보상체제로 인식할 수 있다.

제4절 글로벌 인력의 귀국관리

1. 귀국적응교육

파견관리자의 교육과 개발에서 매우 중요하지만 등한시되고 있는 사항은 그들의 본국 업무로의 복귀(귀국) 준비에 대한 것이다. 귀국은 파견 근무 과정의 마지막 단계로 파견근무자를 선택하여 교육시키고 파견한 후 그 업무가 끝나면 본국의 기업으로 소환하는 단계이다.[29]

해외파견과 마찬가지로 해외파견자 귀국은 사전 준비를 해야 한다. 효율적으로 관리되지 않으면 해외파견자는 귀국하는 데 문제가 생기게 된다. 즉 역문화적 충격을 경험하게 된다. 여기서 역문화적 충격이란 본국의 문화로 재조정해야 함을 의미한다.[30]

오랫동안 해외에서 근무한 후 본국으로 귀국한 글로벌 인력들은 외국환경

29 박철순 외(역), 전게서, p.600.
30 조영곤 외(역), 전게서, p.556.

과 상이한 국내환경에의 재적응시 최초 외국환경에 직면하는 조정문제와 비슷한 충격과 더 적응하기 어려운 문제가 발생할 수 있다. 특히 외국의 문화나 생활환경의 우월성을 믿거나 현지에 많이 동화된 사람일수록 심하게 나타난다. 따라서 인적자원 관리자는 직원들의 귀국에 따르는 여러 문제들을 해결하도록 도움을 제공해 주어야 한다.

이와 같은 본국 귀국시 직면하게 되는 문제를 고려하여 기업차원에서 이러한 파견인력의 국내 재적응에 대한 많은 주의나 적정한 귀국프로그램을 설치·운영하는 것이 필요하다. 이렇게 함으로써 유능한 해외파견인들이 경험 및 기술, 지식 등을 본사에 파급시키고 활용할 수 있을 것이다. 이러한 재적응과정을 효과적으로 도와주기 위한 대응방안을 살펴보면 다음과 같다.

① 본사와 파견인 관리자 사이 혹은 파견인 관리자들 사이의 지속적인 커뮤니케이션을 통하여 해외 체류기간 동안에 발생한 정보나 필요한 정보를 상호교환함으로써 본국의 조직상황과 분위기에 대하여 친숙한 분위기를 감지할 수 있게 한다. 커뮤니케이션에서 교환되는 정보로는 개인적인 성질의 정보뿐만 아니라 본국 조직의 새로운 계약관계나 정책에 관한 정보, 그리고 본국의 정치·경제적 환경의 변화에 관한 광범위한 정보를 포함한다.

② 파견인 인원선발시 본국에서 가장 능력 있는 인원을 선정, 파견함으로써 파견인력에 대한 필요성을 증가시키고 귀국시 모두 반길 수 있도록 한다. 그리고 파견 전에 일정기간의 해외임무 완료 후 본국 귀환시 동일한 지위나 승진된 지위를 보장하는 보증증서를 제공함으로써 현지 파견직무에 따른 적정한 직위보장의 두려움을 제거할 수 있으며, 현지에서의 경험이나 기술을 최대한 이용할 수 있게 한다.

③ 본국으로의 귀국이 확정된 경우 적어도 6개월 전에 미리 통지를 함으로써 귀국에 대한 심리적 불안을 제거하도록 하며, 본사 조직구조에의 변화를 알 수 있게 미리 본사조직을 둘러보게 하거나, 조직구성원의 신상을 미리 알려주는 것도 필요하다.

④ 본사의 조직구조상 해외근무를 승진을 위한 필수조건으로 인정함으로써 조직구성원들이 해외파견근무를 긍정적으로 보게 하고, 귀국 후에도 해외파견인을 외국인으로 보지 않고 조직구성원의 일부로서 인식할 수 있게 한다.

2. 귀국 후 관리

글로벌기업은 대개 해외파견인의 육성과 교육에는 많은 관심을 보이지만 해외파견인이 귀국한 후 인적자원관리문제에 대해선 크게 관심을 쏟지 않는 경향이 있다. 그래서 해외파견인은 국내본사와 해외자회사 간의 커뮤니케이션 부족으로 개인적·직업적 고립을 느끼며, 심한 경우 글로벌기업의 전체적 정책마저 인식하지 못하기도 하며, 본사의 경영이나 정책에 많은 변화가 있는 경우에는 재적응이 더욱 어렵게 되기도 한다. 만약 해외근무 후 귀국한 사원이 새로운 국내 보직에 만족하지 못할 경우, 사직을 하게 되면 해당 기업 자체는 유능한 글로벌 인력을 잃을 뿐만 아니라 그동안 투자한 시간과 자본의 손실도 입게 된다.

이와 같은 문제 때문에 해외파견인에 대한 귀국 후 관리는 중요성을 가지며, 이를 해결할 수 있는 체계적 접근방법을 개발하는 것이 필요하게 된다. 그러므로 본사에 돌아온 관리자는 심층적이고도 조직적인 재교육을 받아야 하는데, 이 재교육에서는 정책 및 절차상의 변경, 회사전략의 변화, 새로운 직원 및 현직원의 임무, 귀국자의 새로운 직위에 대한 상세한 설명 등이 반드시 필요하다. 또한 귀국자는 새로운 직무를 맡기 전에 한달 정도 관찰자 자격으로 회합에 참여토록 하며, 글로벌기업은 가족 전체에게 소득 감소와 생활습관 적응을 위한 자문을 해주고, 이와 함께 인플레이션 및 주택비용 상승을 고려하여 금융을 제공해 주어야 할 것이다. 이러한 재정적 자문은 여러 방법으로 실시할 수 있을 것이다. 대개 새로운 직무에 적응하기 위해 귀국자에게는 약간의 시간적 여유가 필요한데, 보통 귀국 후 6개월 정도는 가족에 대한 배려가 필요하고, 국내환경에 잘 적응할 수 있도록 주위의 도움이 절실히 요구된다. 또한 본국귀환을 무리 없이 받아들이기 위한 전문적인 카운슬링이 필요하기도 한다.

예를 들면, 농산물의 국제적 공급자로서 50억 달러 규모의 연 수입을 창출하고, 10,000여 명의 직원을 보유한 몬산토(Monsanto)는 파견인이 복귀하였을 때 다양한 기회를 제공한다. 복귀 근무자들은 보고 기간에 파견예상자로서 문화 교육을 받고 있는 직원들과 대면할 시간을 갖는다. 그들은 또한 동료, 후임, 및 상사들과 정보교환을 통해 그들의 경험을 고유할 기회를 갖는다.

또한 몬산토의 복귀 과정은 경영적 측면뿐만 아니라 복귀근무자의 가족들에게도 초점을 맞춘다. 몬산토는 업무관련 사항이 아닌 개인적 혹은 가정에 대한 사항이 종종 복귀 후 문제를 발생시키고 이러한 사적 문제가 직원의 업무수행에 직접적인 영향을 미친다는 점을 인지하고 있기 때문이다. 이러한 과정을 통해 몬산토는 복귀한 근무자가 개인적 문제를 극복할 수 있도록 하는 기회를 제공한다.[31]

오늘날 많은 기업들이 귀국자 관리 프로그램을 통해 귀국자들이 직면하는 문제에 적극적으로 대처해 나가고 있다. 미국, 유럽, 일본, 호주 기업들을 대상으로 한 연구에 따르면, 최고의 기업들은 공통적으로 해외파견 근무자와 본사의 상급관리자를 일대일로 맺어주는 후견인(montor) 프로그램, 해외파견 근무자 전담지원 부서, 해외파견 근무자와 본사 간의 지속적인 연락 등을 유지하고 있는 것으로 밝혀졌다.[32]

---

31 C. M. Solomon, "Repartriation: up, down or out?" *Personal Journal*, January, 1995, pp.2~34; J. Schaefer, E. Hannibal & J. O'Neill, "How strategy, culture, improved service delivery reshape Monsanto's international Assignment Program," *Journal of Organizational Excellence*, 22, No.3, 2003, pp.35~40.

32 김광수 외, 전게서, p.403.

key point
CASE STUDY

놀이공간이 '뉴 삼성'의 심장이 된다

삼성전자 수원 '센트럴 파크' 오픈
직원들 모여 여가활동 즐기고
다양한 아이디어 토론장으로

이곳은 20세기 글로벌 삼성전자의 핵심이던 서울 태평로 삼성본관에서 버스로 한 시간을 달려 도착한 삼성디지털시티 수원사업장이다. 반도체와 스마트폰, 그리고 다양한 가전, 전자 기술을 연구하는 연구소였던 이곳이 이제 21세기 새로운 삼성전자의 도약을 위한 준비를 마치고, 본격적인 '뉴 삼성' 프로젝트에 나섰다.

삼성전자는 지난 3일 수원 삼성디지털시티 내 센트럴 파크 공사를 마무리하고 직원들과 관계사, 일반에 공개했다. 3만 삼성전자 직원들이 휴식과 건강관리, 또 아이디어를 구현하며 자유롭게 이용할 수 있는 1만1,600여 평 공간의 거대한 지하 아케이드다. 기존 스마트폰, TV, 반도체 연구동들과 연결해 개방성을 강조했다.

센트럴 파크의 첫 인상은 '거대한 놀이공간'이다. 크고 작은 카페와 식당, 헤어숍과 대형 슈퍼마켓, 크고작은 은행들, 또 글로벌 택배 회사들의 접수 사무실이 모여 있는 지하 1층 중앙 홀은 연구, 업무 공간이라기보다는 하나의 대형 쇼핑몰을 연상케 했다. 실제로 통상 업무가 한참인 오후 3시에도 이곳에는 제법 많은 사람들이 오가고 있었다.

직원들을 위한 휴식과 건강관리 공간도 눈에 띄었다. 축구장 몇 개를 더한 것보다 넓은 센트럴 파크 이곳저곳에는 크고작은 회의실과 카페가 숨어있다. 삼성전자라는 같은 회사 소속임에도, 평소 접촉이 힘들었던 서로다른 부서 직원들이, 삼성디지털시티 수원사업장 한 가운데 있는 이곳에 모여 자연스럽게 업무를 협의하고, 또 창의적인 아이디어를 나누는 모습은 개장 첫 날부터 어렵지 않게 볼 수 있었다. 뉴욕 센트럴 파크를 연상케 할 정도로 아기자기하게 꾸며진 지상 1층 녹지 공간에서는 통상 업무 시간인 오후 4시에도 직원들의 축구 경기가 펼쳐지고 있었다.

업무뿐 아니라, 다양한 부서에 사람들이 함께 모여 여가 활동을 즐기는 것도 가능하다. 동시에 1,000명의 직원들이 이용할 수 있는 대규모 헬스클럽과 사우나, 그리고 크고작은 코트는 아침 이른시간부터 저녁 늦은 시간까지 직원들로 북적였다. 본사 스태프 인력뿐만 아니라, 출퇴근 시간 조정이 자유로운 연구, 생산 인력들이 함께 있기에 가능한 모습이다.

김현석 삼성전자 영상디스플레이사업부 사장은 "이제 하드웨어는 완성했다. 이제는 기회를 주려고 노력하고 또 그런 성과들이 조금씩 나타나고 있다"며 새 단장을 마친 디지털시티 센트럴 파크의 모습에 만족했다. 좋은 시설과 제도를 두고도, 상사 눈치에 제대로 사용하지 못했던 과거와 달리, 이제는 직원들이 보다 편하고 또 자유로운 분위기에 자신만의 창의력을 펼칠 수 있는 시설과 조직 기반이 완성됐다는 자신감이다.

이 같은 김 사장의 자신감은 센트럴 파크 지하 1층에 마련된 'C랩' 공간에서 엿볼 수 있었다. C랩은 모든 삼성전자 직원들이 아이디어를 내고, 이것을 제품화할 수 있는 공간이다. 삼성전자는 새로 마련한 C랩 공간에 3D프린터와 다양한 제작 도구, 공간을 마련하고 '사내 벤처 인큐베이터'로 운영하고 있다. 접었다 폈다 하며 진짜 종이처럼 쓸 수 있는 미래 디스플레이, 스마트폰으로 발 모양을 입체적으로 분석, 발에 맞는 최적의 신발을 찾아주는 앱 등이 이곳에서 만들어지고 있다.

이처럼 달라진 삼성전자의 공간과 조직 문화는 이미 큰 성과로 이어지기도 했다. 삼성이 최근 전자제품이라는 TV의 고정관념을 깨고, 인테리어 오브제로 TV의 개념을 넓힌 '세리프 TV'가 좋은 예다. 2년 전 삼성전자 영상디스플레이사업부 과장 한 명이 제출한 C랩 아이디어로 출발했던 세리프 TV는 각 부서의 최고들이 모여 2년의 시간 동안 만든 작품이다. 김 사장은 "처음 아이디어를 낸 과장이 프로젝트의 전체 오너로, 부장과 전무들, 그리고 수석들을 이끌며 진행했다"며 조직 중심의 수직적 문화에서 벗어나, 벤처식 수평 문화가 자리잡아가고 있는 삼성전자의 달라진 모습을 소개했다.

겉으로는 느슨하고, 또 수평으로 뻥 뚫려 어수선하기까지 한 삼성전자의 새 수원 사업장이 '스타트업 DNA 이식'을 꿈꾸며 출발한 삼성전자 '컬처혁신'의 시초가 되고, 또 새로운 삼성전자의 미래 100년을 그려나갈 것이라는 희망의 시작인 것이다.

헤럴드경제(2016.5.3)

key point

CASE STUDY

“한국식 인사관리, 확 바꿔야 할 때 왔다”

국내 기업들은 20년 전부터 전사적 자원관리(ERP) 시스템을 통해 회계 처리를 투명하게 한 것을 포함해, 고객관리시스템(CRM), 재고관리시스템(SCM) 등의 경영관리 시스템들을 잘 내재화했다는 평가다. 하지만 아직도 인사관리(HR) 방식은 글로벌 스탠다드에서 뒤처져 있다는 지적이 많다. 능력과 성과를 공정하게 평가하기보다 인사권을 가지고 있는 상사의 주관적인 평가나 HR부서의 입김 같은 게 여전히 강하게 작용하는 게 현실이다.

최근 만난 SAP코리아의 HR솔루션 석세스팩터스 담당 정응섭 전무는 한국 기업들이 앞으로 지속 가능한 성장을 이루려면 HR 운영 방식을 반드시 글로벌 스탠다드에 맞춰 손봐야 한다고 강조했다. 정 전무는 국내 기업들이 기존 인사관리 방식을 유지하면서 비즈니스 성장을 도모하는 데 이제 한계점이 왔다고 지적했다.

1997년 IMF 사태가 터지기 전 연공서열과 호봉에 따라 직원들의 임금을 올려 주던 기업들이 이 방식에 무리가 있다는 것을 깨닫고 능력 있는 직원들에게 더 많은 보상을 제공하는 성과급제도를 도입한 전례가 있다.

정 전무에 따르면 최근 한국 경제가 저성장 기조에서 빠져 나오질 못하면서 경영에 상당한 어려움을 겪고 있는 기업들이 다시 한번 인사제도에 변화를 고려하고 있는 분위기다. 정 전무는 “이제는 실제 가치를 만들어 낼 수 있는 사람과 그저 묻어가는 사람을 제대로 나눠야 한다는 생각이 어느 정도 사회적으로 공감대를 형성하게 된 것 같다”고 말했다. 정 전무는 국내 기업들의 HR 운영 방식이 바뀌어야 하는 또 다른 이유로 최근 인수합병(M&A)으로 성장을 도모하는 기업들이 많다는 점을 들었다.

많은 기업들이 기초부터 역량을 쌓고 스스로 제품을 만드는 방식으론 적기에 시장에 대응할 수 없다고 판단하고 M&A를 적극 검토하고 있다. 정 전무는 M&A가 활발해지고 서로 다른 조직이 섞이다 보면 ‘사람’ 문제가 가장 중요하게 떠오르기 마련인데, 이럴 때 독특한 인사정책, 인재관리 시스템은 흡수된 직원들이 받아들이기 쉽지 않을 수 있다고 설명했다.

이런 문제는 실제 SAP도 겪었다. 1972년 설립 이후 모든 솔루션을 직접 만들어 왔던 SAP는 2007년 처음으로 비즈니스오브젝트라는 비즈니스인텔리전스(BI) 전문 업체를 인수했다가 값비싼 교훈을 얻었다. SAP는 비즈니스오브젝트를 68억 달러라는 거액을 들여 인수했지만 핵심 개발자들은 모두 회사를 그만둬 버린 것이다.

정 전무는 “SAP는 성공적인 인수합병을 위해 HR 운영 방식에 변화가 필요하다고 느끼고 변화를 시작했으며 글로벌 HR 베스트 프랙티스를 적용한 섹세스팩터스를 인수하고 SAP도 글로벌하게 적용해 사용하고 있다”고 설명했다.

국내 기업이 해외 기업을 인수하는 사례도 종종 있다. 두산은 2007년 49억 달러를 주고 소형 건설장비 업체 밥캣을 인수하는 등 공격적인 M&A전략을 펼치고 있다. SAP에 따르면 외국인 직원이 55%가 넘는 두산은 최근 SAP의 석세스팩터스를 도입해 사용하고 있기도 하다.

정 전무는 이런 상황에서 HR 솔루션에 행정업무 처리를 자동으로 도와주는 방식으로 접근해선 안 된다는 입장이다. 기업의 지속 가능한 경영과 성공적인 비즈니스 실행을 지원해 주는 도구로써 HR솔루션이 새롭게 자리매김해야 한다는 게 그의 생각이다. 그런 면에서 SAP의 HR 솔루션 석세스팩터스는 철저하게 현장 관리자들이 각 팀원들을 데리고 비즈니스를 실행할 때 HR이 지원하는 데 그 역할을 맞춰 만들어졌다.

정 전무는 “석세스팩터스에는 HR분야를 연구하는 연구원만 200명이 투입돼 있어 세계 최고기업들이 성과를 창출해 낸 운영방식을 연구해 적용했다"며 "기업에서 실시하고 있는 HR 운영방식이 석세스팩터스와 다르다면 왜 다른지를 검토해봐야 하는 정도로 논리적으로 기본이 짜여 있다"고 설명했다. 그에 따르면 지멘스, P&G 등 글로벌 대형 기업들도 석세스팩터스를 도입해 사용하고 있다. 국내에서도 두산 같이 글로벌 운영을 하는 회사들을 중심으로 조금씩 석세스팩터스에 관심을 보이고 있다.

정 전무는 "국내 HR시장에서 솔루션에 대한 관심이 단지 기능에 머물러선 안 된다"며 "HR 철학에 대한 근본적인 변화가 동반되지 않으면 단순히 IT적인 유행으로 끝나 버릴 수도 있다"고 말했다.

지디넷코리아(2015.6.11)

Chapter 13 21세기 기업가정신

Part IV

21세기 글로벌경영의 미래

글로벌경영론

제13장

21세기 기업가정신

introduction
CASE STUDY

이멜트 GE 회장 “아무것도 안하는 기업은 실패한다”

“저성장 시대 리스크 감수해야…GE 세금탈루한 적 없어”
“한국도 고용창출 위해 규제완화·중기 지원 필수”

제프리 이멜트 제너럴일렉트릭(GE) 회장은 15일 “지금과 같은 저성장 시대에 아무것도 하지 않는 기업은 실패한다”면서 “혁신이란 리스크를 감수하는 것인데 실패를 두려워하지 않으면 언젠가는 보상받게 된다”고 말했다.

이멜트 회장은 이날 서울 중구 소공로 플라자 호텔에서 열린 방한 기자간담회에서 한국 기업들이 한 단계 더 발전하기 위해서는 어떤 점이 필요한지를 묻자 이같이 밝혔다. 이멜트 회장은 GE코리아 출범 40주년을 맞아 한국 파트너들과 제4차 산업혁명을 논의하기 위해 마련된 ‘2016 GE 이노베이션 포럼’에 참석하기 위해 방한했다.

전 세계가 저상장 시대에 진입하고 있다고 진단한 이멜트 회장은 지속적인 성장을 위해서는 리스크가 있어도 과감한 도전에 나서야 한다고 강조했다. 그는 “GE는 늘 장기적인 관점에서 리스크를 떠안고 투자를 해왔다”면서 “시장점유율을 놓치는 것, 고객 기반에 타격을 입는 것이 리스크인 만큼 실패를 두려워하지 않고 노력하면 저성장 시대를 극복할 수 있다”고 밝혔다. 이 과정에서 좋은 인재와 아이디어를 찾아내고 리스크 감수에 대한 책임을 지는 것이 자신의 역할, 즉 리더가 할 일이라고 설명했다.

그는 “리더는 시장이 어디로 가는지, 고객이 무엇을 원하는지 살펴보고 진출한 시장에서 선두를 해야 한다는 신념이 있어야 한다”고 말했다. 이 같은 신념 아래 GE는 현재 디지털 기업으로 변신하고 있다고 이멜트 회장은 설명했다.

최근 본사를 코네티컷에서 보스턴으로 옮긴 것, 오는 2020년 세계 10대 소프트웨어 회사가 되겠다고 선언하고 실리콘밸리에서 인재를 채용한 것 역시 이 같은 변화의 흐름에 있다는 것이다.

이멜트 회장은 “스마트폰과 같은 소비자 인터넷 환경과 산업인터넷 환경은 극명하게 다르다. 스마트폰은 싫증나면 버릴 수 있지만 산업인터넷은 버릴 수 없고 개선해야 한다”면서 “그래서 수평적인 소프트웨어 회사를 GE 안에 만들어 더 많은 성장을 이뤄내고 있는 것”이라고 말했다.

이멜트 회장은 끊임없는 인수·합병(M&A)과 구조조정의 필요성에 대해서도 피력했다. 그는 “과거에는 GE 역시 내부적으로 다 해결하려고 했지만 지금은 에코시스템과 디지털화, 분산 등이 중요하다는 것이 우리가 배운 교훈”이라며 “M&A가 필수적인 것은 아니지만 인수해야 한다고 생각하면 실행에 나서야 한다”고 말했다. 반면 직접 경영하는 것보다 해당 사업을 더 잘할 수 있는 회사가 있다면 과감한 매각도 필요하다고 강조했다.

연합뉴스(2016.4.15)

제1절 기업가의 개념 및 유형

1. 기업가의 개념

지난 60여 년간 한국의 국내총생산(GDP)은 1953년 13억 달러에서 2015년 13,770억 달러로 증가하여 1,000배 이상 증가하였으며, 1인당 국민소득은 한국은행이 집계를 시작한 1970년 255달러에 그쳤으나 2015년 약 27,340달러로 100배 이상 성장했다. 좁은 국토와 빈약한 천연자원에도 불구하고 한국은 세계에서 유례없는 성공신화를 일궈낸 것이다. 이렇게 변화와 혁신을 이끈 원동력 중 하나는 바로 기업가정신이었다. 이병철, 정주영, 구인회, 박태준 등은 기업가정신의 표상이었다.[1]

글로벌 금융위기를 벗어나 다시 한번 재도약하기 위해서 지금 우리 경제에 반드시 필요한 것은 바로 이런 기업가정신(Entrepreneurship)에 바탕을 둔 창업의 활성화와 기존기업에서의 혁신일 것이다. 이에 기업가에 대한 정확한 용어의 개념수립은 중요하다고 할 수 있다. 기업가란 정의에 대해서 논의할 때 학자에 따라서는 기업가형 경영자 또는 창업자로 규정하기도 하지만 일정한 개념이 없는 상태이다.

하지만 일반적으로 기업가(Entrepreneur)란 기업을 지배·운영하는 경영자를 말한다. 즉 기업에 대하여 스스로 출자하고 경영을 담당하는 자를 의미하며, 출자자인 동시에 경영자로 규정한다. 경영학적 의미로 소유와 경영이 일치하는 경영자형 기업가로 불리운다.

기업은 영리경제의 단위이고 개별자본이다. 따라서 그 주체인 기업가는 영리활동의 주체이고, 또한 자본의 소유자인 자본가이다. 구체적으로 그것은 개인기업의 경우에 전형적으로 나타나고 있다. 벤처(Venture)창업자가 그 대표적이다. 그러나 기업의 규모가 확대되고 자본주의의 시장경제가 진전됨에 따라

1 최병일·황인학 외(2013). 기업가정신. 한국경제연구원.

서 주식회사도 아울러 발달하여 복잡해지는 양상을 보이고 있다. 여기에서는 개인기업의 경우와 같이 자본의 소유와 경영활동의 주체가 한 개인에 결부되는 것이다.

기업가는 기업의 이익을 위하여 새롭고 이질적인 것 또는 변혁을 일으키고 새로운 가치를 창조하는 경영의 천재라고 할 수 있다. 기업가는 기업을 경영하는 데 망하기도 하고 흥하기도 하지만 보편적으로 인적자원과 물적자원, 그리고 국내외적 경제환경 변화에 대응하는 전략적 요소를 창조해 내어 기업의 이익을 창출하는 경영의 예술가라고 정의한다.[2]

2. 기업가의 유형

(1) 김성수의 기업가 유형

김성수 교수는 기업가의 유형을 다음과 같이 ① 자수성가형 기업가, ② 유산상속형 기업가, ③ 상인형 기업가, ④ 지주형 기업가, ⑤ 정부·관료형 기업가, ⑥ 기술개발형 기업가 등으로 나눈다.[3]

자수성가형 기업가

자수성가형 기업가는 자기 스스로 자본과 기술 그리고 인력을 동원하여 타인의 도움 없이 이룩한 기업가이다. 물론 창업자는 자기 스스로 창업을 하고 기업을 이룩하지만, 특히 고생과 희생, 노력 속에서 성취한 기업가로서 초기에는 무조건 노동, 상업, 취업 등으로 근검저축하고 스스로 창업자금을 마련하여 기업을 성공시킨 기업가이다.

우리나라에서 현대그룹의 아산 정주영 회장이 표본이며, 한진그룹의 정석 조중훈 회장, 교보생명 대산 신용호 회장, 아남의 우곡 김향수 회장, 유한양행의 창업자 유일한 회장 등이 이에 속한다.

---

2 김성수, 「성공한 창업자의 기업가정신」, 삼영사, 2007, p.22.
3 김성수, 전게서, pp.35~37.

유산상속형 기업가

유산상속형 기업가들은 조상, 선조, 부친 등의 유산으로 창업하여 성공한 기업가이다. 대부분 부친으로부터 상속받은 2세, 3세의 승계기업가가 대표적이지만 처음부터 창업하여 성공한 재벌기업가를 지칭한다.

대표적인 창업자는 삼성그룹의 호암 이병철 회장, LG그룹의 구인회와 구자경 회장 등이며, 그 뒤를 이어받은 삼성의 이건희 회장, LG의 구본무 회장 등 30대 기업집단 그룹의 2세 내지 3세 기업가 등이 이에 속한다.

상인형 기업가

상인형 기업가들은 시작부터 소매상인이나 보부상으로 시작하여 거부를 이룩한 기업가들이다. 대부분 자수성가형 기업가에 속하기도 한다. 일제시대 백화점왕으로 군림한 화신무역주식회사의 박흥식 회장, 일제시대 박승직상점으로부터 시작하여 두산그룹을 창업한 박승직 회장과 박두병 회장, 포목상으로부터 시작한 LG그룹의 구인회 회장, 쌀장사로 창업한 현대의 정주영 회장, 정미소로부터 미곡 쌀을 중심으로 창업한 삼성의 이병철 회장 등 많은 기업가가 이 분류에 속한다.

지주형 기업가

지주형 기업가들은 조상의 농지와 토지투자 그리고 방대한 부동산을 가지고 있었던 지주가 창업을 하여 성공한 기업가이다. 우리나라에서는 군산 옥구일대의 지주 인촌 김성수와 그 아우 김연수 회장 등으로 일제시대 민족기업으로 경성방직주식회사를 설립하고, 삼양사와 동아일보, 고려대학교를 창설한 기업가이다.

정부·관료형 기업가

정부·관료형 기업가는 구한말의 귀족출신 민대식과 민규식 등 민씨 일가의 재별형성과정에서 찾아 볼 수 있다. 일제시대 민족기업 4대 재벌로 지칭되는 민씨계 재벌은 동일은행, 조선견직주식회사, 계성주식회사, 영보합명회사 등을 거느리고 있었던 그룹집단이다. 후진국이나 다른 나라에서에서는 이런 정부 및 관료 출신 기업가들이 창업을 하여 성공한 사례를 흔히 볼 수 있다.

기술개발 및 혁신형 기업가

기술개발 및 혁신형 기업가들은 창업당시부터 벤처 및 기술개발제품으로 창업하는 기업가로서 자금, 기술, 인력 등 3박자를 중심으로 창업하여 성공한 기업가들이다.

일본의 혼다자동차의 소치로 혼다는 초등학교 졸업 후 자동차 수리공으로 오토바이를 생산하여 성공한 기술개발형 기업가이다. MS사의 세계 제일부자 빌 게이츠, 맥킨토시 개발로 성공한 Apple의 존 스컬리, 전기산업 GE의 창업자인 에디슨, 삼보컴퓨터의 이용태 회장, CTS Scanner로 성공한 영국의 EMT의 John Read 등이 이 분류에 속한다.

(2) 삼성경제연구소의 기업가 유형

삼성경제연구소는 'CEO, 성공과 실패의 조건'이란 보고서에서 CEO를 5개 유형으로 분류하였는데, 베스트(Best) 3개, 워스트(Worst) 2개 등으로 분류하였다.[4] 미국 월가의 큰손 워렌 버핏은 투자기업을 고를 때 가장 먼저 '누가 CEO이냐'에 주목한다. CEO에 따라 그 기업이 죽을 수도 살 수도 있다고 판단하기 때문이다.

고공행진형

핵심 역량을 시대 변화와 경쟁 상황에 맞게 끊임없이 업그레이드해 초우량 기업의 지위를 지키면서 매출과 이익을 늘리는 CEO이다. 1등이라는 함정에서 자만하지 않고 긴장의 끈을 놓지 않는 게 특성이다.

월마트의 리 스콧 주니어는 저가전략에서도 지역에 따라 고가의 가전제품과 보석류를 파는 유연화 전략으로 실적을 높였다. 토요타자동차의 조 후지오는 "현재 상황에 안주, 개선하지 않으면 성장은 끝"이라며 긴장을 유지해나가고 있다.

---

4 이민훈, 'CEO, 성공과 실패의 조건,' 삼성경제연구소, CEO Information 452호, 2004.

수직상승형

미래의 꿈을 제시하고 산업계의 변혁을 추구하는 CEO이다. 예민한 경영 감각에다 한번 결정하면 압축성장을 가능케 하는 결단력과 돌파력이 있다.

하드웨어보다 소프트웨어를 중시하는 시대를 연 마이크로소프트의 빌 게이츠, PC의 유통망을 없애는 신기원을 연 데 이어 디지털 TV로 영역을 넓혀가는 델컴퓨터의 마이클 델이 대표적 인물이다. 빌 게이츠는 기술고문인 아눕굽타를 영입하기 위해 아예 그가 다니던 회사를 통째로 인수했다. 이베이의 마가렛 휘트먼은 끈기와 승부 근성으로 유명하다. 여섯 살 때 알래스카 여행 중 차안에서 떠들다가 어머니의 명령으로 차에서 내려 고속도로를 지쳐 쓰러질 때까지 걸어가면서 체득한 도전정신으로 사업을 확장했다.

기사회생형

현실을 인식하고, 결정은 외부의 어떤 비난에도 불구, 밀어붙이는 스타일이다. 구체적인 회생 로드맵과 비전을 제시, 회사 전체의 공감대를 이끌어내야 성공할 수 있다.

일본 닛산자동차의 카를로스 곤은 2년 내에 회사를 살리지 못하면 물러나겠다고 밝힌 뒤 부품업체 절반 감축, 직원 2만1천 명 감원, 5개 공장 폐쇄 조치를 단행했다. '칼잡이', '장의사'라는 비난에도 닛산을 매출 5백69억 달러, 순이익 41억 달러의 초우량기업으로 재탄생시켰다.

돌발추락형

환경 변화에 따른 어부지리를 자신의 실력으로 착각, 위기에 대처하지 못하거나 기업 투명성과 윤리 문제로 자신은 물론 기업마저 구렁텅이로 빠뜨리는 CEO이다.

시스코의 존 챔버스는 정보기술(IT) 혁명에 힘입어 2000년 급성장의 단꿈에 빠져 있다가 부품 부족 사태로 제동이 걸린 뒤 뒤늦게 부품을 대량 매입했다. 하지만 바로 경기 후퇴로 재고만 쌓이면서 2001년 2백20억 달러라는 천문학적인 적자를 냈다. 주가도 10분의 1로 추락했다. 일본 최대의 식품회사 유키지루시(雪印)의 이시가와 다츠로는 1만3천 명의 집단식중독에 이어 수입쇠고기를 일본산으로 속여 팔았다가 50년 역사의 회사 문을 닫았다.

위기반복형

변화에 적응하지 못하거나 리더십을 제대로 발휘하지 못해 위기 탈출에 실패한 유형이다. 소니의 이데이 노부유키, 다임러·크라이슬러의 위르겐 슈렘프가 해당된다.

이데이는 디지털이라는 대세를 외면하다가 소비자 가전에서 경쟁사들에 밀리면서 2004년 비즈니스위크에 의해 최악의 경영자로 뽑혔다. 또 메르세데스에서 견습공에서 출발하여 CEO에 오른 슈렘프는 크라이슬러와 합병하고 미쓰비시 자동차에 투자했으나 시너지 효과는커녕 적자에 시달리면서 미쓰비스 지분을 매각하고, 2007년에는 크라이슬러를 버리며 슈렘프의 경력도 끝나고 말았다.[5]

제2절 기업가정신의 특성 및 발전단계

1. 기업가정신의 특성

"기업가정신(entrepreneurship)"이라는 용어는 약 200년 전 기업가들의 위험감수를 강조한 리차드 드 칸틸런(Richard de Cantillon)이 처음 사용한 이래 널리 사용되어 왔으나 하나의 학문분야로까지 발전된 것은 비교적 최근의 일이다. 기업가정신은 위험이 있는 새로운 사업을 운영하기 위한 경영자들의 창의적이고 모험적인 성향을 의미한다. 현재 통제된 자원에 구애됨이 없이 기회를 추구하는 정신이라고 볼 수 있다. 스티븐슨(H. Stevenson)은 '기업가정신이란 기업을 설립하거나 혁신 또는 위험을 감수하는 정도'라고 정의하였다. 즉 새

5 이코노미저널, 천당에서 지옥으로 떨어진 세기의 합병(2012.6.7).

로운 아이디어, 업종, 기업체 등의 객체가 아닌 기업가적 마인드로 인식되어왔다. 1980년대부터 미국 하버드대학 및 뱁슨칼리지(Babson College)의 교수들을 중심으로 '학문의 대상'으로 연구가 시작되어 이제는 미국 내에만 해도 1,000개 이상의 대학이 기업가정신에 대한 독립된 교육프로그램을 가지고 있다.[6]

기업가정신의 변천과정을 역사적으로 살펴볼 때, 초창기는 동방무역로를 개척한 마르코폴로(Marco Polo)에서 찾아 볼 수 있다. 그는 상인에게 보험을 포함해서 연리 22.5% 대출을 함으로써 벤처투자가의 창시자였다고 볼 수 있다. 중세기에 접어들면서 정부에 의해서 제공된 자원을 이용한 대형프로젝트의 관리자에서 창업자정신을 찾아 볼 수 있다. 이들은 주로 공공건물이나 성당과 같은 건물을 짓거나 대형생산 프로젝트를 관리하였으며 그다지 큰 위험을 내포하고 있지는 않았다. 17세기에 들어서면서 물품이나 서비스를 공급하기 위해 정부와 계약을 하는 사람으로부터 창업자정신을 찾아볼 수 있다. 계약가격은 독과점형태로 고정되었으나 정부로부터 어떤 가격으로 사서 농민, 상인, 장인들에게 파느냐에 따라 이익과 손실을 부담하게 되는 위험은 가지고 있었다. 18세기에는 자본을 가진 자와 이용하는 자가 분리되는 큰 변환기를 맞게 된다. 이는 산업혁명의 동기로 작용하게 되었으며 19세기에 들어서면서부터 창업자는 벤처투자가가 아닌 어떤 유일한 것을 개발하는 혁신자로서의 역할이 더 강조되었다. 최근에 창업자정신은 글로벌창업으로 개념이 확산되었으며 '보상과 위험을 가정하고 새로운 어떤 것을 창조하는 과정'으로 개념화되고 있다.[7]

기업가정신에 대한 많은 관심을 끌게 된 것은 전 세계적으로 창업이 급격히 늘고 있다는 점과 무관하지 않다. 90년대 이후 미국에서만도 매년 70만 개에서 백만 개의 기업들이 생겨났는데, 이러한 창업의 붐은 정보사회로의 진전, 수요의 다양화, 정보통신기술을 중심으로 한 급속한 기술의 발전, 기업가정신의 확산, 사이버공간의 등장으로 인한 새로운 기회 생성 등으로 인해 첨단소기업의 창업이 쉬워지고 있는 산업여건에 힘입은 바 크다. 특히 최근에는 재택근무 사업을 하는 소기업의 창업이 크게 늘어나고 있고, 독립적으로 자기 자신의 꿈

---

6 배종태, "기업가정신 및 벤처경영에 대한 교육과정 개발", 벤처경영연구, 1(2), 1998, p.156.
7 이상석 외, 「기업가정신과 창업」, 학현사, 2006, pp.2~3.

을 실현하는 데 주력하는 젊은이들의 가치관이 많은 벤처기업 성공사례에 고무되어 창업에 도전하고 있다고 볼 수 있다.

또한 기업가정신은 새로운 과학적 지식을 제품과 서비스로 실물화함으로써 과학과 산업을 연결시키는 매우 효과적인 수단이 된다. 즉 새로운 과학적 지식을 사업화하여 기업을 창업하고 새로운 제품과 서비스를 시장에 내보내는 역할을 한다. 이러한 기업가적 행위는 경제를 활성화하고 직업을 창출하는 등 국가경제에 중요한 영향을 미친다. 이와 같은 기업가정신의 중요성에 대한 인지도는 사회 전반에 걸쳐 증가하고 있다. 예를 들면 각국의 정부는 기업가정신을 고취하기 위해 개인 창업을 권장하고 세제 및 행정지원 등 제도적으로 뒷받침하고 있다. 또한 사업에 성공한 사람이 사회적으로 주목받고 존경받는 사회풍토를 조성하는 데 힘쓰고 있다. 한편 기존의 대기업들도 이러한 기업가정신이 자신의 경쟁력에 미치는 영향을 간파하고 기업내부에서 벤처비즈니스를 운영하게 하는 등 기업가정신의 내부고취에 커다란 관심을 보이고 있다.[8]

기업가의 본질은 시대의 변천에 따라 다소 다르게 파악될 수 있다. 고전적·전통적으로 보면 기업가를 소유경영자, 자수성가형 기업가 등의 개념을 통해 기업가와 소유경영자(또는 자수성가형)를 동일시했고 사업추진자(자영업자)의 개념이 지배적이었다.

현대적 개념에서 기업가란 새로운 결합 또는 혁신을 촉진시키는 사람으로 봤다. 즉 기업가는 ① 새로운 상품의 개발, ② 새로운 생산방식의 도입, ③ 새로운 시장의 개척, ④ 원료와 반제품의 새로운 공급원의 정복, ⑤ 독점적 지위의 형성이나 새로운 산업조직의 수행 등 소위 말하는 기술혁신의 기회를 발견하고 그것을 실천하는 사람이다. 그리고 이같은 기업가의 역할을 '창조적 파괴'라고 보고 창업자의 이윤을 이러한 것의 보수라고 하였다. 이처럼 슘페터(J. A. Schumpeter)는 기업가를 혁신가로 보고, 기업가정신이 투철한 기업가에 의한 기술혁신이 경제발전을 이끄는 원동력이라고 하였다.[9] 드러커(P. Drucker)는 그의 저서 「이노베이션과 기업가정신」에서 기업가란 변화를 탐구하고 변화에 대

---

8 이장우, 벤처경영특강(www.centerworld.com).

9 Josehp. A. Schumpeter, *Theory of Economic Development*, Oxford Uni. Press, 1934, pp.20~25.

응하며 변화를 기회로 이용하는 자로 보았다.[10] 다시 말해서 기업가는 변혁을 일으키고 새롭게 이질적인 가치를 창조해야 하는 자이고, 이러한 활동을 수행해 가는 과정에서 위험을 감수해야 한다는 것이다.

결국 기업가정신(entrepreneurship)은 기업가의 본래 기능을 적극적으로 달성·수행하는 마음가짐을 말한다. 따라서 위에서 언급한 기업가의 본질에 대한 시대적 변천에 따라 기업가정신도 변화해 왔다고 볼 수 있다. 즉 기업가의 고전적·전통적 본질로부터 (1) 비전과 개척자 정신: 창업, (2) 창의성과 혁신, (3) 위험부담과 '할 수 있다'는 성취동기가 기업가정신으로 도출될 수 있다. 기업가의 현대적 본질로부터 (4) 우수기업의 창조와 훌륭한 인재양성(건전한 지도자의 양성)의 책임, (5) 사내 기업가정신과 변혁적 리더십이 추가로 도출될 수 있다.

최근에 기업가정신은 창업자정신으로 확장되면서 '보상과 위험을 가정하고 새로운 어떤 것을 창조하는 과정'으로 개념화되고 있다.

벤처기업이 창업하여 성장/발전하기 위해서는 3가지 핵심요소, 즉 (1) 기업가/창업팀, (2) 기회, (3) 자원/시스템 등이 필요하다. 결국 '우수한 기업가'와 '좋은 기회'는 벤처기업 성공을 위한 중요한 요소이며, 이 중 기업가는 핵심 성공요인이다.

그러면 우수한 기업가가 갖추어야 할 조건은 무엇인가? 우선 행태적 측면에서는 ① 사업에 대한 헌신/몰입과 확고한 결의, ② 기회에 대한 포착, ③ 위험·모호성·불확실성에 대한 수용, ④ 창의성·자립심·적응력, ⑤ 남보다 앞서려는 동기, ⑥ 리더십, ⑦ 현실감각과 유머감각 등이 필요하다. 또한 창업을 하려면 준비과정이 필요하며, 미리 배우고 준비하여 기회의 창을 잘 포착해야 한다. 아울러 기업이 발전하려면 기술혁신능력뿐만 아니라 경영관리능력도 필요하다. 일반적으로 기술적 배경을 가진 창업인이 이러한 경영지식을 다 가지기는 어려움이 있으므로 개인 창업보다 서로 보완적인 역량을 갖춘 사람들이 팀을 구성하여 창업을 하는 경우가 많다.[11] 그리고 이러한 역량들은 학습효과를 통해 얻어지는 경우가 많다.

---

10 Peter Drucker, *Innovation and Entrepreneurship: Practice and Principles*, Harper and Row, 1985.

11 Jeffry A. Timmons, *New Venture Creation: Entrepreneurship for the 21st Century*, Irwin, Burr Ridge, Illinois, Fourth Edition, 1994.

2. 기업가정신의 발전단계[12]

기업가정신의 발전단계는 혁신능력의 발전단계라는 측면에서 설명될 수 있다. 애버나시와 클라크(W. J. Abernathy & K. B. Clark, 1985)[13]는 혁신에 발전단계가 존재하고 혁신이 기술과 시장 그리고 경영 전반에 주는 광범위한 영향을 연구하였다.

(1) 창조적 혁신

창조적 혁신은 전혀 새로운 기술이나 생산체계의 도입 혹은 신결합에 의해 기존의 기술·생산체계를 파괴함과 함께 전혀 새로운 시장·고객과 연결을 창조하는 것, 즉 새로운 산업이나 체제를 창조하는 것과 같은 혁신이다. 새로운 기술 도입의 예로서는 1908년 포드에 의한 T형 자동차의 대량생산·대량소비시스템의 확립을 들 수 있다. 포드는 이전의 숙련공에 의한 주문형 생산방식을 컨베이어벨트의 도입을 통한 대량생산방식으로 바꾸어 자동차의 가격을 크게 낮춤과 함께, 그러한 자동차를 종업원들이 구매 가능하도록 임금을 대폭 인상함으로써 자동부문을 하나의 산업으로 성장시키는 데 결정적인 역할을 하였다. 창조적 혁신에 있어서 기업가정신의 특징은 다음과 같다.

① 기회에 초점을 둔 전략적 성향을 가지고 있다.
② 포착한 기회에 대해 신속하고 과감한 행동을 취한다.
③ 필요에 따라 임기응변적으로 자원을 동원한다.
④ 비공식네트워크를 적극 활용하는 수평적 관리방식을 선호한다.
⑤ 가치창조의 보상체계를 선호한다.

(2) 통상적 혁신

통상적 혁신은 기존의 기술·생산체계를 한층 세련, 강화함과 동시에 기존

12 백필규 외, "전환기 한국자본주의와 기업가정신", 삼성경제연구소, 1996, pp.6~13.

13 W. J. Abernathy & K. B. Clark, "Innovation: mapping the winds of creative destruction", *Research Policy*, 14, 1985, pp.3~22.

의 시장·고객과의 연결을 유지·강화하여 가는 혁신이다. 이 단계에서 혁신의 본질은 새로운 발명·발견에 있는 것이 아니고 이미 존재하는 것을 보다 저렴하게 그리고 보다 양질의 제품으로 생산·판매하는 것에 있다. 이러한 의미의 혁신은 특히 기업내 각 부문 및 기업 간의 협조를 유도하는 여러 제도에서 찾아볼 수 있다. 예를 들면 종신고용제, QC서클, 하청제, 공동연구 등을 통해 제품개선 및 공정혁신을 원활하게 수행할 수 있었다. 통상적 혁신에 있어서 기업가정신의 특징은 다음과 같다.

① 기업의 계속성을 유지·강화하기 위한 장기전략을 입안·실행하는 과정에서 연구개발, 제조, 판매의 각 단계에서 점진적인 혁신을 추구한다.
② 대량생산에 의한 규모의 경제를 실현하면서 한편으로는 고품질을 유지하는 생산·판매프로세스를 설계·관리한다.
③ 종업원이 지속적인 혁신을 추진할 수 있도록 조직관리를 한다.

(3) 틈새시장 창조

틈새시장 창조를 통한 혁신은 기존의 기술·생산체계를 결합 혹은 세련되게 함으로써 새로운 시장을 창조하거나 판매조직의 강화 또는 기존의 유통채널의 결합 등을 통해 새로운 시장을 창출하는 혁신을 말한다. 전자의 예로서는 기존의 스테레오 카세트와 경량의 이어폰을 결합한 소니의 워크맨이나 기존의 소형 오토바이를 타기 쉽고 컬러풀하게 함으로써 주부의 쇼핑용으로까지 시장을 확대한 일본의 오토바이 제품이 있다. 또 후자의 예로서는 다께다 약품이 자사의 청량음료수의 유통채널을 자사계열의 약품점이나 주류 판매점이 아니고 전국적으로 가장 잘 정비된 미곡판매점을 활용한 경우, 혼다가 소형 오토바이의 판매에 종래의 대리점과 함께 전국에 있는 기존의 자전거대리점을 이용한 경우 등이 있다.

이와 같은 틈새시장 창조형의 혁신을 수행하는 데 필요한 기업가정신으로는 시장·소비자의 요구를 분석적 또는 직관적으로 파악하여 기술·생산체계에 입각하면서도 새로운 제품을 만들어낼 수 있는 능력이 필요하다. 또한 혁신의 수행과 밀접한 관련이 있는 마케팅팀과 연구개발팀을 통합적으로 조직화하여 관리하여 가는 능력이 요구된다.

(4) 혁명적 혁신

혁명적 혁신은 기존의 기술·생산체계를 전면적으로 파괴하면서 기존의 시장·소비자와의 연결을 한층 강화한다는 특징을 갖는다. 이 혁신에는 두 가지 경향이 존재한다. 첫째는 기존의 산업을 크게 활성화시키는 혁신이고, 또 하나는 그러한 혁신이 출현한 산업에 커다란 영향을 미침과 동시에 앞서 말한 창조적 혁신단계로 이행하여 새로운 산업의 창조에까지 이르는 혁신이다. 전자의 예로는 1940년 GM에 의해 도입되어 미국의 자동차시장에서 기존의 수동변속기를 완전히 오토매틱 트랜스미션으로 전환시킨 경우이다. 후자의 예로는 트랜지스터를 들 수 있는데 이것은 처음에는 진공관의 대체물로만 인식되었지만 이후 반도체, 컴퓨터, 정보통신이라는 새로운 산업을 연달아 창조하여가는 혁신으로 전개되어 갔다. 혁신의 발전과정으로 말하면 전자는 혁명적 혁신으로부터 통상적 혁신으로, 후자는 혁명적 혁신으로부터 창조적 혁신으로 이행되었다.

혁명적 혁신에 있어서 기업가정신의 특징은 다음과 같다.

① 기술의 응용에 머무르지 않고 기초과학에 대한 이해력을 갖는 과학기술 집약형이다.

② 구체적인 경영능력을 갖지 못하는 경우가 많아서 기술자와 경영자가 협력하여 기업을 운영하는 경우가 많다.

③ 혁명적 혁신이 창조적 혁신으로 승화되기 위해서는 기업가적 경영자질이 요구된다.

(5) 혁신의 발전

혁신의 유형은 위에서 언급한 것과 같이 크게 4가지로 구분되며 유형마다 다른 형태의 기업가정신을 필요로 한다는 것을 알 수 있다. 일반적으로는 창조적 혁신이나 혁명적 혁신에서 통상적 혁신으로, 혁명적 혁신에서 창조적 혁신으로, 그리고 통상적 혁신에서 틈새시장 창조 등으로의 발전형태를 나타낸다. 그러나 이것은 항상 순조롭게만 진행되는 것은 아니다. 예를 들면 창조적 혁신에 뛰어났던 미국이 1970년대 이후 일본 등에 비해 상대적으로 통상적 혁신을 효율적으로 수행하지 못하여 경쟁력이 저하된 경우이다. 특히 어려운 것은 통상적 혁신으로부터 창조적 혁신이나 혁명적 혁신으로의 이행인데 가장 큰 이유는 각각의 혁신과 정합적인 환경요인이 존재하고 그것은 국가별로 또는 시기별로 상이하기 때문이다. 그러한 환경요인으로는 노동시장, 제품시장, 자본시장, 정치·사회적 환경 등이 있다.

그러나 혁신은 환경요인에 의해 규정되는 것만은 아니다. 분명 혁신의 초기에는 환경요인이 제약요인으로서 작용하는 측면도 있지만 어떤 계기에 의해 혁신이 나타나면 그것은 환경요인에 반작용하여 새로운 환경요인을 만들어가게 된다. 즉 노동시장, 제품시장, 자본시장, 정치·사회적 환경을 새로운 형태로 바꾸어 가는 것이라고 할 수 있다. 예를 들면 선진기술을 도입하여 통상적 혁신을 수행하는 기업은 경제경험에 의한 학습효과를 통해 우수한 인력을 양성해낼 수 있다. 이들 인력은 보다 높은 수준의 통상적 혁신, 또는 혁명적 혁신이나 창조적 혁신을 수행할 수 있는 기반이 된다.

표준 조립제품의 생산으로 출발한 어느 기업이 성공을 거두면 새로운 제품을 만드는 창조적 혁신이나 혁명적 혁신을 수행하는 경우도 있다. 즉 통상적 혁신을 통해 요소기술에 관한 지식이 축적되면 그것을 극한까지 축적해가다보면 반드시 낡은 시스템 속에서는 해결할 수 없는 불균형이 발생하게 되는데 이 불균형을 해결하는 과정을 통해 창조적 혁신이나 혁명적 혁신이 나타날 수 있다. 자본시장의 경우에는 초기에는 자금조달이 매우 어려운 경우가 대부분이지만 기업가정신의 발휘에 의해 기업이나 경제가 성장하면서 자금조달이 용이해지며 정치·사회적 환경 역시 기업이나 경제의 성장에 따라 정부 중심에서 시장 중심으로 변화되는 경우가 일반적이다.

제3절 성공과 실패한 기업가의 특성

기업가의 행동 및 결정으로 인한 기업경영의 성과가 이해관계자들에게 직·간접적으로 많은 영향을 미치기 때문에 성공하기 위해서 많은 노력을 하여야 한다. 이로 인해 기업가들에게는 사회적 책임의 부담 등과 같은 많은 자질이 요구되기도 한다. 즉 위험과 변화를 수용하는 혁신가로서의 자질, 깊이 있는 지식, 인간적인 성숙 등이 고루 갖추어져야 한다.

기업가의 자질이나 능력은 기업경영의 성패에 중요한 요인이 되는데, 세계적으로 성공한 기업가들은 공통적으로 ① 도전과 개척정신, ② 신용제일주의, ③ 신념의 정신, ④ 근검절약정신, ⑤ 고객만족주의, ⑥ 인간존중정신－인재중시주의, ⑦ 창의와 혁신정신, ⑧ 책임주의 정신, ⑨ 합리추구의 정신, ⑩ 산업평화주의－노사공동체정신, ⑪ 정직과 정도주의, ⑫ 사업보국정신 등과 같은 특징을 지니고 있는 것으로 정리되고 있다. 이는 그동안의 성공한 기업가의 공통적인 정신으로 기업을 성공으로 이끈 경영비결이다.[14]

한편 기업의 실패는 기업가들이 추구하는 목표를 효율적으로 달성하지 못했을 경우이며, 그 시작은 기업가들이 기업가정신의 결여와 환경변화에 대한 대응 능력부족으로 사업목표와 계획의 실행에서 문제가 발생된 때부터이다. 기업경영은 어떤 난관도 극복하고 성과를 내며 지속되어야 하는데, 그렇지 못하고 실패하여 경영자가 교체되거나 기업의 생존에 문제가 생기는 경우가 많다. 이는 기업이해관계자들은 물론 사회적으로도 불행한 일로써 그동안 실제사례를 통한 연구에 의해 밝혀진 실패한 기업가의 경우도 공통적인 특징이 존재한다.[15]

14 김성수, 전게서, pp.87～94.
15 김성수, 상게서, pp.94～101.

1. 성공한 기업가의 특성

(1) 도전과 개척정신

창업자들이 창업의 뜻을 이루기 위하여 목표를 향하여 도전하고, 시련과 역경을 극복하며 극한의 어려움을 무릅쓰고 개척하여 성공하는 사업정신을 말한다. 창업목표의 뜻을 이루기 위하여 무(無)에서 유(有)를 만들고, 미지의 황무지 같은 사업에 도전하여 정복하고, 성공하고자 부딪치는 정신을 말한다.

벤처기업은 물론 중견기업 이상의 많은 기업가들이 새로운 사업아이템으로 창업하고, 신시장을 개척하고 신원료를 확보하며, 국내외 새로운 사업에 도전하여 성공하였다. 예를 들면, 유한양행의 유일한, 현대의 정주영, 삼성의 이병철 등 성공한 기업가들이 기업을 창업하고 성장시키는 과정에서 새로운 사업에 도전하여 성공하였다. 특히 이병철 회장은 1980년대 상당한 반대에도 불구하고 반도체 시장에 도전하여 지금 삼성의 초석을 다졌다.

(2) 신용제일주의 정신

성공한 기업가들은 사업시작과 함께 어떤 상황에서도 거래처와 소비자와의 믿음과 약속을 끝까지 바르게 지켰다. 신용을 가장 중요한 자산으로 사업의 철칙으로 여기면서 성공으로 이룩하였다. 날짜 약속, 납품 약속, 자금지불 약속, 제품수급 약속, 거래 약속, 원료확보 약속 등을 어떠한 상황에서도 지켜내는 신용은 사업의 기반이다.

아산 정주영 회장의 '쓰러지더라도 신용을 지켜라'는 정신은 그가 창업초기에 성공할 수 있었던 요인이었다. 어려운 상황하에서도 미군과의 많은 공사계약 납기를 지킨 것, 극한의 어려운 상황하에서 적자가 확실한 낙동강 고령교 공사를 납기내 완공한 것, 경부고속도로 건설공사과정에서의 신용 등이 성공할 수 있었던 요인이었다.

(3) 신념의 정신

성공한 기업가는 생각이나 행동에 대해 옳다거나 이룰 수 있다고 믿는 마음의 정신이 있었다. 기업가의 신념주의는 '하면 된다'라는 'can-doism'[16]을 탄생시켰다. 이는 할 수 있다는 불굴의 정신, 개척과 도전정신을 총합한 신념의 정신을 말한다. 새로운 환경변화를 빠르고 적절하게 수용하는 적응력, 사업의 장벽, 온갖 충격을 불굴의 도전정신으로 방어하고, 악조건에서 싸울 수 있는 정신력을 신념이라고 말한다.

미국의 레이건 대통령은 그의 취임사에서 '신념을 가지고 새로운 고용과 부의 기회를 창출하는 기업가는 영웅들'이라고 극찬한 바 있다. LG의 창업주였던 연암은 '신념이 있을 때 인간은 놀라운 힘을 발휘한다'는 말을 몸소 체험하고 그것을 기업 경영활동에 참여하는 구성원들에게 주지시켰다. 신념은 적극적 사고로 대변되는 낙관적, 희망적, 긍정적 사고이다.

(4) 근검절약정신

성공한 기업가들은 한결같이 '부자가 되는 길은 부지런하고 검소해야 된다'고 말하고 있다. 꼭 필요한 데에만 돈을 쓰며 헛되이 낭비하지 않는 정신이 기본이며, 작은 것을 아껴 큰 곳에 쓰는 정신을 발휘하였다. 공통적으로 그들은 근면과 성실을 바탕으로 주위의 신임을 얻는 것에서 시작하여 점점 큰 것을 이룩해가는 자세가 배어 있었다.

한국 기업가들의 대표적 경영이념의 하나가 근검절약주의와 정신일도 하사불성이었다. 근면 검소하며, 절약하고 저축하여 신념을 다하여 부를 쌓았다고 기록하고 있다. 미국의 세계적 기업을 이끄는 부자인 마이크로소프트사의 빌 게이츠도 근검절약정신이 생활화되었다고 술회하고, 그의 이러한 정신은 해외여행에서도 자주 거론되는 뉴스로 전해진다.

---

16 Can-Doism은 새로운 변화를 빠르고 적절하게 수용하는 적응력, 사업의 브레이크가 걸리는 데서 오는 온갖 충격을 불굴의 도전정신으로 막고, 악조건에서 싸울 수 있는 힘의 정신력을 신념이라고 한다.

(5) 고객만족정신

고객만족주의 정신은 경영의 모든 부문을 고객의 입장에서 생각하고 진정으로 고객을 만족시켜 기업의 생존을 유지하고 발전시키려는 경영전략이다. 이러한 전략은 미국에서 1980년대 중반 이후 주목받기 시작한 전략인데, 우리나라 성공한 기업가들은 일찍이 1950년대부터 "고객을 만족시켜야 사업이 성공한다"라는 경영이념을 가졌었다. 고객과의 거래는 한번에 그치는 것이 아니라 사업이 계속되는 한 고객의 일생 동안 지속된다. 한 사람이 한번 불만을 가지게 되면 주위의 모든 사람에게 영향을 미쳐, 결국 1명을 잃는 것이 아니라 수십 명 또는 수백 명을 잃는 결과를 낳게 된다. 고객만족주의는 현대그룹 정주영 회장의 경영철학 중 하나로 그는 사업의 존재 근거는 고객에 있다고 생각하여 고객을 최우선으로 고려하는 고객만족 극대화를 추구하였다.

여기에다 고객의 기대를 충족시킬 수 있는 품질을 제고하며 고객의 불만이 있을 때 효과적으로 처리하여야 한다. 또한 고객만족을 위해서는 기업에 대한 종업원만족이 필수적이므로 종업원들의 복지향상, 일체감조성 등 종업원만족도 아울러 뒤따라야 한다.

(6) 인간존중정신과 인재제일주의

인간을 존중하고 개인능력을 최대한 발휘하도록 여건을 조성하여 개인과 조직의 원동력이 되게 하는 정신으로, '기업은 사람이다'라는 원리를 기업경영의 전략으로 도입하여 성공한 기업가정신이다. 기업에서 재주나 능력이 뛰어난 사람, 기술개발이나 혁신의 인재를 발탁하여 적재적소에 배치하는 정신, 일에 꼭 필요한 유능한 인재, 능력을 갖춘 사람, 인물을 발굴하여 채용하는 정신을 말한다. 기술혁신과 기업경쟁력 제고를 위한 원천은 사람을 육성하고 동기 부여하여 조직에 헌신하게 하는 것이며, 성공한 기업가는 이러한 점에서 뛰어났다.

우리나라 삼성그룹의 창업자인 호암 이병철 회장은 그의 평생 경영이념을 인재제일주의 정신에 두고 삼성을 세계적인 성공기업으로 만들었다. 다른 성공한 기업가들도 '국가와 기업의 장래는 사람에 의해 좌우된다'는 사실을 직시하고, 인간존중정신과 인재제일주의 정신에 입각하여 기업을 운영해 왔다. 미국에서도 일찍이 벤처기업의 성공은 기술, 자금, 시장 등의 요인보다 더 중요한 요인으로 인재를 꼽고 있다.

(7) 창의와 혁신정신

창의와 혁신정신은 지금까지 없었던 새로운 분야를 개척하는 정신, 사업을 성공으로 이루기 위하여 처음으로 생각해 내는 신제품 발명, 신기술 개발, 신시장 개척, 신원료 확보, 신조직 형성 등을 혁신이라고 슘페터는 말하고 있다.

성공한 기업가는 말하기를 "합리적 경영에 변치 않는 두 개의 수레바퀴가 있는데 하나는 기술개발이요, 다른 하나는 경영혁신이다"고 한다. 기업은 영속되어야 하고 성장해야 한다. 그렇게 하기 위해서는 끊임없는 창의로 아이디어를 창출하고 이를 뒷받침하는 기술을 개발하며, 경영혁신을 이룩해야 한다. 성공한 창업자는 창업초기부터 성공하기까지 창의와 기술개발, 그리고 혁신을 찾아 뛰었다고 기술하고 있다. 손정의, 빌 게이츠, 잭 웰치, 아이아코카, 정주영, 이병철, 구인회, 조중훈, 최종현 등은 그의 생애와 경영이념에서 "창의와 혁신 없이는 사업을 할 수 없다"고 공통적으로 지적하고 이를 실행하여 성공하였다.

(8) 책임주의 정신

성공한 기업가는 책임정신을 강조하고 있다. 성공한 기업가의 책임정신의 첫째는 한 가정, 한 가족의 일원으로서 책임, 둘째로는 직장과 사회구성원으로서의 책임, 셋째로는 국가와 민족의 책임이고, 넷째로는 인간으로서 이 세상에 태어나서 인간답게 할 일을 다 해야 할 책임이라고 기술하고 있다.

기업경영에는 항상 지켜야 할 원칙과 책임, 권한과 의무가 따른다. CEO는 기업의 경영조직, 관리문제를 원칙과 제도에 따라 책임을 지고 풀어가야 한다. 보다 큰 의미로서 기업의 사회적 책임까지 확대되고 있다. 성공한 기업가들은 자신의 산업은 자신이외는 그 누구도 이룰 수 없다는 것을 믿고 책임감을 가지고 추진하였고, 그 결과로 사업의 성공이 뒤따른 것이다. 따라서 자신의 미래에 대하여, 자신이 하고 있는 사업에 대하여 전적으로 책임을 지지 않는 한 기업은 성공할 수 없다는 것을 알고 추진한 것이다. 예를 들면, 서성환 아모레퍼시픽 창업주는 '쓰던 화장품도 마음에 들지 않으면 바꿔준다'는 무한 책임주의를 선언해 업계에 화제를 일으켰고, 알리바바그룹의 마윈 회장은 기업가의 돈은 사회와 국가가 맡긴 책임이라며 진정한 기업가라면 중대한 결정을 내릴 때 돈이 아닌 도덕, 가치관, 사회적 책임에 따라야 한다고 했다.[17]

성공한 사업가들은 대부분 자신의 인생과 주변의 모든 것에 대해 완벽하게 책임져야 한다는 생각이 강하다. 그렇기 때문에 무수한 고뇌와 싸움에서 이기는 신앙 같은 신념이 생겨 책임회피 같은 것으로 실패를 초대하지는 않는다.

(9) 합리추구의 정신

성공한 기업가는 경영이론이나 이치에 합당한 것을 선택하여 경영기법으로 활용한다. 이것이 합리적 경영이다. 대표적으로 삼성의 호암 이병철 회장은 그의 합리추구의 정신에서 "사업에는 선후가 있는 것이고 기업경영에는 특히 비약보다도 진보가 있다"고 강조하였다. 이것은 합리를 잊거나 무시하고 단계를 뛰어 넘으려는 데서 오는 파국의 위험성을 배제하고 한 단계씩 상황에 맞추어 발전해 나감을 의미한다.

합리추구의 정신은 ① 기업규모의 적정화, ② 규모의 경제성, ③ 환경의 대응능력, ④ 시대에 적응하는 경영혁신, ⑤ 국가의 사업보국, ⑥ 투명한 경영, ⑦ 고객만족도, ⑧ 합리적 노사관계라고 평가하고 있다. 따라서 합리추구 정신은 경쟁사회에서 기업이 성장하기 위한 철칙이다. 합리를 추구하는 것은 능률적인 경영을 통하여 사회적 책임을 다하는 목적에서 이루어지는 것이다.

(10) 산업평화주의 – 노사공동체정신

노사관계는 넓게는 노동자와 자본가 및 경영자 사이에 보여지는 지배 대 피지배 관계를 말하며 기본적으로는 계급관계이다. 그러나 노사관계는 계급관

17 중앙일보, 마윈 '최고 부자는 가장 먼저 책임을 짊어지는 자리다'(2016.5.10).

계일 뿐만이 아니고 그것에 기초해서 발생하는 집단으로서의 노동자와 자본가 및 경영자와의 관계로서 이해되고 있다.

구체적으로는 노동력의 매매 및 교섭을 둘러싼 노동조합과 개별적인 자본가와 경영자 혹은 그 단체와의 관계라고 규정하고 있다. 이러한 관계 때문에 과거에는 주종관계로서 첨예한 대립양상을 가져왔다. 그러나 성공한 기업가는 노사관계를 대등한 관계로 인식하여 인간존중 경영·인간중심 경영으로, 사람을 인재로서 인재제일주의 경영이념을 활용하여 성공하였다. 따라서 종업원과 회사의 관계는 서로 협조하고 공존·공영하는 관계로 보고 있다.

회사는 종업원의 생활을 안정시킬 수 있도록 충분히 대우하고 편안한 직장이 되도록 해야 한다. 또한 전 직원은 스스로의 삶의 터전을 더욱 발전시킬 수 있도록 서로 화합해야 산업평화가 온다는 정신이 산업평화주의이며, 노사관계를 공존공영하는 공동체정신으로 여기는 기업가정신이 바로 노사공동체정신이다. 기업도 발전하고 종업원도 대우받는 상생상화(相生相和)의 경영철학이 노사공동체정신이다. 정주영 회장은 사우디아라비아의 주베일 산업항 공사 때 폭동사건 후 산업평화를 위한 인력관리 지침을 내렸는데 그중 하나가 노사 간의 평등관계와 인격존중을 강조했다.

(11) 정직과 정도경영혁신

성공한 기업가의 비결 중 하나가 정직과 정도경영정신이다. 테일러도 기업가의 자질조건 중에 정직을 생명으로 여기는 창업자는 성공한다고 기술하고 있다. 사업은 신용을 기반으로 정직하게 행해지는 것이 정론이다. 가끔 신문지상에서 부패문제와 비윤리적 행위로 기업을 경영하다가 망하는 회사를 본다. OECD를 비롯한 선진국의 경제기구는 21세기 기업 경쟁력 원천은 기업윤리에 있음을 천명하고 정직하고 투명한 기업만 경쟁에서 살아날 수 있으며, 세계시장에 상품을 팔 수가 있다.

우리나라의 LG 구인회, 구자경 회장도 그들의 경영정신으로 정도경영을 표명하고 있으며, 아남그룹의 우곡 김향수 회장도 일찍이 사정경영사상(四正經

營思想)을 기업가정신으로 표명하고 창업을 하였다. 사정경영사상은 ① 정심경영, ② 정각경영, ③ 정도경영, ④ 정행경영 등으로, 즉 바른 마음 경영, 바르게 깨닫는 경영, 바른 길의 경영, 바르게 행동하는 경영 등으로 유명하다.

(12) 사업보국정신

"사업으로 국가에 보답한다(事業報國)"는 호암 이병철 회장의 사업정신에 대해 삼성출신 인사들은 "자신의 행위를 미화하기 위한 홍보성 슬로건이 아니라 식민지 시절의 체험과 해방 후의 혼란, 6·25 등의 세파에 담금질되며 가슴에서 우러나온 호암의 기업가철학"이라고 설명한다. 그는 인간사회에서 최고의 미덕을 사회봉사라고 생각하였다. 기업의 사명도 결국 국가와 국민에게, 그리고 인류에 대하여 봉사하는 것이어야 한다고 기술하고 있다.

드러커(P. Drucker)도 「경영의 실체」에서 기업의 사회성을 강조하였고 기업의 이익과 공익이 일치되어야 사회가 건강해진다고 역설하고 있으며, 우곡 김향수 회장도 기업이란 마땅히 기업을 통해 자기의 뜻을 실현하고 국가에 공헌해야 한다고 말하고 있다. 기업의 공익이란 재화와 서비스의 풍족한 제공이며, 고용과 소득기회의 확대일 뿐 아니라 국가경영의 재원을 이루는 납세의 세원조성, 나아가 수익을 축적하여 새로운 기업에 계속 투자하고 신기술개발에 전력을 다하여 확대 재생산함으로써 국가경제를 발전시켜 국민의 행복, 인류의 복지향상에 공헌한다는 것을 말한다.

2. 실패한 기업가의 특성

(1) 탐욕과 낭비 – 비윤리성

기업가의 근검절약정신의 결여와 탐욕 그리고 사업운영상의 비윤리적인 행태는 기업경영을 어렵게 하는 실패한 기업가에서 나타날 수 있는 공통 요소이다.

첫째, 종업원과의 공존·공영 없이는 성공할 수 없는데 탐욕에 사로잡혀 종업원과 사업성과를 나누려 하지 않는 경우이다. 이럴 경우 제대로 보상받지 못한 종업원들은 회사를 떠나거나 심한 경우 기업의 재산을 사취하려 들게 될 것이다. 회사의 성과가 남에도 불구하고 종업원들에 대한 적절한 보상을 무시해 핵심 종업원들이 별도로 동업종의 회사를 설립하여 떠나는 사례도 종종 있다. 또한 사업가는 근검절약정신이 몸에 배어 있어야 종업원들이 따라가며 조직에 헌신하려는 유인을 가진다. 창업자 사장이라 하여 회사의 자금을 자기 돈으로 생각하며 술과 허영을 일삼는 행동은 낭비를 초래하여 결국 실패의 수렁 속으로 빠져 든다.

둘째, 이윤에 집착한 나머지 고객에게 정당한 상품이나 서비스를 제공하지 않는 경우이다. 이는 약속을 지키지 않는 사업주의 경영방침에 종업원들이 호응하지 않거나, 고객을 속여 이익을 내는 판매방법 등에서 비롯된다.

셋째, 기업가의 비윤리성의 문제이다. 사업을 하면서 탈세를 하거나, 허위 및 과대광고를 통한 비윤리적 판매행위를 하며, 사업의 목표를 관철하는 데 수단과 방법을 가리지 않는 뇌물수수행위 등으로 이행하려는 시도를 하고, 또한 가격조작과 부당한 금융관행으로 사업을 경영하는 행위 등이 그 예이다.

(2) 불성실-신용결여

사업의 추진시 신용은 성공의 기본적 비결이다. 그러나 사업 시행시 단 한번의 불성실이 기업을 실패의 길로 빠지게 하는 사례가 종종 있다. 기업가 입장에서 한번의 불성실한 행동은 또 다른 불성실을 낳고, 이것이 반복되다 보면 결국 외부로 표출되며 기업의 성공을 방해하는 결정적 요소가 된다.

성공한 기업가 중에는 '쓰러지더라도 신용을 지켜라. 신용이 재산'이라고 생각한 정주영 회장이 손해를 감수하면서도 계약기간 안에 공사를 끝내는 약속만이라도 지키려고 매일 자금조달을 위해 뛰었다는 것이 그 대표적 예이다. 사업은 망해도 다시 일어설 수 있지만 한번 신용을 잃으면 그것으로 끝장임을 알고 있었기 때문이라고 기술할 수 있다.

(3) 피해망상

사례연구의 결과 실패한 불행한 기업가의 특성에서 '피해망상(parananía)'을 들고 있다. 이는 남을 지나치게 믿지 못해서 사람들과 제대로 인간관계를 맺지 못하며, 상대를 적대시하고 항상 경계자세를 취하기 때문에 자신이 필요로 하는 협조를 얻어내기 어려운 경우이다. 말하자면 타인을 의심하고, 질투심을 느끼고 분개하며 화를 잘 내는 성격의 소유자는 종업원에게, 거래처와 고객에게 심지어 가정까지 피해를 입히는 사업가이며 조직에서 고립을 가져오기 때문에 모든 일에 실패한다.

기업의 성공은 기업가의 도전과 개척정신의 결과라 보는데, 항상 열등감에 사로잡혀 매사에 자신이 없으며 사소한 과실을 지적당하면 과도한 비난으로 받아들이는 성격의 소유자는 사업가로서 부적합하다.

(4) 판단력 부재

성공한 기업가의 자질 가운데 판단능력은 중요하며, 기업가가 경영 의사결정에 영향을 미치는 사회적·경제적·정치적 요인 등을 충분히 이해하여 미래를 판단할 수 없다면 그 기업은 실패로 가게 된다. 그동안 대기업의 설립자가 정치적 판단을 잘못하여 하루 아침에 불행한 기업가로 전락하는 모습도 있었다. 정확한 경영분석, 경제분석, 사회적 정치적 환경변화에 능동적으로 대응할 수 있는 전략적인 방안을 수립하지 못하는 기업가는 실패한다.

드러커(P. Drucker)는 새로운 시대가 요청하는 경영자의 능력 가운데 전략적 의사결정을 수행할 능력과 국내외 경제 사회적 환경의 변화에 대응한 신속한 판단력을 갖지 못하면 CEO로서 자질이 없다고 충고하고 있다. 기업가의 신속한 정보 획득과 뉴프런티어적이고, 합리적인 판단력이 없으면 창업을 하지 말라고 지적하고 있다. 21세기는 급격한 환경변화 속에서 올바른 판단력만이 사업을 성공시키는 비결이라고 말한다. 기업가들이 국내외 환경변화에 대응하는 전략적 판단력을 가지지 못하면 그 기업은 실패한다.

(5) 끈기와 인내력 부족

새로운 사업을 이끌어 나가기 위해서는 상당히 긴 기간을 기다릴 수 있는 끈기와 인내가 필요하다. 조급하게 일을 처리하다 보면 그르치게 되어 종종 나중에 후회하게 된다.

예컨대 빨리 주문이나 입찰을 따 내려는 욕심 때문에 가격을 무리하게 낮추었다가 나중에 그로 인해 손해를 입게 된다든지 너무 급하게 서두른 나머지 사람을 잘못 고용하고, 창업의 경우 사업을 빨리 개시할 생각에 불리한 계약을 맺는다든지 하는 일들이 모두 끈기와 인내심의 부족에서 오는 결과이다. 성공하는 현명한 사업가라면 끈기와 인내심 부족 때문에 사업판단을 그르치는 일은 없을 것이다.

시간을 적절히 관리하는 적시생산방식(JIT: just-in-time) 기법을 배우고, 기대 이상으로 시간을 요하고 끈기와 인내를 요구하는 일이 발생할 때를 기다리는 심정으로 사업구상을 하여야 한다. 무작정 기다리고 인내심을 발휘한다기보다 적절하게, 적절한 시간에, 적절한 장소에서 고객을 맞는 심정으로 사업을 하여야 실패하지 않는다.

(6) 사업지식의 결여

기업가가 갖추어야 할 자질 중에서 기본이 되는 것이 자기사업분야의 지식이다. 사업분야경영의 지식이 없으면 당연히 실패한다. 사업지식이란 기획, 인적자원 및 조직관리, 재무관리, 마케팅 및 시장관리, 생산·구매관리, 정보관리 등의 지식을 말한다. 그리고 경영활동에 필요한 부수된 지식으로 일반상식과 컴퓨터, 외국어에 관한 능력도 요구된다.

최근 사업관련 정보와 지식은 인터넷을 통해서 획득하며, 외국어는 영어와 최소한 2~3개 외국어를 구사하여야 기업의 세계화에 적응하고 해외로 뻗어 나가 사업을 성공시키는 비결이다. 21세기는 기업경영에서도 지식기반사회의 강력한 영향을 받는다. 사업분야의 경영지식과 그에 부수되는 지식을 갖추고 사업을 시작하지 않으면 실패하기 쉽다.

(7) 경영관리기법의 무지

실패한 사업가들은 그 원인이 경영관리기법의 무지에 있다는 분석이 있다. 즉 실패한 사업가들은 ① 비용관리, ② 재고관리, ③ 자금관리, ④ 인력관리, ⑤ 마케팅관리 등의 경영관리기법에 무지하였거나 배우는 데 소홀히 한 때문이라는 지적이 있다.

이들은 기업 경영의 기본인데 이를 무시하고 몰라도 된다고 매도하는 기업가들은 실패한다. IMF 외환위기시 가장 먼저 부도가 났고, 사업악화와 노사분규 등으로 문을 닫은 기업들을 보면 기업가들이 이 분야에 소홀했던 경우가 많았다. 나아가 지식 기반사회에서는 창업시에도 경영관리체계를 터득하고 경제경영지식, 경영혁신기법, 노사관계 등의 기본에 대하여 숙지한 후에 시작하여야 실패가 없다.

(8) 두뇌회전의 지연

사업가는 잠을 잘 때만 제외하고 가능한 시간은 끊임없이 생각하며 두뇌회전을 통해 혁신을 창조해 내야 한다. 끊임없는 두뇌회전, 이것은 창의력을 생성하고 혁신을 창출하는 원동력이다. 아주 작은 생각이 자신의 마음과 머릿속에 자리를 잡으면, 거기서 출발하여 끊임없이 그것을 가꾸고 키워서 머릿속의 생각을 눈으로 볼 수 있다는 창의력이 나온다.

두뇌회전의 지연은 생각을 없애고, 창의력을 키우지 못하며 혁신을 제거한다. 이는 결국 감각적 사업구상을 없앤다. 테일러는 일찍이 성공한 사업가의 자질조건 첫째를 두뇌회전에 두었다. 두뇌회전의 우수성은 아이디어를 생성시키고 개발하는 척도가 된다.

두뇌회전은 창조적 혁신을 가져오는 성과를 낳고, 사업의 강점과 약점을 경쟁력으로 활용하는 원동력이라고 본다. 두뇌회전은 머리기술(창의), 마음기술(혼), 손기술(기법) 등의 삼위일체의 결정력으로 지적된다. 결국 두뇌회전이 지연되는 기업가는 성공할 수 없다.

(9) 신념의 결여

신념은 인간의 위대한 힘의 근원이다. 세상에 큰 업적을 남긴 사람은 모두 위대한 신념의 소유자였다. 미국의 노만 필(Norman Vincent Peale)은「적극적 사고의 힘(*The power of positive thinking*)」이라는 저서에서 '인간의 신념과 그 위력의 위대성, 적극적 사고의 힘'을 역설하고 있다. 성공은 신념의 산물이며, 신념을 가진 사업가는 기적에 가까운 일을 가능하게 한다고 피력하여 신념은 사업 성공의 비결이라는 사실을 검증시키고 있다. 마이크로소프트(MS)의 빌 게이츠는 모든 업무에 자신과 신념을 가져달라고 기도하였다고 한다. 아남그룹의 창업자 김향수 회장도 그의 저서「작은 열쇠가 큰 문을 연다」에서 지성일관의 신념으로 반도체사업에 착수하여 성공을 이룩하였다고 한다. 신념이 결여된 기업가는 사업에 실패한다는 기업가정신은 이미 경영이념으로 정착된 지 오래되었다.

(10) 도전과 개척정신의 결여

실패한 기업가들은 사업에 대한 도전정신이 미약하고 실망을 먼저하며, 불평만 늘어놓고 개척정신이 결여된 경우로 밝혀지고 있다.

한국경영사학회는 정주영 연구에서 그는 초등학교 졸업생으로 학력도, 재력도, 가정도, 재주도 남보다 못하지만 기업가로 성공한 것은 오직 도전과 불굴의 개척정신이라고 말하였다. 빌 게이츠도 오늘보다 내일을 위해 도전하는 자세가 기업가정신이라고 주장하고 있다. 그가 창업한 마이크로소프트는 숨가쁘게 발전을 거듭하는 컴퓨터업계의 선두주자로서 안주보다는 변화와 혁신의 주도자 역할을 하고 있다. 이러한 시장에 대한 마이크로소프트의 적극적인 도전과 개척정신으로 소프트웨어가 하드웨어를 바꾼다는 경영이념을 탄생시켰다.

제4절 21세기 신기업가의 방향

흔히들 21세기를 글로벌화, 지식정보화시대라고 한다. 지식기반경제시대에는 지식산업이 국가경쟁력과 기업경쟁력을 좌우하게 되며, 거래의 형태도 오프라인(off-line)에서 온라인(on-line)을 통한 거래가 주류가 되는 e-비즈니스시대를 맞게 된다. 따라서 기업가들은 세계화와 개방화, 정보화의 한복판에서 경쟁의 격화와 도전을 받게 되며, 생존·성장하기 위해서는 복잡하고 다양한 국내외 경제환경을 슬기롭게 대처하고 많은 장벽들을 뛰어넘어야 한다.[18]

특히 기업가는 타인이 포착하지 못한 사업기회를 포착할 수 있는 능력과 조직을 관리할 수 있는 능력이 무엇보다도 요구된다. 뿐만 아니라 투자자를 포함한 이해관계자들로부터 이해와 협조를 구하는 데 필요한 사회적 능력과 타인평가 능력 역시 사업의 성공에 있어서 매우 중요한 특성이 될 수 있다. 이러한 특성을 포함하는 기업가정신을 실현하기 위해서는 다음과 같은 전략적 사고가 요구된다.[19]

1. 전략적 사고의 함양

1980년대까지만 하더라도 전략적 사고는 거의 필요하지 않았다. 왜냐하면 기업의 이해관계자로서는 정부가 절대적인 비중을 차지하고 있었고, 그 정부는 현저한 힘의 우위를 바탕으로 기업을 지배하는 위치에 있었기 때문에 기업은 정부의존이라는 저급전략 이외의 전략을 수립할 필요성을 거의 느끼지 않았다. 그러나 1990년대 이후는 기업의 이해관계자가 다양한 형태로 등장하고 그들 이해관계자 간의 힘의 역학관계도 지배-종속관계가 아닌 대등한 성격의 관계로 되고 있기 때문에 올바른 전략의 수립 여부가 기업의 성패에 중요한 영향을 미

18 윤석철, 「기업가 정신」, 대경, 2008, p.84.
19 이상석 외, 전게서, pp.8~10.

치게 되었다.

전략적 제휴와 합작투자를 통한 글로벌기업 간의 장기 및 단기적 협력관계가 늘어나고 빠른 속도의 시장진입이 요구됨과 동시에 해외기업의 인수·합병이 활발해짐에 따라서 제휴를 하려는 이유와 제휴에 따른 목표 달성에 대한 명확한 전략적 목표를 파악하지 않고서는 혼란 속에 빠지기 쉽다. 따라서 글로벌 조직을 효과적으로 관리하기 위해서는 경영자들이 전략적 사고를 갖는 것이 무엇보다도 중요하다고 볼 수 있다.[20]

예를 들면 씨티뱅크는 자동거래단말기(ATM)를 도입한 최초의 은행으로 1977년에 이를 설치하였다. 다른 은행들도 뒤쫓아 이를 설치했고 씨티뱅크에게도 자신들의 네트워크에 가입하라고 권유했다. 씨티뱅크가 가입하면 사람들이 소지하고 있는 ATM 카드의 사용이 더 편리해지기 때문이다. 은행들이 공통의 네트워크에 가입하면 각 단말기는 다른 단말기 모두에 대해 보완기능을 하게 된다. 그러나 씨티뱅크는 가입을 거절했다. 씨티뱅크는 경쟁자들에게 도움이 될 수 있는 일은 하지 않으려 했던 것이다. 그러나 이러한 결정은 씨티뱅크 자신의 고객에게 피해를 입혔다. 몇 년 뒤 다른 은행들의 네트워크는 전국적으로 또는 국제적으로 선두주자가 되었는데 씨티뱅크의 고객들은 그 네트워크를 이용하지 못했던 것이다. ATM 이용의 한계 때문에 씨티뱅크의 시장점유율도 떨어졌다. 결국 씨티뱅크는 방침을 수정해서 다른 네트워크에 가입했다.

전략적 사고를 하기 위해서는 다음 5가지 요소를 종합적으로 고려하는 것이 중요하다.

① 기업과 관련된 이해관계자들(고객, 종업원, 경쟁기업, 하청기업, 정부)의 역할은 무엇인가를 파악해야 한다.
② 자신의 부가가치를 정확하게 인식해야 한다.
③ 기업활동에 관련된 거래관행, 계약, 관습, 법률 등을 잘 파악해야 한다.
④ 경쟁자의 인식을 파악하여 조정하는 전술적 능력이 필요하다.
⑤ 부분과 전체를 고려한 전략적 사고가 필요하다.

---

20 장세진, 「글로벌경영」, 박영사, 2011, p.477.

2. 상생(win-win)의 전략 중시

경쟁자들은 상생을 통해서 각자의 이익을 극대화시킬 수 있다. 바람직한 상생의 전략에 관한 예를 들어보자. 국내 화학섬유업체에 원료를 공급하고 있는 삼성석유화학은 고객사와 연합하여 생산성 혁신활동을 전개하였다. 이 활동은 삼성석유화학이 주고객사인 제일합섬, 한국합섬, 코오롱, 동국합섬 등과 함께 품질, 원가, 납기의 애로요인을 분석하고 개선대책을 찾는 것이었다. 삼성석유화학으로서는 자칫 고객의 욕구, 고객사의 공정을 잘 모르는 상태에서 일방적인 개선활동을 해오고, 고객사는 원료의 특성을 제대로 모르는 채 제한된 범위 내에서 생산성 향상을 해 오던 것을 상호 벽을 헐고 함께 고민하는 장을 연 것이다. 그 결과 삼성석유화학의 불량률은 물론 고객사의 품질생산성이 획기적으로 개선되었다. 제일합섬(현 웅진케미칼)의 경우는 합격수율이 향상된 것을 비롯하여 각종 생산성이 큰 폭으로 개선되었다.

상생의 전략은 공급자에게만 적용되는 것이 아니다. 때로는 경쟁자에게 적용되는 경우도 있다. 즉 경쟁자를 경쟁자로서 성공하게 하는 것이 최선의 전략인 경우도 많다. 나아가서는 기존의 경쟁조건하에서의 상생만이 아니라 경쟁조건을 바꾸는 노력을 통해 상생의 효과를 더욱 크게 할 수도 있다. 요컨대 새로운 기업가정신에 필요한 전략적 사고란 공급자와 경쟁자, 그리고 다양한 이해관계자를 조정하면서 파이를 늘려 가는 고도의 전략이라고 할 수 있다. 나아가 그런 전략을 구체적으로 실행에 옮길 수 있는 교섭능력도 향후의 기업가정신에 있어서 매우 중요한 요소가 된다.

3. 인간중심 전략

기술과 조직의 혁신은 구체적으로는 기술과 조직을 담당하는 인간의 혁신 여부에 좌우되는 경우가 많다. 예를 들면 신제품개발이나 생산공정의 개선은 기술자나 기능공이 그러한 개발이나 개선에 어느 정도 몰입하는가에 따라 결과가 크게 달라질 수 있다. 또 기업의 비용을 절감할 수 있는 노하우도 종업원 개

개인의 마음속에 자리 잡은 근검절약정신과 같은 기업문화에 기초하는 경우가 많고 소비자들에게 친절히 대하는 태도 역시 종업원들을 어떻게 훈련시키고 친절함을 유지할 수 있는가는 기업의 능력에 달려 있다. 따라서 기업 내에서 일하는 인간을 최우선으로 하는 전략이 아니면 기술과 조직의 혁신은 성과를 거둘 수 없다.

이러한 인간중심 전략은 경영자와 종업원 간의 신뢰, 종업원 각 계층 간의 신뢰, 또는 계층 내의 신뢰, 기업과 정부 간의 신뢰, 기업과 소비자 간의 신뢰를 중시하는 전략이다. 특히 기술과 조직의 혁신에 있어서는 관련당사자 간의 신뢰간계의 구축이 매우 중요하다. 그 이유는 기술과 조직의 혁신에 필요한 정보의 축적은 관련당사자 간의 신뢰가 없으면 원활하게 수행될 수 없기 때문이다. 일반적으로 정보네트워크사회에서는 통신기술을 통한 정보축적의 효율성만이 강조되는 경향이 있지만 인간의 직접적인 교류에 의한 정보축적의 효용성도 여전히 중요성을 가지고 있다.

4. 정보화 전략

인간중심의 상생전략을 통한 기업가정신을 발휘하기 위해서는 효율적 네트워크 구축이 병행될 필요가 있다. 이를 위해서는 첫째, 정보화 수준을 향상시키기 위한 정보화 설비에 대한 투자가 요구된다. 둘째, 정보설비의 효율적 이용은 많은 정보들을 어떻게 효과적으로 처리하고 실질적인 노하우와 경쟁무기로 실현하느냐에 초점이 맞추어져야 한다. 셋째, 정보를 노하우, 기술, 시스템, 경쟁무기 등으로 전환하는 정보시스템의 구축이 요구된다. 넷째, 입수된 정보에 입각하여 신속하게 판단하고 그것을 실행에 옮길 수 있는 능력이 요구된다.

21세기에 기업을 둘러싼 새로운 여건 변화에 능동적으로 대처하지 못하는 기업은 도태하겠지만 새로운 패러다임을 구축하여 효율적으로 대응하는 기업은 국가경제를 선도하는 주역으로 생존할 수 있을 것이다. 특히 오늘날과 같은 정보화, 지식화 시대에는 무형자산만 소유한 새로운 형태의 기업이 생겨나는 등 기업의 핵심역량으로서 지식자산의 중요성이 급부상하고, 필요한 정보와 정보기술을 어떻게 통합적으로 개발, 관리하여 기업의 경영전략과 일치시킬 수 있는 효과적인 정보시스템 구축이 필요하다. 특히 정보화전략을 경영전략과 일치시키기 위해서는 경영층이 정보기술의 능력, 경영에의 정보기술 활용 등을 충분히 이해하여 기업경영에 정보기술을 적극적으로 활용할 수 있는 능력이 우선적으로 구비되어야 한다.

key point
CASE STUDY

이재용식 혁신 삼성을 바꿀까

조직문화 '확' 바꿔라…'스타트업 삼성' 선포
'관리·체계'서 '자율·창의'로…사업구조 개편과 시너지 효과 기대

삼성이 대대적인 조직문화 혁신에 나선다. 권위주의적이고 비효율적인 조직문화를 탈피해 글로벌 수준의 혁신 기업으로 거듭나겠다는 것이다. 조직문화 혁신은 지난해부터 본격화된 그룹 사업구조 개편 작업과 맞물려 이재용 부회장(48)이 이끄는 삼성의 핵심 슬로건으로 자리잡을 것으로 전망된다.

삼성전자는 24일 수원 디지털연구소에서 임직원 600여 명이 참석한 가운데 '스타트업 삼성 컬처혁신 선포식'을 가졌다. '스타트업 삼성'에는 창업 예비단계의 기업을 의미하는 '스타트업'처럼 삼성도 빠른 실행과 열린 소통을 통해 지속적으로 혁신해 나가겠다는 의미가 담겨 있다.

삼성전자는 '수평적 조직문화 구축' '업무 생산성 제고' '자발적 몰입 강화'라는 '3대 컬처혁신 전략'을 통해 조직문화 혁신에 나설 계획이다.

수평적 조직문화 구축을 위해 삼성전자의 모든 임원들이 권위주의 문화 타파를 선언하고, 선언문을 만들어 직접 서명키로 했다. 직급 체계도 단순화하고 직무와 역할 중심으로 인사제도를 개편할 예정이다. 최고재무책임자와 사업부장이 참여하는 토론회를 활성화해 수평적 의사소통을 확대하기로 했다.

삼성전자 3대 컬처혁신 전략 주요 내용

수평적 문화 구축 〉〉	임원 권위주의 문화 타파, 직급체계 단순화 및 인사제도 개편
업무생산성 제고 〉〉	불필요한 회의 축소 및 통합, 동시·실무·간편보고 활성화
자발적 몰입 강화 〉〉	주말 특근 및 장시간 근무 개선, 가족사랑 휴가 등 다양한 휴가 도입

업무 생산성 제고를 위해 비효율적 회의와 보고문화도 개선키로 했다. 불필요한 회의의 절반을 통합하거나 축소하고, 보고의 경우 '동시·실무·간편'의 '3대 스피드 보고 원칙'을 만들어 실행할 방침이다. 업무 집중과 성과를 높이기 위한 임직원 의식교육도 실시하기로 했다. 자발적 몰입 강화는 직원들의 근무여건을 개선해 업무 효율을 높이기 위한 전략이다. 이를 위해 직원들의 습관적·눈치성 평일 잔업이나 주말 특근을 줄이고, 가족사랑 휴가나 자기계발 휴가 같은 다양한 휴가제도를 도입하기로 했다.

삼성전자는 컬처혁신을 뒷받침하기 위해 직급 단순화, 수평적 호칭, 선발형 승격, 성과형 보상 등 4가지 방향을 골자로 하는 '글로벌 인사혁신 로드맵'을 수립해 6월 중 발표할 계획이다. 로드맵 수립을 전담할 태스크포스도 이날 발족했다. 로드맵 확정 후 삼성전자 내 조직문화 혁신이 본격화되면 그룹 전체로 확산될 가능성이 높다.

전자·물산·금융 중심의 사업구조 개편이 '이재용식 삼성' 체제 구축을 위한 하드웨어 개혁의 핵심 축이라면, 조직문화 혁신은 그룹 소프트웨어 개혁의 축이 될 것으로 전망된다. 이건희 회장이 1993년 독일 프랑크푸르트에서 신경영 선언을 한 이래 삼성의 기업문화는 '관리'와 '체계'로 상징돼왔다. 이를 계승하면서도 '자율'과 '창의'로 기업문화의 무계중심을 옮기겠다는 게 이 부회장의 의도다. 혁신안을 만들기 위해 삼성전자는 지난해 7월 내부 토론의 장인 '모자이크(MOSAIC)'에서 '글로벌 인사제도 혁신'을 주제로 온라인 대토론회를 실시했다. 총 2만6,000여 명의 임직원이 참여했으며, 1,200여 건의 제안과 댓글이 쏟아졌다. 삼성전자는 이를 바탕으로 현재 조직문화의 문제점을 분석하고 향후 개선 방향을 수립했다.

삼성전자에서 시작된 조직문화 혁신 바람은 재계에도 적잖은 영향을 미칠 것으로 전망된다. 대한상공회의소가 지난 15일 공개한 기업문화 조사에서는 국내 주요 기업 77%의 조직문화와 조직건강도가 글로벌 하위 수준이라는 결과가 나왔다.

경향신문(2016.3.24)

key point
CASE STUDY

위험 감수한 '교토 기업', 불황 속에서도 고속 질주

6일 '대한민국 청년기업가 정신 아카데미' 연사로 나선 스에마쓰 지히로 일본 교토대 경제학부 교수는 기업가정신과 혁신을 통해 위기를 극복한 '교토 기업'을 소개했다. 스에마쓰 교수는 "일본이 '잃어버린 10년' 동안 내리막길을 걸을 때 교토 기업은 높은 성장세를 보였다"며 "세계 경기 침체가 우려되는 상황에서 벤치마킹할 만한 기업"이라고 말했다.

일본 교토를 근거지로 사업을 시작한 교토 기업은 불황에도 고속 성장했다. 스에마쓰 교수는 1991년부터 10년간 일본전산, 무라타제작소 등 교토 기업 10곳의 실적이 평균 2배 이상 늘었다고 설명했다. 같은 기간 소니 파나소닉 등 도쿄에 본사를 둔 '도쿄 기업' 7곳은 고전을 면치 못하는 것과 대조적이다. 교토 기업은 2008년 리먼브러더스 사태 이후에도 강한 회복력을 보였다. 전자부품업체 일본전산은 2009년 783억 엔의 사상 최대 영업이익을 기록했고 부품소재를 생산하는 무라타제작소는 당기순이익이 전년보다 6.9배 늘었다.

스에마쓰 교수는 교토 기업의 특징을 '혁신 성향'으로 정의했다. 교토 기업은 도쿄 기업에 비해 위험을 감수하고 과감하게 사업을 벌이는 성향이 강하다는 것. 급변하는 경영 환경에서는 빠른 의사결정

도쿄식 기업	교토식 기업
변화 기피성향	혁신 지향
보수주의	높은 기업가정신
만장일치식 의사결정	경영환경에 대한 빠른 인식과 적응력
리더십의 부재	강한 리더십

구조가 성공 가능성을 높인다는 설명이다. 스에마쓰 교수는 "대부분이 오너 경영을 하기 때문에 과감하게 투자를 결정할 수 있다"며 "위험을 회피하지 않는 기업가정신이 탁월하다"고 설명했다.

대다수 교토 기업은 특화기술을 개발해 세계 시장에서 1위에 올랐다는 공통점도 있다. 스에마쓰 교수는 "예비 창업가는 자신만의 무기인 기술력이 창업의 필수 요소"라고 조언했다.

교토 기업은 소비자 요구를 세분화하는 모듈식 경영을 한다. 각 소비자에게 적합한 모듈을 조합해 최종 재화와 서비스를 제공한다. 스에마쓰 교수는 "경영자원을 효율적으로 분해할 수 있는 장점이 있다"고 설명했다.

한국경제(2016.4.6)

key point
CASE STUDY

이젠 사람중심 기업가정신이다

조직 구성원에 꿈·열정 심어줘
신바람 나게 일할 풍토 만들면 주인의식으로 최고의 제품 나와
창출 가치도 바람직하게 분배를

기업이 어려운 역경을 뚫고 지속 성장하기 위해서는 기업가정신이 필요하다는 것은 이제 상식이 됐다. 위기를 미리 감지하고 고객의 새로운 니즈를 공감을 통해 포착한 기업가가 절실하게 새로운 사업기회를 찾아 실현하는 것이 잘 알려진 기업가정신의 성공원리다. 그리고 실리콘밸리의 많은 성공사례는 기업가의 역할을 강조하며 사업중심의 기업가정신, 기업가주도의 기업가정신의 중요성을 확산시켜왔다.

그러나 시간이 흐름에 따라 기업가도 창업 초기의 절실함과 열정을 계속 유지하기가 쉽지 않다. 특히 기업의 경영권이 가족의 다음 세대로 넘어가게 되면 창업주가 기업은 물려줬지만 기업가정신은 물려주지 못했다는 비판을 받는 경우도 많다. 신생창업 기업에서 성장동력의 핵심이었던 기업가정신이 조직이 계속 성장하고 규모가 커지고 사업이 다각화되고 경영권이 이전된 후에도 지속적으로 역할을 다하기 위해서는 기존 기업가정신에 몇 가지 요소가 더해져 완전한 기업가정신으로 발전해야 한다. 이를 위해 더 필요한 요소는 무엇일까.

우선 기존의 기업가정신은 사업기회 포착 및 실현에 초점을 뒀고 인적 요소는 기업가 및 창업 팀 중심으로만 설명돼왔다. 물론 기업가의 역할이 가장 중요한 것은 사실이지만 성숙기업의 경우에는 기업가뿐 아니라 조직구성원 모두의 참여를 통한 기업가정신의 활성화가 필요하다. 이를 위해서는 조직구성원들에게 기업가형 경영자로 발전할 수 있는 기회를 주고 수동적으로 상부의 지시를 이행하고 관리만 하는 방식이 아니라 기업가형 경영자들이 주인의식을 가지고 사업을 구상하고 추진하도록 조직의 경영방식과 문화가 바뀌어야 한다. 즉 사업중심 기업가정신을 보완하는 사람중심 기업가정신(humaneentrepreneurship)이 확산돼야 한다.

둘째, 전통적인 기업가정신은 기회 추구를 통해 새로운 가치 창출을 강조해왔으며 그 가치에는 경제적 가치, 사회적 가치, 개인적 가치가 다 포함된다. 그렇지만 기업가정신 사이클은 창출된 가치를 가장 바람직하게 나눌 때 완성된다. 더 나은 방식으로 창출된 가치 분배 및 사용이 이뤄질 때 기업가정신은 새로운 가치 창출을 더 촉진하고 이해관계자 및 조직구성원들의 동기 및 만족도 향상, 조직 활성화 및 사회발전에 기여할 수 있다.

셋째, 사람중심 기업가정신이 기업의 지속성장과 성과로 이어지기 위해서는 조직 구성원들의 비전공유·동기부여·역량강화가 필요하다. 먼저 조직구성원들에게 꿈과 열정을 심어줘야 하고(envisioning), 권한을 위임해 신바람 나게 일할 풍토를 만들어야 하고(empowerment), 새로운 사업과 업무를 실험하고 스스로 학습할 수 있는 기회를 줘야 하며(experimentation), 최고의 제품과 서비스를 창출한다는 목표를 공유해야 한다(excellence). 이러한 실천원리가 실행될 때 사람중심 기업가정신이 정착할 수 있다.

넷째, 사람중심 기업가정신은 창의적 조직을 구축하는 데도 기여할 수 있다. 조직의 여러 구성원들이 주인의식을 가지고 환경변화에 능동적으로 대응하면서 새로운 패턴과 발전 경로를 발견할 수 있으면 그 기업은 한 사람의 최고경영자(CEO)에게만 의존하는 기업에 비해 동태적인 안정을 향유할 수 있는 확률이 높아진다. 이러한 새로운 발견을 위해서는 △관련이 적어 보이는 개념과 현상을 연계해 패턴을 찾아내는 연상하기, △기존 개념을 거부하고 통찰력을 바탕으로 질문하기, △가설이나 사업모형을 재빨리 실험해보고 확인해 불확실성을 감소시키는 실험하기 등의 발견 기술이 필요하며 많은 노력과 훈련·습관이 발견 기술을 발전시킨다.

이제 기업가정신은 창업기업과 기존기업에서 모두 잘 작동할 수 있어야 하며 사업중심과 사람중심의 균형 잡힌 총체적 기업가정신(totalentrepreneurship)으로 발전해야 한다. 특히 기존 조직에서는 사내 기업가정신을 넘어서 모든 구성원들이 주도적으로 참여하는 사람중심 기업가정신이 자리 잡을 때 지속적인 성장과 발전을 이룰 수 있다.

서울경제(2016.3.13)

참고문헌

국내문헌

경총경영, 글로벌 경영시대, 삼성의 인적자원개발전략(2009.10.14)

공감코리아, "경제영토 확장…무역 1조 달러 시대 활짝"(2012.2.10).

관세청 보도자료

광주 매일신문, 미 포춘 선정 '500대 기업' 한국업체수 정체(2013.7.26).

국가경영연구원 뉴스(http://www.mis.re.kr/document/lib_12-view.htm)(2011.1.7).

국가기록원 나라기록(http://www.archives.go.kr).

국민일보, 장수 기업에겐 특별한 것이 있다!(2013.2.27).

국제경영연구회, 「국제경영」, 문영사, 2000.

국제표준인증원(http://www.iscqa.com).

김광수·정동섭·이수형·이수진, 「국제경영」, 박영사, 2010.

김병연, 기업의 외부위탁, 전략적 제휴 및 신사업진출: 결정요인과 효과, 통계개발원, 2009.

김성수, 「성공한 창업자의 기업가정신」, 삼영사, 2007.

김영곤, 패러다임 전환기의 신조직기술: 전략적 제휴, 1992.

김용희, IMD 2013 세계경쟁력연감 분석, KISTEP 통계브리프, 2013.

김유신, "해외직접투자 현황 및 현지법인 경영실태," 수은 해외경제, 한국수출입은행, 2012.

김이태, 「창업경영전략」, 오케이프레스, 2002.

김주현, 「국제마케팅」, 문영사, 2007.

김훈, 반덤핑제도에 의한 국내산업 확립의 실질적 지연 방지에 관한 연구, 경성대학교 박사학위논문, 1996.

나라지표(http://www.index.go.kr/potal/main/EachDtlPageDetail.do?idx_cd=1065).

노대래(2014), 글로벌 경쟁시대의 경쟁법 집행방향, 통상법률, 통권 제116호.

뉴시스, 포춘지 선정 '글로벌 500대 기업'에 한국 17개(2015.7.23).

노컷뉴스, "4년 만에 무역 1조 달러 붕괴"(2016.1.1).

대한무역진흥공사, 「구상무역 현황과 전망」, 1988.

데일리그리드, 기업 비즈니스 전략 개발까지 영향주는 '고객 참여'(2013.11.18).

데일리안, 저성장시대 기업의 새로운 경영전략(2013.7.31).

동아닷컴, "절충교역 이해해야 KFX 사업 제대로 보인다"(2015.12.4).

동아일보, 불경기를 뚫는 유비무환 한국기업(2013.2.27).

동아일보, 지갑 여는 이슬람… 할랄산업이 뜬다(2013.6.3).

디지털타임스, 경영전략의 나침반, 미래 트렌드(2011.10.24).

디지털타임스, 투비소프트, 일 NTT그룹과 전략적 제휴(2012.6.12).

매일경제, GE헬스케어의 글로벌 유연성 경영 전략(2011.8.19).

매일경제, LG전자 물류추적 시스템 구축(2010.5.14)

매일경제, 글로벌문화 무시한 중국 '꽌시'(2016.3.4).

매일경제, 대만, 양안관계 개선 "정치적 리스크 감소"… 투자환경 세계 3위(2011.9.24).

매일경제, 조선사 환헤지에 수출기업 멍든다(2011.7.27).

매일경제, 중국을 홀린 이랜드의 비결(2012.1.6).

매일경제, 통합 리스크관리 모델(2010.5.19).

머니투데이, KOTRA, 중국인터넷 사용자(2016.1.23).

머니투데이, 세계 1위 삼성 경쟁력 원천은 G-ERP?(2012.11.7).

문병기·문슬기, 외국인직접투자가 동아시아 경제통합을 가속화할 것인가?, Trade Foucs, 12(68), 2013.

미래한국, 동일본대지진과 우리 경제(2011.4.19).

박기안, 「글로벌 경영론」, 무역경영사, 2007.

박동현, "기업인수·합병사례와 활용방안", 상의주보(1991. 10. 21).

박영배·김계수·김진영, 「글로벌시대의 기업경영」, 청람, 2009.

박재기, 「글로벌 마케팅」, 선학사, 2000.

박주홍, 「글로벌경영」, 유원북스, 2012.

박철순·남윤성·최원용·차세정·이재민·강동수(역), 「글로벌시대의 국제경영」, McGraw Hill Korea, 2009(Hill, Charles W. L., Global Business Today, 6th ed., McGraw Hill Higher Education).

박철영, 중소기업의 인터넷특성 인식수준에 관한 연구, e-비즈니스연구, 7(4), 2006.

배종태, "기업가정신 및 벤처경영에 대한 교육과정 개발", 벤처경영연구,1(2), 1998.

백필규·이호석·고현철, "전환기 한국자본주의와 기업가정신",삼성경제연구소, 1996.

비즈니스워치, 공격이냐 수비냐(2014. 1. 8).

사이언스타임즈, 자본주의 4.0시대, 기업가정신 요구돼(2011.11.8).

산업연구원, 「기업의 입지결정요인 분석」, 1982.

산업통산자원자원부 보도자료(2015.12.16).

산업통상자원부 보도자료, 12년 세계 FDI 순유입액(1조 3,509억불)은 전년대비 18% 감소(2013.6.27).

서울경제, 글로벌기업 성공·실패 사례(2013.8.5).

서울경제, "투자·서비스 교역 확대… 광대역 무역협정 맺어야"(2014.3.30).

서울경제, 해외 기업 M&A 적극 나설 때(2010.12.5).
스틸앤메탈뉴스, 대한 철강금속제품 수입규제동향(2015.11.26).
스탈앤메탈뉴스, 中 외국인 車합작투자사 50% 지분제한정책 철폐 검토(2016.5.10).
시사저널, "환율 50원 내리면 삼성전자 매출 3조원 감소"(2009.9.5).
신용보증기금, 경영전략의 수립 및 추진방법(www.consultop.co.kr).
아시아경제, 우리 수출입 막는 주요국 '비관세장벽'은(2013.12.23).
아시아경제, 해외 통신·방송 인수합병 현황(2016.2.23.
아시아뉴스통신, 씨게이트, 하이얼 컴퓨터 "세일링 P13A"에 울트라 모바일 HDD 공급(2014. 1. 10).
아주경제, "노사 '상호신뢰' 있다면 노조 무의미"…글로벌 기업들의 성공비결(2011.5.18).
아주경제, 중국 '큰손' 해외투자 왕성…2020년 1조 달러 돌파 예상(2014. 2. 18).
안운석·장형섭, 「마케팅」, 대진출판사, 2007.
약업신문, 바이넥스, 러시아 제약과 바이오시밀러 라이선싱 계약(2013.8.22).
양시화, WTO 체제하에서의 국제환경보호와 무역규제에 관한 연구, 광주대학교 박사학위논문, 1998.
어윤대 외, 「국제경영」, 학현사, 1998.
연합뉴스, 한국 금융권, 대중국 위험 노출액 비중 세계 최고(2015.9.30).
윌리스 타워스 왓슨, 글로벌시대, 다국적 인재관리(2014.7.24).
윤석철, 「기업가 정신」, 대경, 2008.
이민훈, 'CEO, 성공과 실패의 조건,' 삼성경제연구소, CEO Information 452호, 2004.
이상석·고인곤, 「기업가정신과 창업」, 학현사, 2006.
이성훈, "글로벌분산투자와 외국통화가치의 변동성 위험,", 자본시장 Weekly, 2011-04호.
이수형, 「글로벌 마케팅」, 대명, 2007.
이승종·전외술·왕세협·윤태평·정상철, 「글로벌경영」, 민영사, 2004.
이신모·오세영, 「Global Business」, 두양사, 2006.
이장로·신만수, 「국제경영」, 홍문사, 2006.
이철·장대련, 「글로벌시대의 국제마케팅」, 학현사, 2006.
이코노믹리뷰, "글로벌은 투자유치 경쟁가열...한국은 되레 뒷걸음질?"(2016.3.31).
이코노믹리뷰, 한국수출부진 '심각', 무역의존도 8년 만에 최저 기록(2016.4.17).
이코노미저널, 천당에서 지옥으로 떨어진 세기의 합명(2012.6.7).
이코노미조선, 유가에 울고 웃는 아베노믹스(2014. 1. 13).
이코노미조선, 중국 진출에 성공한 한국타이어의 비결(2012.7.10).
이코노미조선, 중국에는 중국만의 인사관리 방식이 있다(2013.4.9).
이코노믹리뷰, 해외 산업계 '한국 배우기'에 열광(2013.1.5).

이투데이, 세계로 간 '유후와 친구들'…브랜드 파워 2위 '오로라 월드'(2011.9.1).
인민망, 작년 중국기업의 對한국 M&A 및 지분 투자 사상 최고(2016.1.4).
인터넷법률신문, 중국에서 인민폐를 통한 외국인 직접투자 허용에 대해(2012.1.9).
장세진, 「경영전략」, 박영사, 20011.
장세진, 「글로벌 경영」, 박영사, 2011.
재경일보, 락앤락, 이탈리아 기디니사와 합작투자로 법인설립(2010.9.26).
전외술·김재욱·박성규·최승일·양진호, 「최신 글로벌경영론」, 대명, 2009.
전외술, 「글로벌화시대의 글로벌경영」, 대명, 2009.
전용욱 외, 「국제경영」, 문영사, 2006.
전종우, 최용훈, 한국인과 일본인이 인식하는 문화차원의 유형과 소비자 문화의 차이, 광고학연구, 2013.
정대철, 신보호무역주의의 재등장과 수출산업의 경쟁력 제고, 한국무역학회 춘계학술발표대회, 2009.
정진, WTO체제의 성립과 한국의 대응전략에 관한 연구, 동국대학교 박사학위논문, 1998.
조동성, 「국제경영」, 경문사, 1997.
조동성, 국가경쟁력 – 선진국으로 가는 지름길, 매일경제신문사, 1992.
조선비즈, 한국 국가경쟁력 25위(2015.5.28).
조영곤·이성봉·최수형·김영숙·권기한(역), 「국제경영」, 시그마프레스. Cavusgil, S. T., Knight, G., Riesenberger, J. R., International Business: Strategy, Management and the New Realities, Upper Saddler River: Pearson/Prentice Hall, 2008.
주간경향, 미국경제를 회복시킨 '기업가정신'(2013.10.15).
주진열, 글로벌경쟁정책과 무역이슈의 최근 동향, 통상법률, 통권 101호, 2011.
중소기업뉴스, 중국진출, 성공과 실패의 갈림길(2013.9.4)
중소기업수출지원센터 해외경제뉴스(http://www.exportcenter.go.kr)
중앙 Sunday, 벼랑 끝 한국 해운업, 미국 자동차 구조조정 배워라(2014. 2. 16).
중앙일보, 마윈 '최고 부자는 가장 먼저 책임을 짊어지는 자리다'(2016.5.10).
중앙일보, 삼성은 에릭 슈밋, 현대차는 빌 게이츠 같은 인재 원한다(2011.9.20).
최병일·황인학 외(2013), 기업가정신, 한국경제연구원.
최해범, 「국제재무관리」, 대명, 2007.
최해범·전외술·박성호, 「최신국제통상론」, 대학문화, 2001.
편아시아, "파괴를 해야 창조가 나온다"…빌 게이츠의 창조적 기업가정신(2010.9.10).
하병기, 조재한, 한국 다국적기업의 해외생산네트워크의 대베트남 협력방안, 2015. 12.
한겨레, '할랄'이 뭐길래?(2015.4.13).
한겨례21, "혜택만 있고 책임은 없는 외투기업"(2010.2.5).

한국경제, "구상무역, 남북협력의 새모델"(2015.11.7).

한국경제, 고진감래 해외 M&A…'승자의 저주'라던 밥캣, 두산의 든든한 '효자'로(2014. 2. 19).

한국경제, 나눠먹기식으로 지정한 경제특구, FDI 허브 어림없다(2016.1.27).

한국경제, 마차시대에 자동차 생각…기업가는 '미래 창조자'(2013.11.22).

한국경제매거진, "신흥국 시장의 양극화"(2012.2.8).

한국경제매거진, 마오쩌둥식 해외 진출로 진화하는 중국(2013.12.16).

한국경제매거진, 인재 관리가 글로벌 현지화 성패 가른다(2014. 1. 13).

한국경제매거진, 지구온난화 해결사로 등장한 '기후금융'(2013.12.23).

한국금융연수원, 「국제금융 2」, 2001.

한국무역협회, Trade Brief(2016.3.14).

한국무역협회 국제무역연구원(2016.3.1)

한국무역협회 국제무역연수원, 「국제팩토링」, 1994.

한국무역협회, 「외환·환위험관리」, 한국무역협회 무역아카데미, 2007.

한국수출입은행, 환위험 관련 자료

(http://www.koreaexim.go.kr/kr/bbs/noti/list.jsp?bbs_code_id=1311914261928&bbs_code_tp=BBS_2)

한국예탁결제원(www.ksd.or.kr)

한국일보, "글로벌, 현지화 동시 추진이 경쟁력의 비결"(2010.11.12).

한종만, 한, 러시아 경제협력의 현황과 과제: 구상무역 촉진방안을 중심으로, 경상논총, 17(2), 1999.

해럴드경제, "글로벌 통상환경, 중국을 주목한다. 세계 무역·통상을 좌지우지하는 중국의 힘. 세계 무역 질서 재편도 시도"(2013.11.29).

해외수출입은행 해외경제연구소, 2011년 세계 해외직접투자 동향 및 전망(2012.8.20).

2014~2015 LG전자 지속 가능 경영보고서

Computerworld, TV 시장 정복을 위한 구글과 애플의 접근법(2012.1.10).

EBN, "신발산업, OEM 아닌 ODM/OBM 주력해야"(2008.9.9).

EBN, 아르셀로미탈의 선택(2008.12.31).

ETNEWS(전자신문), 글로벌 경영전략 다시 짜라(2011.9.21).

ETNEWS, "삼성, LG '차이완 기업'에도 M&A 경쟁력 뒤져,"(2011.8.24).

KJCF, 일본 통상정책의 새로운 전개와 한국의 대응, 2011.

New1, '중국신화' 이랜드·오리온, 성공 DNA는?(2013.3.27).

PackNet, SKC 중국 PET필름 합작공장 착공(2011.11.28).

ZDNet Korea, 2018년 전세계 인터넷 이용자 36억명(2014.11.23).

http://ko.wikisource.org/wiki/

외국문헌

Aaker, D. A., *Managing Brand Equity*, New York : The Free Press, 1991; Gregory, J. & J. Wiechmann, Branding Across Borders, Chicago : McGraw-Hill, 2002.

Abernathy W. J. & Clark K. B., "Innovation : mapping the winds of creative destruction", *Research Policy*, 14, 1985.

Aharoni, Y., "The Foreign Investment Decision Process," U.S.A : Harvard University Press, 1966.

American Countertrade Association의 추정자료. www.countertrade.org/index.htm.

American Marketing Association, "AMA Board Approves New Marketing Definition," *Marketing News*, March 1, 1985.

Bartlett, C. A. & Ghoshal, S., *Transnational Management: Text, Cases, and Readings in Cross-Border Management*, 3rd ed., Boston, MA : Irwin/McGraw-Hill, 2000.

Bartlett, Christopher A. & Ghoshal, Sumantra, What is Global Manager, *Harvard Business Review*, 70(5), 1992,

Bleeke, J. & Ernst, D., "The Way to Win in Cross-Border Alliances," *Harvard Business Review*, November-December, 1991.

Business Week, 2006.

Contractor, F. J. and Lorange, P.(eds), *Cooperative Strategics in International Business*, Lexington Books, Lexington, MA, 1988.

Copeland. Y., T. Koller and J. Murrin, *Valuation: Measuring and Managing the Value of Companies*, New York : John Wiley & Sons, 2000.

Daniels, J. D. & Radebaugh, L. H., *International Business: Environments and Operations*, 9th ed., Addison-Wesley Publishing Co., 2002.

Daniels, J. H. & Ladebaugh, L. H., *International Business*, 8th Ed., 1998.

Douglas, S. P. & Craig, C. S., *Global Marketing Strategy*, McGraw-Hill, 1995.

Dowling, P. J. & Schuler, R. S., *International Dimensions of Human Resource Management*, Boston : PSW-Kent, 1990.

Doz, Y. L., C. Bartlett, & Cc. K. Prahalad, "Global Competitive pressures and Host Country Demands : Managing Tensions in MNCs," *California Management Review*, 23, 1982.

Dufey, G. & Mirus, R., Financing Export and Import, MiMeo, The University of Michigan, 1985.

Duke University DIBER/Archstone Consulting, *Second Biannual Offshore Survey Results*, 2005.

Dunning, J., "The Eclectic Paradigm of International Production : A Restatement and Some Possible Extensions," *Journal of International Business Studies*, 19, 1988.

Economist, "A survey of the car industry : The new European order," September 4, 2004, survey section.

Elderkin, K. W. & Norquist, W. E., Creative Countertrade *A Guide to Doing Business Worldwide*, Ballinger, 1987.

Engardio, P., "The Future of Outsourcing," *Business Week*, January 30, 2006.

Hall, E. T., "How Cultures Collide," *Psychology Today*, July, 1976.

Heenan, D. A. & Perlmutter, H. V., "*Multinational Organization Development*, Addison-Wesley, 1979.

Hill, Charles W. L., *Global Business Today*, 6th ed., McGraw Hill Higher Education, 1998.

Hofstede, G., *Culture's Conseguences*, London: Sage Publication, 1984.

Hymer, Stephen H., *A study of Direct Foreign Investment*(Cambridge, Mass MIT Press), 1976.

Jackson, J. H., Davey, W. J. & Sykes, A. O. Jr., *Legal Problems of International Economic Relations*, West Publishing Co., 1995.

Kindleberger, Charles P. *American Business Abroad*, Yale University Press, 1969.

Kluckhorn, F. & Strodbeck, F., *Variation in Value Orientation, Evanston, III.*, Row, Peterson & Co., 1961.

Kotabe, Masaaki & Helsen, .Kristiaan, *Global Marketing Management*, John Wiley & Sons, Inc., 2007.

Kotabe, Masaaki & Murray, Janet Y., "Global Sourcing Strategy and Sustainable Competitive Advantage," *Industrial Marketing Management*, 33(1), 2004.

Lecraw, Donald J., "Internationalization of Firms from LDCs: Evidence from the ASEAN Region," in Krishna Kumar and Maxwell G. McLeod(eds.), *Multinationals from Developing Countries* (Lexingtonbooks, 1981).

Leontiades, James C., *Multinational Corporate Strategy*, Boston, MA: Lexington Books, 1985.

Levitt, T., "The Globalization of Markets," *Harvard Business Review*, 61, May-June, 1983.

Mariti, P. & Smiley, R. H., "Co-operative agreements and the organization of industry," *Journal of Industrial Economics*, 31(June), 1983.

Mendenhall, M. & Oddou, G., "The Dimensions of Expatriate Acculturation: A Review," *Academy of Management Review*, 10, 1985.

Miniwatts Marketing Group(http://www.internetworldstats.com/stats.htm) (2012.6.30).

Ogbuehi, A. O. & Longfellow, T. A., "Perceptions of U.S. manufacturing companies concerning exporting," *Journal of Small Business Management*, October, 1994.

Perlmutter, H. V., "The Tortuous Evolution of the Multinational Corporations," *Columbia Journal of World Business*, January-February 1969.

Porter, M. & Fuller, M. B., *Coalitions and global strategy*, In M. Porter(ed), Competitions in Global Industries, Harvard Business School Press, Boston, MA, 1986.

Porter, M. E., The *Competitive Advantage of Nations*, New York: Free Press, 1990.

Porter, M., *Competition in the Global*, Harvard Business School Press, 1986.

Prahalad, C. K. & Doz, Y., *Multinational Mission*, Free Press, 1987.

Rahin, A., "A Model for Developing Expatriate Executives," *Personnel Journal*, April 1983.

Rajshekhar, J., Martin, C. & Todd, P., "The export of e-services in the age of technology transformation: challenges and implications for international service providers." *The Journal of Services Marketing*, 18, 2004.

Reich, R. B. & Mankin, E. D., "Joint Ventures with Japan Give Away Our Future," *Harvard Business Review*, March-April, 1986.

Robert Z. Aliber, "A Theory of Direct Foreign Investment," in *The International Corporation*, Charles P. Kindleberger, ed.(MIT Press, 1970).

Robinson, Richard D., *International Business Mansgement*, 2nd ed., Prentice-Hall, 1981.

Root, F. R., *Entry Strategies for International Markets*, John Wiley & Sons, 1994.

Sapsford, J. & Shirouzu, N., "Mitsubishi group to give car maker $3 billion bailout," *Wall Street Journal*, January 20, 2005, pp. A1 and A6.

Schaefer, J., Hannibal, E. & O'Neill, J., "How strategy, culture, improved service delivery reshape Monsanto's international Assignment Program," *Journal of Organizational Excellence*, 22(3), 2003.

Shapiro, Alan C., *Multinational Management*, Fourth ed., Allyn and Bacon, 1992.

Simon, Jeffrey D., "Political Risk Assessment: Last Trends and Future Prospects," *Columbia Journal of World Business*, Fall 1982.

Solomon, C. M., "Repartriation: up, down or out?" *Personal Journal*, January, 1995.

Timmons, Jeffry A., *New Venture Creation: Entrepreneurship for the 21st Century*, Irwin, Burr Ridge, Illinois, Fourth Edition, 1994.

Vernon, R. & Wells, L. T., *The Economic Environment of International Business*, 4th ed.(Englewood Cliffs, NJ, Prentice-Hall, 1986).

WTO(www.wto.org), Regional Trade Agreements.

Wells, Louis T., "Foreign Investment from the Third World," in Krishna Kumar and Maxwell G. McLeod(eds.), *Multinationals from Developing Countries* (Lexingtonbooks, 1981).

West. D., "Countertrade," *Business Credit*, 104, no.4, 2001.

Yip, G. S., Total global *strategy II: Updated for the Internet and service era*. 2nd ed., Pearson Higher Education: New Jersey, 2003.

Zimmermann, A., "Spezifische Risiken des Auslandsgeschafts." in E. Dichtl and O. Issing(eds.), Exports als Herausforderung fur die Deutshe Wirtschaft, Koln: Deutscher Instituts-Verlag, 1984.

http://www.europa.eu.int

찾아보기

ㄴ

ㄷ

ㄹ

ㅇ

ㅈ

ㅊ

ㅋ

ㅌ

【저자 약력】

전외술 일본 국립가나자와 대학교 객원 연구원
경희대학교 경제통상학부 교수
행정안전부 7급 공무원 출제위원(무역학)
현, 창원대학교 글로벌비즈니스학부 교수

주요저서 및 논문

북한정치경제론(신영사, 공저)
국제통상실무(신영사, 공저)
글로벌경영(민영사, 공저)
최신 무역학원론(두남, 공저)
글로벌화시대의 글로벌경영(대명)
최신 글로벌경영론(대명, 공저)
온라인 쇼핑몰에 있어 서비스품질이 구매의도에 미치는 영향에 관한 연구
은행고객들의 수익성향상을 위한 서비스품질과 충성도의 관계
지각된 서비스품질과 가격지각이 고객만족, 고객충성도 및 고객유지에 미치는 영향
What caused the ICT Progress? 외 다수

박성규 현, 창원대학교 글로벌비즈니스학부 부교수

주요저서 및 논문

마케팅의 이해(삼우사, 공저)
최신 글로벌경영론(대명, 공저)
The Effect of Trust Dimensions on Loyalty
The Effect of Website Factors and e-Relationship Quality on e-Loyalty of Chinese Consumers
The role of switching costs of Mobile Telecommunication Customers in Gyeongsang Areas
원산지이미지, 브랜드이미지 및 구매의도 간의 구조적 관계
중국소비자들의 지각된 가치, 고객만족, 전환비용 및 충성도 간의 구조적 관계
서비스종업원 진정성에 대한 고객지각이 서비스품질, 만족, 신뢰 및 충성도에 미치는 영향 외 다수

제3판
최신 글로벌경영론

초 판 발 행 2009년 8월 22일
제2판 발행 2014년 6월 10일
제3판 인쇄 2016년 8월 1일
제3판 발행 2016년 8월 10일

지은이 전외술 · 박성규
펴낸이 박노일

총괄기획 김중용
편 집 심성보

펴낸곳 pnc publishing and culture 피앤씨미디어
경기도 고양시 일산동구 강송로 153 310-1501
등록 제396-2012-000203호
전 화 070)7550-3758 팩 스 02)718-8554
홈페이지 www.pncmedia.co.kr 이메일 pnc@pncmedia.co.kr
ISBN 979-11-5730-352-6 93320

정 가 27,000원